한반도 안보와
한미관계

도 재 숙

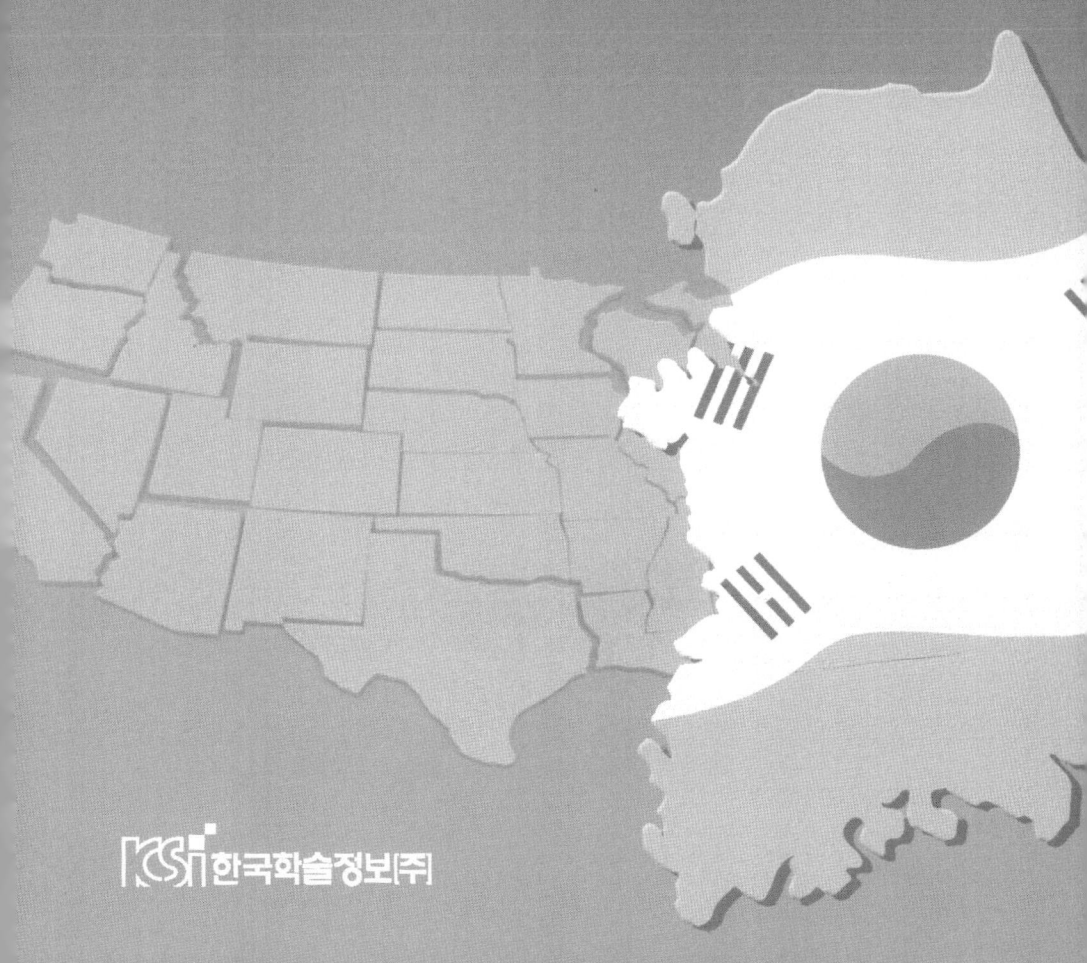

KSI 한국학술정보㈜

머리말

　한반도를 중심으로 한 동북아 질서는 세계사의 중심으로 새로운 변화의 길목에 놓여 있다. 미국과 일본을 중심으로 한 기존 질서는 앞선 경쟁력을 바탕으로 그 영향력의 유지 및 확대에 전력하고 있고, 이에 대항하는 새로운 질서 형성을 노리는 중국의 급속한 대두가 치열하게 전개되고 있으며 전통적 강국인 러시아 역시 그 질서의 한 축을 차지하고자 하고 있다. 한반도는 이러한 동북아 변화의 중심이자 중심추의 위치에 자리하고 있다. 우리의 분단은 이 같은 국제질서의 역학관계 속에서 형성되고 지속되어 온 측면이 강하다고 했을 때 이제 통일과 함께 민족번영의 21세기를 개척해 나가는 것은 우리의 시대적 과제라 아니할 수 없다.

　분단으로 인한 고통은 국토의 균형적 발전불가는 물론 진정한 민주주의 완성과 인간다운 삶의 영위도 불가능하게 했다. 특히 북한의 통제적 정치체제와 폐쇄적 사회질서 그리고 그에 따른 경제침체 등은 오늘의 총체적 위기를 불러왔으며, 남한 역시 민주화의 과정과 파행적 경제발전으로 인한 사회적 계층의 위화감 심화 등 많은 문제점을 노출하고 있다. 이런 가운데 우리는 한반도를 중심으로 한 신동북아 질서형성에서 열강들의 각축의 장(場)만을 제공하게 될지도 모르는 상황이 오늘의 현실이라고 할 수 있다. 결국 지금과 같은 분단의 지속은 민족 번영은 고사하고 민족생존의 문제에 처해질 수 있다는 것이다. 이에 우리는 21세기 신동북아 질서 형성의 중심적 역할을 수행할 능력을 배양해야 할 필요가 있다.

본서는 필자가 국방대학교 안보문제연구소 전문연구위원으로 재직하면서 국가안보와 관련한 정책연구 논문들을 정리하였다. 이 논문들이 국가안보를 위한 밑거름이 되거나 후학들의 연구에 작은 보탬이 되었으면 한다. 본서가 출판될 때까지 지도편달을 아끼지 않으신 신정현 교수님과 많은 도움을 주신 임형진 박사님께 깊은 감사를 드린다. 끝으로 한 권의 저서로 태어날 수 있도록 도움을 준 한국학술정보(주)에 감사드린다.

차 례

김정일의 대남 전략과 테러 / 95

햇볕정책 이후 남·북한 군사관계 발전전망 / 193

남북한 군사적 신뢰구축방안
─ 장성급회담을 중심으로 ─ / 287

부시 2기하에서 한 · 미 군사관계의 변화와 전망 / 341

자주국방의 역사적 변천과 전망

― 이승만, 박정희, 노무현의 자주국방을 중심으로 ―

I. 서 론

1. 연구의 목적과 필요성

진보적인 노무현 정권의 등장은 우리 사회를 전반적인 변화와 개혁이라는 거대한 흐름 속에 놓이게 했으며 그런 가운데에서도 안보 관련 분야는 급격한 변화에 직면해 있다. 국내적으로는 오랜 기간 적대적인 대상으로 간주되었던 북한에 대한 협력과 동반자적 관계가 요구되자 안보관의 해이를 우려하는 목소리가 점증하고 있고, 국외적으로는 주한미군의 재배치 문제와 맞물려 국가적 자존심 문제에 대한 주장이 제기되면서 안보와 관련한 자주국방의 문제가 주요한 화두로 떠오르고 있다.

자주국방은 대내외적 요인과 함께 제기되는 문제로 자신의 국토를 자신의 힘으로 지켜 내야 한다는 주장은 아무리 강조해도 지나칠 수 없다. 미래를 구상함에 있어 자주국방을 중심으로 확실한 안보전략을 마련하지 않고는 21세기는 존재하지 않을 것이다. 실제로 지구상 어느 나라를 막론하고 자주국방을 이루지 못하고는 외부의 압력을 극복할 수도 없을 뿐 아니라 그 존재 자체를 유지하지 못한다는 것은 역사의 엄연한 현실이다.

이런 문제에 있어 우리 역시 예외일 수는 없다. 특히 우리의 경우는 6·25 전쟁과 뒤를 이은 오랜 남북 대치의 상황은 안보문제와 우리의 생존은 직접적일 수밖에 없다는 것을 체험적으로 익히며 살아왔다. 따라서 앞으로도 우리의 생존과 함께 동북아의 항구적 평화를 구상하기 위해서라도 철저한 안보전략과 그에 따른 국방정책을 수립해 적절히 실천해 나가는 국가적 노력이 수반되어야 한다.

확실히 오늘의 국제정치는 탈냉전 이후 세계화와 정보화시대에 들어서면서 한국 또한 이 흐름을 따르지 않을 수 없게 되었다. 이러한 국제적 흐름에 안보 분야도 예외일 수 없다. 더욱이 안보문제란 국가 생존과 국익에 관한 비전과 이를 달성하기 위한 고도의 전략수립을 전제로 하는 것이기에 이에 따른 방책은 고정 불변한 것이라기보다는 안보상황 변화에 따라 구상을 적응시킬 필요가 있다. 따라서 최근에 급변하는 안보환경에 적합한 냉전 시기 또는 탈냉전 직후 시기의 상황에 근거했던 안보 · 국방목표와 추진전략을 과감히 재검토해 능동적이고 주체적인 조정과 변환을 요구하는 이유도 여기에 있다.

국제적으로 2001년 9 · 11 테러 이후 아프가니스탄과 이라크 전쟁 그리고 대량살상무기 반확산이 미국이 주도하는 세계질서의 최우선적 과제로 등장하였고, 그 방안으로서 미국일방주의가 견제 속에 견지되고 있다. 한편, 한반도에는 오랜 기간의 탈냉전 속에서 지난 김대중 정부 시절 5년간의 대북포용정책 추진에 힘입어 남북한 간 경제교류협력은 크게 진전되었지만, 북한 핵문제의 재발, 북한 경제 개방 정책의 불투명성, 주한미군의 재배치, 그리고 남북한 군사적 신뢰의 부진 등이 긴요한 안보현안으로 지속되고 있다. 특히, 2000년 남북정상회담 이후 한반도 안보 주체가 과거의 한 · 미 대 북한 양자관계에서 남 · 북 · 미 3자 관계로 전환되면서 한국과 미국은 대북정책 추진에 이견을 보이면서 한미관계에 신뢰문제가 거론되는 상황에 직면해 오고 있다.[1]

이와 같은 격동기를 배경으로 우리의 안보상황이란 국제적 환경과 한반도 안보현안에 관한 행동주체가 증가함에 따라, 한미관계가 안정

---

1) 전경만, "자주국방 비전과 국방전략", 한국군사학회, 『군사논단』 통권 제 37호(2004년 봄), pp.6-7.

성과 일관성을 유지한다는 보장이 줄어들고, 그만큼 한국이 책임져야 하는 안보 공간은 확대되게 된 것이다. 이에 대한 대처로 노무현 정부가 제시한 안보정책이 '협력적 자주국방'이다. 협력적 자주국방이란 한미동맹의 미래지향적 발전과 동시에 자주적 정예 군사적 배양을 통해 우리의 안보를 우리가 주도적으로 지킬 수 있는 능력과 체제를 강화한다는 의미를 지닌다.[2]

우리가 여기서 주목하는 것은 '자주국방'이다.[3] 우리에게 있어 자주국방은 오랜 국가적 숙원이기에 더욱 와 닿는 절실한 주제이다. 북한의 군사위협, 대북 교류협력 및 한미동맹은 작금에 상충적인 상황을 맞고 있으며 미래에도 이들이 한국 안보에 직접적인 변화를 초래할 것으로 예상된다. 따라서 자주국방이란 향후 이들 상호 간 있을 수 있는 상승 또는 상충관계를 면밀히 검토하여 우리의 중장기 국방비전과 국방전략에 가감 없이 반영되어 수립되어야 할 것이다. 본고는 자주국방을 위한 우리의 오랜 노력을 역사적 맥락에서 추적해 봄으로써 현 정부의 협력적 자주국방 정책을 분석하고 올바른 방향설정을 위한 제언을 연구의 목적으로 한다.

---

2) 이상현, "협력적 자주국방과 미래전력 소요", 통일연구원·국방대학교 안보문제연구소 공동안보학술회의, 『한반도 안보정세 변화와 협력적 자주국방』 2004. 5. 11, p.124.

3) 자주국방에 대한 정의는 '자국의 방위를 스스로 책임지고 이를 실현하기 위한 독자적인 군사전략을 개발하며, 이를 위해 방위력을 자국의 정책에 의해 소요·조달하는 것'(조원철, 『1970년대 초 미국의 대한 군사정책의 변화와 한국의 자주국방』, 국방대학원 정책논문, 1991) 또는 '외부의 침략으로부터 국민의 생명과 재산, 영토, 주권 그리고 기본가치를 군사적으로 안전하게 보위하되, 이를 다른 나라에 의해 부당하게 통제 또는 강요됨이 없이, 자국의 자조적 의지와 자립적 능력, 그리고 자율적 행위에 기초하여 성취, 달성하는 것'(권태영, 서주석, 『자주국방개념연구』, 한국국방연구원, 1996) 등이 있다.

2. 연구 분석의 틀

국방정책은 국가의 안보목표를 달성하기 위한 국가 정책적 수준에서 논의되며 주로 대외적 속성이 강하나 대내적 측면에서는 한 단계 낮은 군사정책이 그 주류를 이룬다. 따라서 군사정책과 국방정책은 상호 구별되어야 하며 그 수준에서 상이점이 있다. 군사정책은 크게 전략(Strategy)과 구조(Structure)로 구분되어지며 전자는 주로 군사력의 운용, 배비(配備), 동맹국과의 전쟁계획 등을 말하며 후자는 내적인 요소로서 주로 군사력의 건설과 준비 등이 포함된다.[4] 반면, 국방정책은 군사정책 전반을 포함하여 외교, 동맹결성, 동맹국 관리 등 주로 대외적 속성을 가진다. 이렇게 볼 때, 한국의 자주국방은 원래 포괄적인 개념으로 범위가 설정되어야 하며 대내외적인 총체적인 국방정책에 대한 연구로 출발하여야 한다.

그러나 지금까지 한국의 자주국방정책은 다소 군사정책에 주류를 이룬다고 해야 할 것이다. 그것은 한국이 한ㆍ미 연합전략을 추구하고 있으며 주로 미국의 방위전략 개념에 의존하여 왔고 보다 중요한 것은 한국방위에 관한 전략문제, 혹은 정책적 수준의 군사문제는 주로 미국이 담당해 왔기 때문이다. 따라서 독자적인 연구는 자주국방이 추구된 지 상당기간 후의 일이기 때문에 한국의 자주국방은 한국의 자주적 군사정책이라 해야 할 것이다.[5]

---

4) Samuel P. Huntington, *The Common Defense : Strategic Programs in National Politics*(New York and London : Colombia Univ. Press, 1961), pp.3-7.
5) 조원철, "1970년대 초 미국의 대한군사정책의 변화와 한국의 자주국방— 닉슨 독트린 등장과 한국의 군사적 대응구조 분석—", 국방대학원 정책논문, 1992, pp.33-34.

본 연구에 있어서도 국방정책의 측면보다는 주로 군사정책적 측면에서 분석에 초점을 두고자 한다. 따라서 자주국방의 대외적 측면 주로 미국의 국방정책과 관련한 부분보다는 주로 국내적 요인과 변수들을 중심으로 분석의 대상을 삼는다. 특히 본 연구는 건국 초기의 이승만 정권과 자주국방론이 본격적으로 제기된 박정희 정권 그리고 최근의 노무현 정권의 협력적 자주국방론을 연구의 범위로 잡아 각 시기별 자주국방을 향한 노력과 결과 및 의미를 비교해 보고자 한다.

이를 위해 각 시기별로 자주국방론이 등장하게 된 배경과 기본 이념, 안보정책과 구체적인 군비증강의 사례 등을 비교 분석하고 나아가 그 의미를 찾아보며 특히 현 정부에서의 협력적 자주국방론의 안보적 함의를 제시해 보는 과정으로 연구하고자 한다.

Ⅱ. 자주국방의 개념과 등장

1. 자주국방의 개념

자주국방은 특정 국가만이 지향하고 있는 안보목표가 아니라 모든 독립적 주권국가의 속성이자 존재가치에 해당한다. 개념상 자주국방은 외부의 무력침략에 대응해 다른 국가나 기구 또는 단체의 부당한 통제나 강요에 의하지 않고 자국의 자유로운 주권적 의사에 의해 군사적 조치를 시행하는 것으로 규정할 수 있다.[6] 이것은 주권국가가 생존과 번영을 위해 발휘할 수 있는 국가이성의 발현이다. 따라서 자주국방을 해석함에 있어서 자칫 북한에서 주장하는 사상적 주체의식이나 정치 경제적 자주노선에 대한 접근성으로 보거나 반미의식에 대한 유사성으로서 취급하려는 정치적 관점은 배제되어야 한다.

이런 의미에서 '자주국방'에서의 '자주'를 군사적 능력과 의지의 자족(自足, Self-Sufficiency)으로 이해하려는 태도는 타당하다고 말할 수 없으며, 자체 보유한 군사력에만 폐쇄적으로 의존하는 자신(自信, Self-Reliance)으로 해석해서도 안 된다. 더구나 안보상 대외종속으로부터의 탈피를 의미하는 자립(自立, Autonomy)으로 인식하는 것도 부적합하다. 한국이 직면하고 있는 안보환경에서 자주국방은 독자적인

---

6) 자주국방을 구성하는 요소로서 자조적 의지, 자립적 능력, 그리고 자율적 행위로서 규정하는 경우가 있다. 고심한 결과로서 포괄적으로 규정한 것이지만, 이들 '자조', '자립', '자율' 등의 용어는 개념정의를 상당히 작위적이며 모호하게 만들어 '자주'를 명료하게 정의하기를 더 어렵게 만들고 있어 보인다.(권태영·정춘일, 『선진국방의 지평』, 1998년, 을지서적, pp.18~36) 전경만 전게 논문, p.8 재인용.

방위의사 결정체제에 의해 군사능력의 발전과 동원을 행사하는 독자 (獨自, Independence)에 가깝게 개념을 규정하는 것이 올바르다고 본 다. 독자적인 군사능력의 양성과 동원은 자족이나 자신에 찬 것이 아 니라, '열린' 시각에서 일차적으로 안보위협을 평가하고 이에 대응할 수 있는 방안을 자유의지에 입각해 확보하는 것이다. 현재 보유 군사 능력의 조정 및 사용, 다른 국가와의 군사적 연대 또는 동맹, 또는 안 보국방전략의 변경 등에 있어 자유로운 국가이성에 입각해서 결정하 는 것이어야 한다. 특히, 현존하는 북한위협만을 대상으로 해서는 안 되며, 그렇다고 해서 상정 가능한 모든 군사위협에 대응하기 위한 능 력을 완비하는 것을 의미하는 것도 아니다.[7]

따라서 우리의 자주국방에 대한 전략과 비전은 결정론적이고 고식 적이어서는 안 되며 상황에 적합한 유연함을 수반한 동태적일 필요가 있다. 자주국방의 전략과 비전을 제시하기 위한 우리의 국가안보 비전 은 국가이익을 실현하는 방향에서 현실적인 안보상황을 반영하되 미 래지향적이어야 한다. 즉 우리의 안보상황에서 국가안보의 전략과 비 전은 중기적으로 남북한 평화적 공존공영의 기반을 구축하는 것이며, 장기적으로는 한반도 안정과 역내협력을 통한 항구적인 동북아 평화 구도의 완성을 목표로 하는 것이어야 할 것이다.

여기서 주목되는 것은 첫째, 현대적 의미의 자주국방으로서의 국제 적 안보협력의 필요성 내재로, 책임의 소재는 스스로에게 있되 가용한

---

5) 역대 정부가 강조한 자주국방의 배경을 보면, 박정희 정부는 북한 단독침 공에 우리 군의단독 방어 능력을 확보하는 것으로 인식하였으며, 참여정 부는 2003년 광복절 및 국군의 날 기념식에서 행한 노무현 대통령 연설에 의하면, 자주독립국가로서 스스로 나라를 지켜야 하고 이를 독자적 작전 능력과 전력 강화를 요구하면서 자주국방과 한미동맹은 상호 보완 관계임 을 밝히고 있다. 상게 논문, pp.8-9 참조.

수단은 '자급자족'이 아닌 '외국의 영향력을 배제하는' 수준에서 유지한다는 것이고, 둘째, 군사력 기반의 독창성 강조로서, 이러한 영향력의 배제는 군사력의 사용은 물론 군사력 조성단계에서도 충분히 고려되어야 한다는 것이다.

따라서 이를 강조하는 관점에서 자주국방을 간단히 표현한다면 '외국의 부적절한 영향이 없이, 군사력을 조성하고 필요시 사용하여 국가를 방위하는 것'으로 함축할 수 있다. 이 경우 자주국방의 요건은 이미 앞의 정의에서 나타난 바와 같이 '자립적 능력', '자조적 의지', '자율적 행위' 등으로 이를 앞의 개념과 연관하여 보다 현실화하여 의미를 부여할 수 있다.

즉 '자립적 능력'은 국제역학 관계와 국방비 부담 능력을 고려하면서 적절한 목표를 설정하여 최대한 자체 군사력을 갖춤을 뜻하고,[8] '자조적 의지'는 군사력의 수준 향상에 대한 노력의 과정, 즉 군사력 조성에 있어 외부의 영향으로 인한 부적절한 왜곡이 없이 정상적으로 군사력을 형성하고 있음을 뜻하며,[9] '자율적 행위'는 조성된 실질적인

---

8) 이에 대한 우리의 노력은 1970년대 미국의 무상군원 종식 예고 선언과 함께 1975년의 방위세신설, 1979년 무상군원의 종식, 1987년 유상군원의 종결 등의 과정을 거치면서 우리의 국방 소요비용의 자립도를 높였고 또한 이를 통해 현대화된 장비들을 도입하고 배치함으로써, 1970년대 북한에 비해 50%에 불과하던 우리 군의 능력을 80%에 가까운 수준으로 향상시킬 수 있었다.

9) 자조적인 의지를 발휘하기 위한 여건을 마련하는 측면에서는 1971년 미 제7사단의 철군 이후 1973년에 작성된 '자주국방을 위한 군사전략과 전력 증강계획', 이를 발전시킨 1974년의 제1차 율곡계획, 1982년 제2차 율곡계획, 1987년 제3차 율곡계획 그리고 1993년 이후의 방위력 개선 추진계획 등을 통해 전력증강에 있어 자체적인 목표를 반복하여 설정함과 동시에, 1970년대 '기본병기 국산화', 1980－1990년대 '고성능 장비 국산화' 등을 추진하여 외부의 영향이 없이 자주적으로 군사력을 조성할 수 있는 기반을 강화하였다.

군사력을 운용함에 있어 군사능력의 확보수준에 부합하는 적절한 책임과 권한을 가지고 외부의 부당한 간섭이 없이 스스로 결정할 수 있음을 의미한다.[10]

지금까지의 한국의 '자주국방정책'은 정신적 측면의 자주의식을 기초로 하여, 첫째, 한국 독자적 군사력 운용에 대한 의지로서 전략의 개발, 둘째, 이를 달성하기 위한 구조적 측면에서 군 구조의 통합 노력과 군사력 건설을 위한 무기 및 장비 현대화를 위한 노력, 셋째, 대외적으로는 단기간 집단안보체제를 배제하지 않으나 장기적으로는 단독방위를 목표로 하는 것으로 요약할 수 있다. 즉 자주적 의지와 능력의 확보, 또한 바꿔 말하면 자주적인 군사력 사용과 건설에 대한 개념으로 말할 수 있다. 그것은 한·미 관계에서 미국을 배제하는 것이 아니라 군사정책 면에서 한국의 '자주성의 최대 확보'로 표현되어질 수 있을 것이다.[11]

한편 자주국방의 정책 수립을 위해서 그 필요조건으로는 자주국방 경성능력(Hardware Capabilities) 확보이며, 그 충분조건은 연성능력(Software Capabilities) 확보인데, 이들을 동시에 충족해야 국방정책의 수립이 요구된다고 하겠다.

여기서 연성능력이란 자주국방의 의지, 자신감 그리고 추진방법에 관한 모든 것으로서 국가안보전략 - 국방전략 - 군사전략의 연계성을 확보하는 능력을 의미한다. 다시 말해, 자주국방을 위한 방위태세와

---

10) 자율적인 행위 기반의 발전 측면에서는 1978년 카터 대통령에 의한 미군의 일부 철수 이후, 1978년 '한미연합사 창설에 의한 작전통제권의 공동행사', 1994년 '지상군구성군사령관의 한국군 보임'과 '평시작전통제권의 환수' 등 연합지휘체제를 형성하고 그 내에서 우리 군의 역할을 지속적으로 확대하는 노력을 추구해 왔다. 노훈, "자주국방을 위한 전력개선 방향", 한국군사학회, 『군사논단』통권 제37호(2004년 봄), pp.25 - 27.

11) 상게 논문. pp.34 - 35 참조.

군사력 건설에 관한 총괄적 전략과 정책의 기획이자 방침이다. 우선, 방위태세가 자주국방을 지향하도록 설정되기 위해서는 한미연합방위체제를 한미 병렬적 방위체제로 전환하고 가동시키는 개념을 공유할 수 있어야 하며, 대북 군사정책 및 한미동맹 그리고 군사외교와 주변국 군사관계까지 패키지로 방침이 구축되도록 해야 한다. 지휘체제와 군 구조, 전시작전 통제권 행사, 남북한 군비통제 방책 등이 반드시 포함되어야 한다.

그런 연후에, 이에 입각해서 군사력 건설을 위한 목표를 설정하고, 이에 소요되는 무기체계와 획득일정 및 예산편성을 구체화해 나가야 할 것이다. 특히, 한국군의 통합 전투능력 극대화를 위한 합동성 개념을 실현하도록 합동전장운영, 소규모 전투단위, C4ISR(Command, Control, Communication, Computer, Intelligence, Surveillance, Reconnaissance) 체제 등이 유연하게 가동되는 체제를 갖추도록 해야 한다. 또한 소요군사력을 획득 우선순위에 따라 책정해 나가도록 한다. 특히 북한에 의해 피침 당하는 경우 조기에 직접 대응 가능한 군사력이 최우선적으로 확보되어야 하며, 남북한 전쟁 시 초기에 집중대응이 필요한 전투력은 차선적으로 확보하며, 지속적 전투수행에 필수적인 군사력은 다소 시차를 두고 확보해 나갈 수 있을 것이다. 또한 유사시 미군의 조기증원능력과 일정계획을 한미협의를 통해 점검하고 완벽하게 갖추도록 해야 한다.

자주국방을 위한 국방관리운영은 한국적 군사변환을 지속하여 전투력 극대화를 지향해 고효율·저비용 체제를 구비해 나가는 것이 중요하다. 이를 위해서는 일차적으로 현행 각종 국방관리체제를 진단해서 과감하게 리엔지니어링을 해야 한다.[12] 즉 국방운영개혁을 지속해서

---

12) 미국 CSIS의 Hashim 박사는 후진국 군대가 병력이나 무기 숫자가 적은 것이 문제가 아니라, 국방자원을 조직화하는 관리능력이 미흡하여 전투

자주국방달성을 위해 무형전력 강화, 담당인력 전문화, 경상운영비 감
축, 연구개발체제, 계급 및 직급의 하향구조 추진, 국방운영 규정 및
절차 단순화, 국방정보시스템 첨단화, 공통기능의 통폐합 등을 지속적
으로 추진한다. 이와 같은 국방관리운영 체계의 고효율화는 방위태세
와 군사력 건설을 위한 일종의 볼트와 너트 기능을 치밀하게 수행하
는 것에 종국적 목표를 두어야 할 것이다.[13]

2. 자주국방론의 등장

우리의 '자주국방'은 닉슨 독트린이 발표되기 이전부터 추구되었다
고 볼 수 있다. 즉 60년대 말에 이미 '자주국방'이라는 용어가 등장하
고 있을 뿐 아니라 1970년대의 시정목표로서 자조정신 및 자립경제라
는 말과 함께 자주국방을 내걸고 있다. 이렇게 1960년대 말 이미 자주
국방론이 직접적으로 거론되고 등장하게 된 계기는 1968년 초에 있었
던 두 가지 충격적인 사건, 즉 무장공비의 청와대 기습사건과 프에블
로호 납치 사건이었다.[14] 이 두 사건을 처리함에 있어 미국의 소극적
인 대응태도가 한국을 자극하였으며 그 결과 한국에서 향토예비군이
창설되는 계기가 되었다. 즉 한국이 월남 파병을 하고 있는 시점에서
부족한 병력을 메우기 위한 군 현대화 작업과 함께, 예비전력으로서
대간첩 작전을 위한 향토예비군의 필요성이 대두되게 된 결과이다. 이
를 통해 자주국방의 기틀이 비로소 준비되기 시작했다고 볼 수 있다.
이와 같은 자주국방론의 등장은 제3공화국 국방정책의 변화 과정과

력 생성과 발휘에 효율성이 없다고 지적한다.

13) 전경만, 전게 논문, pp.9 - 10.

14) 민병천, "자주국방의 개념과 한국적 적용의 문제", 국방대학원, 『국방연
구』 제30호, 1971, pp.7 - 9.

무관치 않음을 발견할 수 있다.[15] 우선 제3공화국 정부는 공산주의 침략을 분쇄하여 조국통일을 성취한다는 전제하에 자주·자립·번영을 국정의 지표로 삼아, 이를 달성하기 위한 제3공화국 정부시책의 기본방침을 자립경제 기반의 구축을 목적으로 수립한 제1차 경제개발 5개년 계획을 완수하여 조국근대화를 이룩하는 데 두었다.

당시 한반도의 안보환경은 미·소 간의 핵실험금지조약이 체결됨에 따라 동서 간에 긴장이 완화되었으나 극동 지역에 있어서는 공산세력의 침략과 위협이 오히려 가중되고, 한반도의 휴전선상에서는 더욱 빈번히 일어난 침범사건으로 한층 불안이 고조되었다. 이에 제3공화국은 이와 같은 정세변화에 따라 국가안전보장체제를 가일층 강화하고 국력배양으로 대공방위의 기반을 구축한다는 데 목표를 두고 국방기본시책을 수립하였다.

제3공화국의 1964년도 국방기본시책은 첫째, 자유우방, 특히 미국과의 군사적 유대에 의한 집단안전보장체제의 강화, 둘째, 군 현대화에 의한 방위력의 향상과 북한괴뢰집단보다 우월한 군사력 유지, 셋째, 군의 정치적 중립 보장, 넷째, 교육훈련강화 및 장비의 질적 향상, 다섯째, 군 작전에 지장을 주지 않는 범위 내에서 국가경제발전에 기여하도록 군 장비의 효과적인 평시활용을 단행한다는 데 두고 수립되었다.

같은 해 정부는 예비역 장교를 확보하기 위해 학도군사훈련(ROTC)을 시행했으며 9월달에는 자유 월남에 군사적 지원(이동 외과병원, 태권도 교관 파견)을 하기 시작했다. 이듬해인 1965년에는 국방정책의 기본방향을 설정함에 있어 월남을 중심으로 한 동남아 지역의 격동과 중국의 핵실험, 그리고 북한의 군사력 강화에 따른 남침위협에 비추어 어느 때보다 국방력의 강화가 요청되고 있었다. 특히 군사 외교적 측면에

---

15) 이하는 국방부 전사편찬 위원회, 『국방사』 1961 - 1971, pp.61 - 83.

있어서 중국을 비롯한 공산국가들의 동남아 지역에 대한 영향력 확대를 위한 위협과 이에 따른 자유우방에 대한 공산침략이 바로 한국안위에 직결된다는 점에서, 월남에 대한 군사지원 문제가 대두되었다. 이러한 상황 아래에서 1965년도 국방정책은 첫째, 현병력 수준의 유지, 둘째, 군 장비의 현대화 촉진, 셋째, 교육훈련 및 정신무장 강화, 넷째, 자유우방 과의 군사유대 및 집단방위체제 확립, 다섯째, 핵 및 비핵전에 대비한 국방체제를 확립하는 데 두고 수립되었다.

1960년대 후반에 들어서서 정부는 국가목표를 자유민주주의 이념하 에 첫째, 국토를 통일하고 영구적 독립을 보전하며, 둘째, 국민의 자유 와 권리를 보장하고 국민생활의 균등한 향상을 기하며, 셋째, 국제적 위신을 확립하여 항구적인 국제평화의 유지에 노력함을 설정하였다. 따라서 이를 뒷받침할 국방정책으로 통일에 대한 기본정책과 동남아 의 안전과 평화를 도모하는 데 적극 참여하고 미국의 대월남정책의 지원과 동남아 및 서구우방과의 유대를 강화하며 국군의 월남 파병에 대처하여 예비사단을 전투사단화하고 월남 전선에 대해 적절히 지원 을 한다는 것이 주요추진방향이었다.

이를 바탕으로 정부는 1966년도의 국방정책을 다음과 같은 목표로 수립하였다. 첫째, 자유우방과의 집단안전보장체제를 한층 강화하고 대월남 군사지원을 계속한다. 둘째, 현병력 수준을 유지하고 장비현대 화, 교육훈련강화, 예비군사력의 보강으로 북한보다 우월한 군사력을 견지하며 국토통일에 기여할 수 있도록 역량을 배양한다. 셋째, 장병 급여의 개선 · 군 인사관리의 적정 및 민주 · 반공 · 군인정신의 함양으 로 군의 기본자세확립과 안정을 기한다. 넷째, 군사기구의 정비, 후방 지원체제의 개선 등으로 국군의 자주발전책을 강구 추진한다. 다섯째, 군 관리의 효율화를 기하여 국방예산을 절약하고 국토건설 및 대민사업을 지원하여 국가경제발전에 기여한다.

따라서 정부는 자체 방위력을 월남 파병 이전 수준 이상으로 증강시키기 위하여 국군 병력의 상한선을 60만 명에서 62만 명으로 조정하였다. 그리고 군 장비의 현대화를 위한 노력으로 미국과 다각적인 협상을 벌인 끝에 마침내 14개 항의 각서를 받아 내기에 이르렀다.

1967년을 '위대한 전진의 해'로 정한 정부는 1967년도 국방정책의 기본방향을 동남아 지역에서의 공산세력의 진출을 강력히 저지하기 위한 군사적·기술적 지원을 강화하고, 한국 자체의 방위력을 강화하기 위하여 병력 수준의 조정, 장비의 보완 및 현대화를 추진하며, 핵 및 비핵전 상황에 대비한 교육훈련을 실시하여 고도의 국방태세를 갖추는 데 두었다. 따라서 1967년도 국방기본시책의 목표를 다음과 같이 수립하였다.

첫째, 월남에 대한 군사력을 포함한 가능한 모든 지원을 계속할 것이며, 우방 각국과 협력하여 공산세력의 동남아진출을 강력히 저지한다.

둘째, 한국 자체의 방위력을 가일층 강화하기 위하여 신장비의 도입과 부족장비의 보충에 주력함은 물론, 전시에 즉응할 수 있는 군사작전 태세를 갖추어 적의 여하한 위협에도 대응할 수 있는 만반의 역량을 배양한다.

셋째, 적의 간접침략에 대응하여 대간첩작전장비를 도입 보완하고 국내치안을 교란하려는 적의 기도를 봉쇄한다.

넷째, 군사외교의 강화로 자유우방과의 잡단안전보장체제를 계속 신장하여 종합적 방위력의 향상을 기한다.

다섯째, 정훈활동을 강화하여 군의 반공정신 함양과 건군이념을 확고히 인식하게 하며, 국민의 군대로서의 정신자세를 확립한다.

여섯째, 예비군 동원체제를 발전시키고, 일단 유사시에는 즉각 응소하여 전열에 참가할 수 있는 체제를 향상시킨다.

일곱째, 국토건설과 대민사업을 지원하여 국가경제발전에 기여한다.

둘째 항을 보면 확실히 1967년에 들어서면서 정부는 자체 방어력의 중요성을 인식하기 시작했음을 알 수 있다. 그리고 예비군 동원체제를 강화하여 지역 방어의 주역으로 활용할 수 있게 한다는 의도를 읽을 수 있다. 자주국방은 이렇게 서서히 준비되고 있었다. 특히 정부는 군 장비의 현대화에 많은 노력을 기울였다. 그래서 우선 월남 파병 군의 장비를 최신의 장비로 교체하고 휴전선 지역의 위험성을 감안해 장비 교체 및 합리적인 인사운영과 3개 예비사단을 전투사단으로 전환시키며, 육·해·공군의 최신장비 도입에 주력하였다.

또한 정부는 1968년을 '대국토건설의 해'로 정하고 국방정책의 기본 방향을 밖으로는 월남의 평정계획을 적극 지원하여 동남아 지역에의 공산세력 진출을 강력히 저지하고, 안으로는 자체의 방위력을 강화하기 위하여 국가경제발전에 상응한 자주적 무기체계확립의 기반을 조성하여 국토통일에 기여할 수 있는 역량을 배양하는 데 두고, 1968년도 국방기본시책의 목표를 다음과 같이 수립하였다.

첫째, 군사외교의 강화로 자유우방과의 집단안전보장체제를 신장하여 종합적 방위능력의 향상을 기하는 한편, 월남평정계획을 적극 지원하여 공산세력의 동남아진출을 강력히 저지한다.

둘째, 장비현대화의 적극추진과 현대전에 적응한 교육훈련의 실시로 방위역량을 강화하는 한편, 대간첩작전장비의 도입 보완으로 적의 간첩침략에 대비한다.

셋째, 군 인사체제를 발전시키며, 병무행정을 쇄신하고 정훈활동의 강화로 군의 정신자세를 확립한다.

넷째, 국가경제발전과 더불어 군수산업육성책을 발전시키며 전후방 군사시설을 확충한다.

다섯째, 국가경제발전에 적극 참여하여 자유경제 확립 및 국토통일에 기여한다.

로 정했다.

특히 이 해에는 북한 무장공비의 청와대 습격사건과 푸에블로호 납치 사건이 터져 우리로서는 국방력 강화의 문제가 절박하게 대두되었다. 이에 정부는 향토예비군 조직에 착수하고[16] 국방부는 자주방위태세 확립에 역점을 두고 군수산업개발을 추진할 방위산업정비 3개년 계획을 수립하였다. 물론 당시에 표현된 자주적 국방체제란 자주국방 정책을 의미한다기보다는 국민과 군의 자조정신 즉 정신적 차원을 의미하며, 급격한 군사력 증강은 단시간 군사력을 확충한다는 개념이나 구체적 방향과 목표가 정립되지 않은 초보적 수준이라 하겠다.[17]

1969년도 들어 정부는 자주국방태세의 확립과 안정 기조를 통한 경제건설을 정부시책으로 설정했다. 이 목표에 입각하여 점차 국방의 역량을 키워 어느 때 가서는 남의 도움 없이도 독자적인 힘으로 국가를 방어할 수 있도록 한다는 자주국방 개념에 따른 국방정책이 수립되었다.

이러한 정책은 1968년에 격화하기 시작한 북한의 도발이 계기가 되어 대두하게 된 국방력 강화문제가 1969년에 들어와서 국군의 장비현대화와 향토예비군의 무장 실현으로 이어졌다. 이와 같은 상황하에서 수립된 1969년의 국방정책의 기본방향은 자주적인 국방체제를 확립하

---

16) 국방부, 『국방백서』, 국방부, 1968, pp.56-65.
17) 68년 청와대 사건 후 미국은 한국에 F-4 전폭기 1개 대대를 무마용으로 제공하였으며 이에 한국은 국내 기술수준을 검토하여 본 결과 충분히 자주적으로 무기의 국산화가 가능하다는 결론을 내림에 따라 「자주국방」이 1968년 청와대 사건 이후 시작되었음을 알게 한다. 즉 한국의 최초 「자주국방」은 한국의 국내 경제적 성장과 공업력의 증대, 미국의 양 사건에 대한 소극적인 대응에서의 자극, 그리고 자신의 자주적 의식에서 비롯된 정책임을 암시한다. 또한 당시 군부는 약 15년 후 미군은 한반도에서 완전 철수할 것이라는 예상을 했고, 미군이 있는 동안에 자주국방을 달성하여야 한다는 의지를 가졌다함. 조원철, 전게 논문, pp.41-42.

고 군사력을 증강하며 자유우방과의 대공공동방위체제를 확고히 함으
로써 공산침략을 증강하며 자유우방과의 대공공동방위체제를 확고히
함으로써 공산침략을 단호히 분쇄하고 실지를 회복하여 국토를 통일
할 수 있는 기반을 조성하는 데 두었다.

이에 따라 정부가 설정한 1969년도 국방기본시책의 목표는 다음과
같다.

> 첫째, 언제든지 적의 공격에 대응할 수 있는 만반의 임전태세를 갖추
> 며 군 경계태세의 완벽을 기하여 적의 침입을 봉쇄한다.
> 둘째, 장병의 정신무장과 교육훈련을 강화한다.
> 셋째, 장비를 현대화하고 군사시설의 요새화와 이의 보강을 촉진한다.
> 넷째, 잠재전력을 배양한다.
> 다섯째, 군사력 증강을 위한 행정지원을 강화한다.
> 여섯째, 자유우방과의 군사유대를 공고히 하고 월남전을 계속 지원한다.
> 일곱째, 국가개발계획에 적극 참여하고 사회문화 향상에 이바지한다.

1969년의 특징은 국방정책에 있어서 국력신장에 따른 국방력의 대
미의존도를 줄여 나가고 자주국방정책으로 전환하기 시작했다는 것이
다. 그러나 60년대 말까지의 「자주국방」은 개념의 정립이 부족한 상황
에서 단지 국민에 대한 정치적 동기에서 비롯되었다는 것이 일반적
견해라 할 수 있을 것이다. 왜냐하면 실제 국방백서에 나타난 자주국
방개념은 군사력에 대한 급격한 증강욕구로서 주요 관심은 무기획득
에 있었으며 군사력의 증강을 무기의 확보와 예비군의 강화에 두었다.
따라서 당시 예비군을 창설하려는 데에 대한 정치권과 여론의 설득용
으로 작성된 감이 없지 않다.[18]

---

18) 1968년도 국방백서의 대부분이 국방정책에 대한 기본적인 방향 제시만

이듬해인 1970년 정부의 기본정책은 안보적 차원에서 자주국방, 자립경제, 자조정신 아래 북한의 군사력과 경제력을 압도함으로써 무모한 전쟁도발을 억제한다는 데 두고 수립하였다. 특히 1970년에는 주한 미군의 감축문제가 표면화되면서 자주국방과 국군현대화문제가 한국안보와 직결된 최대의 당면과제로 부상되었다. 즉 이 해의 닉슨 독트린의 발표와 미국의 대한반도 군사정책의 변화가 한국의 「자주국방」의 등장을 촉진시켰으며, 본격적이고 국방 전반에 걸친 개념의 정립과 군사력 구조의 개선 및 군사력의 증강과 유지, 특히 군사력 운용 개념의 정립 등에 대한 노력이 70년대 초에 가장 활발하게 나타나기 시작한다.

닉슨 독트린은 지금까지 미국의 군사원조와 방위전략에 따라 어느 정도 한국의 방위문제를 미국에게 의존하던 한국 당국자들에게 커다란 심리적 충격을 준 것으로 보이며 특히 미국의 대아시아 정책의 중대한 변화와 한국문제의 탈유엔화 혹은 비미국화 정책에 큰 충격을 받지 않을 수 없었을 것이다. 더구나 주한 미 7사단의 철수와 미 2사단의 재배치는 미국이 한국에서 더 이상 개입하지 않으려 하는 미국의 의지로 해석할 수 있었다.

정부는 이를 계기로 '선 건설 후 통일'이라는 정책기조를 바꾸어 통일에 대한 보다 적극적인 접근방책으로 남북대화의 추진을 결정하고 8월 15일 북한에게 평화통일방안을 제의하였다. 이와 같은 정세하에서 국방정책의 기본방향으로 자주적이고 능동적인 국방태세를 확립하고 군사력을 증강하여 임전태세를 완벽하게 하는 동시에 자유우방과의

있고 대부분을 예비군의 창설 방법과 조직편성, 임무, 무장 등에 대해 설명하고 또한 방위산업에 대한 관심을 표명하고 주로 무기생산에 대한 개념, 의지, 방법 등에 대해 설명을 할애하고 있으며, 특히 군의 국방계획에 대한 실적위주의 설명을 하고 있어 다분히 홍보용이라는 느낌이 있다. 상게 논문, p.42.

군사적 유대를 공고히 하며 집단안전보장체제를 강화하여 공산침략을 단호히 분쇄하고 승공통일의 기반조성을 확고히 하는 데 두고, 1970년도 국방기본시책의 목표를 다음과 같이 수립하였다.

첫째, 군의 전투태세를 강화하여 북괴의 전쟁도발행위를 철저히 봉쇄한다.

둘째, 실전 위주의 훈련을 강화하여 전 장병을 전투요원화한다.

셋째, 군의 기강확립과 장병의 복지를 증진시켜 정신무장을 강화하고 전투태세를 확고히 한다.

넷째, 군수산업의 육성을 촉진하고 군수지원체제를 정비하여 전시지원태세를 확립한다.

다섯째, 향토예비군을 전력화하여 후방 지역 방위태세를 강화한다.

여섯째, 병무행정 체제를 개선하고 충원태세를 확립한다.

일곱째, 군의 기구를 재정비하여 국방관리를 개선하고 군의 효율적이며 경제적인 운용을 기한다.

여덟째, 자유우방 및 중립국과의 군사외교를 공고히 하고 집단안전방위체제 구현을 위한 노력을 한다.

아홉째, 국가개발사업에 적극 참여하여 국가번영에 기여한다.

이듬해인 1971년도 정부는 제2차 경제개발 5개년 계획의 마지막 연도를 '착실한 전진의 해'로 하고 ①자조정신, ②자립경제, ③자주국방을 시정의 목표로 하였다. 그중 자주국방에 있어서는 국가안보태세의 강화에 중점을 두고 안보외교와 관련하여 대미외교를 적극 추진하여 보장 없는 주한미군의 감축을 반대하고 제3차 5개년계획이 끝나는 70년대 중반까지 자주국방태세의 기틀을 마련한다는 방침 아래, 국방정책의 기본방향을 군의 경제적이고 효율적인 운영으로 자주국방체제를 강화하여 북한보다 우위의 국방력을 유지하고, 임전태세의 완벽을 기하며, 자유우방과의 안전보장체제를 더욱 공고히 하며, 북한의 침략야

욕을 분쇄하고 전쟁 도발 시에는 이를 단호히 섬멸한다는 데 두고, 국
방기본시책의 목표를 다음과 같이 수립하였다.

첫째, 전국 방어지대를 가일층 요새화하여 방어태세를 공고히 하고
북괴의 전쟁도발행위를 철저히 봉쇄하고, 침투된 적을 완전 소
탕한다.

둘째, 실전 위주의 교육훈련으로 전 장병을 요원화시켜 정병화를 기
한다.

셋째, 군의 정신교육을 강화하고 군 복지를 증진하며, 엄정한 군기강
의 확립으로 정신전력을 증대한다.

넷째, 군사과학기술을 발전시키고 과학전 능력을 강화하여 전투능력
을 증강한다.

다섯째, 대공 심리전 활동을 강화하여 북괴의 대남 적화통일야욕을
분쇄한다.

여섯째, 군수공업육성을 촉진시키고 군수지원체제를 개선 강화시켜
전시지원태세에 완벽을 기한다.

일곱째, 향토예비군의 실질적인 전력화를 위하여 동원(각군)태세를
강화하며, 후방 지역 방위태세를 강화한다.

여덟째, 병무행정제도를 개선하고 선병 분류업무를 개선하여 전시동
원태세에 완벽을 기한다.

아홉째, 군 기구를 재정비하고 국방관리를 개선하여 군의 효율적이며
경제적인 운용을 기한다.

열째, 자유우방 및 중립국과의 군사외교를 가일층 강화하고 한ㆍ미
방위조약을 주축으로 한 아시아 지역 집단안전보장체제의 구현
을 촉진한다.

열한 번째, 국가경제개발계획사업에 적극 참여하여 국토 방위력의 기
반을 공고히 한다.

이처럼 1970년대 들어서면서 자주국방에 대한 인식은 확고해졌다.

즉 한국은 자주국방을 본격적으로 내세우면서 한국적인 체제를 갖추려 노력했으며 그것은 제식훈련에 사용되는 구령과 동작에서부터 나타났다. 1970년 10월 1일 국군의 날 행사에서는 이전의 미국식 구령과 제식 동작을 한국식으로 바꾸어진 모습으로 나타났으며 행진곡도 미군이 일상 사용하던 것을 지양하고 한국의 민요를 편곡한 것을 사용했다.[19]

이러한 것은 한국군의 새로운 면모로의 변신을 의미하는 것이며 「자주국방」의 시작을 그러한 기초적이고 정신적인 것으로부터 시작하려는 의지를 보여주고 있다. 그러나 전반적인 「자주국방」 정책에 대한 청사진은 1971년 박 대통령의 「자주국방」 정책에 대한 구체적인 개념과 추진방향 등에 대한 언급 이후의 일로써 군은 이후부터 「자주국방」에 대한 기치 아래 구체적인 사업 착수를 하는 것으로 보인다.

여하튼 한국의 「자주국방」은 70년대 이전에서부터 시작하였다고 할 수 있으나 본격적인 시작은 미국의 닉슨 독트린은 한국의 초기 자주국방 세력에 대한 자극을 준 것임에 틀림없다.[20] 이것은 닉슨 독트린의 등장에 따라 미국의 세계전략과 대한반도 정책이 대폭 변화하였다는 인식하에, 동 독트린이 등장하기 이전인 60년대 말부터 추진되기 시작한 초보적인 한국의 「자주국방」 노력은, 70년대에 들어와 좀 더 본격적인 정책목표로 형성되고 구체화되어 총체적인 노력으로 전환하였다는 것을 의미한다. 그리하여 한국전쟁 이후 한국군의 군사력 건설이

---

19) 전후군사자료 제3권, p.179, 전게 논문, p.44 재인용.
20) 이 점에 대한 또 하나의 증거는 73년 군 최고지휘관 회의라 할 수 있는 이른바 "무궁화 회의" 출현 배경을 ① 닉슨독트린 선언, ② 주한 미 7사단 철수, ③ 월남전 자극 등을 이유로 「自主國防」이 요구되고 있기 때문이라고 밝히고 있는 점이 그것이다. 합동참모본부, 『무궁화회의 약사』, 합동참모본부, 1984, p.148-3. 참고, 상게 논문, p.44 재인용.

정책개념부터 전략, 구조, 무기체계에 이르기까지 하나의 체계를 이루고 발전되어 가는 과정은 닉슨 독트린의 영향을 받은 70년대 초반의 일로써, 특히 70년대 초반은 한국군의 중장기적인 군사력 건설과 운용에 대한 개념과 전략을 창출하려는 노력이 활발한 시기로 생각된다.

그럼에도 자주국방을 향한 우리의 노력이 외부적인 요인에 의해서만 이루어졌다고 볼 수는 없다. 전술한 대로 이미 우리 정부는 자주국방을 향한 꾸준한 노력을 경주해 왔으며 그런 일련의 과정 속에서 1970년대 들어 본격적인 체제를 갖추기 시작했다고 해석해야 한다. 어차피 북한의 위협과 지정학적으로 강대국에 둘러싸여 있는 우리에게 자주국방은 민족의 생존문제와 직결된 것이었기에 반드시 달성해야 할 안보목표였기 때문이다.

Ⅲ. 이승만의 국방정책21)과 전력 증강

1. 이승만 정권의 자주국방 배경

이승만 정권에서의 국방정책은 국가정책 순위에서 적어도 6·25 이전까지는 후순위였다. 그것은 당장의 국가건설을 위한 정부 조직 구축과 시급한 경제 체제의 형성에 여력이 없었기 때문이다. 그러나 그 기초가 갖추어지기도 전에 전쟁의 참화를 겪으면서 정부는 국방정책을 중요시 여기게 되었고 또한 무리한 북진 통일 등 반공정책으로 인한 국내정치의 파행 원인이 되기도 했다. 그럼에도 정부 수립 후 이승만 정부는 조국분단의 조속한 종식으로 통일을 이룩하는 것만이 민족의 생존과 국토보존을 위한 유일한 활로로 믿고 있었다.

이러한 민족적 염원은 그대로 건국 초기의 국가목표 설정에 반영되었다. 즉 초대 이승만 대통령은 1948년 8월 15일 정부수립선포 기념사를 통하여, 첫째, 대한민국 정부는 헌법에 규정된 바와 같이 한반도 전체에 대한 주권을 가진 유일한 합법정부임을 내외에 천명하고 국제적 승인을 획득함으로써 그 지위를 확립하고자 하며, 둘째, 국토통일에 관하여는 선거가 유보된 북한에서 하루빨리 민주적 선거를 실시하여, 국회에 남겨 놓은 100석의 의석을 채울 수 있는 방도가 강구되기를 촉구하고, 셋째, 북한수복은 북한 동포들의 자발적 의사에 의하여 성취될 수도 있으나, 북한에서의 자유선거가 공산주의자들에 의하여 계속 억압받을 경우에는, 대한민국은 무력으로라도 북한에 대한 주권

---

21) 이하는 국방부전사편찬위원회, 『국방사』 1950. 6-1961. 5, 국방부, 1987, pp.53-85.

을 회복할 권한이 있음을 내외에 선포하였다.

또한 이승만 대통령은 1948년 9월 3일에 국회에서 행한 최초의 시정연설을 통하여, 정부의 3대 기본목표를 첫째, 대한민국은 정의와 인도에 입각한 민주주의의 실천국가임을 천명하였다. 또한 민주주의를 보위하는 국가군의 일원으로서, 안으로 생존의 길을 찾고 밖으로 우방들과 더불어 국제만방의 친선협조와 세계인류문화의 공헌에 전력을 다하며, 둘째, 정부는 국가경제의 위기를 극복하고 국민생활의 안정을 도모하기 위하여 산업의 긴급재건과 경제부흥에 정치의 중점을 두겠으며, 셋째, 관규의 준수, 인사의 쇄신, 사무의 간소화 및 책임제를 독려하여 중앙집권제적 행정체계의 설치에 노력하는 한편, 혼돈한 사상을 시급히 통일하고 건국이념을 천명하며, 사회기풍을 숙정하여 민족문화의 발전을 도모할 것을 밝혔다.

이와 같이 이승만 정권의 정책선언과 시정방침의 개념은 첫째, 남북통일과 우방과의 군사적 유대강화, 둘째, 미국의 극동전략과 대한군사정책에 의거한 자위력의 강화, 셋째 북한 지역의 자유선거에 의한 북한수복의 실현 등 세 가지의 맥락으로 집약된다.

이러한 건국 초기의 국가목표를 배경으로 초대 이범석 국방부장관은 국방시책으로서 "연합국방과 강력한 지상군의 육성"을 표방하였다. 여기서 제시된 연합국방은 미국을 비롯한 우방 국가들과의 긴밀한 유대강화로 국토를 방위하는 집단안보적 개념을 의미하는 것이었다.

그러나 당시, 북한의 대남 도발이 점차 격화되고 남침위협이 증대되자, 이 대통령은 종래의 평화적 남북통일을 지양하고 무력에 의한 북진통일을 주창하였다. 이승만 대통령의 북진통일론은 무력통일을 결행하려는 실천적 차원의 통일정책이나 국방정책의 기조에 근거한 주장이 아니라 단순히 명목상의 구호에 불과한 것이었으며, 이는 점증하는

북한의 대남 위협을 견제하고 국민의 총력적인 반공의식을 제고하기
위한 정략적인 명분론에 지나지 않았다.[22]

그러므로, 정부는 당시 표면상으로는 북진통일을 주장하면서도 국제
적으로는 미국에 적극적인 대한군사지원을 호소하면서 자체방위를 위
한 군사력의 육성에 주력하였다. 특히 이승만 대통령은 북진 무력통일
론을 협상카드로 적절히 활용해 미국의 한반도 군사지원을 적극적으
로 유도해 냈다. 6·25 전쟁 중 이승만은 '한미 상호방위조약'을 이끌
어내기 위해 한국 단독 북진론을 강력히 주장해 미국을 곤혹스럽게
하기도 했다. 여기서 이승만 정부의 북진 통일론은 우리의 국방정책이
라기 보다는 정국안정과 안보적 목적을 동시에 이루는 효과를 노렸다
고 할 수 있다.[23]

2. 안보정책

정부는 남북통일을 성취하지 못하고 또다시 새로운 군사분계선의
설정으로 국토가 분단된 채 휴전이 성립되자, 휴전을 전쟁의 종결로
간과하지 않고 일시적으로 전쟁이 정지된 정적인 정전개념에 입각하
여 이에 대응하기 위한 안보대책을 강구하였다. 이러한 정전개념은 이
승만 대통령이 휴전 직후인 1953년 8월 9일 전 국민에 대하여 발표한
다음과 같은 성명에 명백히 반영되었다.

"(전략) 우리의 변함없는 결심은 중국군이 북한에서 물러가지 않
고는 평화나 휴전을 수락하지 않겠다는 것이다. 그러나 한·미 간에

---

22) 이호재, 『한국 외교정책의 이상과 현실』, 법문사, 1986, pp.285-289.
23) 이민룡은 이를 북한의 군사적 위협에 대응하는 공갈정책이었다고 표현
   하고 있다. 윤정원·이민룡 외, 『국가 안보론』, 건영사, 2001, p.509.

협의되기를 우리의 통일문제가 몇 달 기한으로 정지되는 것뿐이니 우리의 목적에는 변경이 없는 것이다. 이번에 협의된 것은 3개월 이내에 개최하기로 예정된 정치회담에서 통일을 이루지 못하게 될 때에는 유엔 16개국과 미국은 한국과 협력하여 통일을 성취하도록 노력하는 것이었으며, 비록 유엔제국이 다시 전쟁을 재개한다는 조건을 명문화하지는 않았으나 우리의 필요에 의하여 단독으로라도 전쟁을 재개한다는 것을 다 인정하고 있다. 유엔제국은 이에 합심하여 우리를 원조할 것으로 믿는다. (후략)"

이와 같은 이승만 대통령의 성명은 중국군이 북한에 체류하는 한 한국의 안전은 보장될 수 없다는 것과, 정치회담에서의 통일문제 해결을 기대하고 있으나 그것이 결렬될 경우 전쟁은 속개되어야 하며, 그러한 경우 유엔 참전 16개국의 공동작전에 의하여 남북통일을 이룩해야 한다는 것을 강조한 정책적 주장이었다. 이때, 가장 중요시되었던 문제 중의 하나는 휴전을 정적인 정전으로 간과한 휴전개념에 입각하여 휴전 후 안보적 차원의 현안문제로서 대두된 것이 미군의 계속적인 한국주둔문제였다.

특히 이승만 정부는 미국이 북한과 휴전협정을 서두르자 미국에게 상호방위조약이 체결되지 않는다면 휴전협정에 반대할 것을 명확히 했다. 즉 이승만 정부의 요구사항은 첫째, 한국에 대한 외국의 침입이 있을 경우 미국은 자동적으로 지원할 것, 둘째, 한국군대에 대한 군비 제공, 셋째, 미국 해·공군의 한국주둔 지속 등 세 가지였다.[24]

이승만 대통령과 덜레스 미국무장관은 한·미 간에 한미상호방위조약을 체결하는 데 합의하고, 조약 원안에 가조인한 다음 1953년 8월 8

---

24) 외무부, 『한국외교 30년』, 1979, p.107. 이승만은 아이젠하워 미국 대통령이 소극적으로 나오자 전격적으로 반공포로들을 석방하면서 미국에 압력을 가했다.

일에 공동성명을 발표하면서 그 의미를 "오늘부터 이 공동방위조약이 발효하게 되는 날까지 사이에 한국에 있는 양국군대는 유엔군사령부에 소속되며, 동사령부는 휴전조약에 의거하여 행동할 것이다. 이 기간 중에 공산군이 휴전협정을 위반하고 한국에 불법적인 무력침공을 가하는 일이 생길 경우, 한국군을 포함하는 유엔군사령부는 그와 같은 불법공격을 동사령부와 한미양국 군대에 대한 공격과 위협으로 간과하고 즉시 그리고 자동적으로 반격을 가할 것이다. 양국정부는 공동방위조약이 발효하게 된 이후, 미국이 한국에 주둔하게 할 군대의 지위 그리고 우리들의 공동사업을 수행하는 데 필요한 한국 측의 시설과 인원의 사용에 관한 협약을 즉시 상의하게 될 것이다. 그동안, 한국은 계속 유엔군사령부와 협력할 것이며, 한국에 있는 유엔군의 지위와 그들에 대한 한국 측의 시설 및 인원의 사용은 현재대로 계속될 것이다."라고 미군의 한국주둔을 명백히 밝혔다.

정부가 휴전 후 미군의 계속적인 한국주둔문제와 더불어 역점을 두지 않을 수 없었던 또 하나의 문제는 곧 38도선 이북으로 격퇴된 북한군이 휴전 후의 평온기를 이용하여 전력을 재정비 강화한 다음 또다시 남침의 호기를 노려 재남침을 자행할 것에 대비하여 북괴군을 제압할 수 있는 강력한 군사력을 시급히 보유하는 문제였다.

따라서 정부는 휴전 직전에 미국 측과 합의한 한미상호방위조약을 휴전 후인 1953년 10월 1일 미국 워싱턴에서 체결(1954. 11. 17. 발효)하고 한국의 육·해·공군에 대한 미국의 대폭적인 증강지원을 촉진시켰다. 특히 전쟁에 동원된 미군 36만 명의 철군과 함께 이승만은 한국에 대한 군사지원을 요구했다. 결국 1954년 11월 한국정부는 유엔군사령관인 헐(John E. Hull) 대장과 협상을 벌여 '경제 및 군사원조에 관한 한미 간의 합의의사록'에 합의하였다. 여기서 유엔군에게 있던 작전 지휘권 중 작전 통제권만 계속 인정하고 국군에 대한 지휘권은 반환한다는 내용과 경제 및 군사지원 총액 7억 달러의 제공을 약속 받았다. 이로써 한국은 한반도의 분단 이후 독자적인 안보가 불가능한 상황을 미국의 군사지원을 통해 해결한다는 정책구상을 일단 성공적으로 정착시켰다.[25]

3. 전력 증강 정책

정부는 휴전 후 전쟁복구에 총력을 경주하는 한편 한·미 상호방위조약의 체결을 계기로 안보체제강화에 주력함과 아울러 북한의 재남침에 대비한 전력증강에 최대의 노력을 집중하였다. 특히 한·미 상호방위조약으로 인해 일단 북한의 위협에 대응하는 안보체제의 기본을 갖추었다고 판단한 정부는 전력 증강 정책을 추진하였다. 6·25 전쟁을 치르면서 한국은 북한에 비해 현저한 군사력의 열세를 경험했기 때문에 우선적으로 자체 군사전력 증강에 매진하지 않을 수가 없었다. 따라서 종전 이후 이승만 정부의 국방정책은 군사전력 증강, 정예부대의 육성, 군수지원의 강화, 예비전력의 확충 등 방위력 강화와 확보에 역점을 두었다.

1) 육·해·공군의 전력증강

육군은 전시 중에 18개의 사단으로 확장되었으며, 휴전 직후에는 제28·제29사단이 추가로 창설되어 총 20개 사단 보유와 함께 60만 명 규모로 성장하였다. 이에 따라, 군단은 전시 중의 3개 군단에서 휴전 후 제5·제6군단의 추가창설로 5개의 군단으로 증편되었으며, 이를 통

---

25) 윤정원·이민룡 외, 전게서, pp.512-513.

할지휘하기 위한 제1야전군사령부가 창설되었다.

또한 육군은 예비사단인 제30·제31·제32·제33·제35·제36·제37·제38·제39·제50사단 등 10개 사단을 창설하고, 각 지역을 관할하기 위한 5개 군관구사령부(제1·제2·제3·제5·제6군관구사령부)를 창설하였다. 이에 따라 육군은 이 부대들을 통할지휘하기 위한 제2군사령부를 창설하여 전방부대와 후방부대의 임무한계를 이원화한 통제지휘체제를 갖추게 되었다.

이 밖에, 육군은 지원부대로서 전시 중에 10개 포병단에 불과하였던 야전 포병단을 휴전 후 21개의 포병단으로 증강하였으며, 전쟁 중까지 전혀 보유하지 못하였던 고사포부대를 휴전 후 1개 여단을 창설하였다. 또한 육군은 전시 중에 기갑부대로서 3개 대대밖에 보유하지 못하였던 전차대대를 휴전 후에 7개 대대를 증설하여 도합 10개의 전차대대로 증강하였다. 공병은 전시 중에 5개 야전공병단에 불과하였으나, 휴전 후 16개의 공병단으로 증강되었으며, 그 밖에 전투병과교육사령부와 군수기지사령부, 교육총본부 등을 증창설하는 한편, 병참부대·통신부대·화학중대 등 지원부대를 창설함으로써 육군은 정규군으로서의 진면모를 갖추게 되었다.

해군은 1953년 9월 제1함대를 한국함대로 개편한 후, 1954년을 기점으로 해군증강 5개년 계획(1954-1958)을 수립하고 해군세력을 확장해 나갔다. 특히, 해군은 한미상호방위조약의 발효에 따라 1955년에 미해군으로부터 PCE(Patrol Craft Escort: 경비정) 2척을 인수한 것을 비롯하여, 1956년도에 LST(Landing Ship for Tank: 상육용단정) 2척을 인수하기까지 2년간에 도합 31척의 함정을 인수하였다.

그리하여, 한국함대는 그 예하에 제1전단·제2전단·함정 훈련단·제31전대·제51전대·함대항공대 등 3개의 전대를 보유하게 되었으며,

1956년 4월에 동·서·남해의 전역에 걸친 해상작전지휘권을 유엔함
대로부터 인수하고 단독 해상작전임무를 수행하기 시작하였다.

한편, 해군은 자체의 기술로 함정건조에 주력하여 화물 운반정 YCK-
2호정과 Sledtarget 1척을 건조한 것을 비롯하여, AO-1함과 YAG 7호정
의 구명정을 각 1척씩 건조하는 등 점차 자주적인 조함기술의 향상을 도
모하였다. 그 뒤, 해군은 함정의 노령화에 따라 1958년부터 1960년 사이
에 LST 10척과 PC(Patrol Craft: 순시정) 2척 그리고 LCS(Landing
Craft Support: 상육용단정 엄호함) 2척 등 14척을 퇴역시키고, 1959년과
1960년 사이에 LST 1척, APD(Attack Personnel Destroyer: 부대수송구
축함) 1척, MSC(Mine Sweeper Coastar: 연안소해정) 3척, PC 2척,
LSMR(Landing Ship Medium Rocket: 로켓장비 중형상육함) 1척 등 8
척을 새로이 도입 보충하였다. 이로써, 해군은 1960년 말까지 총 함정 115
척을 보유하게 되었다.

해병대는 전시 중에 1개의 전투단을 보유한 규모에 불과하였으나,
휴전 후 1954년 2월에 제1전투단을 제1여단으로 증편하고, 1955년 1월
에는 제1여단을 제1사단으로 증편하였다. 또한 해병대는 1955년 3월
14일에 미해병 제1사단으로부터 작전 지휘권을 인수하여 독자적인 작
전임무를 수행하기 시작하였다.

해병대는 1955년부터 서해도서 부대를 비롯하여, 사령부대대·교육
단·보급정비단·포항부대·TTU(Traning Task Unit: 특수임무부대)
등을 창설하였으며, 그 뒤 1958년 4월에는 포항기지사령부를, 1959년
2월에는 진해기지사령부와 제2상육 훈련단을, 그리고 제1연대를 기간
으로 한 제1임시여단을 각각 창설하였다.

공군은 휴전당시에 제10전투비행단을 기간으로 F-51D전폭기 79대
를 주력으로 한 총 110대의 항공기를 보유하고 있었다. 휴전 후에는

1954년 11월 29일에 한·미 군사회담의 일환으로 개최된 공군분과위원회에서 한국공군에 1개의 제트전투비행단을 창설할 것과 C-46D운송기를 제공하기로 합의함에 따라 공군의 현대화가 급속도로 추진되기 시작하였다.

즉 공군은 1953년도에 제60항로통신지원대를 창설하고, 1955년 4월에는 미공군으로부터 C-46D운송기 6대를, 11월에는 추가로 11대를 각각 인수하였다. 또한 공군은 1955년에 제60통신전대·제70항포통신전대·제50기상전대 등을 총괄하는 제7항로 보안단을 창설하는 한편, 미공군으로부터 F86F제트전투기 14대와 T-33 9대를 인수하게 되어 제트전투기를 처음으로 보유하기 시작하였다.

한편, 공군은 1955년 중에 제5혼성비행단을 창설하고, 1956년에는 미공군으로부터 F86F제트전투기 68대를 추가로 인수하여 제10전투비행단에 배치하였다. 이로써 공군은 전투단의 제트화를 완료하고 항로관제통신능력을 배양하여 ARTC(Air Route Traffic Contror: 항공교통관제)를 인수 운영하게 되었다.

또한 공군은 1957년부터 강릉의 레이다시이트를 미공군으로부터 인수하여 방공 관제관을 갖추기 시작하였으며, 1959년에는 오산의 중앙방공관제소를 미공군으로부터 인수하는 등 한국 내의 항공관제기구를 완전히 인수하였으며, 이를 계기로 전 관제 경보망을 장악 관리하게 되었다.

공군은 연이어 1958년 중에 제11전투비행단·제31전술통제비행전대·제32전술정찰비행대대·전 33구조 비행대대 등을 창설하여, F86F전투기에 의한 전술공군 작전임무와 근접항공지원작전을 수행하게 되었다. 그 후, 공군은 1960년에 제108격추전투비행대대를 창설하여 최초로 3대의 F86D 전천후 격추기를 미공군으로부터 도입한 데 이어 당

해연도에 18대를 추가로 도입함으로써 한국공군의 현대화에 새로운
기원을 이룩하는 전기가 되었다.

2) 예비 병력의 확보

국방부는 유사시 예비 병력의 동원을 원활히 하기 위하여 1949년 8
월 6일에 병역법을 공포시행하기 이전부터 예비군으로서의 호국군제
도를 실시하였으나, 이는 현역복무를 마치고 제대한 예비역이 아니었
으며, 그 인원도 6·25 전쟁 발발 이전까지는 얼마 되지 않는 미미한
수준이었다.

그러나 휴전 이후 제대장병이 점차로 증가됨에 따라 국방부는 예비
군의 운영을 합리화시키기 위하여 예비군제도를 발전시키게 되었다.
예비군제도가 본격화되기 시작한 것은 1955년 2월 22일부터 동년 6월
20일까지 사이에, 육군에 10개의 예비사단이 창설되고, 해병대에 해병
제2상육사단(예비사단)이 1959년 2월 15일에 발족되면서부터였다.

예비사단은 예비군을 재훈련하고 동원체제를 확립하여 유사시에 대
비하는 데 그 목적이 있었다. 이에 따라 육군은 1956년 1월 9일 제30
사단과 제32사단에서 처음으로 병무소집을 개시한 이후 매년 계속 실
시하였고, 해병대에서는 1957년 6월부터 병무소집을 실시하기 시작하
였다. 한편, 해군과 공군은 예비역의 실태파악을 위한 방편으로 이러
한 병무소집을 실시하였다. 즉 해군은 1956년 9월에, 공군은 1959년도
이후 매년 간열소집을 실시하였다.

이와 같이, 각 군은 예비병역병에 대한 재교육 또는 점검을 실시하
는 한편, 유사시의 예비군활용을 위한 동원절차 등 각 군에 적합한 예
비군제도를 연구 발전시킴으로써 예비군운영은 점차로 활기를 띠게
되었다. 육군예비역장병의 연도별 근무소집실적은 〈표－1〉과 같다.

〈표-1〉 육군예비역장병의 연도별 근무소집실적

장병별 구분 / 연도별	장 교			사 병			기 피 자	
	계획인원	응소인원	비율	계획인원	응소인원	비율	장교	사병
1956년도	5,430	3,140	57.8%	156,812	153,421	97.8%	1,270	26,002
1957년도	5,430	2,874	52.9%	204,374	158,594	77.6%	1,589	65,500
1958년도	11,490	5,257	45.8%	327,061	222,009	67.8%	3,946	149,037
1959년도	5,832	3,478	59.6%	152,924	133,399	87.1%	656	38,794
1960년도	5,832	2,078	35.6%	211,400	165,130	78.1%	-	-
계	34,014	16,827	50.3%	1,052,571	832,553	81.6%	7,461	279,333

해병대예비병역장의 연도별 근무소집실적은 〈표-2〉와 같다.

〈표-2〉 해병대예비병장의 연도별 근무소집실적

	장교		하사관		병		합계		
	계획인원	응소인원	계획인원	응소인원	계획인원	응소인원	계획인원	응소인원	%
1957년	29	17	582	514	389	476	1,000	1,007	100.7%
1958년	17	12	858	725	1,494	1,305			
1959년			(미상)				2,369	2,042	86%
			토병계획 11,880		사병응소 7,079				
1960년	120	88					12,000	7,167	60%
합계	166	117					15,369	10,216	81.6

3) 민병대의 창설

국방부는 전시 중에 예비 병력 확보의 일환책으로 학생군사훈련을 실시하여 학도들의 반공정신강화와 아울러 예비 병력의 확보에 적지 않은 성과를 거둔 바 있었다. 그러나 학생군사훈련은 배속교관의 활동제약과 재정지원의 미약 등 여러 가지 면에서 많은 문제점을 안고 있었다.

국방부는 이 같은 제반문제점을 보완하기 위해 제2국민병의 전원을 대상으로 한 민병대의 조직을 검토한 끝에, 휴전 직전인 1953년 7월 23일 대통령령 제813호로 민병대령을 제정공포하고 본격적인 민병대를 창설하게 되었다. 이에 따라, 동년 9월 10일에 일체의 청년단체는 해체되고, 9월 17일에 대한청년단의 해산성명이 발표되었다.

민병대원은 원칙적으로 제2국민병의 전원을 대상으로 하였으나, 우선 제1차적으로 1952년 9월 1일을 기준으로 하여 만 17세 이상 만 36세까지의 장정을 대상으로 하였으며, 민병대령 제2조 제3항의 규정에 의하여 공무원 중의 일부와 학생 및 불구자는 제외되었다. 민병대의 결성은 각 지구 사령부가 중심이 되어 도청·재향군인회지부, 기타 관계기관의 협력하에 이루어졌으며, 1953년 8월 23일에는 서울특별시에 9개 구를, 9월 15일까지에는 경기·충남·경북을 합하여 총계계수의 약 반수인 1,459개 대를 편성하였고, 9월 20일까지 충북·전남·전북·경남·제주를 합하여 총 2,129개 대를 결성하였다. 그 뒤 강원지구의 397개 대와 상기 각 지구 중의 미결성군 그리고 최후로 울릉도를 합하여 동년 10월 6일까지 전국의 민병대 결성을 완료함으로써, 총 대수는 3,985개 대이고 총 대원수는 127만 7,955명에 달하였다. 그러나 국방부는 이 거대한 민병대의 조직을 운영하던 중 여러 가지 문제점이 제기되자, 1955년 5월 7일 국방부 일반명령 제136호에 의하여 민병대를 해체하였다.

4. 이승만 자주국방의 의미

이승만 정부의 기간은 계획적이고 장기적인 차원에서의 안보정책이 설정되고 추진되었다고 평가할 수는 없다. 그것은 국가건설 초기라는 시간적 공간적 제약에서 기인하는 문제로 정부 기구와 제도의 정립과 경제체제 건설이라는 시급함에 안보 분야는 자연스럽게 후순위로 물러날 수뿐이 없었다. 더욱이 채 국가의 기본 구조 건설도 이루어지지 않은 상태에서 6·25라는 극단적이고도 전면적인 전쟁상태에 처하게 됨으로써 안보문제의 중요성이 급격히 제기되었다고 할 수 있다. 그러나 이 같은 안보 분야의 부상은 반공 이데올로기에 대한 정치적 악용과 맞물려 이승만 정권 내내 국내정치를 파행으로 모는 구실이 되기도 했다.

  이승만 정부의 국방정책은 기본적으로 미국과의 철저한 유대를 바탕하고 나아가 미국의 지원에 상당부분을 의지해야 했다. 미국으로부터 지원된 군원은 시설확충에 투입되었으나 많은 부패 문제와 연관되어 국내외적인 정치사건으로 비화되는 문제를 낳기도 했다. 이런 와중에서도 1958년도에는 어느 정도의 성과가 나타나 신형전차의 도입, 포병전력 증강, 구축함 도입 등 총 6개 항에 걸쳐서 전력을 증강한 조치가 이루어졌다.[26]

  이처럼 전쟁 이후 이승만 정부는 자주적 군사력 확보라는 숙원을 인지하고 이의 달성을 위해 많은 노력을 기울였다. 이런 과정에서 많은 정치적 사건과 때로는 무리한 진행 그리고 경제보다 국방에 보다 많은 투여를 해야 할 수뿐이 없었던 현실 등 건국 초기의 혼란과 더욱이 북한과의 전쟁을 치르는 가운데 이 같은 기초를 닦아 놓은 것으로 안보 분야에 관한 이승만 정부의 노력은 평가되어야 한다.

---

26) 백선엽, 『군과 나』, 대륙연구소출판부, 1989, pp.324-325, 상계서, p.515 재인용.

Ⅳ. 박정희의 자주국방

1. 자주국방 정책의 배경

1970년대 들어서면서 동북아는 미국을 중심으로 한 자유민주주의 체제와 소련을 중심으로 한 공산 진영으로 양분되어 냉전적 대립이 극에 달하던 시기였다. 그런 가운데 중국과 일본이 새로운 강국으로 국제무대에 서서히 등장하면서 다원주의적 국제질서가 형성되는 시기이기도 했다.[27]

특히 미국은 베트남 전쟁의 깊은 늪에 빠져 국론이 분열되면서 세계의 경찰국가로서의 위상과 이미지에 큰 손상을 받고 있었다. 이에 미국 내에서는 베트남에서 미국이 명예로운 퇴진을 해야 한다는 주장이 강력히 제기되고 이를 위해서는 베트남과 이웃한 중국과의 대화가 필요하다는 주장이 제기되었다. 이에 1972년 미국의 닉슨 대통령은 전격적으로 중국의 북경을 방문하여 양국 간의 정상회담을 개최하고, 냉전상태의 완화를 위해 아시아 지역의 정세 안정과 평화유지를 위한 상호 관계 개선 및 제한된 협력의 기틀을 마련하기에 이르렀다.

당시 미국의 대한정책은 한·미 상호방위조약과 전통적인 우의에 기반을 두고 미국의 의무를 성실히 수행할 것을 다짐하면서 국제적인 지지와 지원은 물론 군사, 경제적인 협조를 계속하였다. 그런 가운데 미국은 1971년 3월 닉슨 독트린의 일환으로 미 제7사단을 철수시켰다. 미 제7사단의 철수는 미국의 휴전선에서의 철수를 의미했다. 그러나

---

27) 서춘석 외, "자주국방의 개념 정립 및 한국자주국방의 과제", 육군사관학교 화랑대 연구소, 1996. 12, p.33.

철수한 미 제7사단의 공백은 남은 제2사단의 장비 증강으로 충분히 보완되었다.

그러나 1977년 인권외교를 주장하면서 등장한 미국의 지미 카터 대통령은 대통령 선거의 공약으로 주한미군 철수를 들고 나왔다. 그는 남은 제2사단마저 철수하겠다는 것이었다. 그러나 그런 그의 공약은 여론에 밀려 이루어지지 못했다. 그럼에도 우리의 안보 환경에 심각한 영향을 미친 것은 확실했다. 박정희 시대 자주국방의 의지를 더욱 다지게 되는 것은 이러한 외부적 환경과 요인에 의한 바가 컸다.

한편 북한은 1972년 7·4 남북 공동성명에 의거해 남북 화해와 긴장 완화에 동참하는 듯했지만 그런 가운데 남침용 땅굴이 연이어 밝혀지면서 그들의 저의를 의심받기에 충분했다. 즉 1974년 11월 고랑포, 1975년 3월 철원, 1978년 10월 판문점 등지에서 발견된 북한의 땅굴은 그들의 남침 야욕과 적화 통일에 대한 끈질긴 집념을 확인시켰다. 더욱이 1976년 8월에는 판문점에서 미루나무 벌목 작업을 하던 미군 장교 2명을 도끼로 살해하는 만행을 서슴없이 저질렀다. 이 사건을 계기로 남북대화의 진전 상황과 상관없이 북한의 실체를 국내외적으로 확실하게 인식하는 계기가 되었으며 우리의 안보 위협에 대처하기 위해서는 국방력의 신장이 절실함이 전 국민적 공감대로 형성되었다.

이 같은 안보적 배경 속에서 박정희 시대 역시 우리의 국방여건이 크게 개선되기는 어려운 시기였다. 정치 경제 면에서 대내외적인 불안한 환경과 여전한 북한의 남침 위협은 우리의 안보에 상당부분을 미국에 의지하지 않을 수 없게 만든 요인들이었다. 그러나 박정희의 확고한 안보의식과 의지는 그의 정책에 그대로 반영되어 자주국방의 열의가 그 어느 때보다도 높았던 시기라고 할 수 있다. 결국 이러한 그의 의지는 정권 말기 미국과의 불화와 갈등 요인이 되기도 했다.

1960년대 후반 북한의 군사적 위협이 심각한 수준에 이르렀다. 1968년의 1·21 사태는 실로 충격적인 군사도발이었다. 북한의 무장게릴라가 청와대를 기습하려다 미수에 그치는 사건이 발생하였고, 이틀 후에는 미해군 함정인 푸에블로호가 납치되는 사건이 잇달아 터졌다. 더구나 이러한 일련의 군사도발에 대응하는 과정에서 미국정부는 한국의 강력한 보복정책을 억누르고 미온적인 태도로 급급하면서 결국 한국민의 불만을 증폭시켰다. 이에 한국정부는 북한의 위협에 대하여 적절한 자구책이 필요하다고 보고 자주국방 강화책을 안보시책으로 제시하였다. 이러한 결정은 국방정책의 기조에도 그대로 반영되어 1969년부터는 자주국방정책의 추진이 중요한 위치를 차지하게 되었다.[28]

자주국방의 구체적인 목표는 몇 가지로 세분되었다. 우선 정부는 첫째, 향토예비군의 창설이 필요하다고 판단하여 미국의 양해를 받아내고 2백만 예비군을 확보하게 되었다. 둘째, 미국과의 안보문제 논의를 위한 협의채널이 필요하다고 판단하여 양국 간 연례 안보회의를 개최할 것을 제의하였다. 이 제의는 1968년 4월 호놀룰루에서 개최된 한미정상회담에서 공식 합의되었으며, 1968년 5월 워싱턴에서 제1차 한미국방각료회담을 개최하게 되었다. 이 회담은 1971년 제4차 회의에서 협의범위가 확대되면서 명칭이 '한미안보협의회의'로 변경되었다. 셋째, 한국군의 현대화 계획을 입안하여 본격 추진한 것이다. 한국정부가 군 현대화계획에 관심을 가진 것은 이보다 앞선 1966년경이었다. 베트남 참전에 대한 반대급부를 요구하는 과정에서 소위 '브라운 각서'로 알려지는 문서에 이미 미국은 한국군의 현대화계획을 지지한다고 약속하였다. 그러나 이 약속은 한국군의 현대화에 그다지 큰 효과

---

28) 1969년도의 정부시책은 자주국방태세의 확립과 안정 기조를 통한 경제 건설이었다. 국방부, 『국방사』, 제3권, 전게서, p.71.

를 주지 못하였다. 결과적으로 소수의 구형전차와 주월 한국군에 대한
M16소총 지급 등 그 효과는 미미한 수준에 그쳤다.[29]

우리에게 본격적으로 자주국방이 필요하다고 인지시킨 계기는 미국
의 '닉슨 독트린'이 발표되면서였다. 국가방위의 1차적 책임은 바로 자
국에게 있다는 내용의 이 선언의 후속조치로서 1971년 3월 동두천에
주둔하고 있던 주한미군 7사단이 철수하기에 이르면서 휴전의 경계는
한국군이 전적으로 책임지게 된 것이다. 이를 계기로 한국은 국군 현
대화계획을 서두르게 되었다. 미국 측은 한국군의 월남 파병과 주한미
군의 감축에 대한 선행조치로서 '한국군 현대화 5개년계획'(1971~
1975년간 약 16억 달러 무상 지원)을 지원할 것을 약속하였다. 닉슨
독트린이 발표되자 한국은 자주국방의 필요성을 전면 재인식하였다.
박 대통령은 1971년 2월 8일 특별담화를 내면서 이를 공식 선언하기
에 이르렀다.

> "……일하면서 싸우고 싸우면서 일하는 자립경제와 자주국방 건설
> 의 노력에 새로운 전기를 마련한 이 마당에 있어서 우리는 무엇인가
> 우리 스스로 다짐하는 바 있어야 하겠습니다. 우리는 자주독립민족으
> 로서의 주체의식을 더욱 더 확고히 하고 아시아에 있어서 민주적 자주
> 국가로서의 긍지와 자부심을 새로이 일깨워야 하겠다는 것입니다. 우
> 리의 국토는 1차적으로 우리가 지키자는 것이 내가 말하는 자주국방
> 의 기본정신이며 자세입니다. 스스로 돕고 스스로 일어서서 스스로를
> 지킬 줄 아는 자조(自助), 자립(自立), 자위(自衛)의 정신이 박약한
> 민족은 언제나 남의 침략을 당하여 수난을 면치 못했다는 것이 인류역
> 사의 기록입니다. ……정부와 국민이 일치단결하여 자주국방의 정신을
> 더욱 굳건히 살려나가는 결의와 각오를 새로이 해야 하겠습니다."

---

29) 국방부, 『율곡사업의 어제와 오늘 그리고 내일』, 1994, p.18.

이와 같은 인식하에 자주국방정책을 추진하던 중 1973년 4월부터 보다 체계적인 전력증강사업을 구체화하게 되었다. 1973년 4월 을지연습을 시찰하던 중 박 대통령은 자주적 군사력 건설에 대해 다음과 같은 일련의 지시를 하였다.[30]

첫째, 자주국방을 위한 군사전략을 수립하고 군사력 건설에 참여하라.
둘째, 작전 지휘권 인수 시에 대비한 장기 군사전략을 수립하라.
셋째, 중화학공업발전에 따라 고성능 전투기와 미사일 등을 제외한 소요무기 및 장비를 국산화해야 한다.
넷째, 장차 1980년대에는 이 땅에 미군이 한 사람도 없다고 가정하여, 합참은 독자적인 군사전략, 전력증강계획을 발전시키도록 하라.

이러한 합동기본군사전략의 작성은 건군 이후 최초로 한국이 독자적으로 군사전략을 구성해 볼 기회 그 자체였다고 볼 수 있다. 사실 1960년대 말까지만 해도 국가이익 및 국가목표 개념이 명문화한 수준으로 정립되어 있지 않았다. 따라서 군사전략 개념이 도출될 수 있는 기초조차도 없었다고 할 수 있다.[31]

초보적인 수준의 국가목표 개념은 1966년도 국방부 기본시책에 나타난 적은 있다. 당시 국방부는 국가목표 달성을 뒷받침하기 위하여 체계적인 국방정책 추진에 필요한 연도별 국방부 기본시책을 작성하기 시작했다. 전력증강계획을 작성, 발전시키기 위해 설치된 국방 7개년계획 투자비 사업계획위원회는 각 군에서 건의된 군장비 현대화계획안을 조정, 보완하였다. 이 안은 1974년 1월 16일 합동참모회의에서 의결되었다. 이를 토대로 국방부는 제1차 전력증강계획, 이른바 율곡

---

30) 상게서, p.22.
31) 서춘식 외, 전게 논문, p.12.

계획을 수립하여 1974년 2월 25일 대통령의 제가를 받았다. 그 내용은 다음과 같다.[32]

첫째, 사업의 대상 기간을 1974년부터 1980년까지 7개년으로 한다.

둘째, 사업계획의 기본전략은 한미연합 억제 전략을 바탕으로 한다. 전략 개념은 한미군사 협력체제의 유지, 주한미군 계속 주둔 보장, 현 휴전상태의 최대연장, 방위전력의 우선적 발전 및 자주적 억제 전력의 점차적 형성 등을 추진한다는 것이 그 핵심이다. 바꿔 말하면, 현 상태를 유지하면서 전력을 발전해 궁극적으로 자주적 억제전력을 형성해 간다는 계획이었다.

셋째, 국방비의 가용액은 GNP의 4% 수준을 유지한다.

넷째, 투자액은 15억 2,600만 달러이다. 전력 증강 투자를 위해 운영유지비를 최대로 절약한다. 이를 위해 효율적인 국방관리 개념이 제기되었다.

다섯째, 방위산업을 육성하여 자체 생산시반을 구축한다.

여섯째, 전력증강 우선순위는 대공 및 대전차 억제능력, 공군력 증강, 해군력 증강, 예비군 무장화 순이었다.

이로써 합참은 '합동 기본군사전략' 초안을 작성하고, 대상 기간을 1974~1981년으로 하는 '국방 8개년계획'을 수립하였는데, 이것이 율곡사업의 효시가 되었다. 율곡사업은 1974년부터 시작되어 1992년까지 총 22조 2,600억 원의 자금이 투여되면서 군사력 증강에 획기적인 성과를 나타내게 되었다. 아래의 〈표-3〉은 율곡사업이 추진되어 온 경과를 나타낸 것으로서 국방부의 발표에 따르면 1992년까지 한국군의 전력은 북한대비 71% 수준에 이른다고 하였다.

전력증강사업의 타당성은 박 대통령 이후에도 확고한 국가시책으로

---

32) 상게 논문, p.39.

추진이 되었다. 한국의 자주국방정책이 그 절정에 달한 것은 1970년대
후반으로서 1978년에 중거리 미사일을 개발하는 수준에 이르렀다. 그
러나 대북한 군사력 균형은 아직 달성되지 못한데다 북한의 군사적
모험을 억제하기 위한 확실한 방책은 주한미군의 역할에 계속 의존해
야만 하였다.33)

〈표-3〉 전력증강사업의 추진 및 성과(1974~1992) (단위: 원)

구 분	1차 율곡사업	2차 율곡사업	1987~1992
투 자 비 (국방비 대비 %)	3조 1,402억 (31.2)	5조 3,280억 (30.5)	13조 7,872억 (35.8)
추진내용	· 노후장비 교체 · 전방 지역 진지축성 · 고속정 건조 · 항공기 F-4구매	· 자주포, 한국형전차, 장갑차 개발 · 주요 전투함정 건조 · F-5전투기 기술도입 생산	· 전차, 장갑차, 자주포의 양산 · 헬기, 잠수함, F-16전투기 기술도입 생산
성과(전력지수)	50.8 ——→ 54.2 ———————→ 60.4 ——→ 71%		

출처: 국방부, "우리의 국방비"(1994). p.37.

2. 안보정책-"총력안보론"

자주국방정책의 추진 이전에 한국은 이미 새로운 안보개념을 창안
하여 국가 내외의 정책에 반영하였으며, 이를 총력안보론으로 개념화
할 수 있다. 이 개념은 현실적으로 유신체제를 뒷받침하는 명분으로
작용하였지만 박 대통령의 통치 기간 내내 영향을 준 기조적 안보이
념이었다. 총력안보론은 1972년 2월 18일 국무회의에서 총력안보지도
요강이 결정됨으로써 정책지침으로 정착되었다.

33) 이민룡, "한국 안보정책의 역사적 전개", 윤정원 외 7인, 『국가안보론』,
건영사, 2001, pp.521-523.

총력안보의 개념과 관련해서, 그 목적은 북한에게 침략할 기회를 주지 않고 또 침략하더라도 일격에 물리칠 수 있도록 모든 태세를 "시급히 갖추어 침략으로부터 나라, 즉 국민의 생명과 재산을 지키자는 데 있었다. 총력안보는 국가의 어떤 정책이건 그것은 안보에 우선이 두어져야 하고 국민의 정신과 생활의 자세를 바로잡아야 하며 정부와 국민의 의사와 활동과 모든 노력이 우리의 국력을 기르고 안전을 도모하는 데 모아져야 한다"고 역설했다. 보다 구체적으로 말하면, 총력안보는 한국과 같이 수도가 휴전선에 근접해 있는 상황에서 즉응태세가 제대로 형성되지 않았을 때에는 안보가 유지될 수 없다는 분석에서 한편으로 즉응태세에 큰 비중을 두면서 다른 한편으로는 전 국력의 동원을 뜻하기도 했다.

이러한 성격의 총력안보는 결국 국가의 모든 정책이 안보 지향성을 갖게 했다. 군사정책은 물론이고 경제정책과 사회정책 및 문화정책이 모두 안보를 염두에 두고 또 그것을 지향하여 수립되고, 집행되어야 한다고 못박았다. 이는 일종의 준전시적 국가태세를 갖추고 모든 정책을 집행하려는 의사의 표명으로 볼 수 있는데, 보다 중요한 점은 정부뿐만 아니라 국민의 의사와 활동 및 노력도 국력 배양과 안보에 지향해야 한다는 요구이다. 이러한 맥락은 총력방어의 정책 전개가 아니라 범국민운동의 성격을 지니게 되었다.[34]

박정희 시대의 총력안보론의 내용을 보다 구조적으로 분석해 보면 첫째, 어떤 정책보다도 안보가 우선한다는 논리이다. 안보가 어떤 정책에 비해서도 우선순위가 높다는 의미와 어떤 분야에서의 발전도 그것은 곧 안보와 연계된 가운데 이루어져야 한다는 의미가 된다. 즉 군사정책은 물론 경제정책과 사회, 문화정책 등 모든 것이 안보를 염두

---

34) 서춘식 외, 전게 논문, p.11.

에 두고, 그것을 지향하여 발전을 꾀해야 한다는 뜻이다. 어떤 점에서는 과거의 군국주의와 병영국가(Garrison State)와 같은 색채가 짙은 이러한 특성은 한국의 경우 결국은 군사주의적 통치행태와 연관성이 있다는 비판을 불러일으킨 것도 사실이다.

둘째, 안보가 정부의 책임만으로 돌려지는 것이 아니라 범국민적 참여를 통해 뒷받침되어야 한다는 논리이다. 전쟁의 양상이 총력전의 특성을 갖게 됨에 따라 국민 개개인 모두가 전쟁목적에 동원되어야 한다는 논리를 바탕으로, 한국의 상황에서는 결국 민방위체제의 확립이나 예비군 창설로 귀결되었다. 즉 군사적 목적으로 동원되는 국민의 수가 많아지고 국민기본권과 생활의 편의가 제약되는 결과가 나타났다.

셋째, 국가가 지닌 모든 가치를 전쟁이나 군사적 위협으로부터 보호한다는 뜻을 지닌다. 국민, 국토, 주권의 기본적 가치를 수호하는 것을 포함하여 정치제도, 사회체제, 경제적 번영, 이데올로기 등의 제반 국가적 가치들을 적극 수호해 나간다는 뜻이다. 이는 소위 '신직업주의론'과 맥을 같이하는 것으로서 국가안보정책의 기능이 외부의 군사적 위협에 대응하는 것뿐만 아니라 국가 내부로부터의 위협에도 대응해야 한다는 의미를 내포하고 있어, 이 역시 군사통치방식이라는 비판을 사게 되었다.

총력안보론은 당시의 정황에 미루어 타당성이 전혀 결여된 논리라고는 볼 수 없다. 미국의 군사지원이 약화되고 북한에 대응해야 할 적정 군사력이 확보되지 않은 상황에서 한국이 추진할 수 있는 정책은 이것 이외의 합리적인 대안을 상정하기 어렵다. 다만 이 정책이 정치적 정통성을 지닌 정부에 의해서 추진되었더라면 내부의 비판여론이 거세지는 않았을 것이다. 현실적으로 유신체제의 기조논리로 정립되고 시행에 옮겨진 총력안보론은 그 내용이 내포하고 있는 본래의 기대효

과를 거두었다고 보기 어렵다.[35]

〈표-4〉 총력안보론의 내용

구분	내 용	비 고
근거	'총력안보지도요강'	국무회의 결정(1972. 2. 18.)
목적	"북괴가 침략할 기회를 주지 않고, 또 침략하더라도 일격에 물리칠 수 있도록 모든 태세를 시급히 갖추어 침략으로부터 나라를 지키고 국민의 생명과 재산을 지키고 민주주의를 지켜 자유와 평화를 영원히 누리자는 데 있다."	· 자유와 평화수호가 목적 · 전 국민 운동화
성격	"국가의 어떤 정책이건 그것은 안보에 우선이 두어져야 하고, 국민의 정신과 생활의 자세를 바로잡아야 하며, 정부와 국민의 의사와 활동과 모든 노력이 우리의 국력을 기르고 안전을 도모하는 데 모아져야 한다."	· 국가정책의 안보지향성 · 정부와 국민의 국력배양과 안보 지향성
개념	"모든 위협에 대처하여 국가가 보유하고 있는 모든 국력을 조직화하고 동원함으로써 국가의 안전을 도모하는 운동이며 정책."	· 전 위협의 총 제거 · 전 가치의 총 보존 · 전 국민의 총 동원

출처: 이민룡, 상게서, p.525.

3. 자주국방론의 전력증강정책

박정희 대통령 통치 기간 중 두 번의 주한미군 철수가 있었는데, 두 번째는 미국의 카터 대통령이 취임하면서 수면 위로 떠오르게 되었다. 1977년 1월 미국의 제39대 대통령으로 선출된 카터 대통령은 기존의 미 제7사단 철수로 하나 남은 미 제2사단의 철수를 선언해 국내에 엄청난 충격을 주었다. 그의 철수정책은 한국정부의 인권문제와 강력히 연계된 것이었다. 또한 철수계획 자체가 1971년 제7사단 철수 시와는

---

35) 이민룡, 전게 논문, pp.524-525.

달리 철수의 대가로 뚜렷한 보완조치를 내놓지 않은 상황이어서 한국
정부를 난감한 위치에 몰아넣었다.

다급해진 상황에서 박정희 대통령은 이제는 미국의 군사지원을 기
대할 수 없다고 판단하고 자주국방의 개념보다 한 걸음 나아가 자력
국방의 개념에 매달리게 되었다. 우선 그는 주한미군의 철수로 인한
힘의 공백을 메우기 위한 보완책을 율곡사업에 반영할 것을 긴급 지
시하여 국방부에서는 여기에 들어가는 소요를 제기하였다.[36]

박정희 대통령의 자력국방에 대한 의지는 1978년 8월 중장거리유도
탄 발사시험의 성공으로 표현되었다. 이를 계기로 대통령을 포함한 전
력증강사업 관계자들에게 자신감을 심어주고 독자적인 군사력 건설에
의 꿈에 서광이 비쳐졌으며, 이는 미국의 입장을 곤경에 빠뜨렸다. 이
유도탄개발을 위해 한국은 프랑스의 기술을 도입하였으며, 이에 대해
미국정부의 반대압력이 있었지만 박정희 대통령은 이를 거부하고 계
획을 추진시켰던 것이다. 이 당시 박정희 대통령의 최종 목표는 핵무
기의 독자적 개발에 있다는 주장이 나오기도 하였다.[37]

제1공화국의 이승만 대통령이 무력통일론으로 미국정부에 대응하였
다면 박정희 대통령의 대응은 자력국방정책의 추진과 함께 전략무기
의 개발로 나타났다. 카터는 이를 억누르기 위해 여러 경로를 통해 영
향력을 가하였지만 실패하고 말았다. 미국정부는 한국의 미사일 개발
노력을 저지하기 위한 방안으로 사거리를 제한하는 등 여러 가지 회

---

36) 이 계획은 이른바 '30계획'으로 불렸다. 국방부, 『율곡사업의 어제와 오
  늘, 그리고 내일』, 전게서, p.28.
37) 한국이 핵무기를 개발하려 하고 있다는 보고는 1978년 11월 1일 공표된
  이른바 코리아게이트 사건에 관한 최종보고서에도 포함되어 있다. 또한
  로스엔젤리스 타임즈지 1978년 11월 4일자에서도 이에 관한 기사가 보
  도되었다. 이상우, 『제3공화국 외교비사』, 조선일보사, 1984, p.336.

유책과 함께 이를 포기하게 하려고 노력하였지만 실패로 돌아가고 결국은 주한미군 철수의 동결을 선언하게 되었다. 미국내부에서의 여론 역시 주한미군의 철수에 반대하는 의견이 많았다. 반대여론의 논조는 주로 미군 철수가 결국 한국의 핵무기개발을 낳게 된다는 방향에서 개진되었다. 미국 정부의 주한미군 철수정책동결은 1979년 7월에 최종 결정되었다.

이와 함께 미국은 한국의 방위능력 신장을 위한 노력으로 대외군사 판매 차관을 추가로 제공하고, 미국의 대외무기 이양과 함께 한국에 적절한 무기를 우선적으로 제공하며, 한국의 방위산업 분야에서의 자급 계획과 관련 국방과학 기술을 지원키 위해 특별한 노력을 경주하기로 했다. 그리고 나아가 한미 연합군의 준비태세 유지를 위해 한미 합동 군사훈련을 계속하고 확대한다고 밝혔다.

또한 박정희 대통령은 전력증강의 핵심이라고 할 수 있는 군수산업 의 육성을 위해 기존의 율곡사업을 보다 확대 강화하였다. 최초의 율곡사업은 불가피한 장비만 해외로부터 구매하고 대부분의 군사장비는 국내생산에 의해 조달한다는 것이었다.[38] 이러한 개념하에 출발한 방위 산업은 다음과 같은 발전을 단계를 거쳐 강화되었다.

준비단계: 1971년-1972년
기본병기 기반조성단계: 1973년-1976년
기본병기 기반완성단계: 1977년-1981년
고도정밀병기 기반조성단계: 1982년-현재

육곡사업의 진행을 통해 박정희 정부는 적어도 이스라엘 정도의 자주국방태세를 목표했다고 할 수 있다. 그러나 박 대통령의 이 같은 자

---

38) 상게서, p.117.

력국방정책 의지는 국내에서 완전한 정책형태로 정리되어 실천되기에
는 경제적 문제 등 많은 어려움이 뒤따랐다. 그럼에도 박정희 정부의
자주국방 의지는 미국의 정책을 변화하게 만들기에 충분했다. 당시 추
진되었다는 핵무기개발 시도 역시 단순한 의지를 넘어 어느 정도의
자력방어라는 실천력을 가진 것이었다고 추정할 수도 있다.[39]

4. 박정희 자주국방의 의미

박정희 정부의 자주국방에 대해 공식적으로 언급했고 구체적인 방
향설정이 이루어진 계기는 1971년 박 대통령의 연두기자회견에서 나
타난 자주국방정책에 대한 언급에서부터였다. 당시 그는 한국 안보의
큰 줄기는 자립경제와 자주국방이라고 언급했다.[40] 이것은 주로 군사
적 측면을 강조한 것이며 이러한 이유로 국방정책보다는 군사정책이
라는 표현이 어울릴 것이다. 어쨌든 이와 같은 박정희 대통령의 견해
는 그대로 자주국방정책에 반영되었으며, 이것은 대통령 개인의 풍부
한 군사경험에서 유래된 바 컸었다고 생각된다. 위에서 보는 바와 같
이, 첫째 북한의 단독남침에 대한 단독 방위능력의 확보, 둘째 국방
면에서 장비현대화와 실전적 훈련, 셋째 동원체제 및 군수산업 육성을
자주국방의 최우선 과제로 선정한 것은 당시의 상황에서 자주국방은
곧 자주적 군사력 건설로 이해된다.[41]

이 당시 제기되었던 자주국방에 대한 또 하나의 개념 규정은, 첫째

39) 이민룡, 전게 논문, pp.529-530. 핵무기와 관련해 한국정부가 그러한 노
     력을 중도에서 포기하였다는 사실은 한국의 대미 영향력 혹은 자주력에
     서 한계가 있음을 보여주는 대목이기도 하다.
40) 대통령 비서실, 『박정희 대통령 연설집』 3권, 1973. p.670.
41) 이하는 조원철, 전게 논문, pp.40-44.

자주방위에 대한 일반적 해석, 둘째 자주방위론이 제기된 환경에 대한
규정, 셋째 자주방위에 대한 정부 해석의 차원에서 이루어져야 한
다.42) 자주국방에 대한 정부의 해석은 대통령 연설문에서 인용되었던
개념에서 보는 바와 같이 독자적으로 힘을 기르는 것을 말하며, 자주
국방의 일반적 개념은 이를 총칭하여, 독자적이고 주체적인 국방정책
과 전략을 구상하고 자체적인 국방력을 증대시키며 자율적인 군사력
행사를 하는 것으로 개념화할 수 있다.43) 요약하면, 군사력 사용과 건
설의 문제로써, 이는 군사전략과 군사력 구조의 정비 및 증강으로 표
현된다 하겠다.

그러나 자주적 방위는 현실적으로 완전히 자력으로 달성하는 것은
불가능하며 또한 자칫 해로운 결과를 낳기까지 하는데 그것은 국제사
회의 상호 의존성의 증대와 특히 중소국가들이 보유한 가용자원과 기
술수준의 한계가 하나의 이유이다.44) 이것은 한국의 자주국방정책도
이러한 인식의 바탕에서 출발하여야 함을 의미한다. 따라서 한국의 국
방정책의 기조는, 첫째 군사대비태세의 완비, 둘째 자주국방태세의 확
립, 셋째 총력 방위태세의 강화, 넷째 한·미 연합 방위체제의 유지를
기본으로 하고 있으며 특히 자주국방태세는 동맹국과 연합방위를 고
려하되, 국방에 대한 국민적 자주의식을 강화하고 위협의 크기에 상응
하는 자주적인 국방력을 확보하는 데 그 의미를 두고 있다.45)

박정희 시대 즉 한국의 자주국방정책이 본격적으로 등장하던 70년
대 초의 자주국방의 의미는 무엇인가? 그것은 당시 한국방위의 미국

---

42) 민병천, 『한국방위론』, 고려원, 1983, p.278.
43) 상게서, pp.281-284.
44) 온창일, "국군의 자주화와 정예화", 한국 국방연구원 제8회 국방학술 공
    동토론회 세미나 자료, 1990. 2. 27, p.5.
45) 국방부, 『국방백서』, 국방부, 1988, pp.25-32.

의존도가 높은 상황에서의 탈피가 우선이며 국민과 군의 '자주적' 의
식의 함양에 가장 우선을 두었던 것 같다. 당시 한국군이 월남에 파병
하고 있었고 중동 지역의 분쟁 가능성은 상존하고 있었으며 특히 북
한의 대남도발에 대한 위협[46]이 가중되었다고 생각되는 상황에서 닉
슨 독트린의 갑작스런 등장은 지금까지의 다소 안이한 국방태세에 대
한 자각을 심어준 것으로 해석할 수 있다. 국민과 군의 자주적 의식은
정신적 측면을 강조한 것으로서 자주적인 군사력 증강과 군사력 행사
로 개념화할 수 있을 것이다.

이처럼 자주국방은 의지와 능력 측면에서 고려되어져야 하며 또한
집단방어와 연결되어 생각되어져야 한다.[47] 한 국가가 완전하게 단독
방어를 하는 경우는 거의 없으며 심지어 미국과 소련도 마찬가지이
다.[48] 따라서 한국도 예외는 아니며 당시의 상황에서 미국과의 연합
방위도 충분히 고려되어 자주국방이 이룩되어야 했다. 이 점에 관하여
박 대통령은 1970년 국방대학원 및 합동참모대학 졸업식 연설에서
"……오해가 있어서 안 될 문제는 현대 국가의 국방이나 안보는 단독
의 힘으로 이루어질 수는 없으며 ……자주국방이란 집단안전보장을
배제하자는 것이 아니다"고 하여 이 점을 분명하게 밝혀두고 있다.[49]
즉 이것은 국제연합과 같은 집단안보체제나 한·미 방위체제와 같은

---

46) 당시 김일성은 한국에 대한 공격준비 완료를 공공연하게 외치고 있었으
며 특히 휴전선 부근과 공해상에서 정전협정을 위반하여 도발이 지속적
으로 있었음을 고려할 때 한국의 대북 위협인식의 강도는 60년대와 다
를 것이 없었을 것으로 보임. 그러나 이러한 정전협정 위반 도발의 빈도
는 점차 감소하는 추세였으며 60년대에 비해 50%를 나타냄. 참고로 북
한의 휴전협정위반에 대한 내용은 1968 : 761, 69 : 134, 70 : 106, 71 : 58,
72 : 1, 73 : 7, 74 : 4건으로 나타났음. 조원철, 전게 논문, p.92. 참고.
47) 민병천, 국방연구 30호, 전게서, pp.14-24.
48) 상게서, pp.19-25.
49) 대통령 연설집 제3권, 전게서, p.804.

쌍무적 형태의 집단방위체제를 다같이 배제하는 것이 아님을 의미하는 것이다.

그러나 여기서 한 가지 주목하여야 할 것은, 70년대 초기에 추구된 「자주국방」은 집단안보체제를 수용하더라도 결국은 주한미군이 완전히 철수하고 한국이 단독의 힘으로 방위하는 상황을 의식한 것이며, 이는 곧 닉슨 독트린이 발표되고 미 7사단이 철수한 후 언젠가는 주한미군이 완전 철수하리라는 의식을 바탕에 깔고 있음을 알 수 있다. 이것은 1973년 국방부를 순시한 대통령이 "장차 1980년대에는 이 땅에 미군이 한 사람도 없다고 가정하고 합동참모본부는 독자적인 군사전략, 전력증강 계획을 발전시키라"[50]는 유시를 한 것을 보면 알 수 있다. 즉 대외적이고 공식적이며, 단기예상 국방정책은 집단안보체제, 한·미 연합전략을 계속 추구하되, 장기적이고 내밀한 계획으로는 결국 자주국방은 스스로의 독자적 방어력의 확보와 이의 사용을 의미한다 하겠다.

결국 박정희의 자주국방은 지난 이승만 정권에서의 빈약한 국방재원을 이어받아 냉철한 국제정세의 변화라는 현실 속에서 잉태된 것이었다. 그랬기에 시행 초기 많은 무리와 심지어 불가능이라는 말까지 들어야 했다. 그럼에도 박정희의 자주국방은 우리 군의 초석을 다지는 데 크게 일조했다. 그래서 비록 시작은 비현실적인 목표를 상정했지만 반드시 달성해야 할 목표를 가지고 있었기에 의미가 남다르다 하겠다.

---

50) 김성호, 『효율적인 전력증강사업관리』, 국방부정책연구위원실, 1990, p.40.

V. 노무현의 자주국방

1. 협력적 자주국방의 등장 배경

오늘날 세계는 과학기술의 발달에 따라 경제·사회적으로 커다란 발전을 이루어 가고 있으며, 자유와 인권 등 보편적 가치에 기초한 정치체제가 확대되어 가고 있다. 그러나 냉전의 종식에 따른 세계질서의 근본적 재편에도 불구하고 불안정성은 오히려 증대되어 왔다. 국가 간 전통적인 위협뿐만 아니라 국제테러, 대량살상무기(WMD) 확산 등 새로운 안보 문제들이 국가와 국민의 안전을 위협하고 있다.[51]

특히 국제사회는 9·11 테러를 계기로 또 한번의 큰 변화를 겪고 있다. 미국은 대테러전을 전개하는 한편, 대량살상무기 확산방지안보구상 등 새로운 국제안보체제의 형성을 주도하고 있다. 아프가니스탄과 이라크 전쟁은 많은 문제점을 수반하면서도 미국이 주장하는 대테러전쟁이라는 명분에 수긍되고 있는 실정이다. 다소의 반발이 있음에도 세계 평화라는 큰 구상에 있어서는 중국, 러시아, 유럽연합 국가들도 이러한 국제적 추세에 동조하고 있어 미국을 중심으로 한 세계질서는 앞으로도 지속될 것으로 보인다.

또한 오늘날에는 경제·에너지·환경·보건 등 비군사적 영역의 안보문제가 새롭게 부각되고 있다. 이러한 문제는 국제적인 규모로 발생하고 전 세계적으로 급속히 확산되는 특징을 보이고 있어 국제적인 공동대처와 아울러 국내적으로도 광범위한 영역에서 종합적인 대처가

---

51) 이하는 국가안전보장회의(NSC), 『평화번영과 국가안보』, 국가안전보장회의, 2004. 3, p.11-17.

요구되고 있다. 따라서 새로운 위협과 갈등 요인을 극복하고 평화와 안정을 확보하기 위해서는 제반 분야에서의 안보역량 강화와 더불어 국제기구와 지역별 다자안보대화를 통한 범세계적인 공동노력이 절실히 필요하다. 노무현 정부에서 주장하는 협력적 자주국방 역시 '협력적'이란 표현에서 알 수 있듯이 안보문제를 주변 국가들과의 우호적이고 협력적인 관계 속에서 이룩하려는 뜻을 담고 있는 것이다.

세계화와 정보화의 심화 역시 오늘날 국제정세의 중요한 특징이다. 세계화는 세계경제의 성장과 국제협력 증대 등 긍정적인 측면과 국가 간 불평등의 심화와 같은 부정적 측면을 동시에 내포하고 있다. 특히 세계화로 인한 세계시장의 확대로 과학기술·자본·정보를 풍부하게 소유하고 있는 국가는 발전과 번영의 기회를 갖게 될 것이나, 경쟁력을 갖지 못한 나라는 그러한 기회가 제한되면서 대외의존도가 심화되어 안보적 취약성으로 연결될 가능성이 크다.

한편 동북아와 한반도에도 희망과 불안이 교차하고 있다. 동북아 지역에서는 국가 간 상호 투자와 교역이 꾸준히 증가하고 있으며, 최근에는 교역의 자유화도 활발하게 추진되고 있다. 아세안, 아세안지역안보포럼, 아시아·태평양경제협력체 등 기존의 협력기구를 중심으로 경제협력뿐만 아니라 안보협력도 강화되는 추세다.

그러나 이러한 협력관계의 발전에도 불구하고 동북아에는 여전히 불안정한 안보 요인이 상존하고 있다. 특히 한반도 주변 4국의 국력변화와 상호 관계의 유동성은 동북아 평화와 안정에 영향을 미치고 있다. 또한 6자회담을 매개로 대화를 통한 북한 핵문제의 평화적 해결이 모색되고 있으나, 가시적 성과를 도출하지 못할 경우 상황이 악화될 가능성도 있다. 따라서 동북아의 정세변화는 북한 핵문제의 해결방향에 따라 안정성과 불안정성이 크게 갈라질 전망이다.

한반도에서는 남북한의 군사적 대치가 지속되는 가운데 다양한 남북대화가 진행되고 철도 · 도로연결, 개성공단 건설, 금강산 관광 등 3대 경협사업을 통해 화해협력 기조가 유지되고 있다. 북한은 선군정치를 앞세워 체제안정에 주력하면서도 경제개혁, 대외개발 등을 통한 부분적 변화를 모색하고 있다.

전반적으로 볼 때 동북아 정세는 단기적으로 북한 핵문제, 미 · 중 · 일 상호 관계의 변화에 따라 불안정성이 고조될 수 있으나, 장기적으로는 역내 국가 간 경제협력과 다자안보대화가 진전을 이루어 평화와 번영의 기회가 확대될 것으로 전망된다.

그러나 우리는 북한의 군사적 위협이라는 전통적 위협에 여전히 처해 있음을 간과할 수 없는 상황이 지속되고 있다. 북한은 장기간의 경제 침체에도 불구하고 방대한 재래식 군사력을 유지하고 있으며, 핵 · 미사일 · 화생무기 등 대량살상무기를 개발하면서 전력을 증강하고 있어 여전히 우리 안보에 직접적인 위협이 되고 있다. 일부 국민들 중에 남북한 간의 경제력 차이를 곧바로 군사적 능력으로까지 확대 해석하는 경향이 있는데 정부 재정대비 국방비 비율이나 실질 구매지수 등을 감안할 때 북한의 군사비 지출은 결코 적다고 볼 수가 없으며, 재래식 무기만으로도 전술적 상황에 따라 얼마든지 우리를 위협할 수 있음을 상기해야 한다.

더욱이 평양은 휴전선으로부터 약 150km 정도 떨어져 있어서 한국군이 보유한 각종 포나 미사일로부터 안전지대에 있다고 할 수 있으나 서울은 휴전선에서 약 40km 정도에 불과하기 때문에 북한의 방사포나 장사정포에 의한 위협에 그대로 노출되어 있다고 볼 수 있다. 포는 미사일과는 달리 한 번 발사하면 요격을 하거나 방어해 낼 수가 없기 때문에 북한으로서는 서울뿐만이 아니라 수도권 인구 2천만 명을 언제든지 위협할 수 있는 인질로서 생포하고 있다고 볼 수 있으며 이는 북한의 주요 군부대의 휴전선 전진배치 등을 통해서도 북한의 의도와 역량을 엿볼 수가 있다.

또한 북한의 무기는 낙후되고 오래되어서 가동조차 불가능하다는 인식과 목소리가 나오고는 있으나 남북한 간의 군사력 규모는 수치상 2배 이상의 차이를 보이고 있으며, 한국은 첨단무기의 절대적 부족과 전략장비 사업의 연기로 인해 독자적인 전쟁억제력을 발휘하기에는 어려운 현실이다.

뿐만 아니라 북한의 군사력은 전쟁지속능력이 떨어지기는 하지만, 속도에 의한 기동전과 수많은 무기를 바탕으로 한 화력전에서는 상당히 뛰어난 능력을 보유하고 있으며, 이러한 능력을 바탕으로 기습남침과 비정규전을 통한 전술적 계획은 한국의 전쟁지속능력과 방어능력을 일시에 마비시킬 수 있는 능력으로 작용한다.

북한은 남북한의 경제력 차이로 인한 신무기사업이 난관에 봉착하자 이를 극복하기 위해 대량살상무기개발에 박차를 가하고 있다. 이는 일본이나 중국 등 인접국을 겨냥한 무기가 아니라 한국에게 투사하기 위함을 이성적인 판단으로 생각해야 한다. 최근 북한은 사정거리 3,000～4,000km에 이르는 신형 중거리 탄도미사일(IRBM: Intermediate Rang Ballistic Missile) 지하기지를 건설[52]하고 있는 것으로 알려져 있으며 심각한 경제난에도 불구하고 핵무기와 화학, 생물무기의 개발에도 많은 노력을 기울이고 있다.

이러한 대량살상 무기들은 미사일뿐만 아니라 화포에 의한 투발도 가능하기 때문에 유사시 수도권 시민들의 엄청난 인명피해를 벗어날 수가 없을 것이다. 1995년 일본의 옴진리교의 지하철 사린가스 사건으

52) "4000km 신형미사일 북, 2곳에 실전배치", 『조선일보』, 2004년 5월 4일자.

로 11명이 숨지고 5천5백 명이 부상당한 사건을 본다면 세계에서 3번째로 많은 화학무기를 보유한 북한의 위협은 결코 적다고 할 수는 없을 것이다.[53]

그러나 무엇보다도 심각한 북한의 위협은 핵개발에 있다. 핵개발은 우리의 최대 안보위협일 뿐만 아니라 동북아 지역의 평화와 안정을 저해하고 있다. 따라서 최근 벌어지고 있는 북한 핵문제의 평화적 해결과 남북한 신뢰구축은 한반도와 동북아의 평화·안정의 실현에 결정적 기회로 작용하게 될 것이다.

이 같은 북한의 위협과 함께 한반도는 미국의 세계전략 변화와 이에 따른 주한미군의 재조정이라는 새로운 안보상황에 능동적으로 대응할 필요가 생겼다. 특히 한·미 동맹을 미래지향적으로 발전시켜 나가는 한편, 미국과의 긴밀한 협력 아래 주한미군의 재조정을 한국 방위에서 우리 군이 주도적 역할을 담당하는 자주국방의 계기로 삼아야 할 필요성이 그 어느 때보다도 높게 요구되는 시점이라고 할 수 있겠다.

미국의 전략변화는 어제 오늘의 일은 아니다. 미국은 이미 지난 91년에 있었던 걸프전에서 첨단기술전쟁의 효과를 인식한 이후, 복합시스템(System of systems)에 의한 전력증대 아이디어 등을 바탕으로 냉전체제 이후 미국주도의 세계질서를 구축하기 위해 노력해 왔다. 그 수단으로 군사기술 혁신(RMA: Revolution in Military Affairs)이 대두되었으며, 이 과정에서 광범위한 지역에서 발생하는 분쟁에 대한 해결능력 증진을 위해 '신속한 전개능력(Deployable)', '기민한 작전 전환능력(Agile)', '구조 및 편성 측면의 융통성(Versatile)', '생존성의

---

53) 이승헌, "국방예산 확보의 쟁범과 정책적 함의", 국방대학교 안보문제연구소, 『협력적 자주국방과 적정 국방비』, 2004년도 국방비 세미나, 2004, 6, pp.2-4.

향상(Survivable)' 등을 모색해 왔다.54)

그러나 2001년 9·11 테러라는 미증유의 사건은, 기존의 군사혁신 기조에 다양한 형태의 위협에 대처할 수 있는 전력의 실질적 변환 (Military Transformation)을 필요로 하게 되었다. 이에 따라서 상술한 바의 군사력의 첨단화 과정에 있던 미국은, 그간의 전진배치를 통해 갖추고 있던 반응력(Responsible)의 유지를 기술적으로 보완하면서, 보다 다양한 위협에 대처할 수 있을 뿐 아니라 생존성 또한 높일 수 있는 전략적 융통성을 추구하고 전력의 효율적 운영을 시도하게 되었다. 이와 같은 구상과 실질적인 조치들은 결국 세계 도처에 주둔하고 있는 미군의 배치에 영향을 주게 되었고 이에 따라 한반도내 주한미군의 재배치에도 주된 영향 요인으로 작용하게 되었다.

또한 한반도 주변의 군사적 팽창주의에 대한 대비 역시 우리의 몫이다. 일본의 재무장55)과 중국의 군사대국화56)가 그것인데 여하히 적

---

54) 노훈, "협력적 자주국방과 국방개혁", 통일연구원·국방대학교 안보문제 연구소 공동 안보학술회의, 『한반도 안보정세 변화와 협력적 자주국방』, 2004. 5, pp.156-157.

55) 지난 2003년 6월 6일 일본국회에서는 전쟁대비법인 유사법제를 90%의 압도적 다수로 가결시키면서 순수 본토방어를 위한 군사력건설이 아닌 타국을 공격할 수 있는 법적인 제도를 마련하였고, 지속적인 방위비 증액을 통해 2004년도에는 총 방위비를 4조 9,600억 엔으로 책정하기도 하였다. 군사무기에서도 세계 최정상급의 이지스 구축함인 '콩고'급 4척을 비롯하여 추가로 4척을 취역시킬 예정이며, 최신형 디젤 잠수함을 1년에 한 척씩 교체 중이며, 200여 대에 달하는 F-15J전투기와 일본이 자체적으로 제작한 F-2전폭기, 3세대 급의 90식 전차 등 엄청난 방위비를 바탕으로 세계에서 최정상급의 무기체계를 보유한 채 자위만 가능토록 규정하고 있는 헌법의 유권해석변화를 통해 공격적인 군대를 보유할 수 있는 발판을 만들어 가고 있다. 이승현, 전게 논문, pp.4-5.

56) 중국은 경제의 초고속성장을 바탕으로 전군의 현대화를 추진 중에 있다. 비대한 군사조직을 줄이기 위해 최대 100만 명가량의 군인 수를 줄이면서 현대적이고 기술적인 군대로 탈바꿈을 하고 있는 실정이다. 국방비

절한 대처를 하느냐에 따라 우리 민족의 생존과 직결될 수뿐이 없는
것이다. 이처럼 지역 내 국가 간 상호 관계의 유동성은 우리가 직면한
심각한 안보문제라고 할 수 있다. 미·중, 중·일 등 역내 국가 간 긴
장과 군비경쟁은 안보비용을 증대시킬 뿐만 아니라 동북아 협력의 걸
림돌로 작용할 가능성이 높다. 따라서 한국은 역내 다자안보협력의 강
화를 통해 동북아 평화·번영을 실현하고 그 과정에서 우리의 역할을
확대하는 기회를 만들어 나가야 한다. 따라서 그 어느 때보다도 주변
국가들과의 상호 협력과 이해가 수반된 안보관이 필요해졌다.

2. 협력적 자주국방의 안보정책

참여정부의 자주국방에 대한 정책적 의지의 공식표명은 노무현 대
통령이 2003년 독립기념관에서 행한 8·15 경축사를 통해서 최초로
이루어졌다. 즉 노무현 대통령은 경축사에서 "자주독립 국가는 스스로
의 국방력으로 나라를 지킬 수 있어야 합니다. …… 저는 저의 임기

부분에서도 2002년도 중국의 공식 국방비는 484억 US＄에 이르고 있으
며, 이는 우리나라보다 3배 가까이 많은 금액으로, 중국의 화폐가치를
생각해 보면 그 차이는 더욱 크다고 할 수 있다. 중국의 전력은 한반도
를 공격할 수 있는 대륙 간 탄도미사일을 보유하고 있으며, 최근 F-16
급 전투기인 J-10전투기를 자체 생산 중에 있다. 중국의 정책적 위협에
대해 살펴보면, 중국은 연근해 적극 방어전략에 기초하여 2015년까지 일
본 규슈부터 필리핀 서쪽 해안을 포함한 해상지배권을 확보하기 위해
제1도련선이라는 계획을 설립하여 이 계획을 위해 필요할 경우에는 무
력사용도 배제하지 않고 있다. 특히, 제1도련선이 확보된 이후 진행될
제2도련선은 동아시아 국가들이 태평양으로 진출하기 위한 해상권 전체
를 포함하고 있다. 중국 인민해방 해군은 1998년부터 '3단계 해군전력증
강 방안'을 설립하여 1단계는 이미 마무리가 되었고, 현재는 2단계인
2001~2020년도 계획 중이며 특히, 주력 전력증강 사업은 2008년도에 마
무리할 계획이다. 상게 논문, p.5.

동안, 앞으로 10년 이내 우리 군이 자주국방의 역량을 갖출 수 있는 토대를 마련하고자 합니다"라고 천명함으로써 자주국방의 의지를 분명히 한 것이다.

이러한 노 대통령의 자주국방에 대한 의지표명을 놓고 세간에서는 찬반 양쪽으로 서로 다른 반응이 나왔었다.[57] 한편에서는 독립국가로서의 위신과 정체성을 바로 세우고 안보주권을 회복하려는 대통령의 강력한 의지표현이라고 긍정적으로 평가한 반면, 다른 한편에서는 느닷없는 자주국방론으로 인해 미군의 조기 철수가 이루어져서 안보상 공백을 야기할 수도 있고, 전력증강을 위한 과다한 국방비 지출로 인한 경제파탄의 위험성이 있다고 부정적 평가를 하기도 했다.

그런데 자주국방을 최초로 공식화한 8·15 경축사에서 노 대통령이 직접적으로 '협력적'이라는 표현을 사용하지 않았지만, 이미 그때도 벌써 자주국방과 한미동맹이 결코 서로 모순된 것이 아니라 "상호 보완의 관계"이며, "자주국방을 하더라도 한미동맹관계는 더욱 단단하게" 다져나 갈 것임을 명백히 밝히고 있었다. 이러한 자주국방 추진에 대한 정책적 의지는 작년 10월 1일 노 대통령의 국군의 날 치사에서도 다시 한번 강조되었는데, 노 대통령은 자주국방과 함께 "공고한 한미동맹을 기본 축으로 주변국과의 안보협력을 한 층 더 강화해야 한다"는 점을 지적하고 있다.

그러나 이러한 자주국방과 한미동맹의 병행추진에 대한 노 대통령의 명시적 언급에도 불구하고 여전히 "자주국방은 곧 반미 혹은 주한미군 철수"라는 등식으로 개념을 서로 혼동하는 이들이 상당수 있었다. 사실 이러한 의혹 혹은 오해에 대한 일부 책임은 노 대통령 스스

57) "노대통령 '8·15 경축사'로 촉발된 쟁점 이슈", 『월간중앙』, 2003년 11월호.

로에게도 있다고 봐야 할 것이다. 특히 "미국의 안보전략이 바뀔 때마다 우리의 국방정책이 흔들리고 국론이 소용돌이치는 혼란을 반복해서는 안 된다"라는 노 대통령의 자주국방 제시에 대한 배경설명은 한미동맹에 대한 새로운 시각이 엿보이는 대목으로 충분히 주한미군의 철수를 전제로 하고 있다는 주장이 제기될 법하다.

여기에 30여 년 전 주한미군 철수에 자극을 받아 자주국방을 최초로 표방하고 추진한 박정희 전 대통령의 자주국방개념이 "우리 단독의 힘에 의한 한반도 방위"로 이해되어, 자주국방하면 곧바로 대미의존 탈피나 주한미군 철수를 의미하는 것으로 오해될 수 있는 소지가 높았다고 할 수 있다. 또한 북한이 흔히 주한미군 철수를 위한 구호로, "외세에 의존하지 않고, 외세의 간섭을 받지 않는 상태"를 '자주'로 규정하는 것도 개념상 혼란을 초래한 또 다른 원인이라고 할 수 있겠다.

이러한 개념적 혼란과 오해를 불식시키기 위해 참여정부는 마침내 자주국방 앞에 보다 직접적으로 '협력적'이라는 단어를 추가함으로써 한미동맹 유지에 대한 의지를 강조하였고, 이는 정부의 공식적 정책문건에도 반영되었다. 예컨대, 올해 3월 국가안전보장회의가 출간한 『평화번영과 국가안보』에 따르면, 노무현 대통령의 참여정부는 국익증진과 안보확립을 위한 국가안보목표로 '한반도의 평화와 안정', '남북한과 동북아의 공동번영', '국민생활의 안전확보' 등 3가지를 설정하고, 이를 달성하기 위한 국가안보전략의 기조로 4가지를 제시하고 있다. 첫째, 평화번영정책 추진, 둘째, 균형적 실용외교 추구, 셋째, 협력적 자주국방 추진, 넷째, 포괄안보 지향이 그것인데 그중 '협력적 자주국방의 추진'은 전통적으로 자주국방은 스스로의 힘으로 국방을 담당하려는 노력으로 이해되어 왔다. 그러나 오늘날 독자적 국방만으로 국가의 생존과 국민의 안전을 완전히 보장하기는 불가능하며 동맹국과 우방의 협력이 매우 중요하다.

참여정부는 한반도의 평화와 안정의 기반이 되는 확고한 안보태세의 확립을 위해 한·미 동맹과 자주국방의 병행 발전을 추구하는 협력적 자주국방을 추진해 나간다는 것이다. 이는 동맹을 발전시키고 대외안보협력을 능동적으로 활용하면서 북한의 전쟁도발을 억제하고, 도발 시 이를 격퇴하는 데에 우리가 주도적인 역할을 수행할 수 있는 능력과 체제를 구비한다는 것이다.[58]

협력적 자주국방은 국가의 생존과 국민의 안전을 보장하는 데 있어 독자적인 힘에만 의존하는 국방이 아니라, 동맹국과 우방의 협력을 능동적으로 활용한 국방이어야 한다는 전제하에 '한미동맹과 자주국방의 병행발전'을 통해 북한의 도발을 억제하고 유사시 도발을 격퇴할 수 있는 능력과 체제를 구비하는 것을 분명히 못박고 있다.

또한 국방부 정책서인 『자주국방과 우리의 안보』에서도 협력적 자주국방이란 우리 단독의 군사력만으로 국방을 담당하는 배타적 의미의 '절대적, 완전무결형' 자주국방은 불가능하며, "한국이 처한 지정학적 환경 속에서 안보의 주체적 당사자가 되고자 하는 국가의지 구현의 일환으로서, 자위적 방위역량의 기반 위에, 한미동맹 및 대주변국 안보협력을 보완적으로 병용하여 안보목표를 달성하고자 하는 것"이라고 강조하고 있다.[59]

다시 말해, 협력적 자주국방은 '배타적 단독국방'이나 동맹의 탈피를 의미하는 것이 아니라 우리의 신장된 국력에 상응하는 전략개념과 자위역량의 강화를 일컫는 것이라고 할 수 있다. 이는 "국가안보를 위해 우리 의지에 따라 주도적으로" 동맹관계를 유지 및 관리하겠다는 의

---

58) 국가안정보장회의, 전게서, pp.26-27.
59) 국방부, 『자주국방과 우리의 안보』, p.8, p.13.

지의 표명이며, 그러한 시각에서 보면 "동맹관계 또한 자주국방의 한 요소"로 포함시킬 수 있다는 주장인 것이다.[60]

이러한 주장은 작년 4월 19일 노 대통령의 언급에서 보다 명확해진다고 할 수 있다. 즉 노 대통령은 "주한미군 주둔은 필요성이 있고 또 우리에게 그만한 이익도 있어 적극 찬성하는 입장이다. 그러나 자주국방은 우리 힘으로 다할 수 있어야 하고, 미군 주둔은 우리의 자주국방 위에 하나 더 높은, 더 큰 목적을 위한 것이어야 된다."[61]고 주장하였다. 이는 우리의 국방력은 대북 방어 및 억지를 담당하고, 대신 주한미군은 한 단계 높은 '동북아의 새로운 균형자 역할'에 초점을 맞추어야 한다는 점을 표방한 것이라고 할 수 있다. 따라서 참여정부의 자주국방 주장은 개념상 한미동맹과 배치되는 개념이 아님을 알 수 있다.[62] 참여정부의 안보정책은 이 같은 협력과 자주를 바탕으로 한 군사정책을 의미한다고 할 수 있다.

3. 협력적 자주국방의 전력증강 목표

우리 국방의 목표는 '외부의 군사적 위협과 침략으로부터 국가를 보위하고, 평화통일을 뒷받침하며, 지역의 안정과 세계평화에 기여하는 것'이고, '협력적 자주국방'은 동맹과의 관계나 자주성 제고에 있어 다분히 상대적인 의미를 가지고 있기 때문에, 현실적으로 중요한 것은 국방목표를 추구함에 있어 자주성을 어느 수준까지 함양하느냐 하는

60) 상게서, p.17.
61) 『월간중앙』, 전게서 참조.
62) 김영호, "협력적 자주국방과 한미동맹 재조명", 통일연구원·국방대학교 안보문제연구소 공동안보학술회의, 『한반도 안보정세 변화와 협력적 자주국방』, 2004. 5. 11, pp.98-99.

것으로, 즉 '자주화 추구를 통한 국방의 목표'라고 할 수 있다.

과거 박정희 대통령은 자주국방을 강조하면서 '북한의 단독침공에 대해서는 우리도 우리 군 단독으로 방어할 수 있는 국방력을 갖춘다'는 수준을 설정한 바 있었다. 이러한 목표는 당시와 같은 냉전체제하에서는 소련이나 중국의 지원이 있는 침공에 대해서는 미국과의 군사동맹관계를 활용하되, 그렇지 않은 경우에는 우리 단독으로 침공에 대응한다는 기본구도를 제시한 것이라 할 수 있다. 이는 자주국방의 추구목표를 '북한의 단독침공'이라는 대상에 한정시킴으로써 그 시점에서는 나름대로 상황의 변화에 따라 유연성을 가진 '협력적 자주국방'의 의미를 가지고 있었음을 뜻한다.

물론 이러한 목표는 그 유연성과 포괄성으로 인하여 오늘날에도 무리 없이 적용될 수 있다. 그러나 우리의 자주국방이 현시점에서 새로운 목표를 설정함에 있어서는 기본적으로 미국의 전략변화에 안정적으로 대처하는 데 초점을 맞추고 있다는 점이 우선 고려되어야 할 것이다. 이와 함께 염두에 두어야 할 것은 그간 추진해 왔던 자주국방이 그 목표달성시점의 막연함으로 인하여 상황의 변화에 따른 강조의 정도에 있어 기복이 심했다는 점이며, 그 여파로 아직까지도 우리의 자주국방 역량이 미국의 전략변화에 민감한 상황이 지속되고 있다는 점이다. 이런 몇 가지 변화 요인을 참고로 하여 이번에는 목표달성시점을 보다 한시적으로 설정해야 할 것이며, 그 목표 시점 이후에는 적어도 최소한의 안정성을 확보해야 한다는 점을 고려해야 한다. 아울러 현실적으로는 북한의 경우 유사시 대량살상 무기의 사용 가능성 등 과거와는 다른 능력을 가지고 있다는 점과 그리고 국제적인 상호 의존성 심화로 인하여 현대적 의미의 자주국방이 비록 한정된 영역일지라도 독자성이 강조되기보다 외부의 영향력을 최소화시키는 쪽에 무게를 둔다는 점 또한 목표설정의 고려사항이 될 것이다.

이런 제반 사항을 고려하여, 보다 합리적인 다음 단계의 자주국방 목표를 설정한다면 '미국의 직접적 지원이 제한되는 경우에도 우리의 국방력을 중심으로 북한의 침공을 억제'할 정도의 수준이 바람직할 것이다. 이는 상황의 변화와 더불어 적절한 필요성이 요구되는 단계에서는 '북한'이라는 대상을 '외부'로 대체함으로써 유동적인 국제정세에 유연성 있게 대처하고, 나아가 장기적인 안보상황에 대해서도 보다 포괄적으로 활용될 수 있을 것이며, 궁극적으로는 외국과의 군사적 협력관계 변화에 대해 안정적으로 국방목표를 달성하는 것으로 확대 발전시킬 수도 있을 것이다. 이러한 설정은 1970년대의 자주국방 목표와 비교할 때, 추구하는 억제의 형태가 공세적 능력을 통한 보복적 억제보다는 유사시 방어의 충분성 확보를 기반으로 하는 경제적 형태의 억제를 추구하는 것이므로 기본적으로는 다를 것이 없다. 다만 현실적으로 국제협력이 점차 강조되고 있는 시대적 상황에 맞추어 무리하게 독자성만을 강조하지 않는다는 점에서 차이가 있다고 하겠다.[63]

협력적 자주국방의 목표는 그 정책의 추진방향을 자세히 들여다보면 보다 명확해진다. 국방부는 자주국방을 추진함에 있어 3가지 주안점을 내세우고 있는데, 그 첫째는 대북 억제력을 완비하기 위한 '전력증강'이다. 북한으로부터의 현존 위협에 대한 억제력을 최단 기간 내에 완전히 구비한 후, 장기적으로 '방위충분성 개념'에 입각, 미래의 잠재적 위협에 대비한 최소 적정수준의 첨단전력을 확보한다는 것이다.

이를 위해 분야별 전력증강 노력을 살펴보면, 우선 정찰위성과 조기경보통제기 등의 구입을 통한 전략적 감시 및 조기경보 능력을 확보하고, 위성통신망을 통한 실시간 전장관리체계 구축을 도모할 것이라

---

63) 노훈, "협력적 자주국방과 국방개혁", 전게 논문, pp.163-165.

고 한다. 또한 지상전력 부문에서는 미래형 전차와 다목적 헬기 등의 개발을 통해 기동성과 타격능력을 구비한 첨단전력을 갖추고, 개량된 지대지 유도무기 등을 도입하여 주요 종심표적 타격능력을 확보하는 것으로 해석할 수 있다. 즉 이를 위해 해상전력 측면에서는 보다 향상된 전투함으로 무장하여 다양한 위협에 대응 가능한 기동함대 전력을 확보함과 동시에, 전략적인 운용이 가능한 잠수함전력의 구비를 추진하고, 공중전력 면에서는 차세대전투기의 도입을 통한 원거리작전 수행이 가능한 항공전력 구비와 원거리 정밀유도무기의 개발/도입을 추진할 계획을 가지고 있다. 아울러 대량살상무기와 항공기에 대응하는 다층 대공방어체계 구축과 화생방 공격에 대비한 개인 및 부대방호 능력을 구비하는 것을 표방하고 있다.[64]

자주국방의 두 번째 주된 추진방향으로 국방부는 '국방개혁'을 꼽고 있다. 자주국방력의 강화모색이 단순히 기존 전력의 양적·질적 증대에만 치중하는 것이 아니라, 군 조직과 운영체계의 효율성과 능률성 극대화를 동시에 병행 추구함으로써 국방시스템 전체를 한 차원 업그레이드해 나가겠다는 것이다. 이는 군사혁신을 통한 작전수행 능력의 강화와 전력구조의 현대화가 주축으로 이루게 될 것이다. 직업군인의 가치관 재정립과 건전한 군대문화 조성 등을 위한 정신개혁을 추진하여 새로운 병영환경 및 병영문화 창달에 힘쓰고, 각종 군 내 인사, 사업, 자원관리 등에 있어 투명성과 효율성을 높이고 국방조직의 문민화 기반을 확대하는 국방제도의 개혁도 아울러 추진하는 계획을 세우고 있다.[65]

자주국방의 세 번째 주안점으로 국방부는 동맹의 발전을 강조하고 있다. 이는 장기적으로 한반도방위에 있어 한미 간의 군사적 역할분담

---

64) 국방부, 전게서, pp.30-31.
65) 상게서, pp.32-34.

에 변화를 시도한다는 것이다. 이것은 한국의 군사역량의 성장 정도에 따라 한미 연합지휘체제의 성격과 내용을 점진적으로 개선하겠다는 의지의 표현이다. 물론 지난 50여 년 동안 한반도에서 전쟁을 억제하는 데 결정적인 역할을 해 온 것이 한미 양국의 확고한 연합방위체제였다는 인식을 바탕으로 하되, 향후 안보환경의 변화추세, 한·미 간 공동연구의 결과, 우리 군의 능력 향상 정도 등을 종합적으로 판단하여 한미 연합지휘체제의 미래지향적 발전을 모색할 것이다.[66] 여기서 또 한 번 자주국방과 한미동맹 간의 상호 보완적 관계가 다시 확인되는 대목이라고 할 수 있다.

요컨대, 참여정부가 추진하고 있는 협력적 자주국방은 우리 한국군의 자위적 방위능력 향상을 목표로 하고 있지만, 한미동맹을 물론 주변국들과의 안보협력의 중요성도 아울러 충분히 고려하고 있다고 할 수 있다. 즉 "대외적인 전략환경 변화에 능동적으로 대처해 나가기 위해서는 공고한 한미동맹관계의 기반 위에, 우리의 신장된 국력에 부합되게 자주국방의 역량을 강화해 나가야 함"을 의미한다.[67]

4. 협력적 자주국방의 안보적 함의와 과제

협력적 자주국방의 완성을 위해서는 수많은 난관을 극복해야 한다. 우선 우리 군 지휘체계와 국방전력의 상당부분을 차지하고 있는 대미 의존도를 단계적으로 줄여 나가야 한다. 이를 통해 우리는 보다 확실하고 주도적인 자위력과 국방력을 확보하고 군 운용을 이루어야 한다. 이를 위해 군의 획기적인 전력증강과 함께 혁신적이고 효율적인 군

---

66) 상게서, p.36.
67) 상게서, p.7.

조직의 개편도 추진되어야 한다. 따라서 그에 합당한 국방예산의 확보와 효율적인 편제가 이루어져야 하고 나아가 늘어나는 국방비 부담에 대한 대국민 홍보에도 적극 나서야 한다. 모든 국가 정책이 그렇듯 국민적 공감대의 형성이야말로 가장 중요한 사안이다. 노무현 정부의 협력적 자주국방은 자주와 동맹에 대한 그릇된 이분법적 구분68)을 탈피하여 동맹과 자위력 강화의 균형을 모색하는 개념이라 할 수 있으나 안보적 함의와 과제는 동맹관리라는 차원과 자주국방력 강화라는 두 차원을 조화롭게 찾는 데 있을 것이다.

1) 한미동맹의 과제와 역할

노무현 정부가 의욕적으로 추진 중인 협력적 자주국방은 기본적으로 한미동맹을 어떻게 재정립하느냐에 그 성패가 달려 있다고 할 수 있다. 지난 반 세기동안 한미동맹이 거둔 정치 · 경제 · 군사 · 안보적 성공에 관해서는 재론의 여지가 없다. 그러나 한미동맹의 견실한 기초와 운영에도 불구하고 동맹의 피로현상과 갈등이 나타나고 있는 현실을 직시해야 한다. 9 · 11 이후 우리가 세계안보환경 변화의 속도에 적응하지 못하고, 특히 미국의 변화에 대한 준비가 미흡했던 측면이 있다. 한미동맹이 여전히 중요하지만 그것이 당연시되던 시대는 지났고 이제는 동맹을 어떻게 관리해야 하는가의 시각에서 보아야 할 필요성

---

68) 협력적 자주국방에서의 자주와 동맹은 배타적이지 않은 개념이다. 자주적 (self-reliant)이라는 표현은 혼자라는 행위자의 수보다는 행위자의 주인의식, 즉 의지와 결정 능력을 지칭하는 말에 더 가깝다. 따라서 독립적 (independent)이라는 표현보다는 자율적(autonomous)이라는 의미에 더 가깝다. 결국 자주란 행위자가 스스로 자발적인 의사에 의해 자율적으로 결정하고 주체적으로 행동하는 한, 설령 여럿이 함께 공동으로 어떤 일을 추진하는 경우에도 얼마든지 사용할 수 있는 말이다. 따라서 자주와 동맹은 개념상으로 이분법적이지 않다. 김영호, 전게 논문, pp.101-102.

이 제기되고 있는 것이다. 한미동맹의 관리와 관련해서는 장기적인 동맹의 성격변화와 역할 규정, 주한미군 재배치에 따른 안보 공백 보완, 보다 대등한 관계로의 변화를 요구하는 한국 시민사회의 움직임 대처 등이 주요사안이 될 것으로 전망된다.

2000년 남북정상회담 이후 남북한 화해협력 진전과 남북한 교류사업이 확대되면서 북한이 더 이상 우리의 '주적'이 아니라 평화통일의 동반자라는 인식이 우리 사회에 크게 확대되었다. 북한에 대한 위협인식 변화는 궁극적으로 대북 위협에 근거한 한미동맹의 존립기반을 약화시키는 요인이 되고 있다. 또한 최근 한국의 젊은 세대를 중심으로 일고 있는 반미감정은 한미동맹에 대한 공고한 사회적 지지 유지에 부정적으로 작용하고 있다. 반미감정은 부시 행정부가 9·11 테러 이후 일방주의적 외교정책을 전개하면서 북한에 대해 강경정책으로 대응하면서 한반도에 긴장을 조성하고 남북한 화해협력을 저해한다는 인식과 미군 기지를 둘러싼 사회문제로 인해 한국민의 주권 의식을 자극하는 등 복합적 요인들에 의해 작용하고 있는 것으로 이해된다.

한국민의 반미감정은 민족주의적 정서와 맞물려 한미관계에서 동등한 파트너십의 추구 및 대북정책에서 대미 독립성 추구로 표출되고 있는 것이다. 특히 상당수의 한국민은 부시 대통령의 2002년 연두교서에서 북한이 이라크, 이란과 함께 '악의 축' 3대 불량국가로 지목하면서부터 부시 행정부가 선제공격 독트린(Preemptive Strategy)을 북한에도 적용할 가능성이 크며, 북한의 김정일 정권교체를 목표로 한다는 인식을 갖게 되었고 그것이 한반도 안정을 저해할지도 모른다는 우려를 갖고 있다.[69]

이러한 여러 가지 도전에 직면하여 한미동맹의 미래 비전을 어떻게

---

69) 세종연구소 특별정책브리핑, 『한미안보포럼』, 2004. 3, pp.2-3.

설정할 것인지에 관한 논의가 제기되고 있다. 한미동맹의 미래 발전 방향을 전망하기 위해서는 무엇보다도 한미동맹의 중장기 목표 및 역할에 대한 분명한 공감대가 형성되어야 한다. 한미동맹의 중장기 목표 및 역할을 정립하기 위해서는 한미동맹의 성격에 관한 명확한 이해가 필요하다. 확실히 한미동맹은 그동안 북한의 남침을 억제하는 역할을 충실히 수행해 왔으며, 한미연합방위체제는 한국군에 유무형적 전력을 보강해 줌으로써 한국의 국방비 절감과 경제발전에 기여해 온 것도 사실이다. 또한 한미연합방위체제는 지금까지 정전체제를 안전하게 유지하고 관리해 왔다. 그 덕분에 우리의 눈부신 경제 건설이 가능했음을 아무도 부인할 수는 없다.

　이처럼 주한미군은 한미상호방위조약을 근거로 주둔하며 한미동맹은 북한의 위협 때문에 탄생하였다. 그러나 한미상호방위조약은 그동안 많은 효과를 가졌음에도 불구하고 상호방위조약이 체결되었던 50년 전과 지금의 상황 사이에는 많은 차이가 존재하고 있으며 주둔 기간만큼의 부정적 역할도 존재해 왔다. 예를 들면 한미동맹은 우리의 지나친 의타심을 키워준 면이 있기에 오히려 우리 군의 자주국방 의지와 발전을 저해한 측면이 있음도 간과할 수 없는 것이다. 나아가 이 것은 우리 군의 위기대치 및 관리능력을 제약했으며 대북 정책 추진에 있어서도 주도적 역할을 상실하게 한 측면이 있다.

　이제 한미동맹관계는 재정립의 단계에 들어섰다. 이를 위해 한국과 미국은 동맹유지의 안보를 위한 새로운 공동목표를 분명히 할 필요가 있다. 즉 21세기의 변화하는 안보환경을 감안할 때 한미동맹의 목표를 대북 억지 위주에서 포괄적 지역안보목표로 확대하고, 동아시아 다자 안보체제를 추구함으로써 한국의 안보 포트폴리오를 다양화하는 것이 현재로서는 가장 합리적 대안으로 보인다. 현재 남북관계 진전 및 북한의 경제난 등 목표를 대북 억지로 한정할 경우 현실과 목표의 괴리가 발생할 소지가 크다. 그러므로 동맹의 목표를 포괄적 지역안보 이슈에 대응하며 테러, 마약, 해상범죄, 재난구조, 해상통항 확보, 동아시아 세력균형, 역내 돌발사태 등으로 확대하는 것이 바람직하다.[70]

그러나 한미동맹의 미래는 우리의 희망대로 이루어지는 것이 아니다. 그것은 미국의 국제 전략적 구상과 계획의 영향을 받을 것이다. 따라서 거기에 우리의 입장과 희망이 합치하는 방향으로 결정될 수 있도록 노력을 해야 한다는 것이다. 미국이 아시아에서 가지는 전략적 이익은 지역 세력균형, 한반도 및 대만 등지의 돌발사태 대비, 중국 포위 등이며, 한미동맹과 미일동맹은 이러한 미국의 전략목표를 큰 틀로 삼아 변용되는 과정을 거칠 것으로 예상된다. 한미관계는 북한의 위협이 사라진다 해도 동북아 평화질서 형성에 중요한 축이 될 것으로 예상된다. 그러므로 협력적 자주국방은 한미동맹을 보다 장기적인 구상하에서 실현 가능한 로드맵을 설정하고 꾸준히 추진되어야 한다.

이를 위해서는 특히 대내적 안보기반을 확충하는 것이 중요하다. 즉 우리가 생각하는 한미동맹의 효용과 동맹지속의 필요성은 어느 정도인가에 대한 국민적 공감대가 형성되어야 한다는 것이다. 국민들 스스로가 그동안 한미동맹의 역할과 공적을 충분히 인정하고 앞으로 변화하는 국제 정세와 동북아 구도하에서의 한미동맹의 역할과 과제가 명확히 인식될 수 있도록 노력해야 한다.

2) 자주국방력 제고

자주국방은 주도적 대북 억제능력을 우선 확보하기 위해 필요 전력을 건설하고, 이와 더불어 독자적 작전기획 및 군 운용 능력을 확보하

---

70) 이상현, 전게 논문 참조.

는 것이다. 협력적 자주국방은 한미동맹을 굳건히 하는 가운데 한국군
의 자주적 방위역량을 강화 내지는 증대시키는 것을 의미한다. 따라서
우리는 한미동맹을 저해하지 않는 선에서의 독자적인 작전권의 확보
야말로 자주국방의 기초라 할 수 있다. 실제로 한미군사동맹의 재정립
은 양국이 대등한 입장과 관계 속에서 실질적인 상호 보완적인 협력
체계를 갖추자는 것이다. 따라서 한미 양국 간의 내재적인 불평등 요
소를 제거할 필요가 있다.

한미연합방위체제하에 내재된 구조적 불평등 요소 중 가장 대표적
인 것이 한미연합사의 지휘체계와 연합사령관의 전시 작전권 보유문
제이다.[71] 협력적 자주국방의 결론 역시 자연스럽게 전시 작전권 환
수 문제와 환수 이후 한미연합방위체제의 바람직한 발전형태의 모색
으로 귀착된다.

현재의 한미연합방위체제는 전적으로 미군 위주의 편제를 가지고
있다. 전시 작전권을 행사하는 연합사령관 직책에는 미국의 4성 장군
이 보직되고 우리 군은 부사령관의 직책을 맡는다. 도한 제도적 직책
은 다르지만 연합사령관을 맡은 미군 장성이 동시에 유엔 사령관, 주
한 미 사령관, 그리고 미 합참의장을 대신하여 한미군사위원회의 미국
측 대표인 주한미군 선임 장교라는 4개의 공식지위를 모두 겸직하고
있다. 이처럼 불평등한 조직은 이제 재정립되어야 한다는 것이다. 협
력적 자주국방은 한미 양국의 동등하고 수평적인 관계를 바탕하고 있
다. 따라서 전시 작전권을 비롯한 자위 방어체계 형성을 서두를 필요
가 있다.[72]

---

71) 김영호, 전게 논문, pp.108 - 114. 1994년 "전략지시 제2호"에 의거해 평시
    작전권은 한국군에 이양되었다. 그러나 한미연합사령관의 성공적인 전쟁
    수행을 위해 평시부터 보유해야 할 필수적인 권한과 책임이라고 규정한
    몇 가지 중요한 임무사항은 계속해서 연합사령관하에 놓여 있다.

그러나 협력적 자주국방의 관건은 우리의 자위력의 획기적인 증강이 가장 확실한 방법이다. 실제로 우리 군은 자주국방력 제고의 일환으로 무기체계의 첨단화를 위한 국방투자사업은 건군 이후 꾸준히 계속되어 왔다. 1949년 건군 직후 우리 군사력은 주로 미국의 군원 장비를 주축으로 유지되었고, 본격적인 전력증강 사업은 무장공비 청와대 기습사건, 주한미군 철수 주장 등 한반도 안보 위기감이 고조되었던 1970년대 초부터 시작되었다. 전술한 대로 당시에는 자주국방을 위한 군사력 현대화가 시급했기 때문에 국방 8개년 계획 및 국방 5개년 계획(1차 및 2차 율곡사업)을 통해 모방개발 및 기술도입 생산을 적극 추진하였다.

그 결과 재래식 기본병기는 대부분 국산화하는 데 성공하였다. 이처럼 1970~80년대의 획득정책은 '무기국산화' 정책으로 특징지을 수 있다. 그러다가 1990년대에 들어와서는 첨단정밀무기 개발을 위한 핵심기술 소요가 증대되었으나 모방개발 및 기술도입 생산만으로는 한계가 있었다. 당시 한국의 대미 무기 도입 의존도는 높았으나 미국이 핵심기술 이전을 기피함으로써 한국정부는 무기도입선의 다변화를 추진하게 되었다. 이에 따라 1990년대 획득정책은 기존 국산화정책 기조 위에 유럽 선진국들과의 방산·기술협력을 추구하는 국산화 및 다변화 정책으로 선회하였다.

첨단무기체계의 중요성은 특히 1991년의 걸프전 이후 국방 당국자들의 큰 관심을 끌고 있다. 걸프전과 코소보전 등 일련의 미래전장 상황을 목격하면서 국방부는 21세기 정보화된 선진형 신국방체제 구축

---

72) 이를 위해 김영호는 '평시 자국통제, 유사시 연합군 통제'라는 NATO형 모델과 완전한 독립관계에서 유사시 공동작전 형태를 취하는 일본의 '병립적 협력체제'를 대안으로 제시하고 있다. 상게 논문, p.113.

을 목표로 군사혁신과 군정보화에 역량을 집중하고 있다. 이를 위해 1998년 4월 국방부 산하에 장관직속기구로 국방개혁추진위원회가 발족되어 국방개혁 5개년 계획(1998-2003)을 주도적으로 추진하는 임무를 수행하고 있다. 이와 병행하여 각 군도 개혁실무추진위원회를 설치함으로써 국방부와 각 군 간에 연계성 있는 개혁이 이루어지도록 하고 있다.

특히 21세기 정보화시대의 안보환경의 변화와 새로운 전쟁양상에 대비하기 위해 1999년 4월 국방개혁추진위원회 산하에 군사혁신기획단을 창설하였다. 군사혁신기획단이 설정한 군사혁신의 목표는 정보·지식기반의 국방력을 창출하여 21세기의 생존·번영·통일을 보장하고 정보화시대의 국방발전 요구에 부응하는 것이다. 특히 ① 중·장기 국가발전 비전과 계획에 부합된 군사혁신 비전 및 개념 설정, ② 핵심적인 군사혁신 과업 및 과제에 역점을 둔 구현방책 개발, ③ 미래 과학기술 발전추세를 예측하여 시대를 앞서가는 군사기술혁신 추구, ④ 비교우위의 사회적 잠재력을 최대한 활용하여 적은 비용으로 강력한 국방력 창출 등 네 가지 목표에 중점을 두고 추진해 나가고 있다. 군사혁신기획단은 이러한 방향에 기초하여 한국의 안보상황과 국방여건에 맞는 군사혁신의 개념과 방안을 집중 연구하고 있다.[73]

특히 협력적 자주국방의 목표는 전력증강의 방향을 기술 집약적인 첨단과학 정예군 양성을 들고 있다. 21세기는 첨단 기술전쟁의 시대로, 선진 국가들은 사활을 걸고 신기술 개발과 보호에 나서고 있다. 또한 세계 각국은 주요 전략기술의 공개와 이전을 극도로 꺼리고 통제하고 있다. 특히 국방력에 관한 한 가장 심한 통제를 하고 있다고 볼 수 있다. 이제 군도 독자적인 과학기술의 개발 없이는 첨단 무기를

---

73) 국방부, 『국방백서 2000』, 2000, pp.151-152.

확보할 수가 없게 되었다. 따라서 협력적 자주국방은 "과학기술 분야의 육성에 적극 관심을 기울이고 있다. 특히 정보, 원자력, 우주·항공, 에너지 분야 등 국가 안보에 직결되는 전략 기술을 집중 발전시키고, 미래 원천기술확보 차원에서 관련 기초과학 분야 육성에 두고 있다. 주요 전략 기술의 중점 관리를 위해 국가 안보에 필수적이고 경제·사회적 파급 효과가 큰 전략기술에 대해서는 이의 유출 및 침해를 감시하고 보호할 수 있는 체제를 확립한다."[74]며 첨단 무기의 개발과 육성 및 보호에 집중하겠다는 점을 강조하고 있다.

그러나 이 같은 문제의식과 열의도 그를 수반해 줄 수 있는 경제력과 국민적 합의를 필요로 한다. 따라서 군은 어려운 경제 여건을 감안한 계획을 수립해야 하고 나아가 그것의 효율적 운영에 만전을 기해 국민의 신뢰를 벗어나지 않는 노력을 보여주어야 한다. 그를 위해 첨단 무기 도입과 개발에 대한 투명성이 요구된다. 이를 바탕으로 우리의 안보여건에 대한 대국민 홍보에 진력함으로써 총력 안보체제의 형성에 만전을 기해야 한다.

협력적 자주국방 역시 성공적인 안보정책을 위해 정부의 정책 수립과 추진과정에서의 국민 참여를 확대하고 국익우선의 초당적 협력과 범정부 차원에서의 교육과 홍보체계에 역점을 두어야 할 것이다.

---

74) 국안전보장회의, 전게서, p.82.

VI. 결 론

국방전략은 국가안보전략의 실질적 수단이자 현실적인 보루에 해당한다. 한국이 지난 40년 이상 신장해 온 국력과 발전된 국민의식에 부합하는 안보전략을 주체적으로 설정하고 이를 국방 부문이 전략으로 뒷받침할 수 있을 때 자주국방 비전은 달성될 것이다. 특히 우리의 경우는 역사적 경험과 지정학적인 특수성으로 인해 자주국방의 중요함은 아무리 강조해도 지나칠 수 없다. 따라서 자주국방을 이룰 수 있는 한국적 국방전략을 모색하고 실행할 방안을 구비해야 하는 필요성이 또한 높은 것이다.

한국적 국방전략의 정립을 위해서는 우리는 우선 국가안보비전의 주체적인 기반 구축이 필요하다. 이는 남북한 평화공존을 통한 한반도 평화체제 달성과 나아가 한반도 안정과 동북아 협력체제 구축을 통한 한반도 평화통일 달성 등을 뒷받침할 수 있는 국방 분야의 의식 및 제도적 기반을 분명하게 하는 일이 우선적으로 추진되어야 한다. 또한 안보환경 변화에 수세적으로 대응했던 전통적 의미의 방위개념에서 세계화 및 정보화시대 속으로 진입하여 한반도 안보변화를 책임 있게 관리할 수 있는 국방태세로 발전해야 한다. 이로써 정부의 국가안보정책과 연계성을 강화, 적극적으로 안보와 국방, 외교, 통일 등 제분야간 횡적, 종적 조정에 적극 참여해서 국방부문의 입장을 일관성 있게 인식시키고 반영시켜 나갈 필요가 있다.[75]

현 정부에서 추진하고 있는 협력적 자주국방은 바로 이 같은 종합

---

75) 전경만, 상계 논문, pp.10-11

적이고 포괄적 차원의 한국적 안보전략이라고 할 수 있다. 이것은 자주국방이 처음 제기되었던 박정희 정권의 하위전력 증강 위주의 국방 개념을 넘어서 군사주권의 회복이고 나아가 국가 자주성 회복에 대한 추진전략이라고 할 수 있다. 이를 위해 노무현 정부는 자주가 고립이 아니라 협력임을 강조하고 있다. 오늘날은 독자적 국방만으로는 국가의 생존과 국민의 안전을 확실하게 보장해 줄 수가 없다. 그래서 주변 동맹 국가와의 우방의 군사적 협력 없이 한반도 나아가 동북아의 평화 답보는 불가능함을 염두에 둔 전략이라고 할 수 있다.

그러나 이러한 시도 역시 많은 문제점과 난관을 앞에 두고 있다. 협력적 자주국방의 핵심은 한미관계의 재정립이다. 즉 한미동맹을 유지하는 가운데 자주국방을 이룩한다는 것인데 그것에 대한 구체적인 방법이 제시되지 못하고 있다. 오히려 주한미군의 감축과 그에 따른 안보 불안이 가중되는 감도 있는 형편이다. 이런 차원에서 과연 협력적 자주국방에 대한 준비가 얼마나 될 것인지 의심스러운 것이다. 또한 자주국방에 대한 적정 군사비용의 문제이다. 주한미군의 일부 철군과 함께 서울이남 배치에 따른 우리 군의 부담은 더욱 가중되고 있다. 이는 곧 우리 국방비 증액과 직결되는 문제로 현재의 우리 경제 상태에서 감당할 수 있는 적정선은 어디까지인가의 문제가 제기된다고 하겠다. 눈에 보이는 양적 국방비뿐 아니라 눈에 보이지 않는 질적 국방비의 증액도 문제이다. 즉 주한미군의 재배치에 따른 공백을 정부는 과학기술의 발달을 이용한 첨단무기 개발과 군 운영의 효율화로 대치하겠다고 한다. 이 역시 그 상한선과 결과에 대한 검증이 되지 않은 문제점이 있다.

그러나 다소의 문제가 있다 해도 협력적 자주국방은 반드시 추구해야 될 우리의 생존 전략임에 틀림없다. 따라서 다음의 몇 가지를 제언하고자 한다.

첫째, 협력적 자주국방의 관건은 전술한대로 한미관계의 재정립에 달려 있다. 특히 우리 정부의 대미 외교력이 절대적 영향을 미칠 것이다. 한미관계는 노무현 정부 들어서 부분적으로 훼손된 듯한 부분이 없지 않다. 그러나 이 역시 우리가 추구하는 자주국방을 위한 여정이라고 보았을 때 감수해야 할 영역이다. 우리에게 미국이 소중하듯이 미국에게도 우리의 소중함이 인식될 수 있도록 한다면 서로가 동등한 가운데에서 얼마든지 대등한 군사 협력관계는 유지될 수 있을 것이다. 따라서 정부는 신중하고 실용적인 대미 외교력을 발휘하여 우리의 자주국방 노력의 진의가 왜곡되지 않도록 추진해야 한다. 이런 가운데 전시 작전권 회수 같은 문제가 해결될 수 있을 것이다.

둘째, 자주국방력의 제고를 위해 제한된 범위에서이지만 우리 경제력이 감당할 수 있는 한 국방비의 증액이 필요하다. 단 이렇게 증액된 국방비는 전적으로 독자적인 군사 기술 개발 및 첨단 무기 확보에 투여되어야 한다. 주한미군의 재배치에 따른 군사적 공백을 최소화하기 위해서라도 자주국방을 위한 국방비 증액은 불가피하지만 다만 최근의 침체된 경제위기에 힘든 국민들의 이해를 위해서라도 군 스스로가 뼈를 깎는 개혁의 모습을 보여주어야 한다. 군 개혁의 모습과 함께 국방비의 효율적 활용은 군에 대한 국민의 신뢰를 쌓게 하는 첩경이 될 것이다.

셋째, 군 장비의 과학화와 첨단화 그리고 군 인력의 전문화를 추구하여야 한다. 현대전이 첨단 과학전이 된지는 오래지 않지만 그 발전은 눈부실 정도이다. 이러한 군 장비의 첨단화에 뒤쳐져서는 우리 군의 현대화 작업은 요원해진다. 따라서 관련 민간 영역과의 유기적인 협조하에 독자적인 무기체계의 형성이 필요하다. 또한 현대의 군은 전문인 중심의 소수 정예군 체제로 나아가고 있다. 과거와 같은 병력중심의 대규모 군 보유보다는 첨단 무기로 무장하고 그를 잘 운영할 줄 아는 정예군의 육성이 필요하다.

넷째, 안보 문제에 대한 대국민 홍보에 주력해야 한다. 아무리 훌륭한 국방 정책도 국민의 이해와 지지를 받지 못한다면 그 결실을 이룰 수가 없다. 협력적 자주국방의 추진과정에서 생긴 안보 불안은 그만큼 국민적 홍보의 부족을 증명하는 것이다. 비록 잠시의 불안과 위험을 인지한다고 해도 자주국방을 향한 우리의 길은 멈출 수가 없는 것이기에 반드시 국민의 성원 속에서 추진되어야 하는 국가 대사이다. 따라서 정부는 협력적 자주국방에 대한 확실한 대국민 홍보와 설득에 노력을 기울여야 한다.

끝으로 협력적 자주국방이 추구하는 최종 목표가 동북아의 항구적인 평화체제 형성에 있어야 한다. 현재 우리는 북한으로부터의 군사적 위협과 주변 국가들의 군사력 강화의 정점에 있다. 북한은 현존 군사위협이자 평화공존 상대이다. 또 한반도의 주변은 세계 4강의 틀이 형성되어 있는 유일한 지역이다. 이런 이중적 위기 속에 놓여 있는 것이 우리 안보상황 특성이다. 따라서 북한과의 평화체제 유지는 물론 동북아의 항구적 평화체제 형성이라는 마스터플랜하에서 협력적 자주국방이 추진되어야 하며 그 성공이 곧 유비무환과도 직결된다.◎

참고 문헌

Samuel P. Huntington, *The Common Defense: Strategic Programs in National Politics*(New York and London: Colombia Univ. Press, 1961).

국가안전보장회의(NSC), 『평화번영과 국가안보』, 국가안전보장회의, 2004. 3.

국방부 전사편찬 위원회, 『국방사』, 1961 - 1971.

국방부, 『국방백서 2000』, 2000.

국방부, 『율곡사업의 어제와 오늘 그리고 내일』, 1994.

국방부, 『국방백서』, 국방부, 1968.

국방부, 『국방백서』, 국방부, 1988.

국방부전사편찬위원회, 『국방사』 1950. 6 - 1961. 5, 국방부, 1987.

권태영, 서주석, 『자주국방개념연구』, 한국국방연구원, 1996.

권태영 · 정춘일, 『선진국방의 지평』, 을지서적, 1998.

김성호, 『효율적인 전력증강사업관리』, 국방부정책연구위원실, 1990.

대통령 비서실, 『박정희 대통령 연설집』 3권, 1973.

민병천, 『한국방위론』, 고려원, 1983.

백선엽, 『군과 나』, 대륙연구소출판부, 1989.

세종연구소 특별정책브리핑, 『한미안보포럼』, 2004. 3.

외무부, 『한국외교 30년』, 외무부, 1979.

윤정원 · 이민룡 외, 『국가 안보론』, 건영사, 2001.

이상우, 『제3공화국 외교비사』, 조선일보사, 1984.

이호재, 『한국 외교정책의 이상과 현실』, 법문사, 1986.

김영호, "협력적 자주국방과 한미동맹 재조명", 통일연구원 · 국방대학교 안보문제연구소 공동안보학술회의, 『한반도 안보정세 변화와 협력적 자주국방』, 2004. 5.

노훈, "자주국방을 위한 전력개선 방향", 한국군사학회, 『군사논단』통권
　　제37호, 2004년 봄호.

노훈, "협력적 자주국방과 국방개혁", 통일연구원·국방대학교 안보문제
　　연구소 공동안보학술회의, 『한반도 안보정세 변화와 협력적 자주
　　국방』, 2004. 5.

민병천, "자주국방의 개념과 한국적 적용의 문제", 국방대학원, 『국방연구』
　　제30호, 1971.

서춘석 외, "자주국방의 개념 정립 및 한국자주국방의 과제", 육군사관학
　　교 화랑대연구소, 1996.

온창일, "국군의 자주화와 정예화", 한국 국방연구원 제8회 국방학술 공
　　동토론회 세미나 자료, 1990. 2. 27.

이민룡, "한국 안보정책의 역사적 전개", 윤정원 외 7인, 『국가안보론』,
　　건영사, 2001.

이상현, "협력적 자주국방과 미래전력 소요", 통일연구원·국방대학교 안
　　보문제연구소 공동안보학술회의, 『한반도 안보정세 변화와 협력적
　　자주국방』, 2004. 5. 11.

이승현, "국방예산 확보의 쟁범과 정책적 함의", 국방대학교 안보문제연
　　구소, 『협력적 자주국방과 적정 국방비』, 2004년도 국방비 세미나,
　　2004. 5.

전경만, "자주국방 비전과 국방전략", 한국군사학회, 『군사논단』통권 제37
　　호, 2004년 봄호.

조원철, "1970년대 초 미국의 대한군사정책의 변화와 한국의 자주국방
　　―닉슨 독트린 등장과 한국의 군사적 대응구조 분석―", 국방대
　　학원 석사학위 논문, 1992.

『조선일보』, 2004년 5월 4일.

『월간중앙』, 2003년 11월호.

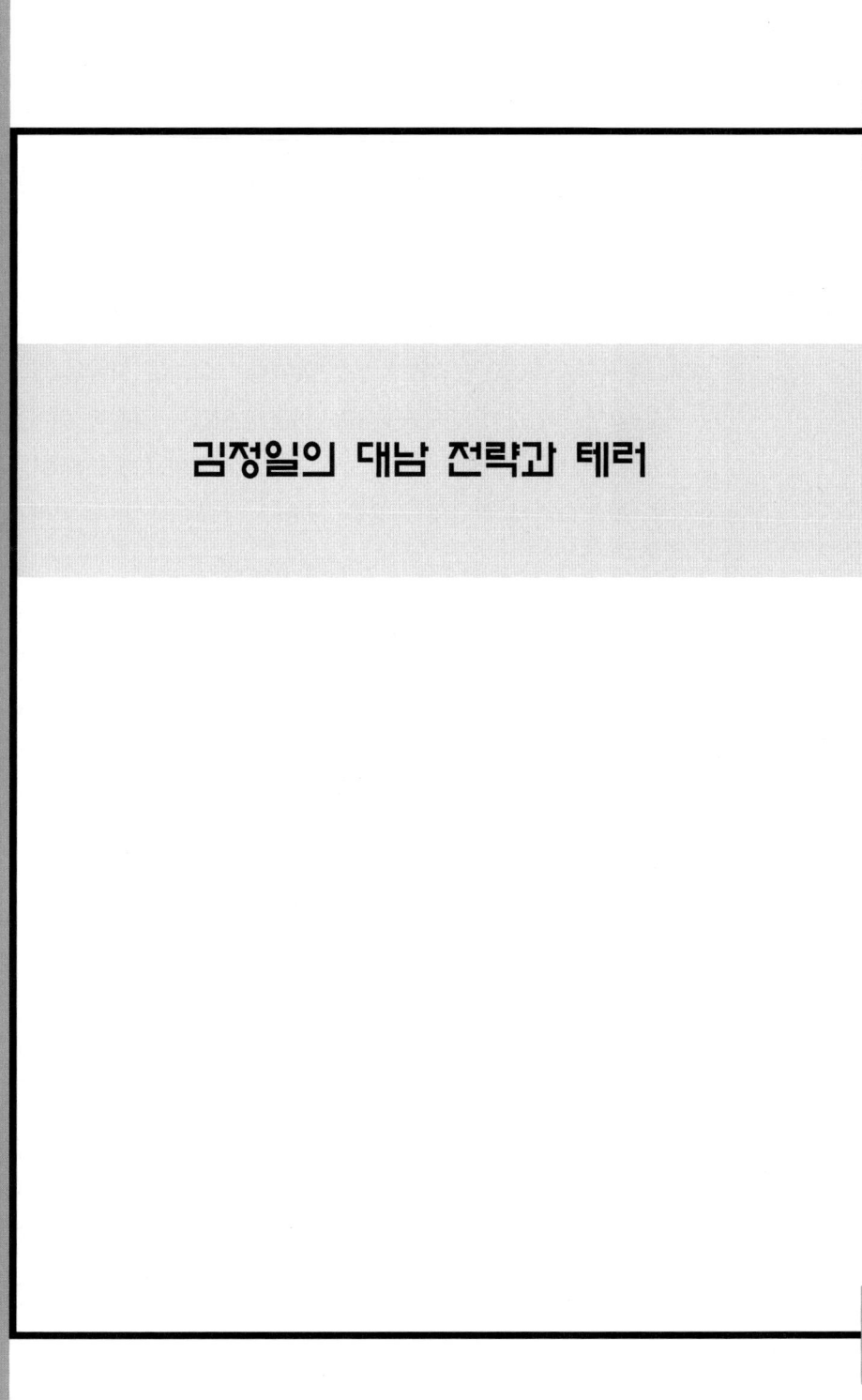

김정일의 대남 전략과 테러

I. 서 론

9·11 뉴욕 테러사건 이후 국제정치는 많은 변화를 겪어 왔다. 미국은 소위 '부시 독트린'을 발표하여 모든 국가들로 하여금 미국의 정책 지지 여부를 명확히 밝히라고 요구하고, 미국의 안보에 결정적 위해를 가할 수 있는 국가들을 '악의 축'(an axis of evil) 국가로 분류하여 국제정치에 대한 도덕적 판단의 기운을 거세게 일으키고 있다. 따라서 테러 행위는 국제질서의 중요 위험 요소로 등장했다.

9·11 테러의 원인이 문명과 야만의 대립이든, 인종 간 갈등이든, 문명권 간 충돌이든, 오만한 미국의 일방주의적 패권에 대한 반발이든, 혹은 세계화의 진행으로 인한 빈곤과 좌절의 표출이든, 테러로 표출된 국제정치의 모순은 탈냉전 초기에는 보기 힘들었던 새로운 형태의 모순임에 틀림없다. 많은 학자들이 탈냉전기를 새롭게 구분하고 있는데, 사실 탈냉전기라는 말 자체가 새로운 시대에 대한 적극적인 규정이라기보다는 냉전 종식 이후라는 소극적 의미의 규정이니만큼, 시대가 지나면 1990년대 이래의 시대를 적절히 명명할 필요가 생길 것이다. 그러나 한 가지 확실한 점은, 이제 냉전의 전후처리, 그리고 냉전과 연관된 모순의 해결이라는 과제와는 근본적으로 다른 테러와 같은 새로운 문제들과 이슈들이 등장하고 있다는 것이다.

그러나 국제적 차원의 대테러 전쟁이 선포되고 새로운 긴장의 주제가 등장하고 있지만 한반도는 여전히 고전적 의미의 긴장상태가 지속되고 있다. 즉 탈냉전 이후 새로운 국제문제의 등장에도 불구하고 현재 남북한 군사적 대치로 인한 예측불허의 긴장상태가 여전히 유지되고 있을 뿐 아니라 일상적인 기습테러 가능성하에 놓여 있음은 6·29 서해 기습도발에서도 여실히 증명되고 있다. 이러한 긴장은 김일성, 김정일로 이어지는 북한체제의 대남 전략의 근본적인 변화가 없이 21 세기를 맞고 있다는 데에 가장 큰 원인이 있다고 할 수 있다. 특히 '6 ·15 남북공동선언' 이후 남북 이산가족 상봉과 시드니 올림픽에서의 남북한 선수 동시입장, 남북 교류협력의 구체화, 제1차 남북 국방장관 회담, 경의선 철도와 도로연결 공사, 북한의 서구 국가들과의 수교, 금 강산 관광의 활성화 등 가시적인 변화가 있었음에도 북한의 근본적인 개혁개방의 모습을 발견할 수 없다. 결국 현재의 모습만으로는 한반도 에서 새로운 국면을 발견하기 어렵다는 것이다.

구체적으로 이러한 한반도 긴장은 북한의 가공할 군사력과 당 규약 전문에 명시된 '한반도의 적화 전략' 규정을 들 수 있다. 즉 "북한 조 선로동당의 당면목적은 공화국 북반부에서 사회주의의 완전한 승리를 이룩하여 전국적 범위에서 민족해방과 인민민주주의의 혁명과업을 완 수하는 데 있으며, 최종 목적은 온 사회의 주체사상화와 공산주의사회 를 건설하는 데 있다"는 규정이 바로 그것이다.

북한은 지난 1962년 "경제발전에 제한을 받더라도 국방력을 강화해 야 한다"는 김일성의 교시에 의하여 자위국방정책인 4대 군사노선을 채택하였고 중공업에 중점을 둔 경제정책을 추진함으로써 강대한 군 사력을 건설하는 데는 성공하였다. 그러나 이로 인하여 일반경제가 붕 괴되면서 수백만의 주민이 굶어 죽었고 급기야 살기 위한 대규모 탈 북사태로 이어졌다. 마침내 북한은 국제사회에 북한주민의 기아 현실 을 공개하고 식량 원조를 호소하는 경지에 이르렀다. 그러나 북한은 대규모의 탈북사태 등 국제적 수모를 당하는 중에도 군사력을 강화하 고 강릉 잠수함 침투, 연평 해전, 서해 기습공격 등 무력도발을 계속하고 있다. 또한 화생무기, 핵무기, 미사일 등 대량살상용 전략무기의 개발, 생산, 수출을 계속하고 있다.

특히 북한은 2000년 1월 1일 노동신문 등 3대 신문 공동사설을 통하여 "사상과 총대 및 과학기술이 강성대국 건설의 3대 기둥"이며 "총대 중시는 제국주의가 있고 혁명이 계속되는 한 항구적으로 틀어쥐고 나가야 할 전략노선이며 모든 부문에서 최우선시해야 할 국사 중의 제1국사"이고 "총대로 개척한 조선혁명을 총대로 끝까지 완성하려는 것"이 김정일의 '철의 신념'이라고 강조하였다. 이러한 북한의 의도는 금년의 공동사설 속에서도 여실히 계속되고 있다.

따라서 북한이 한반도 적화 전략을 포기하지 않는 한 현재의 군사정책 및 대남 도발을 지속할 것으로 전망된다. 이는 군사력을 체제유지를 위한 최후의 핵심보루로 인식하고 대남 및 대외 협상 수단으로 최대한 이용하면서 결정적 시기가 조성되면 무력혁명을 주력으로 활용하려는 의도로도 보인다. 더욱이 김정일의 대남 전략은 남북한 모두에 치명적인 타격을 입힐 전면전보다는 지속적이고 고밀도의 효과를 올릴 수 있는 테러전술의 활용이 예상된다. 따라서 우리는 21세기 새로운 테러적 긴장에 대비하고 다시금 북한의 대남 전략을 고찰함으로써 국민에게 그 위협의 실상을 알리고 나아가 경각심 고취 및 국가적 차원에서의 안보의 중요성을 제고해야 할 필요가 있다. 따라서 본고의 연구목적은 새로운 테러리즘과 긴장이 고조되고 있는 국제질서를 분석하고 김정일의 대남 전략과 테러와의 상관성을 규명함으로써 철저한 안보태세 확립을 위한 우리의 노력을 제고하는 데 그 목적을 가진다.

Ⅱ. 테러리즘과 국제관계의 변화

1. 21세기 국제안보와 동북아 질서

20세기 말 소련을 비롯한 동구 사회주의권의 붕괴는 동·서 진영 간 냉전적 대립구조의 와해를 초래하였으며 전 세계적 차원에서 새로운 국제질서 재편을 촉진하였다. 탈냉전의 과도기적 상황 속에서 형성되고 있는 새로운 국제질서의 주요 특징은 이념·체제·제도 간의 갈등과 대립이 현저하게 감소되고 군사적 위협과 대립보다는 평화와 경제발전의 중요성이 크게 부각되고 있다는 점이다. 그러나 마약·환경·난민·국제 테러 등 새로운 분쟁 요인들이 분출되고 영토·종교·민족문제 등 전통적 갈등양상이 국제질서 불안 요인으로 대두되고 있다. 특히, 정보화시대의 개막에 따른 정보력과 경제력의 장악은 곧 국제사회의 새로운 패권으로 자리잡고 있다. 동서 냉전체제 해체 이후 국제질서의 특징을 몇 가지로 정리하면 다음과 같다.[76]

첫째, 국제질서의 다원화와 국제적 상호 의존성의 증대 현상이 두드러지고 있다. 미국은 군사·경제·정보 등 모든 면에서 패권적 지위를 향유하고 있으나, 중국·일본·유럽연합·러시아 등과의 협력 없이는 세계질서를 독단적으로 이끌어 나갈 수 없는 상황이다. 이런 측면에서 현 국제질서를 '단-다극체제'(Unimultipolarity)로 평가하고 있다. 그러나 냉전시대의 안보는 이념 및 군사적 안보중심이었지만 냉전 종식

---

76) 손인섭, "21세기 국제질서의 변화와 통일환경", 『2001 통일문제의 이해』, 통일부 통일교육원, 2001. 2, pp.17-19. Joseph S. Nye, Jr., "What New World Order?" *Foreign Affairs*, vol.71, No.2(Spring 1992), pp.83-96.

이후 21세기에는 경제를 포함한 비군사적 안보, 즉 과학 · 기술력의 비중이 강조되고 있다는 점에 주목해야 한다.

둘째, 이데올로기 중심의 냉전체제가 종식되면서 자국 이익이 중시되는 무한경쟁의 시대가 도래하였다. 이러한 경제경쟁 양상은 지역경제의 블록화 추세를 심화시키고 있고, 1995년 세계무역기구(WTO) 출범을 계기로 새로운 경제질서가 모색되고 있다.

셋째, 과거 억압적이고 획일적이었던 국제질서가 다원화 · 개방화되면서 세계는 통합과 화해로 가고 있으나 지역 차원에서는 오히려 분쟁이 증대되는 추세이다. 즉 민족주의의 분출, 군비경쟁과 대량파괴무기의 확산, 지역적 · 인종적 차별과 종교문제 등으로 지역갈등이 심화되고 있기 때문이다.

넷째, 탈냉전 이후 새로운 국제질서 창출과정에서 유엔은 국제사회의 평화와 복지를 위한 노력으로 그 정통성과 효율성을 새롭게 인정받고 있다. 유엔의 역할 증대는 분쟁해결에 그치지 않고 군축 · 개발 · 환경 · 인권 · 마약 · 범죄 등 범세계적 문제에 대한 보편적 규범 형성, 즉 새로운 체제의 창출에서도 두드러지고 있다.

그러나 신국제질서는 이 같은 특징에도 불구하고 아직까지 그 안정성을 확보하지 못하고 있다. 그것은 신국제질서 자체가 명확히 새로운 모습을 드러내지 않고 있다는 외형적 한계와 함께 과거 냉전시대 미 · 소 양 강대국에 의해 통제, 조정되던 보이지 않는 세력균형(balance of power)의 축이 상실되었다는 점에 원인이 있다고 할 수 있다. 나아가 2001년 9 · 11 뉴욕 테러사태는 국제질서에 새로운 혼란을 가중시켰다.

이를 바탕으로 미국은 대규모의 MD(Missile Defense) 사업을 추진하면서 불가피하게 국제사회를 긴장국면으로 이끌고 있는 것도 사실이다.[77] 럼스펠드 미 국방장관이 '21세기 세계평화와 안보를 위한 새로운 토대'라고 말하는 MD체제는 결국 새로운 전략 환경에서 글로벌 헤게모니를 추구하려는 미국의 국가적 노력의 중핵이라고 할 수 있다.[78) 이제 국제질서는 미국을 중심으로 한 반테러국가와 새로운 테러 행위를 자행하는 국가 및 개인 간의 불안정 상태에 놓이게 되었다.

한편 이러한 세계적 차원의 긴장완화와 화해·협력 추세에 영향을 받아 동북아 지역의 국제질서 역시 세계적 차원의 양자관계의 재조정, 다자간 경제·안보협력 논의 등 평화와 번영을 위한 긍정적인 변화를 모색하고 있다.

그러나 동북아 정세는 기본적으로 냉전적 요인을 완전히 탈피하지 못하고 있는 불안정한 상태이다. 이는 동북아가 세계 어느 지역보다도 냉전적 대립과 갈등이 첨예했던 지역이었으며, 현재도 강대국 간의 이해관계가 복잡하게 얽혀 있기 때문이다.[79)

구체적으로 미국은 탈냉전 이후 동북아 지역에서 개입과 확대(engagement & enlargement) 정책을 통해 자국의 국익을 수호하면서 보다 적은 비용으로 '균형자' 역할을 수행하고자 하고 있다. 이를 위해 미국은 한국 및 일본과의 동맹체제 유지, 중국과 러시아와의 정치·경제적 협조관계 발전, 북한과의 관계개선 등을 도모하여 냉전 이후 확보된 유일 초강대국으로서의 지위를 바탕으로 역내 영향력을 계속 견지하려 하고 있다. 부시 미국정부는 이러한 정책을 계속 수행해 나갈 것으로 전망되나 기본적으로 미국의 입장은 자국의 경제적, 군사적 이익에 초점을 두고 있다.

---

77) MD체제의 추진이 미국본토 안보의 긴급성에 기인한다는 지적도 있으나 대규모적인 군비확장을 통한 미국적 세계질서의 편성이라는 주장이 세계적 시각이라고 할 수 있다. Erick V. Larson, Preparing the U.S. Army for Homeland Security, Santa Monica, CA: RAND, 2001.

78) 강봉구, "MD체제의 전략적 인식, 글로벌 전략 환경 변화에 대한 미국의 대응", 한국정치학회, 『한국정치학회보』 제35집 4호, 2001 겨울, p.407.

79) 손인섭, 앞의 글, pp.19-23.

NMD(National Missile Defence), MD로 이어지는 미국의 군사력 우위의 확보에 대한 중국과 러시아의 반발 그리고 북한의 저항과 여기에 합리적 선택의 모델을 필요로 하는 우리의 입장이 뒤섞여 한층 복잡한 관계망을 형성하고 있다.

일본은 경제대국 지위에 상응하는 정치·군사대국의 면모를 갖추려 하고 있다. 일본은 미·일 안보 동맹의 기본 틀을 유지하는 것을 전제로 군사력 증강, 유엔평화유지활동(PKO) 참여, 자위대의 해외파병 현실화, 유엔 안전보장이사회 상임이사국 지위 획득 기도, 대외원조의 전략적 이용 등을 통해 그것을 달성하고자 하고 있다. 즉 고이즈미 우익 내각의 왜곡된 역사교과서 관철, 야스쿠니 신사 참배, 자위대 파병, 전쟁포기 족쇄인 '유사법제' 의결 등을 포함한 개헌 논의 등은 일본의 대국화 기조와 함께 우리의 경계심을 요구하고 있다.

중국은 1992년 이후 개혁·개방 확대, 사회주의 시장경제 확립을 통한 경제발전을 핵심 국가목표로 설정하고 실용주의적 전방위 외교를 적극 추진하고 있다. 중국은 러시아의 영향력 감소를 자국의 영향력 확대로 연결하고, 일본과 경제적 협조를 유지하되 일본의 정치·군사적 팽창에 대해서는 지속적으로 견제함으로써 자국의 역할 및 국익 확대에 유리한 동북아 신국제질서를 창출하는 데 주안점을 두고 있다. 이를 위해 중국은 2003년 군사비를 650억 달러로 책정함으로써 세계 2위의 군사비 지출 국가가 되었다고 미 국방부는 2002년 7월 21일 의회제출 보고서인 '중국의 군사력보고서'에서 밝히고 있다. 지금의 중국은 러시아와 협력하여 미국의 패권주의를 견제하고, 주변 국가들과 선린우호 관계를 증진함으로써 경제발전에 유리한 안정적 주변 환경을 조성하려 하고 있다. 그러나 역사적으로 중국은 한반도에서의 영향력을 축소시키려 한 적이 한 번도 없었다는 데 주목할 필요가 있다. 따라서 역사의 전철을 밟지 않는 것은 순전히 우리들의 몫이다.

러시아는 소연방 해체 이후 세계 최강대국으로서의 지위와 영향력을 상실하고, 정치·경제적인 불안정으로 인해 신국제질서 형성과정에서 주도적인 역할을 수행하지 못하고 있다. 그러나 러시아는 여전히 강대국임을 강조하면서 국제무대에서 그에 합당한 지위의 확보와 영향력 행사를 위해 노력하고 있다. 특히, 푸틴 정부는 중국 및 북한과의 기존관계 유지, 한국·미국·일본과의 관계발전을 통하여 동북아 지역에서의 기득권 상실을 최소화하면서 동북아에서의 실리외교를 통한 영향력 복원을 추구하면서 한반도에서의 영향력 증대를 공공연히 주장하고 있다.

이와 같이 동북아 지역의 강대국 간 세력관계는 매우 유동적인 상황에 있다.[80] 동북아 지역에서는 강대국 간의 이해관계가 상호 대립, 교차하고 있으며, 이는 역내의 정치·군사적 불안정 요인으로 작용하고 있다. 특히 이곳에서의 안보질서 확립은 한반도 평화구도 형성에 절대적 영향력을 미친다. 향후 신국제질서의 영향과 이에 따른 동북아 안보지도는 기존의 한·미·일의 3각 동맹관계와 남·북·미라는 신3각체제의 등장으로 동북아 안보질서는 정치·군사적 지각변동을 예고하고 있다.[81]

교류와 협력의 확대로 남북관계가 개선되고 한반도에서 대량살상무기의 해결은 주변 4강국이 모두 바라는 것이지만, 주한미군 문제는 4

---

80) 이 밖에도 동북아 지역의 안보 불안정 요인은 동북아 국가 내의 정치 불안정, 영토분쟁과 민족통일 운동, 핵·미사일 대량살상무기의 확산문제, 다자간 안보협의체의 결여 등을 들 수 있다. 곽태환, "동북아 안보질서와 남북한 관계의 변화", 경산대학교 평화전략연구소, 『평화전략연구』 제5집, 2001, p.21.

81) 중앙일보, 2000. 10. 12.

강국의 이해가 엇갈리고 있다. 더욱이 중국과 러시아는 남북관계 개선
에 따라 북한의 위협이 감소되었다는 점을 들어 미국이 추진하고 있
는 MD 개발 및 배치계획에 대한 반대 목소리를 더욱 높이고 있다.[82]
또한 동북아 지역 안보환경의 특색은 남북한과 주변 4강국 간에 정치
를 포함한 사회·문화·종교·역사 등의 분야에서 이질적인 요소가
많다는 점이다. 특히 중국과 일본의 뿌리 깊은 불신과 역사적 경쟁관
계는 영토분쟁의 지속 등 지정학적 요인과 맞물려 무시할 수 없는 불
안 요인으로 잠재하고 있다.[83]

북·일수교가 예정된 가운데 북한과 일본의 정치·경제적 협력이
중국에 미칠 영향에 대해서 부국강병을 지향하는 중국의 입장에서는
한국에 대한 일반적 지지에도 불구하고 중국의 군사적 목표와 국방계
획·군사정책의 변화를 수정하지 않을 수 없게 될 것이다.[84]

동북아 안보환경의 특징은 다자주의(Multi-lateralism) 전통이 결여
되어 있기 때문에 북한이 1999년 7월 27일 아태 지역의 유일한 안보
포럼인 ARF에 가입하였다 할지라도 동북아 안보환경에서 북한이 중
국의 영향권 밖에서 미·일과 동반자적으로 군사문제에 협력하기는
낙관할 수 없는 것이다.[85]

동북아 지역 안보는 지금까지 미국을 중심으로 한 양자동맹의 연계
망 속에서 유지되어 왔고 다자안보대화 또는 협력의 핵심의제라고 볼
수 있는 역내 군비통제나 군비감축 문제도 일방적이거나 양자 간 협

---

82) 조선일보, 2000. 9. 8.(2000. 9. 6. 푸틴 러시아대통령 UN 기조연설)
83) 이서항, "남북정상회담 이후의 국제환경변화와 새 패러다임", 한국정치
    학회 발표논문(2000. 9. 20.), p.7.
84) Richard Bernstein and Ross H. Munro, *The Coming Conflict With
    China*(New York: Alfred A. Knopf, 1997).
85) 이서항, "동아시아의 다자안보대화", 이상우 편저, 『21세기 동아시아와
    한국: 부상하는 새 지역 질서』, 오름, 1998, pp.137~328.

상에 의해 논의되어 왔었다. 예를 든다면 아시아 지역에서는 최초의 군비통제 협정이라고 할 수 있는 1990년 4월의 중·러 간 국경병력 감축 및 신뢰구축 조치시행에 관한 협약도 양자에 의해 이루어졌다.

또한 미국의 대동북아 안보관련 정책도 다자간 협상에 의한 결과가 아니라 대체로 미국의 국내적 요인에 의해 영향받거나 구소련과의 관계 또는 동북아 지역 내 동맹국과의 관계변화에서 유래되는 상황에 따라 형성된 특징을 지니고 있다고 볼 수 있다. 따라서 동북아의 이러한 전통적 안보환경의 특징은 한반도를 둘러싼 4강국의 이해관계가 대립과 절충으로 이끌어 갈 것으로 전망된다. 동북아에서는 역사적으로 미국과 중국 및 일본이 일국패권 체제를 추구해 왔지만, 현재는 진정한 의미의 일국패권 체제는 유지하기 힘들다고 본다.[86]

따라서 향후 동북아 안보질서는 세력균형 체제 또는 강대국 간 협력체제이거나 집단안보 체제의 가능성이 농후하다. 그러나 미국의 NMD, TMD에 대한 중국과 러시아의 입장정리가 큰 변수로 작용할 것으로 보고 정부는 6·15 공동선언의 장기적인 이행과 실천을 담보하는 디딤돌로서 동북아 안보질서 확립에 부단한 노력을 기울여야 할 것이다.[87]

이러한 한반도를 중심으로 새롭게 형성되는 안보질서는 100여 년 전의 구한말 상황과 너무나 흡사하다. 즉 중국의 전통적 우월권에 대한 신흥세력으로서의 일본의 도전과 힘을 바탕으로 군함외교를 펼쳤던 프랑스, 영국 등 서구 열강은 지금의 미국과 러시아의 모습이라고 할 수 있다. 특히, 그런 가운데 독자적 민족생존과 자주국가 건설을

---

86) Robert S. Ross, *the Geography of the Peace: East Asia in the 21st Century*, int'l Security 23(spring, 1999), p.83.

87) 중앙일보, 2000. 7. 13, Joseph Nye 교수, "남북화해와 21세기 동북아시아 국제질서".

이루어야 했던 한말의 상황은 지금과 크게 다를 바 없다. 민족의 슬기를 모아야 할 시점이 바로 지금이지만 한반도의 사정은 우리의 의도대로 진행되지는 않고 있다.

2. 뉴 테러리즘의 특징

21세기 세계적 담론은 테러이다. 9·11 테러 그 자체와 그 이후에 전개되고 있는 상황 때문에, 인류의 역사와 함께했던 테러가 9·11 대참사를 계기로 새삼스럽게 온 인류의 화두가 되어 버렸다. 미국은 아프가니스탄에서 '얼굴 있는' 테러와의 전쟁을 수행하는 한편, 미국 내에서는 '얼굴 없는' 테러범으로부터의 탄저균과 같은 생화학무기 및 폭파위협 등 예측 불가능한 각종 테러와의 전쟁을 수행하고 있다. 미국의 이러한 국내외적 분쟁은 분명히 21세기의 새로운 전쟁을 예고하고 있다. 탈냉전 후 급속히 증가하던 민족 및 분리 독립전쟁은 10여 년의 세월을 거치면서 감소하는 사이, 테러분자들에 의한 국제 테러가 이 자리를 급속히 메워 가고 있다. 부시 대통령이 이러한 흐름을 이해했는지는 모르지만 그가 테러와의 전쟁을 '21세기의 새로운 전쟁'이라고 정의한 것은 옳은 표현이다.[88]

테러에 의한 희생이 더욱 가슴 아픈 것은 예고되지 않은 피해로 인한 충격과 남은 희생자 가족의 슬픔이 극대화된다는 점이다. 특히 희생자의 가족이 겪는 고통은 그들의 남은 삶에도 절대적인 영향을 미친다고 할 때, 단순히 테러의 대상이 된 사람만이 아닌 그 피해는 엄청나다고 할 수 있다. 이러한 의미는 부시 대통령이 2001년 12월 11일

---

88) 국방대학교 안보문제연구소 역, 『테러와 미국의 대외정책』 Paul R. Pillar, *Terrorism and U.S. Foreign Policy*, 2001.

9·11 테러 희생자들의 장례식 조사(弔辭)에서 "9·11 사건으로 유명
을 달리한 그 모든 사람들은 각각 어떤 사람들에게는 세상에서 가장
소중한 사람들이었다."[89] 한 것과 맥을 같이한다. 국제사회는 특히, 9
·11 뉴욕 테러사태 후 새롭게 등장한 테러행태를 뉴 테러리즘이라고
명명하고 있으며 그 특징을 다음과 같이 평가하고 있다.[90]

첫째, 요구조건과 공격 주체 불명으로 추적이 곤란하다. 과거의 테
러는 식민지 세력의 잔재를 청산한다든가 자본주의 체제를 타도한다
든가 하는 뚜렷한 목표를 가지고 있었으며 이들은 테러를 자행한 뒤
통상 성명을 통해 자신들의 얼굴을 알리면서 요구조건을 떳떳이 밝혔
으나[91] 뉴 테러리즘에서는 극단주의자들이 서방에 대한 반감, 특히
미국에 대한 적대감이나 '거대한 사탄 문화'와 지역패권에 대한 반대
등 추상적인 이유를 내세워 테러를 감행하는 데 테러집단 자신과 비
호세력을 보호하고 공포효과를 극대화하기 위해 요구조건 제시도 없

---

89) 9·11 테러로 인한 직·간접적인 인명피해는 다음과 같다.
- 3천 명 이상의 사람들이 죽었거나 현재 행방불명 상태이다. 이들 희생
자들은 80여 개 국가 출신의 사람들이며, 다양한 인종과 종교를 가지
고 있다.
- 343명의 소방수와 의료활동 종사자들이 세계무역센터에서 목숨을 잃
었다.
- 23명의 경찰관과 37명의 해양경찰관들이 세계무역센터에서 목숨을 잃
었다.
- 약 2천 명의 어린이들이 9월 11일 사건으로 부모를 잃었으며, 이 중
146명의 어린이들은 펜타곤 공격에서 부모들을 잃었다.
- 1개 기업체 하나만 하더라도 700명 이상의 고용자들을 상실했으며, 약
50명의 여성들이 임신한 채 과부가 되었다. 국방대학교 안보문제연구소,
『미국의 대테러 전쟁』 안보정책자료 시리즈 02-1, 통권 제159호, p.1.
90) 국가정보원, 『뉴 테러리즘의 특징과 외국의 대테러 강화동향』 2001. 11.
9, pp.2-9.
91) 대표적 집단들은 PLO, IRA 등으로 이들은 이미 어느 정도 정치적 목표
를 달성, 기존체제에 흡수되는 추세임.

고 정체도 밝히지 않는 소위 '얼굴이 없는 테러'를 자행하므로 색출
및 근절이 더욱 곤란하다.

둘째, 전쟁수준의 무차별 공격으로 피해가 상상을 초월한다. 과거의
테러는 요인 암살, 항공기 및 인질 납치, 중요시설 점거 등 상징성을
띤 대상을 공격함으로써 자신들의 대의명분을 선전하고 공포심을 유
발하는 수법을 선택, 많은 희생자를 내기보다는 극단적 수단을 동원한
의사소통 행위의 측면이 강했으나 뉴 테러리즘은 전쟁의 한 형태로서
자행되며, 전쟁에서는 적의 궤멸이 목적이므로 무차별적인 인명살상으
로 상대방에게 최대한 타격을 가하려고 기도하고 있어 피해가 상상을
초월한다.

셋째, 그물망 조직으로 무력화가 어렵다. 과거의 전통적인 테러조직
은 카리스마적인 지도자가 지배하는 수직형 체제로서 정점의 지도부를
제거하면 테러조직을 무력화할 수 있었지만 뉴 테러리즘에서는 상대가
단일화된 조직이 아니라 여러 국가 및 지역에 걸쳐 그물망 조직으로
연결된 이념 결사체로서 인터넷 비밀사이트 · 전자메일 · 채팅룸 및 첨
단 이동통신 등을 연락수단으로 활용하며 중심이 다원화되어 하나의
중심을 제거해도 다른 중심이 그 역할을 대신하므로 조직의 무력화가
어려우며 '정보화시대의 망 전쟁'(Netwar)으로 확대시키고 있다.[92]

넷째, 테러의 긴박성으로 대처시간이 부족하다. 미국 테러의 경우
수년에 걸쳐 항공기 조종술을 습득토록 하는 등 치밀한 준비과정을
거쳤으나 정작 테러시간은 초대형 여객기를 납치, 빌딩에 자살 충돌하
기까지 40~50분 만에 상황이 종료되어 대처시간이 절대 부족함에 따
라 더욱 신속하고 효율적인 대테러 대응체계 확립이 필요하다. 아래

---

92) 오사마 빈 라덴의 알카에다 조직은 세계 34개국에 세포조직을 보유하고
  있어 대아프간 전쟁이 끝나도 완전 괴멸은 거의 불가능하다.

표의 시간대별 9·11 테러를 보면 얼마나 긴박하게 테러 행위가 전개되었는가를 알 수 있고 그만큼 대응시간의 부족을 발견할 수 있다.

〈표-1〉 시간대별 미국 테러 상황

테러 목표	일시	상황	소요시간
WTC (북측 빌딩)	9. 11 07:59	납치범들이 보스턴발 LA행 여객기(AA-11)에 탑승	46분
	08:14	납치범들이 이륙 15분 후 여승무원 살해 후 조종실 진입에 성공	
	08:45	뉴욕 세계무역센터 북측 빌딩 충돌	
WTC (남측 빌딩)	08:14	납치범들이 보스턴발 LA행 여객기(UA-175)에 탑승	51분
	09:05	뉴욕 세계무역센터 남측 빌딩 충돌	
펜타곤	09:00	납치범들이 덜레스발 LA행 여객기(AA-77)에 탑승	45분
	09:45	국방부 건물(펜타곤) 충돌	

다섯째, 테러 장비가 따로 없어 방어에 어려움이 따른다. 전통적 테러장비(무기)로는 저격용 총기나 폭발물 등이 사용되어 공항만이나 행사장 보안검색을 강화 시 어느 정도 색출이 가능했으나 미국 테러에서는 별도의 테러장비가 없이 서류절단용 칼만으로 여객기를 납치, 빌딩에 충돌시키는 초유의 수법을 구사하였다. 따라서 뉴 테러리즘은 우리 생활 주변의 모든 문명의 이기들이 그 지배권만 탈취되면 모두 테러장비가 될 수 있어 방어 및 색출이 대단히 어려운 특징을 가지고 있다.

여섯째, 대량살상무기 사용으로 새로운 대처방식이 필요하다. 과거 화생방 무기의 사용은 1·2차 세계대전, 걸프전 등 주로 전쟁이나 대규모 분쟁에서 사용되었으나 95년 일본 옴 진리교의 동경 지하철에서의 독가스(사카린) 살포를 시작으로 미국 테러에서는 처음으로 세균무기(탄저균)를 사용하여 많은 인명피해를 발생하게 했다. 특히, 세균을 사용하는 생물테러는 저렴한 비용과 엄청난 인명살상 효과로 '빈자(貧者)의 핵'으로 불리고 있으며, 전통적 테러와는 전혀 다른 대처방식이 필요하다.

일곱째, 언론매체의 발달로 공포의 확산이 용이해졌다. 현대는 '개방화 시대'로 언론에 대한 상황통제가 어려울 뿐 아니라 'Global Communication' 시대로서 지구촌의 어느 한쪽에서 발생한 사건도 반대쪽으로 신속히 전파되는데 미국 테러에서는 CNN이 24시간 상황을 보도했고, 국내에서도 거의 전 방송국이 정규 프로그램을 중단하고 보도함으로써 테러범들이 노리는 공포가 확산되었다. 특히, TV는 테러사건 현장의 생생한 동영상 화면을 방영하여 절실한 공포감을 유발하기에 충분했다.

여덟 번째, 사건의 대형화로 정치적 부담이 증대되었다. 종전의 테러는 협상과 특공대의 투입으로 대부분 현장처리가 가능하였으나 뉴 테러리즘에서는 사건이 국가적 재난으로 인식될 만큼 대형화됨에 따라 최고 통치자의 결심을 받아야 할 경우가 많아져 정치적 부담이 증대되고 있다. 부시 미국 대통령은 테러의 긴박성을 감안, 피랍 항공기 격추명령 권한을 공군 장성들에게 위임했는데, 실제 민간여객기 격추 시 큰 정치적 문제가 야기될 수 있어 정치적 부담을 떠 앉는 결단을 내려야 한다.

아홉 번째, 테러범은 중산층과 인텔리를 충원하여 테러의 지능화를 이루고 있다. 90년대까지의 테러 행동대원들은 대부분 사회적 소외계층 출신으로 기초교육조차 받지 못한 경우가 많았으나 뉴 테러리스트들은 비교적 풍요로운 중산층 출신들로 대부분 대학 재학생 이상이고, 특히 공학 또는 과학 분야 전공자들이 선호되는데 이 경우 비행기 조종이나 폭탄의 기능 등에 대한 이해도가 높아 임무 성공률이 높아지고 있다. 또한 과거에는 중동과 북아프리카, 서남아시아 등 이슬람권 국가에서 테러 행동대원들을 직접 모집했으나 최근에는 유럽과 미주권의 이민 2세들을 충원하는 경향으로 바뀌고 있는데 이들은 테러 실행 전부터 각종 범죄기록을 갖고 있던 과거의 테러리스트들과는 달리 전혀 범죄 흔적이나 정치적 활동이 없어 경찰과 정보기관의 감시망에 좀처럼 노출되지 않고 있다.

3. 각국의 대테러 대응

'테러'의 원인은 대개 '정치적(이념적) 폭력'으로 또는 이념대립, 종교·민족갈등, 이해관계에 따라 발생하는 개념이다. 그러나 '테러'란 용어 자체가 내포하고 있는 '정치적 목적'과 '폭력'의 범위에 대한 한계를 명확히 구분하기 어렵고, 테러 행위를 보는 시각에 따라 규탄받을 범죄행위임과 동시에 자유전사들의 영웅적 행위로 칭송되는 상반된 견해가 제시되기도 한다. 테러에 대한 전쟁은 21세기의 첫 전쟁으로 규정되면서 각국은 대테러 대책과 대응책 마련에 부산하고 있다.[93]

1) 미 국

2001년 9월 20일 부시 대통령은 각료급 기구인 '국토안보국'(Office of Homeland Security)을 신설하여 대테러 업무의 통합·조정권을 부여했다. 또 미 법무부는 9월 18일 부처 간 대테러 공조강화를 위해 FBI·INS(이민귀화국) 등 연방 사법기관과 주·지방경찰을 총괄적으로 연계한 '대테러 연합 T/F'를 출범시킨 가운데 9월 19일 기존의 대

---

93) 국가정보원, 위의 자료, pp.7-10.

테러 법을 대폭 강화한 내용의 법안 「USA Patriot Act 2001」을 의회에 제출했다.

상·하 양원을 통과하여 10월 26일 발효된 위법의 내용은 ① 외국인 테러혐의자에 대해 영장 없이 7일간 구금 가능 ② 외국인 유학생 감시대상자를 기존 고등교육기관에서 항공학교·어학연수원·직업학교 등으로 확대 ③ 수사기관의 감청권한 확대, 특히 e-mail은 사법부 허가가 없이 수사당국의 결정만으로 1년간 감청 가능 ④ 테러분자 은신처 제공자 처벌 ⑤ 정부의 돈세탁 방지 및 테러혐의자 자산 동결권 대폭강화 ⑥ 테러 등 긴급상황 통제를 위한 군 병력 동원 ⑦ 정당한 이유 없이 병원체를 소지하는 행위 엄벌 등 내용을 포함하고 있다.

2) 영 국

영국은 2001년 2월 제정된 '대테러 법'(Terrorism Act 2000)에서 과격 민간단체의 폭력행위와 사이버 공간에서의 파괴적 행위도 테러로 규정하는 등 테러개념을 포괄적으로 확대했다. 즉 영국을 기반으로 자행되는 모든 국제 테러활동 단속을 가능하게 했고, 테러사건에 동원된 군 병력에 일정범위의 사법경찰권을 부여하였으며, 테러범죄 관련사실 인지 후 불고지 시 처벌되도록 했다. 또한 테러혐의자를 영장 없이 체포하여 1주일간 불기소 상태로 구금이 가능하고, 테러를 사주 및 방조한 자에 대해 재산압류 및 체포할 수 있도록 하는 등 강력한 권한을 부여했다.

특히 미국의 9·11 사건 이후 10월 15일 경찰·세관·교통경찰 및 기타 관계당국에 더 큰 권한을 부여하는 것을 내용으로 하는 대테러 법 개정안을 긴급 발표(Blunkett 영국 내무장관)하여 인종적·종교적 증오를 교사하는 행위도 범죄로 규정하고 영국 내 단체가 해외에서 증오를 교사하는 것도 기소대상이 되며 최고 형량도 7년으로 강화했다.

이 외에도 테러자금 흐름 차단을 위해 국립 범죄수사대 내에 '대테러 금융수사반'을 창설하는 법안 및 화생방 테러 등 관련 허위사실 유포행위를 엄벌하는 긴급 법안 제정을 추진했다.

3) 일 본

2001년 9월 25일 일본 경찰청은 사이버 및 화생방 공격에 대비한 '국제 테러 대책본부'를 설치하였으며 뒤이어 10월 8일 고이즈미 총리가 긴급 기자회견을 갖고 총리를 본부장으로 하는 '긴급테러 대책본부' 설치를 발표했다.

또한 방위청은 기존의 방위력 증강계획 중 '게릴라 공격 대처를 위한 특수부대 창설계획'을 앞당겨 3개 중대(500명) 규모의 테러전담 특수부대를 조기 창설한다는 방침을 결정했고, 외무성은 우방과의 테러협력 문제를 조율할 '테러대책 담당대사' 직을 신설하기로 하고 구체적인 인선작업을 진행 중에 있다.

미국 테러사건 후 일본정부의 긴급발의로 10월 29일 의회를 통과하여 11월 2일 발효된 '테러대책 특별조치법'은 미국의 응징 군사작전에 자위대 참여를 보장토록 하고 있으며, 이 법과 함께 개정된 '자위대법'은 경찰이 맡아 온 주일미군과 자위대 시설경비를 자위대가 담당할 수 있도록 규정했다. 또한 일본정부는 생물테러 처벌을 위한 관련법 정비를 추진 중인데 탄저균 우송행위는 피해 유무에 관계없이 범죄행위로 규정하여 생물무기 사용 시 최고 무기 또는 2년 이상의 징역, 1천만 엔 이하의 벌금 부과를 포함시켰다.

4) 러시아/CIS

2000년 10월 러시아와 CIS 5개국 간 체결된 '집단안보조약'에 의거해 2001년 8월 '합동군'(신속배치군)을 창설, 평상시는 자국에 주둔하다 유사시 공동출동 태세를 유지하기로 했다. 또한 모스크바에 러시아와 CIS 5개국 간 합동 상설 정보교류협의체인 '대테러 센터'(일명 국제 테러 대책본부) 설치를 추진 완료했으며 키르기스스탄의 비슈케크에도 러시아·중앙아시아 3개국 및 중국이 참여하는 제2의 '대테러 센터' 설치를 추진하고 있다.

러시아는 이미 지난 1998년 7월에 제정된 '테러와의 전쟁에 관한 연방법'에서 '테러진압 작전본부'에 테러 지역 내 교통통신의 임의사용, 개인 기본권의 일시 제한, 군 병력 및 연방기관이 보유한 각종 수단을 동원할 수 있는 권한을 부여한 바 있으며 미국사건 이후에는 기존의 '돈세탁 방지법안'에 근거하여 자금세탁 방지 및 불법 은행거래 단속을 위한 특별기구인 '재정감독위원회'를 신설해 테러자금의 근본적 봉쇄에 나서고 있다.

5) 중 국

중국은 미국 테러사건 이전에는 대테러 전담기구 없이 국가안보 및 사회안전 주요현안에 대한 정책결정 및 지휘권을 행사하는 당 중앙 '국가안보령도소조'를 설치(2000. 11.), 운영해 온 가운데 실무대책 기구로 공안과 무장경찰은 테러진압을, 안전부는 테러관련 정보수집·지원 활동을, 인민검찰원은 테러사건 조사를 담당토록 했다. 또한 대테러 작전을 수행하는 행동조직으로 무장경찰 산하에 '내위부대'를 설치, 평시 치안유지를 담당하다 테러 발생 시 당 중앙 지휘를 받아 해당 지역에 투입되어 공권력을 행사하게 했다. 그러나 미국의 9·11 사건 이후 중국민항총국이 항공기 보안 강화의 일환으로 항공기 내 보안 업무를 맡아 오던 민간 경비원 대신 2,000명 규모의 항공경찰대 창설을 추진하는 한편 연내에 미국의 '델타 포스'와 같은 '대테러 특수부대'를 창설, 헬기조종 및 낙하 등 전술훈련은 물론 소수민족 언어 및 영어 숙련 등을 통해 최우수 전문요원을 양성할 계획으로 있다.

이처럼 각국은 21세기 새로운 긴장유발 요인으로서의 대테러 근절을 위한 예방 및 신속한 사후처리를 국가적 차원에서 추진하고 있다. 그러나 우리의 경우 북한의 직접적인 도발과 테러 행위에 일상적으로 노출되어 있음에도 불구하고 그 대비책은 물론 경각심마저 축소되고 있는 감을 갖게 한다. 특히 김대중 정부의 대북 포용정책으로 인한 남북화해 분위기 고조는 평화통일을 위한 초석으로서의 긍정적인 효과를 가지고 있으나 평화야말로 튼튼한 안보를 바탕으로 하고 있다고 할 때, 작금의 안보의식 해이현상은 우려할 만하다고 할 수 있다.

같은 의미에서 대테러 행위에 대한 적절한 대응과 대책 마련이 시급히 요구되고 있다. 특히 9·11 테러 후 대테러 전쟁을 승리하기 위한 전문가들의 미국정부에 대한 다음 권장안은 우리가 참조할 만한 가치를 가진다고 평가된다.[94]

* 권장안들(Recommendations)

1. 미국은 국제연합, 다른 국가들, 그리고 국제적인 구호 기관들과 함께 아프가니스탄에서 인도적인 재난을 피할 수 있도록 하는 국제적인 비상 프로그램을 지금 즉각 발주해야 한다.(The United States, working with the United Nations, other countries, and international relief organization, should immediately launch an international emergency

---

94) 국방대학교 안보문제연구소, 『미국의 대테러 전쟁』 앞의 책, pp.54-83.

program to avert a humanitarian disaster in Afghanistan this winter)

2. 대통령은 미국에 대한 생물테러리즘이 제기하는 위험을 최소화할 수 있도록 대규모의 국가적, 공적–사적인 구상을 발주해야 할 것이다.(The president should launch a national, public–private initiative on a grand scale to minimize the risks posed by bioterrorism to the United States)

3. 대통령과 의회는 테러리즘에 대한 캠페인을 위해 미국의 정보능력을 획기적으로 증대시켜야 할 것이다.(The president and the Congress should significantly enhance U.S. intelligence capabilities for the campaign terrorism)

4. 의회는 단기적으로 새로운 본토 안보국을 각료급의 부서로 만들든지 또는 본토 안보를 위해 미 정부를 근본적으로 재조직하는 법안을 통과시키는 것을 자제해야 할 것이다.(Congress should refrain, in the near term, from passing legislation that would make the new Office of Homeland Security a cabinet–level department or fundamentally reorganize the U.S. government form homeland security.)

5. 대통령은 본토 안보국의 새로운 국장이 그의 권한을 수행하기 위해 여러 가지 조직적 및 절차상의 혁신을 수행할 수 있도록 권한을 부여해야 할 것이다.(The president should empower the new director of the Office of Homeland Security to undertake a number of organizational and process innovations to fulfill his charter.)

6. 의회의 지도자들은 본토 안보와 같은 첨예한 문제들에 대해 좀 더 효과적인 감독이 가능하도록 의회의 위원회를 재조직하는 대안을 평가하고 추천하기 위해 의원들의 패널을 시작해야 할 것이다.(The congressional leadership should convene a panel of members to evaluate

and recommend options for reorganizing congressional committees to enable more effective orersight of crosscuttiong issues like homeland security.)

7. 의회는 본토 안보군단(Homeland Security Service Corps)을 창설할 것을 고려해야 할 것이다.(Congress should consider the creation of a homeland security service corps.)

8. 국방부 장관은 테러리즘과 다른 비대칭적인 위협들을 처리하기 위해 미군의 변환을 가속해야 할 것이다.(The secretary of defense should accelerate the U.S. military's transformation to deal with terrorism and other asymmetric threats.)

9. 국방부 장관은 본토 방어를 위한 새로운 참모총장을 임명하고 방위군(National Guard)의 일차적인 임무는 본토 방어가 되도록 해야 한다.(The secretary of defense should establish a new commander in chief for homeland defense and make homeland defense the primary mission of the National Guard.)

10. 대통령은 미국과 미국의 군대 또는 미국의 이익에 대항해서 핵, 생물학, 화학무기를 사용하는 체제, 또는 이와 같은 무기들을 테러리스트들에게 제공하는 어떤 체제도 권좌에서 제거될 것임을 분명히 하는 본래의 부시 독트린을 되살리고 재조명해야 할 것이다.(The president should reinvigorate and recast the original Bush Doctrine to make clear that any regime that uses nuclear, biological, or chemical weapons against the United States, its forces, or its interests or that supplies such weapons to terrorists will be removed from power.)

11. 대통령과 의회는 핵, 생물학, 그리고 화학무기, 물질들, 그리고 노우-하우의 확산을 방지하고 이러한 것들이 테러리스트들의 손에 들어

가는 위험을 줄이기 위해 미국의 이니시어티브를 다시 배가해야 할 것이다.(The president and the Congress should redouble U.S. initiatives to prevent the proliferation of nuclear, biological and chemical weapons, materials and know-how and to reduce the risk that these could fall the hands of terrorists.)

12. 대통령과 국무부장관은 테러리즘에 대한 국제적인 규범을 강화하기 위해 주요한 지구적인 구상을 발주해야 할 것이다.(The president and the secretary of state should launch a major global initiative in order to strengthen international norms against terrorism.)

13. 미국은 실패한 국가들을 재건하기 위해서 국제적인 공동체의 기금과 능력들을 증대시킬 수 있는 구상을 발주해야 한다.(The United States should launch an initiative to enhance the international community's funding and capabilities to rebuild failed states.)

14. 대통령과 의회는 미국의 대외원조법을 근본적으로 개정하고, 개발원조 프로그램을 되살리고, 미국이 핵심적인 국가들과 지역들에 제공하던 대외원조의 수준을 상당한 정도로 증가시키기 위해 함께 노력해야 할 것이다.(The president and Congress should work together to fundamentally rewrite the U.S. Foreign Assistance Act, reinvigorate development assistance programs, and substantially increase the levels of foreign assistance the United States provides to key countries and regions.)

15. 대통령은 중동에 대한 미국의 새로운 전략을 추구해야 할 것이며, 의회와 중요한 동맹국들로부터 이 전략에 대한 지지를 얻을 수 있도록 노력해야 할 것이다.(The president should pursue a new U.S. strategy toward the Middle East and seek to win support for this

strategy from Congress and key allies.)

16. 미국은 문명을 구분하는 것이 아니라 인간성을 연계하는 이슈들을 확인하기 위한 노력의 일환으로 서구와 이슬람 사회의 종교적 및 도덕적 지도자들 간의 장기적인 대화를 주도해야 한다.(The United States should initiate a long-term dialogue between religious and moral leaders from Western and Islamic societies in an effort to identify issues that link humanity instead of divide civilization.)

17. 대통령은 공공외교의 발전과 수행을 증진할 수 있는 권고안을 만들기 위한 초당적인 위원회를 즉각 임명해야 할 것이다.(The president should promptly appoint a bipartisan commission to make recommendations for improving the development and delivery of public diplomacy.)

18. 행정부는 미국인들에게 장기적인 캠페인의 목표와 성격을 보다 잘 설명하기 위한 공공교육 캠페인을 실시하여야 할 것이다.(The administration should launch a public education campaign to better explain to the American people the objectives and nature of the long-term campaign.)

4. 미국의 대테러 정책과 북한

작년 9·11 테러사태 이후 대테러 전쟁을 선언한 미국은 북한을 이란, 이라크와 함께 이 지구상에 존재하는 악의 축(軸)(an axis of evil)이라고 선언했다. 이러한 북한에 대한 미국의 선포는 대외 강경파인 공화당의 부시 정권이 들어서면서 일견 예견된 바이기는 했지만 9·11 테러사태 이후 구체화되면서 한반도의 분위기를 악화시키고 있다.

이러한 부시 정부의 대북 강경책은 그동안 전임 클린턴 정부의 대북 화해노력을 무력화시키는 것이다. 그동안 소위 '페리보고서'로 대변되는 미국의 대북 유화 정책과 그에 대응한 북한의 화해 제스처는 우리 정부의 대북 포용정책과 함께 한반도의 긴장완화를 이끌었다. 국제 테러와 관련해서도 북한은 2000년 10월 국방위원회 제1부위원장이자 북한군 차수인 조명록이 워싱턴을 방문하여 10월 6일 양국은 합동으로 "국제 테러리즘에 관한 정보교환"이라는 공동성명을 발표하기도 했으며, 10월 12일에는 서로를 향한 어떠한 적대의도를 거부하면서 상호 간의 존중을 선언했었다.[95] 이러한 미국과 북한의 접근은 이후 올브라이트(Madeleine Albright) 미 국무장관의 방북과 북·미 협상을 통한 북한의 대테러 무기 수출규제 등의 접근을 보았었다.

그러나 부시 정권이 등장하면서 북·미 간의 해빙분위기는 상실되었다. 즉 부시 미국 대통령은 2001년 3월 방미한 김대중 대통령에게 "나는 그를 신임할 수 없다"고 말함으로써 사실상 김정일 국방위원장의 서울 방문을 명백히 반대[96]했으며 이어서 부시 정부는 동년 6월 6일 부시 대통령은 성명을 통해 클린턴 정부의 대북 정책의 변경을 선언했다. 그는 여기서 북한은 대화의 전제조건으로 첫째, 핵 동결에 대한 기본합의서 이행의 개선 및 미사일 계획의 검증 가능한 규제 둘째, 미사일 수출 금지 셋째, 재래식 군사태세의 위협완화 등을 요구했다.

이러한 미국의 요구에 북한은 전임 클린턴 정부와의 합의를 전제로

95) Leon Sigal, "Bush Administration's Policy Toward North Korea", in *The Bush Administration's Policy Toward North Korea: Prospects for Inter-Korea Relations*, conference proceedings, Washington, D.C. October 24, 2001. Text of the U.S.-DPRK Joint Communiqu October 12, 2000 is in the NAPSNet Daily Report for that date.

96) Washington Post, 2001. 3. 9.

북·미 간 대화를 거듭 주장해 양국 간의 대화는 단절되어 갔다. 여기에는 이미 동년 5월 1일 미국에 의해 북한은 14번째 테러 지원국으로 지정한 미국의 불신과 그에 대한 북한의 감정적 대응도 더해 있었다.[97]

양국의 관계가 더욱 악화된 계기가 9·11 테러사태였다. 사상 초유의 본토 습격을 당한 미국은 대테러 전쟁을 선언하면서 북한을 자위력을 능가하는 과도한 재래식 무기보유와 대량살상무기(WMD)의 생산과 수출 등의 많은 문제를 가지고 있는 신뢰할 수 없는 불량 국가로 규정했다. 또 북한과 중국 등의 군사력을 겨냥해 MD계획을 더욱 구체화시키면서 급기야 북한을 '악의 축'을 이루는 국가로 선포하면서 한반도의 긴장은 새로운 국면을 맞이하고 있다.

특히 부시 정부는 올해를 '전쟁의 해'로 선포해 아프가니스탄에서의 대테러 전쟁을 제2, 제3의 테러 전쟁으로 확산하겠다는 의도를 표명했다. 이를 위해 미국은 국제사회를 반테러국가와 테러국가로 구분해 세계 국가들에 양자택일을 요구했다. 이에 대해 이라크 다음으로 목표가 될 수 있다고 보는 북한은 지난해 12월 9일 노동신문을 통해

"9·11 사건 후 지금까지의 미국의 움직임은 우리 공화국을 테러 전쟁의 다음 목표로 삼고 그것을 실천에 옮기기 위한 것이었다. (중략) 이에 대해 우리는 사생결단의 각오를 가지고 만반의 군사적 대응태세를 갖추지 않을 수 없다. (중략) 미제가 반테러를 구실로 끝끝

---

97) 북한은 이미 클린턴 정부 시절인 2000년 3월까지 세 차례에 걸쳐 테러 지원국 해제 협상을 가진 바 있었고 북한은 2001년 11월 외무성 대변인 명의로 반테러 관련 국제협약인 '테러에 대한 재정지원 금지 국제협약'과 '인질반대 국제협약'에 가입을 발표했고 실제로 가입서명을 마쳤다. 김남식, "2002년 북미·북일관계 전망", 경남대학교 북한대학원, 「2002년 국제정세 및 남북관계 전망」 통일 및 남북관계 전문가 세미나 발표 논문, 2002. 1. 17.

내 전쟁의 방법을 택한다면 우리의 모든 방어 및 공격의 수단들은
침략자들에게 상상 밖의 징벌타격의 불을 토할 것이며 진짜 테러 왕
초의 운명이 어떻게 되는가를 보여줄 것이다."[98]

라고 발표했다. 미국의 강경정책에 북한 역시 맞대응을 하겠다는 의지
의 천명이라고 볼 수 있다. 그러나 우려되는 점은 이러한 북한의 의지
는 경우에 따라서는 선제공격의 구실이 될 수 있다는 가능성과 함께
그 테러적 선제공격의 대상이 우리 남한일 수 있다는 점이다. 이것은
우리의 안보가 북·미 간의 관계를 떠날 수 없다는 어려움에 처해 있
는 것을 입증하는 것이기도 하다.

한편 미국은 북한의 미사일과 재래식 무기뿐 아니라 생화학무기 역
시 테러의 수단이 될 가능성도 지적하고 있다. 2001년 11월 19일 제네
바에서 열린 생물무기 협약 제5차 평가회의 기조연설에서 미 국무부
차관 존 볼튼은 북한을 오사마 빈 라덴과 알 카에다 조직 및 이라크
들과 함께 국제안보를 위협하는 생물무기 개발국으로 지목하고 그 계
획을 폐기해야 한다고 강조했다.[99]

이와 같이 한반도에서의 긴장이 확대된 계기가 된 것은 2002년 1월
미국의 핵태세검토보고서(NPR)가 북한 핵문제에 대해 구체적으로 지
적하면서였다.[100] 즉 NPR은 미 의회의 지시에 따라 4년에 한 번씩
작성·보고되는 미국의 중·단기 핵전략지침서로 금년에 발표된 보고
서는 향후 5~10년간의 미국 핵전략의 방향과 목표를 제시하고 있다

---

98) 노동신문, 2001. 12. 9.
99) 김남식, 앞의 글.
100) 핵태세검토보고서에 대해서는 http://www.globalsecurity.org/wmd/librar/
   policy/dod/npr.htm 참조. 보고서 원문은 공개되지 않았지만 지난 3월 8일
   및 10일자 Los Angeles Times에 의해 "NPR이 북한 등 7개국을 선제 핵공
   격 대상국으로 분류하고 있다"는 일부 내용이 보도되면서 이슈화되었다.

고 할 수 있다.

특히 NPR은 북한에 대한 핵사용 가능성을 암시한 것으로 향후 북한 핵문제 해결과정에서 중요한 변수로 작용할 것으로 주목되고 있다. 그것은 또한 '선제 핵공격 포기(No First Strike) 정책의 후퇴'를 의미하며 미국의 강력한 반테러－비확산－신질서 구축의지를 의미하고 있다.

기본적으로 미국이 보는 북한은 사회주의 이데올로기, 폐쇄된 경제체제, 상당한 규모의 군사력 및 대량파괴무기를 보유하고 있으나 미국의 통제권 밖에 있는 국가이다. 따라서 미국의 세계전략에 있어 북한은 항상 중요한 대상이 되고 있으며 언제나 제어의 대상이 되는 불량국가인 것이다. NPR은 이러한 기본 인식하에서 출발하고 있으며 이는 북한에 대한 강력한 대테러 경고와 함께 북한 핵사찰을 촉구하는 의미를 담고 있는 것으로 북한의 대응 양상에 따라 남북관계 및 한국의 안보정책에 적지 않은 영향을 미칠 것이다.

특히, 우리의 우려를 자아내는 것은 미국의 대테러 전쟁 선언으로 인한 한반도에서의 전쟁 가능성이다. 더욱이 금번의 NPR은 기존의 재래식 무기의 사용을 넘어선 핵무기 사용의 가능성을 배제하지 않고 있다. 그것은 북한의 선제공격에 대한 대응뿐 아니라 테러적 공격에도 핵사용의 가능성을 시사하고 있다. 특히 부시 대통령이 북한의 대량살상무기를 이른바 '테러와의 전쟁'의 관점에서 다루겠다는 공언이 이 시점에서 더욱 주목되는 것이다.

이러한 미국의 대테러 정책은 금년 5월 21일 미 국무부의 "세계 테러리즘의 유형: 2001년"에서도 변하지 않고 있다. 즉 보고서에 의하면 북한은 이라크, 이란, 쿠바, 리비아, 시리아, 수단 등과 함께 7대 테러 지원국으로 다시 지정되었다. 보고서는 특히 북한을 테러 지원국으로 지정한 이유를 테러그룹에 대한 무기제공, 테러와의 전쟁 동참 미흡, 미국·

한국의 대화 촉구에 대한 수동적 자세, 대량살상무기 개발과 확산, 일본 적군파에 대한 피난처 제공 등 다섯 가지의 이유를 들고 있다.[101]

결국 미국의 대테러 정책의 입장에서 보면 북한은 '테러리즘과 싸우려는 국제사회의 노력에 대한 북한의 반응은 매우 부족할 뿐 아니라 여전히 국제 테러 수출국가'로 인식되어 있는 것이다. 이제 미국은 세계 60여 개국에 퍼져 있는 테러조직을 색출하고 분쇄하는 계획을 구체화시키면서 '테러국가에 대한 선제공격'[102]을 선언하고 있다. 이제 한반도 주변은 국제사회의 단일 슈퍼 파워로 그 힘을 더욱 가속화시키는 미국의 패권주의에 대항하는 북한의 불안한 모습과 그에 대처해야 하는 우리의 철저한 안보관이 요구되는 시기이다. 따라서 우리는 더욱 철저히 북한의 대남 전략과 테러 문제에 대한 심층적인 분석과 대응책 마련을 해야 할 필요가 있다.

---

101) 조선일보, 2002. 5. 22일자.
102) 중앙일보, 2002. 6. 3일자. 부시 대통령은 미국 웨스트포인트 졸업식 연설을 통해 미국의 외교정책 3대 목표를 제시했다. 첫째, 테러조직과 전제적 지도자들의 위협으로부터 평화를 수호하고, 둘째, 강대국 간의 우호관계 수립을 통해 평화를 유지하며, 셋째, 전 세계에 자유롭고 개방적인 사회건설을 지원해 평화를 확대하는 것이 그것이다.

Ⅲ. 김정일의 대남 전략

1. 북한의 대남 기본목표

1) 체제 생존

현시점에서 당면한 북한의 첫 번째 목표는 무엇보다 현 북한체제의 유지일 것이다. 이를 위해 북한은 지구상에서 유래를 찾을 수 없을 정도의 철저한 폐쇄사회를 유지하고 지켜내고 있는 것이다. 북한은 1990년대 들어 동구 사회주의 국가들의 잇단 붕괴를 보았다. 특히 사회주의 종주국가인 소련이 분열과 대변혁으로 다원화, 자본주의화하는 동시에 중국 역시 자본주의체제로의 개혁과 개방을 가속화하고 있다. 이러한 사회주의체제의 변화로 하여금 체제변화의 흐름에 대항하여 북한체제를 유지하는 것이 무엇보다도 중요한 과제로 부상하였다. 특히 동독 주민들의 대규모 이탈, 베를린 장벽의 붕괴, 그리고 동독의 서독체제로의 편입에 의한 독일 통일은 같은 분단국인 북한으로 하여금 흡수통일에 대한 극도의 불안감과 함께 이 같은 상황이 한반도에서 재현되지 않으면서 북한체제를 유지하는 것이 최대의 목표가 되지 않을 수 없었다.103)

이러한 변화는 남북한 관계에도 '기본합의서'와 '한반도 비핵화 공동선언' 그리고 '6 · 15 남북공동선언' 등 긴박하고도 중대한 변화를 가져옴으로써 북한체제에 대한 최대의 위협 요인을 제거하는 데 결정적인

---

103) 유호열, "북한의 주변정세 인식과 대응전략: 페리보고서 이후 북한의 대외정책을 중심으로", 고려대학교 북한학연구소, 『북한학연구』 창간호, 2000, pp.44-45.

역할을 하였다. 흡수통일의 당사자인 남한으로부터 체제 인정과 동시에 상호 불가침이라는 공식 문건을 받아내고 '비핵화 공동선언'의 채택으로 북한에 최대 위협 요인인 한반도에서 미군보유 핵무기의 완전 철수는 물론 향후 남한으로부터의 핵무기보유 포기 약속을 달성한 것 등은 이러한 북한의 생존을 위한 노력의 일환이었다고 할 수 있다. 특히 2000년 남북정상회담을 평양에서 성대하게 개최하여 북한은 내외에 자신들의 건재를 과시하는 고도의 전술적 성공을 거두기도 했다.

또한 군사적으로도 북한은 IAEA의 핵사찰을 거부하고 NPT를 탈퇴 위협 등 미국을 비롯한 국제사회에 대항하면서 핵 개발을 추진해 현 체제를 유지하기 위한 효과적인 대외정책을 강구하였다. 북한의 이러한 대외정책은 어떠한 희생과 위험을 무릅쓰고라도 핵 개발을 실현해 핵을 보유함으로써 핵 위협에 맞선다는 방어적인 성격과 함께 핵무장을 통해 한국 및 일본을 직접 위협함으로써 보다 적극적으로 체제를 유지할 수 있다는 전략적 계산도 깔려 있는 정책이라고 할 수 있다. 더구나 제2 한국전쟁의 위기 상황을 조성하면서 미국과의 직접 협상을 추진한 결과 미국으로부터의 핵 관련 위협과 사용도 하지 않는다는 보장을 받아낸 것은 북한으로서는 대단한 수확이 아닐 수 없다.[104] 그동안 북한은 '벼랑 끝 외교'를 통해 상당수의 실적을 올리고는 있으나 이 모두가 체제수호를 위한 북한의 절박한 행동이라고밖에 할 수 없다.

2) 경제회생

북한 최대의 위기는 현재 북한이 처한 최악의 경제난을 극복하는 것이다. 북한은 이를 위해 경제난 극복에 전력을 하지 않을 수 없는

---

104) 하버드 대학교 케네디 스쿨 편, 서재경 역, 『한반도, 운명에 관한 보고서』(서울: 김영사, 1998).

상황이다. 북한은 90년대 초 동유럽 및 구소련의 붕괴로 인한 해외 시장의 상실, 수년 동안 계속된 천재지변으로 인한 극심한 식량난, 사회주의의 구조적 모순 등으로 심각한 경제난을 겪고 있다. 만성적인 식량난은 북한을 세계에서 가장 빈곤한 국가 중의 하나로 전락시켰으며 사회주의 계획경제와 동원체제의 특성상 주민들의 근로의욕도 극도로 저하된 상태이다. 금년도에는 기후 조건이 호전되어 식량 생산량이 증가될 것으로 전망되고 있으나 근본적인 농업개혁이 없이는 400만 톤 이상의 식량 생산은 당분간 불가능한 실정이다. 따라서 매년 150만 톤 이상의 식량이 부족한 북한으로서는 새로운 구실을 내세워 부족한 식량을 지원받지 않을 수 없는 실정이다.[105] 더구나 이제 국제사회도 더 이상 긴급지원 형태로 북한에 대한 식량지원을 할 수 없는 상황에서 북한의 식량확보 문제는 가장 중요한 국가적 과제라고 할 수 있다.

90년대의 국제금융 위기는 남한을 비롯한 아시아 국가 전체에 심각한 타격을 주었다. 사회주의 계획경제를 유지하고 있는 북한도 이와 같은 아시아 금융 위기로부터 자유로울 수 없었다. 북한의 대외 교역 중 남한 및 일본과의 교역이 상당부분을 차지하고 있어 이들 국가의 경제침체는 곧바로 북한의 무역감소로 나타났으며 특히, 남북교역에 있어서는 북한으로부터의 반입이 대폭 줄었다.[106] 중국 등 주변국과의 교역도 침체를 벗어나지 못해 북한의 대외 교역은 전반적으로 축소되어 북한의 외화획득에 차질을 빚고 있다.

북한은 1999년 9월 헌법 개정을 통해 내각을 새로 구성하고 경제문제에 관한 책임과 권한을 내각과 지방 인민위원회에 위임함으로써 부

---

105) 『연합뉴스』 2001. 10. 26.
106) 통일부 교류협력국, 『월간 남북 교류협력 및 인도적 사업 동향』 제98호 (1999. 8. 1.~8. 31.), p.18.

분적이지만 문제 해결을 위한 노력의 일단을 보여주었다. 주민들의 생산성 제고를 위한 시장경제적 요소를 일부 포함하여 주민들의 이동과 소유물에 대해서 제재를 완화함으로써 공장 가동률이 2000년도 40%인 것이 2002년에는 20~25%에 그치고 있다. 특히, 식량문제로 야기된 절박한 상황은 기아로 인한 대량 탈북사태로 이어지고 있어 북한 지도부로서는 시장경제로의 개혁, 개방과 체제고수를 위한 계속된 폐쇄 중 하나만을 선택해야 하는 기로에 서 있다.[107] 즉 북한은 개정 헌법에 나타난 바와 같이 변화된 현실을 수용하여 경제를 회생하고 향후 경제강국을 건설하는 데 보다 많은 노력을 하지 않을 수 없게 되었다.[108] 결론적으로 탈북 난민의 남한유입이 매년 2배 이상씩 증가하고 있는 데서 보듯이 북한의 만성적인 식량난과 낙후된 경제구조는 북한이 치유해야 할 당면과제이다.

3) 자주권 보존[109]

김일성 주석이 사망한 지 만 4년이 지난 후에야 제10기 최고인민회의를 구성하고 후계자인 김정일 당 총비서가 새로 제정된 헌법에 따라 국가 최고 지위인 국방위원장에 취임함으로써 그간의 권력 공백기를 겨우 봉합했을 정도로 북한의 정치적 비상체제는 계속되고 있다. 1997년 10월 당 총비서에 김정일이 취임하였으나 노동당의 역할과 위상을 제고하는 가시적인 조치는 이루어지지 않았고 김정일은 국가 주석에 취임하는 대신 국방위원장으로서 국가 최고 통치권을 행사하게 됨으로써 군부가 여전히 당과 내각에 비해 그 영향력이 막강함을 과

---

107) 최수영 외, 『북한헌법 개정에 따른 경제부문 변화 전망』 민족통일연구원 통일정세분석, 98~06(1998. 10).
108) 유호열, 앞의 글, pp.45-47.
109) 위의 글, pp.47-48.

시하였다. 최고인민회의 제10기 대의원 선거를 통해 새로운 인물들을 대거 발탁함으로써 새로운 김정일 시대를 열어 가고자 시도하고 있으나 대의원 중 군부인사가 대폭 증가한 것을 볼 때 군부우위의 비상체제는 변함이 없는 것 같다. 군부인사들이 여전히 국가 권력구조에서 최상층부를 구성하고 있으며 몇 년 전부터 김정일의 공개 활동 중 절반 이상이 군부대 시찰 및 기타 군 관련활동으로 나타나고 있어 군의 위상과 역할이 변함이 없음을 보여주고 있다.110)

1998년 8월 북한은 어려운 경제사정에도 불구하고 군사우위의 강성대국 건설을 주장하며 다단계 로켓을 일본열도를 넘어 발사함으로써 동북아에 긴장을 조성하였다. 제네바 합의에 따라 핵 개발을 동결하는 대가로 수십억 불에 달하는 경수로를 제공받는 동시에 미국과의 관계 개선 통로를 확보했음에도 불구하고 북한은 핵무기를 비롯한 미사일 등 대량살상무기의 개발에 대한 미련을 버리지 못함으로써 주변국 특히 미국과의 대립상황을 초래하였다. 특히 2001년 9·11 미국 테러사태와 그에 따른 부시 미 대통령의 악의 축 발언 등은 북미관계를 지속적으로 악화시키고 있다.

그러나 이런 악조건 속에서도 북한은 '강성대국론'에 입각한 상징과 구호를 통해 긴장조성과 체제유지에 적지 않은 비중을 두고 있다. 따라서 북한은 대미 협상력과 경제적 실리를 최대한 확보하면서 대미 접근을 지속하려 할 것이며 나아가 남한으로부터의 정체성과 자주권을 확보해 나가려 할 것이다. 여하튼 북한은 자주권 확보야말로 북한 생존의 문제와 직결되어 있느니만큼 가능한 수단과 방법을 동원하여 미사일을 비롯한 대량살상무기 관련 협상과 미군유해 송환협상 그리

---

110) 김정일의 군부대 시찰이 올 전반기에만 10여 차례 보도되면서 특히 군에 대한 김정일의 관심이 증대하고 있음을 보여주고 있다.

고 대남 실리 외교를 확대·유지함으로써 자주권을 보존하고자 최대한 노력할 것이다.

2. 대남 전략의 기조

북한의 대남 정책의 궁극적 목적은 전 한반도의 공산화 달성에 있다. 그것을 구체적으로 다루고 있는 것이 그들의 통일정책이다. 북한의 노동당 규약 전문에 그것을 명문화해 놨다.

> "조선 노동당의 당면 목적은 공화국 북반부에서 사회주의의 완전한 승리를 이룩하여 전국적 범위에서 민족해방과 인민민주주의 혁명 과업을 완수하는 데 있으며 최종 목적은 온 사회주의 주체사상화와 공산주의사회를 건설하는 데 있다."(조선 노동당 규약 전문)

김정일 국방위원장은 1997년 8월 4일 통일문제에 관한 북한의 입장을 집약한 논문 "위대한 수령 김일성 동지의 조국통일 유훈을 철저히 관철하자"에서 '조국통일 3대 원칙', '고려민주연방공화국 창립방안', '전민족 대단결 10대 강령'을 '조국통일 3대 헌장'으로 규정한 바 있다.111) 그러나 통일의 당사자인 남과 북이 합의한 문서는 3대 헌장 가운데 「7·4 남북공동성명」뿐이다. 그렇듯 남북한은 통일문제에 대한 기본인식의 접근을 위해 1972년 7·4 남북공동성명에서 통일 3원칙에 합의한 바 있다. 그리고 남북기본합의서에서 이를 재확인함과 동시에 남북화해와 협력의 기초로서 '서로 상대방 체제를 인정하고 존중하기'로 합의하였다.112) 그럼에도 불구하고 북한은 여전히 '하나의 조선'이라는 통일관

---

111) 북한당국은 이 내용을 1999년 7월 6일 정부비망록 형식으로 재확인하였다. 『로동신문』(1997년 8월 20일).

에 입각, 통일문제를 오직 '해방'과 '혁명'의 논리에서만 접근하여 왔다. 그 논리에 따르면 북한은 '전 조선혁명'을 위한 혁명기지고, 남한은 미제국주의자들의 강점하에 있는 미국의 해방지구로서 혁명투쟁의 현장으로 인식하고 있다.[113] 이처럼 북한의 입장에서 보면 남한은 '해방'과 '혁명'의 대상일 뿐이다. 기본적으로 북한의 목표는 민족해방과 계급투쟁을 통해 한반도를 적화 통일시키는 데 있는 것이다.[114]

이처럼 북한의 대남 전략이란 북한당국이 이른바 남조선문제에 관해 내리는 중요한 활동노선과 지침, 즉 조선노동당 규약 전문에 직접 명시된 북한정권의 종국적 목표인 '전 한반도의 주체사상화와 공산주의사회 실현'(일명 전 조선혁명)을 위해 전개하는 모든 실천적인 행동지침을 말하고 있다.

북한의 전 조선혁명은 1단계(남조선혁명): 민족해방 인민민주주의 혁명 전략 단계와 2단계(최종 목표): 남북합작을 통한 사회주의 혁명 전략 단계로 구분된다. 이 전략은 남한은 미국에 의해 정치·경제·사회 및 군사적으로 종속되어 있는 식민지 사회로, 남한정부를 미제의 식민지 파쇼정권 등으로 인식하고 있는 데서 설정된 것이다. '민족해방'이란 "남한혁명을 위해선 먼저 남한사회의 실질적인 지배자인 미제국주의(주한미군 등)를 남한 땅에서 축출하고 남한민족의 해방을 이룬다"는 의미이며, '인민민주주의 혁명'이란 "미제의 대리통치정권이며 독재정권인 남한정권을 남한인민의 힘으로 타도하고, 민족자주정권

---

112) 남북기본합의서 제1조. 그러나 남북기본합의서는 3대헌장에 포함되지 않고 있음에 주목할 필요가 있다.

113) 1965년 4월 14일, 인도네시아 알리아르함 사회과학원에서 한 김일성의 강의, 김일성, 『조선민주주의 인민공화국에서의 사회주의 건설과 남조선혁명에 대하여』(평양: 조선로동당출판사, 1965), p.36, p.46.

114) 김동수, "평화공존을 위한 대북 정책", 통일부 통일교육원, 『2001 통일문제 이해』, 2001, pp.67-68.

이라는 인민정권을 수립하자"는 것이다. 따라서 민족해방은 '미제축출
=주한미군 철수'를, 인민민주주의 혁명은 '현 정권 타도 후 인민정권
수립'을 의미하는 것이다.

구체적으로 북한이 분석하는 남한사회는 다음과 같은 전략적 의미
를 가지고 있다.[115]

한국사회 평가: 북한은 한국사회를 그동안 '식민지 반봉건사회'로
규정해 왔는데, 70년 11월 제5차 당 대회 이후부터는 '식민지 반자본
주의사회'로 규정하며 혼용해 오다 80년 이후부터 식민지 반자본주의
사회로 규정해 오고 있다. 이는 한국사회는 정치체제 면에서 미 제국
주의에 종속된 식민지 사회이며 사회경제 구조는 지주, 소작제도 등
봉건적 잔재와 자본의 전근대성, 매판성 등이 중첩되어 있는 반자본주
의사회라는 것이다.

한국사회 모순관: 북한은 한국사회가 미제와 한국인민 사이의 '민족
모순'과 자본가와 노동자, 지주와 농민, 지주, 예속자본가, 반동관료배
들과 피착취 피압박 근로인민 사이의 '계급모순'이 중첩되어 있다고
본다. 또한 한국사회의 기본모순은 미제와, 그와 결탁한 지주, 예속자
본가, 반동관료배들과 노동자, 농민, 도시 소시민 및 민족자본가들 사
이의 모순이라고 규정하며, 특히 주요모순은 '미제와 한국인민' 사이의
모순이라고 밝히고 있다.

혁명대상: 이는 남조선혁명에서 타도되어야 할 세력을 말하는 것으
로 북한은 한국혁명의 1차 타도대상(주적)으로 '미제'를, 2차 타도대상
으로는 미제와 결탁한 파쇼(한국정권 지칭), 지주, 예속자본가, 반동관
료배 등을 설정하고 있다. 이는 주요모순과 기본모순 규정에서 비롯된

---

115) 유동열, "북한의 대남 전략과 한총련", 『김정일체제하의 북한』 북한연
    구소 창립 25주년 기념 학술대회 발표 논문, 1996 참조.

것이다. 따라서 북한은 '선 미제축출 후 파쇼타도'라는 전략목표를 설정하고 있다.

혁명역량 편성: 이는 남조선혁명의 동력을 편성하는 것으로 주력군과 보조역량을 배치하는 것이다. 북한은 종래 남조선혁명의 주력군으로 노동자와 농민, 보조역량으로 진보적인 청년학생, 진보적 지식인, 도시 소자산 계층, 애국적 군인, 민족자본가 및 각계각층 인민만을 편성하였다. 그러나 1985년 7월 27일 한국민족민주전선(한민전) 출범과 때를 맞추어 그동안 보조역량의 제1순위였던 '진보적인 청년학생'을 주력군으로 격상시킨 바 있다. 이어 1993년 8월 이후부터 보조역량의 제1순위인 '진보적 인텔리(지식인)'를 주력군 대열에 올려놓고 있다. 이는 북한의 대남 흑색방송인 〈구국의 소리방송〉 93년 8월 20일자에 이어 93년 10월 31일자의 운동강좌 "변혁운동의 역량편성에 대해"에서 이를 재차 강조하며 이것이 김정일의 교시에 의한 것임을 밝히고 있다.

혁명경로: 북한의 남조선혁명 과정을 도식화시켜 보면 '미제축출(미군철수) - 파쇼(현 정권)타도 - 민족자주정권(인민정권)수립 - 연방제 통일(북한과 합작) - 사회주의국가 건설' 등으로 요약할 수 있다.

통일의 두 가지 전도: 북한은 조선혁명(조국통일을 의미)에는 평화적 전도와 비평화적 전도가 있다고 구분하고 있는데, 평화적 전도란 전쟁 없이 통일을 이루는 것이고, 비평화적 전도란 전쟁에 의하여 통일을 이루는 것을 말한다. 평화적 전도는 1) 남조선당국이 인민의 압력에 굴복하여 북한의 통일방안을 받아들여 실현하는 경우 2) 남조선에 반제 자주정권이 수립되거나 중립화되는 경우 3) 남조선혁명이 승리하는 경우에 이루어지며, 비평화적 전도는 1) 미제가 조선인민에게 전쟁을 강요하는 경우 2) 미제의 침략세력이 약화되었을 경우 3) 남조선혁명이 일어나 북한에게 지원을 요구하는 경우에 조국통일(혁명)

이 완수된다고 주장한다.

대남 투쟁 3대 과제(자주, 민주, 통일): 북한은 70년 11월 제5차당 대회 이래 대남 투쟁좌표로 '자주, 민주, 통일'을 설정하고 있다. 이는 소위 남조선혁명의 방향과 지침을 함축적으로 표현하고 있는 것인데, 85년 7월 27일 한민전의 3대 투쟁 강령으로 구체화된다.

여기서의 자주란 한국사회가 자주독립국가가 아니라 미제의 식민지 사회이므로, 남조선혁명을 위해선 먼저 미제를 축출하고 민족자주권을 확립해야 한다는 것으로, 반미자주화 투쟁을 의미한다. 민주란 한국사회 가 민주주의체제가 아니라 독재파쇼체제이므로 현 정권을 타도하고 인민 민주주의를 구현해야 한다는 것으로, 반파쇼민주화 투쟁을 의미한다.

통일이란 우리가 염원하는 자유민주주의로의 통일이 아니라, 북한식 연방제 공산화 통일을 지향하는 것으로 조국통일 투쟁을 의미한다. 언 뜻 보기에는 '자주, 민주, 통일'은 아주 평이한 용어같이 보이나 실은 반미자주화 투쟁, 반파쇼민주화 투쟁, 조국통일 투쟁이라는 대남 투쟁 3대 당면 목표를 지칭하는 북한의 적화 혁명 용어인 것이다.

민족해방 인민민주주의 혁명 노선에 이어 북한은 2단계로 남북합작 에 의한 사회주의 혁명의 방법으로 연방제 통일과 같은 평화적 방법 과 전쟁을 불사하는 비평화적 방법을 상정하고 있다. 특히, 여기서 유 념해야 할 점은 평화적 방법이란 남한 내부의 혁명을 전제한 것으로 결코 평화적 방법이 아니라는 점이다. 즉 북한이 연방제 통일의 대상 으로 설정하고 있는 상대는 남한의 현 정부가 아니라 현 정권을 타도 하고 들어서는 이른바 민족자주정권, 즉 인민정권인 것이다.[116]

이 같은 대남 전략의 기조는 김일성 사후에도 변함없이 유지되고

---

116) 유동렬, "남북화해시대 북한의 대남 전략", 북한연구소, 『북한』, 2001년
    2월호, pp.171-172.

있는데 여기에는 남한사회의 다원주의적인 특성이 적절히 활용되고 있음을 알 수 있다.[117] 즉 근본적인 북한의 대남 정책의 기조가 수정되지 않는 한 북한의 이 같은 시도와 노력은 계속될 것으로 보아야 한다. 이와 같은 예상은 금년의 신년사를 통해서 확인할 수 있다. 즉 북한은 2002 공동사설 "위대한 수령님 탄생 90돌을 맞은 올해를 강성대국의 새로운 비약의 해로 빛내자."에서 올해를 사회주의 강성대국 건설의 진격로를 연 해라고 선언했다. 이를 위해 북한은 올해 더욱 강력한 민족자주의 기치 밑에 조국통일의 결정적 국면을 열어 가고자 했다. 이른바 '우리 민족끼리 통일하자'는 구호를 게양하며 이를 옹호 고수하는 자는 애국자, 부정하는 자는 민족 반역자로 규정하며 주적론 철회, 보안법 철폐, '반테러' 명목하의 미제와 남조선 호전주의자 등의 반북 책동 분쇄를 고취하고 있다.[118]

특히 북한은 극심한 식량난 등으로 인한 자체 혁명역량의 하락을 만회하기 위한 수단으로 우리 함정에 대한 6·29 서해 기습에서 보듯이 극단적인 방법을 사용할 가능성은 어제나 상존하고 있다. 그것은 분명 남한 내부의 분열과 교란을 야기할 수 있는 방법이 될 것이다. 이를 위한 가장 손쉬운 방법이 테러일 가능성이 있다. 테러란 본시 최소의 희생으로 최대의 성과를 얻을 수 있는 방법으로 극단적이 상황에 처해 있는 상태에서 최후의 선택으로 결행되는 것이다. 현재의 북한의 모습은 최악의 상황이라 평가할 수 있다. 남한 내부의 이념적 분

---

117) 북한의 남한에 대한 적절한 강온전략의 사용과 남한사회 내의 보수 온건 논쟁유도 전략 및 주한미군 문제를 둘러싼 민족세력과 반민족세력의 교묘한 이분법적 구도의 형성 노력은 끝없이 계속되고 있다. 이에 맞서는 우리의 투철한 안보의식이 항상 요구되는 것은 바로 북한의 이러한 대남 정책의 의도에 적절히 대응해야 할 필요성 때문이다.

118) 2002 「공동사설」.

열과 가치관 혼란은 이러한 북한의 테러 유혹을 더욱 부채질할 가능성이 매우 크다고 할 수 있다.

3. 대남 전략

1) 김정일의 대남 혁명관[119]

김정일의 '조국통일관' · '남조선혁명관'은 한마디로 말해서 김일성 영도하에, 주체사상의 기치로 통일과 혁명을 이룩한다는 것이다. 김정일의 통일관과 대남 혁명관은 이미 '74년 1월 1일 만수대 예술극장에서 중앙노동당의 과장급 이상, 인민무력부 · 총정치국 · 국가안전보위부 부부장급 이상 간부들을 상대로 한 연설에서 확연히 드러났다.

> "수령님께서는 아직까지 조국통일 위업을 성취하지 못하고 있는 데 대해 못내 가슴 아파하며 심려하고 계신다. 수령님의 충직한 혁명전사들인 우리는 하루빨리 조국통일 위업을 완성하는 것을 가장 중요한 혁명과업으로, 가장 영예롭고 중대한 임무로 삼아서 수령님께서 살아 계시는 동안 통일을 성취해서 수령님께서 통일된 조국을 영도하시도록 해야 한다. 이렇게 하는 것만이 혁명전사로서의 본분을 다하는 것이다. 여기서 조국통일이란 수령님 기치하의 통일이고 주체사상 기치하의 통일인 것이다. 통일 위업을 달성하려면 남조선에 둥지를 틀고 있는 세계 최강의 미제를 상대해야 한다. 미국 놈들과 어느 땐가는 한번 싸워야 한다는 각오를 가져야 한다. 미국 놈들과 한바탕 싸우지 않으면 그놈들은 물러가지 않는다. 그러니 우리는 더 잘 준비해서 때가 되면 본때 있게 한바탕 싸워서 미국 놈들을 몰아내고 조국통일 위업을 성취해야 한다. 이 어려운 혁명과업을 여기 앉아 있는 사람들이 성취해야 한다."

---

119) 이승희, "김정일체제 확립 이후 대남 전략 전술 변화에 관한 연구", 국방대학원 안보문제연구소 1997년도 정책 연구논문 참조.

김정일은 연설에서 통일의 본질을 김일성 영도하에 통일, 주체사상 기치하의 통일로 규정하였다. 이것은 김일성의 노선과 주체사상에 근거한 통일을 의미한다. 즉 다시 말해서 통일은 반드시 적화통일이어야 한다는 것이다. 이 같은 적화통일관은 북한의 '사회주의 헌법'·'노동당 규약' 그리고 김일성이 생전에 제시한 '교시'를 충실히 따른 것이다.

김일성은 생전에 전 한반도에서 종국적으로는 자주적이고 평화적이며 민족적인 관점에서 사회주의를 지향하는 통일을 강조해 왔다.[120] 내용적으로는 남북한에서 자신의 주체사상을 실현하는 통일을 이루는 것이었다. 그러나 미군의 남한 주둔 및 남한의 자본주의 발전과 군사력 강화로 이러한 목표달성에는 오랜 시간이 소요될 것으로 전망하고 과도적 단계로서 「고려민주연방제통일방안」을 제시한 바 있다.

김정일은 통일노선과 관점을 김일성의 노선을 그대로 답습하고 있다. 김정일 역시 적화통일이 기본목표이며, 과도적으로 「고려민주연방제통일방안」을 내세워 1민족 1국가 2정부 2체제의 연방제 정부체제를 유지하면서 남한정부를 상대하겠다는 것이다.[121]

이와 같은 김정일의 적화통일 노선은 종국에 도달하기까지의 과정 속에서는 물론 과도적 현상이 있을 수 있으나 결국에는 김일성 주체사상에 의해 통일과 혁명을 이룩해야 한다는 것이 기본 입장이다.

최근 김정일은 주체사상보다는 강성대국론, 붉은기 사상, 고난의 행군정신 등을 많이 내세우고 있다. 특히 황장엽 망명으로 주체사상의 기치가 탈색한 것같이 보이고 있으나 오랜 기간 이론적으로 체계화된 주체사상 논리를 대체할 만한 것이 없다.

---

120) 김정일, 『김일성주의의 독창성을 올바로 인식한데 대하여』(평양: 조선노동당출판사, 1976), pp.3-4.
121) 김정일, 『남조선혁명과 조국통일 전략을 옳게 세운데 대하여』(평양: 조선노동당출판사, 1979), pp.11-13.

통일방법 문제에서 김정일은 미국 놈을 몰아내는 통일을 지속적으로 역설해 왔다. 그는 통일의 가장 큰 방해세력이 세계 최강인 미국이며, 한바탕 싸워서라도 미국을 몰아내고 통일을 이룩해야 한다는 호전적 자세를 견지하고 있다. 때문에 다른 모든 정책에서 군사력 강화를 위한 선군정치를 최우선시하고 있다. 그러나 상대해야 할 미국이 워낙 강대국이기 때문에 통일은 험난하고 넘어야 할 고비도 많다는 것이다. 종래에는 '미국 놈의 각을 뜨자'·'철천지원수 미제를 때려 부수자'는 식으로 정면대결로 미국을 쳐부수고 미국을 한반도에서 몰아내려 했다. 그러나 최근에는 정면대결보다는 미국과의 관계를 개선하고 '평화협정 체결'·'국교 수립' 등을 통해 미군이 한반도에 주둔할 명분을 없앰으로써 물러가게 하려는 쪽으로 전략을 바꾸었다. 북한이 90년대에 지속적으로 이른바 '통미봉남' 정책을 추진한 이유도 여기에 있다고 할 수 있다.

① 선 남조선혁명, 후 조국통일

김정일은 조국통일과 남조선혁명이라는 과제에 대한 북과 남의 역할이 이론과 현실의 차원에서 모두 구별된다고 주장한다.[122] 그는 조국통일 문제에 있어서는 북이 주력이 되어 남의 혁명역량과 결합해야 하며, 남조선혁명 문제에 있어서는 남의 혁명역량이 주체가 되어 북의 지원을 배합해야 한다는 전략을 세우고 있다.

그러면서도 그는 양대 과제의 우선순위에 관해 남조선혁명이 우선이라는 결론을 갖고 있다. 즉 "미군을 남조선에 두고 또 파쇼적 반동통치를 그대로 두고서는 조국통일 문제를 생각조차 할 수 없다. 미군과 남조선의 통치자들은 통일을 바라지도 않고 영구분단을 바라고 있고 그

---

122) 위의 책, pp.5-7.

것을 주장하고 있다. 그렇기 때문에 통일을 하자면 우선 남에서 통일을 반대하고 분열을 조장하는 세력부터 제거해야 한다."[123]는 것이다.

이와 같이 조국통일은 남조선혁명을 전제로 하고 있으며, 남조선혁명은 조국통일의 전제를 조성한다는 것이 김정일의 관점이다. 이 점에서 그는 대남 전략적 방향에서 '선 남조선혁명, 후 조국통일'이란 모델을 설정하고 있다. 김정일은 남에서 혁명세력이 혁명을 일으켰으나 힘에 부치면 북의 지원을 요청할 것이고, 이 경우 남한의 혁명역량과 북이 합동하여 혁명을 수행하고, 남한의 혁명역량이 자력으로 정권을 장악하면 그 정권을 흡수 또는 통합하는 방식으로 통일한다는 방침인 것이다.

이에 따라 김정일은 현 단계에서 조국통일을 명분으로 한 모든 사업은 남에서 혁명의 여건을 성숙시키고 준비하는 데 복종해야 한다고 강조하고 있다. 먼저 남한에서 혁명을 일으켜, 적화통일로 연결시킨다는 것이 김정일의 대남 적화통일 전략의 본질이다.

② 남조선혁명의 전략적 방침

김정일은 조국통일과 남조선혁명이라는 전략적 과제를 완수하기 위해 다음의 전략적 방침을 제시하고 있다.[124] 혁명의 주력군 편성문제, 동맹군 편성문제, 대중적 기반 구축문제, 정치사상 공세의 강화문제, 혁명과 통일의 국제화 실현문제 등이 그것이다.

김정일은 가장 중요한 것을 혁명의 주력군 편성문제로 보고 그에 대해 지하혁명당의 '구체화와 정예화'를 강조했다. 즉 그는 종전의 대남 공작을 비판하면서 대남 혁명의 기초는 노동자와 농민 속에서 혁

---

123) 위의 책, pp.9-10
124) 위의 책, pp.8-9.

명적 당을 건설하는 것인데 그러나 혁명을 조직·지도할 수 있는 당을 제대로 건설하지 못했다고 지적했다. 따라서 김정일은 "앞으로는 정치·사상·혁명성을 갖춘 주체형의 혁명가, 주체형의 공산주의자를 핵심으로 삼아 혁명을 조직하고 지도할 수 있는 당을 건설해야 한다. 당을 건설할 뿐만 아니라 정예화, 핵심화, 주체화해야 한다"고 못박았다. 지도핵심을 늘리고 이들을 부단히 주체사상화, 혁명화하는 데 주력하는 것이 현 시기의 가장 중요한 일이라는 것이다.

두 번째로 동맹군 편성문제는 바로 통일전선 문제를 말한다. 우선 김정일은 기존의 통일전선 사업에 관해서 비판하면서 "지난 시기 통일전선은 그 대상·형식·형태에서 비합법을 위주로 했다. 또한 남한 내 지하당의 통일전선 사업과 노동당이 직접 하는 통일전선 사업, 그리고 해외에서 하는 우회적인 통일전선 사업 등이 통일전선의 대상과 행태 면에서 달라야 했지만 구별되지 않아 왔다"고 강조했다.

김정일은 "통일전선의 대상은 대남 혁명 과제에 대한 동조자와 지지자들이며, 계급적으로도 민족 부르주아 및 상층지식인들이다. 이들은 비합법과는 거리가 먼 사람들이다. 가능한 한 이들을 끌어들이기 위해서는 합법적인 방법과 형태를 써야만 한다." 즉 "대상에 맞는 방법이 구사되어야 한다"는 것이다.[125] 또한 "이들의 사회적 위치에 맞게 통일전선의 형식과 조직의 형태도 합법적으로 꾸려야만 하며 이것이 불가능하면 무형의 조직이나 인간관계로 해서 통일전선을 만드는 것이 필요하다"고 주장했다.[126]

세 번째 정치사상 공세에 관한 김정일의 입장은 대중을 주체사상으로 의식화한다는 것이다. 이와 같은 정치적 선전 선동은 대중의 의식

---

125) 위의 책, pp.14-15.
126) 위의 책, p.163.

화와 조직화를 촉진시키는 한편, 혁명대상을 타격해 고립시키고, 타도를 촉진시키는 방안의 하나로 보고 있는 것이다. 김정일은 대중에게 주체의식·민족자주의식·계급의식·사회정의의식·민주주의의식·혁명의식·투쟁의식 등을 불어넣어 이들의 의식수준을 제고시킨 뒤에 마지막에는 주체사상을 전파·주입시켜 의식화해야 한다는 것이다. 이를 위해서는 다양한 방식으로 선전 선동을 진행시켜야 한다는 것이다. 즉 민족·계급·사회정의·민주주의의식 등 다양한 방법을 동원해야 한다는 것이다.

즉 주체의식과 관련해서는 사회의 주인은 대중이고, 나라의 주인은 국민이며, 자신의 운명의 주인은 자신이라는 것이다. 또한 민족 자주의식과 관련해서는 강대국들의 과거와 현재에 걸친 침략행위를, 민주의식과 관련해서는 민주적 자유와 권리 보장문제를, 계급의식과 관련해서는 노동자와 농민을 비롯한 각계각층의 생활상과 자본가들의 착취문제를, 사회정의 의식과 관련해서는 사회적 비리 현상을, 투쟁의식과 관련해서는 각종 투쟁과 분쟁문제를 들고 나와야 한다는 것이다. 이 문제에 관한 김정일의 결론은 "대남 사업의 첫 번째 화살은 의식화에 두어져야 한다. 그 후 조직화가 가능하다. 현재의 정치공세는 남조선정권을 최대한 고립시키고, 나아가 붕괴를 촉진시킬 수 있는 쪽으로 힘을 강력히 집중시켜야 한다"는 것이다.[127]

네 번째로, "선전 선동을 통한 정치사상 공세로 각계각층을 의식화한 뒤 대중을 조직화하는 문제는 바로 대남 적화 혁명의 대중적 기반을 구축하는 문제이다. 혁명의 대중적 기반 구축이란 국민을 의식화·혁명화·조직화하여 대중단체 조직과 당의 선전대조직을 형성하는 것을 의미한다. 이 문제와 관련하여 김정일은 대중조직화를 합법적인 방

---

127) 위의 책, pp.17-19.

법과 형식으로 진행하는 것이 기본"이라고 못박았다. 즉 노동자 · 농민 · 청년 · 학생 · 지식인계층 등 부문별 대중조직을 합법적인 방법과 형식으로 조직해야 하며, 남한사회가 갖고 있는 온갖 세습적 · 관습적 · 법률적 가능성 등을 최대한 이용해야 한다는 것이다. 또한 김정일은 "남조선에는 종친회 · 동창회 · 향우회 · 계 등을 비롯한 종교단체 · 등산회 · 낚시회 같은 취미단체 등 이용할 수 있는 좋은 계기가 널려 있다. 정치적 · 학술적 · 경제적 · 관습적 · 기호적 · 체육적 · 예술적 · 종교적인 기성의 조직, 단체 모임들을 이용해 그 속에 파고들어 가야 한다. 그 안에서 감투를 쓰고 점차 영향력을 확대하면서 내부 군중을 각성시켜 혁명적 성격을 띤 조직으로 전환시켜야 한다. 무수한 합법 가능성이 열려 있다. 그러나 지난 시기 대남 사업은 군중조직을 등한시했을 뿐만 아니라 경시하기까지 했다"고 지적하면서 대중단체에 들어가면 철저히 그 단체의 성원으로 역할을 해야 한다는 점을 강조했다.

다섯 번째로 혁명의 국제화란 국제적으로 조직적 · 정치적 연대를 강화하는 것을 의미한다. 즉 김정일은 "지난 세기와는 달리 국제적 지지 및 승인문제가 혁명 승리의 결정적 요인이 되고 있다. 승리의 결정적 요인에는 내부적 요인도 있지만 국제적 지지, 원조세력들과 연대 · 연합하는 외부적 요인도 중요하다. 국제적인 연대 강화로 혁명의 여건을 성숙시켜야 한다"고 주장하는 것과 맥을 같이한다.

여섯 번째로 김정일은 남한 청년 · 학생들의 위치와 역할에 대해 매우 강조하고 있다. 종전에 대남 관계 전문가들은 청년 · 학생들을 쁘띠 부르주아로 취급해 혁명적 역할을 크게 수행하지 않는 것으로 평가했지만, 김정일은 "미제의 식민지인 남조선에서 청년 및 학생들이 선각자적 역할을 수행한다"고 지적하면서 "남조선에서 4 · 19 이후 청년 및 학생들이 민주주의 쟁취운동의 선봉에 서서 전위자적인 역할을 했

다. 물론 혁명의 영도계급은 노동계급이며, 그들에게 사명이 주어져
있지만 현실적으로 영도·선도·지도적 역할을 못하고 있다. 때문에
청년·학생들이 혁명의 조직적·사상적 선도역할을 하게 되었고, 이들
이 전위이자 주도세력으로 나서게 되었다. 이러한 현실은 기성의 어떤
이론에서도 찾아볼 수 없는 새로운 것이다"라고 역설했다.[128]

실제로 마르크스·레닌주의 이후 어떠한 공산주의 이론에서도 청년
학생들이 전위역할을 한다는 지적은 없었다. 이 같은 김정일의 주장은
4·19를 거치면서 남한 청년 및 학생들의 광범한 혁명적 진출에서 나
타난 엄청난 에너지를 이용하자는 속셈에서 비롯된 것이다. 따라서 이
들이 남조선혁명의 주력이자 주도세력으로서 전위 및 선도적 역할을
잘 수행하도록 지도해야 한다는 것이 김정일의 강조점이다.

김정일은 "이들에게 주체사상을 전파해서 주체사상으로 무장시키고
주체사상의 전략전술에 의해 민주화 운동을 수행하도록 올바른 지도
를 주어야 한다. 여기에는 구국의 소리방송(구통혁당목소리방송) 보도
등 합법으로 공개된 매체를 통해 의식화를 위한 정치 및 사상적 교양
을 주는 원격적 지도방법과 남조선 지하조직에서 실제 투쟁의 전술방
침을 주는 직접적 지도방법이 있다. 이 두 가지 지도를 잘 배합해서
진행시켜야만 한다"는 점을 특히 강조하고 있다.[129]

나아가 김정일은 "노동자와 농민 등 각계각층 대중의 의식화·혁명
화·조직화를 촉진하기 위해서는 선진적인 청년·학생·지식인들의
교량적 역할이 중요하다"고 강조했다. 즉 의식화된 청년·학생·지식
인들이 노동자·농민·군인들과 긴밀히 연계하여 그들 속에 들어가
민족 및 계급의식을 주입해서 각성시키고 혁명적 영향을 주며, 각성된

---

128) 위의 책, pp.19-20.
129) 위의 책, pp.13-15.

대중을 조직화하는 데서 주동적이고 선도적인 역할을 수행해야 한다는 것이다. 결론적으로 김정일은 "남조선에서 청년·학생·지식인 운동이 노동자 및 농민운동들과 결합할 때만 혁명운동으로 발전할 수 있다"고 규정하고 있다.

마지막으로 김정일은 대남 혁명 수행방도 문제에 관해 엄격히 지켜야 할 부분이 있다고 강조하면서 평화통일을 이룩할 가능성이 있는 것처럼 남조선혁명도 평화적 방법으로 할 수 있지 않겠느냐 하는 일부 사람들의 견해를 확고히 반대했다. 김정일은 "통일은 평화적 방법으로 가능할 수도 있지만, 남조선혁명은 폭력적 방법을 통하지 않고서는 불가능하다. 물론 폭력적 방법이 무장폭동이냐 전쟁이냐 하는 범위와 심도의 차이가 있을 수 있지만 기본적으로는 폭력적 방법일 수밖에 없다. 오직 이 방법밖에는 없으며 평화적 방법이란 환상에 불과하다. 폭력을 기본으로 준비해야 한다"고 못박았다.[130] 이에 따라 자연스레 혁명대오의 무장화 문제가 제기되었다. 김정일은 혁명대오의 무장화를 늘 염두에 두고 준비해야 한다고 지적하면서 혁명 승리의 결정적 요인은 첫째, 혁명적 당을 꾸려 혁명 주체세력을 공고히 하고 대중적 지지기반을 확보하는 것이며, 둘째, 혁명대오를 무장화하는 것이고, 셋째, 혁명의 국제화를 이룩하는 것이라고 강조하였다.

③ 대남 전술의 지침

김정일은 대남 전략을 구체적으로 시행하기 위한 전술적 접근을 위한 지침을 자신이 직접 지시한 바 있다. 그는 통일실현을 위한 돌파구를 열 수 있을지 모른다는 조심스런 판단을 갖고 있었다. 이러한 판단에 기초해서 북한 대남 공작 지도부는 조성된 여건에 주동적으로 대

---

130) 위의 책, p.163.

처해 대남 전략·전술을 주체적으로 수행하기 위해서는 새로운 공작 전술과 공작방침이 요구된다는 결론을 내리게 됐다. 새로운 공작전술과 공작방침의 핵심은 충분한 준비를 갖추어야 결정적 국면이 닥칠 때 능동적으로 대처할 수 있다는 것이었다.[131] 김정일이 제시한 대남 공작 전술방침의 중심은 다음과 같은 것이다.

첫째로, 김정일은 "1950년대 이래 1970년대에 이르도록 지금까지 대남 공작의 뼈아픈 경험은 유리한 여건과 환경이 조성되었어도 능동적으로 대처할 수 없었던 점"이라고 지적했다. 이렇게 된 가장 큰 원인이 지도적 역량과 세력의 결핍에 있다는 게 김정일의 판단이었다. 즉 김정일은 "지도세력 부재가 지금까지의 교훈이었다"라고 잘라 말했다. 나아가 김정일은 "남한정세가 혼란한 바로 이런 때에 지도적 핵심세력, 즉 지도핵심·지도부·지도자를 양성해야 한다. 남한 내에 지도부·지도세력의 공백을 메워야 하며 지도핵심 세력의 지속성을 보장해야 한다. 이를 위해서는 대남 공작에서 질적인 측면을 보장해야 한다. 공작을 정예화·핵심화·지도부화·주체화해야 한다. 이렇게 해야만 지도세력을 확보할 수 있고, 도래할 혁명적 정세에 주동적으로 대처할 수 있다"고 주장했다.

둘째로, 김정일은 남한에서 전개되는 운동이 새로운 질적 경향성을 보이고 있다고 지적했다. 즉 남한의 반파쇼 민주화 운동이 조직화·대중화·좌경화 경향을 자연 발생성을 보이는데, 이에 대해 정치적·조직적 지도를 원격적 방법으로 보장해야 한다고 강조했다. 김정일은 "남조선의 반파쇼 민주화 투쟁을 주체사상으로 지도하고, 대남 혁명 전략·전술의 원칙하에 지도해야 한다. 또한 주체사상으로 지도할 뿐만 아니라 그런 방향으로 이끌어 나가야 한다"는 점을 반복해서 강조

---

131) 위의 책, pp.37-38.

했다. 남한의 민주화 운동을 주체사상과 북한의 대남 혁명 전략의 테두리 내에서 보다 조직화·의식화해야 한다는 지적이었다. 김정일은 또한 남한에서 벌어지고 있는 통일운동에 대해서도, 이를 북한의 혁명 전략과 조국통일 전략의 울타리로 끌어들여 조직적으로 전개될 수 있도록 조직적·정치적 지도를 보장하라고 요구했다.

셋째로, 김정일은 남한의 혼란을 가중시키고 남한정부 당국을 고립화시키며 대중운동을 앙양시켜 새로운 국면전환을 이끌어내기 위해서는 대남 공작적 차원에서 한편으로는 평화공세를, 다른 한편으로는 폭력적 공세를 병행하는 이른바 화전 양면 공세를 구사하라고 지시했다. 화의 측면과 전의 측면을 병행, 배합하라는 김정일의 지시는 즉각적으로 대남 공작 부문에서 그대로 집행되었다.

이와 같이 김정일은 대남 공작의 주요한 전술로 남한혁명 운동에 대한 지도세력의 확보, 대중운동·통일운동에 대한 정치와 조직적 지도 보장, 사회혼란 조성을 위한 화전 양면 전술 구사의 세 가지 점을 내세웠다.

김정일이 강조한 주요한 공작 전술에 입각해 대남 공작 지도부는 다음과 같은 네 가지 측면으로 공작전선 구축을 시도하고 있다.[132] 첫째로, 지도핵심과 지도세력을 확보하기 위해서 지하당 조직공작을 안전하게 전개할 필요성이다. 즉 직접 혹은 우회방법을 통해 지도핵심 및 지도세력을 안전한 방식으로 질적으로 고양시키는 조직공작 선전을 펼치는 것이다.

둘째는, 합법적이고 공개적인 정치·사상 선전공세를 보다 조직화하고 강화하는 공작전선을 펼치는 것이다. 즉 대남 정치 및 사상공세 전선에 속하는 이 선전공작을 위해 방송과 출판물이 이용되고 있는데

---

132) 위의 책, p.39.

그중에서도 가장 영향력이 큰 매체는 역시 '구국의 소리방송'(구통일 혁명당 목소리방송)이다.

셋째는, 화전 양면 전술 중 화의 측면인 합법적 정치공세를 강화하는 것이다. 이를 위해 북한은 각종 형태의 대화와 여러 채널의 접촉을 추진시켰다. 남한을 적당히 어르고 달래서 좌우로 흔들고 전후로 찔러 혼란을 조성하겠다는 속셈인 것이다. 판문점 지역에 중무장한 군대를 투입 전개한 것이나, 당장 전쟁이 일어날 것처럼 떠들어댄다든가, 천 백 배 보복 공포를 조성한다든가 하는 것이 모두 이와 같은 전술에 따른 것이다.

넷째는, 적의 측면을 강조한 공세였다. 김정일과 대남 공작 지도부는 폭력투쟁 방식으로 어떤 계기를 조성할 수 있을 것이란 예상하에 테러를 주요 형태로 하는 폭력공세를 벌였다. 김정일에게 있어 테러공작은 파렴치한 범죄가 아니라 혁명수행의 기본 방도로 소홀히 할 수 없는 혁명투쟁에 속하는 것이었다. 그런 의미에서 북한은 주로 전략적인 대상을 향해, 목적의식으로 테러를 가해 왔다. 1983년 10월 9일 미얀마 아웅산묘소 폭파사건, 1986년 9월 14일 김포공항 폭발사건, 1987년 11월 29일 대한항공 858기 폭파사건 등이 모두 김정일의 이와 같은 대남 전술에 따라 저질러진 것임은 두말할 필요가 없다.

한편 테러 행위와 관련해 김정일은 전 조선혁명을 달성하기 위해선 남한사회주의 혁명역량 강화가 매우 중요함을 감안하고, 이를 위해 자신이 직접 ① 남한인민의 정치사상적 각성 ② 남한 내 민주주의운동 지원독려 ③ 혁명당(지하당)구축 및 통일전선 형성 ④ 반혁명역량 약화 및 거세 등을 지시한 바 있다. 이는 대남 공작의 지침으로 유용하게 운용되고 있다.[133]

---

133) 유동열, 앞의 글 참조.

즉 첫째, 남한인민의 정치사상적 각성이란 남한인민을 김일성의 주체사상으로 무장시키고 혁명의 주인으로서의 입장을 자각케 하는 것으로 의식화 공작을 의미한다. 남한혁명을 위해서는 자유민주주의사상에 젖어 있는 남한인민 중 노동자, 농민, 청년학생들부터 의식화시켜 점차 각계각층의 민중으로 확산시켜야 한다는 것이다.

실제 80년대 중반 이후 우리 사회엔 학원계와 노동계 등에 '주체사상선전소조'가 결성되어 대중 의식화에 진력해 왔으며, 급기야는 '주사파'라는 친북운동 그룹이 형성되었다.

둘째, 남한 내 민주주의운동 지원이란 남한 내 좌익용공세력, 반정부세력 등 소위 재야운동권의 투쟁을 고무 선동하고 지원하는 것을 의미한다. 이를 위해 그간 북한은 간첩 등을 통해 국내 재야권과 연계를 가지고 투쟁자금 지원 등 각종 공작을 전개해 왔다. 대표적인 예로 92년 조선노동당 중부지역당 사건과 95년 충남부여에 출몰한 김동식 간첩사건 등은 이를 명확히 입증해 주고 있다.

셋째, 혁명당(지하당) 구축과 통일전선 형성이란 남한혁명의 동력을 조직화하기 위한 공작을 의미한다. 먼저 혁명의 주력군(노동자, 농민, 청년학생 및 진보적 인텔리)을 강화하기 위해 남한혁명을 지도할 혁명의 참모부인 지하당을 구축하라는 것이다. 다음 통일전선을 형성하라는 것은 혁명의 보조역량인 광범위한 각계각층의 민중을 유인하여 '반미구국전선'이나 '반파쇼 민주연합전선'과 같은 전 민족통일전선을 구축하라는 것이다.

실제 북한은 그동안 지하당 구축을 위해 60년대 통일혁명당, 70년대 인민혁명당, 남민전, 90년대 조선노동당 중부지역당 결성을 성사시킨 바 있다. 또한 광범위한 통일전선 구축을 위해 범민련(조국통일 범민족연합), 범청학련(조국통일 범민족청년, 학생연합) 등을 결성한 바 있다.

넷째, 반혁명역량의 약화란 국군와해, 대공수사기관 무력화, 국가보안법 철폐 등을 통해 남한의 정치, 경제, 사회 등 제 부분을 취약하게 유도하여 혼돈상태를 조성하기 위한 것이다. 남한의 국군을 와해 및 무력화시키고 결정적 시기에 혁명군으로 활용하자는 것이다. 실제 북한은 '괴뢰군 와해전취전술'을 통해 장교와 사병 등을 이간질시키는 공작이나 군부대 내 간첩을 침투시켜 장교 등을 포섭하여 동조세력을 규합하기 위해 혈안이 되어 있다.

또한 남한혁명을 규제하고 직접 제한하는 대공수사기관(안기부, 경찰, 기무사 등)을 무력화시키고, 남한에서 공산주의 활동을 규제하는 국가보안법을 철폐시키는 등 법적·제도적 장치를 분쇄하는 것이라 하겠다. 실제 이러한 선동구호들이 국내 좌익세력들에 의해 그대로 나타나고 있다.

위와 같은 남한사회주의 혁명역량 강화 노선은 바로 북한 대남 공작의 기본적 지침이 되고 있음에 주목해야 한다. 실제 북한이 한총련공작에 진력하는 이유도 이와 같은 남한혁명역량 강화의 일환인 것이다.

2) 군사전략[134]

북한은 사회주의체제와 일당독재체제 유지라는 일차적 목적 외에 남한의 공산화 통일완수라고 하는 또 하나의 기본목표를 가지고 있다. 그러나 이 두 가지 목표는 각각 별개의 것이 아니라 상호 밀접한 관계를 가지고 있다. 즉 북한체제 유지 목표달성이 불가능하면 적화통일도 불가능하고 반대로 전 한반도의 공산화 통일만 달성하면 북한체제의 공고화는 가장 확실하게 보장되는 것이다. 따라서 북한군의 군사정

---

134) 박헌옥, "북한의 군사위협 분석 및 전쟁도발 가능성 평가", 『군사논단』 제20호 및 제21호, 1999년 가을호 및 2000년 신년 겨울호, pp.49-53.

책 기조도 이러한 국가정책 목표달성에 기여하도록 짜인 것은 너무도 당연하다.

북한의 군사정책 기조는 국방에서의 자위원칙을 표방하면서 대남 우위의 공세적 군사력을 건설하는 데 두고 있다. 김일성은 "자위적 국방이란 권력을 장악한 노동계급의 당과 국가가 국방건설에서 견지해야 할 보편적 의의를 가지는 지도지침"이라고 하고 "자위노선의 본질은 자력갱생의 혁명정신을 발양하여 자체의 혁명무력으로 자기 나라를 보위하며 모든 군사문제를 주도, 자체의 힘에 의거하여 자기 나라 실정에 맞게 해결해 나가는 것"135)이라고 밝혔다.

이러한 자위노선의 구체적인 실천은 4대 군사노선으로 체계화되었다. 즉 4대 군사노선이란 전군 간부화, 전 인민 무장화, 전군 현대화, 전 지역 요새화를 말하며 나열하면 전군 간부화는 "모든 인민군 장병들이 일단 유사시에 한 등급 이상의 높은 직무를 담당 수행할 수 있도록 준비시키는 방침"이고, 전 인민 무장화란 "어느 때든지 원수와 싸워 이길 수 있도록 인민군대와 함께 근로자, 농민을 비롯한 전체 인민을 무장시키며 군사적으로 튼튼히 준비시키는 방침"이며, 전군 현대화란 "인민군대를 현대전의 요구에 맞게 현대적 무기와 전투기술로 무장시키고 최신 군사과학과 군사기술로 튼튼히 준비시키는 방침"이고, 전 지역의 요새화란 "그 어떤 원수들이 쳐들어와도 단매에 쳐 물리칠 수 있도록 온 나라를 난공불락의 요새로 튼튼히 꾸리기 위한 방침"이라고 한다.136) 1963년부터 강력히 추진된 군사정책 실천방향은 1960년대에는 경제건설과 군사력 증강의 병진정책을 통해 전 당원과

---

135) 김일성, 『저작 선집』 제2권, 1971, p.534.
136) 국방대학원 안보문제연구소, 『김정일 체제하에서의 북한의 대남 군사전략 추이』 안보정책연구보고서 96－13, 통권 제262호, p.12.

전 인민의 전쟁동원 태세를 확립하였고, 1970년대에는 자립적 공업기지 완성과 정규전 및 비정규전 배합전술 교리를 개발하여 4대 군사노선을 완성했다. 그리고 1980년대에는 전투동원 태세 완비와 예비전력의 정규군 수준화 및 현대전 능력을 보강하는 한편, 1990년대에는 군민일치 강화와 전 국가적 및 전 인민적 방위체계 강화, 그리고 독자적 전략무기체계 개발 및 획득에 박차를 가해 왔다.

북한은 김일성 사후에도 '하나의 조선정책' 논리에 의한 대남 적화전략을 변함없이 추구하고 있으며 한국정부의 인내력 있는 햇볕정책에도 이러한 대남 노선의 변화징후는 발견되지 않고 있다. 한국 내에 통일전선을 형성하고 북한 자체의 전쟁준비를 강화한 후 이른바 '결정적 시기'가 조성되면 '폭력혁명' 또는 무력에 의한 전쟁으로 공산화 통일을 달성하겠다는 것이다. 물론 여기에서의 결정적 시기는 한국사회의 혼란과 주한미군 철수 등 정치·군사적으로 유리한 상황이 조성되는 시점을 말한다.

이를 위해 북한은 외부지원 없이 독자적으로 전쟁을 수행할 수 있는 능력을 확보해 나가고 있으며 공세적 전력증강과 부대편성 및 배치조정, 그리고 임무형 훈련 등 전쟁준비 태세를 지속적으로 강화하고 있는 것이다.[137]

한편, 북한군의 군사정책 형성 배경은 첫째, 마르크스·레닌주의의 전쟁관이자 소련혁명전쟁에서 보여준 전쟁불가피론, 정의의 전쟁론, 식민지 해방전쟁, 포위섬멸전 등의 정규전 개념과 둘째, 모택동의 전쟁관이자 중국인민전쟁에서 보여준 유격전, 장기 지구전, 섬멸전 등의 비정규전 개념을 배합한 것이다. 이것은 김일성의 한국전쟁 경험에 의한 예비전력 및 군수지원, 제공권 장악 및 현대전 능력제고, 포위섬멸

---

137) 국방부, 『국방백서』 1999, p.37.

및 유격전 능력 강화, 정치사상전 등의 개념이 모두 종합된 것이다. 여기에다 김정일은 대량살상무기를 내세운 벼랑 끝 전술과 나토군의 유고 공습과 아프가니스탄 공습에서 드러난 바와 같이 지상군 투입 없는 공중전 위주의 전쟁으로는 산악 및 요새화 진지를 무력화할 수 없다는 점에 자신감을 얻어 한·미·일 3국을 상대로 초강경 대외정책을 추진하고 있는 것이다.

　군사정책의 하위체제인 북한군의 군사전략은 근본적으로 김일성의 계급투쟁과 민족해방 전쟁관에서 출발한다. 김일성은 마르크스·레닌주의에 입각한 혁명전쟁론을 전개하였으며 6·25 남침전쟁도 '조국해방전쟁', '정의의 전쟁' 등으로 정당화하고 있다. 초기에는 속공기동 전략과 포위섬멸 전략을 주 내용으로 하는 소련군 전술을 따랐으나 1960년대에 이르러 6·25 전쟁 경험을 응용하여 현대전과 혁명전의 배합이라는 기본전략·전술을 채택하고 있다. 특히 1971년 인민군 창건 23주년 기념보고대회에서 군총정치국장 한익수는 김일성의 군사전략을 종합적으로 표현한 바 있다. 즉 '집중과 분산, 적극방어와 배후교란의 배합, 대·소부대 활동의 결합, 정규전과 유격전의 배합, 즉시적 반격전과 연속적 타격전, 적 배후의 제2전선 형성, 유격전 저격수 및 유동포 활용, 비행기·탱크 사냥운동 등의 강조'가 그것이다. 김정일 역시 김일성과 동일하게 전격전과 유생역량 말살, 정치사상 의식 고취 등을 강조하고 있다. 따라서 북한군 군사전략의 특징은 결정적 시기 도래 시 언제라도 전면전을 감행할 수 있는 총력전 태세를 갖추고 정규전과 비정규전의 배합운용으로 선제기습과 속전속결 방식으로 초기에 전쟁의 주도권을 장악하는 것과, 필요시에는 전세를 일시에 뒤집을 수 있는 핵무기, 화생무기 그리고 장거리 미사일 등의 대량파괴 무기 체계 개발에 역점을 두고 있다는 점이다.

일반적으로 통용되고 있는 군사전략은 용병전략(Operational Military Strategy)과 양병전략(Force Development Military Strategy)으로 대별하고, 그 구성요소는 목적(목표), 수단(군사력 · 자원) 및 방법(운용방책 · 작전개념)이 포함된다. 그러나 이러한 원론적 접근보다 실제적인 군사전략은 용병전략을 의미한다.

북한군의 군사전략은 '기습 및 전후방 동시공격으로 초전부터 대혼란을 조성하고 전쟁의 주도권을 장악하기 위해 전차 · 장갑차 · 자주포로 장비된 기동부대를 종심 깊숙이 고속 돌진시킴으로써 미군의 증원 이전에 전 남한을 석권한다'[138]는 단기 속전속결 전략으로서 다음과 같은 특징을 가지고 있다.

첫째, 독자적 전쟁수행 전략

1962년 10월, 쿠바사태와 중 · 소 국경분쟁을 보면서 동년 12월 노동당 중앙위 4기 5차 전원회의에서 독자적 전쟁수행 능력을 확보하기 위한 군사정책으로서 4대 군사노선을 채택함으로써 북한은 하나의 거대한 병영국가(garrison state) 체제로 변모해 나갔다. 1998년 9월 5일, 최고인민회의 제10기 1차 회의에서 개정된 현행 북한헌법 제58조에서 "조선민주주의 인민공화국은 전 인민적, 전 국가적 방위체계에 의거한다"라고 했으며, 제60조에서도 "국가는 군대와 인민을 정치, 사상적으로 무장시키는 기초 위에서 전군 간부화, 전군 현대화, 전 인민 무장화, 전 국토 요새화를 기본으로 하는 자위적 군사노선을 관철한다"라고 명시하고 있다. 이러한 4대 군사노선은 북한의 통치이념이자 혁명사상인 주체사상과 3대 혁명론에 근거하여 결정적 시기가 조성될 경우 외부 지원 없이도 전쟁을 도발할 수 있는 전쟁준비 정책이고 대남 군사정책의 근간이라고 할 수 있다.

---

138) 위의 책, p.39.

둘째, 기습전과 속도전

기습전은 적의 의표를 찔러 군사적 균형을 와해시키고 전승을 거두는 전술이다. 예상치 못한 시간, 장소, 방법으로 타격을 가하여 적에게 대응할 여유를 주지 않기 때문에 성공 가능성이 매우 높은 것으로 판단하여 구소련군이 즐겨 사용하던 대표적인 핵심 전략사상이다. 김일성도 정규전에 있어서 무장을 경량화함으로써 군사력에 속도를 부여할 수 있다고 주장하면서 기습공격은 원자탄보다 더 큰 위력을 발휘한다고 강조했다. 즉 선제기습에 의해 전장에서 주도권을 쥐고 상대방에게 결정적 타격을 가하는 데 가장 좋은 효과를 얻을 수 있으며 현대전에서 불의의 타격을 받게 되면 반격의 기회를 완전히 잃거나 역량을 재수습한다 해도 장시간이 필요하기 때문에 북한은 초기 기습전을 주요시해 왔다.

또한 북한군이 강조하는 속도전은 전투에 속도를 중시하여 속전속결하겠다는 것으로서 지구전력의 열세와 한 · 미 연합 방위체제 등의 현실 여건을 감안하여 미군의 증원군이 한반도에 도착하기 전에 전쟁을 종결시켜야 한다는 강박관념에서 속도전을 유난히 강조해 왔다. 김일성의 100일 전쟁, 10일 전투, 3일 기습전 개념도 속도전을 발전시킨 것이다. 그러나 북한이 단기결전을 감행하려면 적극적인 수직포위부대의 투입과 대규모 상륙전이 전후방에서 동시에 이루어져야 한다. 그러나 현대전의 승패는 적의 기도를 사전에 파악해 내는 정보력과 첨단 과학 무기와 장비의 체계적인 운용여부에 따라 결정된다고 볼 때 무모한 속도전은 전투력의 고립만을 자초할 뿐이다.

셋째, 배합전

이는 정규전과 비정규전의 배합전술이다. 북한은 6 · 25 전쟁 경험과 무장간첩 남파에서 얻은 결과를 종합하여 소련군식 전격전과 중공군

식 유격전을 배합하여 정규전 및 비정규전의 배합전술 교리를 발전시
켜 왔다. 인민군 창건 50주년 보고 대회에서 인민무력부장 오진우는
"정규전과 유격전, 산악전과 야간전, 적 후방 넓은 지역에서의 제2전
선의 전개와 갱도에 의거한 적극적인 진지방어전 등 현대전의 요구와
우리나라 실정을 정확히 반영한 주체적이며 독창적인 전략전술과 전
법을 창조하였다"라고 발표했다. 따라서 북한은 군사전략을 주도하는
공세, 집중, 우세, 기습의 원리를 바탕으로 기동력에 의한 속전속결과
정치전 및 유격전의 성공을 토대로 한 배합전을 통해 전 한반도의 공
산화 통일 목표달성에 박차를 가할 것으로 보인다.

넷째, 산악전, 야간전 및 갱도전

먼저 산악전은 한반도 지형의 대부분이 산악으로 형성되어 있음을
중시하여 산악전을 강조하고 있다. 공격전에서는 전술적으로 유리한
지배적 고지를 선점하는 것은 전투의 승리를 담보하는 중요한 요인이
되기 때문에 각종 공격방법을 체득하고 이를 능수능란하게 활용할 수
있도록 준비시키고 있다. 방어 시에도 산악지형을 효과적으로 활용하
여 방어진지를 구축하는 방법과 지형지물을 최대한 활용하는 방법 등
을 훈련해 왔다. 특히 6·25 당시 도로와 기계화 부대 중심의 유엔군
에 비해 산악전을 주로 한 북한군은 장차전에서도 산악전투를 중요시
하고 있다. 그러나 전술항공기의 근접지원과 열추적 장비에 의한 정찰
능력 보강, 그리고 인공위성에 의한 정밀정찰 기술이 고도로 발달한
현실에서 산악전이 반드시 유리하다고 장담할 수만은 없게 되었다.

또한 야간전은 주간전투의 보조적 준비단계 또는 특수한 전투행동
으로 간주하는 것이 아니라, 정규전 및 비정규전 공히 전투의 기본형
태로 중요시해 왔다. 특히 공격이나 방어작전을 망라하고 지상·해상
·공군작전에서도 야간전투를 주도권 장악과 습격, 기동, 포위 등 원활

한 전술구사의 주 무기로 발전시켜 왔다. 그러나 이러한 야간전투도 야간감시 장비의 발달과 정찰능력 향상으로 실효성이 감소될 수밖에 없다.

갱도전은 갱도화된 진지에 의거하여 싸우는 전법으로서 북한군은 "아군의 인원과 전투기술·기재를 최대한으로 보호하면서 적을 효과적으로 소탕할 수 있게 하는 위력적인 전법"이라고 규정하고 있다. 이에 따라 북한은 휴전선 부근에 20개 이상의 땅굴을 파고 비행기 격납고, 해군기지, 포병기지 등을 갱도 진지화하여 포격과 공중공격으로부터의 방호노력을 강화해 왔다. 특히 "하나의 땅굴은 10개의 핵폭탄보다 효과적이며, 요새화된 현 전선을 극복하는 최적의 수단"이라고 말한 1971년 김일성의 이른바 9·25 전투명령을 그대로 실천에 옮겨 1974년 11월 15일에 발견된 고량포 동북쪽 8km 지점의 제1땅굴, 1975년 3월 19일에 발견된 철원 동북쪽 13km 지점의 제2땅굴, 1978년 10월 17일에 발견된 판문점 남쪽 4km 지점의 제3땅굴 그리고 1990년 3월 3일에 발견된 양구 동북쪽 26km 지점의 제4땅굴 등을 굴착함으로써 유사시 대규모 침투를 노린 바 있다.

3) 김정일체제의 군사 강국론

1998년 8월 22일자 노동신문에 처음 등장한 '강성대국'은 김정일 정권의 영구화와 사회주의체제의 수호를 위해 제시된 통치선전 구호이다. 즉 강성대국은 사상과 군사강국의 위력으로 경제건설을 도모한다는 것으로서 대내적으로는 인민군대를 핵심으로 혁명대오를 튼튼히 꾸미고 혁명적 군인정신을 무기로 사회주의 건설을 밀고 나가자는 것으로써 군을 중시하는 선군정치를 표방하고 있다.

첫째, 강성대국을 '민족 전체 문제'로 다루면서 온 민족이 대단결하

여 성취해야 할 목표로 제시되고 있다는 점이 특이하다. 그동안 북한
은 항상 전 한반도와 7천만 한민족 전체를 대표한다는 주장을 거듭해
왔다. 따라서 주체와 자주를 강조하고 '조선민족 제일주의'와 같은 민
족주의 이념을 전략적으로 이용하기도 했으며 저항민족주의 감정을
이용하여 항일 및 반제국주의 의식을 부추겨 왔다. 강성대국 건설도
이러한 민족주의 감정을 자극하여 '민족대단결' 전술을 지원하기 위함
이라고 할 수 있다.

실제로 북한은 강성대국 건설이야말로 "민족적 자존심을 충족시켜
주는 일대 사변이자 세계사적 승리의 표상"이라고 한 것이나, "신성하
고도 위대한 애국애족의 위업이자 21세기를 찬란히 빛내려는 담대한
설계도"라고 한 것을 보면 단순히 북한체제 유지를 위한 정치적 표어
라기보다, 민족 전체의 운명을 결정할 역사적 과업이라는 논리를 강조
하고 있는 것이다.

둘째, 강성대국은 '주체적 사회주의'를 의미하고 있다는 점이다. 북
한의 주장에 따르면 "19세기는 영국의 시대요, 20세기는 미국의 시대
라는 제국주의의 오만과 만행을 쳐부수는 길은 자주적 사회주의 건설
밖에 다른 길이 없다"는 것이다. 또한 제국주의의 번영과 강성은 식민
지 약탈과 침략전쟁만 가져올 뿐이라며, 근로인민과 대중이 자주적 주
체성을 가지고 자주·자립·자위가 실현되고, 그 어떤 지배와 예속도
허용하지 않는 주체적 사회주의 국가를 건설하여 이를 전 한반도에
확대해 나가겠다는 의도를 포함하고 있다. 결국 프롤레타리아 사회주
의로 전 한반도가 통일되는 것을 의미하는 적화통일 논리인 것이다.

셋째, 강성대국 건설은 '수령중심과 김일성 부자체제 세습'을 통해서
만 가능하다는 것이다. 일반적으로 "경제력이나 무장력을 기본으로 하
는 무력론에서 국가흥망의 원인을 찾고 있으나, 세계사는 영토가 크고

인구가 많다고 해서 반드시 강대국이 되는 것도 아니다"라고 하여 '수령론'을 강조하고 있다. 이는 인류 최초로 주체의 강성대국 건설위업을 설계한 김일성과 선대의 유업을 계승하고 이를 완성한 김정일을 중심으로 단결할 때만 가능하다는 것으로 이러한 논리는 변측적 '세습 사회주의'(Dynasty Socialism)이자 김정일 중심의 지배논리인 것이다.

한편 북한이 주장하는 강성대국은 사상강국, 정치대국, 군사강국, 그리고 경제강국 등 4가지 요소를 포괄한다. 즉 '누구도 숙(얕)볼 수 없는 사상의 제일강국, 누가 감히 이래라 저래라 못하는 정치대국', 당의 혁명무장력인 군대를 강화하여 군사대국을 만들고 자력갱생의 경제강국 건설을 통해 가능하다는 것이다.

그러나 '사상과 군대를 틀어쥐면 주체의 강성대국 건설에 근본을 쥐는 것이 된다'고 한 것이나, '올바른 지도사상, 자주적인 정치철학, 풍만한 사상정신적 부재가 없고 강력한 군사력에 의해 수호되지 못하는 나라는 아무리 강대국 행세를 해도 허장성세에 지나지 않는다'고 강조한 것을 볼 때, 강성대국 건설에서 '사상'과 '군사' 분야를 특히 중시하고 있음을 알 수 있다.

한편 군사강국을 위해서는 '내로라'하는 제국주의 열강들도 함부로 범접하지 못할 만큼 위력을 갖춰야 한다고 하면서 '선군정치'와 '총대철학'을 강조했다. 이뿐 아니라, 김일성이 사망한 1994년 7월부터 올해 5월까지 김정일은 무려 12만 350여 리의 머나먼 군 현지지도를 실시했다고 밝힌 바 있다. 북한의 선군정치 논리는 단순히 정권유지 차원에서 군을 우대한다는 수준을 넘어 "군대는 곧 당이고 인민이자 국가라는 혁명철학에 기초하고 있다"고 강조하고 있다. 즉 선군정치는 민주국가에서 국방임무 위주의 군사사상과는 다르게 당의 혁명적 무장력인 '당군', 수령을 결사 옹위하는 '수령군'의 성격을 띠고 있는 것이다.

또한 '총대만 강하면 천하대적이 덤벼들고 그 어떤 평지풍파가 닥쳐와도 두려울 게 없으며, 강대한 군사력의 보호 밑에 공화국은 영원히 승승장구하고 강해질 것이고 총대의 위력으로 김일성민족이 사는 내 나라 내 조국을 강성대국으로 건설하자'는 식의 주장을 펴고 있는 것을 보면, 북한의 대내·외 정책방향은 사상적 토대 위에 무력을 내세운 공갈정책(Black Maile Diplomacy)으로써 체제를 유지해 나가겠다는 것이며 이에 동원된 카드가 강성대국 건설인 것이다.139)

김일성은 46년의 통치 기간을 통하여 북한을 세계 5위의 군사강국으로 육성하였지만 경제정책에 실패하여 수백만의 주민이 굶어 죽어가는 세계 최악의 빈곤국가로 전락시켰다. 93년 12월 8일 노동당중앙위원회 제6기 21차 전원회의에서 마침내 제3차 7개년 경제계획(1987~1993)의 실패를 공식적으로 발표하고 향후 3년간을 완충기로 설정한 후 중점과업으로 농업제일주의, 경공업제일주의, 무역제일주의의 3대 제일주의를 전략적 방침으로 채택하였다.140)

그러나 우리식 사회주의체제로는 붕괴된 경제를 회복할 수 없다는 사실이 증명되었음에도 불구하고 자력갱생 방식의 경제건설을 고수함으로써 1998년 공동사설에서 먹는 문제 해결이 경제부문 시책방향에서 제일 먼저 제시될 정도로 경제가 악화하면서 극히 제한된 개방만을 실시하고 있다. 그러나 시급한 식량과 생필품 부족으로 불만에 찬 주민들을 무마하고 북한이 붕괴되고 있다는 인식을 불식함은 물론 대외 협상용으로서의 획기적 정책대안이 필요하였다. 따라서 98년 8월 22일 노동신문에 등장한 '강성대국론'은 동년 8월 31일 '광명성 1호 발

---

139) 박헌옥, "북한의 군사위협 분석 및 전쟁도발 가능성 평가", 『군사논단』 제20호 및 제21호, 1999년 가을호 및 2000년 신년 겨울호, pp.53-55.
140) 내외통신 종합판, 50, p.36.

사'라는 대사건을 신호로 획기적 통치슬로건이 되었다. 강성대국이란 사상 및 정치에서 강국, 군사강국, 경제강국이 되었을 때 이루어지는 것으로 '사상의 강국을 만드는 것부터 시작하여 군대를 혁명의 기둥으로 튼튼히 세우고 그 위력으로 경제건설의 눈부신 비약을 이루는 것'이 김정일의 주체적 강성대국 건설방식이라고 하였다.[141]

1998년 9월 5일 제10기 최고인민회의 1차 회의에서 상임위원장인 김영남은 김정일을 국방위원장으로 재추대하면서 정치, 군사, 경제 역량의 총체를 지휘·통솔하는 국가 최고의 직책으로 발표함으로써 김정일이 명실상부한 권력의 정상에 앉아 군사우선 정책을 적극적으로 추진하고 있다. 특히 1999년 4월 9일 김기남 당중앙위원회 비서는 김정일 국방위원장 추대 6주년 행사에서 "국방은 혁명의 생명선이며 국가정책의 중핵을 이루는 첫째가는 중대사"로서 "첫째도 둘째도 셋째도 인민군대를 강화하는 데 힘을 넣을 것"[142]이라고 밝혔다.

북한은 2000년을 맞아 발표된 3대 신문 공동사설에서 99년을 '강성대국 건설의 위대한 전환의 해'로 평가하고 김정일이 인민군대를 주력군으로 하는 '선군정치'를 함으로써 "인민군과 함께 조국도 보위했고 사회주의 건설도 영도하였으며" "90년대 후반의 고난의 행군을 구보행군으로 전환하였고, 구보행군 앞에는 인민군대가 서 있고 그 진두에는 최고사령관이 서 있었다."고 술회하였다.

한편 2001년을 '강성대국 건설에서 결정적 전진을 이룩해 나가는 총진격의 해'로 선포하고 사상·총대와 과학기술이 강성대국 건설의 3대 기둥이며 "총대 중시는 제국주의가 있고 혁명이 계속되는 한 항구적으로 틀어쥐고 나가야 할 전략노선이며 모든 부문에서 최우선시해야

---

141) 노동신문, 1998. 8. 12.
142) 연합뉴스, 2000 북한연감. p.715.

할 국사 중의 제1국사"라고 강조하였다. 이러한 북한의 의도는 2002년 공동사설에서도 반복되어 올해를 강성대국의 진격로를 연 해로 선언하고 있다.

북한이 주장하는 강성대국론이란 김정일의 우리식 사회주의체제를 수호하기 위한 환상적 구호로서 정치사상은 모든 명제에 우선하는 기본적이고 계속적인 과업으로서 붉은기사상, 교양학습 등을 강조하는 이론이다. 그런 가운데 사상강국은 이미 이루어졌다고 보아야 할 것이다. 이러한 논리는 극심한 기아 속에서도 북한사회가 유지되고 있음이 이를 증명하는 것이다. 또한 군사강국은 4대 군사노선의 추진으로 1980년대에 이미 이루어졌다고 공언한 바 있으며 더욱이 광명성 1호 로켓 시험발사를 통하여 확인되었다. 다음으로 경제강국만 이루어지면 강성대국이 달성되는 것이기는 하나 군사력을 이용하여 경제를 건설하려는 것은 한계가 있다. 농업이나 건설 현장에 병력장비 지원은 이미 시행되고 있고[143] 첨단무기의 대외판매, 무력시위, 전략무기 위협 등을 통하여 재정[144]을 충당하고 있으나, 이러한 군사력의 이용이 경제를 건설할 수는 없다. 김정일의 선군정치로 수렴되는 군사우위 노선, 군 중시사상, 군부의존 정책은 군사강국이 될 수는 있으나 현 경제난국을 극복하는 데는 한계가 있다. 바로 여기에 강성대국의 허점이 있으며 강성대국론은 구호로 그칠 수밖에 없는 것이다. 그러함에도 불구하고 김정일의 우리식 사회주의가 지배하는 북한이 군사강국인 것만은 사실이다.[145]

---

143) 위의 책, p.729.
144) 장준익, 『북한 핵·미사일 전쟁』(서울: 서문당, 1999), pp.309-310.
145) 이중형, "북한의 군사노선과 한반도 군사위협", 고려대학교 북한학연구소, 『북한학 연구』 창간호, 2000, pp.143-145.

Ⅳ. 북한의 대남 전략과 테러

1. 북한의 대남 테러 전략의 추이

북한의 대남 도발에 따른 정전협정 위반은 1953년 정전협정 이후 50여만 건에 이르고 있으며 타격의 범위도 위로는 대통령 암살 음모에서부터 밑으로는 어린아이에 이르기까지 지위고하, 남녀노소를 불문하고 무차별적으로 반복되어 왔다. 또한 방법에서도 소규모적인 전투형태에서부터 고정 간첩의 지하 활동 등 그 규모와 형태를 구분하지 않고 있으며 육상, 지하, 해상, 공중을 총망라하는 입체적 양상을 띠고 있다. 뿐만 아니라 작전 기간에서도 비무장지대 내에서의 총격, 침투, 납치, 폭파, 테러 외에 한국의 후방 지역 깊숙이까지 대규모의 특공대가 침투하여 장기간 비정규전을 전개하기도 했다. 결과적으로 북한의 무차별적인 테러 행위는 정규군인, 미군 그리고 민간인에게까지 그 공격을 멈추지 않고 있으며 심지어는 그 범위도 한국군의 통수권자인 대통령들의 생명부터 민간여객기와 어선, 미군의 정보함과 우리의 군함 등 무차별적인 공격으로 정전협정 자체를 유명무실하게 만들었다고 할 수 있다.146)

이 같은 북한의 도발행위는 다음과 같은 독특한 특성을 가지고 있다.147)

첫째, 북한정권은 소련군정의 비호 아래 창건된 비 정통성을 가진

---

146) 박헌옥, "북한의 정전협정 파기공세와 평화협정 주장의 저의", 북한 연구소, 『북한』 1997.

147) 김강녕, "북한의 대남 도발과 우리의 대응", 『국제문제』 1998. 9월호, pp.99-100.

폭력을 기반으로 한 정권이다. 따라서 처음부터 전쟁, 폭력, 도발을 선호하는 정권이 될 수밖에 없었다. 둘째 북한정권은 사상 유례를 찾기 어려운 전체주의적 독재정권이라는 점이다. 조선노동당은 독재를 넘어 수령의 대남 전략의 축에 있어서 아무런 거리낌 없는 독자적인 결정권을 행사해 왔다. 셋째, 북한정권은 군사정책(military policy)을 최우선시할 뿐만 아니라 전체 사회를 병영국가(garrison state)체제로 운영하고 있다는 점이다. 군대와 전체 인민은 당과 수령을 결사 옹위할 것을 강요받고 있으며 총 폭탄정신, 돌격대 정신 등 전쟁일색의 전투구호로 획일화된 체제이므로 도발이나 전쟁과 같은 용어에 익숙해져 있고 군사문화가 일반화되어 있다.

특히 이런 분위기 속의 국가체제를 유지하다 보니까 대남 공작을 주관하는 주무부서[148]는 물론 일반 국민들에게까지 대남 군사전략과 대남 테러 행위에 전혀 죄의식 및 도덕적 가책을 느끼지 못하고 있다. 오히려 대남 정책의 성공을 통하여 국가적, 국민적 일체감을 이루는 묘한 현상을 보이고 있기도 하다.[149]

북한의 대남 도발 및 테러 행위는 시기별로 약간의 변화를 보이고 있다. 우선 1950년대는 6·25의 민족상잔을 일으키는 등 무력통일의

---

148) 북한의 대남 공작 총괄부서는 당 대남 사업 담당비서 산하에 있는 공작원 양성과 남한 내 지하당 구축 등을 담당하는 사회문화부와 남북회담과 대남 심리전 그리고 통일전선 공작들을 전담하는 통일선전부, 대남 및 해외 정보 수집과 테러활동을 수행하는 대외정보조사부, 공작원 양성 및 침투와 복귀 안내를 담당하는 작전부, 군사정찰과 무장공비를 양성 남파시키는 인민무력부 산하의 정찰국과 대남대외정보를 수집하는 국가안전 보위부 등의 지원부서 등이 있다. 김강녕, 위의 글, p.101.

149) 북한 내의 소위 영웅칭호를 부여받는 사람들 중 상당수가 대남 공작을 성공리에 마친 자들이기도 하다. 심지어는 이인모 노인의 경우처럼 6·25 때 남한 내에서 포로생활을 한 자들까지도 북에서는 대대적인 영웅으로 추앙돼 전 국민의 모범으로 만들고 있다.

추구와 이후 전쟁복구를 위한 선 건설 후 통일의 노선을 취했다. 그러나 북한은 1962년 4대 군사노선을 채택해 전 인민을 무장시키고 전 사회를 요새화하며 언제라도 전쟁을 일으킬 만반의 준비를 하면서 대규모적인 대남 도발 및 테러 행위에 나섰다. 그 좋은 사례가 1968년의 특수부대의 청와대 습격사건과 울진·삼척 지역의 무장공비의 만행 등이 대표적 사건이다.

이후 북한의 대남 침투는 1970년대에 들어 변화를 보이기 시작하는데 그것은 대화와 대결의 병행 시기였다. 이 시기 북한은 7·4 남북공동성명을 비롯한 화해 행동과 남침 땅굴 건설이라는 이중성을 보여주고 있다. 이러한 북한의 전략은 총리회담, 적십자회담 등의 남북대화를 꾸준히 전개했던 1980년대에도 지속되었다. 특히 80년대 남한사회의 민주화 열기와 혼란을 틈탄 북한의 지하당 구축과 주체사상과 혁명 열기 확산 노력은 집요했다고 평가된다. 1990년대 들어 북한은 새로운 전기를 맞이하는데 그것이 사회주의권의 붕괴였다. 따라서 북한은 대외적으로 자신들의 정체성을 지키기 위한 노력을 시도하면서 대남 전략 역시 화해를 시도하는 듯했다.

그러나 과도한 군사비 지출, 열악한 경제환경 등이 어울려 대규모의 식량난 등과 주민탈출 사태를 야기하자 소위 벼랑 끝 전술로 나왔다. 즉 1994년의 남한에 대한 불바다론 등이 대표적이다. 특히 남한에 현 김대중 정부가 대북 포용정책을 취하자 이에 편승, 화해와 대화에 길로 나서는 듯하면서 우리의 안보관 해이를 끈임 없이 조장하고 있었다. 그 결과 남한 내부의 소위 남남갈등 유발과 그 틈을 노려 1996년 강릉 무장 잠수함 침투, 1999년과 금번의 연이은 서해 교전 등을 야기했다. 이처럼 북한은 변함없는 대남 전략의 추구와 남한사회 내부의 분열과 갈등을 노린 군사작전 및 테러 행위를 자행하고 있다.

지금까지의 주요 대남 침략과 테러사건을 연대별로 정리해 보면 아래와 같다.

(50년대)

58. 2. 16. 'KNA'기 납치

― 남파간첩의 사주를 받은 김형 등 5명이 납북

* 58. 3. 6. 탑승자 32명 중 24명 송환

(60년대)

67. 9. 5. 경원선철도(포천)폭파(열차 5량 중 3량 탈선)

68. 1. 21. 김신조 일당 31명, 청와대 습격

― 북한 민족 보위성 정찰국 산하 124군부대 무장간첩 31명이 박정희 대통령 암살 위해 청와대 습격기도

* 경관 2명, 민간인 5명 살해

68. 1. 23. 미 '프에블로'호 납북

― 동해에서 북한 경비정 3척과 MIG 전투기 2대에 의해 납북(68. 12. 승무원 82명 전원 송환)

68. 10. 30. 울진·삼척 지역 무장공비 침투

― 10. 30.~11. 18.간 동 지역에 무장공비 120명이 출몰하여 사회혼란 기도

69. 4. 15. 미 정찰기 'EC-121'기 격추

― 동해 공해상에서 정찰활동을 수행하던 중 북한 전투기의 공격으로 추락, 승무원 31명 전원사망

69. 12. 11. 'KAL' YS-11기 납북

― 강릉을 출발, 서울로 향하던 KAL기 납북(70. 2. 14. 탑승자 51

명 중 39명 송환, 승무원 등 12명 미송환)

(70년대)

70. 6. 5. 해군함정 'I-2정' 납북

　—연평도 근해 공해상에서 북한 고속경비정에 의해 납북(승무원 20명 억류)

70. 6. 22. 국립묘지 현충문 폭파

　—북한간첩 2명이 '6·25' 기념식에 참가할 정부 요인을 암살할 목적으로 현충문에 폭탄을 장치하던 중 조작실수로 폭발, 건물 일부 파손(1명 폭사, 1명 도주)

74. 2. 15. 어선 수원 32·33호 격침, 피랍(어부 30명)사건

74. 8. 15. 박 대통령 저격 미수

　—북한지령을 받은 조총련계 교포2세 문세광이 '8·15기념식장'(서울 국립극장)에서 박 대통령을 저격했으나 실패(육영수 여사 사망)

74. 11. 15. 제1땅굴 발견(고랑포)

75. 3. 19. 제2땅굴 발견(철원)

76. 8. 18. '판문점 도끼만행 사건' 자행

　—북한경비병 30여 명이 판문점 공동경비구역 내에서 나뭇가지 치기 작업을 하던 미군을 도끼로 난자(미군 2명 피살, UN군 경비병 8명 중상)

78. 10. 27. 제3땅굴 발견(판문점)

(80년대)

81. 8. 26. 미 정찰기 'SR-71'기 미사일 공격

83. 10. 9. 버마 아웅산묘소 폭파

— 북한 공작원 3명이 전두환 대통령 암살 목적으로 버마 아웅산묘
소 건물 천정에 설치한 원격조종 폭탄을 폭파(수행원 17명 사망)

84. 11. 23. 판문점 총격사건(북한경비병 3명, UN 경비병 1명 사망)

86. 9. 14. 김포공항 폭탄 테러

— 김포공항 1층 대합실 외벽 쓰레기통에서 종류 미상의 폭발물 폭
발(5명 사망, 32명 중경상)

87. 1. 15. '제27동진호' 납북

— 백령도 근해에서 조업 중 납북, 북한은 1. 21. 송환 의사를 표명
했으나 김만철 일가 귀순에 대한 보복차원에서 억류 중(선원 12
명) 87. 10. 7. 어선 제31진영호, 북 경비정에 피침(11명 실종)

87. 11. 29. '88올림픽 방해목적 KAL기 폭파

— 노동당 조사부 공작원 김현희와 김승일이 기내에 시한폭탄을 설
치, 버마해역 상공에서 공중 폭파

 * 탑승객 115명 전원사망

(90년대)

90. 3. 7. 제4땅굴 발견(양구)

91. 2. 5. 한·중 합작어선 '남해호' 납북

 * 91. 2. 28. 한국인 5명, 중국인 13명 전원 귀환

92. 5. 22. 무장군인 3명, DMZ 침투

— 북한군 3명이 철원 DMZ 남방 1㎞ 지점으로 아군복장과 무기를
휴대하고 침투 중 발각(3명 전원사살)

94. 6. 23.

— 에티오피아 수도에서 북한공작원이 한국인 교수 납치 기도

95. 3. 18.

　─대만주재 한국대표부 사무관이 귀가 중 집 앞에서 괴한의 습격
　으로 목 부위를 칼에 찔려 부상 95. 7. 9.

　─중국 연길시에서 선교활동 중이던 여의도 순복음교회 안승운(50
　세) 목사가 북한 공작원에게 피랍

95. 5. 30. '86 우성호' 납북

　─서해에서 북한 경비정에 의해 납북(동년 12. 26. 선원 5명(3명은
　사망)을 판문점을 통해 송환)

95. 7. 9. 안승운 목사 납북(중국 연길)

95. 10. 17. 임진강 무장간첩 침투

　─북한군 무장 침투조가 임진강 '자유의 다리' 남방 1.5㎞ 지점으로
　침투(1명 사살, 1명 도주 복귀)

95. 10. 24. 충남부여 무장간첩 침투

　─충남부여군 소재 정각사에 장기 매복간첩 접선차 무장간첩 2명
　이 출현, 우리 군·경과 총격전 전개

　* 1명 생포(김동식), 1명 사살

96. 9. 18. 강릉 잠수함 무장공비 침투

　─무장공비 26명이 승선한 인민무력부 정찰국 소속 상어급 소형잠
　수함(350톤)이 강릉시 안인진리 앞 해상에 침투한 사건

　* 1명 생포(이광수), 13명 사살, 11명 집단피살, 1명 도주

96. 10. 1. 블라디보스토크 주재 최덕근 영사 피살

97. 2. 김정일 친척으로 귀순한 이한영 씨 권총피살

97. 10. 17. 대성동 '자유의 마을' 주민 2명 납북

　* 97. 10. 21. 송환

97. 10. 27. 경남 울산 남파간첩 최정남·강연정 검거

* 강연정, 조사과정에서 음독자살

98. 6. 22. 속초근해에 북한 노동당 작전부 산하 잠수정 침투

―승조원 및 공작원 9명 선내에서 자살

98. 7. 12. 묵호 무장간첩 침투

―동해시 묵호동 해변에서 우리 주민에 의해 잠수복 착용 무장간 첩 사체 1구 발견

98. 11. 20. 강화도 해안에 노동당 작전부 반잠수정 침투

* 우리 軍에 발각되자 도주

98. 12. 18. 전남 여수해안에 노동당 작전부 반잠수정 침투

―우리 軍이 추격, 남해 욕지도 남방 56마일 해상에서 격침(안내원 등 사체 6구 인양)

99. 6. 15. 연평해전 발생

―북한 해군함정 1척 침몰, 3척 파손

* NLL 월선 북한 경비정이 대응 출동한 우리 해군함정에 선제사격 실시

2002. 6. 29. 제2차 연평해전 발생

―우리 측 고속정 1척 침몰, 아군 4명 사망, 1명 실종, 20여 명 중 경상 등 피해발생

2. 김정일 대남 전략 변화 가능성과 한계

지난 6·15 남북공동선언 이후 북한은 변화의 징후를 보이고 있으나 한편으로는 여전히 변화를 거부하는 이중성을 보이고 있다. 이는 2000년 남북정상회담이 남북 공동노력의 결과였음에도 북한은 김정일 위원장의 탁월한 능력과 광폭정치 덕분에 성사되었다고 평가하고 있

다. 특히 김대중 대통령이 김 위원장의 통일관에 감동하여 백기를 들고 평양에 찾아왔다는 식으로 북한 주민들에 학습시키고 있다는 점에서도 명백히 드러난다.[150]

또한 북한은 주민들에게 "남한에서는 현재 김정일 국방위원장님을 위한 결사옹호 분위기가 고조되고 있으며 장군님 따라 배우기가 유행하고 있다"고 허황된 선전과 함께 정상회담을 계기로 "사회주의 조선이 추구하는 '주체의 강성대국 건설'이 더욱 힘차게 진행되고 있다"고 강조하고 있다. 나아가 북한은 늘어나는 남북교류에 주민들이 자극될 것을 우려하여 교류의 주도권은 북한이 쥐고 있다는 확고한 방침을 설정하고 있다.[151] 이 같은 모든 움직임은 북한이 자신들의 기본목표인 체제유지를 위한 폐쇄체제의 유지라는 원칙에서 하나도 변화하지 않았음을 증명하는 점이다.

그러나 북한도 급변하는 세계질서의 변화와 북한사회의 내재적 요인들로 인하여 언제까지나 변화 없이 체제유지를 해나갈 수만은 없는 대내외적인 환경에 처해 있다. 이러한 북한이 변화하지 않을 수 없는 객관적 조건들이 증가하고 있다는 것이다. 즉 북한이 변화할 수밖에 없는 객관적인 조건들은 첫째, 북한의 현실은 한마디로 모든 부문에서의 위기의 심화라고 할 수 있다. 현재 북한사회는 대내적으로 극심한 경제난으로 사회주의 경제의 주체인 배급제마저 포기한 상태이며, 대외적으로 외교 고립이 심화되어 있다. 특히 내부 경제자원의 고갈로 표현되는 경제난은 평범한 체제 이완 현상을 초래하고 있다. 그리고 북한 위기는 사회주의 경제의 내적 모순뿐만 아니라 유일체제의 비효

---

150) 조선로동당 출판사, 『력사적인 평양 상봉과 북남 최고위급 회담과 관련하여 제기된 반영』 2000년 6월, 참조.
151) 고성준, "남북 정상회담 전후 북한 대내외 정책의 변화", 제주대학교 동아시아연구소, 『동아시아 연구논총』 제11집, 2001, p.362.

율성, 사회주의권의 몰락 등 다양한 요인이 복합적으로 작용되어 나타나고 있다는 점이다.

둘째, 북한 위기의 대응 방식의 한계를 지적할 수 있다. 북한정권은 이러한 체제 위기를 맞이하여 경제 분야에서 내부 경제구조의 부분적인 변화와 대외 경제관계의 확장을 통해서 위기를 극복하려 하고 있다. 또한 군사 제1주의와 강성대국론을 이용하여 현재의 경제적 위기가 전반적인 체제 위기로 연계되는 것을 차단하려고 시도하고 있다. 그러나 제한적 개방정책은 개방의 효과를 체제 내로 이입시키기가 매우 어려워 근본적인 처방책이 되기는 어려우며 선군정치는 군이 방어적 측면에서 국가 사회를 지킬 수 있으나 외부로부터 자원을 끌어들여서 경제를 회생시켜 나갈 수 있는 능력을 가지고 있지 못하다는 점에서 한계를 지닌다.

셋째, 북한의 변화 가능성은 북한 지도부의 주관적 의지의 영역을 넘어서 구조적 조건에 의해 결정되는 상황에 이르렀다. 현재 북한의 변화에서 두드러진 분야는 경제 분야와 대외정책 분야이나 이를 뒷받침하는 정치·사상 면에서의 변화가 매우 더디게 일어나고 있으며 오히려 북한 지도부는 외부에서 그들의 생각과는 다른 불순한 사상과 조류가 침투하지 못하도록 '주체의 모기장'[152]을 쳐야 한다고 주장한다. 그러면서도 1990년대 이래로 김일성과 김정일은 꾸준히 변화와 개방을 강조해 왔다는 것은 개혁·개방의 필요성만은 절실히 느끼고 있음을 알 수 있다.[153]

이처럼 북한 변화의 특징은 무엇보다도 외부의 자극에 의한 결과로

---

152) 모기장 이론에 입각해 개혁정책을 제한적, 선별적으로 추진해야 한다는 것이 현재 북한의 입장이다.
153) 통일부, 『2000년 통일교육기본 지침서』 1999. 12, pp.21 - 36.

서의 변화였다고 할 수 있다. 즉 북한 지도부가 보다 적극적인 정책의
지를 가지고 능동적으로 변화를 추구하는 것이 아니라 '외부 환경의
충격으로 인한', '마지못한', '어쩔 수 없는', '등 떠밀려 가는' 변화라는
것이다.154) 따라서 북한사회체제의 근본적 변화는 보다 많은 시간을
요하게 될 것이다. 그러므로 북한의 대남 정책의 변화 역시 많은 시간
을 필요로 한다고 할 수 있다. 특히 김정일 체제에서의 대남 전략 변
화에는 다음과 같은 한계가 있다.

첫째, 북한은 일원론적 이데올로기와 그로부터 비롯된 정세인식의
제한문제를 가지고 있다. 북한과 같은 신정체제의 정통성은 일원론적
이데올로기의 원칙에 근거할 때 유지될 수 있다. 그러한 체제에서의
정책 결정자들은 어떤 사건이나 정세에 대하여 절대적으로 정확한 해
석을 요구하는 매우 엄격하게 정의된 준거 틀 속에서 결정을 내리게
되며, 따라서 그 결정은 오류가 있을 수 없다.155) 따라서 북한의 대남
정책은 우상화된 김정일의 정세인식과 그로부터 비롯된 정책지침으로
부터 벗어날 수 없는 근본적인 제약을 안고 있다.

둘째, 김정일 자신의 권력유지 전략과 관련된 정치적 리더십 문제이
다. 그는 권력세습을 통하여 북한이라는 '봉건국가의 왕'이 되었다. 그
런데 그 왕은 '선왕'의 그늘로부터 크게 벗어날 수 없다는 한계에 직
면하고 있다. 통치이데올로기는 물론 권력엘리트의 구성에서부터 '백
성'의 일상적 삶의 양식에 이르기까지 선왕이 남겨놓은 영향이 너무도
크기 때문이다. 즉 자신의 시대를 창출하려면 그는 기존의 정치적 게
임법칙과 규범을 변경시켜야 한다. 이러한 점은 정세의 변화에 대한

---

154) 전신욱, "한국정부의 대북 포용정책의 배경과 그 성과", 서경대학교 통
　　일문제연구소, 『통일연구』 제5권, 2000, p.5.
155) Jaroslaw Piekalkiewicz and Alfred Wayne Penn, *Politics of
　　Ideocracy*(Albany: State University of New York Press, 1995), p.26.

적응에도 해당된다. 그런데 김정일의 리더십은 그러한 변경을 허용하지 않고 있다. 즉 김정일은 개혁과 개방으로 사회주의경제체제를 시장경제체제로 이끈 고르바초프나 등소평은 될 수 없다.

셋째, 북한체제가 당면하고 있는 가용자원의 제약 문제이다. 식량생산을 비롯한 전반적인 산업생산력은 극도로 침체되어 있다. 여기에서 벗어나기 위해 활용할 수 있는 인적, 물적 자원의 가용도가 점차로 한계상황에 다다르고 있다. 더군다나 제한된 가용자원의 이용조차도 당·정·군 간의 횡적, 종적 협력에 의해서 이루어지기보다는 제각기 분리·통제하는 형태로 시행됨으로써 효율성이 매우 낮은 상태로 추정되고 있다.

이러한 조건 속에서 김정일이 선택할 수 있는 대남 정책의 폭과 범위는 제한될 수밖에 없다. 주체사상에 따르면 남한에 '용공정권'이 수립되지 않는 한, 어떤 정부가 들어서도 그 정부는 타도의 대상이 된다. 그동안 북한은 '전 한반도 공산화 통일'이라는 국가목적의 달성 수단으로서 1. 무력해방, 2. 연방제 합작통일을 추진하는 남조선혁명, 그리고 3. 이 두 가지가 어려울 경우 공산화 역량을 키우기 위한 남북대화 및 (위장)평화공세156) 등을 상황에 따라 복합적으로 활용해 왔다. 즉 군사력의 절대 우위 시에는 무력도발을 선택하였고, 긴장완화 추세의 국제정세 가운데 새로운 경제발전 전략을 추진하는 것이 필요할

---

156) 북한은 상황에 따라 ① 남북총선거안 ② 원조 및 남북 교류안 ③ 연방제안 ④ 대민족화의 안 ⑤ 군축 및 평화협정안 등의 5가지의 위장적인 평화통일안 등을 제시해 왔다. 6·15 남북공동선언 이후에는 6·15 약속이행 등을 주장하며 더욱 거센 평화통일 공세를 취하고 있지만 여전히 서해 무력침공 등의 비평화적인 행태를 보이고 있다. 허문영, "북한의 통일정책", 양성철·강성학 공저, 『북한외교정책』 프레스센터, 1995, pp.131-172.

때에는 남북대화(70년대 초반, 80년대 후반 90년대 초)에 임하였다. 반면에 남한정세가 불안정할 경우에는 통일전선 사업을 강화(60년대 중반, 80년대 초·중반, 90년대 후반 이후)하였다.

결론적으로 북한의 대남 정책은 남한의 대북 정책에 대응으로서보다는 남북한의 국내 정치·경제·군사적 상황, 남북한체제의 우열 정도, 한반도를 둘러싼 동북아 및 국제정세를 고려하여 다양한 수단을 선택하였던 것이다. 다시 말해, 북한의 대남 정책은 남한의 대북 정책에 따른 종속변수로서보다는 독립변수적인 성격이 강하다.[157) 따라서 북한의 대남 전략의 변화 가능성은 어느 정도 우리 측의 행동여부에 달려 있다고 볼 수 있다.

3. 김정일 정권의 대남 테러 전망과 대응

1) 대남 전략으로서의 테러리즘

국제적인 차원에서 테러리즘의 개념을 정의하려는 첫 번째 시도는 1937년 국제 연맹(League of Nations)에서 열린 테러리즘 방지와 처벌에 관한 회의로 테러리즘을 "한 국가에 대해 직접적인 범죄행위를 가하거나 일반인이나 군중들의 마음속에 공포심을 일으키는 것"이라고 규정하고 국가원수와 그 배우자에 대한 살상, 공공시설 파괴 등을 테러리즘에 포함시켰다.[158)

그러나 이와 같은 테러리즘에 대한 정의는 이후 지구상에서 자행된

---

157) 김한교·박영호, "북한의 대남 정책과 남북한 교류·협력 전망", 한국
    정치학회, 『독일의 통일경험과 남·북한 교류협력방안』 1999, pp.9-10.
158) 한중광, "국제 테러리즘의 추이와 그 대책에 관한 연구"(국방대학원 석
    사학위 논문, 1984)

수많은 테러 사건으로 인해 그 의미와 영역이 확대되어 혼란스럽기까지 하다고 할 수 있다. 즉 테러리즘이 인류가 당면한 가장 심각한 문제로 등장했음에도 불구하고, 같은 사건을 두고 관점에 따라 테러리즘으로 규정하기도 하고 테러리즘이 아닌 일반범죄로 보는 등 학자나 전문가들 사이에 합의된 정의가 없다는 것이다.

특히 테러 행위가 정치적 · 이념적 폭력, 약소민족의 최후의 또는 희생적 저항수단 등으로 정의될 때는 그것이 때로는 테러 행위 이상의 평가를 받기도 한다. 즉 '테러'에 내포되어 있는 '정치적 · 이념적 목적'과 '폭력'의 범위에 대한 한계를 명확히 구분하기가 어렵고 테러 행위를 보는 시각에 따라 규탄받아야 할 범죄행위임과 동시에 인간해방 자유전사의 영웅적 행위로 칭송받기도 한다는 것이다.[159]

결국 테러는 다양한 개념정의 및 해석의 차이로 혼란을 주고 있는 것은 사실이나 다음과 같은 내용을 담고 있다고 정의할 수 있다.

첫째, 정치적 목적이나 동기가 있으며
둘째, 폭력(violence)의 사용이나 위협(intimidate)이 따르고
셋째, 심리적 충격과 공포심을 일으키며
넷째, 소기의 목표나 요구를 관철시키려는 것으로 집약될 수 있다.

---

159) 이러한 개념정의의 곤혹스러움을 사전에서도 발견할 수 있다. "테러리즘(terrorism), 폭력주의 또는 공포정치: 단순한 개인적인 암살이라든지 사적 단체에 의한 파괴 등이 아니고, 권력 자체에 의한 철저한 강력지배, 혹은 혁명단체에 의한 대규모의 반혁명에 대한 금압 등을 일컫는다."(동아원색대백과사전) "정치적 목적 달성의 수단으로 폭발적 공격, 살해, 납치와 같은 테러를 조직적으로 사용하는 것이며 정부가 이를 사용할 때는 폭도를 진압하는 탁월한 효과를 얻을 수 있으며 폭도나 게릴라가 사용할 때 정치적 변혁에 영향을 주는 노력의 일부가 될 수 있다."(Encyclopaedia Britanica)

우리의 경우는 북한에 의한 대남 전략으로서의 테러 행위에 주목하지 않을 수 없는데 그것은 북한이 국토분단 이후 지금까지 무력에 의한 대한민국의 정복과 폭력에 의한 대한민국의 전복을 병행하여 추진하면서 '조선혁명의 전국적 승리', '전 한반도의 공산화'를 기도하여 왔다는 점에서도 알 수 있다. 다시 말하면 북한은 조국통일을 위하여 정규전 등 무력에 의한 대한민국의 정복과 비정규전 등 폭력에 의한 대한민국의 전복의 방식을 최고의 정책으로 채택하고 있었다는 것이다.

김일성은 "폭력투쟁 없이 그 어떤 평화적인 방법으로 남조선 인민들이 주권을 쥘 수 있다고 생각한다면, 그것은 어리석은 환상에 지나지 않는다. 역사는 아직까지 그 어떤 식민통치자나 반동지배층도 혁명적 폭력에 의하여 타도됨이 없이 스스로 민중에 대한 자기의 지배를 포기하고 정권을 내놓은 실례를 알지 못하고 있다"고 주장하고 "남조선혁명은 오직 전 인민적 무장투쟁 등 혁명적 방법에 의해서만 승리할 수 있다"고 분명히 했다.

이와 같이 북한은 혁명의 수단으로 폭력에 의한 인명살상이나 제도 및 시설의 파괴를 정당화하고, 혁명의 결정적 시기를 앞당기기 위해 조직적인 테러리즘을 대남 적화통일 전술의 가장 중요한 무기로 사용하고 있는 것이다. 특히 우리가 테러의 개념에서 주목해야 하는 점은 세 번째 항인 심리적 충격과 공포심의 유발 역시 심각한 테러 행위라는 점이다. 테러란 단순히 이미 발생한 사건의 집합이 아니라 적어도 미래에는 무엇이 일어날 것인가의 문제를 포함한다고 할 수 있다. 즉 테러공격의 위협 그 자체도 테러이기 때문이다. 따라서 명백한 위협이 없더라도 단순한 테러공격의 가능성이 있다면 이는 반테러의 문제가 된다.[160] 우리가 북한의 잠재적 위험 무기에 주목하는 이유는 여기에 있다.

---

160) Paul R. Pillar, 국방대학교 안보문제연구소 역, 위의 책, p.32.

북한의 군사력은 그 자체만으로도 위협이 되지만 군사력 사용의 목적과 방법에 따라 위협이 증감된다. 조선노동당은 규약에서 '조선 노동당의 혁명적 무장력'[161]인 조선인민군이 '남조선에서 미 제국주의 침략군대를 몰아내고 식민지 통치를 청산하며 일본군국주의 재침기도를 좌절시키기 위한 투쟁을 전개하고 남조선 인민들의 사회 민주화와 생존권 투쟁을 적극 지원'[162]하는 것은 당연한 것이며 여기에 군대가 기여할 것은 무력에 의한 남조선 해방전쟁으로 바로 남침을 말한다. 따라서 북한군은 단기 속전속결 전략을 수행하기 위하여 선제 기습타격 능력, 전후방 동시 공격능력과 대남 테러 행위를 위한 군사력을 다음과 같이 준비하고 있다.[163]

첫째, 특수부대이다. 북한의 특수부대는 10여만 명이 넘는 병력을 보유하고 있다. 즉 경보교도국 산하에 30개 여단 및 35개 대대와 기타 규모미상의 특수부대로 편성되어 있으며 그 규모는 세계최대이다. 이 부대들은 전쟁발발 수일 전부터 20여 개의 남침 땅굴, 80여 척의 잠수함, 280여 대의 AN-2기 등을 이용하여 침투한 후 비행장, 군 병영 등에 생물학 작용제를 살포하고 테러를 감행하여 군을 무력화시키며 전쟁발발 시간이 다가오면서 활주로, 유류 저장소, 발전소, 지휘통신시설, 레이더 관제소 등을 파괴하고 주요병참선, 해로, 도로장애물, 교량, 터널 등을 확보 또는 파괴하여 동원 병력의 전방이동과 군수지원을 차단하며 후방 지역의 혼란을 유발하고 국민의 전쟁수행 의지 약화 및 군 장병의 사기를 저하시켜 군의 전투력 발휘를 방해하는 임무를 가지고 있다.

---

161) 조선노동당 규약 제46조.
162) 위의 규약 전문.
163) 이중형, "북한의 군사노선과 한반도 군사위협", 앞의 글, 155-160.

둘째, 재래식 장거리포다. 북한은 군 편제 무기를 80년대부터 대부분 자체 생산하였으며 90년대 이후부터는 170㎜ 자주포를 개량하여 최대사거리 54㎞, 분당 2발을 발사할 수 있는 신형포를 만들었고 240㎜ 방사포를 생산하여 최대 사거리 65㎞까지 발사할 수 있는 22개 발사관을 가진 위협적인 무기를 생산하고 있으며 사거리 50~70㎞의 Frog 5/7 지대지 로켓을 보유하고 있다. 이외에도 사정거리 500㎞의 SCUD-B, 1,300㎞의 노동 1호, 2,000~2,500㎞의 대포동 1호, 6,700㎞로 추정되는 대포동 2호들을 보유하고 있다. 이와 같은 다양한 포들은 1992년 4월 25일 창군 60주년 군사 퍼레이드에서 일부는 확인된 바 있다. 만약 서울·인천 지역을 제압할 수 있는 약 4개 여단 규모의 포병이 30분간 18,000여 발의 포탄을 사격하고 이미 투입된 특수부대의 활동과 포병사격만으로도 전기, 통신, 급수의 단절과 교통마비로 시민들이 대피시설을 찾아 우왕좌왕하고 통제망을 뚫고 피난을 가려는 사태로 대공황이 일어난다.

셋째, 전투 폭격기이다. 북한은 790여 대의 전투기와 80여 대의 폭격기를 보유하고 있다. 이 중 50%는 구형전투기이나 선제 타격 자살 공격용으로는 충분히 가용하다. 특히 구읍리와 누천리에 전진 배치된 MIG-17 60대는 지상군 공격과 동시에 6분이면 서울 상공에 도달하여 레이더, 방공포 등은 물론 국가 중요시설에 대하여 선제 기습공격이 가능하다.

넷째, 기계화 부대이다. 이 부대의 특징은 충격력, 화력, 방탄력에 기동력이 결합된 고속 종심돌파 부대이다. 북한은 3,800여 대의 전차와 2,300여 대의 장갑차를 보유하고 있으며 그 60%가 전방에 배치되어 있으며 1일이면 2000㎞를 이동으로 수원선까지 진격이 가능하다. 또한 북한은 공중공격과 대전차지뢰로부터 보호받기 위하여 미사일

대대 및 방공포가 기동화되었으며 지뢰제거용 장갑차를 보유하고 있다. 북한의 기계화 부대는 보병 및 경보병 부대와 긴밀하게 협조하여 단시간 내에 서울까지 도달할 수 있다. 특히 전방까지 발달된 한국의 도로는 북한 기계화 부대의 양호한 기동로가 되고 있다. 만약 전쟁이 발발하면 바로 이러한 기계화 부대가 주력이 되어[164] 연천, 포천, 양주, 광주를 거쳐 서해안에 상륙한 부대와 연결하여 수원북방에서 수도권을 포위할 것이다. 북한은 여단단위로 독립작전을 할 수 있는 4개의 기계화군단, 1개의 전차군단, 2개의 포병군단을 보유하고 있으며 이 중 평원선 이남에 5개 군단을 배치하고 있다. 다음에서 보는 바와 같이 북한은 전차 3,800대(한국 2,360대), 장갑차 2,300대(한국 2,400대), 자주포 4,500문(한국 1,500문), 방사포 2,600문(한국 다연장포 180문) 등의 50%는 이 주력부대에 포함된다. 이 기계화 부대가 서울을 조기에 포위하고 대전, 광주, 대구, 부산으로 돌진할 것으로 판단되기 때문에 이 비대칭 전력은 큰 위협으로 등장하였다.

다섯째, 전략무기이다. 북한은 핵전략무기를 보유하고 있는 것으로 판단되고 있다. 북한은 핵무기에 대해 얼마를 어디에 보유하고 있는지를 시인도 부정도 하지 않는 무대응(NCND)정책으로 일관하면서 계속해서 개발하고 있다는 정보이다. 그러나 우리는 '전략무기 비확산 정책'으로 핵무기 보유를 포기한 상태이다. 따라서 북한은 모든 전략무기 감축협상에서 행동의 자유를 가지고 있다.

북한의 핵무기 개발은 56년부터 시작되었다. 북한은 재래식 군비경쟁에서의 열세를 예상하고 전략무기 생산에 치중하여 전략무기 전력에서 남한에 비해 절대적 우위를 확보하였으며 이를 이용한 정치, 경제적 협상에서 벼랑 끝 전술을 구사하고 있다. 미 육군 야전교범의

---

164) 장준익, 『북한 핵·미사일 전쟁』(서울: 서문당, 1999), p.62.

NBC(핵무기, 생물학무기, 화학무기)방어작전의 의학적 전망에 대한 핸드북에 의하면 전쟁에서 전투원 1명을 살상하는 데 소요되는 평균 비용은 재래식 무기는 2,000달러, 핵무기는 800달러, 화학무기는 600달러, 생물무기는 1달러가 든다고 한다.[165] 북한 입장에서 비용은 적게 들고 한국이 개발할 수 없는 대량살상무기와 이를 투발하는 미사일을 개발한 것은 당연한 것이다. 현재 한반도에서 대량살상무기의 위협으로부터의 국제적인 안전장치는 한국은 IAEA, CWC, MTCR에 가입하고 BWC에도 서명한 상태이나 북한은 IAEA에만 가입되어 있을 뿐이며 그마저도 핵사찰은 불안정한 상태로 위협의 실체가 되고 있다. 이상과 같은 북한의 5대 위협요소는 북한 대남 군사전력의 핵심이자 대남 테러전력 그 자체라고 할 수 있다.

2) 북한의 테러활동 전망과 대책

북한은 남한사회의 계속적인 경제성장과 사회발전으로 안정을 다져 나가는 것을 가장 불안하게 여기며, '어떻게 하면, 결정적 타격을 가해 남한의 역량을 파괴, 분산시켜 적화통일의 결정적인 시기를 앞당겨 조성하느냐'에 총력을 경주하고 있다. 따라서 북한의 테러가능성은 테러 분자의 국적에 따라 '외부로부터의 테러'와 '내부로부터의 테러' 두 가지로 분류할 수 있다. 이것을 다시 세분하면 '외부로부터의 테러'는, ① 북한 특수요원의 직접 대남 테러, ② 북한공작원에 의한 해외에서의 테러, ③ 재외국 반한 인사나 포섭된 동포를 대리인으로 내세운 테러, ④ 국제 테러조직을 매수하거나 사수한 테러, ⑤ 국제 테러조직

---

165) 김민석, "북한의 핵, 미사일, 화학탄 등 대량살상무기 개발실태", 『핵 및 미사일 등 대량살상무기 개발과 위기관리』세미나에서 재인용, 비상 기획위원회, 1999. 6. 23.

자체에 의한 테러가 가능하며, '내부로부터의 테러'는 ① 반정부 인사
나 범법자, ② 좌경화 또는 자생적 공산주의로 불리는 과격파 청년 및
학생에 의한 테러가 가능하다.166)

여기서 우리가 주목하는 것은 '내부로부터의 테러'보다는 북한의 대
남 전략에 의한 북한 공작원에 의한 테러와 북한과 횡적으로 연결된
국제 테러조직에 의한 테러이다.

〈표-2〉 북한의 대남한 테러 전망

구분	테러 주체	목적	대상 및 테러형태

외부
로부
터의
테러
	• 북한요원 대남침투
	• 북한요원 해외테러
	• 재외국 조직 사수
		• 사회혼란 조성 및
		  안보교란
		• 경제활동 위축
		• 외교관계 단절 고립화
		• 국위실추,
		  국제지위 격하
		• 북한 내부사회의
		  동요억제
			• 국내외 인사 납치
			  및 암살
			• 주한 외국인사 납치
			• 내외국공관 및 주요
			  시설 폭파

	• 국제 테러조직과
	  연계
		• 조직의 능력 과시
		• 자금획득
		• 남한 내부사회의
		  동요유발
			• 주한외국공관 폭파
			  및 인질
			• 항공기 및 선박 납치
			• 재외공관 및 기업체
			  공격

내부
로부
터의
테러
	• 반정부인사 및 범
	  법자
	• 좌경화 및 과격파
	  학생
		• 반정부 활동
		• 현실불만 발산
		• 반미의식 확산
			• 주요 시설물 폭파
			  또는 방화
			• 주한미군에 대한
			  공격

* 이수한, "국제 테러리즘의 실태와 대책에 관한 연구"(동국대학교 박사학위
  논문, 1984), p.110.

---

166) 한중광, "북한 테러 행태와 대응책", 국방대학원 안보문제연구소, 『국방
　　연구』 제28권 1호, 1985, p.39.

최근 북한의 대남 공작양상은 무장특공대의 소수정예화와 과격화, 위장수법의 고도화, 제3국 우회공작의 증가, 자체 공작체제 정비 및 강화 등을 발견할 수 있다. 따라서 북한이 직접 침투하거나 국제 테러조직을 조종, 사수해서 전개 가능한 테러의 형태는 다음과 같이 전망할 수 있다. 첫째, 국가지도자와 주요인사에 대한 테러, 둘째, 국가 주요기관에 대한 폭파, 셋째, 주한외교관, 외국기업인에 대한 인질, 납치 등 테러, 넷째, 주한미군과 군 시설에 대한 테러공격, 다섯째, 재외공관과 국내주재 외국공관에 대한 테러공격, 여섯째, 각종 국제행사를 방해하기 위한 회의장, 참가대표 등에 대한 테러공세, 일곱째, 국제공항, 항만, 원자력발전소, 방산시설, 석유·화학공단, 수원지 등에 대한 폭파 테러공격 등을 상정할 수 있다.[167]

이와 같은 북한의 테러 위협은 김정일 정권의 대남 전략의 근본적인 수정이 없이는 감소되지 않을 것이다. 따라서 우리는 시급한 반테러 대책방향을 국가안보정책의 일환으로 수립해 대응책을 마련해야 한다. 이를 위해서는 김정일 정권 및 북한사회의 근원적인 변화를 유도하는 종합적인 대북 정책을 새롭게 정비해야 할 필요가 있다. 이는 현 정부가 추진 중인 대북 포용정책의 장점을 수용하면서도 그 한계를 극복하는 방향으로 추진되어야 한다. 그러나 우선적으로는 북한의 테러 행위에 대한 예방적 처방을 서둘러야 한다.

이를 위해서는 다음과 같은 대책 마련이 필요하다.[168]

첫째, 우선 테러리스트들에 대처하기 위해서는 확실한 정보의 획득이 중요하다. 그러나 대부분의 정부는 필요하고 충분한 정보를 얻지 못하고 있다. 그렇기 때문에 테러리스트들을 추적하다 보면 그림자와

---

167) 위의 글, pp.39 – 40.
168) 위의 글, pp.46 – 47.

싸우는 기분이 들기도 한다. 테러범들로부터 얻은 정보를 과학적 기법으로 분석한다면, 그들의 다음 목표가 무엇인지 윤곽을 찾을 수 있게 된다.

둘째, 국내 주요인사는 물론 주한 외교관과 각종 국제행사에 참가하는 외국인에 대한 신변보호 대책이 강화되어야 한다. 또한 어떤 특정 인물이 표적으로 선정되었다 하더라도 테러 행위의 결과는 시설물과 죄 없는 시민들이 다수 희생되는 수가 있으므로 경호, 경비는 때로 광범위한 것이어야 한다.

셋째, 중요시설에 대한 보호강화, 국가 중요시설에 대한 보호대책은 이미 수립되어 시행되고 있으나 보호되어야 할 시설의 수는 급격히 증가하고, 일부 시설책임자의 무관심 등 문제점이 노출되기도 했다. 경기장, 시장, 지하철과 같은 대중이 많이 모이는 곳과 대형건물 등에서 폭파사건이 발생할 때의 대량피해와 혼란을 막기 위해 적극적인 시설보호책이 마련되어야 한다.

넷째, 현재 대테러기구는 능률위주로 재구성되도록 발전시켜야 하며 상비인력(permanent staff)의 보강과 풍부한 자료지원, 강력한 권한부여를 통해 그 기능이 제고되어야 한다.

다섯째, 대테러장비의 과학화, 예를 들면 출입국 사열에 필요한 위조여권 식별기 개발설치, 테러분자들의 활동을 예측하기 위한 트랩타깃(trap-target) 컴퓨터 시스템의 운용, 특공장비의 현대화가 필수적이다.

여섯째, 이 밖에 최근 세계적으로 유행하고 있는 폭파테러에 대처하기 위해 폭발물 전문가의 양성과 폭발물 제거 무인장비 개발 등이 요구된다.

그러나 무엇보다도 중요한 것은 남한사회에 테러가 발생할 수 있는 테러 성숙환경을 제거해야 한다. 테러 성숙환경 제거를 위해서는 우선 '정치적 안정'과 대북 정책에 있어서의 '국민의 강력한 지지'를 확보할 필요가 있다. 국민의 적극적 지지와 성원보다 더 큰 무기는 존재할 수 없다. 이를 위해서는 그동안 우리 사회의 모든 갈등요소들을 척결하는 노력을 경주해야 한다. 소득 간, 계층 간 그리고 지역 간의 갈등이 지속되는 한 언제든지 테러의 가능성은 존재하는 것이다. 특히 앞서 언급한 김정일 정권의 대남 전략이 테러에 의한 집중적인 공략임을 감안할 때, 우리 군은 비정규전 특히 게릴라전과 테러공세에 대한 훈련과 교육을 더욱 강화하여 대응 능력을 향상시킬 수 있는 훈련과 교육을 유비무환의 자세에서 부단히 해야 할 것이다.

Ⅴ. 결 론

　북한의 대남 전략노선(적화 전략)과 그에 따른 군사력은 한반도를 항상 긴장상태에 놓이게 하고 있다. 특히 김정일 집권 이후 북한은 강성대국을 지향하면서 군사노선을 더욱 강력히 추진하고 있다. 이러한 정책은 경제적 위기에서 탈출하고 김정일 체제를 보위하기 위하여 사상강국의 기초 위에서 군 중시 선군정치로 군사강국을 만들고 그 위력으로 경제를 건설하여 강성대국을 건설하겠다고 공언하고 있다. 그러나 북한은 이미 군사강국이다. 10여 만의 특수부대를 포함한 117만의 정규군을 보유하고 있고 3,800여 대의 전차, 12,000문의 각종 포, 90여 척의 잠수함 및 잠수정, 900여 척의 전투함 및 상륙함, 870대의 전폭기를 장비하고 있으며 핵무기, 화생무기, 중장거리 미사일을 확보 또는 개발 완료단계에 있는 것만 보아도 현실적으로 군사강국임에 틀림없다. 또한 이것들은 김정일 대남 전략의 중추역할을 하기에 충분하다.

　김정일의 대남 전략은 변함없이 남조선 적화노선을 견지하고 있으며 4대 군사노선을 추진하고 3대 군사전략을 구사하고 있다. 따라서 북한이 남조선 적화노선을 포기하고 개혁과 개방으로 한국과 공존을 모색하지 않는 한 우리는 전쟁을 대비하고 그에 대한 준비를 해야 한다. 물론 지난 6·15 남북공동선언 이후 북한의 가시적인 변화가 보인 것도 사실이지만 6월 29일 서해에서의 우리 경비정에 대한 기습공격에서 볼 수 있듯이 그들의 근본적인 변화를 발견할 수는 없다.

　반면 우리의 국가안보정책은 80년 말 이후 탈냉전적 시대상황과 남북관계의 긴장완화 분위기 등으로 인해 주적관 논쟁 등 많은 변화를 보이고 있다. 즉 철저한 안보관보다는 화해 · 협력 우선으로, 한 · 미 연합 공조의 강조보다는 민족애와 한민족 공동체 우선으로, 북한 지도부와 주민의 분리보다는 모두 대화의 상대이고 협조와 원조의 대상으로 여겨 군사적 측면의 피아 구분이 모호해지고 있다. 이러한 전통적 안보관의 일부 변화는 시대상황의 변화에 따른 전환기적 특성이고 불가피한 면 역시 있다고 할 수 있다. 그러나 우리 안보상에 있어 문제의 본질은 국가안보의 절대적 가치에 대한 폄하 경향의 증대와 그로 인한 국가안보를 부차적인 문제로 인식한다는 데 있다.

이러한 전 국민의 안보관 해이 현상은 현 정부의 대북 포용정책 이후 더욱 심화되고 있다는 점에 주목하지 않을 수가 없다. 분명 대북 포용정책은 우리 민족 생존을 위한 최선의 정책일 수도 있다. 그러나 대북 포용정책의 가장 큰 한계는 그 성과가 북한의 긍정적 변화에 달려 있다는 점인데, 불행하게도 우리는 북한의 폐쇄 체제로 인해 그것을 분명하게 발견할 수 없다는 것이다. '튼튼한 안보를 바탕으로 포용 정책을 추진한다'는 수사(rhetoric)만으로는 안보불안이 해소되고 해결되는 것이 아니할 때, 구체적 정책의 제시와 그 실천을 통해 국민적 설득과 동의가 수반되어야 진정한 전 국민적 안보관의 확립으로 이어질 수 있을 것이다.

21세기 국제질서의 최대 위협요소는 '테러'이다. 테러는 이제 한 개별 국가의 차원을 넘어서 전 국제사회 공동의 적이 되고 있다. 더욱이 이것을 주도하고 있는 미국에 의해 북한은 테러국가로 특히, '악의 축'으로 지명되고 있다는 점에서 국제사회의 일원으로서의 우리는 긴장하지 않을 수 없다. 북한의 대남 전략에는 분명 테러도 한 방법으로 제시되고 이미 수차에 걸친 테러 행위도 있어 왔다. 김정일의 북한이 추구하는 강성대국 노선 자체가 우리에게는 테러이다. 이제 그에 대한 대응은 전적으로 우리의 몫이 되고 있다. 한반도에서 분쟁의 긴장이 해소되고 평화의 서곡이 울리게 하는 것은 테러의 위험 요소를 산적하고 있는 북한이 아니라 우리의 몫이라는 것이다. 따라서 우리는 21세기 새로운 환경에 적응할 수 있는 대북 정책에 대한 종합적이고 체계적인 수립이 요구된다. 포용정책에 따른 국민의 해이해진 안보관의 제고와 함께 우리 군은 시대에 맞는 철통같은 국토방위 전력과 전술의 수립이 시급히 요구된다.

반테러의 대책 마련 역시 같은 차원에서 이루어져야 할 것이다. 단기적으로는 테러사태에 대비하여 안전시설과 요인들에 대한 경계가 강화되어야 할 것이며, 장기적으로는 대테러 예방의 종합적인 전담시스템이 갖추어져야 할 것이다. 그러나 가장 중요한 것은 김정일의 대남 전략이 어떻게 변화되든 흔들림 없는 남한사회의 안보관 구축이라고 할 것이다. 내부 사회의 분열은 곧 모든 국가의 존망의 문제로 직결되기 때문이다.◎

참고 문헌

강봉구, "MD체제의 전략적 인식: 글로벌 전략 환경 변화에 대한 미국의 대응", 한국정치학회, 『한국정치학회보』 제35집 4호, 2001 겨울.

고성준, "남북 정상회담 전후 북한 대내외 정책의 변화", 제주대학교 동아시아연구소, 『동아시아 연구논총』 제11집, 2001.

곽태환, "동북아 안보질서와 남북한 관계의 변화", 경산대학교 평화전략연구소, 『평화전략연구』 제5집, 2001.

국가정보원, "뉴 테러리즘의 특징과 외국의 대테러 강화동향" 2001. 11.

국방대학교 안보문제연구소 역, 『테러와 미국의 대외정책』 Paul R. Pillar, *Terrorism and U.S. Foreign Policy*, 2001.

국방대학원 안보문제연구소, 『김정일체제하에서의 북한의 대남 군사전략 추이』 안보정책연구보고서 96-13, 통권 제262호.

국방부, 『국방백서』 1999.

김강녕, "북한의 대남 도발과 우리의 대응", 『국제문제』 1998. 9월호.

김남식, "2002년 북미·북일관계전망" 경남대 북한대학원, 「2002년 국제정세 및 남북관계전망」 2002. 1.

김동수, "평화공존을 위한 대북 정책", 통일부 통일교육원, 『2001 통일문제 이해』 2001.

김민석, "북한의 핵, 미사일, 화학탄 등 대량살상무기 개발실태", 「핵 및 미사일 등 대량살상무기 개발과 위기관리」 세미나, 비상기획위원회, 1999. 6. 23.

김일성, 『저작 선집』 제2권, 1971.

김일성, 『조선민주주의 인민공화국에서의 사회주의 건설과 남조선혁명에 대하여』(평양: 조선로동당출판사, 1965).

김정일, 『김일성주의의 독창성을 올바로 인식한데 대하여』(평양: 조선노동당 출판사, 1976).

김정일, 『남조선혁명과 조국통일 전략을 옳게 세운데 대하여』 (평양: 조선 노동당출판사, 1979).

김한교·박영호, "북한의 대남 정책과 남북한 교류·협력 전망", 한국정 치학회, 「독일의 통일경험과 남·북한 교류협력방안」 1999.

박헌옥, "북한의 군사위협 분석 및 전쟁도발 가능성 평가", 『군사논단』 제20호 및 제21호, 1999년 가을호 및 2000년 신년 겨울호.

박헌옥, "북한의 정전협정 파기공세와 평화협정 주장의 저의", 북한 연구 소, 『북한』 1997.

손인섭, "21세기 국제질서의 변화와 통일환경", 『2001 통일문제의 이해』, 통일부 통일교육원, 2001.

유동렬, "남북화해시대 북한의 대남 전략", 북한연구소, 『북한』, 2001년 2 월호.

유동열, "북한의 대남 전략과 한총련", 『김정일체제하의 북한』 북한연구 소 창립 25주년 기념 학술대회 발표 논문, 1996.

유호열, "북한의 주변정세 인식과 대응전략: 페리보고서 이후 북한의 대 외정책을 중심으로", 고려대학교 북한학연구소, 『북한학연구』 창 간호, 2000.

이서항, "동아시아의 다자안보대화", 이상우 편저, 『21세기 동아시아와 한 국: 부상하는 새지역 질서』 (서울: 오름, 1998).

이서항, "남북정상회담 이후의 국제환경 변화와 새 패러다임", 한국정치 학회 발표논문(2000. 9. 20.).

이숭희, "김정일체제 확립 이후 대남 전략 전술 변화에 관한 연구", 국방 대학원 97년도 안보정책연구논문.

이중형, "북한의 군사노선과 한반도 군사위협", 고려대학교 북한학연구소, 『북한학연구』 창간호, 2000.

장준익, 『북한 핵·미사일 전쟁』 서문당, 1999.

전신욱, "한국정부의 대북포용정책의 배경과 그 성과", 서경대학교 통일 문제연구소, 『통일연구』 제5권, 2000.

조선 노동당 출판사, 『력사적인 평양 상봉과 북남 최고위급 회담과 관련하여 제기된 반영』2000년 6월.

최수영 외, 『북한헌법 개정에 따른 경제부문 변화 전망』 민족통일연구원 통일정세분석 98∼06(1998. 10).

통일부 교류협력국, 『월간 남북 교류협력 및 인도적 사업 동향』 제98호 (1999. 8. 1∼8. 31).

통일부, 『2000년 통일교육기본 지침서』 1999. 12.

하버드 대학교 케네디 스쿨 편, 서재경 역, 『한반도, 운명에 관한 보고서』 (서울: 김영사, 1998).

한중광, "국제 테러리즘의 추이와 그 대책에 관한 연구"(국방대학원 석사 학위 논문, 1984).

한중광, "북한 테러 행태와 대응책", 국방대학원 안보문제연구소, 『국방연 구』 제28권 1호, 1985.

허문영, "북한의 통일정책", 양성철 · 강성학 공저, 『북한외교정책』 프레스 센터, 1995.

연합뉴스, 1999년 10월 26일.

「공동사설」, 2001, 2002.

노동신문, 1997년 8월 20일.

노동신문, 1998년 8월 12일.

노동신문, 2001년 12월 9일.

내외통신 종합판, 50.

연합뉴스, 『2000 북한연감』.

조선일보, 2000년 9월 8일.(2000. 9. 6 푸틴 러시아대통령 UN 기조연설)

조선일보, 2002년 5월 22일.

중앙일보, 2000년 10월 12일.

중앙일보, 2000년 7월 13일, Joseph Nye, 「남북화해와 21세기 동북아시아 국제질서」.

중앙일보, 2002년 6월 3일.

Washington Post, 2001. 3. 9.

Bernstein, Richard and Ross H. Munro, *The Coming Conflict With China*(New York: Alfred A. Knopf, 1997).

Larson, Erick V., Preparing the U.S. Army for Homeland Security, Santa Monica, CA: RAND, 2001.

Nye, Joseph S. Jr., "What New World Order?" *Foreign Affairs*, vol.71, No.2(Spring 1992).

Piekalkiewicz, Jaroslaw and Alfred Wayne Penn, *Politics of Ideocracy* (Albany: State University of New York Press, 1995).

Ross, Robert S., *the Geography of the Peace: East Asia in the 21st Century*, int'l Security 23(spring, 1999).

Sigal, Leon "Bush Administration's Policy Toward North Korea", The Bush Administration's Policy Toward North Korea: Prospects for Inter-Korea Relations, Washington D.C. October 24, 2001.

햇볕정책 이후
남·북한 군사관계 발전전망

I. 서 론

김대중 정부의 햇볕정책은 이전까지 간간히 이어오던 대북 화해·협력의 수준을 획기적으로 뛰어넘은 정책이라고 할 수 있다. 한마디로 언급한다면 햇볕정책은 화해·협력의 적극적 추진을 모토로 하는 김대중 정부의 대북 포용정책의 다른 이름이다. 또한 김대중 정부의 뒤를 이어 2003년 2월 26일 출범한 노무현 정부도 대북 정책을 햇볕정책을 근간으로 하는 '평화번영정책'이라고 명명했다. 따라서 햇볕정책－포용정책－평화번영정책은 이름만 다를 뿐 같은 의미의 일관된 대북정책이라고 할 수 있다. 특히, 김대중 정부하에서 전개된 일련의 대북 포용정책은 우리 사회를 크게 변화시켰으며 앞으로의 남북관계에 있어서도 절대적인 영향력을 행사하기에 충분할 것으로 분석된다. 따라서 김대중 정부 이후의 변화하는 남북관계를 올바르게 규명하는 일은 아무리 강조해도 지나칠 수 없는 과제일 것이다.

김대중 정부의 대북포용정책은 초기에는 북한이 호응하지 않음으로써 별다른 성과를 거두지 못함에 따라 우리 사회의 내부에서도 그 실효성에 의문을 제기하기도 했었다. 그러나 2000년 6월 15일 역사적인 남북정상회담과 '남북공동선언'을 합의해 냄으로써 본격적인 성과를 도출하기에 이르렀다. 이후 남북 간에는 다양한 당국 간 대화가 이루어졌고 수많은 합의사항을 쏟아 내는 동시에 남북관계 개선을 상징적으로 나타내는 각종 이벤트가 봇물을 이루었다.

그러나 2001년 3월 김대중 대통령과·부시 대통령과의 정상회담 당시 김대중 대통령의 미국에 대한 대북 포용정책 지지 요구에 부시 대통령의 외교관례에 없는 "This Man"이라고 지칭할 정도로 이견 차이를 보인 후 연이은 북·미 간의 갈등과 그 여파는 남북 간에도 영향을 미치기에 충분했다. 특히, 2002년 1월 미국의 부시 대통령이 북한을 '악의 축'으로 규정함으로써 한반도 위기설이 증폭되는 가운데 연이은 북한의 기습 도발로 인한 '서해교전' 등은 남북관계를 더욱 악화시키는 계기가 되기도 했다. 그러나 남북한 모두의 인내심은 그런 악재들 속에서도 발휘되어 12차에 걸친 장관급 회담의 지속과 같은 정치적 관계개선, 경의선·동해선 철도 도로연결, 개성공단 건설의 구체화 같은 경제적 관계의 지속, 그리고 이산가족 상봉, 금강산관광과 북한의 아시안 게임 참가 등의 사회 문화적 교류가 연이어 실현되었다.

이런 가운데 출범한 노무현 정부는 급속한 경제 불안과 함께 지난 햇볕정책 추진과정에서 진행되었던 대북 4,000억 원 대가성 제공과 중심인물인 정몽헌 현대그룹 회장의 자살로 이어지면서 남남갈등을 증폭시키는 계기가 되었다. 이러한 일련의 대북관련 사건들은 대북 정책의 순수성마저 의혹을 받는 결과를 가져 왔다. 더욱이 2002년 10월 제임스 켈리 미 대통령 특사의 방북 시 북한의 핵무기 개발 시인에도 불구하고 김대중 정부는 제8차 장관급 회담에서 북한의 핵 포기 촉구보다는 남북교류 협력에 강한 집착을 보임으로써 또 다른 문제점을 야기함으로써 뒤를 이은 노무현 정부는 당면해진 북한의 핵문제 해결뿐만 아니라 어떠한 형태로든 대북정책을 재정립해야 하는 과제를 안게 되었다.[169]

특히, 북한의 핵문제는 올해(2003년) 들어 1월의 NPT 탈퇴 선언, 2월의 영변 5메가와트 원자로의 재가동 선언, 10월의 8,000여 개의 폐연료봉 재처리 완료 담화 발표 선언 등으로 이어져 남북 간의 평화정착을 더욱 요원하게 하고 있다. 북핵문제가 한반도 평화에 더욱 먹

---

169) 정규섭, "대북정책 재정립 방향과 정치·군사 분야의 과제", 통일연구원, 『통일정책연구』 제11권 2호, 2002년 겨울, p.2.

구름을 드리우는 것은 미국의 단호한 태도에 기인한다고 할 수 있다. 즉 미국은 북한이 핵무장을 결코 포기하지 않을 것이라는 전제하에 다각도의 정책을 추구하고 있으나 최악의 경우는 이라크 후세인 정권의 몰락과 같은 수순을 밟을 수도 있다는 것이다. 이처럼 미국은 북한의 핵문제를 범국제적 차원의 대량살상무기 비확산과 국제테러의 근절이라는 안보차원에서 접근하고 있다. 따라서 만일 북한이 핵실험을 강행하는 등의 행위를 한다면 한반도의 군사적 불안정이 증대되고 동북아 정세는 급랭하게 될 가능성이 크다.

북한의 핵을 포함한 대량살상무기의 보유는 우리의 국가안보에 치명적인 위협이며 그러한 상태에서는 제반 대북 화해협력 정책의 추진은 불가능해질 수밖에 없다. 따라서 북한의 핵위협해소와 함께 의혹이 있는 화생무기, 서울을 사정권에 두고 있는 남쪽에 비해 월등히 우세한 재래무기 등 군사적 위협에 대한 적절한 신뢰가 이루어지지 못한다면 햇볕정책은 한계에 직면할 수밖에 없는 상황이다. 따라서 우리는 이에 대한 적극적인 대처방안을 모색해야 하고 항구적인 한반도 평화체제 구축을 위한 정책을 추진해 나가야 한다.

이러한 문제의식하에 본고는 우선 지난 햇볕정책의 공과를 다시 한 번 평가하고 나아가 그것이 북한의 변화에 어떻게 기능했는지를 살펴보고자 한다. 또한 구체적으로 남북 간 관계변화가 가장 두드러진 모습이라고 할 수 있는 경제교류와 군사관계를 살펴보고 나아가 발전적인 군사관계의 전망을 모색해 보고자 한다. 특히, 북한의 핵무기를 비롯한 대량살상무기의 보유가 건전한 남북관계의 성립을 불가능하게 한다고 할 때, 남북 간의 군사관계 발전전망을 모색해 보는 것은 한반도의 미래상을 예견하는 것이라고 할 수 있다. 따라서 본고에서는 남북 간의 군비통제 차원에서 문제를 접근해 보고자 한다.

Ⅱ. 햇볕정책과 남북관계의 변화

1. 햇볕정책의 전략적 평가

김대중 대통령은 1998년 2월 25일 취임사에서 현 단계에서 당장 통일을 서두르기보다는 "남북관계는 화해와 협력 그리고 평화정착에 토대를 두고 발전시켜 나가야 할 것"이라고 밝혔다. 이러한 연유는 대북포용정책이 '북한의 변화는 불가피하다'는 점과 '북한의 안보위협은 상존한다'는 이중적 인식을 기초로 하고 있다. 이러한 인식은 북한 변화의 적극적 유도와 더불어 '평화와 화해협력을 통한 남북관계의 개선'을 추구하여 한반도 냉전구조의 해체와 평화체제의 구축을 목표로 하는 정책임을 명백하게 나타내는 것이다.

따라서 김대중 대통령은 취임사에서 ① 한반도의 평화를 파괴하는 일체의 무력도발 불응, ② 흡수통일 배제, ③ 남북화해협력 적극추진 등이 대북 포용정책의 기본철학이자 원칙임을 명백히 하였다. 그것을 구체적으로 살펴보면 다음과 같다고 할 수 있다.

첫째, 한반도의 평화를 파괴하는 일체의 무력도발은 남북관계의 개선이나 통일을 기대하기 어렵다는 것을 전제하고 있다. 이것은 대북포용정책이 적극적으로 추진되기 위해서는 한반도의 평화가 전제되어야 함을 강조하는 것이고, 아울러 확고한 안보를 통한 평화정착이 대북 포용정책의 추진 토대일 뿐만 아니라, 대북 포용정책의 실질적 효과를 위한 중요한 환경조성임을 의미하는 것이다. 따라서 대북 포용정책은 한반도 냉전구조의 해체와 평화체제의 구축을 지향한 전쟁억지와 긴장완화를 위한 노력을 중시하며, 북한의 도발에 대한 감정적 대응을 경계하는 의미를 내포하고 있기도 하다.

둘째, 기본적으로 흡수통일을 배제하고 있다. 한 예로 동서독의 경우, 오랜 기간 많은 교류와 협력을 해 왔으며, 사회·문화적 동질성을 상당히 회복하였음에도 불구하고, 통합 이후 적지 않은 갈등과 혼란 등 부작용을 겪었다. 반면 우리의 경우는 민족상잔의 아픔 속에 불신과 반목, 대립을 되풀이 해 왔고, 서로 다른 체제 아래에서 상호 이질성이 심화된 상태이기 때문에 남북한이 어느 한쪽의 급작스러운 몰락이나 붕괴에 의해 흡수통일을 맞이하게 될 경우 매우 심각한 통합 후유증에 시달릴 수 있다. 따라서 한국정부가 성급하게 흡수통일 정책을 추구하게 될 경우, 남북관계가 심각한 긴장과 갈등관계로 악화되어 예기치 못한 불행한 사태를 초래할 수 있다고 본 것이다.

결과적으로 통일은 과거로 회귀하거나 단순히 영토나 체제만을 통합하는 데 그치는 것이 아니라, 인류의 보편적 가치가 구현되는 민족공동체를 이루어 가는 것이므로, 한국은 통일에 필요한 여건을 조성·구축해 가는 차원에서 우선 평화공존관계의 정착과 교류·협력을 통한 민족 동질성 회복에 주력해 나가려는 것으로 이해하여야 한다.

셋째, 남북화해협력의 적극추진이다. 즉 남북 간의 불신과 적대감의 해소 및 민족 동질성의 회복 등을 위해서는 보다 많은 남북대화 및 접촉과 협력이 이루어져야 하며, 그러기 위해서는 남북 쌍방이 필요로 하고 파급효과가 큰 분야부터 교류·협력을 활성화해 나가는 것이 중요하다고 본 것이다. 따라서 한국정부는 민간차원의 교류·협력의 활성화를 도모하기 위하여 경제협력에 있어서 정경분리의 원칙을 적용하여 남북경협을 적극적으로 추진하려는 것이다. 정치와 군사 분야에서 대립관계에 있다고 하더라도, 남북한 상호 실익을 증대시키는 경제

분야의 교류ㆍ협력을 꾸준히 추진해 나가면, 남북 간에 호혜적인 의존
관계를 형성함과 더불어 북한의 위협도 근원적으로 해소시켜 나갈 수
있다고 본 것이다.[170]

　이를 바탕으로 햇볕정책은 다음과 같은 목표를 지니고 있다. 〈표-
1〉에서 보듯이 햇볕정책이 지니는 최상의 목표는 시장경제로의 통일,
자유민주주의체제로의 통일을 의미하는「평화통일」이다. 그러나 이 목
표는 장기목표로서 내재적이며 비가시적인 형태로 존재하는 목표이다.
즉 지금까지의 대북정책과 달리,「통일」을 가시적 목표로 제시하고 있
지 않다는 점이 햇볕정책의 가장 큰 특징 중의 하나이다. 정부가「통
일」을 가시적 목표로 제시하지 않은 데는 조기 통일이라는 실현가능성
이 낮은 목표보다는 현안의 남북문제를 실천 가능한 방법을 통해 차근
차근 풀어나가겠다는 현실주의적이며 실사구시적(實事求是的) 의도에
서 접근하려는 것이다.[171]

　전략적 차원에서 김대중 정부의 대북포용정책은 미국이 1975년 헬
싱키 조약의 체결과 더불어 유럽에서 전개했던 데탕트 정책과 유사하
며 다음과 같은 전략적 평가[172]를 내릴 수 있다.

　첫째, 대북 포용정책의 3원칙 가운데 가장 먼저 "한반도의 평화를

---

170) 배정호,『한반도 경영시대의 개막과 동북아 중추국가로서의 발전을 지
　　　향하여』통일연구원, 2002, 제3장 참조.
171) 대북정책의 유형에는 봉쇄정책(containment policy), 불개입정책(benign
　　　neglect policy), 포용정책이 있는데, 봉쇄정책은 북한의 붕괴 가능성을
　　　전제로 하는 것이고, 불개입정책은 북한 군사력의 위협이나 북한 주민
　　　들의 경제적 고충을 방관하는 무관심정책이며, 포용정책은 힘을 바탕으
　　　로 불신과 대결의 관계를 화해와 협력의 관계로의 전환을 추구하는 정
　　　책이다. 포용정책은 힘을 바탕으로 하는 점에서 강자의 정책이며, 약자
　　　의 정책인 유화정책(appeasement policy)과 근본적으로 구별된다.
172)『2000 통일백서』: 동아시아 평화연구회의『국민의 정부의 대북포용정
　　　책』, 1999. 참조.

파괴하는 일체의 무력도발 불응"이 제시되어 있듯이, 대북 포용정책에는 전쟁억지라는 전략적 요소가 내포되어 있다. 즉 대북 포용정책은 한반도 평화가 유지되지 않는 한 어떤 국가목표도 달성할 수 없다는 문제의식 아래 평화를 최우선과제로 삼고 있는 것이다. 따라서 대북 포용정책은 전쟁억지를 지향하여 강력한 안보를 바탕으로 북한과의 대화·협상을 통해 평화정착을 추구하는 정책이다. 이러한 논리에서 본다면 햇볕정책은 전쟁 억지를 이루었다는 점에서는 일정부분 성공적이었다고 볼 수 있으나 항구적인 평화체제의 구축과 비교한다면 절반의 성공이라고 밖에 할 수 없다.

〈표-1〉 햇볕정책의 구조

		목표의 내용과 형태		비 고
		형 태	내 용	
목 표	최상위 목표	평화통일	▶시장경제로의 통일 ▶자유민주주의체제로의 통일	내재적, 비가시적 목표
	상위목표	북한변화	▶남북화해·평화체제로의 전이 ▶경제사회의 개방	잠재 목표
	당면목표	남북관계의 개선	▶북한 식량 지원 ▶대북 경수로 지원 ▶남북기본합의서 이행 등	구체적, 가시적 목표
원칙과 추진 기조		▶3대 원칙: 무력도발 불응 / 흡수통일 배재 / 화해·협력의 적극 추진 ▶정책추진 기조: 안보태세 확립 / 정경분리 / 상호주의 방침		

둘째, 대북 포용정책은 북한 스스로 변화할 수 있도록 유도해 나가는 정책이므로, '포용'은 전략적 포용을 의미한다. 즉 대북 포용정책은 인도적 대북 지원과 '보다 많은 접촉과 대화 및 협력'을 통하여 남북

화해·협력을 추진하면서 북한의 대외의존도를 제고시켜 개혁·개방
으로 유도하고, 궁극적으로 북한 스스로 대남 혁명전략 및 도발의지를
포기하도록 하는 '적극적 참여정책'이라고 할 수 있다. 그러나 5년여의
햇볕정책이 북한의 경제 분야 등 많은 부분에 있어서의 변화에도 불
구하고 이념적 갈등과 군사위협 등 북한의 근본적인 변화는 가져오지
못하고 있다. 따라서 북한체제의 변화를 위해서는 식량난, 인권문제,
탈북자문제, 국군포로문제, 납북자문제 등 산적한 문제들에 대해 우리
의 많은 노력을 요구하고 있는 것이 사실이다.

셋째, 대북 포용정책은 현 단계에서 당장 통일에 주력하기보다는 평
화적 공존·공영의 관계를 형성하는 것이 급선무라는 기본적 인식을
바탕으로 하고 있으므로, 대북 포용정책에는 남북관계의 평화적 관리
라는 전략적 요소가 내포되어 있다. 즉 대북 포용정책은 남북대화, 국
제협력 등을 통한 분단 상황의 평화적 관리를 추구하는 정책이다. 이것
은 우리의 여건상 적절한 전략으로 보이나 북한에 대한 의존적인 평화
적 공존이 가지는 한계와 그로 인해 발생하는 남남갈등이라는 새로운
과제는 햇볕정책의 근본적 변화를 요구받게 하는 요인이 되고 있다.

넷째, 종래의 대북정책은 정치·군사부문과 비정치·군사부문을 연
계시키는 '연계적 상호주의'를 운용했는 데 비해, 대북 포용정책은 당
국 간 차원에서는 '상호주의'를 강조하면서도, 민간차원에서는 시장경
제원리에 따른 정경분리 원칙의 적용을 추구하고 있다. 즉 대북 포용
정책은 정경분리원칙에 입각한 '탄력적 상호주의' 및 '비연계 상호주의
'를 통해 신뢰구축의 계기를 만들 수 있는 여건의 조성과 더불어 남북
관계의 개선을 모색하는 전략적 정책이라는 전략적 특성을 가지고 있
다. 그러나 북한식 사회주의가 가지는 체제유지라는 근본 문제로 인하
여 정경분리의 원칙은 한계를 가질 수밖에 없다. 이것은 햇볕정책으로

인한 남북화해 분위에도 불구하고, 서해교전, 북한의 '핵 선언'에 따른 남북관계의 급랭이 이를 잘 증명하고 있다.

결국 통일을 향한 과정이자, 수단목표로서 햇볕정책에서 잠재적으로 설정하고 있는 목표는 '북한의 변화'이다. 대북포용정책에서 설정하고 있는 북한변화는 평화통일을 위한 자유민주주의체제로의 전이를 위한 중간과정으로서, 태도 면에서는 남한에 대한 적대감 해소를 통한 화해·평화체제로의 전이와 교류를 통한 경제·사회적 개방을 목표로 설정하고 있다. 또한 대북포용정책은 북한의 변화를 유도하기 위해서 우선적으로 추구해야 할 당면 목표를 남북관계 개선으로 설정하고 있다. 남북관계 개선을 국민의 정부에서 최우선 당면목표로 설정한 데는 북한체제가 쉽게 붕괴하지 않을 것이라는 인식과 또한 급변사태에 의한 조기붕괴를 원하지도 않는다는 정부의 기본 입장에서 출발하고 있다. 이를 위한 방법으로 정부가 택한 것은 경제협력을 통해 정치적 문제가 해결될 수 있다는 기능주의적 접근(Functional Approach)[173]이었다.

2. 햇볕정책의 성과와 한계

1) 성 과

지난 김대중 정부의 대북 햇볕정책은 정부의 강한 의지 및 소신, 철학 등에 힘입어 다소 무리가 수반됨에도 불구하고 정권 기간 내내 일관성 있게 추진되었다. 따라서 남북 간에는 남북대화의 재개와 더불어 다양한 대화가 진행되었고, 남북경제협력의 활성화와 함께 경제공동체의 건설을 지향한 남북철도 및 도로 연결, 개성공단의 건설 등이 전개

---

173) David Mitrany, "The Functional Approach to World Organization", *International Affairs*(Vol.XXIV, July 1948), p.359.

되었으며, 문화·예술·종교·체육 등 남북 사회문화의 교류가 확대되었다. 아울러, 남북 이산가족방문단의 교환, 대북 식량지원 등 인도적 차원의 사업도 적극적으로 추진되었다. 그리고 이와 같은 교류·협력의 산물이자 촉진제로서 최초의 남북정상회담도 개최되었다.

즉 김대중 정부의 햇볕정책은 분단 이후 최초의 남북 정상회담을 개최할 수 있게 되었고, 나아가 그 성과로서 최고지도자 간의 인간적 접촉을[174] 통한 남북한 신뢰관계의 조성·강화 계기를 마련할 수 있게 되었으며, 다양한 당국자 수준의 대화채널의 확보와 더불어 경제, 사회문화, 안보 분야 등에서의 교류와 협력을 한층 활발하게 전개할 수 있게 되었다. 이와 같은 지난 국민의 정부가 추진한 햇볕정책의 성과를 정리해 보면 다음과 같다.

첫째, 다양한 남북 대화채널의 확보이다. 김대중 정부는 남북관계의 개선을 위해 당국 간 대화의 재개를 추구하고, 차관급 회담의 재개를 시발로 접촉과 갈등의 다소의 어려움 속에도 정상회담까지 개최하게 되었다.

그리고 남북한이 남북정상회담의 결과로서 발표된 「6·15 남북공동선언」의 제5항을 통해 남북공동선언에서 합의한 사항을 조속히 실천에 옮기기 위해 빠른 시일 안에 당국자 사이의 대화를 개최하기로 합의함에 따라, 남북장관급회담을 비롯한 남북적십자회담, 남북국방장관회담과 남북군사실무회담, 남북경제협력실무접촉과 남북경제협력추진위원회의 개최 등 다양한 남북대화가 진행되게 되었으며, 특히 11월 14일에는 제9차 남북군사실무회담을 통해 연결된 철로·도로 연결에 따른 남북한 관리구역 내에 경비초소 설치 문제를 논의하는 단계에 도달하게 되었다.

---

174) 이종석, "남북정상회담의 성과와 향후 과제", 세종연구소 편, 『정상회담 이후 남북관계 개선전략』 세종연구소, 2000.

즉 대북 포용정책의 적극적 추진의 결과 남북정상회담을 계기로 남
북한은 당국자 차원의 다양한 대화채널을 확보·유지하게 되었으며,
이와 같은 당국자 차원의 다양한 대화채널의 확보·유지는 갈등의 증
폭 및 우발적 충돌의 확대 등을 예방하고 교류·협력을 유지·촉진시
키는 데 매우 중요한 역할을 하고 있다.

둘째, 경제 분야의 성과이다. 대북 포용정책은 남북경제교류 및 협
력의 활성화를 위하여 당국 간 차원에서는 '상호주의'를 강조하면서도,
민간차원에서는 시장경제원리에 따른 정경분리 원칙의 적용을 꾀하고
있으며, 나아가 김대중 대통령은 2000년도 신년사를 통하여 남북경제
공동체의 건설을 표명한 뒤, 동년 4월의 「한반도 평화와 통일을 위한
남북화해·협력 선언」(베를린 선언)을 통하여 농업협력·사회간접자
본 투자·경제협력의 법적·제도적 장치 마련 등 남북당국 협의에 의
한 경제협력 추진을 주창하였으며, 동년 6월의 남북정상회담 및 「6·
15 남북공동선언」에서는 남북경협의 활성화를 위한 법적·제도적 장
치의 보완, 철도연결, 전력지원 등 단기적 사업과 공단건설 등 장기적
인 사회간접시설 투자문제 등이 실천내용으로 함축된 민족경제의 균
형적 발전을 위한 경제협력이 제시되었다.

따라서 남북 간에는 「6·15 남북공동선언」의 합의 사항의 실천을
위한 남북장관급회담이 개최되어 투자보장·이중과세 방지·상사분쟁
해결절차·청산결제 등 4개 합의서가 타결·성립되었고, 경의선 철도
·도로 연결사업이 합의되어 추진되게 되었다. 그리고 한국의 현대와
북한의 아·태위원회 간에 개성공단 조성에 대한 합의서가 체결됨에
따라 현대와 한국토지공사는 개성공단사업을 추진하고 있다.

이처럼, 대북 포용정책의 추진과 더불어 남북 간에는 교역의 증대
등 경제교류의 활성화뿐 아니라, 경협의 제도화, 인프라 건설 등 남북

경제공동체의 건설을 위한 기반 조성이 시도되고 있는 것이다.

셋째, 사회·문화 분야의 성과이다. 남북한 인사들의 만남은 과거에는 제3국에서 주로 이루어지던 접촉과 각종 교류가 서울, 부산, 대구, 제주, 평양, 금강산 등 남북한 내에서 다양한 사회·문화적 교류가 활발하게 진행되었다. 특히, 남북정상회담 이후에는 남북교류가 체육, 학술, 문화, 예술, 언론, 교육 등 다양한 분야로 확대되었을 뿐 아니라 대규모 행사들도 남북을 오가며 개최되었다.

즉 문화예술 분야에서는 1998년의 「리틀엔젤스 평양공연」·「윤이상 통일음악회」 및 1999년의 「2000년 평화친선음악회」·「민족통일음악회」 등의 방북 공연이 이루어졌고, 2000년에는 「평양학생소년예술단」·「평양교예단」·「조선국립교향악단」·조총련의 「금강산가극단」의 공연이 서울에서 이루어졌으며, 2001년에는 「춘향전」 공연·「민속옷 전시회」 및 「남북 공동사진전」 등의 개최가 이루어졌다. 2002년에는 대중가요, 클래식 등의 공연이 봇물을 이루듯 평양에서 이루어졌으며 개최 및 초청에 따른 경비지원 문제가 야기되기도 했다.

한편 체육 분야에서는 2001년에 「금강산 국제자동차 경주대회」 및 「금강산 모터사이클 투어링」이 개최되었고, 2002년에는 사회·문화·종교 등의 단체들이 「평양 아리랑 축전」을 관람하기 위해 방북하였으며, 또한 「부산 아시안 게임」에는 북한 선수단 및 응원단이 참가하였다. 특히, 2003년의 「대구 유니버시아드 대회」에 참가한 기자단과 반김정일 시위대와의 충돌과 예천군민들의 환영 프랭카드에 대한 북한응원단의 '김정일 장군님의 사진에 대해 비를 맞게 할 수 없다'면서 통곡하는 장면은 남북한의 깊은 이념의 골을 확인하는 계기가 되기도 했다.

이 밖에도 언론단체들은 2000년 언론사 사장단의 평양 방문을 계기로 교류·협력을 활성화하기 시작하였고, 통일관련 사회유관단체 및 노동·농민단체들은 금강산 지역에서 공동행사를 개최하기도 하였다. 이외에도 지금까지 금강산 관광을 통한 관광 인원이 45만 명을 넘어서고 있다.

〈표-2〉, 〈표-3〉은 햇볕정책 이후 남북한의 사회 분야 교류 성과를 증명해 주고 있다.

〈표-2〉 연도별 북한 방문 현황

(단위 : 명)

연도	89	90	91	92	93	94	95	96	97	98	99	00	01	02	계
인원	1	183	237	257	18	12	536	146	1,015	3,317	5,599	7,280	8,551	12,825	39,977

(금강산 관광객 제외)

넷째, 군사·안보 분야의 성과이다. 한반도 냉전구조의 해체 및 평화체제의 구축을 위해서는 남북관계가 긴장완화상태로 진전된 뒤, 군사적 신뢰구축 조치가 뒤따라야 하며 이를 바탕으로 군비 통제 및 감축의 실현과 더불어 평화협정이 체결되는 절차를 밟아야 하나, 안보 분야는 북한 측의 소극적인 태도로 인하여 아직 군사적 신뢰구축 단계로는 접어들지 못하고 있다.

〈표-3〉 분야별 현황

(1989~2002, 단위 : 명)

구분	이산가족	경제	사회문화	관광사업	경수로	대북지원	기 타(회담 등)	계
인원(구성비)	1,990 (5.0)	3,798 (9.5)	3,390 (8.5)	9,465 (23.7)	12,311 (30.8)	4,576 (11.5)	4,447 (11.0)	39,977 (100.0)

다시 말해, 남북관계는 앞에서 언급한 바와 같이, 다양한 당국자 대

화채널의 확보와 함께 각종 사화문화교류가 이루어지고, 남북경제공동
체를 지향한 기반조성 협력이 추구되고 있으나, 북한이 미국하고만 군
사·안보 대화를 원하고 있는 까닭에 아직 군사적 신뢰구축 단계로는
나아가지 못하고 있는 것이다.

그러나 남북 간에는 대북 포용정책의 추진과 더불어 금강산 유람선
의 안전을 위한 군사협력이 이루어져 왔으며, 6·15 정상회담의 성과
로서 남북 국방장관회담 및 군사실무회담이 개최되게 되었고, 경의선
과 동해선의 연결과 그에 따른 경비초소설치 운영에 관한 협의가 이
루어지고 있으며 지뢰제거 작업도 이루어졌다.

즉 남북 경제협력 및 사회문화교류의 활성화로 인하여 한반도는 과
거에 비해 상당히 긴장이 완화된 상태로 진전하였으나, 군사·안보 차
원에서 북한의 능력과 의도는 아직도 위협적 존재로 남아 있다.

2) 한 계

김대중 정부의 대북 포용정책은, 앞에서 분석해 본 바와 같이, ①
한반도의 평화를 파괴하는 일체의 무력도발 불응, ② 흡수통일 배제,
③ 남북화해협력 적극추진 등을 기본철학이자 원칙으로 삼고, ① 안보
와 화해협력의 병행추진, ② 평화공존과 평화교류의 우선 실현, ③ 화
해협력으로 북한의 변화여건 조성, ④ 남북 간 상호 이익의 도모, ⑤
남북 당사자해결 원칙 아래 국제적 지지 확보, ⑥ 국민적 합의에 의한
대북정책의 추진 등을 추진기조로 하여 적극적으로 추진되어 왔다. 이
러한 정책은 정상회담을 비롯한 다양한 당국자 대화채널의 확보와 더
불어 경제, 사회문화 등의 분야에서 적지 않은 성과를 거두었다.

그러나 김대중 정부의 대북 포용정책은 당위적 및 이론적 수준에서는
상당한 지지를 확보하게 됨에도 불구하고, 그 추진과정에서 적지 않은

비판에 부딪쳐야 했다. 특히, 대북 포용정책을 둘러싼 세대별, 지역별, 성별, 이념별 남남갈등은 대북 정책의 주요 쟁점을 정치화시키면서 국론의 분열 및 사회의 균열 즉 남남갈등의 한 요인이 되기도 하였다.[175]

특히, 햇볕정책은 남북 간의 교류방식에 문제와 한계를 가지고 있다. 즉 오랜 기간 적대적 관계를 유지해 왔던 남북 간의 긴장상태를 해소하기 위해서는 무엇보다도 민족적 동질성 회복을 유도하는 교류방식을 택했어야 했다. 이를 위해 남북 간의 교류는 문화적 이질감의 극복과 문화적 동질성 회복의 수단과 연계되어 장기적으로는 통일의 토대를 구축할 수 있는 목적을 가졌어야 했다. 그러나 햇볕정책은 북한에 대한 일방적인 경제적 지원형태가 주를 이루면서 장기적으로 통일비용의 증대로 이어질 가능성이 있다.

두 번째로는 교류가 지속되기는 하지만 종합적이고 일괄적인 관리체계가 부족해 부처 간 불협화음으로 이어지고 있다. 즉 대북 포용정책과 관련, 통일부, 외교통상부, 국가정보원, 국방부 등의 역할과 임무, 기능 등은 상호 보완적이면서도 부처의 특성상 현안에 따라 배치될 수 있는데, 이 경우 국가안전보장회의에서 심의와 조율을 거쳐 '안보와 대북 화해협력의 균형된 정책'의 집행이 이루어지도록 되어 있으나, 이라크 파병문제에서 보듯이 특정인물 중심의 소수그룹(386세대)이 대북 정책을 주도하는 관계로 안보보다는 화해협력에 역점을 두는 관계로 국가안전보장회의의 정책 조율기능에 대한 비판과 더불어 관련 안보부처인 국방부와 국가정보원에 대한 비판이 제기되었다.

국가안전보장회의의 조정 및 통합 기능이 취약하고 통일부, 국가정

---

175) 참여정부하의 특검제를 통하여 밝혀진 5억 불의 대북송금은 햇볕정책의 순수성은 물론 대북정책의 근본적인 불신을 초래하기도 했다. 그에 따른 남남갈등은 남북화해와는 전혀 다른 차원의 문제로 부각되었다.

보원, 국방부 등 대북정책 관련 부처의 상호 보완적 역할이 미약한 경우에는 북한의 전략적 돌출행위의 발발 시에 정책의 혼란이 야기될 수 있다. 따라서 관련 부처 간의 충분한 정보교류와 소통이 보다 효율적으로 이루어져야 한다는 과제를 안고 있다.

세 번째는 국내의 사회 분위기 형성이 아직 부족한 상황에서 무리한 햇볕정책의 추진으로 인해 돌발되는 소위 남남갈등을 들 수 있다. 탈냉전의 시대가 도래하였지만, 한반도의 냉전구조는 아직 해체되지 않고 있어, 북한에 대한 시각의 차이와 함께 이념 갈등이 잔존하고 있다. 따라서 대북 정책의 국내 정치화와 더불어 대북 포용정책에 대한 시각의 차이는 시민사회의 균열의 한 요인이 되어 남남갈등을 야기하고 있다. 즉 대북 포용정책에 대한 시각의 차이는 북한에 대한 인식의 차이를 바탕으로 교류협력의 방식, 속도 등에 인식을 달리하면서 이념적 갈등, 정책적 갈등, 시민사회의 분열·대립을 초래하여 대북 정책의 주요 쟁점의 정치화를 가속시키고 있다.

대북 포용정책의 비판론자들 및 옹호론자들의 시각 및 인식, 입장은 〈표-4〉와 같은데, 비판론자들은 북한의 대남 적화통일 혁명전략과 위협은 변함없이 존재하고 있다는 부정적인 인식 아래 북한의 변화를 전술적 차원에서 보고 있다. 따라서 비판론자들은 상호주의의 엄격한 적용을 주장하며 대북 포용정책에 대해 조급성과 무분별성에 의해 북한의 전술에 끌려가며 '퍼주기식' 지원을 하고 있다고 비판하고 있다.

이에 비해, 옹호론자들은 대북 포용정책의 추진 성과로서 북한이 개혁·개방을 향해 점진적으로 변화하고 있으므로 따라서 한반도의 냉전구조의 해체를 지향해 남북 긴장관계가 완화되고 있다는 인식 아래 상호주의의 신축적 또는 탄력적 적용을 지지하며, 교류 속도의 조절 아래 교류·협력의 활성화를 지지하고 있다. 단, 옹호론자들 가운데에 적지 않은 수는 대북 현금지원에 대해 군사적 악용을 우려하여 신중한 입장을 나타내고 있고, 안보와 교류·협력의 '균형잡힌' 대북 포용정책을 지지하고 있다.

이상과 같은 대북 포용정책에 대한 비판 및 옹호적 시각은 세대별, 성별, 지역별, 이념별로 나누어져 나타나고 있으며, 극단적 비판론자와 옹호론자들 간의 갈등의 심화는 시민사회의 균열의 한 요인이 되어 남남갈등을 초래하고 있다.

네 번째 한계는 남북 간의 교류에 관한 사회 제도적 장치와 교류 인프라 구축의 부족을 지적할 수 있다. 즉 대북 포용정책은 이론적 수준에서는 한반도의 평화를 파괴하는 일체의 무력도발 불응을 제1의 원칙으로 삼고, 안보와 화해협력의 병행추진을 주요 추진기조의 하나로 설정하였지만, 실제 집행에 있어서는 북한과의 관계개선 및 화해협력에 더 역점을 둔 것으로 평가되고 있다. 그러나 이를 위한 제도적 장치는 부실하기 그지없다. 우선 정치적으로

〈표-4〉 대북 포용정책에 대한 비판론자와 옹호론자의 시각 및 입장[76]

	옹호론자	비판론자
북한에 대한 인식	∘개혁·개방을 향해 점진적으로 변화	∘북한의 대남 적화통일 혁명전략과 위협 변함없이 존재 ∘북한 전술적 차원의 변화
교류방식에 대한 인식	∘상호주의의 신축적 또는 탄력적 적용을 지지 ∘대북 현금지원에 대해서는 군사적 악용을 우려, 신중한 입장	∘상호주의의 엄격한 적용 주장 ∘북한의 전술에 끌려가며 '퍼주기식' 지원
교류속도에 대한 인식	∘속도의 조절아래 교류·협력의 활성화 지지	∘조급성과 무분별성

북한을 적으로 규정해 놓은 국가보안법에 대한 명확한 정리 없이 정책이 추진되고 있어 대북관의 혼란을 야기하고 있고, 북한과의 경제적 교류에 있어서도 이중과세방지협정 등의 법률적·제도적 보완이 있어야 지속적이고 안정적인 관계가 유지될 수 있을 것이다.

한편 북한과의 교류가 빈번할 수밖에 없는 도시들의 산업 인프라 구축도 부진한 편이다. 동해, 속초, 인천 등 항구도시는 물론 파주와 개성 등의 교통과 정보망, 통관 절차의 간소화 등의 문제가 시급히 해결되어야 보다 효율적인 남북교류가 가능해질 것이다.

끝으로 정치 군사적 위험 요인의 존재는 언제든지 남북 간의 교류를 중단시키고 다시 옛날의 긴장상태로 몰고 갈 수 있다. 지난 국민의 정부는 햇볕정책을 지속적으로 추진했음에도 불구하고 영구적인 평화 체제의 구축에는 실패했다. 두 번에 걸친 서해 교전에서도 알 수 있듯이 아무리 교류가 활발하더라도 군사적 대치 상태가 발생하면 즉각 그 교류가 중단될 수밖에 없는 것이 현실의 남북관계이다. 더욱이 북한의 핵 보유 선언과 같은 돌발사태의 발생은 남북 교류에 대한 국내적 회의 분위기 형성은 물론 국제적으로 엄청난 압력을 받게 되어 있다. 즉 평화 교류 중 햇볕정책은 명백히 교류를 우선순위에 두었다고 볼 수 있다. 그러나 정치 군사적 긴장 상태의 해소 없이 이어지는 교류는 근본적으로 한계를 가질 수밖에 없다.

3. 북한의 대응과 변화

북한은 남한의 대북지원과 햇볕정책에 대하여 어떻게 대응해 왔는가? 북한은 처음 햇볕정책과 햇볕정책이 추구하는 상호주의 원칙에

176) 배정호, 앞의 책 참조.

대해 매우 강하게 반발하였다. 북한은 "괴뢰가 국가 간의 관계에서나 통용되는 상호주의를 북남관계에 끌어들이고 이것을 북남관계의 새로운 틀이니 기본원칙이니 하고 떠드는데 황당무계하기 짝이 없다",[177] "상호주의는 주면 받아야 한다는 장사꾼의 논리이며 이와 같이 저속한 논리로 민족문제와 나라의 통일을 대하는 것 자체가 속물근성의 표현으로서 언어도단이라 하지 않을 수 없다"며 상호주의 원칙을 맹렬하게 비난하였다.[178] 햇볕정책의 초기에 북한은 햇볕정책이 무엇보다도 북한을 변화시키려는 의도가 있다고 판단하여 강한 적개심을 표현하였다. 남한이 「햇볕정책」이라는 이름하에 북한을 벗게 해 놓고, 결국 북한을 무장 해제시키는 것이 아니냐는 것으로 해석하였다. 즉 북한은 남한이 추구하는 북한의 변화를 북한의 변질 내지 북한의 자본주의화를 의미하는 것으로 이해하면서 햇볕정책에 대해 "반민족적이고 침략적인 것이 본질"이라고 주장하면서 결국 "햇볕정책은 북한 내부를 와해시켜 보려는 악랄성과 교활성을 겸비한 정책"이라고 비난하였다.[179] 기본적으로 북한은 햇볕정책은 남한을 이롭게 하는 정책이며 북한을 위한 정책은 아니라는 것이 그들의 입장이었다.

그러나 북한은 햇볕정책의 원칙에 대하여는 크게 비난하면서도 햇볕정책에 입각하여 취해 온 남한의 우호적인 정책으로 인하여 많은 이득을 보고 있음을 인식하였다. 현실적으로 북한은 경제지원을 필요로 하였으며, 대남 관계에서 경제적 이익과 안보에 대한 확실한 보장을 얻어내고자 하였다. 따라서 점차 햇볕정책에 대한 불신과 인식이 바뀌어 상호 신뢰가 싹트기 시작하였으며, 이러한 신뢰가 남북한 관계

---

177) ≪노동신문≫ 1998년 7월 2일.
178) ≪노동신문≫ 1998년 5월 23일.
179) ≪노동신문≫ 1999년 8월 18일, 1998년 8월 7일.

의 급격한 변화를 가져오게 하는 데 크게 작용하였다. 햇볕정책 추진
에 따른 북한의 대응과 변화는 다음과 같이 요약할 수 있다.

1) 대내적 변화

북한은 남북정상회담 개최, 경의선·동해선 철도 및 도로 연결을 비
롯한 다양한 남북경제협력사업에 호응해 오는 등 대남관계에서의 진전
된 모습과 대내외적 변화를 모색하고 있다. 특히, 정치적 측면에서는
기존의 정치체제를 고수하면서도 점차 실용주의적 정책기조를 채택하
고 있다. '우리식 사회주의', '강성대국 건설론', '선군정치'를 지속적으로
강조하고, 군의 전반적인 국가사회지도기관으로서의 역할을 바탕으로
내부 결속 강화에 주력해 오면서 한편으로는 '신사고' 등의 캠페인으로
의식전환운동을 추진하고 '실용주의 정책'의 확대를 강조하고 있다.

경제적 측면에서는 경제재건을 위한 자체적인 노력 및 외부지원 확보
에 주력하여 1990년 이후 1998년까지의 마이너스 성장에서 탈피하여
1999년 이후 3년 연속 플러스 성장을 기록하고 있다. 경제제도 부문에서
1998년 「사회주의헌법」을 개정하여 독립채산제, 원가·가격·수익성 등
관련 규정을 명문화하고, 2001년 「가공무역법」, 「갑문법」, 「저작권법」
등을 채택하였으며 2002년 국토계획 부문에서 외국과의 협조 강화를 위
해 「국토계획법」을 제정하였고, 경제관리 방식에 있어서도 효율성 및
수익성에 기초한 실용주의에 중점을 두고 생산 증대를 도모하였다.[180]

---

180) 2002년 「7.1 경제관리 개선조치」를 통해 기업경영의 자율권 확대, 임금 및
물가 인상, 노동결과에 따른 차등배분 등 실시하고 있다. 대외경제부문에
서 첨단 과학기술 도입 및 외화 획득을 위해 외부와의 접촉을 부분적으로
허용하는 「개방적 자력갱생」 노선으로 변화를 모색하였다. 경제관료·전
문가들을 중국·호주·EU·미국 등에 파견, 선진과학기술 및 자본주의
경제운영방식 연수 실시하고 「신의주특별행정구」(2002. 9. 12), 「금강산관

특히 남북의 경제공동체의 건설을 지향한 경제협력의 기반 조성의 추구는 북한경제에 변화를 불러일으키고 있다. 북한은 2001년 신년 공동사설에서 소위 '신사고'를 강조함과 더불어 경제관리 개혁 조치를 취했고, 대외경제협력의 확대를 위한 제도적 장치 마련 및 다양한 조치를 취하였다. 김정일의 신사고는 2001년에 발표된 북한의 일련의 문언들[181]과 그해 1월 김정일의 중국 방문으로 구체화되었다. 특히 1월 4일자 김정일 어록에서 그가 대중들에게 21세기라는 '새로운 시대'의 요구에 맞게 '새로운 관점'을 갖자는 내용이 우리에게 신사고로 각인된 것이다. 이로 인해 북한은 가격과 임금의 대폭 인상 및 식량과 생필품 배급제의 축소, 기업의 경영 자율권 확대 및 관리 개선, '개인 경작지' 확대와 개인 영농제 실시, 환율 현실화 및 관세 인상, 나진·선봉특구에 제한하였던 위탁가공의 전 지역 확대 등의 경제 관리 개혁 조치를 취했고, '가공 무역법', '갑문법', '저작권법' 등의 법적·제도적 장치를 마련하였다.

구체적으로 북한은 신사고에 의한 경제 건설 안을 제시하면서 특히, 농업부문에서는 대홍단 정신[182]을 강조하고 있으며 그 내용은 다음과 같이 요약될 것으로 분석된다. 첫째, 감자생산 중시정책을 계속 추진

광지구」(2002. 10. 23), 「개성공업지구」(2002. 11. 13) 지정 등을 발표하였다. 대외무역도 자본주의적 거래방식에 능동적으로 대응하는 모습을 보이기 시작하고 대외무역 규모도 1999년 14.8억 달러에서 2001년 22.7억 달러로 점차 증가 추세를 보이고 있다.

181) 특히 2001년 1월 1일의 "공동사설"과 1월 4일의 "김정일 어록"을 들수 있다.

182) 대홍단 정신은 1998년 10월 1일 김정일 위원장이 양강도 대홍단군을 현지 지도하면서 제시한 지침을 의미한다. 여기서 김 위원장은 감자농사의 획기적 전환, 축산업 발전, 군종합농장의 종합적 기계화 실현, 중소형 발전소 건설을 통한 농촌 전기화 추진 등을 주요과제로 제시하였다. 이는 현재 북한 농업정책의 기본 틀을 규정한 것이라고 볼 수 있다.

해 나갈 것으로 예상되며 감자증산운동은 재배면적 확대와 재배기술 도입 확산에 초점을 맞추어 진행될 것으로 보인다. 둘째, 종자혁명으로, 북한은 종자혁명이 모든 농업 분야의 생산을 크게 증가시키는 데 있어 중요한 역할을 할 것으로 보고 있다. 셋째, 두벌농사 면적의 확대인데, 이는 토지 이용률을 크게 재고시켜 생산증대 효과를 거두고자 하는 것이다. 넷째, 토지정리 사업으로, 이는 농지면적을 늘리고 영농 기계화를 도모하기 위한 것으로 분석된다. 다섯째, 축산업 및 양어사업 등의 확대를 통한 영농 다각화를 모색하고 있다.

또한 경공업부문은 소비품 생산의 양적 확대를 목표로 하고 있다. 즉 금년부터 주민생활 안정 및 생필품의 안정적 공급을 위해 경공업부문에서 1차 소비품 및 기초식품 증산에 보다 주력할 것으로 예상된다. 이를 위해 북한은 생산의 전문화를 실현하여 인민 소비품의 질을 제고하고, 경공업 공장의 생산을 정상화함으로써 소비품 생산의 양적 확대를 도모할 것으로 분석된다. 한편, 경공업부문의 활성화 및 생필품의 생산 확대와 관련하여 지방공업의 역할과 위상도 상당히 강화될 것으로 분석된다.[183]

또한 공동사설의 신사고는 과학기술을 경제회생 지렛대로 삼자는 의지를 천명하고 있다. 북한은 사회주의건설을 위해서 경제건설보다 더 중요한 사업은 없다고 강조하는 등 경제건설을 최우선 과제로 삼고 있다. 노동신문의 사설[184]에서 김정일 국방위원장의 말을 인용, "사회주의를 건설하는 당에 있어서 경제건설을 잘 하는 것보다 더 중요한 사업은 없다"고 주장했다. 또한 경제강국을 '과학과 기술의 강국'

---

183) 정영태, "군대는 '만능의 보검'이다", "북한 '신사고', 개혁·개방으로 가는
      가" 평화문제연구소, 『통일한국』, 제206호, 2001, 2월호, pp.12-13 참조.
184) ≪노동신문≫, "경제강국 건설을 위한 총진군을 다그치자"(2001. 1. 16),
      사설.

이라고 전제한 후 모든 경제부문에 대해 기술 개건사업을 추진하고, 경제기관 및 당 조직에서도 이를 위한 실력전을 벌여 최상의 실적을 마련할 것을 강조하고 있다.

과학기술의 중요성에 대해 공동사설은 "인민경제의 기술적 개건은 현 시기 경제사업의 중심 고리이며 더는 미룰 수 없는 절박한 과제이다. 우리는 모든 공장, 기업소들을 대담하게 현대적 기술로 갱신해 나가며 최신 과학기술에 기초한 새로운 생산기지들을 일떠(일으켜)세워야 한다. 온 사회에 과학기술을 중시하는 기풍을 세우며 기술혁신의 불길이 세차게 타오르게 하여야 한다"185)고 내세우고 있다.

특히, 김정일의 공식활동은 작년 1월 11일 과학원을 현지 지도하는 것으로부터 시작한 것만 보아도 그 관심도를 짐작할 수 있다. 즉 과학원 산하 전자공학기지와 수학 연구소 등 여러 연구소를 방문한 김정일은 국내 부존자원에 기초한 과학연구사업의 진행과 전자공업의 발전 그리고 연구 성과의 생산 현장으로의 즉각적인 도입을 통해 경제를 발전시킬 것을 지시하였다.186)

또한 김정일의 신사고 중 과학중시 정책은 농업·전력·금속공업 등 산업현장의 과학기술뿐 아니라 유전자공학·첨단소재·레이저 및 핵융합 등 첨단 분야의 구상이 담겨 있는 '과학기술발전 5개년 계획'을 확정하였다. 이와 같이 과학기술발전에 대한 북한의 열기는 '과학의 해'로 설정된 1999년부터 다시 거세지고 있다.187)

---

185) 「공동사설」(2001. 1. 1).

186) 최수영, "과학기술을 경제회생 지렛대로" 평화문제 연구소, 『통일한국』, 제206호, 2001. 2월호, pp.18 - 19 참조.

187) 북한의 과학연구 예산은 전년도에 비해 1999년에 10%, 2000년에 5.4% 늘어났다. 2000년 4월 개최된 최고인민회의 제10기 3차회의(2000. 4. 4 -6)에서는 과학기술발전을 위한 인력양성과 투자 방침이 강조되었다. 김정일은 "조국의 부흥발전은 과학자, 기술자들의 손에 달렸다"며 과학

경제발전을 위한 북한의 과학기술 육성 방향은 2001년 1월 14일 중국을 전격 방문한 김정일이 중국의 첨단기술 산업단지를 시찰했다는 사실을 통해서도 가늠할 수 있다.[188] 특히 그는 중국의 대표적인 개방지구인 상하이, 푸동 지역, 장장 기술단지 내의 중·일 합작기업인 상하이 화홍 NEC전자회사(중국 최대 반도체 생산업체)와 진차오 하이테크 개발구 내 정보기술기업들을 방문하였다. 김정일이 중국의 첨단기술 산업단지를 시찰한 것은 북한이 정보기술 산업을 중심으로 과학기술을 발전시켜 나가려는 구상을 가지고 있음을 시사하는 것이다.[189]

〈표-5〉 개성·금강산·신의주 특구의 특징

구 분	개성 공업특구	금강산 관광특구	신의주 특구
위 치	개성시 일대 남한 접경	강원도 고성군 통천군 남한 접경	평북 동북부 중국 접경
지정 시기	2002년 11월	2002년 11월	2002년 9월
법적 근거	개성공업지구법 (남한전용 공업당지)	금강산관광지구법 (관광특구)	신의주 특별행정구 기본법 (홍콩식 특별행정향)
투자 업종	신발 등 노동집약업종	여행업, 숙박업, 오락편의시설 등	물류업, 금융업, 경공업 등

자 격려에 직접 나서면서 "첨단과학기술 연구에 자금을 아끼지 말라"고 지시하고 있다. 한편 김정일은 "생산에 도입되지 않는 과학기술은 빈 종이장"이라면서 실용적인 기술개발을 강조하는 등 과학연구사업 실리주의를 표방하고 있다. 위의 글, p.19.

188) 김정일은 이미 2000년 5월 말 중국의 실리콘밸리라 불리는 베이징 서부 외곽에 위치한 중관춘과 유명 컴퓨터업체인 렌샹집단공사 등을 시찰한 바 있어 과학기술과 첨단산업에 대한 그의 관심을 나타낸 바 있다.

189) 최수영, 앞의 글, p.19 참조.

구 분	개성 공업특구	금강산 관광특구	신의주 특구
법적 지위	◦상속권과 사유재산권 보장 ◦공단 내 자유활동 보장 ◦우편·전화·팩스 등 통신수당 자유 이용 ◦개성 시가지를 관광구역으로 지정	◦북한 당국 주권 행사 ◦관광지구 관리기관지도 ◦남측, 해외동포, 외국인 등 자유관광 ◦관광증명서가 있으면 금강산 바깥도 출입 가능	◦입법 행정 사법권보장 ◦중앙정부에서 임명한 장관이 자율적 통치 ◦선거권·노동권·언론·출판·집회·시위·신앙의 자유 보장 ◦무비자 입국 제도 예정
투자 여건	◦토지이용증 발급일로부터 50년간 임대 ◦무관세원칙과 외화반출입 자유 ◦환경을 저해하는 투자 금지 ◦공단 내 광고와 신용카드 사용 허용	◦현대아산 50년간 토지 이용 ◦비과세 원칙과 외화 반출입 자유 ◦개발업자 권한 양도·임대 가능 ◦자연생태환경 파괴와 변화 개발 금지	◦50년간 토지 임대 ◦자체적인 화폐금융제도, 외화 반출입 자유 ◦특혜적 세금·관세 제도 ◦외국인력 도입 허용
과세 방식	특혜관세	비과세	소득세만 지불
외국인 참여	행정장관을 신의주특구 주민으로 규정해 외국인 참여 허용	◦관리기구 구성원에 남측 및 해외 개발업자 추천 받음 ◦경우에 따라 관리기구 책임자를 외부인으로 임명	◦금강산과 동일한데, 단, 관리기관 책임자를 이사장으로 호칭 ◦남측 인사가 이사장이 될 수 있는 가능성리 열려 있음

* ≪매일경제≫(2002. 11. 28); ≪동아일보≫(2002. 11. 28); ≪중앙일보≫(2002. 11. 28) 등을 참조하여 작성.

그리고 북한은 경제난 극복을 위한 대외경제협력 및 외국 투자의 유치를 위하여 신의주 특구의 설치에 이어 금강산 지역 및 개성공단 지역을 관광특구 및 경제특구 지역으로 지정하였다. 신의주 특구, 금강산 관광특구, 개성 공업특구 등의 특징 및 주요 내용은 〈표-5〉와 같은데, 개성공단 특구의 경우, 한국 측 인사가 관리기관의 책임자인 이사장을 맡는 것으로 남북 간에 합의되었다.

이처럼 북한은 체제유지의 틀 내에서 경제난 극복을 위한 외자 유치를 지향한 개방·개혁의 조치를 취하고 있는데, 이는 햇볕정책의 영향으로 변화된 북한의 모습이라고 할 수 있다.

사회적 측면에서는 외부인사들의 북한주민 접촉기회 확대 및 외부문화의 북한 내 유입이 증가하고 있다. 경제협력 관계인사, 금강산·신포지구 등에서 남한주민과의 장기접촉, 중국 동북 3성 지역과의 비공식적인 인적 왕래 증가, 대북 구호물품의 분배와 확인, 「아리랑」 공연 해외관광객 유치 등으로 방북인원이 증가하였다. 또한 남북교향악단 합동연주회, 윤도현 공연실황 생방송, 월드컵 경기, 부산 아시아 경기대회 녹화 방영 등 외부문화 유입이 증가하고 있다.

그러나 한편으로 북한은 경제운용방식의 변화움직임 속에서도 체제유지를 위한 주민사상교육을 강조하고 있다. 각종 홍보매체를 통해 자본주의 생활양식의 침투를 경계할 것과 사회주의 체제 고수를 되풀이하여 강조하면서 주민 통제를 강화하고 있다.

2) 대외적 변화

북한의 김정일 체제는 국제적 고립 탈피 및 국제사회의 지원확보를 외교활동의 목표로 삼고 실리를 위주로 하는 전방위외교를 전개하고 있다. 전통적 우호관계였던 중국, 러시아와의 관계 복원을 꾀하고 미국, 일본, EU 등과도 관계 개선을 추진하였다.

미국과는 핵, 미사일 문제 등을 고리로 관계 개선을 추진해 왔다. 2000년 6월, 미사일 재 발사 유예 발표를 통해 대북 식량지원 및 경제제재 부분해제를 획득하였으며, 2000년 10월에는 조명록인민무력부장이 특사자격으로 미국을 방문하였으며, 매들린 올브라이트 미국 국무장관의 북한방문이 성사되기도 하였다. 그러나 2002년 10월 북한의 새

로운 핵무기 개발 문제가 대두되면서 관계개선은 고사하고 전쟁 위기
감이 조성되기도 했었다. 일본과는 2002년 9월 17일 「북·일 정상회담」
을 개최하면서 북·일 간의 불행한 과거를 청산하고 현안사항을 해결
하며 결실 있는 정치, 경제, 문화적 관계를 수립하는 것이 쌍방의 기본
이익에 부합하는 동시에 지역의 평화와 안정에 크게 기여하게 될 것이
라는 공통인식하에 4개 항의 '평양선언'을 발표하였다.[190] 그러나 김정
일 위원장의 일본인 납치문제 시인과 북한의 핵 의혹 및 미사일발사
등으로 지금은 교착상태에 빠져 있다.

중국과는 김정일 위원장의 두 차례 방중(2000. 5, 2001. 1) 및 장쩌
민 중국 국가주석의 방북(2001. 9)을 통해 기존의 우호관계를 회복하
는 등 대중국 외교활동을 강화하였으며, 러시아와는 푸틴 대통령의 방
북(2000. 7)과 김정일 위원장의 방러(2001. 7~8월)로 양국 정상 간
상호 방문이 이루어졌으며, 2002년 8월 김정일 위원장의 러시아 극동
지방 방문 시에도 하바로프스크에서 푸틴 대통령과 회담을 갖고
TKR(한반도 종단철도)/TSR(시베리아 횡단열차) 연결 사업 및 북한
과 러시아 극동 지역 간 경제협력 등에 대한 협의가 이루어졌다.

북한은 EU 국가와도 외교관계 확대를 적극 추진하여 2000년 1월
이후 2002년 12월 현재 총 15개 성원국 중 프랑스와 아일랜드를 제외
한 13개국과 수교하였으며, 1998년 이후 지금까지 EU 13개국을 포함
총 21개국과 수교하였다.

---

190) 10월 중 국교정상화 교섭 재개, 일본의 식민지 지배 반성과 대북 경협
제공, 북한의 피랍 일본인문제 사과와 재발방지, 핵문제의 포괄적 해결
을 위한 국제적 합의 준수 및 미사일 발사 유예를 2003년 이후까지 연
장키로 합의하였다.

Ⅲ. 남북협력 사업과 군사적 요인[191]

1. 철도 · 도로 연결사업

남북 철도 및 도로 연결사업 가운데 남북한은 일차적으로 경의선 철도 및 도로연결사업을 논의의 주제로 삼았다. 경의선 철도 및 도로 연결사업은 1차 장관급회담(2000. 7)에서부터 토의되었다. 그리고 경의선 철도 및 도로 연결을 위한 군사적 문제를 협의하기 위해서 남북국방장관회담(2000. 9. 25－9. 27)이 개최되었으며 남한은 국방장관회담을 계기로 군사회담을 정례화하고 한반도의 긴장완화와 평화정착문제를 포괄적으로 논의하기를 기대하였다. 그러나 북한은 남북국방장관회담을 경의선 연결 및 도로건설을 위한 일회성 회담으로 생각하였다. 남북국방장관회담 결과 발표된 공동보도문은 6 · 15 남북공동선언을 이행하기 위한 군사적 문제 해결, 군사적 긴장완화 및 평화정착문제, 군사실무회담 개최에 의한 철도 및 도로 연결의 실무문제 협의, 남북관할구역 설정, 2차 남북국방장관회담 개최 등을 포괄적으로 포함하였다.[192] 그럼에도 불구하고 이후 남북군사회담의 초점은 경의선 연결 및 도로건설을 위한 실무문제를 협의하는 차원 이상은 넘지 못하고 있다.

철로 및 도로 연결사업은 서부 지역에서 경의선 연결과 함께 동부 지역에서의 동해선 철도 및 도로 연결도 논의되어 임동원 대통령 특사의 북한 방문 시(2002. 4. 3－6) 동해선 철도와 도로를 연결하기로 합의하였다. 동

---

191) 통일연구원, 『남북협력 증진을 위한 군사적 조치의 이행방안』 연구총서 02－21, 2001, pp.3－30 참조.

192) 《동아일보》, 2000년 9월 26일.

해선 철도연결은 장차 시베리아 횡단철도와 연결이 가능하며 TKR-TSR 연결사업이 구체화될 수 있다. 즉 러시아와 북한은 2001년 10월 표준궤(폭 1,524mm)인 동해선의 북한 구간을 광궤도(폭 1,524mm)인 시베리아 횡단철도와 연결하기 위해 기존 궤도 옆에 레일을 한 줄 더 건설하여 광궤도용 열차도 다닐 수 있는 혼합궤로 확장하기로 한 것으로 알려졌다.[193]

동해선의 도로연결은 금강산 관광 활성화를 위한 육로관광과 관련되어 있다. 남북한은 5차 남북장관급회담(2001. 9. 15-9. 18)에서 육로관광을 비롯한 금강산관광활성화 문제를 협의하기로 하고 이를 위해 금강산관광 활성화를 위한 남북당국 간 회담을 개최하였다(2001. 10. 3-10. 5). 남한은 남측의 송현리와 북측의 고성 간 도로를 연결하되, 임시도로를 개설하여 우선 육로관광을 실시하고 2002년 하반기까지 2차선 포장도로를 완공할 것을 제안하였다. 반면, 북한은 해로를 이용한 금강산관광을 정상궤도에 올려놓은 뒤, 다른 문제를 논의할 것을 주장하였다. 즉 북한은 금강산 육로관광은 군사적 문제와 환경문제를 포함한 복잡한 문제라고 주장하였다.

제2차 남북경제협력 추진위원회(2002. 8. 27-30)에서 남북한은 경의선과 동해선의 철도 및 도로 연결공사를 2002년 9월 18일 남북한 양측에서 동시에 착공하기로 합의하였다. 경의선 철도는 2002년 말 연결을 완료하고 경의선 도로는 2003년 봄에 완공하기로 하였다. 그리고 동해선의 철도 및 도로는 1차적으로 1년 목표로 완공하되 동해선 임시도로는 2002년 12월 말까지 완공하기로 하였다.

제2차 남북경제협력 추진위원회의 합의에 따라 경의선 및 동해선 연결과 관련된 군사적 조치를 협의하기 위해서 군사실무회담이 2002. 9. 14-17까지 개최되어 남측 국방부장관과 북측 인민무력부장이 서명

---

193) ≪조선일보≫, 2002년 4월 24일.

한 「남북군사보장합의서」(정식명칭은 「동해지구와 서해지구 남북관리
구역 설정과 남과 북을 연결하는 철도 및 도로 작업의 군사적 보장을
위한 합의서」)가 2002년 9월 17일 교환되었다. 아울러 2002년 9월 13
일부터 17일까지 개최된 「남북철도 및 도로연결 실무협의회」 제1차
회의에서 착공식과 철도 및 도로 연결구간의 공동측량, 분계역 설치,
자재 및 장비제공 등에 대한 합의서가 채택되었다.

경의선 및 동해선 연결을 위한 구체적 절차들이 마무리됨에 따라
2002년 9월 18일 경의선과 동해선의 기공식이 남측 지역과 북측 지역
에서 동시에 진행되었으며, 9월 19일부터 비무장지대의 남측과 북측의
관리 지역에서 지뢰 제거 작업이 동시에 착수되었다. 그리고 2002년
11월 6일부터 9일까지 실시된 남북경제협력 추진위원회 3차 회의에서
철도 및 도로 연결을 위한 공동측량, 공사일정표 교환, 공사 진행상황
상호 통보 등이 합의되었다. 또한 2002년 11월 18일부터 20일까지 개
최된 「남북철도 및 도로연결 실무협의회」 실무접촉에서 공동측량의
절차와 방법이 합의되었다. 그리고 남북한은 경의선·동해선 임시도로
개통에 따른 남북 간 차량 운행과 관련하여 기본원칙, 운행절차와 방
법, 사고처리 등에 대해서 의견접근을 이루었으며 추후 판문점을 통해
문서교환방식으로 「차량운행합의서」를 확정하기로 하였다. 남북한은
군사분계선에서 가장 가까운 곳에 차량운행사무소를 두기로 하고 상
대측 지역을 운행하고자 하는 차량은 상대측 차량운행 사무소에 허가
신청서를 제출하여 승인을 받도록 합의하였으며, 상대측 지역을 운행
하는 운전사는 상대측 지역의 교통법규 등을 준수하여야 하고 운행목
적과 교통질서를 위반하는 경우 운행허가를 취소하도록 하였다. 그리
고 남북한은 「남북도로운영 공동위원회」를 구성하여 남북 간 정상적
인 차량운행을 보장하기 위한 실무적인 문제를 협의하기로 하였다.

이러한 합의에 따라 남북한은 2002년 11월 26일 동해선 철도 및 도로 연결을 위해 비무장지대의 군사분계선 양측에서 공동측량을 실시하였으며, 11월 29일에는 경의선 철도 및 도로 연결을 위해 공동측량을 마쳤다.

그리고 2002년 12월 15일부터 17일까지 남북철도·도로연결 실무협의회 제3차 실무접촉을 통해서 남북한은 남북철도 및 도로 연결이 합의된 일정대로 완공될 수 있도록 적극 노력하며, 이에 필요한 자재 및 장비가 공사일정에 맞추어 제공될 수 있도록 적극 협력하기로 하였다. 그리고 북한은 철도 및 도로 연결에 필요한 자재 및 장비와 개성공단 건설에 필요한 인원과 장비의 수송을 위한 임시도로를 개성공단 착공 전까지 개통하기로 하였다. 이와 관련하여 쌍방은 경의선 임시도로 개설과 경의선과 동해선 임시도로 통행을 위한 쌍방 군사당국 간의 협의를 진행하는 문제를 해당부문에 각기 제기하기로 하였다. 또한 남북한은 차량운행 기본합의서를 조속히 발효시키기로 하였으며, 열차운행 기본합의서도 빠른 시일 내 문서교환방식으로 채택하기로 합의하였다.

〈표-6〉 경의선 및 동해선 철도 및 도로 연결 공사 규모와 구간

노선	종류	규모	구　간	거리(Km)	연결 시기
경의선	철도	단선	개성역(북)－도라산역(남)	17.1	2002년 12월
	도로	4차선	개성공단터(북)－도라산역(남)	8.8	2003년 봄
동해선	철도	단선	온정리(북)－저진(남)	27.5	2003년 9월
	도로	2차선	고성(북)－송현리(남)	14.2	2003년 9월
	임시도로	1차선	고성 군사분계선	1.5	2002년 12월

경의선과 동해선의 철도 및 도로의 연결사업은 경제적 효과, 국토종합개발, 긴장완화 등 복합적 의미를 지니고 있다. 우선 철도 및 도로

의 연결은 남북한의 경제교류와 협력을 확대한다는 경제적 의미를 지니고 있으며 특히, 남북한 간 물류비 절감효과를 지니고 있다. 현재 20ft 컨테이너 1개당 TEU 720달러에 이르는 남북한 간 해상운송 비용이 철도운송의 경우 100달러~250달러로 감축된다. 북한은 TSR(시베리아횡단철도)과 연결시킴으로써 화물 수송의 통과료 수입과 나진·선봉 지대의 발전을 기대하고 있다. 즉 2005년을 기준으로 남북한의 물동량을 약 290만 톤(약 15만 TEU)으로 가정하고 평균 수송거리 300km, 1 TEU/km당 0.5달러를 적용할 경우 북한 측은 연간 약 2,250만 달러의 운임소득을 얻게 된다.

그리고 경의선 연결은 남북한 간의 물동량 수송기간을 단축시켜 남북경협을 활성화시킬 것으로 전망된다. 현재 인천·남포 간 해상으로 7~8일 소요되는 물류 수송기간이 경의선을 이용하면 1~3일로 단축된다. 따라서 육로를 통한 신속한 인력과 장비의 이동이 가능해짐에 따라 개성공단 개발사업과 금강산 육로관광 등이 활기를 띨 것으로 기대된다.

그리고 경의선·동해선은 장기적으로 TSR과 연결됨으로써 한반도가 동북아의 육상물류 및 국제복합운송의 거점으로 발전할 수 있는 계기가 마련될 것이다. 현재 동북아시아의 7개 간선 철도노선에는 주요 물동량의 출발지인 한국과 일본이 제외되어 있으며, 항만 하역시설과 배후교통망이 미비해서 국제운송망으로의 역할을 충분히 발휘하지 못하고 있다. 경의선 및 동해선 연결을 계기로 시베리아횡단철도와 한반도철도가 연결되면, 한반도가 동북아시아의 물류수송망의 중심지 역할을 할 수 있을 것이다. 이 같은 대륙 횡단 열차는 기존의 선박을 이용한 화물수송의 단점인 고비용과 장시간에 걸친 운송시간 등의 문제를 단번에 해결할 수 있을 것이다.

나아가 시베리아횡단철도와 한반도철도가 연결될 경우, 한국과 일본 으로부터 출발한 물류가 북한, 러시아, 중국, 몽골, 카자흐스탄, 유럽 지역으로 이동할 수 있을 것이다. 이렇게 되면, 러시아, 중국, 몽골, 북 한 등의 값싸고 풍부한 천연자원 및 노동력과 한국, 일본 등의 기술력 및 자본이 결합돼 유럽연합(EU) 같은 동북아 경제권 형성이 촉진될 것으로 분석된다.

또한 남북교통망 연결은 한반도의 균형적 발전과 종합적 국토개발 이라는 장기적 목표를 위해서도 필요하다. 뿐만 아니라 남북한 교통망 연결은 비무장지대를 통과함으로써 실질적으로 군사적 긴장을 완화하 고 신뢰구축을 도모하는 효과를 지니고 있다.

군사적 측면에서 볼 때, 비무장지대를 통과하는 철도·도로 연결은 비무장지대 관리 및 정전체제 유지문제, 비무장지대의 군사시설 제거, 군사적 신뢰구축 등 다음과 같은 문제점을 가지고 있다.

첫째, 비무장지대를 통과하는 교통망 건설은 비무장지대의 관리 및 정전체제 유지와 관련되어 있다. 한국정전협정에 의하면 군사분계선을 통과하거나 비무장지대 내에 출입하기 위해서는 유엔군사령관과 북한 및 중국군사령관의 허가를 받도록 되어 있다(정전협정 1조의 제7항, 제8항, 9항).[194] 즉 비무장지대 내에서나 비무장지대 일부와 동 지대 외곽을 포함하는 지역에서 남북한이 협력사업을 추진하기 위해서는

---

194) "군사정전위원회의 특정한 허가 없이는 어떠한 군인이나 사민이나 군 사분계선을 통과함을 허가하지 않는다."(한국정전협정 1조 7항); "비무 장지대 내의 어떠한 군인이나 사민이나 그가 들어가려고 요구하는 지 역의 사령관의 특정한 허가 없이는 어느 일방의 군사통제하에 있는 지 역에도 들어감을 허가하지 않는다."(한국정전협정 1조 8항); "민사행정 및 구제사업의 집행에 관계되는 인원과 군사정전위원회의 특정한 허가 를 얻고 들어가는 인원을 제외하고는 어떠한 군인이나 사민이나 비무 장지대에 들어감을 허가하지 않는다."(한국정전협정 1조 9항)

유엔사와 북한 및 중국 군사령관의 동의가 필요하다.[195]

따라서 비무장지대에 철도 및 도로건설을 위한 문제와 관련하여 유엔사, 남한, 북한 간 관할권문제가 대두되어 일차적으로 정전협정에 따라 정전체제의 관리는 유엔사와 북한이 책임지고 있다는 현실이 감안되었다. 아울러 정전체제를 관리하기 위한 제도적 장치인 군사정전위원회가 사실상 유명무실화되면서 유엔사장성급회담이 고려되었다. 이러한 현실인정의 토대 위에서 실질적으로 남북공동 관할구역을 설정하기 위한 타협안이 모색되었다.

북한은 남북국방장관회담에서 유엔군사령관이 비무장지대 내에서 군사문제에 관한 협의권을 남한에 위임한다는 내용의 서한을 북한 인민무력부장에게 보내 줄 것을 요청[196]하였고 군사정전위원회 비서장급회의(2000. 10. 14)에서 유엔군 측은 "한국의 국방부가 유엔사를 대리하여 비무장지대 내에서 지뢰제거 및 공사에 필요한 안전보장 대책을 협의할 권한을 지닌다"는 내용의 공식 위임서한을 북한 측에 전달하였다.[197]

그러나 북한은 유엔사의 공사위임 서한이 법적·기술적 조건을 충족시키지 못한다고 주장하면서 정전협정에 의하면 협정당사자는 유엔군과 북한군이므로 한국군에 대한 비무장지대의 협상권 위임문제에 관해 유엔군과 북한이 별도의 문서를 만들어야 한다고 주장하였다.[198]

북한과 유엔사는 2000년 11월 17일 비서장급 후속회담을 통해 해당구역의 관리권을 남한에 위임하기로 하는 내용의 「비무장지대 일부구

---

195) 제성호, "한반도비무장지대론: DMZ를 평화지대로"(서울: 서울프레스, 1997), pp.158－159.
196) 《동아일보》, 2000년 9월 27일.
197) 《동아일보》, 2000년 10월 15일.
198) 《동아일보》, 2000년 10월 19일.

역 개방에 대한 국제연합군과 조선인민군 간 합의서」를 체결하였다.
엄격한 의미에서 보면, 유엔군이 한국군에게 위임한 것은 해당 지역의
행정적 관리를 위한 관리권(Administration)이며 해당 구역에 대한 최
종적인 관할권(Jurisdiction)은 아니다. 따라서 남북한이 해당 구역에서
기술적·행정적 문제를 처리하는 관리권을 보유하지만 동 지역에서
진행되는 상황에 대해 유엔사에게 보고해야 하며 우발적 충돌이나 군
사적 문제가 발생할 경우 유엔사는 개입할 수 있는 권한을 지닌다고
할 수 있다.199)

남북한의 공동 관할구역 설정에 대해 북한과 유엔사가 합의함에 따
라 남북군사실무회담이 5차(2000. 11. 28; 2000. 12. 5; 2000. 12. 21;
2001. 1. 31; 2001. 2. 8)에 걸쳐 개최되었다. 5차 남북군사실무회담에
서는 비무장지대 내 남북관리구역에서 양측 군과 공사인력의 행동규
칙을 정한 「남북군사보장합의서」가 합의되었으며 이 합의서는 총 38
개 항에 대한 것으로 남북관리구역 설정, 지뢰제거 작업, 철도와 도로
연결작업, 접촉 및 통신, 작업장 경비 및 안전보장 등으로 이루어졌다.
특히 쟁점이 되었던 사항은 남북공동관리구역의 폭, 지뢰제거 면적,
폭파작업 시간 등이었다.200)

「남북군사보장합의서」가 타결됨으로써 비무장지대 공사 추진을 위한
토대가 마련되어 남한은 남한 측의 경의선 연결 구간인 문산 – 임진강
간의 공사를 완료하고 2001년 9월 30일 임진강역까지 기차를 연장 운
행하였다. 북한은 2000년 9월 공사를 시작했으나 동절기 도래에 따라
공사를 중단한 이후 공사를 재개하지 않은 상태에서 「남북군사보장합
의서」의 서명·교환을 연기하였다. 북한은 「남북군사보장합의서」의 서

---

199) ≪조선일보≫, 2000년 11월 18일.
200) ≪동아일보≫, 2001년 2월 9일.

명·교환을 거부하는 표면적인 이유로 남한이 『2000년 국방백서』에서 북한을 '주적'으로 명기한 것을 거론하였다.[201]

2002년 6월 서해교전 사태로 소강국면에 접어들었던 남북관계가 2002년 8월 7차 남북장관급회담으로 활력을 되찾으면서 경의선 및 동해선 연결사업도 추진력을 얻었다. 제2차 남북경제협력 추진위원회 합의에 따라 철도 및 도로 연결과 관련된 군사적 조치를 협의하기 위해서 2002년 9월 14일부터 9월 17일까지 군사실무회담이 개최되었으며 그 결과 2002년 9월 17일 남측 국방부장관과 북측 인민무력부장이 서명한 「남북군사보장합의서」가 교환되었다. 「남북군사보장합의서」는 경의선과 동해선 건설을 위한 조치를 총괄적하는 단일 문건으로 작성되었다. 따라서 「남북군사보장합의서」에 의해 경의선 및 동해선의 철도 및 도로 연결을 위해 비무장지대 내에 철도 노반을 중심으로 경의선 폭 250m와 동해선 폭 100m의 '남북관리구역'이 설정되게 되었다.

이와 같이 철도 및 도로건설 지역을 남북한이 직접 통제·관리하는 남북공동 관할구역이 설정됨으로써 인원 및 물자의 통과에 대해 매번 유엔군사령관의 허가를 받아야 하는 번거로움을 피할 수 있게 되었다. 또한 비무장지대 내에서 남북한이 공동으로 이용하는 관리체계를 형성함으로써 남북협력의 좋은 사례가 되었다. 이러한 남북공동 관할구역의 설정은 평화체제 전환과정에서 남북당사자원칙을 주장할 수 있는 근거로 활용될 수도 있다.

남북한이 철도·도로 연결을 위해 비무장지대의 일부 구역에 대한 관리권을 위임받았지만, 이 문제는 여전히 쟁점사항으로 남아 있다.

---

201) 북한은 5차 남북군사실무회담(2001. 2. 8), 6차 남북장관급회담(2001. 11. 9-14), 임동원 특보의 방북(2002. 4. 3-6) 시 면담 등을 통하여 「국방백서」에서 '주적' 표현을 삭제할 것을 요구하였다.

예로 비무장지대 내의 지뢰제거 작업을 확인하기 위한 남북한 양측의 검증단 파견을 둘러싸고 유엔사와 북한이 견해차를 보인 것에서도 알 수 있다. 즉 유엔사는 남북한의 검증단이 군사분계선을 넘어 상대측 지역의 지뢰제거 작업을 검증하기 위해서는 남북한이 인원과 검증 시기를 군사정전위원회에 통보해야 한다고 주장하였다. 유엔사는 2000년 9월 남북국방장관회담 시 '남북한이 남북한 관리구역의 설정문제는 정전협정에 기초하여 처리하기'로 했기 때문에, 정전협정에 따라 유엔사가 군사분계선 통과에 대한 허가권을 지니고 있다는 입장을 표명하였다. 또한 유엔사는 2000년 11월 「비무장지대 일부구역 개방에 대한 국제연합군과 조선인민군 간 합의서」에 의하면, '남북한 군대는 비무장지대 내의 관리구역에서 제기되는 군사적 문제들을 정전협정에 따라 협의, 처리한다'고 규정되어 있기 때문에 정전협정에 따라 유엔사가 검증단의 군사분계선 통과에 대한 관할권을 지니고 있다고 주장했다.

그러나 북한은 「남북군사보장합의서」의 "남북 관리구역에서 제기되는 모든 군사 실무적 문제들은 남과 북이 협의 처리한다"(2항)는 것을 근거로 검증단의 명단을 유엔사에 통보하지 않고 남북한이 직통전화로 직접 통보할 것을 주장하였다. 이것은 북한이 유엔사에 검증단의 명단을 통보할 경우, 군사정전위원회를 사실상 인정하는 결과가 되기 때문인 것으로 해석된다.[202] 또한 북한은 기본적으로 유엔사가 남북한에게 남북관리구역의 행정적 관리권뿐만 아니라 최종적인 관할권까지 위임했다고 해석하였다.

이 문제와 관련하여 남한 측과 유엔사 대표가 회담을 갖고 유엔사가 북한 측 지뢰검증단 명단을 남한 측을 통해 간접적으로 접수하기로 하였다. 이것은 「남북군사보장합의서」에 따라 남북한이 서로 검증

---

202) ≪동아일보≫, 2002. 11. 14.

단 명단을 통보하면 된다는 북한 측 주장을 사실상 수용한 것이다. 그럼에도 불구하고 북한이 이를 받아들이지 않자, 결국 남한이 지뢰제거의 검증절차 없이 작업을 완료할 것을 제안하고 북한이 이를 수용함으로써 이 문제는 일단락되었다.

그러나 유엔사는 철도 및 도로가 완공될 경우 군사분계선을 통과하는 인원 및 차량에 대한 승인권을 요구하였다. 즉 제임스 솔리건(미공군소장) 유엔사 부참모장은 2002년 11월 28일 기자회견을 통해 정전협정에 따라 유엔사가 군사분계선 통과에 대한 승인권을 지니고 있다고 주장하였다.[203] 그동안은 정전협정에 따라 남북한의 인사들이 군사분계선을 통과할 경우, 그 명단을 사전에 유엔사에 통보하였다. 북한의 경우 자기 측 인사의 명단을 남한 측에 통보하면 남한 측이 이를 유엔사에 전달하는 절차였다. 예를 들면 1차 남북장관급회담을 위해 군사분계선을 통과한 북한의 김일철 인민무력부장과 군 인사들은 남한 측 실무접촉 대표에게 통과명단을 전달하고 남한 측 대표는 이를 유엔사에 전달하였다.

이와 관련하여 남한의 국방부와 유엔사는 우선 금강산 육로관광을 위한 비무장지대 통과절차를 간소화하기로 합의하고 이를 2002년 12월 2일 북한에게 제안한 상태이지만 앞으로 철도 및 도로가 개통될 경우 비무장지대의 관할권에 대한 문제는 계속 쟁점사항이 될 가능성이 있다.

둘째, 비무장지대를 통과하는 교통망건설은 제한적이지만 비무장지대를 실질적으로 비무장화시키는 효과를 지니고 있다. 비무장지대는 무장이 금지된 군사적 완충지대이기는 하지만, 사실상 비무장지대는 지뢰와 각종 군사시설이 설치된 지역이다. 그러나 경의선 철도 및 도로

---

203) ≪연합뉴스≫, 2002. 11. 28; 2002. 11. 29.

연결로 인해 비무장지대 내 공동관리구역의 군사시설이 제거되었다.

특히, 남한은 남방한계선-군사분계선(MDL) 구간에서 경의선의 경우, 22만 5천800㎡(6만 8천400평), 동해선의 경우 2만 5천800㎡(7천820평) 면적에 매설된 것으로 추정되는 각각 1천500발과 400발의 지뢰를 제거하였다. 군부대는 지뢰제거반, 노반공사반, 경계부대 등으로 구성되어 지뢰제거 작업, 노반공사, 공사 중 경계와 군사시설 이전 임무 등을 수행하였다. 이러한 지뢰제거 작업을 위해 독일제 지뢰제거 장비 리노와 마인 브레커, 영국제 장비 MK4, 도저, 굴삭기, 분진 제거용 공압기, 개인 장비 등 총 287대(경의선)와 166대(동해선)의 장비가 동원되기도 했다.

북한은 남북군사실무회담에서 지뢰제거 작업을 위해서 지뢰제거 장비를 제공하거나 장비를 구입할 수 있는 자금을 지원해 줄 것을 요청하였으며 2002년 4월 임동원 특사의 방북 시 김정일 위원장도 경의선 연결을 위해 지뢰제거 장비를 제공해 줄 것을 요청한 것으로 알려졌다.[204] 따라서 2차 남북경제협력추진위원회의 합의에 따라 남한이 연결공사에 필요한 자재, 장비 등을 북측에 제공하게 되었다.

셋째, 철도 및 도로의 연결과 관련하여 군사적 신뢰구축 조치가 실시되었다. 비록 공사 실무를 위한 것이지만 남북한 군부 간 전화가 개설된 것은 분단사상 처음이며, 1991년 남북기본합의서를 통해 '군사당국자 간 직통전화 설치'에 합의한 지 11년 만이었다.

2002년 9월 16일 남북한 군사실무회담 수석대표 접촉과 통신 실무자회담의 합의에 따라 경의선 철도·도로 연결공사를 위해 9월 24일부터 군실무자 간 직통전화가 개통되었다. 「남북군사보장합의서」(4조)에 의하면, 쌍방은 공사현장 간 통신보장을 위하여 동해지구와 서해지

구에 각각 유선통신 2회선(자석식 전화 1회선, 팩스 1회선)을 연결하기로 규정되었다. 서해지구의 직통전화는 합의서 발효 후 1주일 내에 판문점 회의장의 서쪽 군사분계선에서 연결하고 동해지구의 직통전화는 지뢰가 완전히 제거된 다음, 남북관리구역 동쪽 군사분계선상에서 연결하며 그 전 단계에서의 통신연락은 서해지구 통신선로를 이용하기로 하였다. 그리고 쌍방은 매일 07시부터 07시 30분 사이에 시험통화를 하며 통신이 두절되는 경우 기존통로를 이용하여 상대방에 통보해 주고 즉시 복구하기로 되었다.

또한 경의선 및 동해선 연결과 관련하여 우발적 무력충돌 방지 및 재난 협력 등에 관한 합의가 이루어진 것도 군사적 긴장완화를 위해서 바람직한 선례다. 「남북군사보장합의서」 '제5조 작업장경비 및 안전보장'에 의하면 남북한은 상대측 작업인원과 장비의 안전을 보장하며 예상하지 않은 대결과 충돌을 막기 위하여 작업장과 그 주변에서 상대측을 자극하는 발언이나 행동, 심리전 등을 하지 않도록 규정하였다.

또한 쌍방은 우발적인 충돌이 발생할 경우 즉시 작업을 중단하고 모든 경비 및 작업인원들을 비무장지대 밖으로 철수시키며 전화통지문 또는 남북군사실무회담을 통하여 사태를 해결하고, 사건의 재발을 방지하기 위한 대책을 세우기로 하였다. 그리고 쌍방은 작업장과 그 주변에서 산불이나 홍수 등 자연재해가 발생하여 상대측에게 영향을 줄 가능성이 있는 경우, 즉시 서로 통보하고 자기 측 지역에 대한 진화 및 피해방지 대책을 신속히 세우고 피해 확대를 막기 위하여 최선의 노력을 하기로 하였다.

2. 수자원 협력

1) 임진강 수해방지사업

임진강은 남북한의 군사분계선을 가로질러 흐르고 있다. 이러한 이유 때문에 임진강 유역에 대한 수해방지를 위한 관리가 어려웠다. 그 결과 임진강 유역의 남한과 북한 지역은 해마다 수해로 인한 피해를 입는 것이 연중행사가 되고 있다. 특히, 1996년, 1998년, 1999년 잇따른 임진강유역 홍수로 남쪽에서만 116명의 인명피해와 9,000억 원의 막대한 재산피해가 발생했으며, 남한보다 산림 및 수해방지시설 등이 열악한 환경에 처해 있는 북한의 피해는 정확한 피해내용은 알 수 없으나 남한보다 더욱 큰 피해를 입은 것으로 보아도 무리는 아닐 것이다. 따라서 임진강의 수해를 방지하기 위해서는 상류에 댐을 설치하고, 대대적인 조림을 해야 한다고 전문가들은 지적해 왔다.

임진강 수해방지 대책은 이 지역의 반복되는 홍수를 예방하고 이를 기반으로 남북이 공유하천의 수자원을 공동 활용하는 선례를 만든다는 의미를 지니고 있다. 또한 임진강 수재 방지를 위한 공동조사는 국토에 대한 남북한의 첫 공동조사라는 의미를 지니고 있다. 남북한은 임진강에 대한 현지 조사 결과를 바탕으로 현지 조사를 통해 예보시설 설치, 하천 준설, 제방축조, 다목적 댐 건설, 산림녹화 등 수해 방지를 위한 다양한 대책들이 논의될 수 있다. 특히, 북한이 임진강 상류의 기상과 수문 자료를 남측에 통보할 경우, 매년 되풀이되던 임진강 유역 범람에 따른 피해를 어느 정도는 예방할 수 있을 것으로 예상된다.

대한적십자 총재는 임진강 수해방지를 위해 1999년 8월 11일 총재 명의로 북한 측에 서한을 보내 임진강 유역의 홍수방지를 협의하기 위해 남북당국 간 실무접촉을 가질 것을 제안하였다. 따라서 남북한은

2000년 8월 2차 남북장관급회담에서 임진강 수해방지사업을 공동으로 추진할 것에 대해 원칙적으로 합의하였다. 이어서 2000년 9월 11일부터 14일까지 있었던 김용순 특사의 서울 방문 시 남북한이 임진강에 대해서 공동조사를 실시하고 구체적 사업계획을 마련하기로 합의하였다. 그리고 2000년 12월 28일부터 30일까지 실시된 1차 남북경제협력 추진위원회에서도 전력협력문제, 철도 및 도로 연결문제, 개성공업단지 건설문제 등과 함께 임진강유역 수해방지사업에 대해서 협의하였다. 그 결과 임진강 수해방지사업을 추진하기 위해서 「임진강 수해방지 실무협의회」와 「임진강 수해방지 공동조사단」을 구성 및 운영하기로 합의되었다.

이러한 합의에 따라 2001년 2월 「임진강 수해방지 실무협의회」 1차 회의가 개최되었으며 남한은 먼저 임진강 유역에 대해 공동조사를 실시하고 조사결과를 토대로 사업의 우선순위를 정하자고 주장하였다. 아울러 남한은 2001년 우기에 발생할 수 있는 홍수피해를 줄이기 위한 대책을 우선 강구하자고 제안하면서 조사단 구성, 조사 지역, 조사 시기, 조사방법 등 11개 항으로 이루어진 「남북 임진강 수해방지 공동조사에 관한 합의서」(안)를 제안하였다. 반면 북한 측은 구체적인 사업목표를 확정한 뒤, 사업 지역에 한정해서 제한적으로 공동조사를 실시할 것을 주장하였다. 그리고 북한은 수해방지를 위해서는 근본적으로 산림조성, 댐건설, 강하천 정리 등이 실시되어야 한다고 주장하면서 7개 항으로 이루어진 합의서(안)를 제안하였다. 이처럼 공동조사를 먼저 실시하자는 남한의 입장과 제한적 사업 목표를 우선 확정하자는 북한의 입장이 대립하여 임진강 공동조사에 관한 합의서는 타결되지 못하고 있다.

그 후 2001년 9월 실시된 5차 남북장관급회담에서 임진강 유역 수해방지 대책협의를 위해 11월 중 현지조사를 실시하기로 합의되었으나 남북관계의 소강상태로 말미암아 계획대로 현지조사가 실행되지 않았으나 2002년 8월 27일부터 30일까지 있었던 제2차 남북경제협력 추진위원회에서 임진강 수해방지문제에 대한 합의가 다시 이루어졌다. 합의내용은 임진강 수해방지를 위해 양측 군사당국 사이에 필요한 조치가 취해지는 대로 2002년 11월 중 현지조사에 착수하도록 하고, 북측은 임진강 상류의 기상과 수문 등에 관한 자료를 통보하고, 남측은 임진강 상류의 치산치수(治山治水)에 필요한 묘목을 제공하기로 하였다.

「임진강수해방지 실무협의회」2차 회의가 2002년 10월 30일부터 11월 2일까지 개최되었으나 합의문은 도출되지 않았다. 그 이유는 양측은 대표단 각각 7-8명과 지원단 등 모두 50명으로 조사단을 구성하여 임진강유역 전체와 한강하류에 대해 조사하는 동시에 홍수 예보시설 설치, 기상수문자료 제공 등에 대해서 합의했지만 묘목 제공 방안 등에 대해서 이견을 좁히지 못했기 때문이다. 즉 북측이 남한의 200만 주 묘목 제공을 합의문에 명기할 것을 주장한 반면, 남측은 합의문에 '일정 수량'의 묘목 제공으로 표기하자고 주장했으며, 또한 북측이 산림조성과 묘목의 생산·운반을 위해 비료, 살충제, 트랙터 등을 제공해 줄 것을 요청한 반면, 남측은 이 문제에 대해서는 추후 검토가 필요하다는 입장 차이 때문이었다.

특히, 임진강 수해방지사업은 여러 가지 민감한 군사적 문제를 포함하고 있다. 즉 군사분계선이 임진강을 가로질러 흐르면서 지금까지 이 지역은 군사적 침투통로로 활용된 서로 간에 예민한 지역이다. 이러한 이유 때문에 남북한은 임진강 수재방지를 위해 공동조사를 실시할 경우, 이 지역의 군사적 경계태세에 관한 정보가 직·간접적으로 노출될 가능성이 있다. 또한 수재방지를 위해 댐 건설, 유역정리 등이 실시될 경우,

강의 흐름과 유역이 변경될 가능성이 있으며 이로 인해 군사시설을 재배치하거나 군사분계선을 변경시켜야 될 필요성이 발생할 수 있다.

2) 임남댐(일명: 금강산댐) 공동조사

북한강은 군사분계선과 비무장지대 남방한계선인 오작교를 통과하여 평화의 댐, 파로호, 화천댐, 양수리, 서울 등을 거쳐 서해로 흐른다. 북한강의 임남댐문제는 남북한 간 수자원협력이 필요하다는 점을 보여주는 또 하나의 사례다. 임남댐은 1986년 10월 21일 기공되어 2단계 공사까지 완료된 상태인데, 부실공사에 따른 붕괴 가능성과 남한 지역의 수자원 부족 초래, 대남 수전을 위한 전략적사용 가능성 등으로 남한은 대응댐인 「평화의 댐」을 국민의 성금으로 축조한 바 있으며 최근에는 임남댐의 증축과 더불어 대응하여 증축공사를 하고 있다.

특히, 고해상도 위성사진 분석 결과 임남댐은 두 곳에서 물이 새고 있는 것으로 추정되었으며 하류 화천댐의 물 유입량이 평상시 초당 2톤이었으나 2002년 1월 말 갑자기 초당 유입량이 273톤으로 증가하여 총 3억 4천만 톤이 유입된 바 있으며, 2002년 6월에도 임남댐으로부터 초당 120톤, 총 3억 3천1백만 톤의 물이 일시에 유입되기도 했다. 이것은 임남댐 상부 중앙부문의 함몰에 따른 비상조치로 북측이 물을 방류함에 따라 일어난 일시적 현상으로 판단되기는 하나, 우기에 하루 300~500mm의 폭우가 내릴 경우 임남댐의 안전이 보장되지 않을 가능성이 있음을 보여주는 것이다. 더욱이 주요 댐과 저수지의 관리를 맡고 있는 북한군이 유사시 임남댐을 군사적 목적을 위해 활용할 가능성도 배제할 수 없다.

또한 임남댐을 비롯한 북한의 댐 건설[205]로 인해 남한의 화천댐, 춘천댐, 의암댐이 갈수기에 발전이 중단되고, 청평댐과 팔당댐도 발전량이 줄어드는 문제점을 노정한 바 있다.[206] 즉 북한 측에서 화천댐으로 유입되는 수량은 1998년 연간 30억 톤이었으나, 임남댐이 완공된 2000년 이후 12억 톤으로 줄어들었다. 특히, 임남댐으로 인해 북한강 물이 동해방면으로 역류함으로써 연간 북한강 수량이 18억 톤이 감소하였다. 이것은 한강 전체 유입수량 1백50억 톤의 12%이며, 한국수자원공사가 2001년 수돗물 등으로 전국에 공급한 용수량 43억 톤의 42%에 해당한다.[207] 또한 북한강 수량의 감소로 인해 인근 지역의 공업 및 농업용수가 부족과 함께 파라호 수량의 감소에 따른 생태계 파괴 등의 피해가 발생하고 있다.

남한 측은 임남댐의 위험에 대비하여 대응댐인 평화의 댐의 보수공사를 재개하여 댐의 높이를 80m에서 125m로 높이는 작업을 추진하고 있다.[208] 그러나 평화의 댐 보수공사는 임남댐 붕괴에 대한 대비책을 위주로 한 것이며, 생활용수 및 공업용수의 부족, 농업·어업·관광업의 쇠퇴 등과 같은 종합적 문제에 대한 해결책은 마련되지 않고 있다.

임남댐 공동조사문제는 2002년 5월 13일 박근혜 미래연합 총재의 북한 방문 시 김정일 위원장과의 면담을 통해 합의된 후 2002년 8월 12일부터 14일까지 있었던 7차 남북장관급회담에서 임남댐 공동조사를 위한 실무접촉을 하기로 합의하였으며, 이러한 내용은 2002년 8월

---

205) 북한은 임진강 상류에 내평댐과 장안댐을 거의 완성하였으며, 북한강 상류에는 임남댐, 포천 1·2댐, 전곡댐, 신명리댐, 조정지댐 등을 완공했거나 건설 중인 것으로 알려졌다.

206) 2001년 4월 화천댐으로 유입된 수량은 평년 유입량의 20%, 5월은 7%에 불과했다.

207) 정부는 북한의 금강산댐 건설로 강물 유입량 감소는 연간 305억 톤 정도, 이의 한강수계에 미치는 영향은 2% 정도에 불과한 것으로 보고 있다.

208) 이로써 저수량을 5억 9천만 톤에서 26억 3천만 톤으로 늘어나며 2004년 12월 공사가 마무리 될 예정이다.

27일부터 30일까지 개최된 2차 남북경제협력 추진위원회에서 재확인 되기도 했다.

이에 따라 2002년 9월 16일부터 18일까지 임남댐 공동조사를 위한 남북한 실무접촉이 개최되었다. 회의에서 남한은 임남댐의 부실공사 및 수공 가능성을 제기했으나, 북한은 남측이 임남댐의 부실문제를 거론함으로써 북한의 명예를 훼손했기 때문에 남한 측이 사과와 보상을 해야 한다고 주장하였으며, 조사방법과 관련하여 남한 측은 공학적 정밀조사를 제시한 반면, 북한 측은 단순참관(육안조사)을 제안함으로써 조사단 구성, 조사범위, 공유하천 공동이용 방안 등에 대한 합의가 이루어지지 않고 공동합의문도 채택되지 않았다. 남한의 건교부와 수자원공사는 1차 실무접촉이 사실상 결렬되고 2차 실무접촉도 불투명해지자 평화의 댐을 45m 높여 저수량을 늘리는 증축 공사를 시작하였다.

임남댐에 대한 조사는 댐의 건설과 안전에 관한 토목공학적 문제이기는 하지만 조사가 실시되기 위해서는 군사적 합의가 전제되어야 한다. 그 이유는 북한에서는 주요 댐과 저수지의 관리를 북한군이 맡고 있기 때문이다. 즉 인민군 총 참모부가 「안변청년발전소 건설관리국」을 관장하고 있으며, 북한은 공장, 댐, 도로 등의 건설과 관리는 군사적인 측면을 우선적으로 고려하고 있다. 특히, 임남댐은 북한군의 감독하에 건설되고 관리되었기 때문에 남한의 조사결과 임남댐이 부실공사로 판명될 경우 북한군의 역할에 대한 신뢰도 저하라는 문제를 수반할 수 있다. 이러한 점 때문에 북한은 임남댐의 부실가능성에 대해서 민감한 반응을 보이고 있는 것이다. 또한 임남댐조사를 위해서는 비무장지대를 통과해야 하며 군사시설이 노출될 가능성 등으로 상존하고 있으므로 임남댐조사를 위해서는 남북한 군사 당국자 간의 합의가 필히 이루어져야 한다.

3) 남북한 공동어로

남북공동어로도 남북한에게 실질적으로 도움이 되며 군사적 긴장을 완화하는 효과를 지니고 있다. 북한은 선박 및 어로장비의 낙후와 선박용 연료의 부족으로 남한에 비해 어로활동이 매우 저조하다. 남한은 한·일 어업협정 및 한·중 어업협정 등으로 연근해의 어로활동에 많은 제약을 받고 있다. 따라서 남한이 선박, 장비, 연료를 제공하고 북한이 인력과 어장을 제공하는 공동어로가 남북한 모두에게 이익이 될 수 있다.

남북공동어로 문제는 북한이 먼저 제안했다는 특징을 지니고 있다. 북한은 2000년 12월 16일 제4차 남북장관급회담에서 동해어장 일부를 일정기간 제공할 것을 제의하였다. 이것은 북한이 그만큼 공동어로에 관심을 지니고 있으며 또한 성사될 가능성이 크다는 것을 의미한다.

따라서 2001년 9월 15일부터 18일까지 개최된 5차 남북장관급회담에서 동해 공동어로 문제를 협의하기 위한 실무접촉을 개최하기로 합의하였으며 2002년 10월 19일부터 22일까지 개최된 8차 남북장관급회담에서 남북한의 어민이 북측의 동해어장의 일부를 이용하는 문제와 관련하여 실무접촉을 갖기로 하였다. 이어서 2002년 11월 6일부터 9일까지 개최된 남북경제협력 추진위원회 3차 회의에서는 동해어장 이용 문제에 대해서 실무접촉을 갖기로 합의하였다.

남북한이 공동어로활동을 하기 위해서는 해상경계선에 관한 문제와 해상에서의 안전문제에 대한 군사적 합의가 필요하다. 즉 동해 및 서해에서 공동어로를 하기 위해서는 함정이 동해의 북방한계선을 넘는 문제와 해상 조업경로 등에 대한 남북한 군사당국자 간의 협의가 필요하다. 예로 서해에서는 어로 활동 중인 남북한의 어선들이 해상경계선을 침범하는 사건이 종종 발생하고 있으며 꽃게 잡이 철이 되면 북한 선박과 호위 함정이 NLL을 침범하는 사태가 자주 발생하고 있다. 1999년 6월의 연평해전도 북한 선박과 함정이 지속적으로 북방한계선을 침범함에 따라 남북한의 함정이 밀어내기 작전 중에 충돌로 이어진 사건이다. 즉 연평도 서쪽 해상에서 남북한 함정의 교전으로 북한 어뢰정 1척 및 경비정 1척이 파괴되는 사태가 발생하였다.

이 외에도 공동어로 중 발생할 수 있는 돌발 사고나 해상재난 등에 대한 협의가 필요하다. 이러한 문제들은 해상경계선의 확정, 해난구조상의 협조 등과 같은 군사적 신뢰구축 조치의 일환이기도 하다.

3. 남북한 해운협력

남북한 간 해운에 대해서 일반적인 합의가 없는 가운데 사안별로 해로 개설 및 해상운송이 실시되고 있다. 남북한 간에는 정기화물선의 운행, 경수로사업과 관련한 해상운송, 금강산관광사업 관련 해상운송 등이 실시되고 있다.

해상운송과 관련하여 남북한 간 공식적인 합의는 없으나 교역의 필요상 상호 인정하에 운행되고 있는 항로들이 있다. 이 항로들은 동해에서는 묵호-흥남, 묵호-원산, 울산-장전, 부산-나진 항로이며, 서해에서는 인천-해주, 인천-남포 항로이다. 묵호-흥남, 묵호-원산 항로는 주로 수산물을 운송하는 항로이며, 부산-나진 항로는 중국의 동북 3성인 길림성, 흑룡강성, 요령성을 연결하는 동북아 국제항로의 일환으로 운행되고 있다.

그리고 북한에 경수로를 건설하기 위해 필요한 물자 및 인원을 수송하기 위해서 선박이 운행되고 있다. 경수로 건설 관련 선박은 1996년 7월 11일 채택된 「경수로 물자 및 인원 수송을 위한 통행의정서」

에 의해 운행되고 있다. 「통행의정서」는 경수로공급협정 9조에 따라 통행로, 출입지점, 통행절차 등에 관한 사항을 규정하고 있다. 「통행의 정서」에 의하면 경수로사업의 신속하고 원활한 이행을 위해서 모든 KEDO 인원과 물자가 적절하고 효율적으로 이동할 수 있는 항공로, 해로 등을 확보하고 사업진전에 따라 경제적·효율적인 통행로를 추가로 선정하도록 되어 있다.

여기에는 장비 및 물자수송을 위한 바지선 및 소형선박의 항로(동해 기점 153마일)와 인원 및 물자 수송을 위한 항로(동해기점 200마일)가 별도로 개설[209] 되어 있으며 경수로사업의 항로로는 울산-양화항과 속초-양화항이 주로 이용되고 있다.

한편 1998년 11월부터 시작된 금강산 관광은 관광목적으로 남북한 해운협력이 이루어진 경우로 남북한의 공식합의하에 운행되고 있는 항로이다. 금강산 관광선은 동해-장전, 속초-장전, 부산-장전 항로를 이용하고 있다. 금강산 관광선은 초기에는 남한의 해역을 벗어나서 공해를 항해하다가 북한 해역으로 진입하는 우회경로를 이용하였으나 이후 협의를 거쳐 남한 해역에서 해상경계선을 통과하여 바로 북한 해역으로 진입함으로써 항로가 시간을 단축하게 만든 경우이다. 이것은 금강산 관광선이 동해에서 남북한의 해역을 곧바로 통과함으로써 해운협력의 새로운 선례를 만드는 결과를 가져 왔다. 또한 금강산 관광은 북한의 군사항인 장전항을 부분적으로 개방하는 부수적 효과를 가져오기도 했다. 처음 북한의 군부는 군사적 이유 때문에 장전항의 개방에 대해서 부정적 견해를 보였으나 금강산관광의 경제적 혜택을 고려하여 장전항의 군사적 시설이 노출되는 것을 감수한 경우이다.

---

209) 「한반도 에너지개발기구와 조선민주주의 인민공화국 정부 간의 경수로 사업 이행을 위한 통행에 관한 의정서」(1996. 7. 11.)

금강산 관광 및 북한 경수로 사업과 관련된 항로는 남북한 합의문
서에 의해 개설되었으나, 그 외 항로 개설에 관해서는 합의서가 없다.
이처럼 남북한 간 부분적으로 해운협력이 실질적으로 이루어지고 있
음에도 불구하고 남북한 간 해상 운행에 관해서 공식적인 합의가 없
기 때문에 불안 요인이 항상 잠재해 있다.

남북한 사이에 해상운송에 관한 합의서가 없는 관계로 발생한 분쟁
은 수없이 많다. 즉 서해에서는 앞서 언급한 1999년 연평해전에 이어
2002년 6월 말 북한 경비정의 아군경비정에 대한 기습공격으로 많은
사상자와 함께 격침된 바 있으며 남해와 동해에서도 항로이용과 관련
하여 남북한 간 분쟁이 발생하였다. 즉 2001년 6월 2일부터 4일까지 북
한 선박 4척이 아무런 사전 통보 없이 제주해협을 침범한 사건이 발생
하였다. 이러한 일련의 사건으로 통일부장관은 대북서한을 통해 북한
선박의 영해침범에 대해서 무단 통과 시 강력 대처할 것이라는 입장과
'충분한 시간을 두고 사전 신고할 경우 정부의 승인절차를 거쳐서 영해
통과를 허용할 방침'임을 전달했다. 이후 북한 선박들은 6월 5일 이후
다시는 영해를 침범하지 않을 것을 통보함으로써 사태가 일단락되었다.

이처럼 남북한 해운에 관한 합의가 필요함에 따라 2001년 9월 15일
부터 22일까지 개최된 5차 남북장관급회담에서는 민간선박의 상호 영
해 통과를 협의하기 위해 해운실무접촉을 갖기로 합의하였다. 그리고
2002년 10월 19일부터 22일까지 개최된 8차 장관급회담에서는 남북한
은 쌍방 민간선박들의 상대측 영해통과와 안전운항 등 해운협력에 관
한 해운합의서 채택을 위한 실무접촉을 갖기로 하였다. 그리고 2002년
11월 6일부터 9일까지 개최된 남북경제협력 추진위원회 3차 회의에서
해운합의서 채택을 위한 실무접촉을 갖기로 합의하였다.

그 결과 2002년 11월 18일부터 20일까지 1차 남북해운협력 실무접촉

이 개최되어 남북한은 상대측 영해통과와 항로개설, 선박의 안전운항, 해상 구난문제 등 남북 간의 선박운항을 제도적으로 보장하는 문제에 대해서 협의하였다. 남북한은 해상항로를 민족 내부 항로로 인정하고, 항로의 지정 및 운영, 해상재난 시 상호 협력, 선박의 통신보장, 해상 당국 간 협의체의 구성 및 운영 등에 대해서도 의견 접근을 보았다.

그리고 2차 남북해운협력 실무접촉이 2002년 12월 25일부터 28일까지 개최되어 15개 항의 「남북해운합의서」가 채택·가서명되었다. 「남북해운합의서」에 의하면 남북한은 양측의 해상항로를 '민족 내부의 항로'로 인정하여 어느 한 쪽이 승인하고 상대측의 허가를 받은 선박에 대해 합의서 및 부속합의서 관련 규정에 따라 운항을 보장하기로 하였다. '민족 내부 항로'는 남북한 간 선박운항을 연안교역으로 규정하는 것으로 일반항로와는 달리 외국 선박은 취항할 수 없으며 남북한에서 허가를 받은 남북한 선박만이 운행할 수 있다.

또한 선박의 충돌, 좌초, 전복, 화재 등 일방의 해역에서 해양사고가 발생했을 경우 남북한이 긴급피난을 보장하고 인명, 재난구조, 해양오염 방제조치 등에 대해서 협력하기로 하였다. 아울러 남북한이 각각 관련 규정을 개정하여 남북한 간 운항 선박에 대해서는 직접 교신할 수 있도록 하는 등 통신의 자유도 보장하기로 하였다. 이와 함께 남북한은 해상의 기상정보 등 선박운항에 필요한 정보를 교환하기 위해서 해사 당국 간 통신망을 규성 및 운영하고 해운항만 분야의 협력촉진과 해양사고 방지를 위해 남북한의 해사 당국 간 협의기구를 구성 및 운영하기로 하였다.

남북한의 해운 합의문제는 정전체제 유지문제와 관련되어 있다. 즉 국제해양법에 의하면 제주해협은 제3국의 선박이 해를 입히지 않는 한 통행할 수 있는 무해통항권이 인정되는 항로이다. 그러나 남북한은

정전체제의 규율을 받고 있는 특수한 관계에 놓여 있기 때문에 북한
선박에게는 무해통항권이 인정되지 않는다. 따라서 북한 선박의 남한
측 영해 침범은 정전협정 위반이며 군사정전위원회에서 다루어져야
할 사안이다.

특히, 해운합의문제는 서해상의 관할구역에 관한 NLL문제와 관련
되어 있다. 북방한계선을 둘러싼 문제는 한국정전협정에서 해상경계선
에 관한 규정이 미비함으로써 발생하였다. 정전협정 2항은 "군사분계
선의 위치는 첨부한 지도에 표시한 바와 같다"라고 명시함으로써 육
상경계선을 설정하였으나 해상경계선에 대해서는 언급하지 않았다.

1953년 8월 30일 유엔군사령관은 유엔사의 해군 및 공군의 작전 범
위를 명시하기 위하여 서해 및 동해의 군사분계선과 그 이남의 완충
구역(Buffer Zone)을 설정하였다. 서해의 북방한계선(Northern Limit
Line)은 서해 5도(백령도, 대청도, 소청도, 연평도, 우도)와 북한 측
육지와의 중간 지점의 11개 좌표를 연결하는 선으로 설정되었으며 동
해의 군사분계선은 육상의 군사분계선이 끝나는 해안선상의 지점에서
동해상의 동일 위도를 연결하는 선으로 설정되었다.[210]

북한은 유엔사가 설정한 북방한계선을 용인하였으나 1970년대 이후
북방한계선을 부정하기 시작하였다. 북한은 1973년 11월 군사정전위원
회에서 북방한계선을 부정하고 서해 5도만이 유엔사 관할구역에 속하
며, 그 외 수역은 북한 영해라고 주장하였다. 이후 북한의 항공기와
경비정이 간헐적으로 북방한계선을 침범하였다. 더욱이 북한은 12마일
영해권을 주장하며 해상경계선을 새로 설정할 것을 주장하다가 서해
사태가 발생한 후인 1999년 9월 북방한계선 대신 서해 해상군사분계

---

210) 황진환, "한반도 평화체제 구축과 남북한 군비통제", 『한반도 군비통제』
28(2000. 12), pp.227-228.

선을 주장하였다.211)

그런데 「남북기본합의서」 제11조에 의하면 남과 북의 경계선과 구역은 군사정전협정에 규정된 군사분계선과 쌍방이 관할한 구역으로 한다고 명기되어 있다. 또한 「불가침 분야 부속합의서」 제10조에 의하면 해상경계선은 앞으로 계속 협의하며, 해상불가침 구역은 해상불가침 경계선이 확정될 때까지 쌍방이 관할해 온 구역으로 한다고 명시되어 있다. 남북한이 해운합의를 할 경우, 이것은 해상경계선의 확정과 관리·운영에 관한 변화를 수반하게 되며, 이것은 정전체제의 유지 및 관리에 있어서 변화를 가져오게 된다.

4. 남북한 직항로 개설

남북한 간 인적 및 물적 교류가 이루어짐에 따라서 이를 위한 항로의 필요성이 발생함에 따라 남북정상회담, 남북국방장관회담 등과 관련하여 남한의 성남비행장에서 백령도 서해를 우회하여 북한의 순안비행장을 연결하는 「서해직항로」가 운행되었다. 2000년 6월 남북정상회담 때부터 시작된 남북 간 직항공로를 이용한 항공기 운항은 2002년 10월 현재 편도 기준으로 103회를 기록하였다. 남북한 직항로 이용은 2000년에 남북정상회담, 올브라이트 미국무장관 일행의 방북 등 43회(남→북 20회, 북→남 23회), 2001년에 이산가족상봉 교환행사, 정주영 회장 조문단의 서울방문 등 19회(남→북 8회, 북→남 11회), 2002년에 대통령 특사의 방북, 제주도민 방북 등 41회(남→북 20회, 북→남 21회)였다.

또한 1996년 7월 11일 체결된 「경수로 물자 및 인원 수송을 위한

---

211) 제성호 외, 「남북한 평화공존과 남북한 연합 추진을 위한 법제 정비방안」(서울: 통일연구원, 2001), pp. 58-93.

통행의정서」 제3조에는 사업 초기에는 북경-선덕 간 고려항공 노선을 잠정적으로 이용하고, 기초굴착공사 이전에 효율적이고 경제적인 추가 항공로를 개설하기로 되어 있다. 남북한 간 경수로건설을 위한 직항로로 양양-선덕 간 2백50㎞(40분 소요)의 직항공로가 검토되었다. 따라서 남한 측 항공전문가들이 1997년 함경북도 금호지구(신포시)의 경수로 현장에 인접한 선덕공항을 방문하여 강원도 양양 공항과 선덕 공항을 경수로사업의 물자 및 인원의 수송로로 이용하기 위한 방안에 대해서 협의하였으며 2002년 5월 19일에는 북한의 경수로 및 항공 전문가 10명이 경수로 인력 및 물자 수송을 위한 남북 직항로 개설문제와 관련하여 강원도 양양 공항 등을 둘러보기 위해 남한을 방문하였다. 또한 북한 경수로 대상사업국의 안영환 기술처장(국장급)을 단장으로 한 북측 시찰단은 5박 6일 일정으로 양양 공항을 비롯하여 기상악화 시 대체공항으로 이용될 김해공항과 경수로 참조발전소인 울진 원자력발전소 등을 답사한 바 있다.[212]

그 결과 2002년 7월 20일 양양-선덕 간 직항공로가 운행되었다. 첫 운항 시 북한 측 항공관계자들을 태운 고려항공기가 강원도 양양에 도착하여 우리 측 경수로기획단 관계자를 태우고 경수로 부지에 인접한 함경남도 선덕 공항을 시험 운행하였다.

남북한의 직항로 개설은 영공개방문제와 함께 영공에서의 군사적 신뢰구축과 밀접하게 관련되어 있으며 남북한 공히 영공개방문제에 대해서 민감하게 반응하고 있다. 특히 북한은 항공정찰 면에서 남한에 비해서 뒤떨어져 있기 때문에 영공개방을 거부하고 있다. 그러나 남북한 직항로가 개설되면 이것을 계기로 항공사고 시 협력이 가능하며 항공 분야에서의 신뢰구축이 이루어질 수 있다.

---

212) ≪중앙일보≫, 2002. 5. 20.

Ⅳ. 햇볕정책 이후 대북 군사적 발전방안

1. 동북아 4강의 한반도 안보정책 전망

탈냉전시대 이후의 국제안보환경의 변화가 동북아 지역의 안보환경에도 직·간접적으로 투영되어 나타나고 있다. 즉 동북아 지역은 아직 과거 냉전의 유산이 잔존하고 있어 냉전 기류의 존속에 따른 갈등과 대립이 존재하고 있으며, 아울러 국제안보환경의 변화의 영향에 따른 안보 영역의 확대, 즉 전통적인 군사적 위협뿐 아니라 국제 테러리즘, 마약, 환경, 인권, 국제조직 범죄, 사이버 테러, 해적 행위 등 초국가적·비군사적 위협이 다양하게 나타나고 있어 불안정성·불확실성·유동성이 증대되는 양상을 나타내고 있다.

이와 같은 동북아 안보환경은 역내 국가들로 하여금 군사력의 첨단화 및 군비 증강을 추구하게 하고 있는데,[213] 동북아 안보환경에 변

---

213) 동북아 역내 국가들이 군사력의 증강을 추구하는 요인에 대해서는 다음과 같이 지적할 수 있다. 첫째, 동북아시아 모든 국가들이 새로 형성된 신국제질서의 전략 환경에 대해 불안감과 두려움을 느끼고 있다는 사실이다. 즉 동북아시아 국가들은 새로운 국제질서를 불안하게 생각하고 있으며 그 결과 자국의 군사력을 증강하고 있다는 것이다. 둘째, 동북아 국가들이 최근 상당한 수준의 경제발전을 이룩한 결과, 군사력을 증강시킬 수 있는 여유를 가지게 되었다는 사실이다. 특히 경제발전 결과, 에너지 자원의 수입, 생산된 제품의 수출 등을 위한 해로의 안전 보장 등이 아시아 국가들이 새로이 당면하게 된 전략 환경의 특징이다. 세 번째, 동북아 지역에는 유럽의 유럽안보협력기구(OSCE)와 같은 국제적 안전보장 체제가 존재하지 않는다는 점이다. 공통의 안보조치가 어려운 곳에서 국가들은 스스로의 힘으로 군사력을 증강시키고 안전을 확보하는 경향을 보이게 마련이다. 이춘근, "동아시아의 군비증강 현황

화를 초래할 수 있는 요인은 미국의 신안보정책, 일본과 중국의 군사적 경쟁, 한반도의 불안정한 평화공존과 군사적 긴장의 가능성, 일본과 중국의 역내 주도권 경쟁, 중국·대만의 안보 갈등, 역내 도서 영유권 및 해양 관할권을 둘러싼 갈등 등이 있고, 특히, 미국의 신안보정책과 북한의 대량살상무기능력, 일본과 중국의 역내 주도권 및 군사적 경쟁 등은 동북아 안보환경 및 한반도 안보환경에 적지 않은 영향을 미칠 수 있다.[214]

동북아 안보에서 가장 큰 특징은 국제적 차원의 반테러 정서가 동북아 안보에서도 중요한 요인이 되고 있다는 점이다. 즉 세계유일 강대국인 미국은 9·11 테러사건 이후 반테러 정책을 대외정책의 최우선순위로 채택하고 동북아 지역 국가들의 협력을 요청함으로써 미국과 동북아 국가들 사이의 관계는 그 어느 때보다 개선되었다.

구체적으로 2001년 4월 정찰기사건으로 인하여 악화되었던 미·중 관계는 부시 미 대통령의 방중과 후진타오와 장쩌민 등 중국 최고지도자들의 방미를 계기로 다시 '건설적 협력관계'로 발전되었다. 중국은 미국 해군함정의 중국 해군기지 기항을 허용하고 유엔안보리에서 이라크에 대한 결의안이 통과되도록 지지하였으며 또한 중국은 한반도 비핵화 지지입장을 강조하고 1994년 제네바 합의가 준수되어야 한다는 점을 역설하여 북한의 핵무기 개발 반대 태도를 분명히 함으로써 미국의 대량살상무기 확산 저지정책에 동조하였다. 따라서 미국정부는 중국과의 군사교류를 재개하기로 결정하는 한편, 중국 신장 지역의 동투르키스탄을 테러단체로 규정하고 동 단체의 미국 내 자산을 동결시켰다. 그리고 부시 대통령은 '하나의 중국원칙'을 지지하고 대만의 독

과 한반도 안보"(통일연구원 주최 Workshop 발표 논문, 2002. 11. 1.)
214) 배정호, 앞의 책 참조.

립을 지지하지 않는다는 입장을 중국 측에 천명함으로써 대테러 정책에 대한 중국의 지지를 확보하고자 하였다.

미·러 관계도 '2002년 5월 24일 공격용 전략 핵무기 감축조약'을 체결하여 향후 10년 내에 전략 핵탄두 수를 1,700개에서 2,200개 수준으로 감축하기로 하고, '전략적 신관계선언'을 채택하여 적대적 관계를 완전 청산하고 동반자관계로 발전되었다. 이처럼 미·러 관계가 명실상부하게 전략적 협력관계로 발전되게 된 데에는 반테러에 대한 양국의 공통 이익 때문이었다.[215] 미국과 러시아의 관계개선은 확실히 이념의 대립시대는 물러가고 공동의 이익을 추구하는 시대가 도래하였음을 증명하고 있다. 양국은 적어도 국내적이든 국외적이든 테러문제에 관한 한 공동보조를 취하는 모습을 띄고 있어 이런 경향은 더욱 강화될 것으로 전망된다.

중·러 사이에도 테러문제 대처에 대한 강한 공감대가 지속되었다. 러시아가 미국의 '탄도탄요격미사일 제한조약'(ABM Treaty) 폐기 방침을 수용함으로써 중·러 간 '전략적 협력동반자관계'가 일시적으로 영향을 받았으나, 양국은 최고 지도자 교환방문을 통해 반테러 협력을 지속하고 2001년 '선린우호협력조약'에서 합의된 안보협력관계를 강화하며 에너지 협력을 확대해 나가기로 하였다.

향후에도 미국의 반테러 정책이 지속될 것으로 보여, 미국과 동북아 지역강대국 사이의 관계 개선 추세가 유지될 전망이다. 즉 주변 4국은 모두 대량살상무기 확산을 반대하고 지역안정 유지를 바라기 때문에 북한 핵 문제의 정치적 해결을 위해서도 협력하게 될 것으로 전망된다.

---

215) 러시아는 체첸사태 해결과정에서 미국의 지지를 필요로 하였고, 세계무역기구 가입과 경제문제에 대한 미국의 지원을 필요로 하였다. 미국은 이라크문제와 북대서양조약기구의 동유럽 확대에 대한 러시아의 협력 확보 필요성 때문에 러시아와의 관계를 강화하였다.

또한 동북아는 미국과 중국이 안보질서를 주도하는 가운데 러시아의 발언권이 상대적으로 강화되었다.[216] 미국은 한국 및 일본과 군사동맹관계를 유지하고 미사일방어체제 구축정책을 지속함으로써 동북아 지역질서에서 주도권을 행사하였다. 부시 미국 대통령은 이란, 이라크와 함께 북한을 '악의 축' 국가로 지정하고 '선제공격 전략'을 채택하여 북한이 대량살상무기를 개발하지 못하도록 압력을 가하였다. 그리고 미국은 중국과 고위급 안보대화를 개최하여 중국이 동북아 지역안정 유지에 건설적인 역할을 하도록 유도하고, 일본정부에게는 미사일방어체제와 반테러 작전 참여 등 지역안보와 세계안정에 대한 역할강화를 요구하였다.

아울러 향후 동북아 안보 정세에 크나 큰 영향을 미칠 수 있는 요인은 중국과 일본의 패권 다툼이다. 탈냉전시대의 도래 이후, 일본에서 전개된 일련의 정치변동 속에서 21세기 정치대국을 지향한 '국제사회에서의 일본의 역할 증대론'을 주창하는 신보수 세력이 정계의 주도세력으로 등장하게 되고, 신보수 세력은 국정기반의 권력 강화 및 보수대연합의 추구와 더불어 미·일 동맹의 강화를 명분으로 군사력의

---

216) 동북아에 있어서 러시아의 재등장은 국제유가의 상승과 푸틴의 실리주의적 외교정책으로 가능해졌다. 즉 러시아는 한반도 종단철도(TKR)와 시베리아 횡단철도(TSR) 연결을 통해 시베리아 지역의 경제발전을 도모하는 동시에 한반도 및 동북아에 대한 영향력을 복원하고자 하였다. 이를 위해 러시아는 TKR과 TSR 연결을 위해 10억 달러를 지불할 의사가 있다는 점을 밝히고 있다. 그리고 러시아는 극동 지역의 원유와 천연가스 개발을 위해 중국, 일본, 한국과 에너지 분야 협력을 강화하기로 하였으며, 김정일 위원장을 초청하여 북한과 경제협력을 확대하고 6자회담 구도를 실현시켜 한반도문제에 대한 발언권을 확대하고자 하였다. 또한 고이즈미 일본 총리의 방북 협의과정에서도 러시아는 중요한 역할을 행사하였다. 최근의 북핵문제 해결을 위한 6자회담에 있어서도 이제 러시아는 당당히 한 몫을 차지하고 있다.

질적 증강 및 제도적·법적 정비를 추진하고 있다.[217]

   그리고 중국은 미국의 세계패권 추구, MD체제의 구축 추구, 미·일 동맹의 강화에 따른 일본의 전략적 역할 및 범위의 확대, 대만 군사력의 질적 증강 등에 대응하여 러시아와의 전략적 협력관계를 유지하면서, 군사력의 질적 증강을 추구하고 있다. 또한 2000년, 2001년 세계 제1의 무기 수입국가인 중국은 러시아로부터의 첨단 무기 구입 등을 통하여 인민해방군의 현대화, 즉 군사력의 질적 증강을 도모하고 있는 것이다. 이와 같은 중국과 일본의 군사력의 질적 증강은 향후 동북아 및 동아시아 지역의 주도권 경쟁과 무관하지 않으며, 동북아 안보환경에 중요한 영향을 미칠 수 있다. 동북아 4강의 한반도 정책을 중심으로 향후 안보 정책을 예상해 보면 다음과 같다.[218]

   탈냉전 이후의 국제현상인 세계화 정보화는 동북아에서도 급속하게 진행 중에 있으며 이것은 군사·경제·기술적 우위를 향유하고 있는 미국의 국제적 위상을 계속해서 강화, 유지시키려는 측면과 미국의 일방적 패권주의를 반대하고 부정하는 세력의 등장을 도모하는 요인으로 작용하고 있다. 유엔의 역할을 무시하고 이라크전쟁을 개시함으로써 미국은 국익과 정치적 가치를 위해 국제체제나 동맹체제(Alliance)도 유보할 수 있을 만큼 압도적인 세력을 확보하고 있다.[219] 미국 정

---

217) 지난 9월 일본 의회는 평화헌법을 수정해 유사입법으로 대체했다. 이는 공식적으로 일본이 과거와 같은 군사제일주의를 선언할 수 있는 법적 제약을 걷어낸 것이다.

218) 전경만, "「평화번영정책」과 동북아 안보협력", 한반도 평화번영과 국제 협력 국제학술회의(2003. 6. 13.) 발표 논문집 참조.

219) 1990년 전후 소련 붕괴 이후의 질서를 '탈냉전'이라 말하지만, 엄격하게 국제질서의 양상을 설명하자면, '탈 양극체제'(post-bipolar world order) 라고 표현하는 것이 보다 정확하다. 구소련의 붕괴가 냉전종식을 가져왔기보다 양극체제의 종식을 가져왔으며, 냉전은 그 이전에 이미 종식되었

치 지도층과 여론이 초강대국으로서 대테러 및 대확산 정책에 안보전략의 우선순위를 부여하고 있는 한, 미국은 신보수주의 정책이념에 입각하여 군사력과 경제력의 강화를 통해 일방적인 세계지배를 향후 상당기간 주도하고자 할 것이다.[220] 그러면서 국익이 비중 있게 연계된 국제현안에 대해서는 국제적 연대(coalition)와 협력을 필요에 따라 적극 활용해 개입해 나갈 것으로 보인다. 또한 미국은 북핵 해결을 다자방식에 따른다는 원칙을 정했을 뿐, 대북정책의 구체적 청사진 없이 북한이 만드는 안보상황에 따라 초강대국으로서 대응하고 있다. '악의 축'의 하나로 지목했던 이란에 대해 최근 이라크 시위 배후조종, 알카에다 테러집단 지원, 핵개발 의혹 등에 대해 전방위적 비난공세를 펴고 있는 것도 다중적인 대북정책의 일환일 수 있다. 민주당이 2004년 11월 대선에서 이긴다 해도 대테러 전쟁을 위한 정책의 우선순위가 바뀌지 않을 것이며, 특히 부시 대통령이 재선되는 경우 공화당 정부의 대외정책은 북한에 더욱 강력해질 것이다.

중국이 정치, 경제, 군사 전반에 걸쳐 단기간에 미국의 도전 세력이 되지 못하지만 향후 그 가능성을 대부분의 전문가들이 예언하고 있다. 중국은 경제부문에서 미국의 협력을 필요로 하지만, 정치부문에서는

으며, 또한 향후에도 발생할 수 있는 양상으로 볼 수 있기 때문이다.(쉬린 마자린, "동북아 안보와 파키스탄 그리고 북한", 『주간국방논단』(2003. 5. 12) 제940호 한국국방연구원, 참조), 위의 논문 재인용.

220) 다른 나라들이 힘을 합쳐 미국 파워에 균형을 취할 것인가는 잠재도전 국가들이 지닌 힘의 원천과 미국의 처신 방법에 좌우될 것인데, 향후 30여 년간은 미국이 단극적 군사력, 다극적 경제력, 초국가적 활동력 등을 유지하면서 국제적 연대를 통해 패권적 위상을 견지할 것으로 본다.(조셉 나이, "제국의 패러독스", 세종연구원(홍수원 번역), 2002. 7. 제40-77쪽 참조.) 또한 미국의 패권에 대해 외부의 도전세력이 강하면 강할수록 미국 내 신보수주의 세력도 강하게 결집할 것으로 보인다.

대만 문제를 쥐고 있는 미국에 대해 북한카드로 그에 상응하는 대응책을 강구할 것이다. 즉 중국은 미국 견제 목적 및 사회주의 형제국의 존치 목적에서 북한 핵문제의 외교적 해결을 위해 과거 어느 때보다 적극적인 역할을 맡지 않을 수 없게 될 것으로 보인다. 실제로 중국은 최근의 6자회담에 가장 적극적인 국가이자 주도 국가이다. 중국은 대한반도 정책인 한반도의 비핵화와 남북한 당사자 위주의 평화적 문제해결을 견지하면서, 한국이 기존 대북정책의 원칙이었던 정치경제 분리 및 상호주의 배제를 참여정부에서도 견지해 주기를 바랄 것이다.

지금까지 지나칠 정도로 중국이 한반도 정책의 원칙론에 단선적으로 일관했지만, 북핵의 평화적 해결에 적극 개입할 것으로 보인다. 미국의 독자적인 대북 무력행사를 예방하고, 북한 핵무장이 초래할 동북아 지역의 핵 도미노(특히, 일본과 대만) 가능성을 배제하고, 지역불안정이 자국 경제에 대해 미칠 악영향을 방지해야 하는 이해관계가 급부상하고 있기 때문이다. 한반도의 위기상황은 한마디로 중국의 안보이익을 해칠 가능성이 크므로 최소한 평화적 해결의 방향으로 일단 선회하고자 할 것이다.221) 따라서 중국은 제2차 북핵 해결을 위해 첫째 '적극적' 역할을 발휘할 것이다.

이것은 자국 이익과 대미관계를 고려할 때, 불가피한 선택에 해당한다. 즉 미국의 대북 대량살상무기 비확산 정책에 동조하고 대북 압력행사를 암시할 필요가 있음과 동시에 북핵의 사태추이를 주도함으로써 대미 및 대한반도 관계에서 중국 나름대로의 기득권을 유지하고자 할 것이다.222) 둘째, '비공개적'으로 대북 접촉을 견지함으로써 북한의

---

221) 중국이 북한 핵으로 인해 한반도에 전쟁이 발발하는 경우, 우려하는 사항은 북한으로부터의 대량 난민, 원하지 않는 대북 지원, 중국경제에 대한 부정적 영향, 미국의 동북아 발언권 강화 등이다.

222) 미국의 여론의 다수는 북핵문제가 동북아는 물론 국제문제이므로 북한

체면을 살려주면서 북한에 영향력도 유지하고, 셋째, 북한을 용이하게 설득하기 위하여 가급적 '비공개적 행동'을 전개하고자 할 것이다. 이러한 결론 도출은 지난 4월 10일 북핵문제를 유엔 안보리에서 비공식적 검토만하고 의장성명이나 언론발표문과 같은 일체의 공개적 언급을 보류하는 결정을 유도한 점, 4월 23일 북경 3자회담을 최초로 성사시킨 점 등에서 유추될 수 있다. 이런 관점에서, 중국은 가급적이면 북핵문제가 유엔의 틀 외부에서 논의되고 협상되면서도, 다자대화보다 북한이 선호하고 있는 미·북 간 양자합의로 종결되기를 여전히 바라고 있어 보인다.

러시아는 강대국으로서 영향을 완전 회복하는 시기까지는 한반도 문제에 관해 대미 협력과 견제를 반복하는 전형적인 강대국 외교 행태를 유지할 것이다. 따라서 한반도에 대해 남북한 균형정책을 통해 한반도 '현상유지'를 바랄 것이다. 그런 의도에서 북한의 핵개발과 미사일 개발에 대한 미국의 우려와 주장을 전적으로는 수용하지 않으면서 독자적인 입장을 제시하고 있다. 지금까지 러시아는 북한 핵문제에 적극적이지만, 중국과는 긴밀하게, 미국과는 의례적으로 협력해 오고 있는 인상이다. 우선 북한핵 상태를 1994년 미-북 제네바합의시의 상태로 회귀하기를 바라는 '제로 버전'(Zero Version)과 미-북 간 일괄타결(Package Deal) 방식을 지지했고, 미-북 양자협상을 선행할 것을 주장하는 한편, 남북한과 중국, 미국 및 일본과 여러 차례 협의를 주도하였다.

특히, 러시아의 입장을 유추해 보면 북한은 핵무기 제조기술을 보유

의 부모 격에 있는 중국이 대북 설득과 압력을 가해 북핵문제를 평화적으로 해결할 책임을 져야 한다는 입장이다.(William Safire, "North Korea: China's Child", New York Times, 2002. 12. 26. 참조.)

하고 있지 않으며, 북한은 대미 군사적 위협을 해소시켜야 하고, 인도적 차원에서 주변국은 대북 에너지 공급을 할 필요가 있으며, 북한의 우라늄 농축 계획에 대한 확실한 증거 제시를 주장하는 점이다. 이러한 입장은 러시아가 가질 수 있는 대한반도 영향력을 확보하고 기존 대북 군사협력관계를 유지하려는 기조를 보이는 것이다. 러시아는 궁극적으로 북핵문제가 평화적으로 해결되기를 희망하면서도 북한 핵문제 해결 방식에 따라 동북아에서 자국의 영향력 위축을 매우 우려하는 인상이 짙다. 최근 이바노프 국방장관이 북핵문제의 평화적 해결은 북－미 직접대화나 주변국이 참여하는 다자간 대화를 통해 해결될 수 있음을 밝혀 다자대화에 대해 유연성을 보임으로써 미국 주장을 수용도 하고, 북한 핵 해결을 위한 다자대화 참여에도 진전된 관심을 보이고 있다.

일본은 대북 대량살상무기 비확산에 관한 미국 입장에 거의 같은 보조를 취하며, 북핵과 이로 인한 위기 등 안보여건 변화에 사전 대비하기 위해 유사법제를 구비하며 자위대의 군 위상 격상 등 '보통국가'로서의 정상적인 군사안보 역할을 꾸준히 모색하고 있다. 북한이 핵무기와 장거리 미사일을 개발함에 따라 대량살상무기 확산을 안보위협의 우선순위에 두고, 대미 동맹을 공고하게 유지하고 있다. 특히, 9·11 테러 이후 미국은 아태 지역의 안정을 위해 일본이 일정수준 이상의 안보협력 역할을 일본이 담당해야 할 것으로 기대하고 있다. 또한 한·미·일 공동 대응도 중요시하면서 '가장 성공적인 안보협력 3각 체제' 구현을 희망하고 있다.

그러면서도 일본은 북한의 핵 보유를 용인하지 않겠지만, 설사 북한이 핵을 보유하더라도 비핵국가로서 존속해야 한다는 견해가 제기되고 있다. 이시바 시게루 방위청 장관은 북한이 대포동 미사일에 연료를 주입하는 경우에 선제공격을 가할 수 있다는 견해를 표명한 바 있듯이, 일본정부는 북한이 폐연료봉을 재처리할 경우 경제제재 등 강력한 조치를 미국과 공동으로 취하기로 미·일 정상회담에서 합의해 두고 있다.[223]

또한 일본은 지난해 9월 고이즈미 수상의 방북 시 관계개선을 지향해 발표한 일·북 평양선언의 합의사항인 '상호 안전을 위협하는 행동'을 국제법 준수로 예방하며, 북한이 국제적 합의를 준수해서 북핵문제가 제네바 합의체제로 원상회복되기를 촉구하고 있다. 일본은 북핵문제가 재발하기 이전 시기에는 대북 관계개선을 적극 시도하였으나, 지금은 다자대화 및 대북정보 교환 등 미국의 입장을 적극 지지하고 있다.[224]

결국 미국, 일본, 중국, 러시아 모두 한반도가 어느 일방에 편향되는 것을 바라지 않고 있으며 각기 남북한에 대해 영향력을 확대하기 위해 외교력을 강화하면서 한반도문제를 다자협의체 내에서 논의하는 데 점차 적극적인 자세를 보일 것으로 전망된다. 특히, 2003년에는 국제원자력기구뿐 아니라 아·태 경제협력체 지도자회의와 아세안지역포럼 등 역내 다자 협력기구에서 북한 핵 문제에 대한 논의가 더욱 심도 있게 이루어지고 있다. 따라서 이런 상황 속에서 화해와 화합의

---

223) 도쿄신문(2003. 3. 6.)에 의하면, 일본은 대북 송금중단, 북일 간 무역중지, 만경봉호 입항규제가 이루어질 수 있도록 외환법, 외국무역법 등 관련법 정비를 서두를 방침이며, KEDO에 대한 자금분담도 재검토할 계획이다.

224) 9·11 테러 이후 일본은 미국의 대북정책을 적극 지지하고 추종하고 있는바, 중동외교도 이라크 전쟁 이전에는 독자성을 발휘하려 했지만, 이라크 전쟁의 단기속전에 따라 일본의 대중동 외교도 독자성까지 상실한 채 미국의 입장을 수용하게 되었다는 견해가 있다.(일본 심바 카쥬야 참의원 및 슈 와타나베 중의원이 2003년 4월 16일 한국국방연구원을 방문하여 가진 간담회에서 언급했음.)

남북관계 지속을 위한 대북정책의 형성은 무엇보다도 시급하다고 할 수 있다. 특히 남북 모두를 위한 발전적 차원의 군사관계 형성은 건전한 남북관계 유지를 위한 기초로서의 역할을 하게 될 것이다.

2. 북한의 군사력과 대량파괴무기

2002년 12월 북한의 상비전력은 육군 100만여 명, 해군 6만여 명, 공군 11만여 명으로 총 117만여 명으로 판단된다. 북한의 이 같은 병력 수는 한국의 총 병력 69만 명의 1.7배 규모이다.[225]

북한의 지상군은 인민 무력부 예하에 2개 포병군단과 야전군급 전방군단 4개, 기계화군단 1개, 전차군단을 포함하여 19개 군단사령부와 특수부대를 관장하는 경보교도지도국으로 편성된다. 사단 및 여단급 부대는 보병 80개 사단 및 여단, 15개의 전차여단, 30여 개의 포병여단, 24개의 기계화여단, 25개 특수전여단 등 총 170여 개의 사단 및 여단이 있다.

특히 기계화 부대와 특수작전부대를 포함하여 10개의 군단, 60여 개의 정규사단 및 여단, 1개의 전차군단, 2개의 기계화군단, 2개의 포병군단이 평양－원산선 이남의 전방 지역에 전진 배치되어 있는데, 이는 강습돌파위주의 전격전 수행을 위한 것으로 평가된다.

북한 지상군부대의 특징은 기계화, 전차 및 특수부대에 중점을 두고 편성되었다는 점이다. 북한은 최근 수년간 기계화 및 전차사단을 한반도 지형에 운용하기가 적합하다고 판단한 여단급 부대로 개편하고 전

---

225) 박갑수, "북한의 군사전략과 군사력", 안보문제연구소, 『통일로』 2003, 7월호; 김진무, "북한의 대량살상무기 개발 현황과 전망", 국방부, 『한반도군비통제』 RNSQ: 통제자료 제33집, 2003. 6 등 참조.

차, 기계화, 자주포 포병군단 등을 창설하여 현대전 수행을 위한 전력
구조로 개편해 놓았다. 또한 세계 최대규모인 12만여 명의 비정규전
능력을 가진 특수부대를 보유하고 있다. 이것은 해상 및 공중으로 동
시다발적으로 침투할 수 있는 인원만도 2만여 명에 달하는 것으로 판
단된다.

공격 시에 증원될 군단 및 인민 무력부 예하 예부부대를 대부분 기
동화·차량화·기계화하였을 뿐 아니라 광범위한 지역에 기존 진지의
수배에 이르는 위(僞)진지와 모의 장비를 설치하고 공격 시 이용할
갱도 진지를 전방 전개 지역에 대량 구축함으로써 추가적인 준비나
부대의 재배치를 하지 않고도 기습공격이 가능한 것으로 평가된다.

북한의 지상군은 신·구형 무기를 혼합한 전투 장비를 대량 보유하
고 있는 것이 특징이다. 북한의 지상군 주요장비 중에서 전차는 주력
전차인 T계열전차(T-54/55/59 등) 2,700여 대가 주종을 이루며 신형
T-62 및 경전차 800여 대, 일부 구형인 T-34 전차를 포함하여 총
3,700여 대의 전차를 보유하고 있다. 북한의 전차 보유대수는 한국의
전차 보유대수 2,360여 대의 약 1.6배 수준이다. 남북한 모두 오수한
대전차무기를 갖고 있기 때문에 북한 전차의 효율성에 다소 의문의
여지가 있기는 하나, 전장종심이 짧은 한국의 수도권 지형을 고려할
때, 일단 신·구형 전차를 대량 보유하고 있다는 사실은 큰 위협 요인
이 될 수 있다.

포병에 있어서 북한은 9,300여 문(구경 76.2/100/120/122/132/170밀
리 등)의 곡사 및 평사포와 3,200여 문(구경107/122/132/240밀리)의
방사포 등을 가지고 있으며 고사포 등 방공포만해도 13,800여 문에 달
하고 있다.

북한 지상군이 보유한 T-62전차, M-1973 전투형 장갑차, 각종 자

주포, 방사포, AT-3/4대전차 미사일, 개량형 SCUD 미사일 등은 성능 면에서 현대화된 무기들이다. 북한은 현재 구소련 T-72형 WJSCKFMF 모방하여 수심 5.5m까지 도하 가능한 천마호를 생산하고 23밀리 자주 대공포를 도입·생산·배치하는 등 장비현대화에 주력하고 있다.

북한 해군은 총 90여 척의 전투함, 잠수함 및 지원함을 보유하고 있으며, 이 중 약 60%가 전방기지에 전진 배치되어 있다. 수상 전투함은 경비함, 유도탄정, 어뢰정, 화력 지원정 등 430여 척이며 지원함은 상륙함, 공기부양정 등 470여 척, 잠수함은 90여 척(잠수정 40여 척 포함)이다. 북한의 함정은 구형함정이 많으며 지형상 동·서 함대로 분할되어 동해 570여 척, 서해 420여 척으로 분리·운영하는 불리한 점이 있다. 또 소형함정이 많아 기상 악화 시 기동성이 약화되어 원해 작전능력도 취약한 것으로 평가된다.

그러나 어뢰정, 유도탄정 등 소형 고속정의 다수 보유와 전진배치로 전방 접적해역에서 대함기습공격이 가능하며 특히, 40여 척의 유도탄정은 사정거리 46km의 STYX 대함미사일을 장착하고 있으며, 보유하고 있는 90여 척의 잠수함으로 남한 전 해역에서 수상함에 대한 해상 교통로 교란, 기뢰부설, 특수부대 요원의 은밀한 육상침투 등에 활용할 수 있다. 또한 동·서 해안에 사정거리 80~95km인 SAMLET 및 SILKWORM 지대함 미사일을 배치해 놓고 있으며 현재 전방에 배치된 SILKWORM은 서해의 덕적도와 동해의 속초·양양까지 공격이 가능한 것으로 평가된다.

한편 북한 해군은 1개 소대급의 무장병력을 태우고 서해와 같이 간만의 차가 심하고 개펄이 많은 곳에서도 목표 지역에 기습 상륙시킬 수 있는 공기 부양정(고속 상륙정, 시속 50노트 이상) 140여 척을 자체 건조하여 작전 배치하였으며, 이 장비는 50노트 이상의 고속기동능력이 있어 상륙용으로 운용될 수 있다.

북한 공군은 MIG-23/29 등 60여 대, 주력기종인 MIG-19/21, IL-29, SU-7/25 등 470여 대, MIG-15/17 계열 320여 대, AN-2기를 비롯한 지원기 850여 대 및 헬기 320여 대를 포함하여 총 1,720여 대의 항공기를 보유하고 있다. 북한은 전투기의 약 40%를 전방 지역에 전진 배치하여 MIG-21/23/29 및 SU-7/25기는 현기지에서 발진하면 중부 및 남부 지역까지, MIG-15/17/19기는 수도권까지 공격이 가능하다.

이 중 1950년대에 생산된 MIG-15/17기는 구형이기는 하나 부품을 북한이 직접 생산하고 정비가 손쉬우며 가동률이 높아 전장종심이 짧은 한반도에서 제한된 공중공격 및 대지공격 등에 효과적으로 운용될 수 있다.

이미 1990년대 초반부터 러시아의 기술지원으로 MIG-29기 신예전투기를 조립 생산하였고, 1999년부터는 카자흐스탄으로부터 MIG-21기 40여 대, 러시아로부터 신형 MI-8헬기를 도입하는 등 계속 항공전력의 질적 보강을 도모하고 있다.

한편 북한은 4대 군사노선의 하나인 전 인민무장화에 따라 14세부터 60세까지 인구의 약 30%를 동원 대상으로 하여 현재 748만여 명에 달하는 예비전력을 확보하고 있다. 이들은 개인화기로부터 공용화기까지 각종 전투 장비를 지급받은 상태에서 비상소집 및 병영훈련 등으로 연간 15일 내지 30일간의 훈련을 받고 있다.

북한은 1958년 중국군의 철수를 계기로 1959년 1월 예비군과 민방위대 성격을 지닌 노농적위대를 발족시켰으며 1988년 4월부터 북한은 예비 병력을 능률적으로 통합·지휘하기 위해 중앙당에 민방위부를 설치·운영하고 있다.

교도대는 북한의 민간군사조직 중 가장 핵심체로서 만 17세 이상 45세까지 주민(여자 17~30세)을 대상으로 행정단위와 직장규모에 따라 사단과 여단으로 편성되어 있다. 교도대는 개인화기 100%, 공용화기 70~80%가 지급되어 있으며 훈련시간도 연간 500시간에 달하는 등 현역에 준하는 훈련 및 부대편성과 장비를 보유하고 있다. 이들은 전쟁 발발 시 즉각 동원되어 후방방위 및 예비대로 투입이 가능하며 현재 교도대의 총병력은 약 173만 명이다.

노농적위대는 46세 이상 60세까지의 남자위주(여자 17~30세)로 직장 및 행정단위별 제대로 편성되어 있다. 민방위와 함께 직장 및 주요 시설의 경계 지역방어 및 대공방위를 기본임무로 하며 개인화기는 100%, 공용화기는 일부 지급되어 있고 훈련시간은 연간 160시간이며 총 대원은 약 414만 명이다.

붉은 청년근위대는 중학교 4~6학년 남녀학생(14~16세)으로 조직되며 학교 단위별로 중대 또는 대대급으로 편성되어 있다. 이들은 방학을 이용하여 7일간 붉은 청년근위대 야영훈련소에 입영하여 훈련을 받고 있으며 주요 임무는 '반혁명적 요소'를 제거하여 북한 체제를 사수하는 친위대로서 전투력 향상의 선도적 역할을 하며, 유사시에는 군 하급간부 보완을 위한 후비대 및 결사대로서 임무를 수행한다. 개인화기는 100%, 공용화기는 일부 지급되어 있으며, 연간 450시간에 달하는 훈련을 받고 있다. 현재 약 118만 명으로 인원과 훈련시간이 대폭 증가하였다.

기타 준 군사부대로는 인민보안성 및 경비대, 군수물자를 지원 및 관리하는 군수동원총국, 경제건설현장에 투입되는 속도전 청년돌격대, 호위사령부 등 약 43만 명에 이르는 예비 병력으로서 이들은 상시적으로 즉각 동원이 가능하다.

북한의 이러한 재래 전력에 대한 무기도 위협적이기는 하나 북한의 최대 군사적 위협 요소는 역시 북한이 보유하고 있는 대량살상무기이다. 북한은 연변에 원자력연구소를 설립하여 소련으로부터 연구용 원자로를 도입하여 1960년대부터 소련 최대의 핵연구소인 '듀브나 핵연구소'에 핵물리학자를 파견해 연구하게 하는 한편 평성이과대학에 핵물리학과를 설치하여 졸업생을 핵연구단지에 집중 배치해 왔다. 현재 북한에는 구소련과 중국 등지에서 연수받고 돌아와 핵개발업무에 종사하는 전문 연구 인력이 2,500명 내지 3,000명 정도에 이르고 매장된 우라늄의 가채량은 약 400만 톤에 달하는 것으로 추정된다.

북한은 1960년대 중반 구소련에서 연구용 원자로를 도입한 이래 원자로 설계기술 개발에 힘써 1970년대에는 연구용 원자로의 출력확장 기술을 자체개발로 성공하였으며, 1990년대에 들어서는 핵연료 확보에서 재처리에 이르는 일련의 핵연료주기 완성에 주력하였다.

북한의 핵개발을 저지하기 위해 미국은 1994년 10월 21일 북·미 간 제네바 기본합의를 통하여 대북경수로 제공 및 북·미 연락사무소 설치, 경수로(1기) 완성 시까지 매년 50만 톤의 중유를 제공키로 하고 그에 상응하여 흑연감속로 원자로 건설 중단, IAEA의 임시 및 일반 사출 수용을 발표하고도 계속 미신고시설에 대한 사찰과 시료채취 등을 받아들이지 않았을 뿐만 아니라 1997년 2월 11일 전면핵실험금지 조약에 가입하고도 사찰을 거부하고 있으며 1997년 2월 25일 유엔 연례핵군축회의에도 불참하였다. 이어 2000년 4월 5MW원자로의 폐연료봉 봉인작업을 완료했으나, 9·11 테러사건 이후 북·미 간의 입장 차이와 압박 등을 이유로 2002년 12월 12일 핵동결 해제 및 핵시설 가동을 선언하고 2003년 1월 10일에는 핵확산 금지조약(NPT)의 탈퇴를 강행하였다.

또한 북한은 1960년대 초부터 화생무기의 연구시설 및 생산기구를 설치하여 이의 개발 및 생산에 주력해 왔다. 지금까지 북한의 핵문제 때문에 군사쟁점으로 크게 부각되지 않고 있었으나, 실제로는 생화학 무기가 오히려 핵문제보다 '명백'하고도 '현존'하는 군사적 위협 요인으로 평가되어야 할 것이다.

북한은 현재 강계, 용성 등 4곳에 화학무기 개발을 위한 연구소를 설치·운영하고 있으며, 흥남, 만포, 아오지, 청진 등 8곳에 생산시설을 가동 중인 것으로 확인되었다. 또한 화생무기 저장시설도 군사분계선 바로 북쪽 왕재봉을 비롯한 6곳에 있으며 전방연대급까지 화학소대가 편성되어 있다.

화학무기의 종류로는 수포성·신경성·질식성·혈액성·최루성 등 유독가스 16종 2,500∼5,000여 톤을 보유하고 있으며, 생물무기 종류로는 세균무기인 콜레라·페스트·탄저균·유행성출혈열 등 전염병 작용제가 있으며 정주, 문천 등 3개소에 생물무기 생산시설을 운영하고 있다.

또한 북한은 1970년대 중반부터 미사일 개발의도를 갖고 미사일 기술입수에 주력하여 왔으며 1986년에는 거의 100% 독자적인 생산단계로 발전하였다. 현재는 연간 약 100여 기의 스커드 B/C를 생산할 수 있는 능력을 보유한 것으로 평가된다. 그동안 북한은 자체 개발한 미사일을 이란, 리비아 등 중동 지역에 수출하여 왔으며, 1993년에는 사정거리 1,300㎞인 지대지미사일 노동 1호를 개발, 시험발사에 성공했으며, 사정거리 2,000㎞∼6,700㎞의 신형 중·장거리 미사일 개발을 계속 추진하고 있다.

〈표-7〉 북한 탄도미사일의 주요제원

구 분	SCUD-B	SCUD-C	노동 1호	대포동 1호	대포동 2호
탄두중량(kg)	1,000	500	1,000	1,000	1,000
유도방식	관성유도	관성유도	관성유도	관성유도	-
추진방식	1단 액체	1단 액체	1단 액체	2단 액체	2단 액체 3단 고체추정
최대사거리(km)	300	500	1,300	2,500(추정)	6,700
위협범위	대전권	남해안	일본열도	대만	알라스카
최초시험발사	1984	1986	1993	1998	-

특히, 1998년 8월에는 대포동 1호를 시험 발사로 세계를 놀라게 하였으나 3단계 추진 미사일발사체에 의한 소형 인공위성의 궤도진입 시도에는 실패하였다. 그러나 다단계 탄체 분리, 엔진 연소 등 중·장거리 미사일 개발능력을 보유하고 있는 것으로 판단된다. 이로써 남한 전역은 물론 동경과 북경 등 동북아 주요 지역 및 태평양 연안까지 사정권 내에 들어 동북아의 평화와 안정에 큰 위협이 될 가능성이 있다. 특히, 미국 CIA 전략 및 핵 담당관은 2002년 3월 상원 행정위원회 국제안보소위원회에서 북한이 대포동 2호 미사일로 수백 kg의 탄두를 1만km 거리에 보낼 능력이 있는 3단계 미사일을 사용한다면 비행거리가 1만 5천km에 달해 북미 전역을 타격할 수 있다고 증언하기도 했다.

3. 남북군사관계의 발전 방향

북한의 군사력은 한반도 평화는 물론 언제든지 전쟁의 가능성을 가지고 있는 화약고이다. 특히, 북한의 대량살상무기는 한반도뿐 아니라 동북아 전체를 심각한 핵 위기에 봉착시킬 수 있으며 또한 이를 이용한 협박성 대북지원을 지속적으로 강요할 가능성도 충분하다. 따라서 우리의 입장에서는 북한의 군사력만큼 국가안보에 부정적 영향을 주는 것은 없으며 무엇보다도 북한이 대량살상무기를 포기하지 않을 경우 우리는 결국 핵무장을 한 북한과 공존해야 한다는 심각한 위기에 직면하게 된다. 따라서 한반도의 건전한 안보환경의 조성을 위해서 한반도 평화정착을 위한 성숙한 남북관계의 형성과 함께 구체적인 차원에서의 남북 군사관계의 새로운 틀이 구축되어야 한다. 군사관계의 기본적인 발전 방향에 대해서는 다음과 같이 정리될 수 있다.

첫째, 유엔사로부터 남북협력 사업 관리권의 포괄적 이양이 이루어져야 한다. 한반도의 군사적 문제와 관련하여 군사정전위원회는 정전협정의 유지 및 관리에 관한 역할을 수행하도록 되어 있다. 북한이 정전협정을 사문화시키고 정전협정의 관리기구인 군사정전위원회를 무력화시킴에 따라 군사정전위원회는 유엔사와 북한장성급 간의 회담인 유엔사장성급회담으로 변질되었다. 따라서 비무장지대를 통과하거나 비무장지대 내에서 추진되는 남북협력사업은 유엔사 장성급회담의 관할을 받도록 되어 있다. 철도·도로의 연결의 경우 유엔사와 북한이 비무장지대의 공동 관할구역에 대한 관리권을 남한 측과 북한에게 위임한 후에야 남북한이 실무적인 문제를 협의할 수 있었다.

앞으로 공동어로, 육로관광, 수자원협력, 해운협력, 항공협력, 비무장지대의 평화적 이용 등에 있어서도 각 사안별로 유엔사 장성급회담에 의해서 정전체제의 관할 권하에 있는 사항을 남북한이 위임받는 절차가 있어야 할 것이다.[226] 그러나 매 사안별로 유엔사 장성급회담에 의해서 남북협력사항에 대한 권한을 남북한에게 위임하는 절차는 비

---

226) 손기웅, "남북한 화해·협력을 위한 군사회담의 역할", 『한반도 군비통제』 28(2000. 12), pp.141-142.

효율적이다. 따라서 장기적으로 비무장지대 및 접경 지역에서 추진되는 남북협력 사업에 대한 관리권을 유엔사가 포괄적으로 남한에게 위임하는 것이 바람직하다. 유엔사가 비무장지대의 포괄적 관리권을 남한에게 위임하는 내용의 문건을 채택하게 되면, 사업별로 유엔사로부터 권한을 위임받을 필요가 없게 된다. 이렇게 되면, 사실상 남북한이 정전체제의 상당부분을 실질적으로 관리하는 결과가 될 것이다.[227] 이것은 평화체제전환과정에서 남한의 당사자 자격을 인정받고 남북한의 직접 협상을 가능하게 하는 요인이 될 것이다.

둘째, 우리와 유엔사 간의 원활한 협의가 이루어질 수 있는 제도적 장치를 해야 한다. 남한이 유엔사로부터 정전체제의 관리권을 위임받기 위해서는 유엔사와 남한 간 협의가 전제되어야 한다. 따라서 유엔사와 남한은 남북협력사업을 위해서 필요한 군사적 조치와 이를 위한 유엔사의 협조사항에 대해서 긴밀하게 논의해야 하나 매 사안별로 공동입장을 마련하고 대북협상방안을 강구하기에는 불편이 따른다.

즉 유엔사와 남한 간 협의 내용은 사업의 성격에 따라서 달라질 수 있다. 철도·도로 연결사업이나 임진강 수재관리 등은 비무장지대 내의 사업이기 때문에 정전협정의 규정에 따라서 유엔사로부터 명시적으로 관리권을 위임받아야 한다. 그러나 공동어로를 위한 북방한계선의 통과, 항공협력 등은 정전협정에 규정된 사항이 아니기 때문에 유엔사의 승인사항은 아니다. 그럼에도 불구하고 이러한 사업들이 한반도의 안보상황에 영향을 미치기 때문에 남한은 유엔사와 사업의 전개 상황에 대해서 협의해야 한다.

---

227) 한반도평화체제를 정착시키는 과정에서 단계적으로 군사정전위원회의 권한을 남북군사회담으로 이전해야 한다는 견해에 대해서는 다음을 참조하기 바람. 제성호, "한반도 비무장지대론: 비무장지대를 평화지대로"(서울: 서울프레스, 1997), pp.181-182.

그리고 유엔사와 남한은 장기적으로 유엔사 장성급회담의 관할권을 줄이고 남북회담의 관할권을 넓히는 문제에 대해서 논의해야 한다. 특히, 비무장지대에서의 협력사업에 대한 관리권을 일괄적으로 남한에게 위임하는 문제에 대해서 장기적인 방안을 마련해야 한다.

또한 유엔사와 남한은 남북협력을 위한 군사적 긴장완화조치로 인해 발생할 수 있는 안보적 파급효과와 그 대응책에 대해서 협의해야 한다. 남북협력에 의해서 군사적 긴장이 완화되는 긍정적 측면이 있지만, 다른 한편으로 남북협력사업으로 인해서 안보불안 요인이 발생할 가능성도 상존하고 있다. 유엔사와 남한은 남북협력으로 인해 발생할 수 있는 다양한 측면을 종합적으로 검토하고 이에 대한 대비방안을 마련해야 한다.

셋째, 남북군사회담의 제도화가 추진되어야 한다. 남북협력 사업의 추진을 계기로 남북군사회담을 제도화해야 하며 우선 남북국방장관회담을 제도화해야 한다. 남북국방장관회담의 제도화를 위해서는 국방장관회담이 정례화되어야 한다. 남북국방장관회담은 정기회담과 사안의 발생 시 수시로 개최하는 임시회담으로 구분될 수 있다. 정기회담은 회담의 지속성을 보장하며 임시회담은 긴급안건 발생 시 이를 해결하는 역할을 할 것이다.

그리고 초기에는 신뢰구축을 위해 남북한에서 교대로 남북국방장관회담을 개최하다가 신뢰가 조성되면 남북한 중간지대의 일정 지역에서 고정적으로 개최하도록 해야 한다. 그리고 남북국방장관회담의 의제는 군사적 긴장완화와 신뢰구축, 군 측에 관련된 모든 사항들을 망라해야 할 것이다. 특히 남북국방장관회담은 「남북기본합의서」 및 「불가침분야 부속합의서」의 내용에 따라 불가침 문제, 불가침 경계선 및 구역, 분쟁의 평화적 해결, 우발적 무력충돌 방지, 군사적 신뢰구축,

군축 등을 협의해야 할 것이다. 그리고 남북국방장관회담은 군사실무
회담의 운영 및 의제에 대해서 협의해야 할 것이다. 예를 들면 남북국
방장관회담은 군사실무회담의 운영원칙, 개최 시기, 권한, 남북군사회
담과 유엔사 장성급회담의 역할분담 등과 같은 사항을 협의해야 할
것이다.

따라서 군사적 문제를 실무적 차원에서 협의하기 위해서는 남북군
사실무회담을 제도화해야 한다. 남북군사실무회담은 철도·도로 연결,
수자원협력, 항공협력, 해운협력 등 각 사안별로 구체적인 사항들을
협의해야 한다. 남북군사실무회담은 남북국방장관회담과 유기적 관계
를 유지하면서 남북국방장관회담에서 합의된 사업을 구체적으로 이행
해야 한다. 남북군사실무회담의 대표는 사안에 따라 해당 분야의 전문
가와 대북협상 전문가로 구성되어야 할 것이다.[228]

넷째, 남북한 군사 워크샵 개최가 필요하다. 군사적 긴장완화 조치
를 이행하기 위해서는 군사적 긴장완화가 북한의 안보를 불안하게 하
지 않을 것이라는 점을 북한 군부에게 납득시켜야 한다. 이를 위해서
남북한의 전문가들 간에 안보개념에 대한 인식의 공통분모를 마련하
고 장기적으로 인식론적 공동체를 형성해야 한다.[229]

---

228) 송대성, "남북한 군사적 신뢰구축 및 긴장완화 추진과제 실천방안", 『한
   반도 군비통제』 28(2000. 12), pp.88－90.
229) James Macintosh, "Inter－Korean CBMs and Arms Reduction: The
   Conventional Forces Dimension", International Conference on Fifty
   Years of National Independence: Past Present, and Future of National
   Security in the Republic of Korea, The Korean Association of International
   Studies, June 16－17, 1995, p.6.; 인식론적 공동체(epistemic community)
   란 "특정 영역에서 전문지식과 능력을 인정받고 있으며 관련 영역이나 이
   슈 분야에서 권위 있는 주장을 하는 전문가들의 초국가적인 연계망"을 의
   미한다. Peter M. Haas, "Introduction: Epistemic Communities and
   International Policy Coordination", International Organization, Vol.46,

군사적 긴장완화에 대한 남북한의 인식론적 차이를 줄이기 위해 스위스, 브라질, 남아프리카, 노르웨이, 스웨덴, 오스트레일리아 등과 같은 제3국에서 남북한의 군비통제실무자와 학자, 전문가들이 모여 비공개 워크샵을 개최할 수도 있다. 이러한 비공개 워크샵은 군비통제의 역사, 사례, 개념, 기술적·절차적 문제 등에 대한 이해를 도모함으로써 군비통제협상에서 남북한 간 접근방식의 차이를 줄이는 데 기여할 것이다. 또한 국제기구나 제3국의 연구기관 등을 통해 북한의 연구기관 및 관련 전문가들에게 군비통제관련 자료를 제공함으로써 이 문제에 대한 북한관련자들의 지식획득을 지원할 수도 있다.[230]

다섯째, 대북 경제적 인센티브의 적극적 제공이 이루어져야 한다. 군사적 긴장완화 조치는 군사적 차원의 문제일 뿐만 아니라 경제구조와 정치체제의 성격, 국가전략의 우선순위 등과 밀접하게 관련되어 있다. 군사적 긴장완화는 남북한의 정치·경제구조에 영향을 미치며 또한 군사적 긴장완화 조치는 남북한의 군사력 구조, 작전개념, 군사비 등의 변화를 수반하게 된다.

따라서 북한으로부터 군사적 긴장완화 조치에 대한 합의를 이끌어내기 위해서는 이를 대북경제지원, 남북경제협력, 대북차관제공 등과 연계해야 한다. 예를 들면 「남북경제협력기금」의 일부분이나 별도의 「대북차관기금」을 조성하여 북한에게 차관을 제공할 수 있다. 또한 국제금융기관의 대북차관을 보증하거나 「국제금융채권단」에 한국의 해외법인 금융기관이 참여하여 대북차관을 제공할 수도 있다. 그리고 북한이 외채부담능력이 없는 점을 감안하여 국제금융시장에서 북한의 외채

No.1(Winter 1992), p.3.
230) Chung-in Moon, Arms Control on the Korean Peninsula: Domestic Perceptions, Regional Dynamics, International Penetrations(Washington. D. C.: United States Institute of Peace, 1995), pp.162-163.

에 대한 채권을 보유하는 방안도 고려될 수 있다. 이외에도 북한이 IBRD, IMF, ADB 등 국제금융기구를 통한 차관도입과 UNDP를 통한 다자간 경제협력에 관심을 두고 있는 점을 감안하여 북한의 국제금융 기구 가입을 측면에서 지원하는 방안도 고려될 수 있다.

4. 군비통제를 통한 남북군사관계의 발전 방향

햇볕정책 이후 분명히 남북관계는 크나큰 변화를 맞이하고 있으며 그 변화는 물론 남북의 긴장완화를 주목표로 하고 있다. 따라서 군사 관계의 변화는 남북관계와 함수관계를 가질 수밖에 없다. 결국 장기적 차원에서 한반도의 군비통제는 남북한 모두에게 필수적인 과제로 등 장하게 되며, 어떤 의미에서 보면 남북 간의 군비통제는 남북관계의 전부라고 할 수 있다. 그 해답은 지금까지 우리가 무엇 때문에 남북관 계를 그렇게 어렵게라도 진전시키려고 애를 쓰느냐 하는 것에 대해 유추해 보면 금방 알 수 있다.

그동안 북한이 많은 무리수를 두더라도 그것을 인내로 견디면서 대 화의 장으로 끌어드리려는 것은 단 한 가지, 북한으로부터의 군사적 위협 완화 내지는 소멸을 위한 것이었다. 크게 보면 남북대화의 모든 목적이 통일이라고도 할 수 있겠지만 통일이라고 하지만 통일은 군사 적 위협을 해소한 그 다음의 일이다.

실제로 미국의 부시 행정부는 북한 문제를 해결하는 3대 과제의 하 나로 북한의 핵, 미사일과 더불어 한반도의 재래식 군비통제를 내세움 으로써 한반도 군비통제의 문제는 이제 자의든 타의든 우리의 주요한 군사정책으로 대두되고 있다.

특히, 미국은 북한의 재래식 전력에 관한 군비통제 문제를 강력히 제기하고 있는 상황이고, 북한은 주한미군 문제를 핵심 쟁점화하는 노력을 강화하고 미·북 평화협정과 관계 개선의 기회로 활용하려 하고 있다.

이를 위해 미국은 일단 낮은 수준의 군비통제 방안을 남북 주도하에 논의하기 시작하고 이를 지원하는 역할을 한다는 입장이나, 향후 휴전선 지역에 집중 배치되어 있는 북한의 공세적인 부대배치의 변경, 장사정의 다연장 방사포 등 공격형 무기감축 등을 중요한 목표로 고려하고 있다고 볼 수 있다. 그러나 군부가 차지하는 북한 체제상의 비중을 고려할 때, 재래식 군사력에 대한 군비통제문제는 김정일 정권에게 매우 어려운 과제가 아닐 수 없다. 즉 현재 군부가 정치 전면에 나선 비정상적인 위기관리체제인 「선군체제」하에서 군을 줄이는 문제에 선뜻 나서기는 어렵다고 볼 수 있다.

따라서 북한은 재래식 군비통제에 있어서 주한미군 철수를 철저히 전제 조건화하는 자세를 취할 것으로 판단된다. 따라서 재래식 전력에 관한 군비통제 협상의 진전을 사실상 어렵게 하고 공전시키려 할 것이다. 그럼에도 북한은 남북만의 재래식 군축에는 응하지 않을 가능성이 높으나 미국과의 재래식 군비통제 협상 제의에 응할 가능성이 높다. 그 이유는 북한은 이 회담을 통해 주한미군 문제와 함께 한반도에 있어서 한국을 대미 종속적인 부차적 존재로 부각시키는 한편 정치적 정통성을 갖는 존재가 자신임을 부각시키는 효과를 노릴 수 있기 때문이다. 또한 한국 내 반미 민족주의 정서를 이용하여 반미 세력을 선동하여 주한미군 철수문제를 둘러싼 한국 내 분열을 꾀할 가능성이 충분하다.[231)]

---

231) 윤덕민, "남북정상회담 이후 북한의 군비통제 문제에의 접근 및 방향분석", 위의 책, pp.62-63 참조.

이러한 북한의 대량살상무기에 대한 군비통제는 향후 동북아 안보 문제와 직결될 수밖에 없다. 따라서 이 문제에 관한 한 미국뿐 아니라 일본, 중국 그리고 러시아까지 촉각을 곤두세우고 있는 것 또한 사실이다. 그러나 근본적으로 북한을 불신하는 미국과 미국으로부터 최대한의 양보를 얻어내려고 하는 북한의 전략이 상충되므로 난관에 봉착해 있는 것이 또한 지금의 현실이다. 그러나 분명한 사실은 한반도에서의 남북한 모두 일정 정도의 군비통제가 이루어지지 않고는 우리가 추구하는 평화체제의 달성은 점점 멀어지고 있다는 점이다.

따라서 남북한은 한반도 평화체제를 항구적으로 유지하고 평화를 증진, 공고히 하기 위해 분명한 기본원칙과 방향성에 입각, 장기적 차원에서 군사적 신뢰구축 및 군비통제를 추진해 나가야 한다.232) 이를

---

232) 한반도 군비통제의 한계 또한 만만치 않다. 첫째, 남북한 간에는 군비통제에 대한 인식의 공동체가 형성되어 있지 않다. 국제적 군비통제의 성공사례를 보면 거의 예외 없이 군비통제에 대한 상호 간 인식의 공동체(epistemic community)가 형성되어 있다. 즉 국가의 차이, 체제의 차이에도 불구하고 국제적, 보편적 가치에 대한 공동의 인식이 상호 간에 존재하고 있었다. 그러나 남북 간에는 이러한 인식의 공동체가 형성되어 있지 않다. 군비통제문제를 자국의 국가이익의 측면에서만 생각하고 있기 때문에 상호 합의에 도달하기가 매우 어려운 것이다. 둘째, 북한은 지역의 군비통제 레짐에도 참여한 경험이 전무하다. 국제군비통제에의 참여는 하나의 학습과정으로서 매우 중요한데, 북한은 이러한 국제군비통제에의 참여도 거의 없기 때문에 군비통제에 대한 안보의 적응력이 상대적으로 약하다 하겠다. 셋째, 군비통제의 국내적 대가가 만만치 않고 북한이 이를 감당해낼 능력이 있는지가 사실상 가장 큰 관건이다. 북한이 구호로는 대규모 감축을 제안하고 있지만 실지로 군비통제를 통해서 대규모 감축을 실행하려 할 경우 북한 군부의 반발을 어떻게 최소화할 것인지 등도 의문이다. 또한 군비통제의 경제적, 사회적 비용도 만만치 않다. 넷째, 한국 내에서도 군비통제를 안보의 후퇴로 생각하는 경향이 남아 있다. 이러한 경향은 앞으로도 군비통제문제를 매우 조심스럽게 다루게 하는 하나의 제약 요인으로 작용할 것이다.

위해서는 남북한은 다음의 기본 원칙에 입각해 군비통제의 방향을 설정해야 한다.[233]

첫째, 군비통제의 주목적은 외부로부터의 군사적 위협을 주어진 변수로 보고 전쟁의 발생 가능성을 최소화하는 데 있는 것[234]이므로 남한은 군사적 신뢰구축 및 군축 등을 통해 북한의 군사적 위협과 전쟁발발 가능성을 감소시키는 것을 군비통제의 기본 정책목표로 삼아야 한다.[235]

둘째, 남북한 간의 군비통제정책의 근본적인 차이를 분명하게 인식하는 기초 위에[236] 그동안 남한이 일관되게 주장해 온 「선 신뢰구축,

---

현인택, 최강, 위의 글, pp.8-9.

233) 백진현, 제성호, "군비통제의 검증관련 기구 및 법령에 관한 연구", 『전략연구』 위의 책, pp.78-79 참조.

234) 군비통제정책의 3가지 목적은 첫째, 전쟁의 위험성을 줄이고, 둘째, 만일 전쟁이 발생할 경우 그로 인한 피해를 감소시키고, 셋째, 평화 시의 군비 지출 부담을 제한하는 데 있다. Paul Keal, "Japan's Security Policy and Arms Control." Andrew Mack and Paul Keal, Security and Arms Control in the North Pacific(Sydney: Allen & Unwin, 1988), p.123. 그러므로 군비통제는 무기의 수량형태와 질적 변화, 이들의 구성 및 기능상의 변화, 전쟁의 기회를 감소시키기 위해 무기의 사용이나 효과에 영향을 미치는 변화조치들, 그리고 전쟁의 잠재적 피해를 줄이고 안보의 경비를 줄이는 일에 관심을 갖는다. 전인영, "군비통제와 신뢰구축방안", 신정현 외 『한반도 군비통제의 이론과 실제』(서울: 예진, 1993). p.58 참조. 한편 군비통제정책은 대응군사력을 키우는 군사력 증강정책과 상호 보완적인 관계에 있다.

235) 구체적으로 남한은 남북한 군비통제 실시를 통해 첫째, 북한의 군사적 능력과 군사활동에 대한 투명성을 증대하여 군사적 긴장을 완화하고, 둘째, 상호 간의 오해나 오판에 의한 무력충돌 가능성을 줄이고 위기 시의 안정성을 제고하며, 셋째, 불필요한 무력증강을 자제하여 전쟁발발 시 피해를 줄이고 잉여자원을 경제발전에 이용할 수 있는 발판을 마련하며, 넷째, 궁극적으로 남북한의 평화적 통일을 위한 환경조성에 적극 이바지한다는 등의 목표를 달성해야 할 것이다. 전성훈, "최근의 한반도 상황 변화에 따른 남북한 군비통제 추진방안", 『정책보고서』 96-14(서울: 민족통일연구원, 1996. 7). p.7.

후 군축」이라는 기본입장을 견지하면서 남북군사공동위원회에서 단계
별로 군비통제를 실시해야 한다.[237] 그러한 단계적인 군비통제방안으
로서 군사적 신뢰구축(1단계) → 운용적 군비통제(2단계) → 구조적 군
비통제(3단계)의 방향성을 제시할 수 있다. 한편 북한의 「선 군축, 후
군사적 신뢰구축」 요구에 대해서는 이를 무조건 거부할 것이 아니라
제한적으로 수용할 수 있는 방안(예: 신뢰조성과 시범적 군축의 병
행)을 적극 모색해야 한다.

셋째, 「남북기본합의서」 및 「불가침 분야 부속합의서」의 유효성을
전제로 하여 남북한이 앞서 합의한 사항들 중 필요성과 상호 이익성
이 존재하는 분야, 합의도출이 비교적 용이한 분야, 북한이 호응해 올
수 있는 실천 가능한 분야에 우선순위를 두고 남북한 군사협상을 추
진하여 군비통제를 실시하는 것이 바람직하다.

넷째, 한반도 군비통제의 실시과정에서 실천사항을 확인할 수 있는
검증절차를 마련해야 한다. 다만 북한이 검증장치 마련에 상당한 거부
감을 갖고 있음을 감안하여 최대한 신축적이고 탄력적인 자세로 임해
야 한다. 그와 더불어 군사공동위원회의 모든 협상과정에 검증 전문가
를 참석시켜 가능한 검증장치부터 합의, 제도화할 수 있도록 노력해야
한다.

---

236) 남북한의 군비통제정책의 내용 및 성격 등 양자의 비교에 관해서는 유
석렬, "남북한 군비통제의 배경, 특징, 전략", 신정현 외, 『한반도 군비
통제의 이론과 실제』(서울: 예진, 1993), pp.193~220. 이철기, "동북아
시아 군비통제 및 군축에 관한 연구", 동국대학교 대학원 정치학 박사
학위논문(1992), pp.221-247 참조.
237) 백종천 박사는 통일지향적인 한반도 군비통제방안을 단계별로 제시하
고 있다. 구체적으로 그는 제1단계: 신뢰구축, 제2단계: 군비통제, 제3
단계: 군비축소, 제4단계: 군사적 통합을 제안하고 있다. 백종천·이민
룡, 『한반도 공동안보론』(서울: 일신사, 1993). pp.326-337 참조.

이러한 기본방향에 따라 남북한이 추진할 수 있는 군비통제방안을 단계별로 제시하면, 1단계(군사적 신뢰구축)에서는 ①남북한 군사당국자 간 직통전화 설치, ②군인사교류, ③군사정보 교환, ④군사훈련의 참관, ⑤대규모 부대이동 및 군사훈련의 통보 등을, 2단계(운용적 군비통제)에서는 ①비무장지대의 비무장화 및 평화적 이용, ②배치제한지대의 설치 등을, 그리고 마지막 3단계(구조적 군비통제)에서는 ①재래식 상비전력의 본격적인 감축, ②동원전력 및 준군사부대의 규제, ③대량살상무기의 단계적 폐기 및 한반도 비핵화 실현 등을 각각 추진할 수 있을 것이다. 다만 앞에서 제시하는 방안들은 남북한이 실시해야 할 대표적이고 비교적 중요도가 높은 것들로서 남북한 간의 군비통제방안이 이들에 국한되는 것이 아님은 두말 할 필요도 없다.[238]

---

238) 이 밖에 남북한이 추진할 수 있는 한반도 군비통제방안의 목록은 이서항, "한반도안정과 평화를 위한 포괄적 군비통제방안", 『한반도 군비통제』, 군비통제자료 24(1998). pp.28-29 참조.

V. 결 론

햇볕정책 이후 남북한 간의 변화는 눈에 띄게 증가하였으며 무엇보다도 갑작스럽게 우리 앞에 성큼 다가온 북한은 우리의 안보관에 분명 많은 혼선을 주어 온 것 또한 사실이다. 그러나 평화는 확고부동한 안보로부터 나온다는 경구를 기억한다면, 지금까지의 주적이었던 북한에 대한 안이한 인식과 대응이 우리의 안보불안으로 이어질 수 있음도 알아야 할 것이다.

당연히 한 민족으로서 그리고 동포로서 우리는 북한과의 교류는 계속해 나가야 한다. 특히, 수많은 경제적 교류는 곧 북한을 도와주는 것이며 장기적으로는 우리 대한민국의 국익과 직결될 것이다. 그렇기에 군은 지금도 남북 경제교류에 뒤따르는 군사적 편의를 제공하고 있으며 앞으로도 그 같은 편의는 계속될 것으로 전망된다.

문제는 우리가 평화를 추구하는 이상 한편으로는 확고한 안보관 확립과 함께 실질적 군사력을 확보 유지해야 하는 것이다. 특히, 북핵 보유 선언 이후 이어지는 일련의 동북아 안보불안은 우리의 확고한 안보태세를 더욱 강하게 요구하는 요인이 되고 있다. 우리는 대북포용정책 이후 북한 사회의 변화와 함께 군사관계의 변화를 기대했으나 기대 밖으로 핵 위기는 고조되고 있다.

따라서 우리는 단기적으로 북한의 군사력을 정확히 알고 그에 대한 철저한 대비를 구축해야 한다. 그러나 장기적으로는 남북한 모두의 공영을 위한 군사력 완화를 추구해야 한다. 이를 위해서는 남북한 모두의 군비통제가 필수적 과제로 대두하게 될 것이며, 이를 위해 우선은 북핵 문제로 인해 군비통제의 문제가 대두하기는 어렵겠지만 항구적인 한반도의 평화체제 구축을 위한 준비를 하는 것은 빠르면 빠를수록 좋을 것이다. 그 이유는 남북한 간의 군사관계의 발전 방향은 군비통제로 이루어져야 하기 때문이다. 이를 위해 우리는 다음의 준비를 갖추어야 할 것이다.

첫째, 더욱 긴밀한 한·미 공조체제의 구축이 필요하다. 최근 한반도 군비통제와 관련, 대량살상무기는 미국이 담당하고, 재래식 전력은 한국이 주도해야 한다는 역할 분담론이 정부 내에서 논의되고 있다. 사실상 대량살상무기는 미국이 전담하고, 재래식 전력은 한국이 주도하게 될 것이라고 생각되지만, 역할을 분담한다고 보기보다는 철저히 「팀플레이(team play)」에 입각한 접근이 요망된다. 미국은 핵, 미사일 및 재래식 전력문제를 개별협상으로 접근하지 않고 포괄적 방식으로 접근한다는 입장이다.

따라서 재래식 전력문제는 미국이 주도하지 않고 우리를 지원하겠다는 입장이지만 북한과도 직접 논의하겠다는 것이다. 또한 우리의 입장에서 핵, 미사일 등 대량살상무기 문제를 미국에게 전담시키는 일도 바람직하지 않다고 본다. 기본합의서 및 불가침 분야 부속합의서에 따르면, 대량살상무기도 남북 간에 협의 및 다루도록 되어 있다. 결국 성공적인 한반도 군비통제는 한·미 간 역할분담보다는 한·미 간의 긴밀한 공조와 팀플레이가 무엇보다도 중요할 것이다. 따라서 성공적 한반도 군비통제는 한·미의 긴밀한 공조에 달려 있다고 해도 과언이 아닐 것이다.

둘째, 북핵문제의 평화적 해결을 위해 전력을 다해야 하나 최악의 경우까지를 대비하는 준비자세를 갖추어야 한다. 북한이 핵 보유를 선언한 이상 그것은 더 이상 남북한 간의 문제가 아니다. 따라서 북한 핵문제에 대한 국제적 공조는 절대적으로 필요하며 그렇게 문제를 풀어 나가야 한다. 분명 북핵 위기는 평화적인 방법을 통해 문제를 해결하는 최선의 길을 모색해야 한다. 그러나 북핵문제가 단기간의 해결이 이루어지지 않고 장기화될 가능성에도 대비하는 다양한 대응책을 마련해야 한다는 것이다. 국가안보 문제는 단 한순간에도 게을리 할 수 없으며, 어떠한 돌발사태에도 능히 대처할 수 있는 능력을 갖추고 있어야 한다.

셋째, 우리는 앞으로 남북한 간의 군비통제에 적극적으로 참여해야 하며 비전을 제시함으로써 21세기 남북 군사관계의 발전적 방향을 설정해야 한다. 지금까지 우리의 군비통제 자세는 주한미군 문제, 정전협정의 서명 당사자 문제, 우리 군의 작전통제권 미비, 군사력 열세 등으로 매우 수세적인 것이었다고 볼 수 있다. 즉 북한이 공세적이고 일관된 주장을 전개한 것에 비해, 우리는 수세적이고 북한과 테이블에 함께 앉는 문제를 중시하는, 즉 형식과 외형을 중시하는 모습을 보여 왔다.

한국군의 전력이 전력지수상 북한군에 비해 열세라는 입장도 있지만, 우리의 전력정비 계획은 이미 북한만을 대상으로 하는 것이 아니라 지역적 차원의 고려를 반영하고 있다. 이는 북한에 대해 보다 공세적 입장에서 군비통제 문제를 접근할 수 있는 여력이 우리에게 있음을 뒷받침하는 것이다. 사실 우리의 국방 예산은 거의 북한의 국민총생산에 육박하고 있다. 이제 수세적이고 외형을 쫓는 방식에서 벗어나 우리에 대한 군사적 위협을 제거하고 전략적 안정을 이루는 실질적 군비통제 방안을 마련하여 적극적으로 제안하는 것이 필요하다.

군비통제는 남북 핵통제 회담의 실패 교훈에서 알 수 있듯이, 상호 이익이 있을 때 이루어질 수 있는 것이다. 결국 북한이 우리와의 군비통제에서 이익을 느낄 수 있을 때 진정한 협상이 가능할 것이다.

우리의 군비통제에 관한 기본자세는 기본합의서의 불가침 분야에 입각 군사공동위원회의 가동을 통한 접근이라고 볼 수 있다. 따라서 남북한 간의 군비통제에 있어서 분야별로 다양하고 공세적인 제안을 제시하는 것이 바람직하다. 예를 들어, 미사일 문제와 관련 경제적 보상도 중요하지만, 한반도 상황에서 불필요한 탄도 미사일을 전폐하자는 Zero Option을 제기할 수 있다. Zero Option은 유럽의 INF협상 경험을 반영하여 500㎞ 미사일 개발을 조건부로 선언하고 북한이 탄도 미사일을 포기할 경우 우리도 포기한다는 것이다.

또한 군비통제를 위한 긍정적 환경 조성에 있어서 일방적 조치가 매우 효과적이라는 군비통제의 역사적 경험에 비추어, 우리의 안보에 심각한 영향을 받지 않는 분야에서 일방적 양보조치를 취하는 것도 고려할 수 있을 것이다. 예를 들어, 위성 등 탐지 수단을 활용할 수 없어 직접 정찰조를 침투시켜야 하는 북한의 입장을 고려하여, 일정 지역의 영공을 북한 비무장 정찰기에 개방하는 소위 Open Sky를 추진해 볼 수도 있을 것이다. 물론 군비통제의 관건은 상호주의이다. 그러나 분야에 따라서 일방적 조치도 효과적이고 궁극적으로 상대방의 상응된 조치를 유도할 수 있다는 점도 인식해야 할 것이다.[239]

끝으로 남북한의 군사관계의 변화는 장기적으로 북한의 체제변화를 목표해야 한다. 현재 북한은 일종의 위기관리체제인 「선군체제」하의 상태에 놓여 있다. 심각한 경제 및 식량난을 겪고 있는 김정일 정권의 입장에서 군이야말로 정권의 보루라는 인식을 갖고 있을 것이다. 군이 정치 전면에서 강력한 영향력을 행사하는 「선군체제」가 지속되는 상황에서 의미 있는 한반도 군사관계의 발전 방향이 나오기는 어렵다.

따라서 북한이 정상적인 체제로 전환되도록 유도하는 것은 성공적

---

239) 윤덕민, 앞의 글, pp.68-69 참조.

한반도 군사관계의 변화가 될 수 있다. 이를 위해 군사적 조치와 함께 정치적 신뢰구축도 동시에 추진함으로써 북한체제의 한계를 느끼게 해 주는 환경조성이 필요하다. 특히, 앞으로 북한 정권은 체제변화의 요구가 증대되는 가운데 중대한 체제 전환의 국면에 처하게 될 것이다. 당장의 위기상황에서 당정을 대신하여 군을 정치전면에 내세워 체제 결속을 꾀하고 있지만, 북한의 어려움이 통제체제의 구조적 모순에서 비롯되는 만큼 문제 해결을 위해서는 체제의 근본적 개혁이 불가피하다. 따라서 체제 개혁을 위한 환경을 조성하는 일은 발전적인 남북관계를 위한 중요한 과정이 될 것이다.

결론적으로 햇볕정책은 많은 한계를 노출했지만, 상당부분 북한체제 변화를 유도하는 환경조성에 기여한 것 또한 사실이다. 이제 남은 과제는 지속적인 남북대화의 제도화와 남북 교류 및 협력을 심화시켜감으로써 남북 간의 정치적 신뢰조성을 추진하고 나아가 대미 및 대일 관계개선 등 북한의 국제사회 진입을 지원해줌으로써 북한이 정상적인 체제로 전환될 수 있는 여건을 강화시켜 주는 일이 될 것이다. 따라서 우리 군은 튼튼한 안보를 바탕으로 나아가 유비무한의 자세로 참여정부의 햇볕정책 계승을 군사적 측면에서 차질 없이 지원해야 할 것이다.◎

참고 문헌

김진무, "북한의 대량살상무기 개발 현황과 전망", 국방부, 『한반도군비통제』 제33집, 2003. 6.

박갑수, "북한의 군사전략과 군사력", 안보문제연구소, 『통일로』 2003. 7월호.

배정호, 『한반도 경영시대의 개막과 동북아 중추국가로서의 발전을 지향하여』 통일연구원, 2002.

백종천·이민룡, 『한반도 공동안보론』(서울: 일신사, 1993).

백진현, 제성호, "군비통제의 검증관련 기구 및 법령에 관한 연구", 한국전략 문제연구소, 『전략연구』 2002년 IX권 제2호(통권 제25호).

손기웅, "남북한 화해·협력을 위한 군사회담의 역할", 『한반도 군비통제』, 28(2000. 12).

송대성, "남북한 군사적 신뢰구축 및 긴장완화 추진과제 실천방안", 『한반도 군비통제』, 28(2000. 12).

쉬린 마자린, "동북아 안보와 파키스탄 그리고 북한", 『주간국방논단』 (2003. 5. 12.) 제940호 한국국방연구원.

유석렬, "남북한 군비통제의 배경, 특징, 전략", 신정현 외, 『한반도 군비통제의 이론과 실제』(서울: 예진, 1993).

윤덕민, "남북정상회담 이후 북한의 군비통제 문제에의 접근 및 방향분석", 한국전략문제연구소, 『전략연구』 2002년 IX권 제2호(통권 제25호).

이서항, "한반도안정과 평화를 위한 포괄적 군비통제방안", 『한반도 군비통제』, 군비통제자료 24(1998).

이종석, "남북정상회담의 성과와 향후 과제", 세종연구소 편, 『정상회담이후 남북관계 개선전략』(성남: 세종연구소, 2000).

이철기, 『동북아시아 군비통제 및 군축에 관한 연구』, 동국대학교 대학원 정치학박사 학위논문(1992).

이춘근, "동아시아의 군비증강 현황과 한반도 안보"(통일연구원 주최 Workshop 발표 논문, 2002. 11. 1.).

전경만, "「평화번영정책」과 동북아 안보협력", 한반도 평화번영과 국제협력 국제 학술회의(2003. 6. 13.) 발표 논문집.

전성훈, "최근의 한반도 상황 변화에 따른 남북한 군비통제 추진방안",『정책보고서』96-14(서울: 민족통일연구원, 1996. 7).

전인영, "군비통제와 신뢰구축방안", 신정현 외『한반도 군비통제의 이론과 실제』(서울: 예진, 1993).

정규섭, "대북정책 재정립 방향과 정치·군사분야의 과제", 통일연구원,『통일정책 연구』제11권 2호, 2002년 겨울.

정영태, "군대는 '만능의 보검'이다", "북한 '신사고', 개혁·개방으로 가는가" 평화문제연구소,『통일한국』, 제206호, 2001. 2월호.

제성호 외,「남북한 평화공존과 남북한 연합 추진을 위한 법제 정비방안」(서울: 통일연구원, 2001).

제성호,「한반도비무장지대론: DMZ를 평화지대로」(서울: 서울프레스, 1997).

제성호,「한반도비무장지대론: 비무장지대를 평화지대로」(서울: 서울프레스, 1997).

조셉 나이, "제국의 패러독스", 세종연구원(홍수원 번역), 2002. 7.

최수영, "과학기술을 경제회생 지렛대로" 평화문제 연구소,『통일한국』, 제206호, 2001. 2월호.

통일연구원,『남북협력 증진을 위한 군사적 조치의 이행방안』연구총서 02-21, 2001.

현인택, 최강, "한반도 군비통제에의 새로운 접근", 한국전략문제연구소,『전략연구』2002년 Ⅸ권 제2호(통권 제25호).

황진환, "한반도 평화체제 구축과 남북한 군비통제",『한반도 군비통제』28(2000. 12).

『2000 통일백서』

노동신문 1998년 5월 23일.

노동신문 1998년 7월 2일.

노동신문 1998년 8월 7일.

노동신문 1999년 8월 18일.

노동신문, "경제강국 건설을 위한 총진군을 다그치자"(2001. 1. 16.), 사설.

동아시아 평화연구회의 『국민의 정부의 대북포용정책』, 1999.

동아일보, 2000년 10월 15일.

동아일보, 2000년 10월 19일.

동아일보, 2000년 9월 26일.

동아일보, 2000년 9월 27일.

동아일보, 2001년 2월 9일.

동아일보, 2002년 11월 14일.

연합뉴스, 2002년 11월 28일.

연합뉴스, 2002년 11월 29일.

중앙일보, 2002년 5월 20일.

조선일보, 2000년 11월 18일.

조선일보, 2002년 4월 23일.

조선일보, 2002년 4월 24일.

「한반도 에너지개발기구와 조선민주주의 인민공화국 정부간의 경수로 사업 이행을 위한 통행에 관한 의정서」(1996. 7. 11.)

Chung-in Moon, Arms Control on the Korean Peninsula: Domestic Perceptions, Regional Dynamics, International Penetrations (Washington. D. C.: United States Institute of Peace, 1995).

David Mitrany, "The Functional Approach to World Organization", International Affairs(Vol.XXIV, July 1948).

James Macintosh, "Inter-Korean CBMs and Arms Reduction: The Conventional Forces Dimension", International Conference on Fifty Years of National Independence: Past Present and Future of National Security in the Republic of Korea, The Korean

Association of International Studies, June 16－17, 1995.

Paul Keal, "Japan's Security Policy and Arms Control," Andrew Mack and Paul Keal, *Security and Arms Control in the North Pacific* (Sydney : Allen & Unwin, 1988).

Peter M. Haas, "Introduction: Epistemic Communities and International Policy Coordination", *International Organization*, *Vol.46, No. 1* (Winter 1992).

William Safire, "North Korea: China's Child", *New York Times*, 2002. 12. 26.

남북한 군사적 신뢰구축방안

- 장성급회담을 중심으로 -

I. 서 론

21세기 한반도를 중심으로 한 동북아 질서는 세계사의 중심으로 새로운 변화의 길목에 놓여 있다. 미국과 일본을 중심으로 한 기존 질서는 앞선 경제력을 바탕으로 그 영향력의 유지 및 확대에 전력하고 있고 이에 대항하는 새로운 질서 형성을 노리는 중국의 급속한 대두가 치열하게 전개되고 있으며 전통적 강국인 러시아 역시 그 질서의 한 축을 차지하고자 하고 있다. 한반도는 이러한 동북아 변화의 중심이자 중심추의 위치에 자리하고 있다. 우리의 분단은 이 같은 국제질서의 역학관계 속에서 형성되고 지속되어 온 측면이 강하다고 했을 때 이제 통일과 함께 민족번영의 21세기를 개척해 나가는 것은 우리의 시대적 과제라 아니 할 수 없다.[240]

분단으로 인한 고통은 국토의 균형적 발전불가는 물론 진정한 민주주의 완성과 인간다운 삶의 영위도 불가능하게 했다. 특히 북한의 통제적 정치체제와 폐쇄적 사회질서 그리고 그에 따른 경제침체 등은 오늘의 총체적 위기를 불러왔으며, 남한 역시 지난난 민주화의 과정과 파행적 경제발전으로 인한 사회적 계층적 위화감의 심화 등 많은 문제점을 노출하고 있다. 이런 가운데 한반도를 중심으로 한 신동북아 질서형성에서 우리는 열강의 각축을 위한 장(場)만을 제공하게 될지도 모르는 상황이 오늘의 현실이라고 할 수 있다. 결국 지금과 같은

---

240) 특히 북한의 핵 위기 이후 동북아는 새로운 안보환경에 처해졌는데 이는 첫째 서유럽과 달리 동북아 지역의 새로운 군비경쟁 현상이며, 둘째 주변 국가들이 보다 독자적인 견지에서의 안보전략을 구상하고 있는 현상이다.

분단의 지속은 민족 번영은 고사하고 민족생존의 문제에 처해질 수
있다는 것이다.[241]

이에 우리는 21세기 신동북아 질서 형성의 중심적 역할을 수행할
능력을 배양해야 할 필요가 있다. 이러한 우리들 인식의 기본 바탕에
는 실질적인 남북 간의 군사적 신뢰구축이 전제되어야 한다. 그동안
남북 간에는 크고 작은 군사적 충돌로 인하여 불신의 벽이 두터워져
왔던 것이 사실이다. 따라서 한편으로는 이러한 불신을 제거하고 신뢰
를 구축하기 위한 여러 가지 합의들이 있었다. 그러나 그러한 합의들
이 현실로 이어진 것은 최근의 일이다. 이는 남북 간에 그만큼 불신의
벽이 높았다는 사실을 반증하는 것이기도 하다.

지난 2000년 이전까지 남북 간에 합의된 군사적 신뢰구축 조치들은
합의로 머물러 있었을 뿐 안타깝게도 실제로는 제대로 이행되지 못했
지만 2000년 6월 남북정상회담 이후에는 다소 달라진 양상이 전개되
어 왔다. 2000년 9월 남북국방장관회담 이후 합의된 사항들은 과거와
는 달리 실제 이행되어 왔고, 이러한 조치들은 남북 간 군사적 신뢰구
축을 위한 기초를 마련했다는 데 중요한 의의가 있다.

특히 2004년 5월과 6월 개최된 남북 장성급 군사회담에서 맺어진
합의사항의 이행은 군사 분야에서의 실질적인 합의사항이 실천되었다
는 점에서 중요한 의미가 있다. 그러나 이러한 조치들은 신뢰구축의
첫걸음에 불과한 것이고 만족할 만한 수준은 아니다.[242]

본 연구는 지금까지 추진된 남북 간 군사적 신뢰구축 조치의 현황

---

241) 우리의 대북정책의 재정립에 관해서는 정규섭, "대북정책 재정립 방향
과 정치·군사 분야의 과제", 통일연구원, 『통일정책연구』 제11권 2호,
2002년 겨울호 참조.
242) 문성묵, "남북 간 군사적 신뢰구축 현황과 향후 과제: 남북장성급회담
을 중심으로", 자료, p.156.

을 개괄하며 그 성과와 함께 드러난 문제점을 보완하여 바람직한 신
뢰구축의 방안을 모색해 보는 데 목적이 있다. 연구는 남북 간 군사적
신뢰구축 추진과정에서 실질적 내용을 가질 수밖에 없는 남북 장성급
군사회담을 중심으로 검토하고자 한다.

Ⅱ. 남북한 신뢰구축 추진 실태[243)]

1. 2000년 이전의 군사적 신뢰구축 내용

1972년 5월과 6월 두 차례에 걸쳐 남측의 이후락 중앙정부부장과 북측의 김영주 조직지도부장이 남과 북을 오가며 회담을 갖고 7·4 남북공동성명에 합의하였다. 성명 2항에서 "쌍방은 남북 사이의 긴장상태를 완화하고 신뢰의 분위기를 조성하기 위하여 서로 상대방을 중상 비방하지 않으며 크고 작은 것을 막론하고 무장도발을 하지 않으며 불의의 군사적 충돌사건을 방지하기 위한 적극적인 조치를 취한다"는 데 합의하였다. 5항에서는 "쌍방은 돌발적 군사사고를 방지하고 남북 사이에 제기되는 문제들을 직접, 신속, 정확히 처리하기 위하여 서울과 평양 사이에 상설 직통전화를 놓는다"는 데도 합의하였다.[244)]

7·4 남북공동성명은 남북 간 군사적 신뢰구축문제를 포함한 첫 합의라는 점에서는 의미가 있으나, 이후 동 성명 1항에 포함된 자주, 평

---

243) 본 장은 위의 글: 신동철, "남북한 군비통제를 위한 군사적 신뢰구축 방안에 관한 연구", 국방대학교 합동참모대학, 2005년도 연구보고서; 송대성, "남북한 장성급회담과 군사적 신뢰구축 전망", 『한국군사』 19호, 2004; 이정민, "남북한 신뢰구축과 군비축소방안", 『통일문제연구』 2004; 윤영모, "남북한 군비통제 추진에 대한 연구-군사적 신뢰구축을 중심으로", 국방대학교 합동참모대학 2004년도 연구보고서 등을 주로 참조하였음.

244) 7·4 남북공동성명 5항의 구체적 이행을 위해 「남북직통전화 가설 및 운용에 관한 합의서」도 체결하였다. 이 직통전화는 서울의 이후락 중앙정보부장의 사무실과 평양의 김영주 조직지도부장의 사무실에 각각 설치하기로 하였다.

화, 민족대단결이라는 통일원칙에 대한 해석을 놓고 남북 간 갈등을
일으키는 문제점을 내재하고 있다.[245]

　남북한 양측이 평화정착을 위한 군비통제 논의에 진지하게 임하기
시작한 것은 1980년대 후반에 와서 국제환경이 급격히 변화되고 남북
한 각각의 국내여건이 변화하면서부터이다. 남북 고위급회담이 1990년
부터 시작되어 8차에 걸쳐 진행되었으며 이 과정에서 1991년 12월 제
5차 남북고위급회담에서 「남북기본합의서」와 「비핵화공동선언」을 채
택함으로써 본격적인 남북 간의 군비통제 논의의 가능성이 열리게 되
었고 남북 간에 공식협상을 전개할 수 있는 제도적 장치가 마련되었
다. 이를 계기로 남북한 간에 각종 군사문제를 협의할 수 있는 군사공
동위, 군사분과위, 핵통제 공동위가 만들어졌고 1992년 9월까지 8차에
걸친 군사 분과위 회담이 진행되었다.

　1992년 5월의 제7차 남북 고위급회담에서는 군사공동위원회의 설치
및 운영에 관한 합의가 타결되었고 핵통제 공동위원회는 1992년 3월
12일부터 8차에 걸친 회의를 가졌다. 1992년 9월 제8차 남북 고위급회
담에서는 「남북 기본합의서」 2장의 「남북 불가침」 부분에 대한 부속
합의서를 체결함으로써 본격적인 남북 군비통제 협상의 태동 가능성을
제시하였다. 1992년 9월 제8차 남북고위급회담에서 3개 부문의 부속합
의서를 채택하였으나, 이후 국제원자력기구(IAEA)의 핵사찰과 팀스피
리트 문제에 반발하여 북한은 일방적 대화 종결을 선언하고 「남북 기
본합의서」 및 「남북 불가침의 이행과 준수를 위한 부속합의서」의 구체
적 실행논의는 교착상태에 빠졌었다.[246]

---

245) 북측은 3가지 원칙 중, '자주'의 경우 한미동맹의 파기를 포함한 외세배
　　격의 논리로, '평화'의 경우 평화를 위해서는 무력사용까지도 불사할 수
　　있다는 개념으로, 민족대단결은 민족공조 근거논리로 주장하는 등 대남
　　적화전략의 근거논리로 악용하고 있다.

그럼에도 1992년 2월 19일 발효된 「남북사이의 화해와 불가침 및 교류·협력에 관한 합의서」(이하 남북 기본합의서라 함)는 7·4 남북 공동성명 이후 20년 만에 체결된 합의로서, 남북관계를 규정하는 소중한 합의서라고 할 수 있다.

남북 기본합의서에서 군사적 신뢰구축과 관련된 합의는 12조로서 "남과 북은 불가침의 이행과 보장을 위하여 이 합의서 발효 후 3개월 안에 남북 군사공동위원회를 구성·운영한다. 남북군사공동위원회에서는 대규모 부대이동과 군사연습의 통보 및 통제문제, 비무장지대의 평화적 이용문제, 군 인사교류 및 정보교환 문제, 대량살상무기와 공격능력의 제거를 비롯한 단계적 군축 실현문제, 검증문제 등 군사적 신뢰조성과 군축을 실현하기 위한 문제를 협의·추진한다"고 규정되어 있다. 13조에는 "남과 북은 우발적인 무력충돌과 그 확대를 방지하기 위하여 쌍방 군사당국자 사이에 직통전화를 설치·운영한다"는 내용이다.

불가침 분야의 구체적인 실천을 위해 합의한 부속합의서 제4장에서는 남북 군사 당국자 간 직통전화는 남측의 국방부장관과 북측 인민부력부장 사이에, 합의서 발효 후 50일 이내에 개통하기로 일정까지 합의하였다.[247]

남북 기본합의서에서는 남북 간 군사직통전화 설치를 비롯한 신뢰구축의 초보적인 조치들에 대한 합의는 물론 이를 실천하기 위한 기구까지 합의하는 등 신뢰구축을 위한 구체적 합의가 이루어졌다는 데 의의가 있으나, 안타깝게도 북측의 미호응으로 제대로 이행되지 못하고 있다. 북한이 기본합의서에 합의한 것이 과연 실천할 의지를 가지고 한

---

246) 박주현, 김상범, "대북군비통제 협상방안 연구", 국방연구원, 1994.
247) 불가침 분야 부속합의서가 1992년 9월 17일 발효되었기 때문에 이로부터 50일 후라면 동년 12월 초가 된다. 그러나 14년이 지난 현재까지 이 합의는 북측의 거부로 이행되지 않고 있다.

294 남북한 군사적 신뢰구축방안

것인지 아니면 1980년대 말~1990년대 초 동구공산권의 붕괴에 따른
국제적 고립을 회피하기 위한 단순한 협상전술 차원에서 임한 것인지
에 대해 회의감을 갖게 한다. 이와 같이 남과 북은 1970년대 이후 소
중한 합의를 이룩했음에도 불구하고 이를 이행하지 않음으로써 남북
간 군사적 신뢰구축은 그저 합의서 수준에 머물러 있을 뿐이었다.

그러나 1998년 출범한 남한의 김대중 정부는 한반도에서 냉전을 종
식하고 남북 간의 평화공존을 도모하며 나아가 평화통일을 실현하기
위하여 '평화를 파괴하는 일체의 무력도발을 불용하고, 흡수통일을 배
제하며, 화해·협력을 적극적으로 추진한다'는 대북정책 3대 원칙에
입각한 대북 '화해·협력정책'을 지속적으로 추진하였다. 2000년 3월
김대중 대통령이 베를린 선언을 통하여 '북한경제 회복 지원, 한반도
냉전종식과 평화정착 추구, 이산가족 문제해결, 남북당국 간 대화 개
최' 등의 4대 실천과제를 내외에 천명함으로써 북한이 우리 정부의 대
북정책에 신뢰를 갖게 되었다. 이를 계기로 2000년부터 2004년까지 남
북정상회담, 국방장관회담, 남북장성급회담이 연이어 열리게 되었다.

2. 남북국방장관회담과 철도 연결

남북정상회담 이후 2000년 9월 25일부터 26일까지 이틀간 제주도에
서 개최된 남북 국방장관회담은 군사적인 신뢰구축 및 긴장완화 차원
에서 본격적인 주제를 가지고 토론함으로써 결론을 도출하지는 못하
였지만 그 나름대로 많은 의미들을 간직하고 있는 회담으로 다음과
같은 5가지 합의사항이 공동보도문 형식으로 발표되었다.

(남북국방장관회담 공동보도문)

1. 쌍방은 남북정상들이 합의한 6·15 남북공동선언의 이행을 위해 최선의 노력을 다하고, 민간인들의 왕래와 교류, 협력을 보장하는 데 따르는 군사적 문제들을 해결하기 위하여 상호 적극 협력하기로 하였다.
2. 쌍방은 군사적 긴장을 완화하며, 한반도에서 항구적이고 공고한 평화를 이룩하여 전쟁의 위험을 제거하는 것이 긴요한 문제라는 데 이해를 같이하고 공동으로 노력해 나가기로 하였다.
3. 쌍방은 당면과제인 남과 북을 연결하는 철도와 도로공사를 위하여 각측의 비무장지대 안에 인원과 차량, 기재들이 들어오는 것을 허가하고 안전을 보장하기로 하였으며, 쌍방 실무급이 10월 초에 만나서 이와 관련한 구체적 세부사항들을 추진하기로 하였다.
4. 남과 북을 연결하는 철도와 도로 주변의 군사분계선과 비무장지대를 개방하여 남북관할 지역을 설정하는 문제는 정전협정에 기초하여 처리해 나가기로 하였다.
5. 쌍방은 2차 회담을 11월 중순에 북측 지역에서 개최하기로 하였다.

남북은 제1항에서 쌍방 군사당국자들은 남북 교류협력사업의 군사적 지원을 위해 적극 협력키로 하였고, 2항에서는 군사적 긴장완화와 공고한 평화를 위해 공동으로 노력하기로 하였으며, 3~4항에서는 남북철도 및 도로 연결과 관련하여 비무장지대 내 작업의 안전보장 문제 협의를 위해 실무급 협의를 갖는다는 것과 비무장지대 내 관리구역을 설정하는 문제는 정전협정에 기초하여 처리한다는 데 합의하였다.

남북 국방장관회담의 5개 항의 합의는 이후 개최된 군사실무회담과 장성급군사회담을 통해 구체적 이행방안의 합의로 이어졌다. 따라서 국방장관회담의 합의는 남북 간 군사적 신뢰구축 추진을 위한 촉매가 되었다는 점에서 중요한 의의가 있다.

경의선 철도와 도로 연결사업은 1차 장관급회담(2000. 7)에서부터 토의되었다. 그리고 경의선 철도와 도로 연결을 위한 군사적 문제를 협의하기 위해서 남북국방장관회담(2000. 9. 25 - 9. 27)이 개최되었다. 남한은 국방장관회담을 계기로 군사회담을 정례화하고 한번도의 긴장완화와 평화정착문제를 포괄적으로 논의하기를 기대하였다. 그러나 북한은 남북 국방장관회담을 경의선 연결 및 도로건설을 위한 일회성 회담으로 생각하였다. 남북 국방장관회담 결과 발표된 공동보도문은 6·15 남북공동선언을 이행하기 위한 군사적 문제 해결, 군사적 긴장완화 및 평화정착문제, 군사실무회담 개최에 의한 철도 및 도로 연결의 실무문제 협의, 남북관할구역 설정, 2차 남북국방장관회담 개최 등을 포괄적으로 포함하였다.248) 그럼에도 불구하고 이후 남북군사회담의 초점은 경의선 연결 및 도로건설을 위한 실무문제를 협의하는 수준이었다.

그 과정은 서해 지역에서 경의선 연결과 함께 동해 지역에서 동해선 철도와 도로 연결은 임동원 대통령 특사의 북한 방문 시(2002. 4. 3-6) 합의하였다. 동해선 연결은 나아가 시베리아 횡단철도와 연결하면 TKR-TSR 연결사업이 구체화될 수 있는 계기가 되었다. 러시아와 북한은 2001년 10월 표준궤(폭 1,524㎜)인 동해선의 북한 구간을 광궤도(폭 1,524㎜)인 시베리아 횡단철도와 연결하기 위해 기존 궤도 옆에 레일을 한 줄 더 건설하여 광궤용 열차도 다닐 수 있는 혼합궤로 확장하기로 한 것으로 알려졌다.249)

동해선의 도로연결은 금강산 관광 활성화를 위한 육로관광과 관련되어 있다. 남북한은 5차 남북 장관급회담(2001. 9. 15-9. 18)에서 육로관광을 비롯한 금강산관광활성화 문제를 협의하기로 하고 이를 위해 금강산 관광활성화를 위한 남북 당국 간 회담을 개최하였다(2001. 10. 3.-10. 5). 남한은 남측의 송현리와 북측의 고성 간 도로를 연결하되, 임시도로를 개설하여 우선 육로관광을 실시하고 2002년 하반기

248) ≪동아일보≫, 2000년 9월 26일.
249) ≪조선일보≫, 2002년 4월 24일.

까지 2차선 포장도로를 완공할 것을 제안하였다. 반면 북한은 해로를 이용한 금강산관광을 궤도에 올려놓은 뒤, 다른 문제를 논의할 것을 주장하였다. 아울러 북한은 금강산 육로관광은 군사적 문제와 환경문제를 포함한 복잡한 문제라고 주장하였다.

제2차 남북경제협력 추진위원회(2002. 8. 27-30)에서 남북한은 경의선과 동해선의 철도 및 도로 연결공사를 2002년 9월 18일 남북한 양측에서 동시에 착공하기로 합의하였다. 경의선 철도는 2002년 말 연결을 완료하고 경의선 도로는 2003년 봄에 완공하기로 하였다. 그리고 동해선의 철도 및 도로는 1차적으로 1년 목표로 완공하되 동해선 임시도로는 2002년 12월 말까지 완공하기로 하였다.

제2차 남북경제협력 추진위원회의 합의에 따라 경의선 및 동해선 연결과 관련된 군사적 조치를 협의하기 위해서 군사실무회담이 개최되었다(2002. 9. 14-17). 그 결과 남측 국방부장관과 북측 인민무력부장이 서명한 「남북 군사보장합의서」(정식명칭은 「동해지구와 서해지구 남북관리구역 설정과 남과 북을 연결하는 철도·도로 작업의 군사적 보장을 위한 합의서」)가 교환되었다(2002. 9. 17). 아울러 「남북철도·도로연결 실무협의회」 제1차 회의(2002. 9. 13-17)에서 착공식, 철도 및 도로 연결구간, 공동측량, 분계역 설치, 자재 및 장비제공 등에 대한 합의서가 채택되었다.

경의선 및 동해선 연결을 위한 구체적 절차들이 마무리됨에 따라 2002년 9월 18일 경의선과 동해선의 기공식이 남측 지역과 북측 지역에서 동시에 진행되었으며, 9월 19일부터 비무장지대의 남측과 북측의 관리 지역에서 지뢰 제거작업이 동시에 착수되었다. 그리고 남북경제협력 추진위원회 3차 회의(2002. 11. 6-9)에서 철도와 도로 연결을 위한 공동측량, 공사일정표 교환, 공사 진행상황 상호 통보 등이 합의되었다.

「남북철도 · 도로연결 실무협의회」 실무접촉(2002. 11. 18~20)에서 공동측량의 절차와 방법이 합의되었다. 그리고 남북한은 경의선 · 동해 선 임시도로 개통에 따른 남북 간 차량 운행과 관련하여 기본원칙, 운행절차와 방법, 사고처리 등에 대해서 의견접근을 이루었으며 추후 판문점을 통해 문서교환방식으로 「차량운행합의서」를 확정하기로 하였다. 남북한은 군사분계선에서 가장 가까운 곳에 차량운행사무소를 두기로 하고 상대측 지역을 운행하고자 하는 차량은 상대측 차량운행사무소에 허가신청서를 제출하여 승인을 받도록 할 예정이다. 상대측 지역을 운행하는 운전사는 상대측 지역의 교통법규 등을 준수하여야 하며 운행목적과 교통질서를 위반하는 경우 운행허가를 취소하도록 하였다. 그리고 남북한은 「남북도로운영 공동위원회」를 구성 · 운영하여 남북 간 정상적인 차량운행을 보장하기 위한 실무적인 문제를 협의하기로 하였다.

남북한은 2002년 11월 26일 해선 철도와 도로 연결을 위해 비무장지대의 군사분계선 양측에서 공동측량을 실시하였으며, 11월 29일에는 경의선 철도와 도로연결을 위한 공동측량을 마쳤다.

그리고 남북철도 · 도로연결 실무협의회 제3차 실무접촉이 진행되었다(2002. 12. 15-17). 남북한은 남북 철도 · 도로 연결이 합의된 일정대로 완공될 수 있도록 적극 노력하며, 이에 필요한 자재와 장비가 공사일정에 맞추어 제공될 수 있도록 적극 협력하기로 하였다. 그리고 북한은 철도 · 도로 연결에 필요한 자재 및 장비와 개성공단 건설에 필요한 인원과 장비의 수송을 위한 임시도로를 개성공단 착공 전까지 개통하기로 하였다. 이와 관련하여 쌍방은 경의선 임시도로 개설과 경의선과 동해선 임시도로 통행을 위한 쌍방 군사당국간의 협의를 진행하는 문제를 해당부문에 각기 제기하기로 하였다. 또한 남북한은 차량

운행 기본합의서를 조속히 발효시키기로 하였으며, 열차운행기본합의
서도 빠른 시일 내 문서교환방식으로 채택하기로 하였다.

〈표-6〉 경의선ㆍ동해선 철도ㆍ도로 연결 공사 규모와 구간

노선	종류	규모	구　간	거리 (Km)	연결 시기
경의선	철도	단선	개성역(북)－도라산역(남)	17.1	2002년 12월
	도로	4차선	개성공단터(북)－도라산역(남)	8.8	2003년 봄
동해선	철도	단선	온정리(북)－저진(남)	27.5	2003년 9월
	도로	2차선	고성(북)－송현리(남)	14.2	2003년 9월
	임시도로	1차선	고성 군사분계선	1.5	2002년 12월

　경의선과 동해선의 철도 및 도로의 연결사업은 경제적 효과, 국토종
합개발, 긴장완화 등 복합적 의미를 지니고 있으며 남북한의 경제교류
협력을 확대한다는 경제적 의미를 지니고 있다. 철도 및 도로 연결은
남북한 간 물류비 절감효과를 지니고 있다. 현재 20ft 컨테이너 1개당
TEU 720달러에 이르는 남북한 간 해상운송 비용이 철도운송의 경우
100달러~250달러로 감축된다. 또한 TSR(시베리아횡단철도)와 연결시
킴으로써 화물 수송의 통과료 수입과 나진ㆍ선봉 지대의 발전을 기대
하고 있다. 2005년을 기준으로 남북한의 물동량을 약 290만 톤(약 15
만 TEU)으로 가정하고 평균 수송거리 300㎞, 1TEU/㎞당 0.5달러를
적용할 경우 북한 측은 연간 약 2,250만 달러의 운임소득을 얻게 된다.
　그리고 경의선 연결은 남북의 물동량 수송기간을 단축시켜서 남북
경협을 활성화시킬 것이다. 현재 인천ㆍ남포 간 해상으로 7~8일 소요
되는 물류 수송기간이 경의선을 이용하면 1-3일로 단축된다. 그리고
육로를 통해 인력과 장비의 이동이 가능해짐에 따라 개성공단 개발사

업에 필요한 인력 및 물자의 수송, 금강산 육로관광 등이 실시될 수 있을 것으로 기대된다.

그리고 경의선과 동해선은 장기적으로 TSR과 연결됨으로써 한반도가 동북아의 육상물류 및 국제복합 운송의 거점으로 발전할 수 있는 계기를 마련할 수 있다. 현재 동북아시아의 7개 간선 철도노선에는 주요 물동량의 출발지인 한국과 일본이 제외되어 있으며, 항만 하역시설과 배후교통망이 미비해서 국제운송망으로의 역할을 충분히 발휘하지 못하고 있다. 경의선 및 동해선 연결을 계기로 시베리아 횡단철도와 한반도 철도가 연결되면 한반도가 동북아시아의 물류수송망의 중심지 역할을 할 수 있을 것이다. 이 같은 대륙 횡단 열차는 기존의 선박을 이용한 화물수송의 단점인 고비용과 장시간에 걸친 운송시간 등의 문제를 단번에 해결할 수 있을 것이다.

시베리아횡단 철도와 한반도 철도가 연결될 경우, 한국과 일본으로부터 출발한 물류가 북한, 러시아, 중국, 몽골, 카자흐스탄, 유럽 지역으로 이동할 수 있을 것이다. 이렇게 되면 러시아, 중국, 몽골, 북한 등의 값싸고 풍부한 천연자원 및 노동력과 한국, 일본 등의 기술력 및 자본이 결합돼 유럽연합(EU) 같은 동북아 경제권 형성이 촉진될 것으로 전망된다.

또한 남북교통망 연결은 한반도의 균형적 발전과 종합적 국토개발이라는 장기적 목표를 위해서도 필요하다. 뿐만 아니라 남북한 교통망 연결은 비무장지대를 통과함으로써 실질적으로 군사적 긴장을 완화하고 신뢰구축을 도모하는 효과를 지니고 있다.

군사적 측면에서 볼 때, 비무장지대를 통과하는 철도와 도로 연결은 비무장지대 관리 및 정전체제 유지문제, 비무장지대의 군사시설 제거, 군사적 신뢰구축 등과 관련되어 있다.

첫째, 비무장지대를 통과하는 교통망 건설은 비무장지대의 관리 및 정전체제 유지와 관련되어 있다. 한국정전협정에 의하면 군사분계선을 통과하거나 비무장지대 내에 출입하기 위해서는 유엔군사령관과 북한 및 중국군사령관의 허가를 받도록 되어 있다(정전협정 1조의 제7항, 제8항, 9항).250) 따라서 비무장지대 내에서나 비무장지대 일부와 동 지대 외곽을 포함하는 지역에서 남북한이 협력사업을 추진하기 위해서는 유엔사와 북한 및 중국 군사령관의 동의가 필요하다.251)

따라서 비무장지대에 철도 및 도로건설을 위한 문제와 관련하여 유엔사－남한－북한 사이에 관할권 문제가 대두하였다. 일차적으로 정전협정에 따라 정전체제의 관리는 유엔사와 북한이 책임지고 있다는 현실이 감안되었다. 아울러 정전체제를 관리하기 위한 제도적 장치로 군사정전위원회가 사실상 유명무실화되었으며 그 대신 유엔사장성급회담이 가동되고 있는 현실도 고려되었다. 이러한 현실인정의 토대 위에서 실질적으로 남북공동 관할구역을 설정하기 위한 타협안이 모색되었다.

북한은 남북국방장관회담에서 유엔군사령관이 비무장지대 내에서 군사문제에 관한 협의권을 남한에 위임한다는 내용의 서한을 북한 인민무력부장에게 보내 줄 것을 요청하였다.252) 군사정전위원회 비서장급회의

---

250) "군사정전위원회의 특정한 허가 없이는 어떠한 군인이나 사민이나 군사분계선을 통과함을 허가하지 않는다."(한국정전협정 1조 7항); "비무장지대 내의 어떠한 군인이나 사민이나 그가 들어가려고 요구하는 지역의 사령관의 특정한 허가 없이는 어느 일방의 군사통제하에 있는 지역에도 들어감을 허가하지 않는다."(한국정전협정 1조 8항); "민사행정 및 구제사업의 집행에 관계되는 인원과 군사정전위원회의 특정한 허가를 얻고 들어가는 인원을 제외하고는 어떠한 군인이나 사민이나 비무장지대에 들어감을 허가하지 않는다."(한국정전협정 1조 9항)
251) 제성호, "한반도비무장지대론: DMZ를 평화지대로"(서울: 서울프레스, 1997), pp.158-159.
252) ≪동아일보≫, 2000년 9월 27일.

(2000. 10. 14)에서 유엔군 측은 "한국의 국방부가 유엔사를 대리하여 비무장지대 내에서 지뢰제거 및 공사에 필요한 안전보장 대책을 협의할 권한을 지닌다"는 내용의 공식 위임서한을 북한 측에 전달하였다.[253]

그러나 북한은 유엔사의 공사위임 서한이 법적·기술적 조건을 충족시키지 못한다고 주장하였다. 북한은 정전협정에 의하면 협정당사자는 유엔군과 북한군이므로 한국군에 대한 비무장지대의 협상권 위임 문제에 관해 유엔군과 북한이 별도의 문서를 만들어야 한다고 주장하였다.[254]

북한과 유엔군은 유엔령부 비서장급 후속회담을 통해(2000. 11. 17) 해당 구역의 관리권을 남한에 위임하기로 하는 내용의 「비무장지대 일부구역 개방에 대한 국제연합군과 조선인민군 간 합의서」를 체결하였다. 엄격한 의미에서 보면, 유엔군이 한국군에게 위임한 것은 해당 지역의 행정적 관리를 위한 관리권(administration)이며 해당 구역에 대한 최종적인 관할권(jurisdiction)은 아니다. 따라서 남북한이 해당 구역에서 기술적·행정적 문제를 처리하는 관리권을 보유하지만 동 지역에서 진행되는 상황에 대해 유엔사에게 보고해야 하며 우발적 충돌이나 군사적 문제가 발생할 경우 유엔사는 개입할 수 있는 권한을 지닌다고 할 수 있다.[255]

남북한의 공동 관할구역 설정에 대해 북한과 유엔사가 합의함에 따라 남북군사실무회담이 5차례에 걸쳐 개최되었다(2000. 11. 28; 2000. 12. 5; 2000. 12. 21; 2001. 1. 31; 2001. 2. 8). 5차 남북군사실무회담에서 비무장지대 내 남북관리구역에서 양측 군과 공사인력의 행동규칙을

---

253) ≪동아일보≫, 2000년 10월 15일.
254) ≪동아일보≫, 2000년 10월 19일.
255) ≪조선일보≫, 2000년 11월 18일.

정한 「남북군사보장합의서」가 합의되었다. 이 합의서는 총 38개 항에 대한 것으로 남북관리구역 설정, 지뢰제거 작업, 철도와 도로 연결작업, 접촉 및 통신, 작업장 경비 및 안전보장 등으로 이루어졌다. 특히 쟁점이 되었던 사항은 남북공동관리구역의 폭, 지뢰제거 면적, 폭파작업 시간 등이었다.[256]

「남북군사보장합의서」가 타결됨으로써 비무장지대 공사 추진을 위한 토대가 마련되었다. 남한은 남한 측의 경의선 연결 구간인 문산-임진강 간의 공사를 완료하고 2001년 9월 30일 임진강역까지 기차를 연장 운행하였다. 북한은 2000년 9월 공사를 시작했으나 동절기에 공사를 중단한 이후 공사를 재개하지 않고 「남북군사보장합의서」의 서명·교환을 연기하였다. 북한은 「남북군사보장합의서」의 서명·교환을 거부하는 표면적인 이유로 남한이 『2000년 국방백서』에서 북한을 주적으로 명기한 것을 거론하였다.[257]

2002년 6월 서해교전 사태로 소강국면에 접어들었던 남북관계가 2002년 8월 7차 남북장관급회담으로 활력을 되찾으면서 경의선·동해선 연결사업도 추진력을 얻었다. 제2차 남북경제협력 추진위원회 합의에 따라 철도·도로 연결과 관련된 군사적 조치를 협의하기 위해서 군사실무회담이 개최되었다(2002. 9. 14-17). 남북군사 실무회담에서 남측 국방부장관과 북측 인민무력부장이 서명한 「남북 군사보장합의서」가 교환되었다(2002. 9. 17). 「남북군사보장합의서」는 경의선과 동해선 건설을 위한 조치를 총괄적으로 포괄하여 단일 문건으로 작성되었다. 「남북 군사보장합의서」에 의해 경의선·동해선의 철도·도로 연

256) ≪동아일보≫, 2001년 2월 9일.

257) 북한은 5차 남북군사실무회담(2001. 2. 8), 6차 남북장관급회담(2001. 11. 9-14), 임동원 특보의 방북(2002. 4. 3-6) 시 면담 등을 통하여 『국방백서』에서 주적 표현을 삭제할 것을 요구하였다.

결을 위해 비무장지대 내에 철도 노반을 중심으로 폭 250m(경의선)
와 100m(동해선)의 '남북관리구역'이 설정되게 되었다.

철도 및 도로건설 지역을 남북한이 직접 통제 · 관리하는 남북공동
관할구역이 설정됨으로써 인력 · 물자의 통과에 대해 매번 유엔군사령
관의 허가를 받아야 하는 번거로움을 피할 수 있게 되었다. 또한 비무
장지대 내에서 남북한이 공동이용 관리체계를 형성함으로써 남북협력
의 좋은 사례가 되었다. 남북 공동 관할구역의 설정은 평화체제 전환과
정에서 남북 당사자원칙을 주장할 수 있는 근거로 활용될 수도 있다.

남북한이 철도 · 도로 연결을 위해 비무장지대의 일부 구역에 대한
관리권을 위임받았지만 이 문제는 여전히 쟁점사항이다. 비무장지대
내의 지뢰제거 작업을 확인하기 위한 남북한 양측의 검증단 파견을
둘러싸고 유엔사와 북한이 견해차를 보였다. 유엔사는 남북한의 검증
단이 군사분계선을 넘어 상대측 지역의 지뢰제거 작업을 검증하기 위
해서는 남북한이 인원과 검증 시기를 군사정전위원회에 대해서 통보
해야 한다고 주장하였다. 유엔사는 남북국방장관회담(2000. 9) 시 '남
북한이 남북한 관리구역의 설정문제는 정전협정에 기초하여 처리하기'
로 했기 때문에, 정전협정에 따라 유엔사가 군사분계선 통과에 대한
허가권을 지니고 있다는 입장을 표명하였다.

또한 유엔사는 「비무장지대 일부구역 개방에 대한 국제연합군과 조
선인민군 간 합의서」(2000. 11)에 의하면, '남북한 군대는 비무장지대
내의 관리구역에서 제기되는 군사적 문제들을 정전협정에 따라 협의,
처리한다'고 규정되어 있기 때문에 정전협정에 따라 유엔사가 검증단
의 군사분계선 통과에 대한 관할권을 지니고 있다고 주장했다.

그러나 북한은 「남북군사보장합의서」의 "남북 관리구역에서 제기되
는 모든 군사 실무적 문제들은 남과 북이 협의 처리한다"(2항)는 것

을 근거로 검증단의 명단을 유엔사에 통보하지 않고 남북한이 직통전화로 직접 통보할 것을 주장하였다. 이것은 북한이 유엔사에 검증단의 명단을 통보할 경우, 군사정전위원회를 사실상 인정하는 결과가 되기 때문인 것으로 해석된다.[258] 또한 북한은 기본적으로 유엔사가 남북한에게 남북관리구역의 행정적 관리권뿐만 아니라 최종적인 관할권까지 위임했다고 해석하였다.

이 문제와 관련하여 남한 측과 유엔사 대표가 회담을 갖고 유엔사가 북한 측 지뢰검증단 명단을 남한 측을 통해 간접적으로 접수하기로 하였다. 이것은 「남북군사보장합의서」에 따라 남북한이 서로 검증단 명단을 통보하면 된다는 북한 측 주장을 사실상 수용한 것이다. 그럼에도 불구하고 북한이 이를 받아들이지 않자, 결국 남한이 지뢰제거의 검증절차 없이 작업을 완료할 것을 제안하고 북한이 이를 수용함으로써 이 문제는 일단락되었다.

그런데 유엔사는 철도 및 도로가 완공될 경우 군사분계선을 통과하는 인원 및 차량에 대한 승인권을 요구하였다. 제임스 솔리건(미공군 소장) 유엔사 부참모장은 2002년 11월 28일 기자회견을 통해 정전협정에 따라 유엔사가 군사분계에 통과에 대한 승인권을 지니고 있다고 주장하였다.[259] 그동안 정전협정에 따라 남북한의 인사들이 군사분계선을 통과할 경우, 그 명단을 사전에 유엔사에 통보하였다. 북한의 경우 자기 측 인사의 명단을 남한 측에 통보하면 남한 측이 이를 유엔사에 전달하였다. 그동안 판문점을 통과한 남북한의 인사들이 이러한 절차를 거쳤다. 예를 들면 1차 남북장관급회담을 위해 군사분계선을 통과한 북한의 김일철 인민무력부장과 군 인사들은 남한 측 실무접촉 대표

---

258) ≪동아일보≫, 2002. 11. 14.

259) ≪연합뉴스≫, 2002. 11. 28; 2002. 11. 29.

에게 통과명단을 전달하고 남한 측 대표는 이를 유엔사에 전달하였다.

이와 관련하여 남한의 국방부와 유엔사는 우선 금강산 육로관광을 위한 비무장지대 통과절차를 간소화하기로 합의하고 이를 2002년 12월 2일 북한에게 제안하였다. 따라서 앞으로 철도·도로가 개통될 경우 비무장지대의 관할권에 대한 문제는 계속 쟁점사항이 될 가능성이 있다.

둘째, 비무장지대를 통과하는 교통망건설은 제한적이지만 비무장지대를 실질적으로 비무장화시키는 효과를 지니고 있다. 비무장지대는 무장이 금지된 군사적 완충지대이다. 그럼에도 불구하고 사실상 비무장지대는 지뢰와 각종 군사시설이 설치된 지역이다. 그런데 경의선 철도·도로 연결로 인해 비무장지대 내 공동관리구역의 군사시설이 제거되었다.

특히 비무장지대의 지뢰제거는 실질적인 비무장화의 효과를 지니고 있다. 남한은 남방한계선 – 군사분계선(MDL) 구간에서 경의선의 경우, 22만 5천800㎡(6만 8천400평), 동해선의 경우 2만 5천800㎡(7천820평) 면적에 매설된 것으로 추정되는 각각 1천500발과 400발의 지뢰를 제거하였다. 군부대는 지뢰제거반, 노반공사반, 경계부대 등으로 구성하여 지뢰제거 작업, 노반공사, 공사 중 경계와 군사시설 이전 임무 등을 수행하였다. 지뢰제거 작업을 위해 독일제 지뢰제거 장비 리노와 마인브레커, 영국제 장비 MK4, 도저, 굴삭기, 분진 제거용 공압기, 개인 장비 등 총 287대(경의선)와 166대(동해선)의 장비가 동원되었다.

북한은 남북군사실무회담에서 지뢰제거 작업을 위해서 지뢰제거 장비를 제공하거나 장비를 구입할 수 있는 자금을 지원해 줄 것을 요청하였다. 임동원 특사의 북한방문 시(2002. 4) 김정일 위원장은 경의선 연결을 위해 지뢰제거 장비를 제공해 줄 것을 요청한 것으로 알려졌다.[260] 2차 남북경제협력추진위원회의 합의에 따라 남한이 연결공사에 필요한 자재, 장비 등을 북측에 제공하였다.

셋째, 철도 및 도로의 연결과 관련하여 군사적 신뢰구축 조치가 실시되었다. 비록 공사 실무를 위한 것이지만 남북한 군부 간 전화가 개설된 것은 분단사상 처음이며, 1991년 남북기본합의서를 통해 '군사당국자 간 직통전화 설치'에 합의한 지 11년 만이었다.

2002년 9월 16일 남북한 군사실무회담 수석대표 접촉과 통신 실무자회담의 합의에 따라 경의선 철도·도로 연결공사를 위해 9월 24일부터 군실무자 간 직통전화가 개통되었다. 「남북군사보장합의서」(4조)에 의하면, 쌍방은 공사현장 간 통신보장을 위하여 동해지구와 서해지구에 각각 유선통신 2회선(자석식 전화 1회선, 팩스 1회선)을 연결하기로 규정되었다. 서해지구의 직통전화는 합의서 발효 후 1주일 내에 판문점 회의장의 서쪽 군사분계선에서 연결하고 동해지구의 직통전화는 지뢰가 완전히 제거된 다음 남북관리구역 동쪽 군사분계선상에서 연결하며 그 전 단계에서의 통신연락은 서해지구 통신선로를 이용하기로 되었다. 그리고 쌍방은 매일 07시부터 07시 30분 사이에 시험통화를 하며 통신이 두절되는 경우 기존통로를 이용하여 상대방에 통보해 주고 즉시 복구하기로 되었다.

또한 경의선·동해선 연결과 관련하여 우발적 무력충돌 방지 및 재난 협력 등에 관한 합의가 이루어진 것도 군사적 긴장완화를 위해서 바람직한 선례다. 「남북군사보장합의서」(5조 작업장경비 및 안전보장)에 의하면 남북한은 상대측 작업인원과 장비의 안전을 보장하며 예상하지 않은 대결과 충돌을 막기 위하여 작업장과 그 주변에서 상대측을 자극하는 발언이나 행동, 심리전 등을 하지 않도록 규정되었다.

---

260) ≪조선일보≫, 2002. 4. 23.

또한 쌍방은 우발적인 충돌이 발생할 경우 즉시 작업을 중단하고 모든 경비 및 작업인원들을 비무장지대 밖으로 철수시키며 전화통지문 또는 남북군사실무회담을 통하여 사태를 해결하고 사건의 재발을 방지하기 위한 대책을 세우기로 하였다. 그리고 쌍방은 작업장과 그 주변에서 산불이나 홍수 등 자연재해가 발생하여 상대측에게 영향을 줄 가능성이 있는 경우 즉시 서로 통보하고 자기 측 지역에 대한 진화 및 피해방지 대책을 신속히 세우고 피해 확대를 막기 위하여 최선의 노력을 하기로 하였다.

Ⅲ. 남북한 장성급회담 합의사항과 의미

1. 제1차 남북 군장성급회담

남북국방장관회담 공동보도문 3, 4항과 정전협정에 근거하여 2000년 11월 17일 유엔사와 북한군 간 「비무장지대 일부구역 개방에 관한 합의서」가 체결되었다.[261] 이 합의는 비무장지대의 관할권(jurisdiction)을 보유하고 있는 유엔군사령관이 비무장지대 일부구역의 관리권(administration)을 남측에 이양함으로써 비무장지대 남북관리구역과 관련된 남북 간 협상을 법적으로 보장하는 근거규정이 된 것이었다.[262]

---

261) 동 합의서의 공식 명칭은 「비무장지대 일부구역 개방에 대한 국제연합군과 조선인민군 간 합의서」이다. 그리고 이 합의는 정전협정의 추가합의의 성격을 지닌다. 동 합의서는 3개 항으로서 1항에서는 정전협정에 따라 경의선 지역 비무장지대 일부구역을 개방하여 남북관리구역으로 설정, 2항에서는 비무장지대 일부구역 개방에 관한 기술 및 실무적 문제들은 정전협정에 따라 남과 북의 군대들 사이에 협의·처리한다고 규정하고 있다. 경의선 지역에 대한 합의에 이어 2002년 9월 12일에는 동해선 지역에 관한 합의도 체결되었다.

262) 유엔군사령관의 관할권이 미치는 비무장지대의 일부구역을 남북 간 직접 협상이 가능한 구역으로 설정하는 과정에서 국방부와 유엔사 간 협의가 진행되었다. 협의결과 이 구역을 남북관리구역으로 명명함으로써 유엔사의 관할권을 유지하면서 남측에는 관리권한을 이양하는 형태의 합의가 이루어졌다. 이 문제와 관련하여 2003년 1월 20일 체결된 국방부와 유엔사 간 맺어진 약정에서는 관할권과 관리권의 범위를 다음과 같이 규정하고 있다.
－관할권: 비무장지대 진입 승인, 군사분계선 통과 승인, 정전협정과 관련된 문제의 처리, 정전협정의유지
－관리권: 지뢰 제거, 철도/도로 및 지원 제반시설 공사/정비, 인원/열차/차량 운행계획, 비무장지대 자기 측 지역에서의 안전보장

이 같은 합의에 근거하여 개최된 남북군사실무회담은 2000년 11월 28일 첫 회담 이후, 2003년 12월 23일까지 본회담 9회, 수석대표 접촉 10회 등 총 19회의 회담이 개최되었다. 남북군사실무회담을 통해 2002년 9월 17일에는 「동서해지구 남북관리구역 설정과 남과 북을 연결하는 철도·도로작업의 군사적 보장을 위한 합의서」가 체결되었다. 이 합의를 통해 남북 간에는 비무장지대 내 지뢰제거와 철도·도로 공사의 실시를 군사적으로 보장하기 위한 여건이 마련되었다. 아울러 경의선과 동해선 남북공사현장 상황실간 팩스 1회선, 전화 1회선 등 직통전화선이 개설되었다.263)

2003년 1월 27일에는 「임시도로 통행의 군사적 보장을 위한 잠정합의서」가 체결되었고, 동년 9월 17일에는 동 합의서의 보충합의서가 체결되었다.264) 이 합의서를 통해 금강산 육로관광을 비롯하여 남북 철도·도로 연결을 위한 자재 및 장비의 대북지원, 개성공단 건설 등 남북 간 교류협력과 관련된 인원 및 차량통행의 여건이 마련되었다.

2003년 6월에는 남북 군사당국자 간 비무장지대 상대측 지역 공사현장을 도보로 답사하는 역사적인 현장검증이 이루어졌다.265) 동년 12월 23일에는 「남북관리구역 경비초소 설치 및 운영에 관한 합의서」

---

263) 직통전화와 팩스를 통해 남북 군사당국자 간에는 2005년 5월 현재 경의선 지역은 3,899회, 동해선 지역은 1,519회의 통화가 이루어졌다.

264) 임시통행을 위한 잠정합의서란 아직 철도·도로공사가 진행되는 과정에서 동·서해지구에 임시도로를 개설하여 임시로 통행할 수 있도록 잠정적으로 합의한 것이다. 이는 향후 본 도로와 철도가 개통되어 본 통행합의서가 발효되면 잠정합의서의 효력은 소멸되도록 되어 있다.

265) 당시 쌍방 현장실무책임자 일행은 군사분계선을 도보로 넘어서 상대측 공사현장을 방문하여 실제 합의한 바대로 공사가 진행되었는지 여부에 대해 검증하였다. 이것은 남북 군사당국자 간 최초의 검증이었다는 점에서 신뢰구축 추진에 소중한 선례가 되었다.

가 체결되어 우리 측은 2004년 8월 12일부터, 북측은 2005년 4월 4일
부터 경비초소의 운영을 개시하였다.[266]

그러나 남북은 2004년 2월 6일 제13차 남북장관급회담에서 남북관
계를 안정적으로 발전시키기 위해서는 한반도의 군사적 긴장완화 및
신뢰구축을 위한 본격적인 협의가 필요하다고 인식하였다. 이를 위해
남북은 남북 교류협력의 군사적 보장을 위한 기존의 남북군사실무회
담과는 별개로 쌍방 군사당국자 간 회담을 개최한다는 데 합의하였다.
따라서 우리 측은 북측이 남북국방장관회담에 미온적인 태도를 견지
하고 있는 상황에서 한반도 긴장완화 및 신뢰구축을 위한 조치를 본
격적으로 논의하기 위해 남북장성급군사회담을 가질 것을 제의하였고,
우리 측의 제의에 무응답으로 일관하던 북측이 2004년 5월 7일 제14
차 남북장관급회담 마지막 날에 호응해옴으로써 남북 쌍방은 군사당
국자회담을 개최한다는 데 재합의하였다.

이에 따라 남북장성급군사회담 개최를 위해 2004년 5월 14일 남북
쌍방은 서해지구 남북관리구역 군사분계선상에서 연락장교접촉을 갖
고 5월 26일 금강산에서 제1차 회담을 개최하기로 합의하였다.

1차 회담에서 우리 측은 서해상 우발적 충돌방지를 위한 구체적인
조치로서 첫째 서해 함대사 간 직통전화 설치 및 운영, 둘째 경비함정
간 공용주파수 설정 및 운영, 셋째 경비함정 간 시각신호(발광 및 기
류) 제정 및 활용, 넷째 제3국 어선의 불법어로 활동단속과 관련한 정
보교환 등을 제시하였고 북측은 군사분계선 지역에서 상대방을 자극
하는 선전활동을 중지하고 그 수단들을 제거하는 문제가 절박한 과제

---

266) 이 합의서는 철도·도로작업의 군사적 보장합의서('02. 9. 17) 1조 ⑥항
  에서 "쌍방은 군사 분계선으로부터 250m 떨어진 남북관리구역 자기 측
  도로주변에 각각 1개소씩의 경비(차단) 초소를 설치하며 그 외 다른 군
  사시설물들을 건설하지 않는다"는 조항에 근거하여 맺어진 것이다.

라고 하면서 이 문제부터 협의해야 한다고 주장하였다. 그러나 제1차 남북군장성급회담은 상호 상견례적 의미의 회담이었다. 이 회담에서 제2차 회담을 설악산에서 하기로 합의한 것은 과거에 비하면 대단히 긍정적인 것으로 평가된다.

2. 제2차 남북 군장성급회담

2004년 6월 3일부터 4일까지 설악산에서 개최된 제2차 회담에서는 우리 측은 남북 간 군사적 긴장완화를 위한 실질적 현안 문제에 대해 한 치의 진전을 이루지 못하고 있는 상황에서 상호 접점을 마련하여 두 차례의 군사적 충돌이 발생했던 서해해상에서의 우발적 충돌방지 는 한반도 긴장완화를 위한 최우선 과제일 뿐만 아니라 제3국 어선의 불법조업 방지를 통해 우리 어민들의 생계를 보호한다는 입장에서 '서 해문제'와 북측이 주장하는 '선전문제'를 상호주의적 차원에서 연계하 여 일괄타결에 이르게 되었다.[267]

6월 4일 남북 쌍방은 서해상에서 우발적 충돌 방지와 군사분계선 지역에서의 선전 활동 중지 및 선전수단 제거에 관한 합의서를 타결 하였고, 구체적 이행을 위한 문제는 실무대표회담에서 협의하기로 다 음과 같이 합의하였다.

---

267) 국방부, 국방백서2004(국방부 정책기획관실. 2005. 1) pp.132 – 133.

(남북장성급군사회담 합의서 주요내용)

서해해상에서 우발적 충돌방지와 군사분계선 지역에서의 선전활동 중지 및 선전수단 제거에 관한 합의서

대한민국 국방부와 조선민주주의 인민공화국 국방위원회 인민무력부는 2004년 6월 3일과 4일 설악산에서 제2차 남북장성급회담을 개최하고 다음과 같이 합의하였다.

1. 한반도에서의 군사적 긴장완화와 공고한 평화를 이룩하기 위하여 공동으로 노력하기로 하였다.

2. 서해상에서 우발적 무력충돌 방지를 위해 2004년 6월 15일부터 다음 조치를 취하기로 하였다.
   ① 쌍방은 서해해상에서 함정(함선)이 서로 대치하지 않도록 철저히 통제한다.
   ② 쌍방은 서해해상에서 상대측 함정(함선)과 민간 선박에 대해 부당한 물리적 행위를 하지 않는다.
   ③ 쌍방은 서해해상에서 쌍방 함정(함선)이 항로미실, 조난, 구조 등으로 서로 대치하는 것을 방지하고 상호 오해가 없도록 하기 위하여 국제상선공통망을 활용한다.
   ④ 쌍방은 필요한 보조수단으로 기류 및 발광신호규정을 제정하여 활용한다.
   ⑤ 쌍방의 서해해상의 민감한 수역에서 불법적으로 조업을 하는 제3국 어선들을 단속 통제하는 과정에서 우발적 충돌이 발생할 수 있다는 데 견해를 같이하고 이 문제를 외교적 방법으로 해결하도록 하는 데 상호 협력하며 불법조업 선박의 동향과 관련한 정보를 교환한다.
   ⑥ 서해해상 제기된 문제들과 관련한 의사교환은 당분간 서해지구에 마련되어 있는 통신선로를 이용한다. 쌍방은 서해해상 충돌방지를 위한 통신의 원활성과 신속성을 보장하기 위하여 2004년 8월 15일까지 현재의 서해지구 통신선로를 남북관리구역으로 따로 늘여 각기 자기 측 지역에 통신연락소를 설치하며 그를 현대화하는 데 상호 협력한다.

3. 쌍방은 한반도의 군사적 긴장을 완화하고 쌍방 군대들 사이의 불신과 오해를 없애기 위해 군사분계선 지역에서의 선전활동을 중지하고 선전수단들을 제거하기로 하였다.

　① 쌍방은 역사적인 6·15 남북공동선언 발표 4주년이 되는 2004년 6월 15일부터 군사분계선 지역에서 방송과 게시물, 전단 등을 통한 모든 선전활동을 중지한다.

　② 쌍방은 2004년 8월 15일까지 군사분계선 지역에서 모든 선전수단을 3단계로 나누어 제거한다. 1단계는 6월 15일부터 6월 30일까지 서해지구 남북관리구역과 판문점 지역이 포함된 군사분계선 표식물 제0001호부터 제0100호 구간에서 시범적으로 실시하며, 2단계는 7월 1일부터 7월 20일까지 군사분계선 표식물 제0100호부터 제0640호 구간에서, 3단계는 7월 21일부터 8월 15일까지 군사분계선 표식물 제0640호부터 제1292호 구간에서 선전수단들을 완전히 제거한다.

　③ 쌍방은 단계별 선전수단제거가 완료되면 그 결과를 상대측에 통보하여 각각 상대측의 선전수단 제거 결과를 자기 측 지역에서 감시하여 확인하되 필요에 따라 상호 검증할 수 있다.

　④ 쌍방은 단계별 선전수단 제거가 완료되면 각각 그 결과를 언론에 공개한다.

　⑤ 쌍방은 앞으로 어떤 경우에도 선전수단들을 다시 설치하지 않으며 선전활동도 재개하지 않는다.

4. 쌍방은 위의 합의사항들을 구체적으로 실전하기 위하여 후속 군사회담을 개최하기로 한다.

2004년 6월 4일. 남북장성급회담 남측수석대표 준장 박정화
남북장성급회담 북측 단장 소장 안익산.

1·2차 남북장성급군사회담에서 남북 간 현격한 입장 차이를 보인 분야는 북방한계선(NLL: Northern Limit Line)과 관련된 문제였다. 제1차 회담 시 북측은 NLL을 인정하지 않고 완충수역 설정 등을 제

안하면서 NLL 무실화를 기도하였으나 우리 측의 단호한 대처로 인하여 그 뜻을 이루지 못하였다. 결국 2차 회담에서 남북 쌍방이 서해해상에서 우발적 충돌 방지를 위한 긴급연락수단에는 합의하였다.

제2차 남북장성급군사회담 합의사항의 구체적 이행을 위한 남북장성급군사회담 실무대표회담에서 「서해해상에서 우발적 충돌방지와 군사분계선 지역에서의 선전활동 중지 및 선전수단 제거에 관한 합의서」의 「부속합의서」를 발효함으로써 6월 15일부터 서해상에서의 우발적 충돌방지 조치와 군사분계선 지역에서의 선전활동 중지 및 선전수단 제거가 시행되게 되었다.[268]

그 첫 단계로 1953년 정전협정 체결 이후 처음으로 2004년 6월 14일 9시부터 약 2시간 동안 서해 북방한계선(NLL) 인근 해상 5개 구역에서 남북 해군 함정 간 국제공용주파수를 이용하여 무선교신이 이루어졌으며 선전수단 제거도 제2단계 작업까지 성공적으로 마무리하였다. 그러나 2004년 7월말 탈북난민 입국 등으로 인하여 남북관계가 경색되면서 3단계 작업(철원 동부 지역)이 중단된 상태이나 다시 남북관계가 개선되면 합의한 대로 정상적으로 추진될 것으로 전망된다.

2000년 9월 제1차 남북국방장관회담 이후 남북 장성급간 첫 회담으로 남북 간 실질적 군사문제에 관하여 서로의 입장을 피력하고 상호 타협점을 모색할 수 있는 대화의 장을 열었다는 데 의의가 있다. 남북이 NLL을 둘러싼 이견에도 불구하고 이러한 구체적 성과를 거둘 수 있었던 것은 무력충돌을 방지해야 한다는 상호 공감대가 형성되었기 때문이다.

남북한은 장성급 군사회담을 통해 한반도의 군사적 긴장완화와 공고한 평화 위해 공동노력, 서해 충돌방지를 위해 함정통제·물리적 행

---

268) 국방부, 국방백서2004(국방부 정책기획관실. 2005. 1) p.131.

위금지·통신연락 등의 조치시행, 군사분계선의 선전활동 중지 및 선전수단 제거, 합의사항 구체적 실천을 위한 군사회담 개최 등 4개 항에 합의함으로써 한반도 평화를 위한 군사적 신뢰구축에 한걸음 더 내딛게 되었다.[269]

(남북장성급 군사회담 부속합의서 주요내용)

---

1. 서해해상에서의 우발적 충돌방지 문제
   ① 국제상선 공통망 운영
      - 지정주파수로 156.80MHz(주), 156.60MHz(보조) 설정 운영
      - 쌍방 경비함정 호출부호: 남측, '한라산', 북측 '백두산'
   ② 쌍방 경비함정 간 기류 및 발광신호 사용
      - 국제상선공통망이 불가하거나, 또는 불가피하게 접근할 경우에 보조수단으로 사용
   ③ 쌍방 관련 군사당국 간 불법 조업선박에 대한 정보교환
      - 일일 1회(09:00), 서해지구 통신선로 이용
   ④ 새로운 통신선로 및 통신연락소 설치/운영
      - '04. 8. 12. 09:00 연결, 10:00 시험통화 실시
      - 6월 중 통신선로 및 통신연락소 설치/운영 문제 협의
   ⑤ 통신 운용
      - 서해지구 통신선로 이용, 일일 2회(09:00, 16:00) 정기 통신
      - '04. 6. 14일 통신수단별(국제상선통신망, 기류, 발광) 운영시험
2. 군사분계선 지역 선전활동 중지 및 선전수단 제거문제
   ① '04. 6. 15일 0시부터 군사분계선 지역에서 모든 선전활동 중지
      - 방송과 게시물, 전광판, 전단 등을 통한 모든 선전활동과 풍선 및 기구를 이용한 각종 물품 살포 중지
   ② 8월 15일까지 군사분계선 지역에서의 모든 선전수단을 제거
      - 3단계(6. 16, 6. 30, 7. 1, 7. 20, 7. 21, 8. 15)로 나누어 상대측 지역에서 보이거나, 들리지 않도록 하는 원칙에서 제거
      - 매 단계별로 선전수단 제거완료 1일 전 실무대표 회담을 개최하고 그 결과를 최종확인 후 다음단계 제거작업을 시작

---

269) 수요저널, 서해상 무력충돌 방지 전격 합의(2004. 6).

> - 제거대상 범위: 상대측을 향한 체제선전 및 비방, 중상, 선동으로 인식되는 모든 확성기, 돌글씨, 입간판, 전광판, 전단, 선전그림, 선전 구호 및 글 등 포함
> - 종교시설은 가림막 설치 등 방법으로 상대방에게 영향을 주지 않도록 조치
> - 제거절차: 제거대상 목록교환→제거→육안검증→언론발표

6·4합의서가 발효됨에 따라 동 합의서에 나타난 긴장완화 조치들을 이행하는 데 필요한 구체적인 방안을 부속합의서에 담기 위해 남북장성급군사회담 제1차 실무대표회담이 6월 10일부터 12일까지 개성에서 진행되었다.[270]

쌍방은 부속합의서 협의과정에서 세부적인 절차에 대해 다소 의견차이를 보였으나 무박 삼 일간 11차례에 걸친 마라톤회의를 통해 서로 접점을 도출해 나갔다. 서해상 우발적 충돌방지 방안과 관련하여 북측은 통신수단 사전 시험운용, 불법조업 선박동향 정보교환 1일 1회 실시 등에 대한 우리 측 요구를 수용하였으며, 북측이 제의한 통신 시 감도상태 확인과 8월 12일 통신연락소 간 시험통화 실시에 대해서는 우리 측이 수용하였다. 선전수단 제거와 관련하여 우리 측은 상대측 지역에서 보이거나 들리지 않도록 하자는 원칙을 명기하자는 북측의 제의를 수용하고, 북측은 제거목록 사전교환 및 제거결과 확인을 위한 실무대표회담을 개최하자는 우리 측의 제의를 수용하였다.

협상과정에서 쌍방이 팽팽히 맞서 왔던 종교시설물 문제에 대해서는

---

270) 실무대표회담은 6·4합의서 4조 "상방은 위 합의사항들을 구체적으로 실천하기 위하여 후속 군사회담을 개최하기로 한다"는 조항에 근거하여 개최되었으며, 우리 측에서는 문성묵 대령이 북측에서는 유영철 대좌가 각각 수석대표로 참가하였다.

북측이 당초 철거 또는 이동해야 한다고 주장한 데 대해, 우리 측은 종교시설물은 선전수단이 아니라는 점과 민간인이 설치한 시설물을 군사당국자 간 합의에 의해 철거 또는 이동 조치할 수 없다는 점을 강조하였고, 결국 상대측에 영향을 주지 않는다는 선에서 합의를 도출하였다.

아울러 쌍방은 서해해상에서 우발적 충돌방지를 위한 새로운 통신선로와 통신연락소 설치 및 운영에 관한 사항은 6월 중 통신실무자 접촉을 통해 협의해 나가기로 합의하였다. 쌍방은 이러한 합의내용을 중심으로 「서해해상에서 우발적 충돌방지와 군사분계선 지역에서의 선전활동 중지 및 선전수단 제거에 관한 합의서의 부속합의서」를 채택하였다.

합의서 요지는 다음과 같다.

〈부속합의서 요지〉

ㅇ 서해해상에서 우발적 충돌방지 조치 문제
· 국제상선공통망을 활용, 해당 해역에 일방의 함정이 두 척 이상 있을 경우 지휘 함정들 사이에만 교신
· 보조수단으로 기류 및 발광신호 규정을 제정
· 불법조업 선박의 동향과 관련된 정보(시간, 위치, 척수)를 1일 1회 교환
· 8월 12일 새로운 통신선로 연결 및 시험통화 실시
· 6월 14일 통신수단별 운영시험 실시

ㅇ 군사분계선 지역에서의 선전활동 중지 및 선전수단 제거
· 6월 15일 0시부터 군사분계선 지역에서 방송과 게시물, 전광판, 전단 등을 통한 모든 선전활동과 풍선 기구를 이용한 각종 물품 살포를 중지
· 제거대상의 범위는 군사분계선 지역에서 체제선전 및 상대측이 비방, 중상, 선동으로 인식하는 모든 확성기, 돌글씨, 입간판, 전단, 선전그림, 선전구호 및 글 등을 포함

· 단계별 제거완료 7일 이전에 제거대상 목록을 교환하여 제거 결과
  를 검증
· 육안검증을 원칙으로 하되, 의문시 통지문을 통해 의견을 교환하
  며 의견차이가 있을 경우 실무대표회담을 통해 협의조정
· 매 단계별로 선전수단 제거완료 1일 전 실무대표회담을 열고 그
  결과를 최종 확인 후 다음 단계 제거작업을 실시

남북장성급군사회담 합의에 따라 서해해상에서 우발적 충돌방지를
위한 새로운 통신선로와 통신연락소 설치 및 운영에 관한 사항을 협
의하기 위해 6월 25일 서해지구 남북관리구역 도로연결 지점에서 남
북장성급군사회담 제1차 통신실무자 접촉을 진행하였다. 우리 측은 합
의서에 명시된 대로 통신연락소가 서해상 우발적 충돌방지 문제와 관
련한 연락사항만을 담당해야 한다는 입장인 반면, 북측은 남북 간 통
행관련 연락업무 및 남북 관리구역 내 작업과 관련한 연락사항도 함
께 맡을 것을 주장하였다. 6월 29일 이루어진 제2차 접촉에서 북측은
우리 측 입장대로 기존의 현장 군사상황실 간 통신선로와 서해상 우
발적 충돌방지를 위한 새로운 통신선로가 기능상 서로 분리된다는 점
을 수용하였고, 우리 측은 자재지원 등 통신선 연결이 차질 없이 이루
어지도록 노력하기로 하였다.

3. 제3, 4차 남북 군장성급회담

이후 남북은 제3차 남북 장성급회담[271]을 2006년 3월 2-3일 간 판
문점 북측 통일각에서 개최하였다. 2차 회담이 끝난 지 1년 9개월 만

---

271) 3차 장성급회담에 관해서는 류재갑, "남북장성5급 회담 평가와 전망: 단
  호한 자세로 호혜적 상호주의를 북한측에 적용해야", 북한연구소 『북한』
  2006년 4월호 참조.

의 회담이었다. 이 회담에서는 회담대표를 종전의 준장급에서 소장급으로 격상시키자는 북측의 요구에 따라 수석대표의 계급이 한 단계 격상되었다. 회담의 의제도 남북 간의 긴장완화와 한반도 평화정착을 위환 실질적인 내용이어서 국민들의 관심과 기대가 집중되었었다.

더욱이 작년 9월의 6자회담 합의사항이 이행되지 않고 이른바 북핵 위기가 고조되고 있는 상황이었으며 무엇보다도 주한미군의 전략적 유연성(strategic flexibility) 문제 등 한미동맹의 균열 조짐이 우려되는 시기였다. 그러나 안팎의 주목을 받았던 회담은 서로의 이견 합의에 실패해 결렬되고 말았다. 즉 3차 회담의 의제는 지난 2차 회담에서 합의한 대로 서해상의 우발적인 해상충돌 방지와 공동어로수역 설정을 위한 대책 및 동서 철도 및 도로개통을 위한 안전조치 대책 등이었다.

우리 측은 현행 양측 간의 충돌방지 대책 개선조치(양측 해군 부대 간의 직통전화 설치 등)와 공동어로수역 설정안을 중점적으로 제시하고 경의선과 동해선 철도와 도로의 안전통행을 위한 군사적 합의 보장 문제, 그리고 기타 신뢰구축과 제4차 장성급회담 개최를 촉구하였다. 한편 북한은 현재 가장 큰 군사적 충돌위험을 안고 있는 서해상 문제와 이를 근원적으로 해소하자면서 서해 해상군사분계선(NLL) 재설정 문제를 우선적으로 협의하자고 주장했다.

제3차 남북 장성급회담은 서로의 다른 의제와 특히 북한의 일방적인 기자회견 등 파행을 거듭하다가 공동 보도문은 물론 차후 회담 일정도 잡지 못한 채 결렬되었다. 그러나 5월 16일부터 18일까지 판문점에서 우리 측의 제의를 북한이 수용함으로써 제4차 남북장성급실무회담이 재개되었다. 주요 의제는 서해해상에서의 충돌방지 개선 조치, 서해 공동 어로 구역 설정, 철도·도로 통행 군사보장 합의서 체결 등이었다.

그러나 제4차 남북 장성급회담 역시 사흘간의 접촉에도 불구하고 결렬됐다. 남북은 회담 마지막 날까지 경의·동해선 철도 통행에 관한 군사적 보장합의, 서해 공동어로수역 설정, 국방장관회담 개최 문제와 북측이 제기한 서해상 군사분계선 설정 문제 등에 대한 막판 절충을 시도했으나 끝내 접점을 찾지 못했다. 장성급회담을 통해 남북관계가 개선될 조짐을 보이면서도 획기적인 돌파구를 찾지 못하는 것은 근본적으로 북한 군부의 강경방침 때문이라고 볼 수 있다.

특히 장성급회담이 열리기 직전 제12차 남북 철도 도로 연결 실무접촉을 통해 경의선 철도 시험 운행을 합의했는데 이 역시 추진이 불가능해졌다. 경의선은 한국전쟁 중이던 1951년 6월 12일 전면 중단되었었는데 이번 합의로 철도 운행이 55년 만에 시험 운행 형태로 재개될 수 있는 것으로 남북관계 진전에 큰 획이 될 수 있는 사안이었다.[272]

결국 장성급회담은 남북한 간의 긴장완화와 군축을 통한 실질적인 평화체제 구축이라는 이상을 실현할 수 있는 유일하고도 가장 강력한 회담이라고 할 수 있다. 지난 2000년 6·15 남북공동선언 이후 남북 간의 긴장완화와 유화국면이 가능할 수 있었던 것도 남북 장성급회담을 통한 실질적 군사합의가 기본 바탕이었다고 할 수 있다. 따라서 남북 간의 정치 경제적 회담과 교류보다도 더욱 우선시되어야 할 회담이 장성급회담이라고 할 수 있다. 이를 잘 유지시키고 발전시키는 것이 남북관계 개선의 관건이라는 이유도 여기에 있는 것이다.[273]

---

272) 시범운행과 함께 경의선을 통해 예정된 김대중 전 대통령의 방북이 기대되었지만 결국 장성급회담의 실패로 이루어지지 못했다.
273) 북한은 제5차 장성급회담을 7월 3일에 열자고 제의해 왔었다. 정부는 이에 응할 준비를 하고 있던 중 7월 5일 북한의 미사일 실험발사가 거행됨으로써 역시 개최되지 못했다. 또한 북한의 제의에 따라 10월 2일 판문점에서 남북 군사실무회담이 개최되었지만 주요한 합의를 보지 못한 채 종료되었다.

Ⅳ. 향후 장성급회담을 통한 군사적 신뢰구축 과제

1. 남북한 군사적 신뢰구축의 성과와 문제점

지금까지의 남북군사회담은 1990년대 남북기본합의서를 기본 틀로 하고 있었다. 기본합의서에 따라 남북은 불가침 분야 합의 이행문제 협의를 위한 군사분과위원회와 이행실천기구인 남북군사공동위원회가 구성되었으며, 군사분과위원회는 가동되어 기본합의서의 불가침 분야 부속합의서, 군사공동위원회 구성·운영에 관한 합의서를 타결하였다. 그러나 군사공동위원회의 경우는 1992년 5월 구성되고 11월 초 첫 회의를 하기로 합의를 해놓고도 북한 측이 이를 거부하였기 때문에 한 차례도 운영되지 못하였다.

그러나 2000년 6·15 남북공동선언 이후 그해 9월 남북국방장관회담이 개최되었고, 공동보도문 1항과 3~4항에 근거하여 남북군사실무회담이 개최되었으며 합의들을 이룬 바 있다.[274] 2004년 5월 남북장성급군사회담은 남북군사회담의 실질적 성과를 목적한다는 점에서 다른 어느 회담보다도 중요했다.[275]

---

274) 공동보도문 1항에서는 "민간인들의 왕래와 교류, 협력을 보장하는 데 따르는 군사적 문제들을 해결하기 위하여 상호 적극 협력"한다는 내용이, 3~4항에서는 "남북 간 철도·도로 연결문제협의를 위한 실무채널의 구성 운영문제와 이 과정에서 정전협정에 따라 처리한다"고 규정되어 있는바, 군사실무회담에서는 남북교류협력의 군사적 지원과 보장문제를 정전협정에 따라 협의를 진행해 온 것이다.

275) 현재 구성된 군사회담의 틀은 국방장관회담을 정점으로 하여 남북 간 군사적 신뢰구축 및 긴장완화문제를 다루는 남북장성급군사회담과 남북교류협력의 군사적 지원문제를 다루는 남북군사실무회담의 두 갈래

사실상 장성급회담 이전에 합의한 군사관련 남북합의는 7·4 남북 공동성명, 남북기본합의서 그리고 한반도 비핵화 공동선언 등 2000년 대 이전의 합의들은 남북관계에 있어 매우 의미 있는 내용들이 담겨 져 있음에도 불구하고 안타깝게도 제대로 이행되지 못하였다.

그러나 2000년대 이후 합의된 내용들은 다소 미흡한 점이 있지만, 합의들이 이행되고 있다는 점에서 중요한 의의가 있다. 우선 남북국방 장관회담 합의사항의 경우 5개 항 중에서 5항의 제2차 남북국방장관 회담 개최문제를 제외한 나머지 4개 항은 정상적으로 이행 실천되고 있다.[276]

남북군사실무회담에서 합의한 바 있는 「동해지구와 서해지구 남북 관리구역 설정과 남과 북을 연결하는 철도·도로작업의 군사적 보장 을 위한 합의서」('02. 9. 17)의 경우도 동 합의서에 따라 공사가 진행 되어 왔다. 이후 체결된 임시도로 통행을 위한 잠정합의서('03. 1. 27) 와 동 합의서의 보충합의서('03. 9. 17)의 경우는 이를 기초로 하여 금 강산 육로관광과 개성공단 건설 및 자재지원 등 수많은 통행이 이루 어지고 있다. 그리고 「동해지구와 서해지구 남북관리구역 경비(차단) 초소 설치 및 운영에 관한 합의서」('03. 12. 23)에 따라 남북 쌍방은 군사분계선 250미터 지점에 각각 1개의 경비초소를 운영하고 있다.

그러나 남북 군사적 신뢰구축과 관련하여 가장 획기적이고 실질적 인 내용을 만들어 낸 것은 2004년의 제2차 남북장성급회담의 합의였 다. 남북한 간의 현역 군 장성급 장교들이 마주하여 한반도 군사적 긴 장완화와 평화 확보, 서해에서 군사적인 충돌을 방지하기 위하여 회담

로 이루어지고 있다.
276) 통일연구원, 『남북협력 증진을 위한 군사적 조치의 이행방안』연구총서 02-21, 2001, pp.3-30 참조.

을 개최하고 합의서를 도출한 사실은 남북한 군사적 신뢰구축이라는 차원에서 우선 외형적으로 대단한 사건이요 괄목할 만한 성과라고 할 수 있다. 특히 서해상에서 군사적인 충돌을 방지하기 위하여 구체적인 국제상선공통망을 이용한다는 것을 합의한 것은 남북한 군사적 충돌 방지 및 군사적인 신뢰구축을 위한 진일보된 내용이라고 볼 수 있다. 이때 합의된 공동 합의문의 의미는 다음과 같다고 할 수 있다.277)

첫째, 북한이 남한과 장성급 군사회담에 임하고 합의서를 도출한 것은 북한이 입장에서는 그들의 군사제일주의 무훼손(無毀損)에 대한 자신감의 표출이라고 할 수 있다. 남북한 간에 그동안 정상회담이 개최되고 14번이나 장관급회담이 개최되었음에도 불구하고 북한은 군사적 신뢰구축 분야에서는 단 일보도 내딛지 않았던 것이 솔직한 사실이었다. 북한이 그동안 유독 군사적인 신뢰구축 분야에 교류 및 회담을 거부하고 있었던 근본적인 이유는 북한의 국가 경영 최우선 가치관인 '선군정치', '강성대국론', '군사제일주의'에 혹시나 훼손되는 요소들이 스며들지 않을까 하는 우려 때문이었다고 볼 수도 있다.

그러나 2004년 6월이라는 시점에서 북한이 군사적인 신뢰구축 분야에 행보를 시작한 것은 북한의 입장에서는 이제부터는 남북한 간에 군사회담 등 군사적인 신뢰구축 분야에 행보를 하더라도 북한의 군사제일주의라는 북한이 고수하고 있는 내부적인 가치관에 하등의 손상을 끼치지 않을 수 있는 상황이 도래하였다고 인식한 결과라고 할 수도 있다.

2004년 6월이라는 시점을 북한이 남북 군사회담에 임할 수 있는 최적기라고 판단한 이유는 여러 가지가 있을 수 있다. 그중에서도 남한 정부의 질(質)과 남한 여권의 분위기가 북한의 입장에서 군사회담에

---

277) 송대성, 앞의 글, pp.255-266 참조.

임하게 된 중요한 하나의 변수가 되었다고도 볼 수 있다. 현재 남한의 노무현 정부에 대하여 북한은 질적으로 북한의 군사력에 손상을 가하거나 위해행위를 가할 정부가 아니라고 인식하고 있을 수도 있다. 만약에 남한의 노무현 정부가 북한의 군사력에 손상을 주거나 위해할 수 있는 행위를 자행할 경우에는 북한이 얼마든지 그러한 남한정부의 훼손행위를 차단할 수 있는 능력을 보유하고 있다는 자신감을 나타내는 행위라고도 해석할 수 있다. 북한은 또한 노무현 정부뿐만이 아니고 4·15 총선 이후 구성된 대한민국국회에 대하여도 북한의 군사력에 손상을 주거나 훼손행위를 할 국회가 아니라는 인식을 갖고 있다고 볼 수 있다. 이러한 한국정부 및 한국국회에 대한 북한의 인식이 북한으로 하여금 남북한 장성급회담에 임하게 한 하나의 중요한 변수라고도 볼 수 있다.

둘째, 북한은 자신의 평화 이미지 제고를 위하여 남북 장성급군사회담에 임하였고 합의서를 도출케 하였다고도 볼 수 있다. 2002년 10월 북한은 미-북 간 제네바 합의를 위배하면서 북한 스스로 핵무기 개발을 계속하고 있음을 자백한 이후 북한의 핵무기 개발 포기문제는 미국을 비롯한 주변국들의 최대의 관심사항이 되어 있다. 세계인들의 북한에 대한 이미지는 '신뢰할 수 없는 대량살상무기 개발 및 확산국'이라는 비평화적인 이미지라고 할 수 있다. 북한은 남한과 장성급 군사회담을 개최하고 합의서를 도출함으로써 북한이 보유하고 있는 비평화적인 이미지를 어느 정도 불식시킬 수 있다는 계산을 하였을 수도 있다.

북한의 비평화적인 이미지 감소를 위한 하나의 수단으로서 장성급회담 개최는 북한의 핵문제 해결에 있어 하나의 협상카드로 이용될 가능성도 있다. 북한이 핵을 개발하려는 것은 평화적인 목적을 위함이지 미국을 비롯한 주변국들이 우려하는 식의 군사적인 혹은 비평화적인 목적을 위하여 핵개발을 하는 것이 아니라는 메시지(message) 전달을 위해서 북한이 장성급회담을 수용하고 합의서를 도출케 한 가능성도 있다.

북한이 장성급회담을 수용하여 평화 이미지를 증대함은 남한 내에 있는 친북좌경세력들에게 북한지지의 명분을 주기 위함도 있다. 북한은 남한 내 친북주의자들에게 북한이 장성급회담에 임하고 합의서를 도출함으로써 한반도의 진정한 평화를 위하여 진정으로 노력하는 나라는 북한이라는 논리를 주기 위함이라는 가능성도 있다.

셋째, 북한이 장성급회담을 수용하고 합의서를 도출한 배경에는 북한이 소위 위장된 군사적 신뢰구축일 가능성이 있다. 즉 남북한 간에 군사적인 신뢰구축이 진지하고 진실되게 이루어지는 것이 아니고, 가짜로 혹은 위장된 상태하에서 이루어지는 거짓된 군사적 신뢰구축이라고 이야기할 수 있다.

이러한 위장된 군사적 신뢰구축은 남한 국민의 남북한 간에 군사적 신뢰구축이 이루어진 것으로 착각케 할 수 있다. 남한 국민들이 남북한 간에 군사적 신뢰구축이 형성되었다고 착각을 하는 경우 이러한 착각은 남한 국민들로 하여금 안보태세에 해이를 가져오게 만든다. 이러한 남한 국민들의 안보태세에 대한 해이가 바로 남한의 안보역량 훼손행위라고 볼 수 있다.

넷째, 남한의 대북 심리전을 사전에 차단하기 위한 전술일 가능성이 있다. 합의서 제3조는 "쌍방은 한반도의 군사적 긴장을 완화고 쌍방 군대들 사이의 불신과 오해를 없애기 위해 군사분계선 지역에서의 선전활동을 중지하고 선전수단들을 제거하기로 하였다."라고 선언하면서 3단계에 걸쳐 모든 방송과 게시물, 전단 등을 통한 선전활동의 중지 및 시설물 철수를 합의하였다. 이는 북한체제의 개방에 따른 남한의 대북 심리전의 영향력이 증대되는 것을 사전에 예방하면서 북한 군부 내부의 동요를 최소화하려는 의도로 해석된다.[278]

그러나 이러한 우려와 의미에도 불구하고 남북장성급 군사회담 합의 사항은 상당부분 이행이 이루어지고 있다. 서해해상에서의 우발적 충돌방지를 위한 긴급연락수단을 가동해 오고 있으며 국제상선공통망을 이용한 함정 간 상호 교신과 통신연락소 직통전화를 통한 불법조업 선박 관련 정보교환은 만족할 만한 수준은 아니지만 이행의 끈이 이어져 오고 있다. 군사분계선 지역에서 선전활동 중지 및 선전수단 제거와 관련하여, 지난해 6월 15일 쌍방은 합의대로 선전활동을 중지했다. 그리고 6월 15일부터 8월 15일까지 철거작업을 진행해 오던 중 남북 당국 간 대화가 중단되면서 작업도 2단계 진행과정에서 중단되었다.

이러한 남북 간 장성급회담을 통한 실질적인 군사적 신뢰구축은 향후 남북관계 완화 및 군축으로까지 확대될 가능성이 충분하다. 적어도 현재까지 만으로도 남북한의 군사적 신뢰 구축의 토대를 형성했다고 할 수 있다.

그러나 여전히 남북 간 군사관계는 많은 한계와 문제점을 가지고 있다.

첫째, 남북한 간의 신뢰 구축을 위한 시간이 아직은 부족하다는 점이다. 즉 남북한 간의 단절은 이미 반세기를 훌쩍 넘어갔다. 그리고 중간에는 한 차례의 치명적인 전쟁을 치르기도 했다. 더욱이 이 전쟁은 국제전적인 성격을 가지고 있기에 남북한만의 문제 해결을 더욱 어렵게 하는 국제적 성격을 띠고 있다는 점이다. 경우에 따라서는 남북한 간의 합의도 주변 국가들의 거부로 무산될 수도 있다는 것이다.

---

278) 송대성의 연구는 이 밖에도 남북 장성급회담은 북한이 NLL을 무효화하기 위한 책략으로 이용하고 있으며 남한 정부 역시 햇볕정책의 성과물로 이 회담의 합의서 도출을 만들게 되었다고 지적한다. 송대성, 앞의 글, p.283.

따라서 남북한 간의 군사적 문제 해결에는 더욱 많은 노력과 시간이 요구된다고 할 수 있다.

둘째, 현재 남북한 사이에 존재하는 상호 불신 자체와 안보문제에 대한 기본인식의 차이가 협상진전의 중대한 장애 요인으로 작용하고 있다. 한반도 분단 이후 현재까지 한반도 정세 및 안보문제에 대한 남북한의 인식은 과거 냉전시대의 미·소 관계에서나 볼 수 있는 대칭적인 것이라고 할 수 있다. 이러한 상호 불신과 안보인식의 차이로 인해 남북한의 군사적 신뢰구축의 어려움을 주는 가장 큰 이유라고 할 수 있다.

셋째, 북한의 소극적 태도를 들 수 있다. 이는 북한 체제의 개방에 대한 두려움을 여실히 드러낸 것이라고 할 수 있다. 즉 북한은 남북한 군사적 합의는 곧 북한 체제의 개방과 붕괴로 이어진다는 강한 강박관념에 사로잡혀 있다. 북한에서 군부는 북 체제 유지의 최후의 보루라는 인식이 강하다. 그렇기에 북한은 군사적 합의와 접촉에 적극적이지 않은 이유이다. 특히 신뢰구축에 있어서 중요한 문제는 상호 이념과 체제가 다르다는 점으로 북한의 일인 독재체제하에서는 필요에 따라 수시 합의사항 파기가 가능하다는 것이 신뢰구축에 부정적 영향을 끼쳐 왔다고 볼 수 있다.

넷째, 남북한 간의 인식 차이와 북한의 이중적 태도 역시 신뢰구축의 어려움을 주고 있다. 남한은 군사적 신뢰구축을 위한 우선 과제로서 군사 분야 회담의 정례적 개최문제를 비롯하여 초보적인 신뢰구축 조치의 이행이 이루어져야 하며, 실질적 군사적 긴장완화를 통해 평화체제의 기반을 구축해 나감으로써 누적된 불신을 해소하고 이를 통해 남북관계의 실질적 개선을 도모해 나가야 한다는 입장이다.

반면 북측은 군사 분야의 신뢰구축 자체에 대한 관심보다는 북한을 적대하고 있는 미국과 평화협정이 체결되어야 하고, 주한미군 철수 및 유엔군사령부가 해체되어야 한다는 기존의 주장을 반복하면서 거부하고 있다. 아울러 북한은 남한과의 군사적 접촉을 하는 와중에도 핵무기 개발에 열을 올리는 등 이중적 태도를 고수하고 있다.

2. 장성급회담을 통한 신뢰구축의 방안

남북한 간의 화해와 평화체제의 형성을 위해서 무엇보다도 중요하고 실질적인 것은 군사적 신뢰구축이다. 이를 위해 우리는 그동안 수많은 노력과 제의를 해 왔고 일정 정도 북한의 화답이 있었던 것도 사실이다. 그러나 아직까지 남북한 간의 평화를 향한 군사적 신뢰의 틀이 완성된 것은 아니다. 따라서 향후에도 수많은 신뢰구축을 위한 노력이 필요하다. 여기서는 이를 위한 몇 가지 방안을 특히 군 장성급회담을 중심으로 모색해 본다.

첫째, 남북한 모두가 절실히 느끼고 필요성을 절감하는 통일의지를 군사부분에서도 확산될 수 있는 노력이 필요하다. 남북한은 민족의 동질성을 가지고 있으며 통일을 염원하고 있다. 오천여 년의 역사 속에서 남북은 같은 문화와 언어 속에 세계적인 문화유산을 이루어 왔으며 이러한 문화전통은 분단된 지금에도 대부분 이어져 오고 있으며 남북 모두가 민족의 통일을 염원하고 있다.

그러나 이러한 통일염원과는 달리 남북이 모두 과다한 군사비 지출로 인해 이 국가경제 발전에 부담이 되고 있다. 북한은 1960년대부터 4대 군사노선을 주장하면서 GNP의 20% 이상을 방위비로 지출해 왔으며, 한국은 70년대 후반부터 약 3-6%의 군사비를 지출하고 있다. 이렇듯 남북한 공히 과도한 국방비가 국가발전과 번영을 저해하고 있는 것이다.

따라서 군 장성급회담을 통해 이러한 남북한의 현실을 극복할 수 있는 실질적 군비축소 문제와 군사회담의 정례화, 제도화 등이 거론되어야 한다. 이를 위해서는 무엇보다도 회담에 임하는 우리 측 장성들의 국가관과 민족관 확립이 중요하다. 확고한 민족의식과 정신을 바탕으로 우리가 왜 통일에 전념해야 하는지, 과다 국방비 지출로 인한 전 민족의 손실 등이 거론되어 북한의 적극적 동참을 유도해 내야 한다. 이를 위해서는 남북한 간의 군사적 신뢰구축이 무엇보다도 중요하고 군사 회담의 정례화, 제도화는 그 첫 걸음임을 강조해야 한다. 군 장성급회담이 민족문제의 차원에서 접근되어야 하는 이유는 남북한의 7천만 전 민족의 통일열기가 군에서도 그대로 전파되고 실현되어야 하기 때문이다.

둘째, 장성급회담에 임하는 북한의 통일전선 전략에 대응되는 신축적 대책 강구가 필요하다. 최근 들어서의 남북한 군사회담을 보면 주로 우리의 경제적 유인책에 북한이 마지못해 응하고 결국은 북한은 우리가 수용하기 어려운 주장을 반복함으로써 회담이 결렬되는 과정을 밟았다고 해도 과언이 아니다. 북한은 지난 정부의 햇볕정책 이후 숱한 경제적 이익을 남한으로부터 얻었다. 무엇보다도 금강산 사업과 개성공단 건설 사업 등과 같은 계속 사업을 통해서 얻는 이익과 수익도 향후 지속될 가능성이 크다. 금강산 사업이나 개성공단이 가지는 남북화해의 상징성은 이해하지만 문제는 북한 군부의 시각은 별로 변하지 않았다는 점이다.

그들은 오히려 남북한 간의 교류 자체를 꺼리는 듯한 분위기이며 상대적으로 남북한 간의 긴장완화를 원하기보다는 이를 이용해 남한 내 사회적 갈등을 야기하고 반제 반미, 주한미군 철수 등을 반복하면서 남한 내 체제 전복세력 구축을 모색하는 통일전선(unified front)

전략을 강화하고 있다.[279] 따라서 그들이 주장하는 '우리 민족끼리', '민족공조' 등은 순수한 의미로 받아들여지지가 않는 것이다. 실제로 북한에 유리한 회담에서도 그들은 적극적 모습을 보이지 않고 있다. 따라서 이제 북한과의 회담에 있어서 당근만으로 북한을 설득한다는 입장은 지양되어야 한다. 오히려 경우에 따라서는 적절한 채찍이 요구되며 이를 당근과 적절히 섞어서 사용하는 신축적인 대응전략이 마련되어야 한다. 군 장성급회담을 통해 우리가 얻고자 하는 것은 군사적 긴장완화와 신뢰구축이다. 이는 북한의 일방적인 떼쓰기와 비상식적 요구에 호응함으로써는 절대로 확보할 수 없는 사안들이다. 군사적 문제에 관한 단호한 대응과 보다 치밀한 남북대화에 임하는 전략을 갖출 필요가 있다.

셋째, 현재의 남북한 군 장성급회담은 남북교류와 협력이라는 큰 틀 속에서 이루어지고 있다. 따라서 장성급회담도 남북교류 협력의 큰 틀 속에서 유기적 연관을 잡고 관련 사업을 중심으로 합의점을 모색해 가는 과정을 밟아야 한다. 실질적으로 지금까지 남북이 가장 큰 관심을 가지고 또 북한의 적극성을 유도할 수 있는 분야는 군사교류보다는 경제 교류이다. 금강산 관광사업과 개성공단 사업 그리고 임진강 수해방지 사업과 경의선 복원 등이 그것인데 이들 사업 대부분이 남북한 간의 군사분계선을 사이에 두고 교류가 이루어지는 사업들이다.

---

279) 북한의 이러한 노선은 그들의 조선 노동당 규약에 명확히 '남조선 해방'이라는 목표 아래 추진되고 있음을 명문화하고 있는 것에서도 확인된다. "조선노동당의 당면목적은 공화국 북반부에서 사회주의 완전한 승리를 쟁취하며, 전국적 범위에서 민족해방 인민민주주의 혁명과업을 수행함에 있고, 최고 목적은 전 사회를 주체사상화하여 공산주의 사회를 건설하는 데 있다……" 이명영, 『통일의 조건: 발상의 전환을 위하여』, 종로서적, 1989, p.91 참조.

　따라서 이들 사업의 성공을 위해서는 남북한의 군사 당국자들의 지원과 협조가 없이는 불가능하다. 인적교류가 되었던 물적 교류가 되었던 모두 군사 분계선을 통과해야 하는 사업이므로 남북한 정부당국자들은 군 당국의 협조를 필해야 하는 것들이다.

　지금까지 북한은 군사적 신뢰구축에는 소극적인 모습을 보여 왔던 것이 사실이다. 그러나 남북한 간의 경제 교류에 있어서는 국가적 차원에서 관심과 적극성을 보이고 있다. 따라서 군 장성급회담에서는 이를 적극 활용할 필요가 있다. 즉 남북교류를 위한 군사적 지원에 보다 적극적으로 나서 북한 군부를 견인해 내어야 한다는 것이다. 예를 들면 경의선과 동해선의 철도 공사 현장 간의 상황실 직통전화 가설과 팩스 설치 등 남북한 군사 당국자간의 핫라인(hot-line)이 구성되고 운영되는 것과 같은 모습이 필요하다는 것이다. 비록 규모와 급이 낮은 부분이지만 남북한 간의 군사적 신뢰구축을 위한 작은 초석이라고 할 수 있다. 향후 군 장성급회담에서는 남북 간의 경제 교류를 지원하는 차원의 작은 합의들이 보다 많이 만들어지고 활성화되어야 한다.

　넷째, 대북 군사적 억제력의 확보가 우선이다. 북한과의 대화에 있어서는 역설적으로 강력한 대북 억제력의 확보가 그 어느 회담 무기보다도 효과적이다. 그동안 북한은 자신들의 힘이 약하거나 불리할 경우 회담에 나오는 행태를 보여 왔다. 상대적으로 자신들의 힘이 우월할 때는 힘으로 자신들의 의도를 관철시킬 수 있다는 판단에서 회담에 소극적인 모습을 띠어 왔다고 할 수 있다. 현재 북한은 핵보유를 선언하고 국제사회에 강경 일변도로 나가고 있다. 강한 것에는 때로는 더욱 강한 것만이 우월권을 갖는다.

　따라서 우리의 강력한 대북 억제력의 보유는 북한을 회담장으로 이끄는 주요한 동인이 될 수 있다. 이에 따라 우리는 자체 내 강력한 군사력 확보는 물론 보다 강화되는 한·미 동맹을 구축해 대북 공동보조를 취해야 한다. 최근 한미공조는 새로운 국면을 맞고 있다. 무엇보다도 북한이 이를 오판할 수 없게 시급히 보다 강력한 한·미 동맹체제를 구축할 필요가 있다. 북한은 군사협상을 통해 경제적 실리도 확보하는 한편, 한·미 공조 이완을 병행 기도하고 있음을 유념해야 한다. 만일 대북 억제가 보장되지 않는다면 남북관계 진전을 기대하는 것은 어렵다. 이와 같은 대북억제는 확고한 한·미 연합방위체제가 근간임은 두말할 필요가 없다. 따라서 남북 군사신뢰 구축의 진전을 추진해 나가는 과정에서 정전협정 체제나 한·미 동맹이 손상되는 결과를 초래하지 않도록 해야 한다.

그동안 북측은 정전협정체제를 무실화하고 유엔사를 해체하려는 기도를 집요하게 드러내고 있다. 하지만 유엔사와의 미국은 북한의 이같은 불순기도를 절대 용납할 수 없다는 확고한 입장이다. 따라서 한·미 동맹과 정전협정 체제 유지를 위해서는 기본적으로 유엔사와 긴밀한 공조가 매우 중요하며, 이를 통해 북측에 대한 기존 합의인 정전협정을 지키지 않는다면, 새로운 합의 역시 의미가 없다는 점을 학습시킬 수 있는 것이다. 한·미 동맹의 강화와 대북 군사적 공동보조는 북한의 대남 적화통일이라는 허황된 망상을 일거에 무너뜨리면서 북한을 대화의 틀로 유도하고 나아가 군사적 신뢰구축의 기반을 조성시킬 수 있을 것이다.

다섯째, 그동안의 군사 당국자 간 회담은 그 어느 회담에 비해 원칙을 견지함으로써 우리 측의 입장을 관철한 것으로 평가되고 있지만, 이같이 지속적으로 회담 주도권을 확보해 나가기 위해서는,[280] 첫째, 회담개최에 연연하는 인상을 주어서는 안 된다. 물론, 군사적 긴장완화

---

[280] 문성묵, "남북군사회담과 신뢰구축 추진과제", 『합참』 제24호.

가 절실한 우리 측 입장에서는 책임 있는 군사당국자 간 회담의 개최가 중요하지만, 이에 연연하는 인상을 북측에 준다면 그들은 회담 개최를 협상무기화하고 결국 우리 측은 주도권을 상실하게 되며 북한은 자기 측이 필요하다고 판단될 경우에는 언제라도 회담에 나오게 되어 있다. 따라서 회담 개최를 서두르거나 조급함을 보이지 말아야 한다.

둘째, 회담 성과도출에 급급하지 말아야 한다. 만일 어떤 의제를 다루어 나감에 있어 우리 측이 성과달성에 초조함을 보이게 된다면, 그들은 조금만 버티거나 밀어붙이면 우리 측의 양보를 획득할 수 있다는 인식으로 협상에 임하게 되고, 결과적으로 우리 측으로서는 협상에서 불리한 국면을 맞게 될 것이다. 때때로 군사회담 성과에 거는 국민들의 지나친 기대는 도리어 회담에서 북측에게 주도권을 건네주게 되는 결과를 가져올 우려가 있으므로 인내를 가지고 기다리는 태도가 필요하다. 분단 이후 반세기 동안 누적되어 온 불신을 단기간 내 떨쳐버리고 신뢰를 구축한다는 것은 기대하기 어려운 실정임을 알아야 한다.

셋째는 남북교류협력 사업은 정전협정과 밀접한 관련이 있는 만큼, 유엔사 측과 긴밀한 협의하에 추진되어야 한다. 앞서 언급한 봐와 같이 현 남북 군사관계는 정전체제하의 한·미 연합방위체제를 통하여 대북 억제력을 유지하는 상황이다. 이 같은 상황에서의 남북군사교류와 군사적 신뢰구축문제는 대부분 정전협정/유엔사 및 한·미 동맹과 밀접하게 연관된 사안이다. 따라서 유엔사(미 측)와의 긴밀한 사전협의 및 동의를 거치는 것은 필수적인 과정이라 할 수 있다. 특히, 유엔사는 주한미군의 주둔 명분인 동시에, 유사시 유엔의 별도 결의 없이도 대처가 가능하다는 인식을 가지고 있기 때문이다.

V. 맺음말

최근 들어 남북관계의 획기적 증가는 우리의 안보관에 분명 많은 혼선을 주어 온 것이 사실이다. 그러나 변화는 확고부동한 안보로부터 나온다는 경구를 기억한다면 지금까지의 주적이었던 북한에 대한 안이한 인식과 대응은 우리의 안보불안으로 이어지게 될 것이다. 당연히 한민족으로서 그리고 동포로서 우리는 북한과의 교류는 계속해 나가야 한다. 특히 수많은 경제적 교류는 곧 북한을 도와주는 것이자 장기적으로는 우리 대한민국의 국익과 직결될 것이다. 그렇기에 군은 지금도 남북 경제교류에 뒤따르는 군사적 편의를 제공하고 있으며 앞으로도 그 같은 편의는 계속될 것으로 전망된다.

문제는 우리가 평화를 추구하는 이상 한편으로는 확고한 안보관 확립과 함께 실질적 군사력을 확보 유지하는 것이 될 것이다. 특히 북핵 보유 선언과 잇따른 대량 미사일발사, 핵실험 이후 이어지는 일련의 동북아 안보불안은 우리의 준비를 더욱 강하게 요구하는 요인이 되고 있다. 우리는 대북 포용정책281) 이후 북한 사회의 변화와 함께 군사관계의 변화를 기대했었다. 그러나 기대 밖으로 핵 위기는 고조되고 있다. 따라서 우리는 단기적으로 북한의 군사력을 정확히 알고 그에

---

281) 대북정책의 유형에는 봉쇄정책(containment policy), 불개입정책(benign neglect policy), 포용정책이 있는데, 봉쇄정책은 북한의 붕괴 가능성을 전제로 하는 것이고, 불개입정책은 북한 군사력의 위협이나 북한 주민들의 경제적 고충을 방관하는 무관심정책이며, 포용정책은 힘을 바탕으로 불신과 대결의 관계를 화해와 협력의 관계로의 전환을 추구하는 정책이다. 포용정책은 힘을 바탕으로 하는 점에서 강자의 정책이며, 약자의 정책인 유화정책(appeasement policy)과 근본적으로 구별된다.

대한 철저한 대비를 구축해야 한다. 그러나 장기적으로 남북한 모두의 공영을 위한 군사력 완화를 추구해야 한다.

남북한 군 장성급회담은 군사적 신뢰구축을 위한 가장 중요하고도 실질적인 회담이다. 그동안 남북한 간에는 2000년 6·15 공동선언이 이후 4차례에 걸친 장성급회담이 개최되었었다. 그러나 두 차례의 합의 성과에도 불구하고 올해 벌어진 두 차례에서는 별다른 성과를 얻지 못한 채 결렬되고 말았다. 그럼에도 이 회담들은 많은 시사점을 주고 있다. 즉 가시적인 성과에는 미흡했지만 남북 군사당국자들 간의 만남 자체만으로도 의미가 있다. 한편으로는 초보적 수준에서나마 상호 군사적 신뢰구축의 필요성을 공감하고 있으며 작은 성과들을 내고 있는 것은 긍정적인 발전이라고 하겠다.

남북 간 군사적 신뢰구축의 과정은 긴 여정이라고 할 수 있다. 반세기 이상 누적된 불신의 벽을 하루아침에 허문다는 것은 기대하기 어렵다. 특히 북한 군 당국자들의 인식변화는 신뢰구축의 절대적 조건이라고 할 수 있다. 물론 북한은 군비경쟁을 통한 군사적 우위 유지의 한계성을 인식하고 있을 것이다. 북한은 최근 심각한 경제난에도 불구하고 기존의 방대한 군사력을 유지하며 새로이 군비증강을 계속하므로 큰 부담을 안고 있다. 남한의 경제성장을 고려해 볼 때 북한의 계속적인 군사적 우위는 어렵다는 것을 알고 있다는 점이다. 북한의 핵개발은 결국 그러한 위기의식의 발로라고 할 수 있다.

따라서 우리는 이에 적절하고도 적축적인 대북접근을 이루어야 한다.[282] 우리 정부는 한반도의 평화와 번영을 추구하는 국가안보전략 구상하에 안보의 기본 틀인 한미동맹 발전 및 전쟁 억제력 확충을 위

---

282) 배정호, 『한반도 경영시대의 개막과 동북아 중추국가로서의 발전을 지향하여』 통일연구원, 2002, 제3장 참조.

한 협력적 자주국방을 추진해 나가면서, 당면한 북핵문제의 평화적 해결과 군사적 신뢰구축 및 군비통제 여건 조성 등을 통한 한반도 평화체제 구축을 도모해 나가야 한다. 특히 군 장성급회담은 이러한 북한의 인식변화에 가장 근본적인 현장이라고 할 수 있다. 향후 장성급회담은 남북한 군사적 신뢰구축은 물론 북핵 위기의 평화적 해결에 기여하고 한반도의 공고한 평화체제 구축에 기초가 되는 방향으로 추진되어야 할 것이다.

참고 문헌

국방부, 국방백서2004(국방부 정책기획관실. 2005. 1).

류재갑, "남북장성5급 회담 평가와 전망: 단호한 자세로 호혜적 상호주의
　　　를 북한측에 적용해야", 북한연구소, 『북한』 2006년 4월호.

문성묵, "남북간 군사적 신뢰구축 현황과 향후 과제: 남북장성급회담을
　　　중심으로", 자료.

문성욱, "남북군사회담과 신뢰구축 추진과제", 『합참』 제24호.

박주현, 김상범, "대북군비통제 협상방안 연구", 국방연구원, 1994.

배정호, 『한반도 경영시대의 개막과 동북아 중추국가로서의 발전을 지향
　　　하여』, 통일연구원, 2002.

송대성, "남북한 장성급 회담과 군사적 신뢰구축 전망", 『한국군사』 19호,
　　　2004.

수요저널, 서해상 무력충돌 방지 전격 합의(2004. 6).

신동철, "남북한 군비통제를 위한 군사적 신뢰구축 방안에 관한 연구",
　　　국방대학교 합동참모대학, 2005년도 연구보고서.

윤영모, "남북한 군비통제 추진에 대한 연구 - 군사적 신뢰구축을 중심으
　　　로", 국방대학교 합동참모대학 2004년도 연구보고서.

이명영, 『통일의 조건: 발상의 전환을 위하여』, 종로서적, 1989.

이정민, "남북한 신뢰구축과 군비축소방안", 『통일문제연구』 2004.

정규섭, "대북정책 재정립 방향과 정치·군사분야의 과제", 통일연구원, 『통
　　　일정책연구』 제11권 2호, 2002년 겨울호.

제성호, "한반도비무장지대론: DMZ를 평화지대로"(서울: 서울프레스,
　　　1997).

통일연구원, 『남북협력 증진을 위한 군사적 조치의 이행방안』, 연구총서
　　　02 - 21, 2001.

≪동아일보≫, 2000년 10월 15일.

≪동아일보≫, 2000년 10월 19일.

≪동아일보≫, 2000년 9월 26일.

≪동아일보≫, 2000년 9월 27일.

≪동아일보≫, 2001년 2월 9일.

≪동아일보≫, 2002년 11월 14일.

≪연합뉴스≫, 2002년 11월 28일: 2002년 11월 29일.

≪조선일보≫, 2000년 11월 18일.

≪조선일보≫, 2002년 4월 23일.

≪조선일보≫, 2002년 4월 24일.

부시 2기하에서
한·미 군사관계의 변화와 전망

I. 서 론

2004년 11월 2일 미국의 대통령 선거는 팽팽할 것이라는 예상을 깨고 조지 부시(George W. Bush) 대통령의 압승으로 끝났다. 부시 대통령은 지난 2000년 선거에서는 271명의 선거인단을 확보해 과반수 (269명)의 두 명을 넘겼지만 이번에는 286명의 선거인단을 확보해 여유 있게 재선에 성공할 수 있었다. 이로써 국민적 정통성을 더욱 확고히 한 부시는 지난 1기 시절의 정책을 계승해 나갈 것이다. 이번 2004년의 대선 이슈는 경제, 사회복지, 의료보장, 교육 등 전통적인 쟁점문제들 뿐 아니라 국제적으로 테러와의 전쟁 등 대외적인 외교 안보 분야가 중요한 이슈로 등장했다는 큰 특징을 나타냈다.

9·11 테러를 겪은 이후 부시는 테러와의 전쟁을 선포하고 이라크 전쟁을 주도했다. 그러나 전쟁의 명분과 장기화로 인한 대내외적 비난에도 불구하고 부시는 더욱 강력한 리더십을 발휘했고 미 국민은 전쟁 중에는 지도자를 갈지 않는다는 전통을 확인시킨 셈이 되었다. 이는 부시가 주장하는 이라크의 민주화가 향후 전 아랍 지역의 민주화로 이러질 것이라는 주장이 설득력을 얻은 측면도 강하다고 할 수 있다.

한편 치열했던 선거 캠페인 끝에 부시 행정부가 2기 연임에 성공함에 따라, 미국 신행정부의 대한반도정책과 미·북 관계, 특히 북핵 접근방법에 국내외 관심이 모아지고 있다. 지난 1기 시절의 4년은 "일방주의"라는 일부 국가들의 비판 속에서도 아프간과 이라크 대테러전쟁을 성공적으로 수행하였고, 이제 미 국민의 압도적 지지를 등에 업고 출범하는 부시 행정부가 북핵에 대한 압박정책을 전개할 것인가? 아니면, 4년간의 '힘의 외교'를 보다 유연화시켜, 협상과 외교를 통한 북핵 문제 해결에 성공할 수 있을 것인가와 대테러전쟁에 대한 국민적 지지를 배경으로 하는 부시 행정부가 지난 2003~2004년 기간 중 지속된 북핵 협상의 장기적 교착상태를 더 이상 반복 허용하지 않을 것이라는 분석이 우세한 가운데, 향후 미·북 관계 전망이 초미의 관심사로 떠오르고 있다.[283]

지난 1기 부시 행정부의 북핵 정책의 기조가 먼저 '외교·협상'에 있었음에도, 북한이 핵개발을 강행함으로써 동북아의 긴장이 고조되었던 점을 감안하면, 위 물음에 대한 답은 북한이 어떤 선택을 할 것인가에 달려있을 것이다. 곧 핵 포기를 통해 체제보장 및 경제지원을 획득할 것인가? 아니면 핵개발을 강행하여 제재·봉쇄와 정권교체 등의 압박 정책에 정면 대응함으로써 한반도 위기를 초래할 것인가? 결국 북한의 대응 여하에 따라 향후 미국의 북핵 접근방식이 좌우될 것이라는 점이 분명해진다. 미국의 대북 정책이 어떤 결정을 내리느냐에 따라 한반도에 미치는 파급은 엄청나다. 따라서 이에 대한 정확한 예측은 아무리 강조해도 지나칠 수 없다.

한편, 한반도가 갖는 국제정치적, 지정학적 복잡한 구도는 이라크와 달리, 북핵이 강행되는 경우에도 미국의 대북 강경정책에 한계가 있을 것이라는 분석이 제기되어 상황을 더욱 복잡하게 만들고 있다. 즉 북핵 문제에 대한 한·미 공조 분열이나 공조 실패, 중국의 북한에 대한 통제 불가 내지는 반대로 한반도에 대한 중국의 영향력 증대, 북한의 반발과 대남 군사적 위협 등은 미국의 대북 정책을 더욱 유동적으로 만드는 요소들이다.

---

283) 홍관희, "미국 신행정부의 대한반도 정책과 미북관계 전망", 국제문제 조사연구소 세미나 논문, 2004. 11. 23.

한편 노무현 정부의 안보정책은 협력적 자주국방이다. 협력적 자주국방은 한반도의 평화와 통일을 지향하는 한편, 21세기의 동북아질서 및 세계질서 변화에 한국이 적극적으로 적응하고자 하는 전략적 모색이라고 할 수 있다. 협력적 자주국방은 냉전 시기에 한국안보의 핵을 이루었던 한·미 동맹의 구조적 변화와 맞물려서 진행되고 있다. 한국의 안보적 과제는 한·미 동맹을 새로운 안보환경에 맞게 변화시키면서 이와 함께 한국의 안보능력을 증대시키는 것이다.

크게 보면 협력적 자구국방은 대북한억제력 유지와 한반도안정을 위해 한국이 주된 역할을 하는 한편, 미국과 주한미군은 한반도안보에는 보완적 역할을 하면서 동북아 지역 안정을 위해 역할을 하는 형태로 한·미 간 역할분담을 상정하고 있다. 따라서 한미 간의 군사적 공조는 이 정책의 대전제이다. 문제는 이러한 공조의 밀도가 과거보다 협력적 자주국방의 상황에서는 약화되고 있다는 점이다. 이는 우리의 자주력 강화라는 긍정적 측면과 함께 한미공조의 균열이라는 부정적 요인이 공존하고 있음을 의미한다. 특히 부시 2기 행정부에서의 한미 간 군사적 문제에 관한 불협조는 우리의 안보문제와 직결되고 있기에 그 심각성이 더욱 크다고 할 수 있다.

지금 한반도는 매우 중요한 안보적 전환기를 맞고 있다. 한미 간에는 주한미군 감축 및 재배치가 추진되고 있어, 우리의 안보태세 재정비가 요청되고 있으며, 해외미군 재배치 계획에 따라, 미군의 군사변환(military transformation)도 속도를 내고 있다. 중국이 국력이 성장하면서 한반도에 대한 영향력이 날로 증대되고 있으며, 이와 맞물려, 미·일 동맹의 강화를 통해 일본의 위상과 영향력도 점차 증대되고 있다. 또한 북핵 위기로 인한 안보불안은 더욱 우려되고 있는 상황이다.

이런 상황에서, 한반도의 평화와 번영, 그리고 향후 자유민주적 통일을 위한 국가적 진로에 일대 장애가 되고 있는 북한 핵문제를 해결하는 것은 우리의 당면하고도 절실한 과제가 되고 있다. 따라서 바람직한 한미공조를 위한 전략적 접근과 방법이 절실히 요구된다고 하겠다.

본 연구는 부시 2기 행정부하에서의 미국의 대한반도정책 및 대북정책과 우리의 군사정책을 규명하고 바람직한 한미군사관계의 정립을 위한 정책적 모색을 함을 연구의 목적으로 한다.

Ⅱ. 부시 2기 미국의 대한 군사전략과 변화

1. 부시 행정부의 외교안보정책노선[284]

미국의 대외정책은 도덕성(morality)과 현실정치(realpolitik)가 결합된 형태로 나타난다. 도덕적인 목표로서는 미국의 건국이념에 나타나 있듯이, 자유민주주의적 가치의 보호와 확산, 그리고 인권 신장 등이 제시된다. 미국이 북한 인권상황과 탈북민 문제에 깊은 관심을 표명하는 것은 이러한 도덕적 이념에 기초한 것이다.[285] 한편 미국의 대외정책 수행은 강력한 군사력에 그 토대를 두고 있다. 미국은 국제사회에서 세계체제의 안정 및 평화유지를 위한 '지도자' 역할과 패권국가의 출현을 저지하기 위한 '균형자'의 역할, 세계질서를 위한 '공공재'의 역할을 강조하면서, 이를 실현하기 위한 수단으로서 항상 군사력의 확충을 도모하고 있다.

부시 2기 행정부의 한반도 정책의 방향을 전망하기 위해서는 먼저 부시 대통령의 가치체계와 외교안보정책노선을 살펴볼 필요가 있다. 부시 대통령의 재선은 그의 외교안보정책이 국내외적인 비판에도 불구하고, 미 국민들에게는 정치적 정당성을 획득하였음을 의미한다.

부시 대통령의 정치가문 출신 배경, 어린 시절 텍사스에서의 전형적인 미중산층 환경에서의 성장, 가족 중심의 교육, 다시 태어난(born-again) 기독교인으로서의 신앙, 석유기업인 및 프로야구단 구단주로서

---

284) 박영호, "부시 2기 행정부의 한반도정책 전망과 우리의 정책 방향", 충북평화통일포럼 제2차 회의 발표 논문, 2004. 12.

285) 「2004 북한인권법안(2004 Human Rights Act of North Korea)」에 부시 대통령이 10월 18일 서명함으로써, 미국의 정식 법률로 발효됨.

의 경력 등은 그가 "온정적 보수주의"(compassionate conservatism)를
이념적 가치로 제시하게 하였다. 이러한 가치체계는 미국의 전통적 보
수주의에 기반을 두면서 소수(minority)계층에 대해 관심과 배려를 하
고 있음을 의도한 것이다. 그의 가족과 이웃 중심, 그리고 종교적인
가치체계는 예컨대 "(총은 가족과 이웃의 보호와 정당방위를 위해 필
요한 것이지), 총을 가지고 범죄를 저질렀으면 그에 응당한 책임을 물
어야 한다."는 식의 명확한 선악의 구분으로 나타난다. 또한 그는 기
본적으로 정부의 역할은 제한적이어야 하며, 미국인들의 복지는 "미국
주식회사(Corporate America)"가 역할과 책임을 해야 한다는 사고를
가지고 있다.286)

이와 같은 그의 가치체계는 외교안보정책에서는 미국의 국가이익과
안보를 미 투자자들의 이익 보호를 위한 석유와 같은 전략적 자산에
더 연계시키는 "현실주의적 국제주의"로 나타났다. 그리고 부시 대통
령도 전임 대통령들과 마찬가지로 미국이 자국민에게 자유와 풍요를
가져다준 첫 번째 국가라는 미국적 예외주의(American exceptionalism)
를 그의 정책노선에 반영하고 있다. 따라서 부시 행정부는 냉전 이후
유일 초강대국으로 등장한 미국이 세계질서를 이끄는 주도적인 역할을
해야 하며, 그러한 과업을 수행하기 위해서는 힘이 뒷받침되어야 한다
는 '힘의 우위'에 입각한 현실주의 외교안보 정책노선을 채택하였다.

이러한 부시 대통령의 외교안보정책노선은 탈냉전의 세계질서는 미
국에게 새로운 안보위협에 대응하여 세계 평화와 안보를 지키고 미국
의 이익과 원칙을 세계적으로 확산시키는 지도력을 발휘하는 '자비로

---

286) George W. Bush, *A Charge to Keep: My Journey to the White
House*(New York: HarperCollins Publishers, 2001), pp.14－22. 박영호,
앞의 글 재인용.

운 패권'(benevolent hegemony)을 요구한다는 신보수주의자들(neo-cons)의 주장으로부터도 영향을 받았다.[287] 신보수주의자들의 특징은 국방비의 대폭증액, 우방과의 동맹 강화와 적대정권에 대한 대처, 정치·경제적 자유가치의 범세계적 전파, 미국적 국제질서의 창출 등을 내세웠다. 전통적 보수주의가 국가개입의 최소화, 개인 자유의 극대화, 반공주의, 작은 정부, 소극적 국제개입주의를 이념적 특징으로 삼는 반면, 신보수주의는 사회문제 해결에 대한 연방정부의 적극적인 역할과 국제 현안에 대한 능동적인 개입을 주장한다.[288]

여기에다 9·11 테러사태는 부시 행정부의 안보위협에 대한 인식을 근본적으로 바꾸어 놓았으며, 자국의 안보를 위한 명분으로 더욱 공세적인 정책노선을 강구하게 되었다. 부시 행정부는 9·11 테러사태 이후의 새로운 안보환경에 대응하기 위한 국가안보전략을 발전시켰다.[289] 주요 내용은 한마디로 예방전쟁과 필요한 경우 일방적으로 행동할 의지를 포함하는 "미국식 국제주의"의 실현이다. 구체적으로 역점을 두고 있는 내용들은, ①인간의 존엄성에 대한 열망의 수호, ②테러리즘의 격퇴와 미국 및 우방에 대한 공격을 예방하기 위한 동맹의 강화, ③지역분쟁을 완화하기 위한 노력, ④동맹국 및 우방국에 대한 대량살상무기 위협 방지, ⑤자유시장과 자유무역을 통한 지구적 경제

---

287) Robert Kagan and William Kristol, ed., *Present Dangers: Crisis and Opportunity in American Foreign and Defense Policy*(San Francisco, CA: Encounter Books, 2000), p.vii 앞의 글 재인용.

288) 김성한, "미국의 신보수주의 이념과 전략"(2003. 5. 23). p.3.

289) 새로운 안보군사전략들은 *National Security Strategy*(2002. 9), *Defense Planning Guidance*(2002. 5), *Contingency Planning Guidance, Global Defense Posture Review*(2002. 11), *Integrated Global Basing and Presence Policy, National Military Strategy*(2004. 6)와 같은 각종 전략문서에 반영되었다.

성장의 신시대 개막, ⑥사회개방과 민주주의 인프라 구축을 통한 발전 영역의 확대 ⑦다른 세력축과의 협력을 위한 의제 개발, ⑧21세기의 도전과 기회에 대응하기 위한 미국의 국가안보제도의 변혁 등이다.

부시 행정부는 무엇보다도 미국주도의 세계질서 구축과 군사력 유지를 강조하고 있다. 세계의 평화와 안정을 위해서는 미국의 우세한 힘의 발휘가 요구된다는 것이다. 당면하게는 테러와의 전쟁 승리와 대량살상무기 확산 저지가 최우선의 전략적 목표다. 또한 미국은 테러와의 전쟁을 수행하면서 전통적인 안보동맹관계를 유지하되, 동시에 대테러 의지의 연합을 강조하였다. 그리고 자국의 국가이익이 첨예하게 침해될 수 있다고 믿는 외교·안보 문제를 해결하는 데 있어 국제기구의 활용이나 협상에만 의존하지 않고 이라크 전쟁처럼 힘의 우위를 최대한으로 활용하기도 하였다. 강력한 군사력 자체가 중요한 협상력이라고 믿기 때문이었다. 그러나 이러한 미국의 전략은 국제사회로부터 "일방주의(unilateralism)"로 비판되고 있다.

그러한 국제사회의 비난에도 아랑곳하지 않고 있는 부시 행정부는 자신들의 구상에 따른 군사전력에 맞추어 새로운 국가안보전략에 맞춘 해외주둔기지 재배치를 추진하기 시작했다. 미국의 구상은 주둔군 개념에서 벗어나 기동군으로 재배치한다는 것이다. 미국의 전략변화는 동아시아전략에도 반영되고 있으며, 주한미군의 기지 이전을 포함한 재배치 추진도 그 일환이다.

이러한 부시 2기 행정부의 기본 구상을 바탕으로 하여 보면 부시 2기 행정부는 첫째, 자유의 확산이라는 기본 이념을 바탕으로 대외정책을 추진할 것으로 예상된다. 즉 아래의 〈표〉에서 보는 바와 같이 부시 대통령은 집권 2기 외교안보팀 구성을 완료하였다. 외교안보팀 수장이라 할 수 있는 라이스 장관은 2005년 1월 18~19일 상원 인사청문회에서 "세계를 보다 안전하고 보다 자유롭게 만들어야 한다. 이를 위해 미국의 외교는 자유를 선호하는 세계에서 힘의 균형을 이루는 데 사용되어야 한다. 미국과 자유세계는 테러와 폭정에 맞서 장기적 투쟁을 전개해 나가야 할 상황이다"라고 하여 집권 2기 부시 행정부가 반테러전쟁 지속과 더불어 자유수호를 위한 적극적인 외교를 전개할 것임을 시사하였다.

집권 2기 부시 행정부 외교안보팀

	직 책	성 명
국무부	국무장관	콘돌리자 라이스 전 국가안보보좌관
	부장관	로버트 졸릭 전 미국무역대표부 대표
	차관	로버트 조셉 전 NSC 비확산담당 보좌관
	동아태차관보	크리스토퍼 힐 전 주한 미국 대사
국방부	장관	도널드 럼즈펠드(유임)
	부장관	폴 울포위츠*
	차관	더글러스 페이스(유임)
	동아태 부차관보	리처드 롤리스(유임)
NSC	국가안보보좌관	스티븐 해들리 전 국가안보 부보좌관
	아시아 담당 선임보좌관	마이클 그린(유임)
	아시아 담당 보좌관	빅터 차 전 조지타운대 교수

라이스 장관은 또한 "이 중요한 역사적 순간에 미국의 외교는 세 가지 과제를 안고 있다. 첫째는 공동의 가치와 법치에 바탕을 둔 국제체제를 건설하기 위해 '민주주의 공동체'(community of democracies)를 단결시키는 일이고, 둘째는 자유세계의 공동안보를 위협하는 세력에 맞서 싸우기 위해 민주주의 공동체를 강화하고 테러의 자양분인 '절망'(hopelessness)을 줄여나가는 일이며, 셋째는 자유와 민주주의를

전 세계에 확산시키는 것으로서 이것이 바로 부시 대통령이 세계를 향해 내건 사명이요, 미국 외교의 가장 큰 임무다"라고 강조함으로써 '자유의 확산'이 미 대외정책의 핵심기조임을 선언하였다.

라이스 장관은 특히 "확실히 우리들이 살고 있는 세상에 아직도 쿠바, 미얀마, 북한, 이란, 벨로루시, 짐바브웨 같은 '폭정의 잔존 지역들'(outposts of tyranny)이 있다. 이러한 '공포사회'(fear society)에 사는 사람들이 자유를 얻기까지 우리는 쉴 수 없다"고 말함으로써 집권 2기 자유의 확산정책을 '공세적'으로 전개할 것임을 암시하였다. 실제로 미국은 국제사회의 숱한 의혹과 비난에도 불구하고 이라크 전쟁을 지속하고 있는데 그 가장 큰 명분은 국제 테러의 근절 및 자유 평화의 전 지구적 확산이라고 주장하고 있다.

두 번째로 부시 2기의 반테러·안보 전략은 명실공히 '반테러'와 '반확산'에 초점이 맞춰져 있다. 특히 핵·생화학무기 같은 WMD를 사용한 테러가 행해질 경우 9·11 테러 사태의 수백 배 이상의 사상자를 내는 대재앙적 사태가 발생할 수 있으므로 부시 2기 행정부는 테러와 WMD가 합쳐진 상태, 즉 'WMD 테러' 가능성을 차단하는 데 총력을 기울일 것으로 전망된다.

레이건 행정부 시절 국방부 국제안보정책 담당 부차관보, 집권 1기 부시 행정부 NSC 비확산 담당 선임 보좌관을 역임하다 볼턴(John Bolton)의 뒤를 이어 집권 2기 부시 행정부의 국무부 비확산 담당 차관으로 임명된 조셉(Robert Joseph)은 현 외교안보팀 중에서 WMD에 의한 대미 테러 가능성을 가장 먼저 역설한 인물 중 하나다. 조셉 차관은 9·11 이전인 1999년 3월 23일 국방대 반확산센터 소장 자격으로 행한 상원 군사위 증언에서 핵·생물·화학무기(NBC)에 의한 테러 가능성을 강력하게 경고한 바 있다.

본 증언에서 그는 과거의 억지(deterrence) 모델을 갖고는 NBC 위협에 대처할 수 없다고 주장하였다. "과거 미·소는 상호 이해, 효과적인 커뮤니케이션, 대칭적인 이해와 위험에 기초한 억지, 즉 합리성에 바탕을 둔 억지전략으로 효과를 보았으나 북한(당시 조셉은 알카에다를 명시하진 않았음) 같은 나라에는 이러한 전략이 먹혀들 수 없다. 적들이 NBC를 보유해 봐야 별 이득이 없다고 생각하도록 대량보복전략과 방어전략을 함께 갖출 필요가 있다"고 역설하였다.

이후 조셉 차관은 공공정책연구소(National Institute for Public Policy)의 용역을 받아 'Rationale and Requirements for U.S. Nuclear Forces and Arms Control'이라는 보고서를 출간했는데 이것이 부시 행정부가 2002년도에 발표한 '핵태세검토보고서'(NPR)의 모태가 되었다.

셋째, 부시 2기는 일방주의 색채를 완화하는 대외정책을 추진할 것으로 예상된다. 부시 행정부가 군사력에 바탕을 둔 일방주의 외교를 전개함으로써 범세계적 반미 감정을 야기하였고, 이로 인해 미국의 리더십에 위기가 초래되었다는 비판이 끊임없이 제기되었으므로 집권 2기 부시 행정부는 동맹국과의 협의체제 강화 등 '스타일'상의 변화를 보일 것이다. 부시 대통령은 최근 유럽 순방을 통해 이를 증명해 보였다. 미국으로서는 대유럽 관계개선을 통해 동맹국들과의 협력기반을 확대함으로써 대테러전, 이라크 재건 지원 등을 위한 유럽제국의 지원을 이끌어내는 데 주력해야 할 상황이다.

부시 2기 외교안보팀 구성을 보면 부시 대통령이 이라크전 수행을 위해 국방부 진용을 유임시키되 국무부의 경우 자신의 입장을 가장 잘 대변할 수 있는 라이스 보좌관을 장관에 임명하고 국무부와 NSC 진용을 구성하는 데 있어 라이스의 인적 네트워크(해들리, 졸릭, 조셉, 차)를 상당부분 반영했다는 점에서 집권 1기 동안 네오콘과 온건파 간의 조정역할을 했던 라이스 장관을 통해 일방주의적 외교 스타일의 변화를 꾀할 것으로 전망된다.

2005년 1월 18~19일 상원 인준 청문회에서 라이스국무장관은 "자유를 존중하는 국제질서 속에서 세력균형을 창출하고 자유를 증진시키기 위해 미국의 외교력을 사용해야 한다"면서 "이제는 외교를 해야 할 때"(The Time for Diplomacy is Now)라고 말했다.

이어 "동맹과 다자제도(Multilateral Institutions)는 자유를 사랑하는 나라들의 힘을 강화시킬 것"이라고 언급하고, 동시에 "인준을 받게 되면 홍보외교(Public Diplomacy)를 최우선순위로 삼을 것"이라고 강조, 미국의 일방주의 경향을 완화함과 동시에 미국 외교정책을 광범위하게 홍보하는 데 주력할 것임을 시사하였다.

국제적 다자협력에 대한 대내외적 요구에 직면해 있는 미국으로서는 향후 다자간 비확산(non-proliferation)조약(NPT, MTCR, BWC 등)의 검증체계를 강화하는 데 보다 적극성을 띨 것으로 보인다. 그러나 미국의 핵전략 우위(nuclear strategic superiority)를 계속 유지해 나가는 것이 불량국가나 테러집단으로부터의 핵위협에 대항할 수 있는 현실적 수단이라고 보는 '미국적 예외주의'는 변하지 않을 것으로 보인다.

2. 부시 2기 행정부의 한반도정책 전망

미국의 한반도정책은 한반도의 안정과 평화를 유지하며, 한반도에서 공산주의 팽창을 저지 — 해방 정국, 6·25 참전 등에서 역사적으로 증명됨 — 하고, 자유체제에 기초한 한반도 통일을 지원하는 것으로 요약된다. 물론 이것은 한·미 동맹이 견지되는 상황을 전제로 하는 것이다. 다른 한반도 주변 강대국과 달리, 한반도에 사활적(死活的)이고 첨예한 국가이익이 존재하지 않는 미국의 입장에서, 한반도는 그 어느 부문보다도 세계 차원에서의 '안보적 가치'가 가장 큰 의미를 지니는 것으로 분석된다.

한국전쟁이 휴전으로 마무리된 이후, 한·미 양국은 「한·미 상호방위조약」을 체결함으로써 안보·군사 동맹관계에 돌입하였다. 미국의 6·25 한국전 참전은 전쟁 발발 이전의 불개입 정책에서 전격적인 개입 정책으로 선회하는 계기가 되었고, 전쟁 이후 미국의 대한반도 정책은 북한의 한반도 적화전략과 군사적 위협으로부터 남한의 자유체제를 수호하는 적극적인 억지정책으로 변모하게 되었다.[290] 한·미 동맹과 주한미군은 이러한 미국의 대한반도정책을 추진하는 중요한 정책적 수단이 되어 왔다.

미국의 대한반도전략은 강력한 한·미 동맹체제의 유지와 주한미군 전력을 근간으로 '한·미 연합억제전략'을 유지하여 북한의 군사적 모험을 억제하고 나아가 한반도를 중심으로 한 지역 균형자의 역할을 수행하는 것이다.[291] 그리하여 이러한 안보적 토대 위에, 남북대화를 가능케 하고, 한반도문제의 평화적 해결과 장차 한반도 자유통일을 지원하는 것이다.

향후 부시 행정부는 동북아 지역에 대한 개입전략을 지속하면서, 한반도문제 해결을 위해 한국과는 물론 여타 지역 국가들 간의 협력을

---

290) "한반도의 안정은 한·미 양국의 확고한 동맹에 기초를 두고 있습니다. 북한을 포함하여 모든 아시아 국가들은 미국과 한국의 동맹관계가 확고함을 분명히 인식하여야 할 것입니다. 미국은 동맹의 의무를 지속적으로 수행할 것이고, 이를 영광으로 생각할 것입니다. 주한미군과 한·미 동맹은 굳건할 것이며, 한반도의 평화를 지탱하는 초석이 될 것입니다." 2002. 2. 20. 부시 대통령의 도라산 연설 참조.

291) 대한민국 국방부, 「한미동맹과 주한미군」(2002. 4).

강조하는 정책을 추진할 것으로 전망된다. 또한 테러와의 전쟁 수행을 위한 국제적 연대와 협력을 계속 추구하고, 북한 및 대만 문제가 이 지역의 안정과 평화의 위해요소가 되지 않도록 하기 위한 역내 국가 간의 대화 및 협력 체제를 유지·강화하려는 정책을 전개할 것이다. 특히 북핵 문제 해결을 위한 6자회담의 틀을 북핵 문제의 해결 양상에 따라서 향후 지역안보문제 해결을 위한 다자안보협의체로 발전시키려는 구상을 보다 적극화할 가능성이 있다. 이와 동시에 미국은 새로운 안보전략 아래서 기존의 동맹국 및 우방국과의 관계를 재정립하려 할 것이다. 이 과정에서 진행 중에 있는 테러와의 전쟁에 대한 지원과 공헌 정도, 미사일 방어체제에 대한 협력의 정도, 미군 주둔에 대한 해당국가의 인식 및 지원 내용 및 폭 등이 정책결정에 중요한 고려 요소로 작용하게 될 것이다.

이와 같은 정책 방향은 부시 대통령 재선 이후 미국이 6자회담의 재개를 위한 외교적 노력을 적극적으로 전개하고 있는 것에서 드러나고 있다. 미국은 한국, 중국, 일본과의 양자 간 및 다자간 정책협력을 위한 회의를 빈번히 개최하고, 2004년 11월 30일과 12월 3일에는 뉴욕 채널을 통해서 북한 측과 접촉하였다. 2004년 11월 20일에는 아·태 경제협력체(APEC) 정상회의가 개최된 칠레 산티아고에서의 한·미 정상회담에서 북핵 문제를 '평화적, 외교적으로 해결'한다는 원칙을 재확인하였으며, 한국정부가 북핵 문제를 해결하는 과정에서 '적극적이며 주도적인 역할'을 수행할 것이라는 데에 대하여 긍정적인 입장을 표명하고 있다. 한·미 관계에서도 2005년 초부터 동맹관계 강화를 위한 고위급의 전략적 대화를 추진할 것으로 알려지고 있다.[292] 이러한 일련의 과정에서는 한국의 적극적인 외교적 노력이 투영되고 있다.

---

292) ≪중앙일보≫, 2004. 12. 13.

그런데 미국의 한반도정책은 한반도의 긴장완화와 안정이 동북아시아의 안정에 핵심적 요소라는 전제에서 출발한다. 부시 행정부 외교안보정책노선의 핵심 사안의 맥락에서 보면, 한반도문제의 핵심은 근본적으로 북한으로부터 비롯되는 것이다. 즉 북한의 핵을 포함한 대량살상무기와 미사일 문제가 테러와의 전쟁 및 반확산 전략의 측면에서 미국의 안보문제와 직접적으로 연관된다는 입장을 가지고 있다.

북한을 '악의 축'의 일원으로 규정한 것에서 알 수 있듯이, 부시 대통령과 그의 핵심 외교안보참모들은 북한의 최고지도자와 북한체제에 대해 근본적인 불신을 갖고 있다. 부시 행정부는 북한의 핵을 포함한 대량살상무기와 미사일이 이 지역의 안정에 대한 최대위협 요인으로 보고 있다. 9·11 테러사태 이후에는 북한의 핵이 테러집단과 연계될 수 있다는 가능성 때문에 미국의 안보를 직접적으로 위협하는 요인으로 간주한다. 따라서 북한의 전면적인 핵 폐기와 대량살상무기의 확산 방지가 당면한 대북정책의 핵심 사안이다. 또한 부시 행정부는 북한의 재래식전력, 인권문제 등을 대북정책에서 다루어야 할 중요 의제로 삼고 있다. 그리고 북한체제의 변동 가능성에 대해서도 주시하고 있다.

지난 4년 동안의 부시 1기 행정부 아래서 미국의 대북정책이 리비아식 해법을 구상한다 혹은 이라크 식의 전쟁불사론까지 등장하는 뚜렷한 계획과 일관성 있는 추진 없이 진행되었으며, 단지 핵문제를 포함한 대량살상무기 문제만이 관심의 초점이었다는 비판이 제기되었다. 또한 9·11 테러 이후에는 아프가니스탄과 이라크가 테러와의 전쟁의 중심으로 떠올랐고, 따라서 북한문제는 상대적으로 등한시되었다. 더욱이 미국 행정부 내에서 북핵 문제나 대북정책을 둘러싸고 강경파와 온건파 간의 정책 갈등문제가 꾸준히 제기되었으며, 북한 문제는 일종의 '무관심(neglect)' 정책의 대상이 된 측면도 있다.

그러나 부시 행정부의 대북정책은 애초부터 제네바합의가 잘못되었다는 비판으로부터 출발하고 있었기 때문에 북한 핵 프로그램의 제거 및 대량살상무기의 확산 방지에 맞춰져 있었다. 또한 과거 미국이 북한과의 양자협상을 통해서 시도했던 북한 핵문제의 해결은 결과적으로 실패하였다고 판단하였다. 특히 2002년 10월 북한의 고농축우라늄(HEU) 핵개발 의혹이 대두된 이후에는 더욱 그러한 입장이 강조되었다. 따라서 부시 행정부는 다자회담(3자회담, 6자회담)의 틀을 통해 북한을 협상의 장으로 끌어들이면서 동시에 다자협상의 틀을 북한에 대한 외교적인 압박의 수단으로 활용하는 정책을 추진하였다. 그리고 6자회담에서는 북한 핵의 '완전하고 검증가능하며 돌이킬 수 없는 방식의 폐기(CVID)' 입장을 제시하였다.

부시 대통령은 재선에 성공함으로써 자신의 대북정책에 대해서도 정당성을 부여받게 되었고, 앞으로는 북한문제에 대한 자신의 구상을 안정적으로 추진할 수 있는 여건이 구비되었다. 북핵 문제는 미국의 반테러와 반확산 전략 차원에서 시급히 해결해야 할 중대 사안이지만, 미국의 입장에서 보면 상대적으로 이라크문제의 해결이 우선이다. 따라서 미국은 일단 북핵 문제가 더욱 악화되지 않도록 6자회담 재개를 추진하면서, 북한을 제외한 참여국들과의 정책 조율에 나서게 방식을 추진하고 있다. 특히 미국은 북한문제에 관한 한미 공조를 중요시 여기고 공동 접근과 동일정책을 추진할 것을 지속적으로 우리 정부에 요청해 오고 있었다.

2004년 11월 20일의 칠레 산티아고에서의 한·미 정상회담을 비롯하여 6자회담 참여국 정상과의 일련의 양자 정상회담을 통해, 부시 대통령은 대북 외교적 압박을 위한 '국제적 통일전선'을 구축하는 데 주력하였다. 물론 미국은 북핵 문제에 대해 협상을 통한 평화적, 외교적

해결을 강조하고 있다. 당시의 파월(Colin Powell) 국무장관이나 아미
티지(Richard Armitage) 국무부부장관은 북한에 대한 군사적 공격을
배제한다는 입장을 다시 강조하였으며,[293] 부시 행정부는 6자회담 틀
내에서 다양한 형식의 양자회담도 이루어질 수 있음을 시사하고 있다.
부시 2기 행정부의 국가안보 보좌관으로 내정된 해들리(Stephen
Hadley)는 6자회담이 북핵 문제를 해결하는 기본적인 틀임을 강조하
면서, 미국이 북한 정권교체(regime change)를 추진한다는 것은 사실
이 아니며 북한의 경제개혁과 같은 체제 변형(regime transformation)
을 기대한다는 입장을 피력하였다.[294]

그리고 북핵 문제를 푸는 방법에서 CVID 입장을 '포괄적 비핵화
(comprehensive denuclearization)'의 입장으로 다소 유연하게 전환하
는 자세를 보여주고 있다. 그러나 동시에 부시 행정부는 "북한의 잘못
된 행동에 보상할 용의는 추호도 없다"는 기존의 입장을 단호하게 견
지하고 있다. 이러한 미국 외교안보정책의 주요 결정자들의 언급을 보
면, 부시 2기 행정부의 대북정책이 북핵 문제를 평화적, 외교적으로
풀어나가되, 단호한 원칙적 입장을 계속 유지할 것이라는 방향성을 보
여주는 것이다.

한편, 부시 대통령의 재선으로 북한은 더욱 압박을 느끼게 되었으
며, 중국은 미국의 적극적인 대북설득 요청이 아니더라도 북한에 대한
설득 노력을 강화하게 될 것이다. 미국의 일종의 '유화적'인 대북접근
조치에 대하여 북한은 여전히 미국의 정책을 비난하는 입장을 견지하
고, 6자회담 참여를 설득하는 중국, 미국 등의 외교적 노력에 대하여
미국 부시 2기 행정부의 정책 노선을 지켜보겠다는 완강한 입장을 고

---

293) ≪중앙일보≫, 2004. 12. 13.
294) ≪중앙일보≫, 2004. 12. 9.

수하고 있다.[295] 이러한 과정에서 한국은 북핵 문제 해결을 위한 '주도적이며, 적극적인 역할'을 수행한다는 차원에서 북핵 문제에 대한 북한 측의 입장을 적극적으로 이해하려는 외교적 신호를 보여주었다. 또한 미국을 비롯하여 6자회담 참여국들에 대하여, 북핵 문제는 어떠한 경우에도 대화를 통해 평화적으로 해결되어야 한다는 입장을 강조하는 적극적인 외교적 노력을 경주하고 있다.

이에 따라 북핵 문제 해결을 위한 6자회담의 재개와 결과는 전적으로 북한의 선택에 달려 있다고 할 수 있다. 북한은 미국에 대해 '적대시 정책의 철폐' 등 그동안에 주장해 왔던 입장을 반복하면서 최대한도로 시간을 버는 지연 또는 버티기 전술을 추진하면서 한국과 중국의 설득 노력을 자신의 대미 지렛대를 높이는 데 활용하여 왔다. 북한의 '막무가내'식 대응 전술은 납치피해 일본인 유해와 관련한 대일관계에서 여실히 증명되고 있다. 즉 북한이 일본에 보낸 유해가 가짜로 판명났음에도 불구하고, 북한 외무성은 2004년 12월 14일 일본의 "감정결과가 고의적으로 날조됐을 가능성이 크다"고 주장하고, 일본 내에서 대북 제재 여론이 고조되는 것과 관련 12월 15일에는 일본이 대북경제 제재조치를 취하면, 이를 '선전포고'로 간주하겠다고 위협하였다.[296]

이런 가운데 2005년에 제4차 6자회담이 개최되었고 상당정도의 진척을 이루고 있는 상황이다. 6자회담에 임하는 미국의 기본 원칙은 협상을 통한 해결을 추진한다는 것임일 확실히 하고 있다. 그러나 해들리 국가안보보좌관 내정자가 북한에 대한 "일종의 관리된 압박(managed pressure)이 필요하다"고 언급한 것처럼,[297] 협상을 통한 외교적 해결

---

295) ≪로동신문≫, 2004. 12. 14.
296) ≪연합뉴스≫, 2004. 12. 15. http://www.yonhapnews.co.kr.
297) ≪중앙일보≫, 2004. 12. 9.

이 압력 조치(coercive measures)를 전면적으로 배제하는 것은 아니다.
만약 북한이 6자회담에 참여하면서도 기존의 입장에 어떠한 변화를 보
이지 않거나 지연전술을 사용하고 북한식의 압박 전술을 지속할 경우,
미국은 외교적·평화적 수단들을 다 사용한다는 입장을 국제사회에 보
여주면서, 점차 평화적인 외교적 방법의 소진에 따른 강압적인 외교적,
경제적 조치의 선택을 합리화시켜 나가게 될 것이다.

북핵 문제는 이제 3차 6자회담에서 제시된 미국의 제안을 이행해
나가는 '조화된 조치'(coordinated steps)와 북한이 제시하고 있는 '동
결 대 보상'으로 시작되는 '동시행동'(simultaneous action) 주장 간의
접점이 6자회담을 통한 협상과정에서 어떻게 찾아질 수 있는가에서
그 해결의 가능성을 가늠할 수 있을 것이다. 한반도와 동북아 차원의
안정과 평화를 위협하는 심각한 요인인 북핵 문제가 외교적인 협상의
방식으로 해결 과정으로 들어가게 되는 성공적인 결과를 산출한다면,
미국과 북한 사이에는 북한의 여타 대량살상무기, 미사일, 재래식 전
력, 북한 인권문제 등이 양자 간의 의제로 놓여 있으나, 양자관계는
일단 교착국면을 벗어나고 정치적, 외교적 관계 개선을 향한 접촉과
대화의 증대 양상을 보이며 전개될 것이다.

이를 바탕으로 부시 2기 외교안보팀의 대북 정책은 다음의 몇 가지
로 전망된다고 할 수 있다.298) 첫째, 리비아식 북핵 해법을 고수하는
것이다. 2004년 7월 안보보좌관 자격으로 방한한 라이스 장관은 "6자
회담에서 북한이 핵 폐기를 하는 방향으로 전략적 결정을 해야 할 때
가 됐다. 김정일 국방위원장이 카다피 리비아 국가원수와 이야기를 나
누면 무엇을 의미하는지 알게 될 것"이라고 언급함으로써 리비아식

---

298) 김성한, "미 부시 행정부 2기 외교안보팀의 특색", 자유총연맹, 『자유공
론』, 2005년 4월호.

북핵 해법에 대한 선호도를 확연히 드러냈다.

라이스 장관은 방한 시 "북한은 고농축우라늄(HEU)핵을 인정하고 밝히는 게 중요하다"고 강조, HEU 문제를 회피한 채 플루토늄 핵문제만을 다루는 방식은 미국이 받아들일 수 없다는 점을 시사했다. 라이스 장관은 또한 "북한이 핵활동을 중지하고 국제사찰을 받고 진정한 핵 폐기를 결정한다면 얼마나 많은 것이 가능하게 될지 북한은 놀랄 것"이라고 함으로써 북핵 포기 시 미국의 대북 '과감한 접근'(bold approach)이 본격화될 것임을 명확히 했다.

그러나 미국 내 언론과의 인터뷰나 연설문(상원 인사청문회 포함) 등에서 지속적으로 나타난 라이스 장관의 북핵문제에 대한 소신은 "미국은 북한 같은 정권에 단호하고 과단성 있게 접근해야 한다. 첫째, 명백한 억지력의 표현이 있어야 한다. 즉 그들이 WMD를 획득하여 사용하려 할 경우 국가적 멸망을 가져올 것이기 때문에 사용할 수 없는 무기가 될 것이라는 점을 주지시켜야 한다"는 말에서 나타나듯 조셉 차관의 소신과 유사한 '단호한 대응'으로 집약될 수 있다.

둘째, '매파식 관여' 정책이다. 이는 2004년 11월 한·미 정상회담과 2005년 2월 연두교서에서 부시 대통령이 북핵문제의 평화적 해결을 강조한 것은 한국을 비롯한 여타 관련국들의 입장을 고려한 것이며, 이라크 문제를 비롯한 중동문제의 민감성으로 인해 북한을 빠르게 압박해 들어가는 것은 효과적이지 못하다는 판단에서 비롯된 것으로 보인다. 미 행정부 내 대북 강경파들도 외교적 노력을 충분히 소진해야 강경정책의 명분을 확보할 수 있다는 판단 아래 온건 접근법을 일단 받아들이기로 한 것으로 평가된다.

스티븐 해들리 안보보좌관이 지난해 한국의 방미 의원외교단을 만난 자리에 배석한 마이클 그린 아시아 담당 선임보좌관은 "미국의 대북정책

은 정권교체(regime change)가 아닌 정권변환(regime transformation)
이며, 정권변환이란 북한정권에 위협을 가하는 것이 아니라 북한정권의
행동을(합리적인 방향으로) 변화시키는 것"이라고 구체적으로 정의하였
다. 그럼에도 불구하고 북한은 부정적 반응을 보였다.

빅터 차 NSC 아시아 담당보좌관이 2002년 5-6월호 '포린 어피어
스'(Foreign Affairs) 기고문 "Korea's Place in the Axis"에서 주장한
'매파식 관여'(hawkengagement) 정책의 핵심은 "관여(engagement)는
(추후 상대방이 관여를 거부하거나 악용할 경우) 응징(punitive
action)을 위한 토대"라는 믿음에 기초한 정책이라는 점이다. '아미티지
보고서'가 주장하듯 "한층 강화된 외교적 해결책이 실패한 원인이 북한
에 있다"는 공감대가 북한을 제외한 관련당사국 사이에 형성되어야만
압박정책을 실행에 옮기기 위한 연대(coalition)형성이 가능해진다.

부시 1기 행정부는 9·11 이후 NSS나 NPR을 통해 선제공격 독트린
이 마치 부시가 처음으로 주장한 새로운 독트린인 것처럼 대내외에 천
명함으로써 북핵문제 해결을 위해 부시 행정부가 선제공격을 심각하게
고려하고 있다는 인상을 야기함과 동시에, 북한 핵개발의 원인이 미국
의 대북 적대정책 때문이라는 북한의 '선전전'에 역이용당하는 결과를
초래했다는 점에서 '매파식 관여' 정책이 제대로 작동되지 않았다.

북한이 6자회담에 참여하면서도 HEU의 존재를 인정하지 않고 핵
폐기를 전제로 최소한의 '핵동결' 조치도 이행하지 않는 가운데 '시간
끌기'(muddling through) 전략으로 일관할 경우 관련당사국들의 '인내
심'이 서서히 고갈되기 시작할 것이며, 그 결과 미국의 대북 압박 강
도가 서서히 높아질 것이다. 이로 인해 북한 또한 돌발행동을 취할 가
능성을 배제할 수 없다. HEU와 플루토늄 핵 폐기를 전제로 한 핵동
결 및 사찰 수용이라는 북한의 전향적 조치 없이는 6자회담의 순항을

기대할 수 없으며, 시간이 흐를수록 미국의 강경한 대북 압박정책이 명분을 얻을 가능성이 크다.

셋째, 부시 2기는 여전히 북한의 인권문제에 대한 지속적 관심을 가질 것이다. 라이스 국무장관은 2005년 1월 18～19일 상원 인준 청문회에서 "확실히 우리들이 살고 있는 세상에 아직도 폭정의 잔존 지역이 있다. 미국은 쿠바, 미얀마, 북한, 이란, 벨로루시, 짐바브웨 등의 핍박받는 국민들의 편에 서 있다"고 언급함으로써 북핵문제와 함께 북한의 인권문제를 어떤 형태로든 다뤄나갈 것임을 시사했다.

힐 당시 주한 미국대사(국무부 동아태담당 차관보)는 2004년 10월 25일 민화협 초청 연설에서 "북핵문제와 더불어 북한인권 문제도 다뤄나가야 한다. 인권문제는 미국만의 문제나 지역적 문제가 아닌 바로 국제적 문제(international affair)다. 북한이 핵을 포기하는 것도 중요하지만 그와 더불어 자신의 국민을 국제규범에 따라 대하는 것 또한 매우 중요하다. 미국이 관심을 갖는 것은 북한정권을 구성하고 있는 사람을 바꾸려는 것이 아니라 행태(behavior)의 변화를 도모하는 것이다"라고 말함으로써 북핵문제와 인권문제를 직접적으로 연계하지는 않더라도 인권문제에 대해 지속적으로 관심을 기울일 것임을 구체적으로 언급했다.

3. 부시 2기의 대한 군사정책 전망

부시 2기에서도 미국은 자유·인권·민주주의를 기치로 내세운 현실주의적 국제주의노선을 견지할 것이다. 여기에는 미국 예외주의와 우선주의(primacy)의 배경 위에서 미국적 가치 및 이념을 전파하고, 세계문제에 대한 미국의 지도력 발휘의 필요성을 강조하며, 세계 평화와 안정을 위해서는 미국의 우세한 힘의 발휘를 요구한다는 입장을 유지하는 것이다. 또한 '힘의 우위'에 바탕을 둔 공세적 현실주의노선을 지속할 것이다. 미국의 대한 군사정책 역시 이와 같은 기조 위에서 수립되고 추진될 것이다.

1) 한·미 동맹과 미·일 동맹의 연계성 강화

부시 2기 내각의 대외정책을 총괄하게 될 라이스 국무장관은 무엇보다도 미국독단의 대외정책을 지양한다는 것을 밝혔다. 동맹국과의 관계복원을 전면에 내세운 라이스 국무장관은 상원 인준 청문회에서 아시아 동맹의 중요성을 부각시켰다. 그는 "미국의 아시아 동맹은 지금보다 더 강력한 적이 없다"면서 "한국, 일본, 호주는 공통의 위협을 억제하고 경제성장의 박차를 가할 핵심 파트너"라고 말했다.

빅터 차 보좌관은 정부에 들어가기 전까지 "통일한국은 주한미군 주둔에 호의적이지 않을 것이며, 그 결과 중국의 영향력을 증대시켜 결국 동북아에서 일본의 정치적 고립으로 이어질 가능성이 크다. 이러한 상황을 방지하기 위해서는 민주주의라는 이념적 가치를 공유하는 한·미·일 3국 간 긴밀한 협력체제를 구축해야 한다"고 주장해 왔다.

빅터 차 보좌관은 그의 저서 《적대적 제휴: 한국, 미국, 일본의 삼각안보체제》(Alignment Despite Antagonism: The United States-Korea-Japan Security Triangle)에서 '유사동맹'(quasi alliance) 모델을 제시했으며, 유사동맹을 "(미국이라는)동맹국을 공유하고 있음에도 불구하고 (한·일)상호 간에는 동맹을 맺고 있지 않은 두 나라 사이의 관계"로 정의하고, 한·미·일이 한·일 간의 안보협력을 강화해 가는 가운데 유사동맹체제를 삼각동맹체제로 발전시켜 나가야 한다고 주장했다.

미ㆍ일 동맹의 '점진적' 강화를 주장하는 그린 선임국장과 한ㆍ미ㆍ
일 삼각협력체제의 필요성을 주장하는 빅터 차 국장의 합류로 인해
부시 2기에서는 미ㆍ일 동맹과 한ㆍ미 동맹의 연계성을 강화하는 방
안이 모색될 것으로 보인다. 이를 바탕으로 한 미국의 한반도 통일대
비도 준비될 것으로 예상된다.

즉 졸릭 국무부 부장관은 주로 1998-2000년 집필한 기고문 등에서
"한국은 통일문제를 지역안보구도 속에서 접근해야 한다. 이를 위해
우선 미국은 한ㆍ미ㆍ일 삼각협력을 강화해야 한다. 이들 3국은 중ㆍ
러와 통일에 관한 대화를 시도해 나가야 한다. 이러한 '다자적 논
의'(multilateral cliscussions)는 북한과의 긴장을 줄일 수 있는 조건을
만들 수 있을 뿐만 아니라 인도주의적 위기나 안보 비상사태가 발생
할 경우 협력적으로 대처할 수 있는 조건을 만들 수 있다"고 강조하
였다. 부시 행정부 1기 동안 USTR로 재직한 관계로 안보문제에 관해
의견을 피력할 기회가 없었으나, 향후 부장관 재직 시 독일통일 경험
에 기초한 한반도 통일문제 접근법에 관해 깊은 관심을 표명할 것으
로 전망된다.

독일통일 과정 시 미 국무장관 특보였던 졸릭 부장관은 먼저 분단
당사국인 동독과 서독이 통일방법에 대해 협의하고 이를 미국, 소련,
프랑스, 영국 등 주변 4강이 추후 승인하는 '2+4방식'을 관철시킨 장
본인이다. 특히 서독과 미국 간의 긴밀한 신뢰를 바탕으로 미국이 직
접 나서서 당사국 주도의 통일방안을 소련, 프랑스, 영국 등이 받아들
이도록 설득하였다.

졸릭 부장관의 지론은 "통일의 기회가 왔을 때 서독은 미국과 협력
함으로써 독일통일에 반대하는 나라들의 안보ㆍ경제ㆍ심리적 우려를
불식시켰고, 동맹국들을 버리지 않으면서 동시에 체코슬로바키아, 폴

란드, 소련 등을 무시하지도 않으면서 주변국들이 상황을 받아들이도 록 해서 평화적이고도 안정적인 통일을 성취할 수 있었다"는 것이다. 따라서 그는 한반도 통일정책이 한·미 간 신뢰를 바탕으로 중국과 러시아를 적대세력으로 돌리지 않는 정책이 되어야 한다고 주장할 가 능성이 크다.

따라서 부시 2기 행정부의 동북아권에 대한 대외정책은 기본적으로 한·미 동맹과 미·일 동맹이라는 양 축을 근간으로 설정한다고 볼 수 있다. 따라서 한·미 동맹과 미·일 동맹의 양 축은 미국 동북아 구도의 축이기 때문에 미국으로서는 이 두 동맹의 유기적 연관과 긴 밀한 유대는 절대적으로 필요하다고 할 수 있다. 그렇기 때문에 한· 미 동맹에 관한 미국의 구상은 미·일 동맹의 보다 큰 구도하에서 구 상되고 또 추진된다고 할 수 있겠다.

2) 한·미 동맹의 변화와 주한미군 재배치

2004년 주한미군 재배치 및 감축에 양국이 합의한 상태이므로 2005 년에는 한·미 동맹의 비전을 창출하는 데 양국 정부 및 전문가들의 협의가 집중될 것이다. 2005년도에는 정부 차원(track - Ⅰ)에서 한·미 양국 외교·국방 실무자들이 기존 '미래 한·미 동맹정책구상'(FOTA) 을 대체하여 구성하기로 한 '한·미 안보정책구상'(SPI), 한국 외교부 와 미국 국무부 간의 차관급 전략대화, 민간 차원(track - Ⅱ)에서 양측 전문가들이 참여하는 한·미 전략대화 등이 유기적 협의를 진행시켜 가는 가운데 양측 간에 한·미 동맹의 비전이 모색될 것으로 보인다.

리처드 롤리스 부차관은 2004년 10월 주한미군 1만 2500명을 2008 년까지 감축 완료하기로 한국 측과 합의한 직후 가진 인터뷰에서 한· 미 동맹의 장기적 비전은 "한국이 어디로 가느냐에 달려 있다. 우리는 통일을 지지한다. 그러나 통일 전에 남북 간 갈등해소 기간이 있을 것이다. 그 과정이 어떻게 전개될지 예측하긴 어렵지만, 우리는 이 문제에 대해 생각해야 하고, 또 그렇게 하고 있다. 통일 전 단계인 갈등해소 단계와 통일이 이루어진 새로운 세계에서 한·미 동맹이 어떻게 변화해 갈 것인가에 대해 논의할 것이다"라고 언급함으로써 향후 SPI에서 한·미 동맹의 모습을 '통일 전'과 '통일 후'로 나누어 협의할 것임을 시사하였다. 이를 바탕으로 부시 2기 행정부가 추진하는 주한미군의 재배치는 다음의 목적을 가진다고 할 수 있다.

가. 동북아 안정관리자 역할 지속

한반도 안보환경에서 미국이 당면한 최대 현안은 북한 핵문제이므로 이 문제를 우선적으로 해결하여 한반도 비핵화를 지속시키고자 외교력을 집중할 것이다. 그러나 북한정권이 현재의 모습으로 남아 있는 한 '북한문제'를 온전하게 풀기 어렵다는 인식이 자리잡고 있어 결국 미국은 북한에 대해 불가침 안전보장은 해 줄 수 있으되, 북한의 체제보장은 북한 스스로가 핵을 완전히 폐기하고 거듭 새로운 국가로 탈바꿈하는 노력을 기울여야만 얻을 수 있을 것임을 강조할 것이다.

제2기 부시 행정부가 향후 4년 동안 한반도 지역에서 지속적으로 추진할 보다 거시적인 목표는 동북아 현상질서를 유지하기 위해 관리자 역할을 지속할 것으로 예상된다. 즉 부시 2기는 한반도 분단상황의 안정적 관리, 대만문제로 인한 양안 간 군사적 긴장 억제, 역내 패권세력의 급작스런 등장 방지 등이 주요 정책목표일 것으로 보인다. 이를 위해 중국과는 대테러 캠페인 동참이라는 명분하에 편의적 협력관계를 지속하면서, 일본·한국과의 동맹 조정 및 강화를 통해 동 지역에 대한 개입 네트워크를 확충할 것이다.

북한의 핵 프로그램 저지, 한반도 및 주변 지역의 안정화라는 상기 두 가지 목표와 병행하여 미국은 한국, 일본에 주둔시켜 놓은 자국 군대에 대한 군사변환을 신속하게 추진할 것으로 예상된다. 이는 민족국가 간 갈등과 같은 기존의 정태적인 안보위협에 더하여 테러, 난민, 환경, 해로안전, 국제범죄 등 새로이 대두되는 다양하고 예측키 어려운 위협 요인에 신속하고 효과적으로 대처 가능한 군사태세를 구축하고자 하는 것으로 이러한 미국의 움직임에 한국, 일본도 적극 부응하여 동맹국 간 상호 군사적 운용성(inter-operability)을 제고시킬 필요성이 제기된다고 하겠다.

나. 주한미군 조정의 가속화

한국정부와 이미 합의한 내용에 의거하여 토지반환, 용산기지 이전, 주한미군 기지의 통폐합 및 감축 재배치 작업을 일정대로 추진할 것이다. 즉 한미합의 결과에 의하면 올해 7월의 제10차 FOTA회의 합의대로 용산기지, 미 2사단, LPP사업과 관련하여 총 5,167만 평을 2008년까지 한국에 반환 완료하고, 한국으로부터는 이전기지용으로 362만 평(평택 349만 평, 포항·대구 13만 평)을 제공받기로 되어 있다. 또한 10월 6일 최종 합의한 대로 미군의 토지반환이 완료되는 시점에 맞추어 12,500명의 미군 감축 일정 역시 매듭지을 것으로 예상된다.

이에 따라 미국은 주한미군의 재배치를 통해 주한미군이 담당해 오던 전방의 10대 군사임무를 한국군에게 이관(2006년 8월까지 완료)하는 것을 필두로 하여 점차 '한국방위의 한국화'를 꾀하고, 주한미군은 동아시아 지역차원의 '안정자' 역할을 담당하는 것으로 주한미군의 역할을 변화시킬 것이다. 이는 빠져나가는 미 지상군 역할을 한국의 육군이 당장 채워나가야 하는 과제를 제기함으로써 현재의 제한된 국방예산과 자산으로서는 미래전략 개념에 부응하는 첨단 해·공군력을 도모해야 하는 한국군의 중장기적 과제가 지연될 수 있음을 뜻한다고 볼 수 있다.

주한미군의 재배치는 주둔군의 경량화, 첨단화, 기동화의 구현을 위해 우선적으로 전방에 포진해 있던 18,000명 병력을 기동타격부대(stryker)로 재편성, 재배치할 것으로 예상되고 있다. 또 당초 약속한 대로 2006년도까지 110억 불을 투자하면서 주한미군의 질적 보강을 꾀할 것이다. 이에 한국은 주한미군의 혁신방향이 (1) 주한 미 지상군의 화력 및 무기시스템 보강, (2) 한국의 정보획득능력 향상 지원, (3) 주한 미 공군, 해군력의 강화 등에 맞춰지도록 주문하여 한국군 자체의 전력강화 작업을 보완적으로 지원할 수 있도록 요청할 필요가 있다.

다. 동맹의 지역화와 포괄화 추진

향후 주한미군의 감축 및 재배치 방향은 한미동맹의 주요 목표가 더 이상 전면전(full scale war)을 염두에 둔 북한위협 관리에 국한되지 않을 것임을 시사하고 있다. 이는 북한의 전면적 남침에 의한 한반도 유사상황은 그 개연성이 줄어들고 있는 대신, 군사시위·국지도발·대남 심리전·대규모 난민발생·북한체제 혼란 등 전쟁 이외의 군사작전(MOOTW: Military Operations Other Than War)에 대한 대비태세가 한층 요구되고 있는 안보환경의 도래를 반영하는 것이다.

나아가 미국은 미래의 한·미 동맹이 지리적으로 뿐 아니라 그 임무영역에 있어 보다 확대된 동맹으로의 발전으로 촉구하고 있다. 즉 한반도에서의 긴장방지 역할을 북한변수에 국한되지 않은 동북아 차원의 구조적 시각에서 조망함으로써 보다 멀리, 보다 넓게 양국 간 군사협력을 꾀해야 한다는 것이다. 현재 단계에서는 이에 대한 한국의 의중을 살피며 주한미군 자신이 우선 그러한 행동의 폭을 확보하는 쪽으로 움직이고 있다고 볼 수 있다.

주한미군의 군사변환을 계기로 양국은 이제 군사영역을 뛰어넘어 정치, 외교, 경제통상, 사회문화 등 전반적 영역에 걸쳐 공감대를 쌓아가는 포괄적 동맹관계를 자처하고 또 추진하고 있다고 할 수 있다. 이는 각 이슈와 상황에 국한하여 이익을 공유하는 단계를 초월하여 세계안보환경을 함께 조망하고 판단할 수 있는 가치와 시야의 공감대 확보를 뜻하는 것이다. 그러나 이 단계로까지의 발전은 한국이 앞으로 미국이 생각하는 동북아 전략관에 얼마나 수렴할 수 있으며, 한·미관계의 발전을 주변 이웃국가들과의 전략적 동반자 관계와 여하히 병행할 것인가의 여부에 달려 있다고 할 수 있다.

Ⅲ. 한국의 군사전략 변화

1. 협력적 자주국방의 등장 배경

노무현 대통령은 자주국방의 필요성을 강조하면서 한국의 안보를 협력적 자주국방으로 규정했다. 이는 자주국방을 강조하는 모든 국가들이 지향하는 목표이자 굳건한 안보정책의 기본 원칙이라고 할 수 있다. 그러나 이 협력적 자주국방이 기존의 자주국방과 다른 점은 일방적인 방위력 증강정책이 아니라는 점이다. 즉 과거 1970년대 이후의 방위력 증강정책이 한·미 동맹을 바탕으로 한 연합작전체제, 주한미군의 역할을 유지한 채 한국 군대의 현대화 및 군사력 증강을 달성하려 한 것이었다. 그러나 협력적 자주국방은 한국의 독자적인 방위력을 증강함으로써 유사시 주한미군의 철수로 인한 군사적 공백을 메운다는 것이다. 즉 협력적 자주국방은 자주국방을 추진하면서 동시에 한·미 동맹의 변화를 고려한다는 점에서 이전의 자주국방과는 확연한 차이를 가지고 있다. 협력적 자주국방의 등장 배경은 다음과 같다고 할 수 있다.

오늘날 세계는 과학기술의 발달에 따라 경제·사회적으로 커다란 발전을 이루어 가고 있으며, 자유와 인권 등 보편적 가치에 기초한 정치체제가 확대되어 가고 있다. 그러나 냉전의 종식에 따른 세계질서의 근본적 재편에도 불구하고 불안정성은 오히려 증대되어 왔다. 국가 간 전통적인 위협뿐만 아니라 국제테러, 대량살상무기(WMD) 확산 등 새로운 안보 문제들이 국가와 국민의 안전을 위협하고 있다.[299]

---

299) 이하는 국가안전보장회의(NSC), 『평화번영과 국가안보』, 국가안전보장
   회의, 2004. 3, p.11-17.

특히 국제사회는 9·11 테러를 계기로 또 한 번의 큰 변화를 겪고 있다. 미국은 대테러전을 전개하는 한편, 대량살상무기 확산방지, 안보구상 등 새로운 국제안보체제의 형성을 주도하고 있다. 아프가니스탄과 이라크 전쟁은 많은 문제점을 수반하면서도 미국이 주장하는 대테러전쟁이라는 명분에 수긍되고 있는 실정이다. 다소의 반발이 있음에도 세계 평화라는 큰 구상에 있어서는 중국, 러시아, 유럽연합 국가들도 이러한 국제적 추세에 동조하고 있어 미국을 중심으로 한 세계질서는 앞으로도 지속될 것으로 보인다.

또한 오늘날에는 경제·에너지·환경·보건 등 비군사적 영역의 안보문제가 새롭게 부각되고 있다. 이러한 문제는 국제적인 규모로 발생하고 전 세계적으로 급속히 확산되는 특징을 보이고 있어 국제적인 공동대처와 아울러 국내적으로도 광범위한 영역에서 종합적인 대처가 요구되고 있다. 따라서 새로운 위협과 갈등 요인을 극복하고 평화와 안정을 확보하기 위해서는 제반 분야에서의 안보역량 강화와 더불어 국제기구와 지역별 다자안보대화를 통한 범세계적인 공동노력이 절실히 필요하다. 노무현 정부에서 주장하는 협력적 자주국방 역시 '협력적'이란 표현에서 알 수 있듯이 안보문제를 주변 국가들과의 우호적이고 협력적인 관계 속에서 이룩하려는 뜻을 담고 있는 것이다.

세계화와 정보화의 심화 역시 오늘날 국제정세의 중요한 특징이다. 세계화는 세계경제의 성장과 국제협력 증대 등 긍정적인 측면과 국가간 불평등의 심화와 같은 부정적 측면을 동시에 내포하고 있다. 특히 세계화로 인한 세계시장의 확대로 과학기술·자본·정보를 풍부하게 소유하고 있는 국가는 발전과 번영의 기회를 갖게 될 것이나, 경쟁력을 갖지 못한 나라는 그러한 기회가 제한되면서 대외의존도가 심화되어 안보적 취약성으로 연결될 가능성이 크다.

한편 동북아와 한반도에도 희망과 불안이 교차하고 있다. 동북아 지역에서는 국가 간 상호 투자와 교역이 꾸준히 증가하고 있으며, 최근에는 교역의 자유화도 활발하게 추진되고 있다. 아세안, 아세안지역안보포럼, 아시아·태평양경제협력체 등 기존의 협력기구를 중심으로 경제협력뿐만 아니라 안보협력도 강화되는 추세다.

그러나 이러한 협력관계의 발전에도 불구하고 동북아에는 여전히 불안정한 안보 요인이 상존하고 있다. 특히 한반도 주변 4국의 국력변화와 상호 관계의 유동성은 동북아 평화와 안정에 영향을 미치고 있다. 또한 6자회담을 매개로 대화를 통한 북한 핵문제의 평화적 해결이 모색되고 있으나, 가시적 성과를 도출하지 못할 경우 상황이 악화될 가능성도 있다. 따라서 동북아의 정세변화는 북한 핵문제의 해결방향에 따라 안정성과 불안정성이 크게 갈라질 전망이다.

한반도에서는 남북한의 군사적 대치가 지속되는 가운데 다양한 남북대화가 진행되고 철도·도로연결, 개성공단 건설, 금강산 관광 등 3대 경협사업을 통해 화해협력 기조가 유지되고 있다. 북한은 선군정치를 앞세워 체제안정에 주력하면서도 경제개혁, 대외개발 등을 통한 부분적 변화를 모색하고 있다.

전반적으로 볼 때 동북아 정세는 단기적으로 북한 핵문제, 미·중·일 상호 관계의 변화에 따라 불안정성이 고조될 수 있으나, 장기적으로는 역내 국가 간 경제협력과 다자안보대화가 진전을 이루어 평화와 번영의 기회가 확대될 것으로 전망된다.

그러나 우리는 북한의 군사적 위협이라는 전통적 위협에 여전히 처해 있음을 간과할 수 없는 상황이 지속되고 있다. 북한은 장기간의 경제 침체에도 불구하고 방대한 재래식 군사력을 유지하고 있으며, 핵·미사일·화생무기 등 대량살상무기를 개발하면서 전력을 증강하고 있어 여전히 우리 안보에 직접적인 위협이 되고 있다. 일부 국민들 중에 남북한 간의 경제력 차이를 곧바로 군사적 능력으로까지 확대 해석하는 경향이 있는데, 정부 재정대비 국방비 비율이나 실질 구매지수 등을 감안할 때 북한의 군사비 지출은 결코 적다고 볼 수가 없으며, 재래식 무기만으로도 전술적 상황에 따라 얼마든지 우리를 위협할 수 있음을 상기해야 한다.

더욱이 평양은 휴전선으로부터 약 150㎞ 정도 떨어져 있어서 한국군이 보유한 각종 포나 미사일로부터 안전지대에 있다고 할 수 있으나 서울은 휴전선에서 약 40㎞ 정도에 불과하기 때문에 북한의 방사포나 장사정포에 의한 위협에 그대로 노출되어 있다고 볼 수 있다. 포는 미사일과는 달리 한번 발사하면 요격을 하거나 방어할 수가 없기 때문에 북한으로서는 서울뿐만이 아니라 수도권 인구 2천만 명을 언제든지 위협할 수 있는 인질로서 이용할 수 있다고 볼 수 있다. 이는 북한의 주요 군부대의 휴전선 전진배치 등을 통해서도 북한의 의도와 역량을 엿볼 수가 있다.

또한 북한의 무기는 낙후되고 오래되어서 가동조차 불가능하다는 인식과 목소리가 나오고는 있으나 남북한 간의 군사력 규모는 수치상 2배 이상의 차이를 보이고 있으며, 한국은 첨단무기의 절대적 부족과 전략장비 사업의 연기로 인해 독자적인 전쟁억제력을 발휘하기에는 어려운 현실이다.

뿐만 아니라 북한의 군사력은 전쟁지속능력이 떨어지기는 하지만, 속도에 의한 기동전과 수많은 무기를 바탕으로 한 화력전에서는 상당히 뛰어난 능력을 보유하고 있으며, 이러한 능력을 바탕으로 기습남침과 비정규전을 통한 전술적 계획은 한국의 전쟁지속능력과 방어능력을 일시에 마비시킬 수 있는 능력으로 작용한다.

북한은 남북한의 경제력 차이로 인한 신무기사업이 난관에 봉착하자 이를 극복하기 위해 대량살상무기개발에 박차를 가하고 있다. 이는 일본이나 중국 등 인접국을 겨냥한 무기가 아니라 한국에게 투사하기 위한 수단임을 알아야 한다. 최근 북한은 사정거리 3,000~4,000㎞에 이르는 신형 중거리 탄도미사일(IRBM: Intermediate Rang Ballistic Missile) 지하기지를 건설[300]하고 있는 것으로 알려져 있으며 심각한 경제난에도 불구하고 핵무기와 화학, 생물무기의 개발에도 많은 노력을 기울이고 있다.

이러한 대량살상 무기들은 미사일뿐만 아니라 화포에 의한 투발도 가능하기 때문에 유사시 수도권 시민들의 엄청난 인명피해를 벗어날 수가 없을 것이다. 1995년 일본의 옴진리교의 지하철 사린가스 사건으로 11명이 숨지고 5천5백 명이 부상당한 사건을 본다면 세계에서 3번째로 많은 화학무기를 보유한 북한의 위협은 결코 적다고 할 수는 없을 것이다.[301]

그러나 무엇보다도 심각한 북한의 위협은 핵개발에 있다. 핵개발은 우리의 최대 안보위협일 뿐만 아니라 동북아 지역의 평화와 안정을 저해하고 있다. 따라서 최근 벌어지고 있는 북한 핵문제의 평화적 해결과 남북한 신뢰구축은 한반도와 동북아의 평화·안정의 실현에 결정적 기회로 작용하게 될 것이다.

이 같은 북한의 위협과 함께 한반도는 미국의 세계전략 변화와 이에 따른 주한미군의 재조정이라는 새로운 안보상황에 능동적으로 대응할 필요가 생겼다. 특히 한·미 동맹을 미래지향적으로 발전시켜 나가는

---

300) "4000㎞ 신형미사일 북, 2곳에 실전배치",『조선일보』, 2004년 5월 4일자.
301) 이승현, "국방예산 확보의 쟁범과 정책적 함의", 국방대학교 안보문제
    연구소,『협력적 자주국방과 적정 국방비』, 2004년도 국방비 세미나.
    2004. 6, pp.2-4.

한편, 미국과의 긴밀한 협력 아래 주한미군의 재조정을 한국 방위에서 우리 군이 주도적 역할을 담당하는 자주국방의 계기로 삼아야 할 필요성이 그 어느 때보다도 높게 요구되는 시점이라고 할 수 있겠다.

미국의 전략변화는 어제 오늘의 일은 아니다. 미국은 이미 지난 91년에 있었던 걸프전에서 첨단기술전쟁의 효과를 인식한 이후, 복합시스템(System of systems)에 의한 전력증대 아이디어 등을 바탕으로 냉전체제 이후 미국주도의 세계질서를 구축하기 위해 노력해 왔다. 그 수단으로 군사기술 혁신(RMA: Revolution in Military Affairs)이 대두되었으며, 이 과정에서 광범위한 지역에서 발생하는 분쟁에 대한 해결능력 증진을 위해 '신속한 전개능력(Deployable)', '기민한 작전 전환능력(Agile)', '구조 및 편성 측면의 융통성(Versatile)', '생존성의 향상(Survivable)' 등을 모색해 왔다.[302]

그러나 2001년 9·11 테러라는 미증유의 사건은, 기존의 군사혁신 기조에 다양한 형태의 위협에 대처할 수 있는 전력의 실질적 변환(Military Transformation)을 필요로 하게 되었다. 이에 따라서 상술한 바의 군사력의 첨단화 과정에 있던 미국은, 그간의 전진배치를 통해 갖추고 있던 반응력(Responsible)의 유지를 기술적으로 보완하면서, 보다 다양한 위협에 대처할 수 있을 뿐 아니라 생존성 또한 높일 수 있는 전략적 융통성을 추구하고 전력의 효율적 운영을 시도하게 되었다. 이와 같은 구상과 실질적인 조치들은 결국 세계 도처에 주둔하고 있는 미군의 배치에 영향을 주게 되었고 이에 따라 한반도 내 주한미군의 재배치에도 주된 영향 요인으로 작용하게 되었다.

---

302) 노훈, "협력적 자주국방과 국방개혁", 통일연구원·국방대학교 안보문제연구소 공동 안보학술회의, 『한반도 안보정세 변화와 협력적 자주국방』, 2004. 5, pp.156-157.

또한 한반도 주변의 군사적 팽창주의에 대한 대비 역시 우리의 몫이다. 일본의 재무장303)과 중국의 군사대국화304)가 그것인데 여하히 적절한 대처를 하느냐가 곧바로 우리 민족의 생존과 직결되는 상황이 될 것이다. 이처럼 지역 내 국가 간 상호 관계의 유동성은 우리가 직면한 심각한 안보문제라고 할 수 있다. 즉 미·중, 중·일 등 역내 국가 간

303) 지난 2003년 6월 6일 일본국회에서는 전쟁대비법인 유사법제를 90%의 압도적 다수로 가결시키면서 순수 본토방어를 위한 군사력건설이 아닌 타국을 공격할 수 있는 법적인 제도를 마련하였고, 지속적인 방위비 증액을 통해 2004년도에는 총 방위비를 4조 9,600억 엔으로 책정하기도 하였다. 군사무기에서도 세계 최정상급의 이지스 구축함인 '콩고'급 4척을 비롯하여 추가로 4척을 취역시킬 예정이며, 최신형 디젤 잠수함을 1년에 한 척씩 교체 중이며, 200여 대에 달하는 F-15J전투기와 일본이 자체적으로 제작한 F-2전폭기, 3세대 급의 90식 전차 등 엄청난 방위비를 바탕으로 세계에서 최정상급의 무기체계를 보유한 채 자위만 가능토록 규정하고 있는 헌법의 유권해석변화를 통해 공격적인 군대를 보유할 수 있는 발판을 만들어가고 있다. 이승현, 앞의 논문, pp.4-5.

304) 중국은 경제의 초고속성장을 바탕으로 전군의 현대화를 추진 중에 있다. 비대한 군사조직을 줄이기 위해 최대 100만 명가량의 군인 수를 줄이면서 현대적이고 기술적인 군대로 탈바꿈을 하고 있는 실정이다. 국방비 부분에서도 2002년도 중국의 공식 국방비는 484억 US$에 이르고 있으며, 이는 우리나라보다 3배 가까이 많은 금액으로, 중국의 화폐 가치를 생각해 보면 그 차이는 더욱 크다고 할 수 있다. 중국의 전력은 한반도를 공격할 수 있는 대륙 간 탄도미사일을 보유하고 있으며, 최근 F-16급 전투기인 J-10전투기를 자체 생산 중에 있다. 중국의 정책적 위협에 대해 살펴보면, 중국은 연근해 적극 방어전략에 기초하여 2015년까지 일본 규슈부터 필리핀 서쪽 해안을 포함한 해상지배권을 확보하기 위해 제1도련선이라는 계획을 설립하여 이 계획을 위해 필요할 경우에는 무력사용도 배제하지 않고 있다. 특히, 제1도련선이 확보된 이후 진행될 제2도련선은 동아시아 국가들이 태평양으로 진출하기 위한 해상권 전체를 포함하고 있다. 중국 인민해방 해군은 1998년부터 '3단계 해군전력증강 방안'을 설립하여 1단계는 이미 마무리가 되었고, 현재는 2단계인 2001~2020년도 계획 중이며 특히, 주력 전력증강 사업은 2008년도에 마무리할 계획이다. 위의 논문, p.5.

긴장과 군비경쟁은 안보비용을 증대시킬 뿐만 아니라 동북아 협력의 걸림돌로 작용할 가능성이 높다. 따라서 한국은 역내 다자안보협력의 강화를 통해 동북아 평화·번영을 실현하고 그 과정에서 우리의 역할을 확대하는 기회를 만들어 나가야 한다. 따라서 그 어느 때보다도 주변 국가들과의 상호 협력과 이해가 수반된 안보관이 필요해졌다.

2. 협력적 자주국방의 안보정책

참여정부의 자주국방에 대한 정책적 의지의 공식표명은 노무현 대통령이 2003년 독립기념관에서 행한 8·15 경축사를 통해서 최초로 이루어졌다. 즉 노무현 대통령은 경축사에서 "자주독립 국가는 스스로의 국방력으로 나라를 지킬 수 있어야 합니다. …… 저는 저의 임기 동안, 앞으로 10년 이내 우리 군이 자주국방의 역량을 갖출 수 있는 토대를 마련하고자 합니다"라고 천명함으로써 자주국방의 의지를 분명히 한 것이다.

이러한 노 대통령의 자주국방에 대한 의지표명을 놓고 세간에서는 찬반 양쪽으로 서로 다른 반응이 나왔었다.[305] 한편에서는 독립국가로서의 위신과 정체성을 바로 세우고 안보주권을 회복하려는 대통령의 강력한 의지표현이라고 긍정적으로 평가한 반면, 다른 한편에서는 느닷없는 자주국방론으로 인해 미군의 조기 철수가 이루어져서 안보상 공백을 야기할 수도 있고, 전력증강을 위한 과다한 국방비 지출로 인한 경제파탄의 위험성이 있다고 부정적 평가를 하기도 했다.

그런데 자주국방을 최초로 공식화한 8·15 경축사에서 노 대통령이 직접적으로 "협력적"이라는 표현을 사용하지 않았지만, 이미 그때도

---

305) "노대통령 '8·15 경축사'로 촉발된 쟁점 이슈", 『월간중앙』, 2003년 11월호.

벌써 자주국방과 한미동맹이 결코 서로 모순된 것이 아니라 "상호 보완의 관계"이며, "자주국방을 하더라도 한미동맹관계는 더욱 단단하게" 다져나갈 것임을 명백히 밝히고 있었다. 이러한 자주국방 추진에 대한 정책적 의지는 작년 10월 1일 노 대통령의 국군의 날 치사에서도 다시 한번 강조되었는데, 노 대통령은 자주국방과 함께 "공고한 한미동맹을 기본 축으로 주변국과의 안보협력을 한층 더 강화해야 한다"는 점을 지적하고 있다.

　그러나 이러한 자주국방과 한미동맹의 병행추진에 대한 노 대통령의 명시적 언급에도 불구하고 여전히 "자주국방은 곧 반미 혹은 주한미군 철수"라는 등식으로 개념을 서로 혼동하는 이들이 상당수 있었다. 사실 이러한 의혹 혹은 오해에 대한 일부 책임은 노 대통령 스스로에게도 있다고 봐야 할 것이다. 특히 "미국의 안보전략이 바뀔 때마다 우리의 국방정책이 흔들리고 국론이 소용돌이치는 혼란을 반복해서는 안 된다"라는 노 대통령의 자주국방 제시에 대한 배경설명은 한미동맹에 대한 새로운 시각이 엿보이는 대목으로 충분히 주한미군의 철수를 전제로 하고 있다는 주장이 제기될 법하다.

　여기에 30여 년 전 주한미군 철수에 자극을 받아 자주국방을 최초로 표방하고 추진한 박정희 전 대통령의 자주국방개념이 "우리 단독의 힘에 의한 한반도 방위"로 이해되어, 자주국방하면 곧바로 대미의존 탈피나 주한미군 철수를 의미하는 것으로 오해될 수 있는 소지가 높았다고 할 수 있다. 또한 북한이 흔히 주한미군 철수를 위한 구호로, "외세에 의존하지 않고, 외세의 간섭을 받지 않는 상태"를 "자주"로 규정하는 것도 개념상 혼란을 초래한 또 다른 원인이라고 할 수 있겠다.

　이러한 개념적 혼란과 오해를 불식시키기 위해 참여정부는 마침내 자주국방 앞에 보다 직접적으로 "협력적"이라는 단어를 추가함으로써

한미동맹 유지에 대한 의지를 강조하였고, 이는 정부의 공식적 정책문
건에도 반영되었다. 예컨대, 올해 3월 국가안전보장회의가 출간한 『평
화번영과 국가안보』에 따르면, 노무현 대통령의 참여정부는 국익증진
과 안보확립을 위한 국가안보목표로 "한반도의 평화와 안정", "남북한
과 동북아의 공동번영", "국민생활의 안전확보" 등 3가지를 설정하고,
이를 달성하기 위한 국가안보전략의 기조로 4가지를 제시하고 있다.

첫째, 평화번영정책 추진, 둘째, 균형적 실용외교 추구, 셋째, 협력적
자주국방 추진, 넷째, 포괄안보 지향이 그것인데 그중 "협력적 자주국
방의 추진"은 전통적으로, 자주국방은 스스로의 힘으로 국방을 담당하
려는 노력으로 이해되어 왔다. 그러나 오늘날 독자적 국방만으로 국가
의 생존과 국민의 안전을 완전히 보장하기는 불가능하며 동맹국과 우
방의 협력이 매우 중요하다.

참여정부는 한반도의 평화와 안정의 기반이 되는 확고한 안보태세
의 확립을 위해 한·미 동맹과 자주국방의 병행 발전을 추구하는 협
력적 자주국방을 추진해 나간다는 것이다. 이는 동맹을 발전시키고 대
외안보협력을 능동적으로 활용하면서 북한의 전쟁도발을 억제하고, 도
발 시 이를 격퇴하는 데에 우리가 주도적인 역할을 수행할 수 있는
능력과 체제를 구비한다는 것이다.[306]

협력적 자주국방은 국가의 생존과 국민의 안전을 보장하는 데 있어
독자적인 힘에만 의존하는 국방이 아니라, 동맹국과 우방의 협력을 능
동적으로 활용한 국방이어야 한다는 전제하에 "한미동맹과 자주국방
의 병행발전"을 통해 북한의 도발을 억제하고 유사시 도발을 격퇴할
수 있는 능력과 체제를 구비하는 것을 분명히 못 박고 있다.

또한 국방부 정책서인 『자주국방과 우리의 안보』에서도 협력적 자

---

306) 국가안전보장회의, 앞의 책, pp.26-27.

주국방이란 우리 단독의 군사력만으로 국방을 담당하는 배타적 의미의 "절대적, 완전무결형" 자주국방은 불가능하며, "한국이 처한 지정학적 환경 속에서 안보의 주체적 당사자가 되고자 하는 국가의지 구현의 일환으로서, 자위적 방위역량의 기반 위에, 한·미 동맹 및 대주변국 안보협력을 보완적으로 병용하여 안보목표를 달성하고자 하는 것"이라고 강조하고 있다.[307]

다시 말해, 협력적 자주국방은 "배타적 단독국방"이나 동맹의 탈피를 의미하는 것이 아니라 우리의 신장된 국력에 상응하는 전략개념과 자위역량의 강화를 일컫는 것이라고 할 수 있다. 이는 "국가안보를 위해 우리 의지에 따라 주도적으로" 동맹관계를 유지 및 관리하겠다는 의지의 표명이며, 그러한 시각에서 보면 "동맹관계 또한 자주국방의 한 요소"로 포함시킬 수 있다는 주장인 것이다.[308]

이러한 주장은 작년 4월 19일 노 대통령의 언급에서 보다 명확해진다고 할 수 있다. 즉 노 대통령은 "주한미군 주둔은 필요성이 있고 또 우리에게 그만한 이익도 있어 적극 찬성하는 입장이다. 그러나 자주국방은 우리 힘으로 다할 수 있어야 하고, 미군 주둔은 우리의 자주국방 위에 하나 더 높은, 더 큰 목적을 위한 것이어야 된다."고 주장하였다. 이는 우리의 국방력은 대북 방어 및 억지를 담당하고, 대신 주한미군은 한 단계 높은 "동북아의 새로운 균형자 역할"에 초점을 맞추어야 한다는 점을 표방한 것이라고 할 수 있다. 따라서 참여정부의 자주국방 주장은 개념상 한미동맹과 배치되는 개념이 아님을 알 수 있다. 참여정부의 안보정책은 이 같은 협력과 자주를 바탕으로 한 군사정책을 의미한다고 할 수 있다.

---

307) 국방부, 『자주국방과 우리의 안보』, p.8, p.13.
308) 위의 책, p.17.

3. 협력적 자주국방의 전력증강 목표

우리 국방의 목표는 '외부의 군사적 위협과 침략으로부터 국가를 보위하고, 평화통일을 뒷받침하며, 지역의 안정과 세계평화에 기여하는 것'이고, '협력적 자주국방'은, 동맹과의 관계나 자주성 제고에 있어 다분히 상대적인 의미를 가지고 있기 때문에, 현실적으로 중요한 것은 국방목표를 추구함에 있어 자주성을 어느 수준까지 함양하느냐 하는 것으로, 즉 '자주화 추구를 통한 국방의 목표'라고 할 수 있다.

과거 박정희 대통령은 자주국방을 강조하면서 '북한의 단독침공에 대해서는 우리도 우리 군 단독으로 방어할 수 있는 국방력을 갖춘다'는 수준을 설정한 바 있었다. 이러한 목표는 당시와 같은 냉전체제하에서는 소련이나 중국의 지원이 있는 침공에 대해서는 미국과의 군사동맹관계를 활용하되, 그렇지 않은 경우에는 우리 단독으로 침공에 대응한다는 기본구도를 제시한 것이라 할 수 있다. 이는 자주국방의 추구목표를 '북한의 단독침공'이라는 대상에 한정시킴으로써 그 시점에서는 나름대로 상황의 변화에 따라 유연성을 가진 '협력적 자주국방'의 의미를 가지고 있었음을 뜻한다.

물론 이러한 목표는 그 유연성과 포괄성으로 인하여 오늘날에도 무리 없이 적용될 수 있다. 그러나 우리의 자주국방이 현시점에서 새로운 목표를 설정함에 있어서는 기본적으로 미국의 전략변화에 안정적으로 대처하는 데 초점을 맞추고 있다는 점이 우선 고려되어야 할 것이다. 이와 함께 염두에 두어야 할 것은 그간 추진해 왔던 자주국방이 그 목표달성시점의 막연함으로 인하여 상황의 변화에 따른 강조의 정도에 있어 기복이 심했다는 점이며, 그 여파로 아직까지도 우리의 자주국방 역량이 미국의 전략변화에 민감한 상황이 지속되고 있다는 점이다.

이런 몇 가지 변화 요인을 참고로 하여 이번에는 목표달성시점을 보다 한시적으로 설정해야 할 것이며, 그 목표 시점 이후에는 적어도 최소한의 안정성을 확보해야 한다는 점을 고려해야 한다. 아울러 현실적으로는 북한의 경우 유사시 대량살상 무기의 사용 가능성 등 과거와는 다른 능력을 가지고 있다는 점과 그리고 국제적인 상호 의존성 심화로 인하여 현대적 의미의 자주국방이 비록 한정된 영역일지라도 독자성이 강조되기보다 외부의 영향력을 최소화시키는 쪽에 무게를 둔다는 점 또한 목표설정의 고려사항이 될 것이다.

이런 제반 사항을 고려하여, 보다 합리적인 다음 단계의 자주국방 목표를 설정한다면 '미국의 직접적 지원이 제한되는 경우에도 우리의 국방력을 중심으로 북한의 침공을 억제'함 정도의 수준이 바람직할 것이다. 이는 상황의 변화와 더불어 적절한 필요성이 요구되는 단계에서는 '북한'이라는 대상을 '외부'로 대체함으로써 유동적인 국제정세에 유연성 있게 대처하고, 나아가 장기적인 안보상황에 대해서도 보다 포괄적으로 활용될 수 있을 것이며, 궁극적으로는 외국과의 군사적 협력관계 변화에 대해 안정적으로 국방목표를 달성하는 것으로 확대 발전시킬 수도 있을 것이다. 이러한 설정은 1970년대의 자주국방 목표와 비교할 때, 추구하는 억제의 형태가 공세적 능력을 통한 보복적 억제보다는 유사시 방어의 충분성 확보를 기반으로 하는 경제적 형태의 억제를 추구하는 것이므로 기본적으로는 다를 것이 없다. 다만 현실적으로 국제협력이 점차 강조되고 있는 시대적 상황에 맞추어 무리하게 독자성만을 강조하지 않는다는 점에서 차이가 있다고 하겠다.[309]

협력적 자주국방의 목표는 그 정책의 추진방향을 자세히 들여다보면 보다 명확해진다. 국방부는 자주국방을 추진함에 있어 3가지 주안점을

---

309) 노훈, "협력적 자주국방과 국방개혁", 앞의 논문, pp.163 - 165.

내세우고 있는데, 그 첫째는 대북 억제력을 완비하기 위한 "전력증강"
이다. 북한으로부터의 현존 위협에 대한 억제력을 최단 기간 내에 완전
히 구비한 후, 장기적으로 "방위충분성 개념"에 입각, 미래의 잠재적
위협에 대비한 최소 적정수준의 첨단전력을 확보한다는 것이다.

이를 위해 분야별 전력증강 노력을 살펴보면, 우선 정찰위성과 조기
경보통제기 등의 구입을 통한 전략적 감시 및 조기경보 능력을 확보
하고, 위성통신망을 통한 실시간 전장관리체계 구축을 도모할 것이라
고 한다. 또한 지상전력 부문에서는 미래형 전차와 다목적 헬기 등의
개발을 통해 기동성과 타격능력을 구비한 첨단전력을 갖추고, 개량된
지대지 유도무기 등을 도입하여 주요 종심표적 타격능력을 확보하는
것으로 해석할 수 있다. 즉 이를 위해 해상전력 측면에서는 보다 향상
된 전투함으로 무장하여 다양한 위협에 대응 가능한 기동함대 전력을
확보함과 동시에, 전략적인 운용이 가능한 잠수함전력의 구비를 추진
하고, 공중전력 면에서는 차세대전투기의 도입을 통한 원거리작전 수
행이 가능한 항공전력 구비와 원거리 정밀유도무기의 개발/도입을 추
진할 계획을 가지고 있다. 아울러 대량살상무기와 항공기에 대응하는
다층 대공방어체계 구축과 화생방 공격에 대비한 개인 및 부대방호
능력을 구비하는 것을 표방하고 있다.[310]

자주국방의 두 번째 주된 추진방향으로 국방부는 "국방개혁"을 꼽고
있다. 자주국방력의 강화모색이 단순히 기존 전력의 양적·질적 증대에
만 치중하는 것이 아니라, 군 조직과 운영체계의 효율성과 능률성 극대
화를 동시에 병행 추구함으로써 국방시스템 전체를 한 차원 업그레이드
해 나가겠다는 것이다. 이는 군사혁신을 통한 작전수행 능력의 강화와
전력구조의 현대화가 주축으로 이루게 될 것이다. 직업군인의 가치관

---

310) 국방부, 앞의 책, pp.30 – 31.

재정립과 건전한 군대문화 조성 등을 위한 정신개혁을 추진하여 새로운 병영환경 및 병영문화 창달에 힘쓰고, 각종 군내 인사, 사업, 자원관리 등에 있어 투명성과 효율성을 높이고 국방조직의 문민화 기반을 확대하는 국방제도의 개혁도 아울러 추진하는 계획을 세우고 있다.[311]

자주국방의 세 번째 주안점으로 국방부는 동맹의 발전을 강조하고 있다. 이는 장기적으로 한반도 방위에 있어 한미 간의 군사적 역할분담에 변화를 시도한다는 것이다. 이것은 한국의 군사역량의 성장 정도에 따라 한·미 연합지휘체제의 성격과 내용을 점진적으로 개선하겠다는 의지의 표현이다. 물론 지난 50여 년 동안 한반도에서 전쟁을 억제하는 데 결정적인 역할을 해 온 것이 한·미 양국의 확고한 연합방위체제였다는 인식을 바탕으로 하되, 향후 안보환경의 변화추세, 한·미 간 공동연구의 결과, 우리 군의 능력 향상 정도 등을 종합적으로 판단하여 한·미 연합지휘체제의 미래지향적 발전을 모색할 것이다.[312] 여기서 또 한번 자주국방과 한·미 동맹 간의 상호 보완적 관계가 다시 확인되는 대목이라고 할 수 있다.

요컨대, 참여정부가 추진하고 있는 협력적 자주국방은 우리 한국군의 자위적 방위능력 향상을 목표로 하고 있지만, 한·미 동맹을 물론 주변국들과의 안보협력의 중요성도 아울러 충분히 고려하고 있다고 할 수 있다. 즉 "대외적인 전략환경 변화에 능동적으로 대처해 나가기 위해서는 공고한 한·미 동맹관계의 기반 위에, 우리의 신장된 국력에 부합되게 자주국방의 역량을 강화해 나가야 함"을 의미한다.[313]

---

311) 위의 책, pp.32-34.
312) 위의 책, p.36.
313) 위의 책, p.7.

4. 협력적 자주국방의 안보적 과제

협력적 자주국방의 완성을 위해서는 수많은 난관을 극복해야 한다. 우선 우리 군 지휘체계와 국방전력의 상당부분을 차지하고 있는 대미 의존도를 단계적으로 줄여 나가야 한다. 이를 통해 우리는 보다 확실하고 주도적인 자위력과 국방력를 확보하고 군 운용을 이루어야 한다. 이를 위해 군의 획기적인 전력증강과 함께 혁신적이고 효율적인 군 조직의 개편도 추진되어야 한다. 따라서 그에 합당한 국방예산의 확보와 효율적인 편제가 이루어져야 하고 나아가 늘어나는 국방비 부담에 대한 대국민 홍보에도 적극 나서야 한다. 모든 국가 정책이 그렇듯 국민적 공감대의 형성이야말로 가장 중요한 사안이다. 노무현 정부의 협력적 자주국방은 자주와 동맹에 대한 그릇된 이분법적 구분을 탈피하여 동맹과 자위력 강화의 균형을 모색하는 개념이라 할 수 있으나 안보적 함의와 과제는 동맹관리라는 차원과 자주국방력 강화라는 두 차원을 조화롭게 찾는 데 있을 것이다.

1) 한·미 동맹의 과제와 역할

노무현 정부가 의욕적으로 추진 중인 협력적 자주국방은 기본적으로 한·미 동맹을 어떻게 재정립하느냐에 그 성패가 달려 있다고 할 수 있다. 지난 반 세기 동안 한·미 동맹이 거둔 정치·경제·군사·안보적 성공에 관해서는 재론의 여지가 없다. 그러나 한·미 동맹의 견실한 기초와 운영에도 불구하고 동맹의 피로현상과 갈등이 나타나고 있는 현실을 직시해야 한다. 9·11 이후 우리가 세계안보환경 변화의 속도에 적응하지 못하고, 특히 미국의 변화에 대한 준비가 미흡했던 측면이 있다. 한·미 동맹이 여전히 중요하지만 그것이 당연시되던 시대는 지났고 이제는 동맹을 어떻게 관리해야 하는가의 시각에서 보아야 할 필요성이 제기되고 있는 것이다. 한·미 동맹의 관리와 관련해서는 장기적인 동맹의 성격변화와 역할 규정, 주한미군 재배치에 따른 안보공백 보완, 보다 대등한 관계로의 변화를 요구하는 한국 시민사회의 움직임 대처 등이 주요사안이 될 것으로 전망된다.

2000년 남북정상회담 이후 남북한 화해협력 진전과 남북한 교류사업이 확대되면서 북한이 더 이상 우리의 '주적'이 아니라 평화통일의 동반자라는 인식이 우리 사회에 크게 확대되었다. 북한에 대한 위협인식 변화는 궁극적으로 대북 위협에 근거한 한·미 동맹의 존립기반을 약화시키는 요인이 되고 있다. 또한 최근 한국의 젊은 세대를 중심으로 일고 있는 반미감정은 한·미 동맹에 대한 공고한 사회적 지지 유지에 부정적으로 작용하고 있다. 반미감정은 부시 행정부가 9·11 테러 이후 일방주의적 외교정책을 전개하면서 북한에 대해 강경정책으로 대응하면서 한반도에 긴장을 조성하고 남북한 화해협력을 저해한다는 인식과 미군 기지를 둘러싼 사회문제로 인해 한국민의 주권 의식을 자극하는 등 복합적 요인들에 의해 작용하고 있는 것으로 이해된다.

한국민의 반미감정은 민족주의적 정서와 맞물려 한·미 관계에서 동등한 파트너십의 추구 및 대북정책에서 대미 독립성 추구로 표출되고 있는 것이다. 특히 상당수의 한국민은 부시 대통령의 2002년 연두교서에서 북한이 이라크, 이란과 함께 '악의 축' 3대 불량국가로 지목하면서부터 부시 행정부가 선제공격 독트린(Preemptive Strategy)을 북한에도 적용할 가능성이 크며, 북한의 김정일 정권교체를 목표로 한다는 인식을 갖게 되었고 그것이 한반도 안정을 저해할지도 모른다는 우려를 갖고 있다.[314]

---

314) 세종연구소 특별정책브리핑, 『한미안보포럼』, 2004. 3, pp.2-3.

이러한 여러 가지 도전에 직면하여 한·미 동맹의 미래 비전을 어떻게 설정할 것인지에 관한 논의가 제기되고 있다. 한·미 동맹의 미래 발전 방향을 전망하기 위해서는 무엇보다도 한·미 동맹의 중장기 목표 및 역할에 대한 분명한 공감대가 형성되어야 한다. 한·미 동맹의 중장기 목표 및 역할을 정립하기 위해서는 한·미 동맹의 성격에 관한 명확한 이해가 필요하다. 확실히 한·미 동맹은 그동안 북한의 남침을 억제하는 역할을 충실히 수행해 왔으며, 한·미 연합방위체제는 한국군에 유무형적 전력을 보강해 줌으로써 한국의 국방비 절감과 경제발전에 기여해 온 것도 사실이다. 또한 한·미 연합방위체제는 지금까지 정전체제를 안전하게 유지하고 관리해 왔다. 그 덕분에 우리의 눈부신 경제 건설이 가능했음을 아무도 부인할 수는 없다.

이처럼 주한미군은 한·미 상호방위조약을 근거로 주둔하며 한·미 동맹은 북한의 위협 때문에 탄생하였다. 그러나 한·미 상호방위조약은 그동안 많은 효과를 가졌음에도 불구하고 상호방위조약이 체결되었던 50년 전과 지금의 상황 사이에는 많은 차이가 존재하고 있으며 주둔 기간만큼의 부정적 역할도 존재해 왔다. 예를 들면 한·미 동맹은 우리의 지나친 의타심을 키워준 면이 있기에 오히려 우리 군의 자주국방 의지와 발전을 저해한 측면이 있음도 간과할 수 없는 것이다. 나아가 이것은 우리 군의 위기대치 및 관리능력을 제약했으며 대북정책 추진에 있어서도 주도적 역할을 상실하게 한 측면이 있다.

이제 한·미 동맹관계는 재정립의 단계에 들어섰다. 이를 위해 한국과 미국은 동맹유지의 안보를 위한 새로운 공동목표를 분명히 할 필요가 있다. 즉 21세기의 변화하는 안보환경을 감안할 때 한·미 동맹의 목표를 대북 억지 위주에서 포괄적 지역안보목표로 확대하고, 동아시아 다자안보체제를 추구함으로써 한국의 안보 포트폴리오를 다양화

하는 것이 현재로서는 가장 합리적 대안으로 보인다. 현재 남북관계
진전 및 북한의 경제난 등 목표를 대북 억지로 한정할 경우 현실과
목표의 괴리가 발생할 소지가 크다. 그러므로 동맹의 목표를 포괄적
지역안보 이슈에 대응하며 테러, 마약, 해상범죄, 재난구조, 해상통행
확보, 동아시아 세력균형, 역내 돌발사태 등으로 확대하는 것이 바람
직하다.315)

그러나 한·미 동맹의 미래는 우리의 희망대로 이루어지는 것이 아
니다. 그것은 미국의 국제 전략적 구상과 계획의 영향을 받을 것이다.
따라서 거기에 우리의 입장과 희망이 합치하는 방향으로 결정될 수
있도록 노력을 해야 한다는 것이다. 미국이 아시아에서 가지는 전략적
이익은 지역 세련균형, 한반도 및 대만 등지의 돌발사태 대비, 중국
포위 등이며, 한·미 동맹과 미·일 동맹은 이러한 미국의 전략목표를
큰 틀로 삼아 변용되는 과정을 거칠 것으로 예상된다. 한미관계는 북
한의 위협이 사라진다 해도 동북아 평화질서 형성에 중요한 축이 될
것으로 예상된다. 그러므로 협력적 자주국방은 한·미 동맹을 보다 장
기적인 구상하에서 실현 가능한 로드맵을 설정하고 꾸준히 추진되어
야 한다.

이를 위해서는 특히 대내적 안보기반을 확충하는 것이 중요하다. 즉
우리가 생각하는 한·미 동맹의 효용과 동맹지속의 필요성은 어느 정
도인가에 대한 국민적 공감대가 형성되어야 한다는 것이다. 국민들 스
스로가 그동안 한·미 동맹의 역할과 공적을 충분히 인정하고 앞으로
변화하는 국제 정세와 동북아 구도하에서의 한·미 동맹의 역할과 과
제가 명확히 인식될 수 있도록 노력해야 한다.

---

315) 이상현, 앞의 논문 참조.

2) 자주국방력 제고

자주국방은 주도적 대북 억제능력을 우선 확보하기 위해 필요 전력을 건설하고, 이와 더불어 독자적 작전기획 및 군 운용 능력을 확보하는 것이다. 협력적 자주국방은 한·미 동맹을 굳건히 하는 가운데 한국군의 자주적 방위역량을 강화 내지는 증대시키는 것을 의미한다. 따라서 우리는 한·미 동맹을 저해하지 않는 선에서의 독자적인 작전권의 확보야말로 자주국방의 기초라 할 수 있다. 실제로 한·미 군사동맹의 재정립은 양국이 대등한 입장과 관계 속에서 실질적인 상호보완적인 협력 체계를 갖추자는 것이다. 따라서 한·미 양국 간의 내재적인 불평등 요소를 제거할 필요가 있다.

한·미 연합방위체제하에 내재된 구조적 불평등 요소 중 가장 대표적인 것이 한미연합사의 지휘체계와 연합사령관의 전시 작전권 보유 문제이다.316) 협력적 자주국방의 결론 역시 자연스럽게 전시 작전권 환수 문제와 환수 이후 한·미 연합방위체제의 바람직한 발전형태의 모색으로 귀착된다.

현재의 한·미 연합방위체제는 전적으로 미군 위주의 편제를 가지고 있다. 전시 작전권을 행사하는 연합사령관 직책에는 미국의 4성 장군이 보직되고 우리 군은 부사령관의 직책을 맡는다. 또한 제도적 직책은 다르지만 연합사령관을 맡은 미군 장성이 동시에 유엔 사령관, 주한 미 사령관, 그리고 미 합참의장을 대신하여 한·미 군사위원회의 미국 측 대표인 주한미군 선임 장교라는 4개의 공식지위를 모두 겸직

---

316) 김영호, 앞의 논문, pp.108-114. 1994년 "잔략지시 제2호"에 의거해 평시 작전권은 한국군에 이양되었다. 그러나 한미연합사령관의 성공적인 전쟁 수행을 위해 평시부터 보유해야 할 필수적인 권한과 책임이라고 규정한 몇 가지 중요한 임무사항은 계속해서 연합사령관하에 놓여 있다.

하고 있다. 이처럼 불평등한 조직은 이제 재정립되어야 한다는 것이
다. 협력적 자주국방은 한·미 양국의 동등하고 수평적인 관계를 바탕
하고 있다. 따라서 전시 작전권을 비롯한 자위 방어체계 형성을 서두
를 필요가 있다.[317]

그러나 협력적 자주국방의 관건은 우리의 자위력의 획기적인 증강
이 가장 확실한 방법이다. 실제로 우리 군은 자주국방력 제고의 일환
으로 무기체계의 첨단화를 위한 국방투자사업은 건군 이후 꾸준히 계
속되어 왔다. 1949년 건군 직후 우리 군사력은 주로 미국의 군원 장비
를 주축으로 유지되었고, 본격적인 전력증강 사업은 무장공비 청와대
기습사건, 주한미군 철수 주장 등 한반도 안보 위기감이 고조되었던
1970년대 초부터 시작되었다. 전술한 대로 당시에는 자주국방을 위한
군사력 현대화가 시급했기 때문에 국방 8개년 계획 및 국방 5개년 계
획(1차 및 2차 율곡사업)을 통해 모방개발 및 기술도입 생산을 적극
추진하였다.

그 결과 재래식 기본병기는 대부분 국산화하는 데 성공하였다. 이처
럼 1970~80년대의 획득정책은 '무기국산화' 정책으로 특징지을 수 있
다. 그러다가 1990년대에 들어와서는 첨단정밀무기 개발을 위한 핵심
기술 소요가 증대되었으나 모방개발 및 기술도입 생산만으로는 한계
가 있었다. 당시 한국의 대미 무기 도입 의존도는 높았으나 미국이 핵
심기술 이전을 기피함으로써 한국정부는 무기도입선의 다변화를 추진
하게 되었다. 이에 따라 1990년대 획득정책은 기존 국산화정책 기조
위에 유럽 선진국들과의 방산·기술협력을 추구하는 국산화 및 다변

---

317) 이를 위해 김영호는 '평시 자국통제, 유사시 연합군 통제'라는 NATO형
    모델과 완전한 독립관계에서 유사시 공동작전 형태를 취하는 일본의
    '병립적 협력체제'를 대안으로 제시하고 있다. 위의 논문, p.113.

화 정책으로 선회하였다.

첨단무기체계의 중요성은 특히 1991년의 걸프전 이후 국방 당국자들의 큰 관심을 끌고 있다. 걸프전과 코소보전 등 일련의 미래전장 상황을 목격하면서 국방부는 21세기 정보화된 선진형 신국방체제 구축을 목표로 군사혁신과 군정보화에 역량을 집중하고 있다. 이를 위해 1998년 4월 국방부 산하에 장관직속기구로 국방개혁추진위원회가 발족되어 국방개혁 5개년 계획(1998-2003)을 주도적으로 추진하는 임무를 수행해 왔다. 이와 병행하여 각 군도 개혁실무추진위원회를 설치함으로써 국방부와 각 군 간에 연계성 있는 개혁이 이루어지도록 하고 있다.

특히 21세기 정보화시대의 안보환경의 변화와 새로운 전쟁양상에 대비하기 위해 1999년 4월 국방개혁추진위원회 산하에 군사혁신기획단을 창설하였다. 군사혁신기획단이 설정한 군사혁신의 목표는 정보·지식기반의 국방력을 창출하여 21세기의 생존·번영·통일을 보장하고 정보화시대의 국방발전 요구에 부응하는 것이다. 특히 ① 중·장기 국가발전 비전과 계획에 부합된 군사혁신 비전 및 개념 설정, ② 핵심적인 군사혁신 과업 및 과제에 역점을 둔 구현방책 개발, ③ 미래 과학기술 발전추세를 예측하여 시대를 앞서가는 군사기술혁신 추구, ④ 비교우위의 사회적 잠재력을 최대한 활용하여 적은 비용으로 강력한 국방력 창출 등 네 가지 목표에 중점을 두고 추진해 나가고 있다. 군사혁신기획단은 이러한 방향에 기초하여 한국의 안보상황과 국방여건에 맞는 군사혁신의 개념과 방안을 집중 연구하고 있다.[318]

특히 협력적 자주국방의 목표는 전력증강의 방향을 기술 집약적인 첨단과학 정예군 양성을 들고 있다. 21세기는 첨단 기술전쟁의 시대로, 선진 국가들은 사활을 걸고 신기술 개발과 보호에 나서고 있다.

---

318) 국방부, 『국방백서 2000』, 2000, pp.151-152.

또한 세계 각국은 주요 전략기술의 공개와 이전을 극도로 꺼리고 통제하고 있다. 특히 국방력에 관한 한 가장 심한 통제를 하고 있다고 볼 수 있다. 이제 군도 독자적인 과학기술의 개발 없이는 첨단 무기를 확보할 수가 없게 되었다. 따라서 협력적 자주국방은 "과학기술 분야의 육성에 적극 관심을 기울이고 있다. 특히 정보, 원자력, 우주·항공, 에너지 분야 등 국가 안보에 직결되는 전략 기술을 집중 발전시키고, 미래 원천기술 확보 차원에서 관련 기초과학 분야 육성에 두고 있다. 주요 전략 기술의 중점 관리를 위해 국가 안보에 필수적이고 경제·사회적 파급 효과가 큰 전략기술에 대해서는 이의 유출 및 침해를 감시하고 보호할 수 있는 체제를 확립한다."[319]며 첨단 무기의 개발과 육성 및 보호에 집중하겠다는 점을 강조하고 있다.

그러나 이 같은 문제의식과 열의도 그를 수반해 줄 수 있는 경제력과 국민적 합의를 필요로 한다. 따라서 군은 어려운 경제 여건을 감안한 계획을 수립해야 하고 나아가 그것의 효율적 운영에 만전을 기해 국민의 신뢰를 벗어나지 않는 노력을 보여주어야 한다. 그를 위해 첨단 무기 도입과 개발에 대한 투명성이 요구된다. 이를 바탕으로 우리의 안보여건에 대한 대국민 홍보에 진력함으로써 총력 안보체제의 형성에 만전을 기해야 한다.

협력적 자주국방 역시 성공적인 안보정책을 위해 정부의 정책 수립과 추진과정에서의 국민 참여를 확대하고 국익우선의 초당적 협력과 범정부 차원에서의 교육과 홍보체계에 역점을 두어야 할 것이다.

---

319) 국안전보장회의, 앞의 책, p.82.

Ⅳ. 한·미 군사관계 변화에 대한 대응방안

1. 동맹관계 재정립의 계기

한·미 양국은 성숙한 동반자 관계를 위하여 부단히 연구하고 노력할 필요가 있다. 한반도, 동북아, 세계적 차원의 변수를 고려한 변화의 필요성에 관해서는 이미 공감대가 형성되어 있다고 보지만 그러나 동시에 한국의 입장에서는 우리의 전략적 이익을 중심으로 생각하는 실용주의적 입장을 견지해야 한다. 미국이 주한미군을 미국의 세계전략과 대아시아 전략이라는 차원에서 보고 있음은 주지의 사실이다.

특히 부시 2기 행정부에서는 자신들의 대외정책 기조에 따라 우리의 의사와 무관하게 군사정책을 추진할 것이다. 따라서 우리 역시 우리의 국익과 국가전략에 최선의 선택이 되는 방향으로 한·미 관계를 고려해야 한다는 당위론적 전제를 깔고 논의를 시작해야 한다. 그것은 곧 우리의 외교를 순진한 희망이나 확증할 수 없는 선의의 기대보다는 냉철한 현실주의에 입각해서 대미 외교를 추진해야 한다는 것을 의미한다. 한·미 동맹을 재정립하기 위해서는 다음과 같은 전제를 명확히 할 필요가 있다.[320]

첫째, 한·미 동맹관계는 기본적으로 비대칭 동맹관계(asymmetric alliance)라는 사실을 인정해야 한다. 국가의 주권과 생존을 어떤 상황에서도 보장하는 제도적 장치가 결여되어 있는 국제사회에서 안보는 궁극적으로 각국 스스로의 책임이다. 더욱이 21세기에 들어서 세계화

---

[320] 이상현, "한미동맹 50년의 성찰과 한미관계의 미래", 미래전략포럼, 『한미동맹과 주한미군 재배치』 2004. 4, 발표논문 참조.

의 논리가 전 지구적 차원의 화두로 등장했지만 여전히 국방과 안보 문제는 개별국가의 고유 영역으로 치부되고 있다. 다만 주변 국가 혹은 다른 이유로 인해 긴밀한 관계가 형성된 국가 간에는 동맹의 형태로 공동 안보를 유지해 나갈 수는 있을 것이다. 그럼에도 국가는 적대국가로부터의 위협에 대처하여 생존확보를 위해 군사력 등 수단을 모색하고 있다. 따라서 동맹은 자국의 안보를 증진시키는 한 가지 방편일 뿐이다. 그러나 동맹관계는 경우에 따라서는 국가정책 결정상의 자율성에 제한을 가져온다.

이른바 안보와 자율성의 상호 교환성(trade-off)은 특히 한국과 미국처럼 국력에 현저한 차이가 있는 비대칭 동맹관계에서 두드러진다. 비대칭 동맹관계란 약소국이 동맹국으로부터 안보를 확보할 수 있는 수단을 제공받지만 자국의 정책결정에 있어서 자율성을 충분히 주장할 수 없는 관계를 말한다.321) 과거의 비대칭적 한·미 동맹관계는 이제 한국민의 자의식 성숙과 북한에 대한 객관적 우위의 확보를 통해 보다 대칭적 동맹관계를 원하는 국민들의 압력에 직면해 있다. 이러한 국민적 의식 고양은 특히 우리의 경제력이 일정 정도 세계적 수준에 오르면서 생긴 민족적 자부심과 무관치 않다.

국민의 의식을 정치인이 반영한다고 했을 때 노무현 대통령도 대미관계에 있어서 보다 자주적인 외교를 강조한 바 있다. 그러나 한국의 입장에서 현실을 직시해야 하는 이유는 자주적인 외교의 열망이 한·미관계의 본질적인 비대칭성을 상쇄하지는 못한다는 사실이다. 한국은 어떤 기준으로 보더라도 미국과 대칭적인 동맹관계를 설정할 위치에 있

---

321) 장노순, "교환동맹모델의 교환성", 『국제정치논총』, 제36집 1호(1996), pp.79
    -81; James Morrow, "Arms versus Allies: Trade-offs in the Search
    for Security", International Organization, 47(1993). 앞의 글 재인용.

지 못하다. 특히 군사적인 면에 있어서는 더욱 그러하다고 할 수 있다.

그것은 힘의 논리가 지배하는 국제관계의 냉엄한 현실이다. 국제사회는 언제나 힘에 의한 정의가 지배되어 왔음이 역사가 증명하고 있는 것이다. 한·미 관계 역시 국력의 심한격차에서 평등하고 대등한 관계가 가능하다고 보는 것은 국제관계의 현실을 간과한 희망사항일 뿐이다. 그러므로 한국의 대미 외교는 비현실적인 완전한 자주와 평등을 주장할 것이 아니라 비대칭 상황하에서의 자율성 추구라는 현실적 목표로 준거의 수준을 조절해야 할 것이다.

둘째, 동맹 재정립의 목표는 주한미군 철수가 아니라 SOFA 개정을 포함하여 보다 호혜적 관계를 지향하려는 것임을 명백히 한다. 바람직한 동맹관계는 주요 현안에 대해서 서로 협의하고 의견을 조율하는 관계라는 것은 건전한 상식의 문제로 재론의 여지가 없다. 그러나 문제는 현재의 한미동맹관계가 주요 문제, 특히 한국의 생존과 직결될지도 모른 중요한 문제에 있어서 미국이 한국정부와의 사전의견 교환이나 조율의 과정 없이 독단적으로 결정하고 심지어 알려주지도 않는다는 데 있다. 지난 1994년의 북핵 위기 당시 미국은 북한에 대한 무력사용을 구체적으로 입안하는 단계까지 갔었지만 우리 정부는 이에 관해 전혀 통보받은 적이 없는 것으로 알려져 있다. 또한 과거 수십 년간 주한미군 철수 논의가 등장할 때마다 미국은 한국정부에 대해 적절한 시기에 알려준 적이 없었으며, 최근 북핵 위기를 당해서도 사전에 한국과 충분히 상의했다는 증거가 없다.[322]

셋째, 한·미 양국은 주한미군이 한국의 안보에 도움이 될 뿐 아니라 동북아 전체의 전략균형과 안정유지에 도움이 된다는 전략적 가치

---

322) 윤영관, "건강한 한미동맹 위한 제언", 『중앙일보』, 2003년 2월 15일, 30면.

를 인정해야 한다. 통일과정이 진전될수록 한국군은 "작지만 강한군"
으로 변모할 것이다. 그러나 작지만 강한 한국군은 예산제약 때문에
완전하게 자주적이지는 못할 것으로 예상된다.[323] 따라서 미국의 일
정 정도의 도움은 통일 이전은 물론 통일 이후에도 필연적으로 요구
될 것이다.

또한 통일비용은 매우 클 것이 확실하기 때문에 한국경제가 통일의
경제적 충격을 흡수하여 극복하기 위해서는 수년간 부단한 노력이 필
요할 것이다. 한 분석에 의하면 통일비용은 통일 이후 약 10년에 걸쳐
매년 한국 GDP의 약 16-25%를 차지하게 될 전망이다. 이는 독일이
통일 이후 매년 GDP의 10%에 해당하는 비용을 지출한 것에 비교할
때 상당히 높은 수준으로 한국경제에 심각한 부담이 될 것이다.[324]
그러므로 우리의 입장에서는 어느 정도 자율성을 양보하는 대신 미국
의 안보자산을 적극적으로 활용할 필요가 있다. 이것은 우리 대한민국
의 주권에 관한 문제를 넘어서는 보다 고차원적인 차원에서의 문제라
고 할 수 있다.

한반도에 평화체제가 정착되기 전까지 우리 안보태세의 기본자세는
북한의 위협을 상정하지 않을 수 없다는 것이 명백하다. 그런 이유로
한반도 안보체제의 중요한 부분은 한·미 동맹과 주한미군이 담당하고
있는 현실을 직시해야 할 필요가 있다. 때문에 한·미 동맹관계를 굳건
히 유지하는 것이 여전히 중요하다. 그러나 의정부 여중생 사망 사건
이후 전국적인 촛불시위에서 보듯이 국민의 SOFA 개정요구는 반미시
위로 변질되어 한·미 동맹관계의 균열이 우려될 정도로 가시화되었다.

323) Bruce W. Bennett, "미국의 시각에서 바라본 한·미 동맹", 『전략연구』
　　　통권 23호(2001), pp.93-94.
324) "Korean Unification Will Cost Up to $3.6 trillion", *Korea Herald*,
　　　April, 22, 2000. 이상현 앞의 글 재인용.

자주적이고 평등한 한·미 관계를 공개적으로 언급한 노무현 대통령의 입장은 우리 국민이 가지고 있는 감정의 일단을 대변하고 있다는 점에서 바람직하다. 그러나 일국의 대통령으로서 공개적으로 감정을 표현하는 것과 국가의 실리를 따지는 것은 다른 차원의 문제이다. 특히 국방과 안보에 직결되는 문제와 같은 민감한 문제를 다룰 때는 더욱 신중을 기해야 하고 때로는 국가지도자가 함구함으로써 국민의 요구를 타국에 대변하는 것이 좋은 외교 방법일 수도 있다.

한·미 동맹관계가 확실히 예전에 비해 균열의 조짐을 보이고 있고, 건전한 동맹관계 복원이 필요하다는 데는 모두 동의하고 있다. 한·미 동맹 복원 문제의 핵심은 결국 주한미군의 위상과 역할 문제로 귀착되며, 주한미군 문제는 언젠가는 한번 양국 정부 차원에서 진지하게 논의되어야 할 문제이다. 부시 2기 행정부는 공식적으로 주한미군의 재편, 감축론을 거론하고 있다. 지난 반세기 동안 한반도 안보의 근간을 이뤄온 주한미군 재배치 문제는 한·미 동맹이 가장 건강하고 안정된 시기에, 그리고 안보 불안요소가 가장 적을 때 진행되는 것이 바람직하지만 지금의 상황은 여전히 불안과 기대가 혼전하고 있는 상황이다.

오히려 북핵문제로 불거진 위기는 그 파급과 여파가 어디까지 미치게 될지 모르는 불안한 상태로서 주한미군의 역할 및 위상 변경은 양국 정부 차원의 치밀한 연구를 바탕으로 연합전력의 의의와 효과를 훼손시키지 않으면서도 변화하는 한·미 역할 분담의 실태를 반영하는 것이어야 할 것이다. 단기적으로 북한은 아무리 소규모라 할지라도 주한미군의 감축 내지는 재배치를 자기네 정책이 성공하고 있다는 증거로 받아들이고, 그에 근거하여 객관적 상황을 오판할 가능성도 배제할 수 없기 때문에 더욱 신중을 기해야 하는 문제이다. 그러나 분명한 사실은 이번 한·미 군사관계의 변화를 통해 불가피하게 한·미 관계는 새로운 차원에서의 동맹관계를 정립하는 계기로 삼아야 한다는 점이다.

이것은 잠시의 진통을 수반하게 될 것이지만 장기적으로는 반드시 거쳐야 하는 통과의례이다. 문제는 이 통과의례를 슬기롭게 극복해 냄으로써 한·미 양국 모두에 피해가 최소화되고 한편 오히려 양국 모두에게 크게 도움이 되는 방향으로 추진되어야 한다는 것이다.

2. 협력적 자주국방과 한·미 동맹의 과제

협력적 자주국방의 가장 큰 쟁점은 자위력 증강을 한·미 동맹의 구조적 변화와 관련하여 추진한다는 것이다. 이것은 한편으로는 자주국방력을 토대로 하여 한·미 동맹의 문제점을 보완한다는 것을 의미한다.

다른 한편으로는 대내외 요인으로 인해 변화가 불가피한 한·미 동맹을 자위력 증강과 연계하여 추진한다는 것을 의미한다. 협력적 자주국방을 한·미 동맹의 변화와 연계하여 추진할 경우 한·미 동맹의 성격, 주한미군의 재조정, 한·미 연합체제 조정 등이 핵심사항이다.325)

1) 한·미 동맹의 지역적·포괄적 안보협력 지향

냉전시대에 한·미 동맹의 주요 목적이 북한의 위협에 대처하는 것이었다면, 탈냉전시대에는 역내 안정유지와 세력균형이 주요 목표가 되어야 할 것이다. 대북억지를 주목적으로 했던 한·미 동맹체제가 아·태 지역의 평화를 위한 지역안보동맹(regional security alliance)으로 전환하는 것이 필요하다.326) 즉 한·미 동맹은 일본과 중국의 군사대

---

325) 박종철, "협력적 자주국방과 한·미 동맹", 『합참』 25호(2005. 7) 참조.
326) 한·미 지역안보동맹의 구체적 내용 및 한국과 주한미군의 역할분담에

국화를 방지하고 이들 간의 군사적 긴장과 대립이 발생하는 것을 억제하는 역할을 하는 방향으로 추진되어야 한다. 아울러 한·미 협력에 의해 러시아의 군사대국화를 방지하고 동아시아 지역의 영토분쟁이 대규모 분쟁으로 확대될 가능성을 억지해야 할 것이다. 이는 동북아 평화의 중심축의 역할을 한·미 동맹이 추진해야 한다는 것이다.

이와 관련하여 한·미 상호방위조약도 주한미군의 역할감소를 상정하고 지역안보협력을 지향하는 방향으로 부분적으로 개정되어야 할 것이다. 한·미 상호방위조약 가운데 한·미 동맹의 대상, 운용방식, 주한미군의 역할 등에 관한 내용이 개정대상이 되어야 할 것이다.[327]

특히 한·미 동맹의 활동 영역에 대한 해석은 핵심사항이 될 것이다. 이것은 주한미군의 전략적 신축성(strategic flexibility)에 대한 것이다. 미국은 해외 주둔 미군을 특정 지역의 안보를 위한 고정적 억지력으로 상정하던 개념에서 벗어나서 기동성과 신축성을 지닌 신속기동군으로 재편하고 있다. 이런 맥락에서 주한미군도 아·태 지역의 안보를 위해서 신축적으로 운용하는 문제가 검토되고 있다. 그러나 동북아의 안보정세 및 한반도 안보를 중시하는 한국의 입장에서 볼 때, 주한미군의 전략적 신축성은 매우 조심스러운 개념이 아닐 수 없다.

이와 관련하여 한·미 상호방위조약 제3조는 한국과 미국이 상대방에 대한 '태평양에 있어서의 무력공격'에 대응하도록 되어 있다. 이 조항에 근거하여 한·미 안보협력의 범위는 한반도를 넘어서 태평양 지

대해서는 다음을 참조하기 바람. Jonathan D. Pollack and Young Koo Cha, *A New Alliance For The Next Century: The Future of U.S.-Korean Security Cooperation*(Rand Corporation, 1995), pp.30-32. 앞의 글 재인용.

327) 서주석, "21세기 한국의 국익과 한·미안보협력 관계의 조정방향", 『국방논집』, 제33호(1996년 봄), p.135.

역으로 확대될 수 있다고 해석될 수도 있다.[328] 그러나 미·일 신안
보협력의 적용범위와 관련하여 중국이 대만해협의 포함여부에 대해
민감한 반응을 보였던 점을 고려하면, 한·미 동맹의 영역이 태평양
지역으로 확대되는 것에 대해서도 중국은 반대의사를 표명할 것이다.
전략적 신축성에 의해 주한미군이 대만해협에 파견될 경우 전장이 한
반도 지역으로 확대될 가능성이 있다. 따라서 주한미군의 전략적 신축
성이 동북아 지역에 적용되는 것에 대해서 한국은 유보적 입장을 취
하지 않을 수 없다. 특히 한·미 동맹의 활동 영역 확대가 대중국 위
협용이 아니며 아시아·태평양 지역의 안정과 분쟁방지를 위한 것이
라는 점을 중국에게 납득시켜야 할 것이다.

그리고 한·미 상호방위조약의 개정과 함께 이에 수반된 법적·제도
적 장치를 마련하는 것이 필요하다. 우선 한·미 행정협정(SOFA) 및
전시주둔국지원협정(Wartime Host Nation Support, WHNS)도 변화
된 한·미 동맹의 성격에 상응하여 개정되어야 할 것이다. 아울러 지
역분쟁이 발생하였을 경우 한국과 미군은 합동작전을 전개하고 한국은
주한미군에게 일부 기지와 물자, 그리고 전투력을 제공하는 방안이 모
색될 수도 있다. 이를 위해 일본자위대와 주일미군 간 체결된 「획득
및 상호지원협정」(Acquisition and Cross Service Agreement, ACSA
1996. 4. 15)과 유사한 협정이 체결될 수도 있을 것이다.[329]

한편 한·미 동맹은 테러, 대량살상무기, 인간안보, 무기밀매, 환경,
마약 등 새로운 형태의 안보위협에 대해 공동 대응하는 이슈 중심의

---

328) 김성한, 「한반도 평화체제 구축과 주한미군의 역할」(외교안보연구원 정
　　책연구시리즈 98-4, 1998), pp.33-34.
329) 미·일신안보공동선언과 ACSA에 대해서는 다음을 참조하기 바람. 강
　　한구, "「미일 안보공동선언」 이후 일본의 방위논의", 『주간국방논단』,
　　636호(96-22).

안보협력을 지향해야 한다. 한 · 미 동맹은 한반도 및 동북아 지역의
지역적 범주의 안보에 한정되지 않고 세계적 차원에서 보편적 안보위
협에 대응하는 형태로 질적 변화를 모색하는 것이 필요하다.[330]

2) 주한미군의 재조정 및 감축

최근의 전략환경 변화 및 한 · 미 관계의 필요성에 의해 용산기지
이전, 미 2사단 재배치, 10대 군사임무의 한국군으로의 이양, 주한미군
감축 등 주한미군 재조정이 빠르게 진행되고 있다.

주한미군 재배치와 관련하여 우선 용산기지 이전은 2008년까지 완
료될 예정이다. 미 2사단의 재배치는 1단계인 2006년까지 한강 이북
기지의 동두천 · 의정부 지역으로 통합되고, 2단계에는 주력부대가 평
택으로 이전될 전망이다. 2단계 이후 주한미군 기지는 중부권과 남부
권으로 구분될 것으로 예상된다.

그리고 주한미군의 임무 가운데 JSA경비, 후방 지역 제독 작전 등
은 한국군이 인수를 완료하였으며, 2006년까지 신속지뢰설치, 공지사
격장 관리, 주야탐색구조 등 7개 임무가 점진적으로 한국군에게 이양
될 것이다.

한편 주한미군의 감축은 주한미군 규모의 변화와 함께 전략 및 작
전의 변화를 수반한다는 점에서 중요한 의미를 지니고 있다. 1970년대
이후 몇 차례에 걸친 주한미군의 감축은 한 · 미 동맹의 기본 틀을 유
지한 가운데 단순히 규모의 축소만을 목표로 한 것이었다.[331]

---

330) 최강, "한 · 미동맹의 미래동맹 조정방향", 이승철 외, 『21세기 동북아
　　　국제관계와 한국』(서울: 오름, 2004), pp.315 - 316.
331) 주한미군의 철수 역사에 대해서 다음을 참조하기 바람. 김일영, "미국
　　　의 주한미군 정책 변화와 국의 대응: 주한미군에 관한 냉전적 합의의
　　　형성과 이탈, 그리고 새로운 합의의 모색", 한용섭 편, "자주냐 동맹이

그러나 최근 진행되고 있는 주한미군의 감축은 미국의 세계전략 및 작전개념의 변화라는 큰 틀 속에서 진행되고 있다. 2004년 6월 미국이 주한미군 12,500명의 감축안을 제시한 이후 한·미는 군사임무 전환 일정, 주한미군의 전력증강 계획, 미 2사단의 재배치 계획 등과 한국의 협력적 자주국방 방침을 고려하여 감축 시기 및 규모에 대해 협의하였다. 그 결과 2008년 말까지 3단계 감축을 실시하는 것이 합의되었다. 2004년 말까지 미 2사단의 5,000명이 감축되었다. 그리고 2005년까지 5,000명, 2008년까지 2,500명이 감축될 예정이다.[332]

이상과 같은 주한미군의 재배치 및 감축은 한·미 동맹의 성격변화와 관련하여 추진될 것이다. 주한미군의 재배치에 따른 작전 개념의 변화는 한·미 연합체계의 조정과 관련되어 있다. 또한 주한미군의 재배치 및 감축은 필연적으로 한국의 국방력 증강과 전략 및 작전 개념의 변화를 수반한다. 주한미군의 재배치 및 감축은 협력적 자주국방을 구체적 수준에서 현실화시켜야 하는 과제를 제기한다.

3) 한·미 연합체제 조정

협력적 자주국방의 기조하에 한·미 동맹을 조정하는 과정에서 핵심적인 사항의 한 가지는 한·미 연합체제를 조정하는 것이다. 특히 북한은 한국군이 작전통제권을 보유하고 있지 않다는 것을 근거로 남한이 미국의 군사적 속국이며 평화체제 전환의 당사자 자격을 결여하고 있다고 주장해 왔다. 한국군의 작전통제권을 확보하는 것은 한반도 평화체제 전환에 관한 한국의 당사자 자격을 확보하고 대북협상에서 입지를 높이기 위해서도 필요한 조치이다.

냐? 21세기 한국 안보외교의 진로"(서울: 오름, 2004), pp.193-236.
332) 국방부, 『2004 국방백서』(서울: 국방부, 2005), pp.84-96.

한국전쟁 발발 후 한국군의 지휘권은 1950년 7월 14일자로 유엔군 사령부에 이양되었으며, 지휘권은 1954년 11월 17일 한·미 합의의사록에 의해 작전통재권(operational control)으로 축소되었다. 이에 따라 1978년까지 유엔군사령관이 한국군과 주한미군에 대한 작전통제권을 보유하고 있었다. 그러나 1978년 11월 설립된 한·미 연합사령부가 동 작전통제권을 위임받았으며, 유엔군은 군사정전위구성과 판문점 내 공동경비구역의 관할권만 보유하게 되었다.[333]

1991년 3월 한국군 장성이 군사정전위원회수석대표로 임명되었으며, 1991년 10월에는 미 2사단이 담당하던 판문점 내 비무장지대 경비책임과 경계초소(GP)를 한국군이 인수하였다. 그리고 1992년 말 한·미 연합사사령관이 겸직하고 있던 지상구성군 사령관에 한국군 장성이 보임되었으며, 1994년 12월 한·미 연합사사령관이 보유하고 있던 평시작전통제권이 한국군에 이양되었다. 현재 한·미 연합사령부는 전시작전통제권과 연합권한 위임사항(CODA, Combined Delegated Authority)을 보유하고 있다.[334]

한국군의 전시작전 통제권 환수에 대비해 전쟁수행능력, 지휘통제체제의 효율성, 정보수집 및 분석능력, 조기경보 및 전장감시기능 등이 향상되어야 할 것이다. 그리고 한국군의 전시작전통제권 환수는 불가피하에 한·미 연합사령부의 재편을 수반할 것이다. 한국이 전시작전통제권을 환수한 이후 한·미 간 지휘체계와 작전협력관계를 어떻게 조정해야 하는가 하는 것이 핵심문제가 될 것이다.

이 점에 대해서는 기존의 한·미 연합사령부나 NATO와 같이 평시

333) 제성호, "한국군 작전권과 그 환원문제", 국토통일원, 『군축 및 군비통제에 관한 연구』(서울: 국토통일원, 1989), pp.252-263.
334) 김영호, "협력적 자주국방과 한·미 동맹쟁점과 과제", 통일연구원, 『한반도 안보정세 변화와 협력적 자주국방』(서울: 통일연구원, 2004), pp.131-133.

에는 각국이 독자적인 통수체계를 유지하다가 전시에는 연합사령부의 지휘를 받도록 하는 통합군사체제방식이 있다. 또한 미·일 협력형과 유사한 병립형도 있으며 검토 대상이다. 그 대신 남북관계와 주변국의 역학관계 등을 고려하여 한·미 안보협력체제는 「방위협력조정위원회」나 「연합전략기획단」과 같은 제도화된 협조창구를 필요로 한다는 견해가 있다. 방위협력조정위원회는 안보공약의 이행, 주한미군주둔, 군사협력의 법적·제도적 문제, 기지체계, 방위비분담 등과 같은 상위차원의 이슈를 협의한다는 것이다. 그리고 연합전략기획단은 연합군사력의 운용, 연합연습 및 훈련에 관한 제반 사항 등 구체적인 내용을 협의한다는 것이다.335)

또한 한·미 연합지휘체계의 변화를 단계적으로 적용해야 한다는 견해도 있다. 예를 들면 1차적으로 지상군에 대한 전시작전통제권을 한국군이 보유하고 해·공군에 대한 전시작통권은 미군이 갖는다는 것이다. 그리고 2차적으로 미·일 협동작전체계와 유사한 체계를 적용해야 한다는 것이다.336) 결국 바람직한 형태의 한·미 연합체제의 형성은 한·미 양 국가 간의 긴밀한 유대를 바탕으로 상호 신뢰 속에서 만들어져야 성공적인 완성을 해 낸 것으로 평가받게 될 것이다.

3. 미래 한·미 동맹의 발전방안을 위한 제언

국토 수호와 안전에 대한 기본 원칙은 자국스스로 그것을 해내야 한다는 것이다. 우리가 이러한 임무를 다하기 위해 오랜 기간을 거쳐 자주국방의 염원을 이루고자 한 이유도 여기에 있다고 할 수 있다. 그러나

---

335) 정춘일, 『선진국방의 지평』(서울: 을지서적, 1998), pp.433-441.
336) 한용섭, "동맹속에서의 자주국방", pp.53-55.

아직도 현실적으로 우리는 자주국방으로 가는 여정에 서 있기에 우선은 주변 국가들과의 동맹의 중요성을 인식하지 않을 수 없는 상황이다. 특히 오랜 기간에 걸친 한·미 동맹은 안보 이상의 영역에서 우리에 미치는 영향력이 대단하다고 할 수 있다. 그러나 이러한 한·미 동맹 체제 역시 시간이 지나면서 변화의 중대한 길목에 다다랐다고 할 수 있다.

장기적으로 주한미군은 한반도에서 철수되는 것이 이상적 귀결이다. 남북한 간에 평화체제가 정착되고 동아시아 지역에 다자안보협력이 제도화될 경우 주한미군의 존재는 오히려 동아시아의 평화와 안정을 저해할 수 있다.[337] 그러나 중·단기적으로 주한미군과 한·미 동맹은 우리의 안보에 필수적이다. 적어도 북한의 위협이 가시적 형태로 존재하는 한 주한미군의 대규모 감축은 동아시아 세력균형에 영향을 미쳐 중국과 일본 간의 군비경쟁을 가속화하고, 정세의 불안을 틈탄 북한의 오판을 불러올 가능성이 크다.[338] 따라서 한·미 동맹관계의 변화와 주한미군의 위상변화는 한국이 당면한 위협의 추세를 감안하여 단계적으로 거론하는 것이 바람직하다고 지적하지 않을 수 없다.

그러나 동맹 재정립의 대원칙은 먼저 북한의 무력도발을 억지함은 물론 한반도의 평화적 통일을 지원·촉진할 수 있어야 한다는 것이다. 그리고 한·미 양국의 공동이익을 창출할 수 있어야 하며, 한국의 자주적 국방 발전과 한국민들의 자긍심과 민족적 정서를 반영해야 한다. 여기에는 동맹관계의 유지, 발전에 수반되는 제반 부담과 비용을 합리적으로 분담하기 위한 기준과 원칙의 정립도 포함된다. 이상과 같은 일반적 원칙을 바탕으로 부시 2기 정부에서의 변화되고 있는 한·미 군사

---

337) Selig S. Harrison, "Time to Leave Korea?" *Foreign Affairs*, 80, 2(March / April 2001), pp.76-78.

338) 백창재, "새정부의 대미국 외교", 세종연구소(편), 『새정부의 대외정책』 (성남: 세종연구소, 203), pp.138-140.

관계에 대비하는 정책적 제언을 한다면 다음과 같다고 할 수 있다.[339]

첫째, 주한미군 감축 및 재배치 논의는 한반도의 상황이 안정될 때까지 뒤로 미루는 것이 바람직하다. 비록 양국 정부가 주한미군의 위상 변화 논의를 공식화하긴 했지만 지금과 같이 북한의 핵 및 재래식 위협이 현실적으로 존재하고 한·미 관계도 흔들리는 시점에 주한미군의 위상을 논의하는 것은 북한의 벼랑 끝 전술에 힘을 실어줄 뿐이다. 북한의 위협이 현실적이고 가시적으로 존재하는 한 한·미 동맹의 지속에는 다른 선택의 여지가 없다. 북한의 위협에 관한 한 미국은 한국의 안보에 가장 큰 도움이 되고 동맹으로서의 의지도 가지고 있다. 보다 적극적인 관점에서 보더라도 미국은 우리의 가장 중요한 안보자산임에 틀림없다.[340]

때문에 주한미군의 위상 변화에 대한 논의는 장기적으로 국방부에만 맡겨둘 것이 아니라 범정부 차원의 공동연구를 추진하면서 한반도 안보상황이 가장 안정될 때에 시작하는 것이 바람직하다. 특히 현재의 주한미군 감축 및 재배치 논리가 다분히 양국의 감정싸움으로 변질되는 점이 우려되기에 더욱이 이 시점에서 그것을 강행한다는 것은 지양해야 할 필요가 있다는 것이다.

둘째, 한·미 간에 존재하고 있는 대북 인식의 차이를 해소해야 한다. 한·미 양국이 북한과 조건 없이 대화하겠다는 의도를 수차례 표명했음에도 불구하고 양국의 대북 포용정책에 대한 인식의 격차는 더욱 커지고 있다. 한국정부는 북한의 양보를 당근의 효과라고 보는 반면 미국은 채찍 때문에 북한이 변하고 있다고 해석하는 경향이 강하다.

---

339) 이상현, 앞의 글 참조.
340) 박건영, "미국의 새로운 동북아 전략과 한·미 관계의 재조정", 세종연구소 (편), 『국제질서 전환기의 국가전략』(성남: 세종연구소, 2002), pp.44-47.

한반도는 구조상 남·북·미 삼국이 분리되어 생각될 수 없는 체제를 유지하고 있다. 기존의 시각은 남북한이 한반도의 합법성을 두고 미국과의 관계에서 한쪽의 외교적 득은 다른 한쪽의 실로 간주되는 제로-섬 게임 사고방식을 가지고 있었다. 과거 김영삼 정부 시기까지는 북·미 대화가 남북대화보다 앞서 가는 형국이어서 한국정부가 미국의 페이스에 제동을 거는 양상이었지만 김대중 정부에서는 상황이 역전되었다. 즉 남북대화는 진전되었지만 북·미 대화가 남북관계 진전의 발목을 잡는 상황이 연출된 것이다.

그 결과 미국이 남북 화해를 방해하고 있다는 불만이 표출되어 한·미 관계의 장애를 초래한 것이다. 그러한 상호 인식의 차이는 한·미 관계의 건전한 발전을 위해 극복되어야 할 문제이다. 예를 들면 동맹관계에서 상대방에 대한 자신의 바람직하지 못한 행위는 상황 탓이지만 자신에 대한 상대방의 행위는 원래 성향 탓으로 해석되는 경향이 있다. 1994년 제네바 합의의 협상과정을 보면, 당시 미국은 객관적 기준으로 볼 때 한국정부를 달래기 위해 상당히 애를 썼지만 한국정부는 미국의 그러한 성의를 참된 의도라기보다는 상황적 필요, 즉 제네바 합의 추진에 소요되는 재원을 끌어내기 위한 필요에서 그렇게 했다고 보는 것이다.

반면 미국 정부는 한국정부에 공을 들인 이유를 동맹 상대국인 한국에 부여하는 가치 및 한·미·일 삼국 공조의 가치를 반영하는 것으로 해석하였다.[341] 북한에 대한 이러한 인식차가 한·미 관계에 긴장을 조성하는 주원인이 되고 있음을 감안할 때 한·미 양국은 북한에 대한 정확한 이해를 증진시키기 위해 양국 전문가들로 팀을 구성

---

341) Victor D. Cha, "Mistaken Attribution: The United States and Inter-Korean Relations", *Asia-Pacific Review*, 9, 2(2002), pp.47-48, 50-52.

하여 북한 공동연구에 착수해야 한다.342)

셋째, 한국과 미국의 부시 2기 정부는 한국 내에서 번지고 있는 반미감정에 적절히 대처해야 한다. 특히 한국정부는 국내의 반미감정 확산은 필연적으로 미국 내의 반한감정으로 이어지고, 이는 곧 미군 철수 여론으로 비화할 가능성이 있음을 주목해 이에 시급한 대책을 필요로 한다.343) 지난 의정부 여중생 사망 사건 이후 전국을 휩쓴 촛불시위에 김대중 정부는 미온적으로 대처함으로써 SOFA 개선 압력에 대한 국민적 지지를 얻었지만 결과적으로 대미관계에 돌이킬 수 없는 손실을 초래했다. 이는 장기적으로는 미국보다는 한국에 더 큰 피해를 유발시키게 될 것이다.

한편 미국 정부 역시 한국 내에서 벌어지는 반미감정에 즉흥적 대처를 하기보다는 한국에서 왜 이런 일이 발생하고 있는가에 대한 반성과 성찰의 시간을 가질 필요가 있다. 여전히 주한미군의 범죄가 끊이지 않고 그것이 한국인의 감정을 사는 것이라면 보다 엄격한 주한미군의 단속과 통제가 있어야 한다. 이는 특히 부시 2기 행정부가 강경 보수주의자들로 구성되어 있기에 더욱 엄격히 미국적 가치를 외국 주둔군에게도 교육시킴으로써 보수주의 정권에 대한 불안감을 해소시켜 줄 필요가 있다.

넷째, 군 작적권의 문제로 실현가능성이 희박한 전시작전통제권의 완전한 환수보다는 한·미 연합사의 운영 개선을 통해 우리의 자주적 입

---

342) 남성욱, "미는 평양을 연구하라", 미래전략연구원(http://www.kifs.org) 논단(2003년 2월 4일).

343) 최근 인천의 맥아더 동상 철거에 대한 진보단체의 주장이 거듭 거세지고 있다. 그러나 당장의 맥아더 동상 철거 여부를 결정하는 것보다는 역사를 역사로 인정하는 국민적 성숙이 필요하다고 하겠다. 특히 한·미 관계에 악영향을 미칠 부분에 대해서는 정부 역시 적극적으로 대처해야 할 필요가 있다.

지를 강화하면서 단계적으로 전시작통권을 환수하는 방안을 강구해야
한다. 우선 한·미 연합방위체제를 지금처럼 미국이 주도하는 것이 아
니라 한국이 주도하고 미국은 이를 지원하는 방향으로 개선하도록 노력
한다. 한·미 연합사(CFC)는 한·미 동맹의 상징이요, 연합방위체제의
중추역할을 수행해 왔다. 1978년 한·미 연합사가 창설되면서 그동안
유엔군사령부(UNC)가 수행해 온 한국방위 임무는 연합사가 담당하게
되었고, 유엔군사령부는 정전협정 유지에 대해서만 책임을 지게 되었다.

궁극적으로 한반도 평화체제가 달성되면 유엔사의 필요성이 소멸되
고, 이와 더불어 작전통제권 문제도 자연스럽게 한국군에 이양되든지
적절한 변화가 이루어질 것으로 예상된다. 그 전 단계, 즉 북한과의 적
대관계가 지속되는 한 한·미 연합사의 지휘체계는 양국의 「국가통수
및 지휘기구(National Command and Military Authorities, NCMA)」
로부터 작전지침 및 전략지시를 받아 「한·미 군사위원회(Military
Committee, MC)」를 통해 그 기능을 수행하도록 되어 있다.344)

한·미 연합사의 편제 및 구성은 한·미 간 동률 보직원칙에 따라
사령관에 미군 4성 장군, 부사령관은 한국군 4성 장군으로 보임되고,
참모장은 미군 중장이, 각 참모 요원은 부서장이 한국군 장성이면 차
장은 미군 장성이 되고, 부서장이 미군 장성이면 차장은 한국군 장성
이 맡는 구조로 되어 있다.345) 한·미 동맹의 비대칭적 성격에 비추

---

344) 때문에 일부 시민단체에서 주장하듯이 전시작전통제권을 완전히 미군
이 행사한다고 보는 것은 정확하지 못한 지적이다. 국방부 당국자들은
전시에도 우리 군에 대한 지휘권은 우리 대통령이 갖는다고 지적한다.
즉 전시작전통제권은 작전계획이나 작전명령상에 위임된 특정임무를
수행하기 위해 위임된 권한일 뿐이며 총괄적인 지휘권은 우리 대통령
이 갖는다는 것이다. 작전통제권에는 행정, 군수, 군기, 내부편성 등에
대한 책임과 권한은 포함되지 않는다.
345) 국방부, 『한·미 동맹과 주한미군』, pp.50-51.

어 볼 때 한국군이 주한미군까지 포함하는 전시작전통제권을 완전히 환수하려는 것은 실현 가능성이 희박한 요구이다.

전시작전통제권을 완전히 환수하는 것은 주한미군이 한국군과는 별도로 독자적인 작전개념 아래 움직인다는 것을 의미하며 주한미군의 철수를 각오하지 않는 한 불가능하다. 또한 한국 측이 전시작전통제권을 행사하기에 충분한 정보능력과 준비도 갖추지 않은 채 작전통제권을 환수하는 것은 실익이 없다. 따라서 궁극적으로 전시작전통제권을 환수하기 위해 독자적인 전쟁계획 수립 능력과 정보수집 능력을 강화해 가면서 중간단계로서 한·미 군사위원회의 지휘과정에 한국의 입장이 충분히 반영되도록 노력한다.

평시작전권의 경우 1994년 한국군에 환수됐으나 작전통제의 핵심을 이루는 거의 모든 권한들이 연합권한위임사항(Combined Delegated Authority, CODA)으로 규정돼 있어 사실상 양측이 함께 권한을 행사하는 부분이 많다. 그러나 CODA의 구체적인 항목이 뚜렷이 명시돼 있지 않아 한·미 간의 이해가 충돌될 수 있는 민감한 문제가 발생할 때 양측의 신경전이 벌어질 소지가 있으므로 평시작전권행사에 관한 분명한 권한규정이 마련되어야 한다. 또 전시에는 육·해·공군 각 군 본부와 비작전 행정부대를 제외한 한국군의 모든 작전부대가 연합군사령부 예하의 구성군 사령부에 편재돼 한·미 연합군사령관의 작전통제를 받게 돼 있다.

현재 한국군의 능력으로 전시작전권을 환수받기에는 이르지만 최소한 역할분담을 통한 지휘체계에 참여할 수는 있어야 한다.346) 즉 한·미 양국이 각각 자국군대에 대한 작전 통제권을 독자적으로 행사하는

---

346) "[격변의 한·미 동맹 50년] 작전 지휘권 문제점 없나", 『국민일보』, 2003년 1월 2일.

가운데 필요한 방위협력현안에 대해 상호 협조하는 체계를 고려할 필요가 있다.

한·미 연합사 사령관의 복잡한 지휘체계로 한국정부의 위기관리능력이 제한되고 있는 점도 시정해야 하는 부분이다. 현재 한미연합사 사령관은 유엔군사령관, 주한미군 선임 장교, 미 8군사령관, 유엔군사령부 지상군구성군사령관 등 자체 지위를 포함해 6개 직위를 겸임하고 있다. 이 중 연합사령관의 직책만 한·미 양국의 국가통수 및 군사지휘기구의 협조와 조정통제에 따르는 것이며 나머지는 모두 미국의 국가통수 및 군사지휘의 통제를 받을 수밖에 없다. 만일 한·미 양국 간 대북 혹은 한반도 안보상황에 대한 인식 차이가 존재할 경우 한국의 안보에 시각한 부작용을 야기할 수 있다.

이상과 같은 사정을 감안할 때 전시작전통제권의 환수는 결코 간단한 문제는 아니다. 하지만 군사력의 통수가 국가주권의 궁극적 표상이라는 점을 고려할 때 전시작통권은 언젠가는 한국정부의 주권 아래로 환수되어야 한다는 것은 명백하다. 따라서 현실적인 대안으로서 전시작전통제권의 환수를 위해 단계적 방안을 강구한다. 예를 들면 첫 단계에서는 한국 구성군 단위들 중 전시에 한미연합사의 통제를 받는 한국 구성군의 비중을 줄여나가고, 다음 단계에서는 한미연합사 사령관에 한국군 장성이 임명되도록 하고, 마지막 단계에서 전시작통권을 환수하는 것도 한 가지 방안이 될 것이다.

다섯째, 대미외교의 저변을 확대하고 인적 네트워크를 최대한 활용해야 한다. 특히 미 의회 내의 세대교체로 인해 한국전 이후 출생 세대의 증가 추세는 한반도 문제에 대한 미국정부의 정책적 시각이나 관심도를 변화시키는 요인으로 작용하고 있다. 그동안 한국의 대미외교는 주로 행정부에 집중되어 왔으나 앞으로는 의회 내 판도 변화에도 주도적으로 대처해야 한다. 미국의 외교는 점차 의회에 의해 입안되는 경향이 증대하고 있으며 행정부 역시 갈수록 외교문제에 대해 의회와의 긴말한 협조를 필요로 한다.[347]

미국 의회는 1994년 중간선거 이래 공화당이 다수를 점하고 있다. 현 부시 대통령 취임 이후 실시된 중간선거에서도 공화당은 상·하원 모두에서 다수를 점하는 압승을 거두었다. 따라서 의회 내 영향력 있는 중진 의원들에 대한 외교를 강화함과 더불어 한국전 이후 출생 의원들에 대한 한반도 문제에 대한 관심과 이해를 높이기 위해 적극적인 대미 의회 외교를 추진할 필요가 있다. 미국 의회와의 공식적 채널과의 보다 힘든 현실을 감안하여 비공식 차원의 대화채널 확보에 주력할 필요가 있으며, 장기적으로 전후 세대 의원들에 대한 개인 신상 및 의정활동 자료 확보를 통한 대미 의원외교 정보화 및 체계하 작업을 서둘러야 한다.[348]

또한 Track-Ⅱ 역량의 강화를 위해 미국 내 한국 전문가 집단, 싱크 탱크, 전직 관리 등을 연결시키는 네트워크를 적극 구축하고 활용해야 한다. 특히 미국 사회는 다원주의와 다양성을 존중하는 사회적 특성을 가지고 있기에 각계각층의 다양한 오피니언 리더들의 영향력을 파악해 이들을 통한 한국 홍보와 상황을 알려 나갈 필요가 있다.

---

347) Deborah DeYoung, "U.S. Congress and Korea Policy", Jong-Chun Back and Sang-Hyun Lee(eds.), *Korea-U.S. Relations in Transition: Korea-U.S. Alliance in Retrospect and Prospects for a New Strategic Partnership*(Sungnam: The Sejong Institute, 2003). 이상현, 앞의 글 재인용.
348) 김성한, "21세기 한국외교의 방향과 한·미 관계", pp.73-75.

V. 결 론

한 · 미 동맹은 양국 모두에게 아직도 소중하다. 주한미군은 주일미
군과 더불어 미국의 아시아 전략을 수행하는 교두보로서 가치를 지닌
다. 한국의 입장에서 주한미군은 한국의 중요한 안보자산이다. 양국은
이러한 전략적 이익의 공통부분을 인정하고 이를 더욱 유지 · 확대하
는 데 동맹의 가치를 두어야 한다. 더불어 현재의 불협화음이 양국관
계를 더 이상 훼손시키지 않도록 양국 정부는 주의를 기울여야 한다.
노무현 정부는 일본이 한국과 반대로 실리를 강조하면서 미 · 일 동맹
을 강화하고 있다는 사실을 유념해야 한다.

부시 2기 행정부에서도 다음과 같은 외교안보정책노선이 전개되고
있다. 첫째, 미국은 자유 · 인권 · 민주주의를 기치로 내세운 현실주의
적 국제주의노선을 견지한다. 역사적으로 미국이 실질적으로 전개한
외교정책이 내세운 가치와 항상 부합된 것은 아니었지만, 부시 대통령
은 이러한 가치의 연계에 대한 믿음이 매우 강하다.[349] 주요 내용으
로는 미국 예외주의와 우선주의(primacy)의 배경 위에서 미국적 가치
및 이념을 전파하고, 세계문제에 대한 미국의 지도력 발휘의 필요성을
강조하며, 세계 평화와 안정을 위해서는 미국의 우세한 힘의 발휘를
요구한다는 입장을 유지하는 것이다.

둘째, '힘의 우위'에 바탕을 둔 공세적 현실주의노선을 지속하고 있
다. 핵심적 내용으로는 테러와의 전쟁 승리(반테러)와 대량살상무기

---

349) Robert Jervis, "Understanding the Bush Doctrine", *Political Science
Quarterly*, *Vol.118*, *No.3*(Fall 2003), pp.366－369.

(WMD) 확산저지(반·비확산) 전략을 견지하고, 미국의 일방주의에 대한 국내외적인 비판을 의식하며 국제사회와의 협력을 모색하면서, 미국의 국가이익이 결정적으로 침해된다고 판단하는 안보위협에 대해서는 예방공격의 논리를 적용하는 것이다.

이러한 전반적인 구도 아래 미국은 동북아 지역에서 기존의 영향력을 유지하면서 일본과의 동맹관계 강화를 통해 지역질서의 안정과 평화를 관리하려는 전략을 추진하고 있다. 미국은 이 지역에서 중국과 러시아를 과거처럼 첨예한 경쟁의 대상으로 보지 않으며, 부시 행정부는 대량살상무기 확산 방지 및 테러와의 전쟁 수행을 위한 국제연대 차원에서 중국과의 협력을 중시하고 있다. 미국은 또한 중국 시장의 경제적 중요성에 따른 관계 발전의 필요성을 인식하고 있다.

이에 맞추어 우리는 새로운 차원의 한·미 동맹을 강화시키는 전략적 선택을 하여야 한다. 이를 위해 부시 2기 행정부가 제시하는 대외정책의 원칙에 동의하고 보조를 맞출 필요가 있다. 전 지구적 차원의 인권과 평화라는 보편적 가치에 우리가 동의하지 못할 이유는 없다. 이를 바탕으로 미국정부와의 신뢰를 더욱 강화하는 한편 미국의 관, 군, 학계, 재계, 문화계 전반에 걸친 대미 네트워크를 강화하고 유지할 필요가 있다. 특히 미국 사회가 정책결정에 여론 주도층 및 NGO 그룹의 영향력이 큰 점을 이해하여야 한다. 미국 사회의 다양한 언로를 확보함으로써 한·미 동맹의 중요성과 우리의 안보적 불안 요인 등을 홍보할 필요가 있다. 이른바 지한파의 확보는 곧 미국 여론을 한국에 유리한 방향으로 만들 수 있는 기반이 된다는 것이다. 이는 우리의 안보만을 위한 이기적인 발상이 아니라 전술한 대로 한·미 동맹의 발전적 미래야 말로 북핵 문제 해결은 물론 동북아 평화의 중심축으로 설정되기 때문이다.

굳건한 한·미 동맹이 시급히 해결해야 할 과제는 역시 북핵문제의 슬기로운 해결 모색이다. 최근의 제2차 6자회담의 결과에 의해 북핵문제의 해결 가능성이 예상되지만 그 바탕에는 철저한 한·미 군사동맹을 통한 한반도 안보정책이 있어야 한다. 나아가 한·미 동맹은 우리가 추구하는 협력적 자주국방의 목표달성에 긍정적 자극제가 되어야 한다. 특히 주한미군 재배치의 문제는 필연적인 자주국방의 의지를 더욱 확고히 하는 계기로 삼아야 한다.

우리의 군사정책은 대내적으로는 현존하는 북한 위협 요소에 대한 관리, 통일 시나리오 대비, 통일 후 대외역량 강화라는 단계적 과제를 가지고 있다. 나아가 한·미 동맹은 주변 국가들의 불필요한 오해나 반발을 사지 않아야 한다는 대외적 과제를 부가받고 있다. 따라서 우리의 군사정책은 한·미 동맹의 강화를 통한 대북 관리와 동북아 영구 평화를 위한 장기적인 미래구상을 포함해야 한다.

참고 문헌

Bruce W., Bennett, "미국의 시각에서 바라본 한·미동맹", 『전략연구』 통권 23호(2001).

Bush, George W., *A Charge to Keep: My Journey to the White House*(New York: Harper Collins Publishers, 2001).

Cha, Victor D., "Mistaken Attribution: The United States and Inter-Korean Relations", *Asia-Pacific Review, 9, 2*(2002).

DeYoung, Deborah, "U.S. Congress and Korea Policy", Jong-Chun Back and Sang-Hyun Lee(eds.), *Korea-U.S. Relations in Transition: Korea-U.S. Alliance in Retrospect and Prospects for a New Strategic Partnership*(Sungnam: The Sejong Institute, 2003).

Harrison, Selig S., "Time to Leave Korea?" *Foreign Affairs, 80, 2*(March/April 2001).

Jervis, Robert, "Understanding the Bush Doctrine", *Political Science Quarterly, Vol.118, No.3*(Fall 2003).

Morrow, James, "Arms versus Allies: Trade-offs in the Search for Security", *International Organization, 47*(1993).

Pollack, Jonathan D. and Young Koo Cha, *A New Alliance For The Next Century: The Future of U.S.-Korean Security Cooperation* (Rand Corporation, 1995).

강한구, "「미·일 안보공동선언」 이후 일본의 방위논의", 『주간국방논단』, 636호(96-22).

국방부, 『국방백서 2000』, 2000.

국방부, 『2004 국방백서』(서울: 국방부, 2005).

국방부, 『자주국방과 우리의 안보』.

김성한, "미 부시 행정부 2기 외교안보팀의 특색", 자유총연맹, 『자유공론』, 2005년 4월호, 국가안전보장회의(NSC), 『평화번영과 국가안보』, 국가안전보장회의, 2004. 3.

김성한, "미국의 신보수주의 이념과 전략"(2003. 5. 23).

김성한, 「한반도 평화체제 구축과 주한미군의 역할」, 외교안보연구원(정책연구시리즈 98-4, 1998).

김영호, "협력적 자주국방과 한·미동맹쟁점과 과제", 통일연구원, 『한반도 안보정세 변화와 협력적 자주국방』(서울: 통일연구원, 2004).

김영호, "협력적 자주국방과 한·미동맹 재조명", 통일연구원·국방대학교 안보문제연구소 공동안보학술회의, 『한반도 안보정세 변화와 협력적 자주국방』, 2004. 5. 11.

김일영, "미국의 주한미군 정책 변화와 국의 대응: 주한미군에 관한 냉전적 합의의 형성과 이탈, 그리고 새로운 합의의 모색", 한용섭 편, "자주냐 동맹이냐? 21세기 한국 안보외교의 진로"(서울: 오름, 2004).

남성욱, "미는 평양을 연구하라", 미래전략연구원(http://www.kifs.org) 논단(2003년 2월 4일).

노훈, "협력적 자주국방과 국방개혁", 통일연구원·국방대학교 안보문제연구소 공동 안보학술회의, 『한반도 안보정세 변화와 협력적 자주국방』, 2004. 5.

대한민국 국방부, 「한·미동맹과 주한미군」(2002. 4).

박건영, "미국의 새로운 동북아 전략과 한·미 관계의 재조정", 세종연구소(편), 『국제질서 전환기의 국가전략』(성남: 세종연구소, 2002).

박영호, "부시 2기 행정부의 한반도정책 전망과 우리의 정책 방향", 충북평화통일포럼 제2차 회의 발표 논문, 2004. 12.

박종철, "협력적 자주국방과 한미동맹", 『합참』 25호(2005. 7).

백창재, "새정부의 대 미국 외교", 세종연구소(편), 『새정부의 대외정책』(성남: 세종연구소, 2003).

서주석, "21세기 한국의 국익과 한·미안보협력 관계의 조정방향", 『국방논집』, 제33호(1996년 봄).

세종연구소 특별정책브리핑, 『한·미안보포럼』, 2004. 3.

이상현, "한미동맹 50년의 성찰과 한·미관계의 미래", 미래전략포럼, 『한·미동맹과 주한미군 재배치』 2004. 4, 발표논문.

이승현, "국방예산 확보의 쟁범과 정책적 함의", 국방대학교 안보문제연구소 『협력적 자주국방과 적정 국방비』, 2004년도 국방비 세미나, 2004. 6.

장노순, "교환동맹모델의 교환성", 『국제정치논총』, 제36집 1호(1996), pp. 79-81.

정춘일, 『선진국방의 지평』(서울: 을지서적, 1998).

제성호, "한국군 작전권과 그 환원문제", 국토통일원, 「군축 및 군비통제에 관한 연구」(서울: 국토통일원, 1989).

최강, "한·미동맹의 미래동맹 조정방향", 이승철 외, 「21세기 동북아 국제관계와 한국」(서울: 오름, 2004).

홍관희, "미국 신행정부의 대 한반도 정책과 미북관계 전망", 국제문제조사연구소 세미나 논문, 2004. 11. 23.

「2004 북한인권법안(2004 Human Rights Act of North Korea)」

≪로동신문≫, 2004년 12월 14일.

≪연합뉴스≫, 2004년 12월 15일. http://www.yonhapnews.co.kr.

≪중앙일보≫, 2004년 12월 13일.

≪중앙일보≫, 2004년 12월 13일.

≪중앙일보≫, 2004년 12월 9일.

≪중앙일보≫, 2004년 12월 9일.

≪중앙일보≫, 2003년 2월 15일, 30면.

≪국민일보≫, 2003년 1월 2일.

≪월간중앙≫, 2003년 11월호.

≪조선일보≫, 2004년 5월 4일자.

·저자·

도재숙   ·약 력·
(都在淑)   육군3사관학교 졸업
고려대학교 대학원 석사
국방대학원 국제관계 석사
경희대학교 대학원 정치학 박사

시민정치학회 이사
해병전우회 학술담당 자문위원
한국정치정보학회 이사
전략논단 편집위원
국방대학원 안보문제연구소 연구원
국방대학교 안보문제연구소 전문연구원
한국사회연구원 원장

·주요저서·
『조선말기 외세침투와 지배층의 대응』
『신민족주의와 국가안보』
『동북아 전략환경과 한국안보』

한반도 안보와 한미관계

·초판 인쇄	2007년 11월 10일
·초판 발행	2007년 11월 10일
·지 은 이	도재숙
·펴 낸 이	채종준
·펴 낸 곳	한국학술정보㈜
	경기도 파주시 교하읍 문발리 513-5
	파주출판문화정보산업단지
	전화 031) 908-3181(대표)·팩스 031) 908-3189
	홈페이지 http://www.kstudy.com
	e-mail(출판사업부) publish@kstudy.com
·등 록	제일산-115호(2000. 6. 19)
·가 격	27,000원

ISBN   978-89-534-7709-4 93340 (Paper Book)
       978-89-534-7710-0 98340 (e-Book)

한반도 안보와
한미관계

청교도

초기회중교회주의 (1582-1648)

평신도 운동

청교도

초기회중교회주의 (1582-1648)

평신도 운동

변 길 용

KSI 한국학술정보㈜

목 차

I

서 론

1. 연구 목적과 분야

21세기에 들어서면서, 교회에 새로운 변화의 물결이 일고 있다. 그리고 그것은 영적인 역동성을 잃어버린 채, 침체의 늪에서 허덕이고 있는 교회에 새로운 활력소를 불어넣고 있다. 그것이 무엇인가? 바로 평신도 사역의 회복이다. 그러나 교회사를 살펴볼 때 이것은 전혀 새로운 것이 아님을 보게 된다. 이것은 초대교회 때부터 이미 존재했었다. 하지만 고대에서 중세로 오면서 교황주의로 변질되면서 사제중심적인 교회구조로 바뀐 후, 종교개혁 이전까지 거의 사라졌다. 그러다가 마틴 루터의 만인제사장론에 의해서 다시 재발견된 후, 개신교 전통 내에서 희미하게 이어져 오고 있다. 그럼에도 불구하고, 개신교회의 대부분, 특히 장로교는 사제중심적인 구조로 지금까지 이어져 왔다. 그 결과 교회는 수퍼맨쉽을 가진 목회자와 수동적인

평신도를 양산해 내므로, 머리 되신 예수 그리스도의 몸 된 교회의
지체로서의 역동적이고, 능동적인 협력관계로서의 관계를 잃어버렸
다. 좀 더 신학적으로 말하자면, 루터가 명시한 만인제사장론에 근거
한 회중중심적인 교회구조를 거의 배제시키고 말았던 것이다.

마틴 루터는 만인제사장론에 대해서 다음과 같이 언급하였다.

이제 신앙을 소유하고 있는 기독교인은 또한 그리스도를 소유한
다. 이제 만일 그가 그리스도를 소유했다면 그리스도께서 소유한
모든 것은 그의 것이며 그는 또한 죄를 용서하는 능력도 소유한다.
그리고 만일 기독교인이 죄를 용서하는 권능을 소유한다면 그는
사제가 행할 수 있는 모든 것을 행할 수 있는 권능도 소유한다.[1]

루터는 1520년에 출판한 「독일 귀족에게 보내는 글」(*Appeal to the
Christian Nobility of the German Nation*)에서 평신도와 성직자 사이
의 구분을 분명하게 철폐하였다.[2] 이러한 루터의 주장은 칼빈에게
와서도 동일하게 주장되었다.[3]

---

[1] 폴 D. L. 에이비스, 「종교개혁자들의 교회관」 이기문 역(서울: 컨콜디아사,
1987), 132. 이글이 어디에서 인용되었는지를 찾을 수 없어서 그냥 재인
용한 자료만 기록하였다.

[2] Martin Luther, *Luther's Works*, Vol.44, ed,. James Atkinson (Philadelphia:
Fortress Press, 1966), 127, 교황, 주교, 사제들, 수도사들은 영적 신분으
로 여겨지는 반면 제후들, 영주들, 장인들, 농부들은 세속적 신분으로 불
리는 것은 순전한 발명품이다. 이것이야말로 속임수와 위선에 불과하다.
누구도 이 사실에 의하여 위협을 느낄 필요가 없다. 왜냐하면 다음과 같
은 이유 때문이다: 모든 기독교인들은 진정으로 영적 신분을 가지며, 단
지 직책상의 차이 외에 그들 사이에 다른 차이는 없다……이것은 우리
모두가 한 세례, 한 복음, 하나의 믿음을 가지고 있어서, 모두 동일한 신
분의 기독교인이기 때문이다. 그 이유는 세례, 복음, 신앙만이 우리를 영
적으로 만들며 하나의 기독교인들로 만들기 때문이다. 베드로가 벧전2장
에서 "너희는 왕 같은 제사장이요"라고 말한 것처럼 우리는 모두 세례를
통하여 축성된 사제들이다.

[3] John Calvin, *Inst.,* Ⅱ. 15. 6. "이제 그리스도는 사제직을 지니신다. 영원

하지만 에이비스(Paul D. L. Avis)는 그의 책인 「종교개혁자들의 교회관(*The Church in the Theology of the Reformers*)에서 시간이 지날수록 제도적이고, 사제중심적인 교회로 굳어져 가게 되었다고 주장한다.4) 실제로 만인제사장론의 교리는 현재 각 교단을 살펴볼 때 큰 의미를 찾지 못하고 있다. 종교개혁의 전통을 계속해서 이어받은 개혁교회나 스코틀랜드의 영향하에 있는 장로교파도 거의 성직자와 그 상위 의회를 중심으로 한 교회정치제도를 지닌 채 지금까지 내려왔다. 장로교단이 주류인 한국의 상황도 별반 다르지 않다. 한국교회의 주류를 이루는 장로교단은 엄격한 성직자중심으로 운영되고 있는 실정이다. 그런데 문제는 성직자중심적인 교회나 교단운영은 시간이 흐를수록 경직되고, 평신도들로 하여금 수동적인 신앙생활을 하게 만든다는 것이다.

그렇다면 이것을 극복할 대안은 없는가? 필자는 그 대안을 청교도 전통 가운데 하나인 청교도 회중주의(Congregationalism) 속에서 찾아보고자 하는 것이다.

청교도 전통 중에는 일반적으로 분리파, 장로파, 그리고 독립파로 나뉜다. 장로파는 칼빈과 제네바 개혁교회의 영향하에 토마스 카트라이트를 중심으로 일어났는데, 초기에는 모든 성직자들을 동등하게 여기도록 주장했고, 각 교회의 성직자는 회중들에 의하여 선출되는 민주주의적인 모델을 제시하였다. 이것은 모든 신자들은 하나님 앞에서 동등하다는 만인제사장론에 근거한 대중주권(Popular Sovereignty)이라는 사상을 기초로 이루어진 것이었다.5) 하지만 시간이 지나면서, 스

한 화해의 법에 의하여 그는 아버지로 하여금 우리에게 친절하고 호의를 지니시도록 하실 뿐만 아니라 우리를 이 가장 명예로운 동맹관계에 영입해 주신다. 왜냐하면 비록 자신으로 볼 때는 오염되었으나, 그분 안에서 사제들이 된 우리는(계1:6) 우리자신과 우리의 모든 것을 하나님께 드리고 하늘성소에 자유롭게 들어가기 때문이다."

4) 폴 D. L. 에이비스, 119-134.

코틀랜드의 장로교제도의 영향하에 각 교회 위에 노회와 그 위에 대회 그리고 최종적 권위를 가지고 있는 총회의 단계로 계층조직을 가졌으며, 멤버십에 대한 것도 영국 국교회와 별다른 차이가 없었다.

장로파의 대중주권사상에 영향을 받은 분리파는 청교도 회중주의에 영향을 주면서 계속 런던을 중심으로 확대되다가 국교와의 완전한 분리와 영국 국교회에 대한 적대적인 자세로 인해서 결국 영국교회의 계속되는 탄압을 받다가 1597년에 그 운동의 맥이 끊어졌다.6) 사실 분리파는 대중주권사상에 영향을 받은 교회언약의 시행을 통해 어느 정도 평신도의 주체적이고 자발적인 참여를 이루어 영적인 역동성과 참된 교회로서의 회복을 일구어냈다. 하지만 영국에서의 분리파의 맥이 끊어지므로 별다른 영향력을 미치지 못했다. 왜냐하면 당시 분리파의 입장이 영국 국교회를 교회로 인정하지 않는 극단적인 적대감을 갖고 있었기 때문이다. 이러한 분리파의 입장은 당연히 영국 국교회의 실질적인 지지자였던 영국정부의 탄압 속에서 그 힘을 상실하고 말았다. 그러므로 실질적인 평신도 주체의 회중교회주의라고 보기는 사실상 어렵다. 평신도 주체의 회중교회주의는 독립파에서 활짝 꽃을 피웠다. 왜냐하면 독립파는 영국 국교회를 교회로 인정하였으며, 영국정부에 대한 온건한 입장에 서 있으므로 해서 그

---

5) 루터가 대중주권론을 주장했다는 근거는 없다. 하지만 루터의 만인제사장론이 칼빈의 사상에 영향을 주어 베자에 와서 대중주권론으로 완전히 자리 잡게 하는 데 간접적인 영향을 미쳤다.

6) 분리파는 네덜란드의 라이덴으로 건너가게 된다. 1920년 많은 지루한 협상 끝에 "순례자들"(Pilgrim Fathers)들은 장로 윌리엄 부뤄스터의 영적인 지도 아래 메이플라워호를 타고 대서양을 횡단했다. 12월 21일 그들은 플리머스(Plymouth) 식민지의 기초를 놓았으며, 윌리엄 브래드포드는 곧 현명하고 헌신적인 총독(governor)이 되었다. 그리하여 회중교회주의가 뉴잉글랜드(New England)에 처음 이식될 때, 비분리주의적 흐름과 분리주의적 흐름이 함께 유입되었다. 윌리스턴 워커, 「기독교회사」 송인설 역(서울: 크리스천 다이제스트, 1993), 612-613.

명맥을 계속 유지하였기 때문이다.

그러므로 본 연구에서는 독립파와 같은 맥락에 놓여 있는 회중주의 속에서 평신도의 지위와 역할에 대한 연구를 집중적으로 진행하려고 한다. 특히 그 가운데 1582년부터 1660년대까지의 초기 회중주의 교회정치를 대상으로 하였다. 이 기간은 분리파 운동의 선구자인 로버트 브라운, 존 베로우, 그리고 프랜시스 존슨을 통해서 회중주의의 서막이 올랐다고 보는 학계의 일반적 견해를 따랐다. 그리고 영국의 독립파를 통한 회중주의와 미국으로 건너가서 꽃피운 회중주의의 초기기간까지가 그 범위이다. 실제로 이 기간에 회중주의의 역동성이 가장 잘 나타났다고 보기 때문이다.7)

원종천 박사는 그의 저서인 「청교도언약사상: 개혁운동의 힘」을 통해서 청교도운동의 역동성이 언약사상에서 잘 나타나고 있다고 보고 있다. 즉 개인언약, 교회언약 그리고 사회언약을 통해서 청교도운동이 당시 교회를 개혁하는 동력을 얻었다는 것이다. 또한 오덕교 박사는 그의 저서인 「청교도와 교회개혁」에서 천년왕국설이 청교도운동에 역동성을 부여한 모티브라고 주장하고 있다. 특별히 많은 청교도연구가들은 경건 운동, 즉 영성적인 측면으로 청교도운동을 바라보기도 한다.8) 이것은 실제로 청교도운동이 순수한 신학적인 운동이라

---

7) 노재성, 「교회, 민주주의, 윤리」(서울: 나눔사, 1989), 147-148에 보면, "17, 8세기 구미 시민민주혁명과 깔뱅사상의 관계를 살핌에 있어 가장 두드러진 현상은 바로 청교도운동이라고 볼 수 있다. 청교도들은 철두철미한 깔뱅주의 신학을 신봉하는 교도들이기 때문이다. 영국에서의 청교도혁명은 17세기 영국과 프랑스 절대왕정의 전제적 통치의 이념적 지주인 왕권신수설(Divine Right of Kings)을 붕괴시켰고, 명예혁명의 길을 준비하였다. 그리고 청교도들은 1620년 미국으로 건너가서 미국혁명을 이룩하였다. 깔뱅주의 신학은 영국으로 건너가서 뜨거운 심령으로 받아들여졌다"라고 칼빈주의가 영국 청교도의 민주주의적 이념에 미친 영향을 설명하고 있다.

8) 원종천, 「칼빈과 청교도 영성」(서울: 도서출판 하나, 1994)에서 원종천 박사는 칼빈의 그리스도의 연합의 교리가 청교도의 영성에 영향을 끼쳐서, 청교도 신학에 있어서 그리스도와 연합과 교제라는 칼빈보다 실천적으로 발

기보다 교회개혁적인 실천적 운동이라고 생각할 때 분명한 타당성을 지닌다. 하지만 필자는 여기에다가 청교도운동의 교회정치에 대한 연구를 통해서 중요한 사실 하나를 첨가하려고 한다. 그것은 바로 초기 청교도운동의 역동성 속에는 마틴 루터의 모든 신자는 하나님 앞에서 평등하다는 만인제사장론의 입장을 기초로 하여 청교도 사상에 근간을 이룬 대중주권사상에 근거한 회중중심의 운동, 즉 오늘날로 말하면 평신도의 위치와 역할의 극대화가 있었다는 것이다. 이것은 루터의 만인제사장론의 철저한 적용의 측면이라고 볼 수 있겠다.

2. 연구방법과 한계

이 논문은 총 일곱 장으로 구성된다.

먼저 Ⅰ장에서는 이 논문의 목적과 연구 분야를 대략 설명하고 연구방법과 그 연구의 한계를 다룬다.

Ⅱ장에서는 청교도 회중교회주의의 평신도중심성이 어디에서 출발했는지를 살펴본다……특별히 종교개혁의 선두주자였던 만인제사장론의 기반이 되었던 모든 성도들은 하나님 앞에 평등하다는 입장이 칼빈을 거쳐서 토마스 카트라이트에게 와서 회중교회주의를 태동시키는 결정적인 역할을 한 대중주권사상을 유발시켰음을 살펴본다.

Ⅲ장에서는 회중교회주의의 구체적 태동과 성장기의 역사를 교회의 정의를 중심으로 하여 개괄적으로 다룬다. 하지만 이것은 회중교회주의 운동의 역사적 흐름을 짚는 것이기에 매우 중요한 부분이라고 하겠다. 특별히 뉴잉글랜드의 회중교회주의를 살피기 위해서는

전된 측면이 드러났다고 보고 있다. 에르네스트 슈트플러, 「경건주의 초기역사」 송인설, 이훈영 역(서울: 도서출판 솔로몬, 1993)에서는 청교도운동을 개신교 경건주의에 영국의 퓨리턴 경건주의 측면으로 다루고 있다.

이전까지의 인물별 탐구보다는 구체적인 신조들을 짚어가는 것이 더욱 효과적이므로 신조들을 중심으로 간략하게 다룬다.

Ⅳ장에서는 역사적 흐름을 짚는 것을 가지고 구체적으로 회중교회주의의 교회정치가 어떻게 평신도중심적인 교회정치의 입장을 신학적으로 가지게 되었는가에 대한 간략한 연구한다. 이것은 신조들을 살펴보면서 성경, 예수 그리스도, 그리고 회중이라는 단계를 밟으면서, 예수 그리스도와 회중이라는 이층구조를 조직적으로 분석, 설명한다.

Ⅴ장에서는 이러한 조직적 분석의 틀 속에서 구체적으로 각 신조들의 항목들이 어떻게 평신도중심주의를 보여주고 있는지를 상세하게 설명한다. 이것을 통해서 평신도중심주의가 회중교회주의 속에서 얼마나 탁월하게 열매를 맺을 수밖에 없었는지를 보여준다.

Ⅵ장에서는 이러한 평신도중심의 회중교회주의의 문제점들과 그 해결책을 제시한다.

Ⅶ장에는 결론으로 평가 및 제안을 집어넣는다.

만인제사장론에서 대중주권론으로
1)

1. 마틴 루터(Martin Luther, 1464~1532)

루터는 로마서 12:4f, 고전12:12f, 그리고 벧전2:9을 배경으로 하여 로마 천주교의 사제중심적인 교회론을 배격하고, 만인제사장론을 주장하므로 평신도의 교회 내에서의 위치와 역할에 혁명적인 변화를 가져왔다. 루터는 1520년에 출판한 그의 세 작품에서 만인제사장론을 주장하였다. 그는 「독일 귀족에게 보내는 글」(*Address to the Christian Nobility of the German Nation*)에서 만인제사장론을 주장하면서, 두 가지의 중요한 사항을 언급하였다. 그것은 복음을 통하여 은혜와 믿

---

1) 이 부분에 대한 집중적인 연구에 대해서는 여기에서 깊이 있게 다루지 못했다. 하지만 마틴 루터의 만인제사장론의 입장이 중세제도권교회에 대한 저항적인 입장에 서 있던 옥캄의 영향을 받은 수도원주의에서 영향을 입었을 것이다. 이것은 정치적으로 볼 때, 고대 민주주의에서 그 첫 뿌리를 찾을 수 있겠다. 하지만 필자는 이 부분에 대해서는 Th.M논문의 한계성과 국내에 있는 연구 자료의 부족으로 간단히 넘어가고자 한다.

음으로 이신칭의받고 세례받은 모든 신자들은 하나님 앞에서 하나님의 자녀라는 동등한 신분을 얻었기에, 먼저 성직자들이 평신도보다 우월하지 않으며, 둘째 평신도도 공의회를 소집할 수 있다는 것이었다. 이것은 사제와 평신도의 계급구조를 완전히 무너뜨린 것이었다. 그는 「교회의 바벨론 포로」(Babylonian Captivity of the Church)에서 한 걸음 더 나아가 평신도까지도 세례와 성만찬을 베풀 수 있다고 주장하였다.2) 그리고 그는 세 번째 책인 「그리스도인의 자유」(On the Liberty of the Christian Man)에서 평신도는 사제들의 중재 없이도 예수 그리스도의 손을 붙들고 지성소인 하나님의 존전에 홀로 나아가 이웃을 위해 중보기도를 드릴 수 있다고 말하였다.3) 티모디 조지는 이러한 루터의 입장을 그의 책인 「개혁자들의 신학」에서 루터의 입장을 잘 정리해 주고 있다.4)

---

2) 이형기, 「장로교의 장로직과 직제론」(서울: 한국장로교 출판사, 1998), 75. 여기에 인용된 것을 보면 다음과 같다. "우리의 입장은 이렇다. 모든 기독교인들에게 주어진 말씀은 모든 기독교인들이 선포할 말씀 이외에 아무것도 아니다. 기독교인이면, 누구나 베풀 수 있는 세례 이외에 그 어떤 다른 세례는 없다. 기독교인이면 누구나 집례할 수 있는바, 그리스도께서 제정하신 주의 성만찬 기념 이외에 그 어떤 다른 만찬은 없다……(L. W. 34f)"

3) Ibid., 76. "부언하자면 우리들은 제사장들이다. 그래서 우리는 왕들보다도 크다. 우리들은 제사장들이기 때문에 하나님의 존전에 설 자격이 있고, 다른 사람들을 위해서 기도할 수 있다……그리스도께서는 우리를 구속하사 제사장이 백성을 위하여 행동하고 기도하듯이, 우리들도 다른 사람들을 위하여 행동하고 기도할 수 있게 하였다." 마틴 루터, "그리스도인의 자유" 「루터저작선」존 딜렌버거편, 이형기 역(서울: 크리스천 다이제스트, 1994), 100.

4) 티모디 조지, 「개혁자들의 신학」이은선, 피영민 역(서울: 요단출판사, 1994), 108-111. 여기에서 그는 다음과 같이 말하고 있다. "루터는 모든 그리스도인들은 목사이며 설교할 권한을 가지고 있다고 가르쳤다. 이것은 한 사람이 비그리스도인들, 즉 터어키인들 가운데 있거나, 이방인들의 섬에 좌초했을 때라면 자유롭게 사용될 수 있다. 그러나 그리스도인들의 공동체 속에서 한 사람이 스스로 이 직책을 취함으로써" 자신에게 관심을 끌어서는 안 된다. 오히려 그는 자신이 "다른 사람들을 대신하여 그리고 그들

이상에서 보듯이, 루터는 하나님 앞에서 이신칭의를 얻은 모든 사람들은 평등하다는 성경적인 근거를 앞세워 만인제사장론을 주장하였음을 보게 된다. 이러한 루터의 입장은 권위의 출처와 권위의 대상이 누구인가에 대한 근본적인 패러다임의 변화를 유발시키는 것이었다. 왜냐하면, 중세의 사제중심적이고, 교황중심적인 입장의 근본적인 출발은 모든 권위가 하나님에게서 사제들에게로 내려와, 중재자들을 거쳐서 평신도들에게 전해진다는 입장이었기 때문이다. 하지만 만인제사장론은 하나님께로서 출발한 권위는 사제들을 거치지 않고 바로 교회의 회중, 혹은 평신도들에게 직접 내려온다는 입장이었기에, 이것은 가히 혁명적인 교회론의 변화를 가져올 수밖에 없었던 것이다. 이것은 민주주의의 근본적인 뿌리를 성경적인 입장에서 발견한 것일 뿐만 아니라,5) 후대에 칼빈을 거쳐서 토마스 카트라이트

의 명령에 의하여 설교하고 가르치도록 부름 받고 선택되도록" 되어야 한다. 그러한 소명은 회중을 통하여 선포되고 목사는 회중에게 신뢰받는 상태를 지속해야 한다. 루터는 다음과 같이 말하기도 했다. −우리가 오늘 그에게 준 것을 우리는 내일 그에게서 회수할 수 있다. 임직의식은 임직받은 자에게 지울 수 없는 특성을 부여하는 것이 아니다. 이것은 한 사람이 회중에게 봉사하기 위하여 기도, 성경, 그리고 안수를 통하여 위임받는 공적인 수단일 뿐이다. 루터의 위기의 시기에는 여성, 어린이, 그리고 무능력한 사람들이 만인제사장식에 따른 그들의 몫을 근거로 이러한 직책을 수행하는 것을 허용했지만……

5) 서영일, 「교회와 국가」(서울: 기독교문서선교회, 1984), 59. 여기에서 다음과 같이 말하고 있다. "「독일귀족에게 보내는 글」을 주의 깊게 살펴보면, 루터는 그리스도께서 머리이신 성도들의 교제, 만인들이 모두 제사장인 교회 등을 가리켜 '기독교권'이라는 용어를 사용하고 있는 것을 볼 수 있다. 귀족들은 바로 이 몸의 지체들로서 불리고 있으며, 세례를 통한 일반 사제설(sacedotium)을 상기하도록 촉구되고 있으며, 종교회의를 소집하여 교황으로부터의 경제적 착취를 방지하는 등 이들의 할 일(ministerium)을 수행하도록 촉구받고 있다. 귀족들은 이 경우 세속을 대표하는 권력자로서가 아니라 모든 신자들을 대신하는 같은 기독교인으로서 행동하는 것이었다." 또 다음과 같이 기록하고 있다. "종교개혁에서 비롯된 몇 가지 기본적 요인들은 그 후대의 민주주의 정부형태를 육성시키는 데 주요한 역할을 담당하였다. 모든 신앙인들은 다 제사장이라는 만인사제설은 특권

에게서 대중주권론의 개념으로 확실히 자리를 잡았으며, 결국 하나
님의 권위가 교회의 회중들, 즉 평신도들에게 직접 주어진다는 회중
주의 사상으로 발전되어 뉴잉글랜드에서 평신도중심의 회중주의의
꽃을 피게 만들었던 것이다.

그러나 안타깝게도 루터의 초기 입장은 종교개혁의 힘의 주체인
당시의 권력에 의존하게 되는 입장에 서게 되므로 인해, 그리고 여
러 가지 급진적 종교개혁자들의 돌출행위와 반발로 인해서 교권적인
교회구조로 흘러가고 말았다. 티모디 조지는 "하지만 종교개혁의 위
기 사태들 때문에 루터의 초기의 회중주의는 지속될 수 없었다"라고
말한다.6) 그 이유는 교회개혁의 힘을 가지기에는 정부와 권력의 힘
을 의존할 수밖에 없었기 때문이다. 하지만 이러한 원리는 칼빈에게
전수됨을 보게 된다.

2. 존 칼빈(John Calvin, 1502~1564)

칼빈도 루터와 동일하게 그리스도인들이 예수 그리스도를 믿음으
로 말미암아 모두 사제가 되었으며, 왕적인 영예를 수여받았음을 주
장하였다.7) 칼빈은 그의 기독교 강요 초판(1536년 8월)8)에서 서품의
기원과 계층질서적 성직체제를 비판하는 맥락에서, 저들은 "온 교회

층의 전유물이던, 종교, 정치적 권력이 민주화를 이루는 데 근본적인 원
동력이 되었다."(*Ibid.*, 82).

6) 티모디 조지, 110.

7) *Ibid.*, Ⅱ. 7. 2. "복음서 가운데서 그리스도께서 위하여 자신을 나타내셨
던 그 사람들은 그들의 조상들보다 더 많은 것을 얻었다. 그 이유는 그
들이 모두 사제적이고 왕적인 영예를 수여받았고……."

8) 존 칼빈, 「기독교 강요」(1536년판 완역), 양낙홍 역(서울: 크리스천 다이
제스트, 1988).

가 가져야 할 이 명칭을 자기들의 것이라고 하는 신성모독의 죄를 범했다."고 주장하면서 베드로전서 2:9에 근거하여 만인제사장론을 펼쳤다. 칼빈은 말하기를 "베드로는 소수의 체발한 사람들을 가리켜 '성직자'라고 하는 것이 아니라, 모든 하나님의 백성을 가리켜 하는 말이다. 베드로는 신자들에 대해 '너희는 택하신 족속이요 왕 같은 제사장들이요 거룩한 나라요 그의 소유된 백성이니'(벧전2:9)라고 말한다."9)라고 주장하였다.

루터의 만인제사장론의 입장의 기본적인 원리는 여전히 칼빈에게서도 동일하게 유지되고 있다. 하지만 교회구조에 대한 칼빈의 입장은 루터와 달리 제도적이고, 계층적인 입장으로 약간 선회하고 있음을 본다. 그는 교회지도자들을 선출하는 데 있어서도 평신도들을 협의기구에 반드시 참여시켜야 한다고 말하였다. 칼빈은 이것에 대한 성경적인 근거로 사도들인 바울과 바나바는 교회의 회중과의 협의를 거쳐 감독이나 장로나 목사를 선출하였음을 주장하였다. 더 나아가 그는 강요 최종판의 4권 4장 10~15항까지에서 평신도들이 교회지도자들을 선출하는 데 어떤 역할을 해야 하는지에 대해 고대교회들의 선례를 들어서 자세하게 설명해 주고 있다.

---

9) 엘빈 데이비스, 「칼빈주의 사상과 자유사상」한국칼빈주의연구원편역(서울: 기독교문화협회, 1981), 75. 이러한 칼빈의 입장은 교회정치 형태를 넘어서서 국가정치 형태에까지 영향을 미쳤다. "교회가 칼빈의 손에 들어왔다는 대중적 기반은 역사적 맥락에서 볼 때 중요하다. 진정한 의미에서 개혁교회회원들이 목회자의 선거에 동등하게 참여하며, 임명된 장로로써의 평신도가 성직자와 동등하게 교회의 일에 참여하는 장로회적 형태의 정부는 민주주의의 가장 중요한 요람의 하나가 되었다. 이것은, 모든 위로부터 내려오고, 평신도가 아닌 성직자의 계급으로 계급의 계층이 끝마치는 로마 가톨릭의 체계를 일격에 완전히 허물어버렸고……그래서 정부는 피치자의 동의로부터, 그 정당한 권력을 얻어낼 수 있다는 이 위대한 원리가 처음부터 칼빈주의의 중심에 견고하게 심기어졌다. 직접적이고 자연스런 계층으로서 이 원리는 영국 청교도 사상의 지도원리가 되었으며, 머지않아 미국혁명의 불꽃을 일으키는 사상이 되었다."

누가 사역자들을 임명하느냐 하는 데 대해서는 항상 한 가지 절
차만을 밟지는 않았다. 고대에는 일반신도의 찬성이 없이는 아무도
성직자회에 들어갈 수 없었다. 그 후 감독직을 제외한 다른 교직에
관해서도 일반 신자는 적격자를 선택하고 임명하는 일을 감독과
장로들에게 일임하는 것이 보통이었다. 단 한 교구에 새로 장로가
임명될 때는 아마 예외였을 것이다. 그런 경우에는 그곳 주민들이
분명히 찬성해야 했기 때문이다.10)

하지만 칼빈은 평신도와 성직자의 적절한 균형이 중요함을 고대교
회 때의 절차를 예시하면서 언급하였다. 왜냐하면 평신도들의 어리
석음과 만장일치에 의한 문제해결이 거의 불가능하다는 것을 알고
있었기 때문이었다. 그러므로 그는 다음과 같이 언급하였다.

신자들의 소원을 들은 후에 성직자들이 선택했다. 이와 같이 성
직자들이 마음대로 감독을 임명할 수도 없었고, 일반 신자들의 어리
석은 소원을 성직자들이 그대로 따를 필요도 없었다. 레오는 다른
곳에서 다음과 같은 순서를 제시한다. "시민들의 소원과 신자들의
증언과 중요 인물들의 결정과 성직자들의 선택을 얻어야 한다." 마
찬가지로, 중요 인물들의 증언과 성직자들의 일치된 의견과 관리들
과 신자들의 찬성을 따라야 한다. "다른 방법은 이성이 허락하지 않
는다"라고 그는 말한다. 라오디게아 회의의 결정은 성직자들과 지도
자들이 부주의한 군중에게 끌리지 말고 필요한 때에는 그들의 지혜
와 성의로 군중의 어리석은 소원을 억제하라는 뜻에 불과하다.11)

이처럼 칼빈은 교회정치 형태에서 단순히 평신도중심만도 아니고 성
직자만이 주도하는 입장이 아니라, 양자가 어느 정도 균형과 조화를 이
루는 입장으로 나아가고 있음을 본다. 그리고 이것은 더 나아가 권위의

---

10) *Inst.,* Ⅳ.iv. 10.
11) *Inst.,* Ⅳ.iv. 11.

문제에 있어서는 회중들에게 있지만, 권위가 교회의 정치형태로까지 확대될 경우, 평신도 대표자들로 협의회를 구성하는 쪽으로 나아갔음을 보게 된다. 그러므로 칼빈에 와서 만인제사장론의 입장은 어느 정도 교회정치 형태에 적용되었을 때 의회주권적인 형태로 변화되었다.[12]

하지만 기본적인 원리적 측면에서 볼 때는 칼빈도 여전히 평신도의 위치와 역할에 대한 루터의 입장과 동일선상에 서 있음을 본다.

3. 토마스 카트라이트 (Thomas Cartwright, 1535~1603)

칼빈의 영향은 영국의 청교도 개혁자들에게 그 영향력을 강하게 미쳤다.[13] 청교도들은 대륙에서 배운 가르침의 영향하에 신약을 연

---

12) 서영일, 60, 72. 여기에서 서영일은 칼빈의 교회와 국가정치체제에 대해서 다음과 같이 말하고 있다. "칼빈은 가장 이성적인 정부형태를 추구하면서, 쉽사리 전제정치로 화하기 쉬운 군주제와 무정부 상태의 중우정치로 전락하는 경향이 있는 민주정치를 모두 탐탁지 않게 여기게 되었다. 이에 따라 그는 귀족정치나, 귀족정치와 민주정치의 혼합형태가 다른 모든 체제보다 더욱 우수하다는 점을 부정할 수 없다(*Inst.*, Ⅳ. xx. 16)"고 말했다. "깔뱅의 귀족주의적 민주주의 체제는 후일 대의 민주제의 좋은 표본이 되었다는 평가를 받고 있는데, 일찍이 제네바의 교회질서와 정치질서에까지 영향을 주었다. 깔뱅은 교회정치에 있어서 개 교회의 목사, 당회, 제직회, 공동의회 등을 두어 교회정치 형태를 귀족주의적 민주주의 방식으로 발전시켰다. 그리고 개 교회들, 노회, 총회, 및 도시국가인 제네바 정부의 구성요소인 소의회(60인), 200인의회, 시민총회 등은 모두 깔뱅의 귀족주의적 체제에 관한 신학과 신앙의 영향을 받은 것이었다. 이러한 깔뱅의 사상과 경험은 후일 세속정부의 민주화를 이루는 데 크게 공헌한 것으로 분석되어 온다. 17세기 스코틀랜드, 영국, 그리고 18세기 미국의 민주화에서 그 영향을 찾을 수 있다." 이러한 칼빈의 입장은 회중교회주의의 입장과 분명한 차이가 있다. 그 차이의 원인은 제네바의 당시 상황, 즉 정치권과의 어느 정도 결탁해야 했다는 점과 또한 그의 교회정치 형태에 대한 성경적 확증의 거부 때문이다.

구하면서, 영국교회가 비성경적인 정치체제임을 발견하였다. 특히, 칼빈의 제네바교회의 모습을 성경적 형태와 부합시키면서, 교회지도자들은 그들이 섬기고 있는 회중, 즉 평신도들에 의해 선출되어야 하며, 교회지도자들 사이에 영적 동등성을 주장하였다.14)

이러한 주장의 선두주자가 바로 토마스 카트라이트(Thomas Cartwright)이다. 그는 제네바에 망명 후 1567년에 레이디 마가렛(Lady Margaret)대학교의 교수생활을 시작하였다. 그는 그의 강의 기간 동안, 자신의 신학적인 위치를 확고히 하였는데, 하나님께서는 성경에 자신의 뜻을 다 드러내셨으며, 성경은 교회정치체제의 규정을 제시하였다는 것이었다. 그 모델은 당시 영국교회의 주교체제가 아니라,

---

13) 본 논문의 전체적인 흐름은 교회론을 중심으로 하고 있다. 그런 관점에서 볼 때, 칼빈의 교회론이 국가론에 얼마만큼 영향을 미치고 있는지는 잘 모르겠으나, 당시 제네바의 정치형태가 신정정치에 기초한 귀족적 민주주의 형태였음을 볼 때 교회정치 형태에서도 국가정치 형태와의 유사성을 지니고 있다고 볼 수 있겠다. 이와 더불어 칼빈의 신학이 민주주의 이념에 끼친 영향이 너무나 막대하다는 것이 트뢸치나 그 외 학자들에 의해서 충분히 연구되었으므로 여기에서 이 모든 칼빈의 청교도에 미친 신학적 영향들을 모두 다룬다는 것은 별로 중요치 않다고 보인다. 노재성에 의하면 "깔뱅은 제4권 20장에서 국가에 대한 견해를 쓰고 있다. 이것은 교회론 다음에 위치하고 있는데 국가의 영역에도 하나님의 주권이 철저히 군림해야 한다는 그의 사상과 관련되는 것으로 본다. 깔뱅의 정치신학은 이 제4권 20장에 잘 요약되어 있다. 야마모두 나고부는 이 기독교 강요 제4권 20장이야말로 현대에 필요한 '기독교적 민주주의의 원리'이며 이는 '프랑스혁명에 기초한 인간중심적 무신론적 민주주의의 체계와는 전혀 다른 별개의 범주에 속하는 것이며, 근세 민주주의 국가들의 정치적 이념이나 현실에 적지 않게 영향을 미친 것이다'라고 했다."고 말하고 있다. 또한 그는 "또한 일본 여자신학 교수인 야마모도 목사는 그의 저서에서 "이스라엘 정치적 자유형성의 기초 위에는 종교적 자유가 있다. 영국의 퓨리턴 혁명에서 미국의 독립선언 및 인권선언에 이르기까지 깔뱅주의의 민주주의 신념이 견고하게 기저에 깔려 있다."라고 각주14에서 인용하고 있다. [노재성, 45.]

14) 윌리스턴 워커, 「기독교회사」 송인설 역(서울: 크리스천 다이제스트, 1993), 605-606.

칼빈의 제네바교회의 정치체제라는 것이었다. 카트라이트가 제안한
이러한 체제에 따르면, 교회의 지도자는 그 교회의 회중들에 의해서
선출되어야 한다는 것이었다.[15]

그렇다면 이러한 사상의 기저에 깔려 있는 근거는 무엇인가? 그것
은 마틴 루터의 만인제사장론의 기초인 구원받은 백성은 하나님 앞
에서 평등하다는 사상이다.

> 하나님 앞에서 모든 사람들은 동등하게 죄인이었으며, 역시 동
> 등하게 심판의 조건을 가졌었다. 만약 이 땅에서 다른 사람들보다
> 우위의 자리에 있다면, 그것은 하나님의 행위이지, 자신의 것이 아
> 니다. 이와 같은 동등성은 교회 혹은 국가에서 모든 정치의 조건이
> 다. 교회 안에서 아무런 차별 없이 사람들은 그들이 가르침을 받고
> 섬김을 받을 사람을 선택해야 한다. 각 교구별로 그들은 그들의 장
> 로들과 사역자들을 선택해야 한다.[16]

결론적으로, 하나님께서는 주권을 교회지도자들에게 주신 것이 아
니고, 교회에게 직접 주셨다는 것이다. 그러므로 교회지도자들 역시
교회의 일원으로서 하나님의 법 아래 있어야 하며, 교회의 지도자들
은 교회회원들에 의해서 선출되어야 한다는 것이다. 그러므로 이것
은 결국 그 권위와 주권은 회원들의, 즉 평신도들의 허락에 의하여
아래로부터 지도자들에게 부여된 것이다. 이런 의미에서 이것은 "대
중주권(the Popular Sovereignty)"의 개념으로 자리 잡았으며,[17] 회중

---

15) William Haller, *The Rise of Puritanism* (Philadelphia: University of Penn-
   sylvania Press, 1938), 10-11.

16) *Ibid.*, 12.

17) 원종천, "언약개념의 청교주의," 「아신」7집(1990, 겨울): 113f. 노재성,
   90-96에 대중주권(popular sovereignty)이 칼빈과 그 후예들에 의해서 어
   떻게 발전되었는지를 잘 보여주고 있다. "트뢸취에 의하면 깔뱅 자신은
   비민주적, 권위주의적 관점을 가졌었다고 지적할 수 있다. 그러나 제네

교회주의 교회정치의 기반이 되었던 것이다.

임희완 박사는 이것에 대해서 다음과 같이 평가하고 있다.

"퓨리터니즘은 대륙의 프로테스탄티즘이 영국으로 건너와 재정
립된 보편적인 종교이념으로, 그 주류를 이루는 맥락은 칼빈주의라
할 것이다. 퓨리터니즘의 주요 요소는 두 가지로, 하나는 예정론이
며 다른 하나는 평등사상이다. 전자는 구원의 길로 정해진 선민은
전단(專斷)적인 신정정치를 이룩해야 한다는 주장이며, 후자는 모
든 선민은 신 앞에서 평등하다는 주장으로, 후에 종교의 계급제도
뿐 아니라 사회의 계급제도까지 동요시킨 평등주의사상의 기원이
된 사상이다."18)

바의 시공화국과 국가교회의 상호교류는 국민주권(이것은 대중주권과
같은 말임 – 필자주)이라는 민주적 방향으로 영향을 주었다. 깔뱅이 설
교를 통해 여론에 호소하고 선거민에게 호소한 것이 더욱더 직접적으
로 민주주의 방향으로 가게 한 요인이었다. 모든 어려움 중에서도 Cri
au Peuple(국민의 소리)는 깔뱅과 그 후계자들의 최후수단이었다. 시민
개개인에게 부과된 순종의 의무는 깔뱅의 제자 베자에 이르러, 성바돌
로메의 대학살이라는 프랑스 정부의 악행에 직면하여, 결국 포기되었다.
그리고 그러한 필요의 경우에 호소의 마지막 장(場)으로서 인민의 주권
을 베자는 선언했는데 이것은 이상한 것이 못된다. 베자의 주장은 간단
한 것으로서 모든 다른 호소는 다 좌절됐을 때는 신적인 법과 자연법
이 인민을 법의 마지막 원천으로 만든다는 것이다. 그리고 다른 모든
수단이 남아 있지 않을 때는 폭력혁명도 허용된다는 이론이다. 국민주
권, 혁명의 권리, 헌법의 구속력 있는 성격이 여기서 나왔다. 이러한 베
자의 사상은, 신수권(Divine Right)교리와 전통적 권위에 대한 신적 임
명권을 연결시키면서, 또 권위에 대한 초대 기독교 교리와 권위에 대한
복종을 민주적 개인주의 정신과 함께 연결시키면서, 많은 문서에 스며
들었다……트뢸취에 의하면 국민주권이론은 이성과 성서에 근거한 것이
다. 그리고 이것은 필요하면 사악한 통치자를 사형에 처할 수 있으며,
사악한 통치자에 대해 폭력적인 저항을 할 수 있는 권리와 의무가 있
다는 이론이다. 이 교리는 많은 깔뱅주의윤리 지지자들에 의해 주장됐
었다. 이 이론은 스코틀랜드와 영국의 스튜어트 왕조하의 장로주의자들,
크롬웰군대의 장군들이 지지했다……

18) 임희완, 「영국혁명의 수평파운동」(서울: 민음사, 1988), 32-35.

그리고 만인제사장론의 기저가 된 모든 구원받은 백성은 하나님 앞에서 평등하다는 사상은 대중주권사상으로 이어져 회중교회의 평신도중심주의 형성에 교회언약과 맞물리면서 깊게 뿌리내리게 된 것이다. 하지만 카트라이트의 대중주권의 입장은, 좀 더 장로파보다 과격한 입장인 분리파와 독립파 회중교회주의에 영향을 미쳐 독립파에서 그 꽃을 피웠던 것이다.

III

회중교회주의의 태동과 성장
(1582～1659)

제프리 너털(G. F. Nuttal)은 존 라스코(J. a Lasco)가 1550년 7월 24일에 에드워드 6세에 의해서 허가를 받아 런던에 세운 외국인 회중교회를 최초의 회중주의의 경향을 가진 것으로 보고 있다.[1] 이들은 한 독립된 회중이 영국법과 교회의 권위에 의해서 각각 승인을 받았다는 면에서 매우 중요하다. 그리고 약 8개월 후 벨러렌드 폴레

---

1) Geoffrey F. Nuttall, *Visible Saints: The Congregational Way 1640～1660* (Oxford: Basil Blackwell, 1957), 4-5. "이들은 국교회의 항의에도 불구하고 영국 주교단과 독립된 채로 라스코의 감독 아래 그들 스스로의 사역자들과 예배드릴 교회와 건물, 자신들만의 교회규칙, 자신들만의 의식과 행사, 치리를 행하도록 하는 허가를 모두 받았다……뉴잉글랜드와 영국 내에 있는 장로교인들과의 1644년에 출판된 서신교환 속에서 회중주의자들이 다음과 같이 쓰고 있다. "우리의 의식이 이상하고 독단적인 것으로 비난받지 않아야 한다는 것은, 런던에 외국인들을 위한 교회를 세울 자유와 그들 스스로 성경과 일치하는 것에 따라 그들 스스로 교회정치를 잘 규정하여 운영할 자유가 인정되었던, 1550년에 학식 있는 폴란드 귀족으로 영국의 승인을 받은 존 알레스코에게 인정된 복되고 유명한 기억으로 에드워드 6세 때에 국가의 공적인 호의에 의해서 검토되고 승인된 것과 같은 돌봄을 의장이 세우도록 우리에게 여지를 주어야 한다."

인(Valerland Poullain)에 의해 글레스톤베리(Glastonbury)에 또 다른 피난민 회중(Refugee Congregation)이 세워졌다.[2] 폴레인의 회중교회가 가진 중요성은 후에 교회언약의 원초적 성격의 문서를 만들어서 그 교회의 회중들의 서명을 받았다는 것이다.[3] 약 17년 후인 1567년에 리챠드 피츠(Richard Fitz)와 그의 동역자들에 의해서 런던에 회중교회가 세워졌다.[4] 물론 이 회중교회가 만인제사장론에서 출발한 대중주권사상에 입각해서 세워졌는지는 확실치 않다. 그러나 교회언약을 정하고 거기에 회중들이 함께 서약하고 스스로 교회지도자들을 세운 것은 대중주권사상에 기초한 회중교회가 세워졌음을 증명하는 것이다.

하지만 위의 경우는 모두 외국인들에 의해서 세워진 경우였다. 그러므로 회중주의적 성격을 가졌다 하더라도, 영국인에 의해서 시작된 회중주의라고 보기에는 어렵다. 그래서 일반적인 학자들의 공통된 견해를 따라 우리는 회중주의의 태동기와 성장기를 살펴보도록 할 것이다.

---

2) *Ibid.*, 5.

3) *Ibid.*, 6. 폴레인의 전기작가(biographer)인 칼 바우어(Karl Bauer)는 회중교회정치의 요소로서 중요한 부분을 차지하는 소위 언약(covenant)의 전조를 그가 보고 있다는 점에 강조점을 둔다. 그러므로 그는 교회론의 독립파의 선구자로 폴레인을 지칭하는 데 정당성을 부여하고 있다. 원종천, 「청교도 언약사상: 개혁운동의 힘」(서울: 대한기독교 서회, 1998), 139에서는 명확하지 않으나 다음과 같이 언급하고 있다: Browne이전에도 '교회언약'의 개념은 메리여왕 때 영국에 그리고 스코틀랜드에 존재하고 있었다. 대륙의 재세례파들도 이미 교회언약을 사용하고 있었고 어떤 경우에는 Browne의 교회언약보다 훨씬 더 확대된 내용을 포함하고 있다.

4) Williston Walker, *The Creeds and Platforms of Congregationalism* (New York: Charles Scribner's Sons, 1893), 7. Richard Fitz와 그의 교회, 그리고 그들의 짧은 역사에 대해서는 Michael R. Watts, *The Dissenters: From the Reformation To the French Revolution* (Oxford: Clarendon Press, 1978), 23-24에 잘 설명되어 있다.

1. 태동기

1) 로버트 브라운(Robert Browne, 1550~1633)

일반적으로 영국인들 중에서 최초로 회중교회주의 원리들을 글들 (writings) 속에서 보여준 사람이 로버트 브라운이라고 보는 데 견해를 일치하고 있다.5) 그는 1570년 당시 강력한 청교도의 본산지였던 케임브리지 대학에 들어갔다. 그는 거기에서 당시 영국교회의 진보적인 개혁이 필요하다고 외치던 토마스 카트라이트(Thomas Cartwright) 의 영향을 받았다. 그는 여기에서 카트라이트의 영향을 받으며, 청교도 교회관을 수용하는 과정 속에 갈등기를 지나게 되었다. 아마 그는 여기에서 만인제사장론에 기초한 대중주권사상에 대한 장로교회론의 가르침을 어느 정도 받았을 것이다. 그는 목사로서 얼마간 사역을 하다가 다시 케임브리지로 들어가, 당시 저명한 청교도였던 리챠드 그린햄(Richard Greenham)의 영향을 받았다. 이런 과정 가운데 당연히 청교도적인 입장에 서게 되었다. 그는 어떤 이유인지는 자세히 모르지만 시간이 흐르면서 분리주의적 회중주의 관점으로 변화되는 영적인 투쟁을 겪었다. 그는 영국 국교회의 계급 중의 하나에 의존하는 것이 바른 사역에 걸림돌이 된다는 것을 알았기에 그가 약 6개월간 설교한 교회에서 남아 있기를 설득했지만 거절하였다. 그는 '하나님의 나라가 모든 교구들에서 시작되는 것이 아니라, 가장 가치 있는 교구에서 시작된다면, 그들은 거의 소수가 아닌가'라고 느꼈다. 자연적으로 그의 관점은 그의 교회의 상위층에게 공격적이었고, 그로 인해 어려움을 겪을 수밖에 없었다.6) 다시 말하면 그는 카트라이트와

---

5) *Ibid.*, 8. 각주 1번에 그의 생애가 짧게 언급되어 있다.

6) *Ibid.*, 9-10.

그린햄의 영향을 받으면서, 만인제사장론에 기초한 대중주권론, 즉 평신도가 교회의 주체라는 입장에 서게 되었으며, 당시 영국교회의 부패한 상황이 왕과 주교를 중심으로 하는 사제중심주의에서 출발했다는 판단 아래 사제주권을 공격하는 입장에 서게 된 것이다.

결국 그는 캔터베리의 대주교로부터 설교권을 박탈하겠다는 경고를 받고 1580년 그의 옛 동료 로버트 해리슨(Robert Harrison)을 따라 노르위치(Norwich)로 갔다. 1581년 1월경 해리슨은 브라운이 분리파 교회를 세우는 의견에 동참하기로 했고 동료들을 모아서 약 40명의 무리와 함께 "교회언약"에 서약하는 절차를 거쳐 영국 최초의 분리파 교회를 세웠다. 교회언약에의 서약을 따라 교회 직분자들이 임명되었고 예배형식이 제정되었다.

브라운의 교회언약의 특징은 5가지로 구분될 수 있는데,[7] 여기에서 회중교회주의의 중요한 특징들이 어느 정도 드러남을 보게 된다. 그 내용 속에서 성도들 스스로 언약에 대한 자발적인 참여와 결단, 그리고 헌신의 정신을 찾아볼 수 있다. 이것은 당시 영국의 국가교회에서는 찾아볼 수 없는, 왕과 주교가 중심인 계급적 체제를 전면적으로 거부하는 수평적 체제이다. 교회지도자들을 평신도 회중이 스스로 선택하고 순종하기를 결단하는 것, 그리고 예배를 위하여 구

---

7) 원종천, 「청교도 언약사상: 개혁운동의 힘」139-141. 여기에서 원종천 박사는 로버트 브라운의 교회언약의 특징을 5가지로 구분하고 있다. 첫째, 이들은 한 무리로 연합하여 주님께 자신을 헌신하며 주님의 율법과 통치를 지키고, 그 안에서 성도들끼리 서로 교제하며, 무질서와 악을 금하겠다는 것이다. 둘째, 성도들이 스스로 선택하여 자신들을 가르치고 인도하는 입장에 있는 교회지도자 또는 목회자들이 맡은 직분을 잘 감당하도록 도와주며 그들에게 순종하겠다는 내용이다. 셋째, 예배모범을 말하고 있다. 교회 내에서 질서 있게 기도, 성경 봉독, 권면, 위로 등을 할 것이며, 이것은 어느 누가 해도 좋고 특별히 이 일을 위하여 구분된 사람들이 맡아서 해도 좋다고 말한다. 넷째, 가족이나 친구 등 누구든지 주변의 사람들에게 하나님나라를 넓히도록 노력하고, 마지막으로 교회의 모든 일에 질서 있고 거룩하게 그리고 지혜롭게 행동할 것을 서약하고 있다.

분된 사람들이 없을 경우에는 아무나 질서 있게 해도 좋다고 말하는
점들은 당시 영국교회에서는 상상할 수도 없는 제도였던 것이다. 여
기에서 분명히 볼 수 있는 것은 자발성 혹은 자율성과 동시에 거룩
함과 순종이라는 책임성과 성실성을 요구하므로, 평신도중심의 교회
의 기본적인 요구를 만족시키고 있다는 것이다. 이것은 만인제사장
론에서 파생되어 나온 대중주권론의 적용이라고 볼 수 있는 것이다.

1591년 4월 분리파 교회의 형성은 곧바로 영국정부에 알려져서 브
라운은 1582년 네덜란드의 미들버그(Middleburg)로 피신하여 그곳에
교회를 세웠다. 그리고 그해에 그는 「모든 참그리스도인들의 삶과 양
식을 보여주고 그들이 투르크족과 교황주의자들과 그리고 이교도들
과 어떻게 다른가를 보여주는 책」(*A Book Which Sheweth the life and
manners of all true Christians, and how unlike they are unto Turks
and Papistes and Heathen folke*)을 출판했다. 이 책에서 브라운은 자
신의 회중교회주의적 관점을 잘 보여주고 있다. 특히 그의 이러한 관
점의 출발점을 기독교인들의 무리인 교회의 정의에서 잘 볼 수 있다.

> 기독교인들이란 하나님과 만들어진 자의적인 언약에 의한 믿는
> 자들의 무리, 혹은 일행으로, 하나님과 그리스도의 통치 아래 거하
> 며, 하나의 거룩한 교제 가운데에서 그의 법들을 지킨다: 왜냐하면
> 그들은 아담의 죄로 인해 타락된 것으로부터 예수 그리스도에 의
> 해서 거룩함과 행복함으로 영원히 구속되었기 때문이다.[8]

여기에서 브라운은 교회란 하나님과의 자발적인 언약 속에 있는
믿는 자들의 무리라는 것을 통해 회중들의 자발적인 주도성을 언급
하고 있다. 더 나아가 언약이라는 개념을 언급하므로 회중들과 하나
님과의 직접성을 강조하고 있다. 이것은 루터가 주장한 구원받은 성

---

8) Williston Walker, 19.

도는 모두 하나님 앞에서 평등하다는 입장과 동일한 맥락에서 나온
것이다.

이와 같은 교회의 정의는 브라운으로 하여금 분리주의적인 회중주의
자의 입장에 서게 하였으며, 최초의 회중주의자로 인정받게 만들었다.

2) 헨리 베로우(Henry Barrowe, 1550∼1593)[9]

이유는 분명치 않지만 로버트 브라운과 해리슨의 분쟁으로 인해서
미들버그 교회가 깨졌다. 로버트 브라운은 다시 영국 국교회로 돌아
가고 난 후, 여전히 브라운의 사상은 분리파의 교회관으로 정립이
되면서 일부 청교도들 사이에 퍼져나갔다. 1586년에서 1592년까지
영국교회에 반발하는 분리파 성향의 개념이 런던을 중심으로 계속하
여 나타났는데, 그때 지도자로 급부상한 사람들이 바로 존 그린우드
(John Greenwood)와 헨리 베로우(Henry Barrowe)이다.[10] 특히 헨리
베로우는 근대 회중주의의 공포자로서 가장 주목받을 만한 사람들
중에 하나이다.

그는 1566년부터 1569∼1570년까지 케임브리지대학의 클레어 컬
리지(Clare College)에서 청교도적인 성향을 습득케 되었으며, 존 그
린우드와의 친분으로 인해서 1586년 이전 어느 시기부터 회중주의적
인 관점을 갖게 되었다. 그는 1587년[11] 11월에 그의 친구를 방문하

---

9) Williston Walker, 29-30의 각주 6번과 Benjamin Brook, *The Lives of the
   Puritanism,* Vol.1 (London: Soli Deo Gloria Pub., 1813), 24-44에 존 그
   린우드와 함께 헨리 베로우의 생애가 기록되어 있다.

10) 원종천, 「청교도 언약사상: 개혁운동의 힘」 148-149.

11) 이 연대에 관해서는 현재 필자가 본 바로는 Benjamin Brook, *The Lives
    of the Puritanism,* Vol.2 (London: Soli Deo Gloria Pub., 1813), 24와
    Williston Walker, *The Creeds and Platforms of Congregationalism,* 29에
    는 베로우가 체포된 연도가 1586년 11월로 되어 있다. 하지만 Michael

러 감옥에 가는 동안 당시 대주교였던 휘트기프트(Whitgift)의 명령
으로 체포되었다. 하지만 그때부터 그는 1593년 3월 6일 처형되는
날까지 약 6년의 옥중생활 동안 자신의 생애에 있어서 가장 탁월하
고 생산적인 기간을 만들었다.

그는 1590년에 그의 책인 「잘못된 교회에 대한 요약된 발견」(*Brief
Discouerie of the false Church*)과 1591년에 쓴 「M. 기포드의 책에
대한 명백한 반박문」(*The Plaine Refutation of M. Giffords Booke*)에
서 회중주의의 원리들의 정교한 해설을 했다.12)

헨리 베로우는 영국교회를 참교회로 보지 않았을 뿐만 아니라, 권
징을 교회의 본질로 삼지 않았던 칼빈에 대해서도 강경한 어조로 비
판을 가했다.13) 왜냐하면 그도 브라운이나 다른 분리주의자들과 같
은 교회관을 갖고 있었기 때문이다.

> 교회는 하나님을 예배할 만한 사람들의 자발적인 단체이다. 그
> 것은 단지 하나님의 말씀을 믿기로 자유롭게 고백하고 말씀을 따
> 라 살기로 결단하고 노력한 사람들만을 포함해야 한다. 그래서 그
> 러한 사람들이 자발적으로 예배를 위해서 함께 모이기로 동의하고
> 그들 스스로 권징에 종속되기로 동의함이 없이는 교회가 존재할
> 수 없다. 한 교회는 정부의 강제력이나 악한 사람들을 억지로 모아
> 형성되는 것이 아니라, 오직 선한 사람들의 자유로운 동의에 의해
> 서만 형성될 수 있다.14)

R. Watts, *The Dissenters: From the Reformation to the French Revolution*,
35에서는 1587년 11월로 적고 있다. 필자는 좀 더 최근자료를 본문에
실었다. 하지만 후자가 저술 시 실수로 연도를 잘못 기록했을 가능성도
배제할 수 없다.

12) Williston Walker, 29-30의 각주 6.

13) Edmund S. Morgan, *Visible Saints*(Ithaca and London: Cornell University
Press, 1963), 23-27.

14) *Ibid.*, 25.

위에서 보는 것처럼, 그는 교회란 죄악 된 세상에서 자발적으로 구별된 성도들의 모임이라고 생각했다. 여기에서도 브라운이 주장한 것과 별반 차이점을 찾을 수 없다. 교회란 계급을 따라 나눠진 곳이 아니기에 강제력이나 억지가 통하지 않는 곳이다. 특히 이러한 자발성 속에는 거룩함이라는 분명한 평신도 회중 각자의 책임과 성실함이 필요하다. 이것은 교회의 구성원이 되기 위한 분명한 조건이기 때문이다.

그의 회중주의 교회관을 잘 보여주는 것이 바로 1589년도에 베로우와 그린우드에 의해서 구성되고 출판된 것으로 보이는 「런던 신앙고백서」(*The London Confession*)이다.[15] 여기에서 보면 회중주의의 몇 가지 중요한 특징들이 보인다. 먼저 교회의 정의[16]에서 그는 신실하고 거룩한 백성들의 무리와 교제로 구성된다고 말한다. 그리고 브라운에서 본 것처럼, 지도자의 선출에 있어서도 은사와 그들의 삶을 구체적으로 살펴보면서, 주님과 회중들의 거룩하고 자유로운 선택으로 됨을 말한다.[17] 즉 교회의 모든 정치는 단순히 교회의 지도

---

15) 이 글의 타이틀은 *A True Description out of the Word of God, of the Visible Church*이다.

16) Williston Walker, 33. 여기에 헨리 베로우의 교회의 정의가 다음과 같이 기록되어 있다. "교회는 오직 모든 것들 중에서 한 분 아버지하나님, 모든 것 위에 계시는 주님, 그리고 한 분 성령님이 계신 것처럼, 오직 하나의 진리, 하나의 믿음, 하나의 구원, 하나의 소망으로 부름 받고, 하나의 고백으로 연결되며, 하나의 법인 최고자의 말씀에 의해 인도받는 하나의 교회만이 존재한다. 보편적으로 이해되는 것처럼, 이 교회는, 이미 존재했고, 현재 존재하고 있으며, 앞으로 존재할 모든 하나님의 선택된 자들을 포함한다. 그러나 더욱더 엄밀하게 고려할 때, 오늘날 세상에서 보이는 것처럼, 교회는, 그들의 유일한 왕, 제사장 그리고 선지자이신 그리스도 예수의 이름으로 모인 신실하고 거룩한 사람들로, 그분을 올바르게 예배하며 그분의 사역자들과 법에 의해서 평화롭고 잠잠하게 지도를 받으며, 거짓 없는 사랑과 평화의 끈으로 믿음의 연합을 지키는 무리와 교제로 구성된다."

17) *Ibid.*, 35. "주님의 거룩하고 자유로운 선택과, 주님의 규정을 따라서 그리고 은사들의 시험과 승인을 위해서 성령의 도우심을 받고, 더욱이 주님 앞에서 그들 자신을 금식과 기도로 겸비케 만들므로, 거룩하고 자유

자들의 것이 아니라, 모든 평신도 회중 전체의 몫임을 말하는 것이다. 더욱이 회중들의 자유로운 지도자의 선택과 안수는 단순히 세우는 것으로 끝나는 것이 아니라, 그들의 모든 권한을 위임하고, 평화롭고 잠잠하게 지도를 받는 것을 원칙으로 하고 있다.[18] 하지만 여기에 지위의 높낮이가 존재하지는 않는다. 회중들은 장로를 선택하여 세우고 장로의 활동을 승인하며, 만약 장로들의 삶이 신앙성경과 일치되지 않을 경우 책망할 수 있는 막연한 권리를 가지고 있다.[19]

이 교회신조는 옥중에서 쓰인 것이기에 충분한 적용이 이루어진 것이라고 보기는 어렵다. 하지만 여기에서 베로우는 브라운과 동일한 맥락에서 평신도가 교회의 주체로서 자발적인 참여와 권한을 행사함과 동시에 책임과 순종의 의무도 동일하게 수행해야 함을 보여주고 있다. 물론 당시 영국 국교회에 대한 강한 반발이 평신도의 위치에 대한 보다 강한 입장으로 나아간 것은 자명하다. 하지만 분명한 것은 회중주의의 중요한 특징인 영적인 역동성이 평신도의 위치를 강화하면서, 자발성과 책임성을 강조하므로 그 실제적 힘을 발휘했다는 것이다.

3) 프랜시스 존슨(France Johnson, 1562~1618)[20]

헨리 베로우와 존 그린우드는 1593년 3월에 선동적인 책들(seditious books)을 써서 출판했다는 판결을 받은 후 1593년 4월 6일에 영국정

로운 사람들에 의해서, 지도자들을 선택하는 것을 제외하고는……"

18) 이것은 각주 16의 "교회의 정의" 속에 강하게 표현되고 있다.

19) *Ibid.*, 34. "모든 회중들은 서로서로 권고하고, 책망하며 위로하므로 주님의 눈앞에서 하는 것처럼 신실하게 그들 자신의 멤버들을 사랑으로 세워줄 의무가 있다."

20) Benjamin Brook, *The Lives of the Puritanism,* Vol.2 (London: Soli Deo Gloria Pub., 1813), 89-106. 여기에 자세한 내용들이 담겨 있다.

부에 의해서 타이번(Tyburn)에서 처형을 당했다. 하지만 그 책들은
이미 제몫을 다한 후였다. 이 책들은 영국에서 출판할 수 없어서 네
덜란드에서 출판되었다. 네덜란드 영국대사는 이 책들의 출판을 억제
하려고 노력하다가, 당시 미들버그(Middelburg)에 있는 영국상인협회
(English Merchant Adventurers)의 목사로 있던, 프랜시스 존슨에게 도
움을 요청했다.

존슨은 한때 캐임브리지의 크라이스트 대학(Christ's College)의 특
별 연구원(Fellow)이었으며, 옥중생활도 겪었고, 1589년에 장로교체
제의 옹호로 인해서 연구원으로서의 자격을 상실하였다. 비록 청교
도였지만, 그는 당시 분리파가 아니었기에 영국대사의 요청을 당연
히 수락했다. 결국 네덜란드의 동의를 얻어 책들의 출판이 금지되었
고, 출판된 책들은 불태워졌다. 하지만 그는 호기심을 이기지 못한
채 불태워지는 책들의 문제가 무엇인가를 알려고 두 권을 가져다가
읽게 되었다. 그는 그 책들을 읽는 중에 문제점을 발견하는 대신, 오
히려 큰 감명을 얻게 되고 말았다. 그래서 그는 런던으로 가서 당시
감옥에 있던 그 책들의 저자들인 베로우와 그린우드를 만나서 여러
가지 이야기를 나눈 후 진리에 대한 만족과 큰 확신을 얻어 미들버
그로 돌아가는 대신, 런던에 있는 분리파교회에 들어갔다. 그리고 그
는 1592년 10월에 그 교회의 목사로 선출되었다.[21]

그는 1593년부터 1597년까지 런던에 있는 감옥에 투옥되었다. 마
침 1593년에 의회는 교회에 대한 여왕의 권위에 도전하고, 교회출석
을 거부하며, 합법적인 예배 이외의 다른 예배를 사용하는 특별집회
(conventicle)에 참석하는 자들에게 추방을 선포하는 법령을 통과시켰
다. 이것으로 인해서 런던의 회중교회는 1593년 여름부터 대부분 암
스테르담(Amsterdam)으로 피난하였다. 존슨은 우여곡절 끝에 감옥에

---

21) Michael R. Watts, 37-38.

서 풀려난 후 암스테르담에서 그들의 목사로, 헨리 에인스워드(Henry Ainsworth, 1571~1623)와 함께 사역하였다.

프랜시스 존슨는 1591년 10월에 미들버그 교회에서 영국상인협회(English Merchant Adventurers)회원들과 함께 교회언약을 제정하여 집행하였다.[22] 이 교회언약에서는 브라운과 베로우의 경우보다 특이한 점을 발견할 수는 없다. 아마도 이 당시에는 그가 아직 분리파가 아니었기 때문에 영국교회에 대한 과격한 적대성은 가지지 않았을 것이다. 그러나 역시 교회언약의 4가지 내용을 볼 때, 여기에서도 나타나는 회중들의 자발성, 자신들이 스스로 세운 지도자들에 대한 조건적인 순종의 내용은 평신도의 지위와 역할에 중요성을 부여하고 있음을 보게 된다. 더 나아가 자신들이 스스로 교회언약에 의해서 세운 교회의 멤버로서의 책임에 대한 강조점을 볼 수 있다.

런던교회에서 피난 온 사람들로 구성된 암스테르담에서 세워진 회중교회는 헨리 에인스워드를 교사로, 여전히 런던감옥에 투옥 중인 프랜시스 존슨을 목사로 세웠다. 그리고 이들은 1596년에 자신들의 신앙을 보호하기 위해서 새로운 신조(new creed) - 이 책에서는 「런던 - 암스테르담교회의 제2신앙고백서」(The Second Confession of London-Amsterdam Church) - 를 제정했다.[23] 이 신조는 암스테르담교회의 회중들뿐만이

---

22) 원종천, 「청교도 언약사상: 개혁운동의 힘」152-154. 여기에 프랜시스 존슨이 미들버그에서 제정하여 집행한 교회언약의 전문이 실려 있다. 이것을 요약하면 다음과 같다. 이 교회언약은 4가지로 구분되어 있는데, 먼저 성경 안에 계시된 그리스도에 대한 믿음과 교리의 진리 됨을 믿고 인정한다고 말한다. 둘째로 하나님께서 회중들의 신앙생활을 위한 통상적인 수단으로 교회 안에 가르치고 다스리는 장로들과 집사들과 조력자(Helpers)들을 세우셨음을 인정한다고 말한다. 셋째로 교회언약에 자발적으로 참여하고 끝날 때까지 약속에 순종할 것을 약속한해야 하며, 약속하지 않으면 교회의 멤버가 될 수 없음을 명시하고 있다. 마지막으로 한때 이 교회의 멤버였던 사람이 다른 교회에서는 멤버가 될 수 없음을 말한다.

23) Williston Walker, 49-74.

아니라, 런던의 감옥에 있는 런던교회회중들과의 협의를 통해서 만들
어졌다.24) 물론 런던감옥에서 주도적인 역할을 감당한 인물은 당연히
프랜시스 존슨이었을 것이다.

이 신조25)에서도 역시 브라운과 베로우에서 보이는 특징들이 동
일하게 보이고 있다. 대표적인 예로 33항26)에서 회중교회의 정의를
다루고 있는데, 그 특징들은 다음과 같다. 먼저 교회란 그리스도인의
양심의 자유에 근거한 자발적인 공동체임을 말하고 있다. 이것은 영
국교회의 사제중심적인 교회정치체제에서 나오는 타의성과 비자발적
교회공동체에 대한 반동적 입장이다. 그리고 회중들의 대표자는 오
직 예수 그리스도 한 분뿐임을 강조하고 있다. 이것은 회중교회주의
신조의 교회정의에서 철저하게 언급되고 있는 부분이다. 즉 사제들
이 계층상 평신도의 위에 있는 것이 아니라는 것이다. 그러므로 평
신도나 사역자들은 한 몸이라는 수평적 지위로 일치된다. 이러한 교
회의 정의는 사역자의 직분, 선출권, 치리와 권징 등 모든 문제에 확
대 적용되어 평신도의 주체적인 참여와 그것에 따른 철저한 책임과
성실성을 요구하고 있다.

프랜시스 존슨은, 새롭게 계획된 식민지역으로 이주한다는 조건으

---

24) *Ibid.*, 43.

25) 이 신조는 총 45항까지로 나뉘어 있는데, 1항에서 16항까지 일반적인
기독교 교리를 다루고 있다. 그리고 17항에서 45항까지로 전체의 3분의
2 정도를 교회론에 할애하므로 당시 교회론에 대한 영국교회와의 갈등
을 잘 대변해 주고 있다.

26) Williston Walker, 69, 32번에서 영국 국교회를 반기독교인의 신분이라고
말하면서 회중교회의 참된 교회로서의 입장을 여기에서 다음과 같이 설
명하고 있다: 이러한 반기독교인의 신분으로부터 그리스도에 대한 자유
와 진정한 신앙고백으로 나와서……그들은 자발적으로 기독교인의 공동
체와 함께 연결되며, 질서 있게 언약을 맺어서, 그리스도에 대한 믿음과
순종의 고백에 의해서 그들 자신을 특별한 회중들과 연합시킨다. 그리
스도가 유일한 머리이신 한 몸의 지체로서 그 안에서 그의 말씀을 따
라, 하나님을 예배하고 봉사하며, 주님의 날에 거룩하게 지키도록 한다.

로, 1597년에 영국정부로부터 석방되었다. 그리고 우여곡절 끝에 그는 암스테르담교회에 다시 합류하여 목사로 사역을 감당하였다. 시간이 흘러 1603년 3월에 엘리자베스의 오랜 통치가 막을 내리게 된 후 당시 스코틀랜드의 여왕 메리의 아들인 제임스 1세(1603~1625)가 그 뒤를 계승했다. 청교도들은 그가 청교도적인 교육을 받은 것을 근거로 하여 그의 교회개혁에 대해 큰 기대를 가졌다. 그들은 1603년 4월에 일천 명 청원서(Millenary Petition)를 국왕에게 제출했다. 그러나 1604년 1월에 제임스 1세에 의해서 내려진 햄프턴 궁정회의(Hampton Court Conference)의 결정사항들은 청교도들로 하여금 특히 분리파 회중주의자들로 하여금 영국교회의 개혁에 대한 희망을 완전히 상실하게 만들었다.

이런 상황 속에서 당시 암스테르담 교회에서 사역하고 있던 프랜시스 존슨과 헨리 에임스워드는 1603년 즈음 분리파의 입장을 제임스 1세에게 「분리파라고 불리는 진정한 기독교인들의 변명 혹은 변호」(*Apologie or Defence of such True Christians as are commonly called Brownists*)라는 제목의 글로 올렸다. 그리고 그 가운데 하나가 바로 「영국교회와 회중교회의 차이점들」(*The Points of Difference between Congregationalism and The Church of England*, 1603)이다. 이 글은 총 14장으로 구성된 매우 짧은 글이다. 하지만 여기에서는 초기 회중주의의 형성에 있어서 중요한 부분들이 영국교회와 어떤 차이점을 지니고 있는지를 집약적으로 보여주고 있다.[27]

이 글에서 특징적인 것은 그리스인의 자유에 관한 것이다. 즉 당

---

27) *Ibid.*, 77-80. 교회직제에 대한 성경의 충분한 제시, 개 교회의 동일한 권한, 자발적 공동체로서의 보이는 교회의 정의, 사역자 선출의 조건과 회중들의 선출권한, 교회와 국가의 철저한 분리, 성경적 원리에 의한 교회의 운영, 오직 신자에게만 성례가 가능하다는 것, 그리스도인의 양심의 자유에 위배되는 모든 교회의 의식이나 예식의 금지와 같은 것이 여기에 언급되고 있다.

시 영국교회에서 시행되고 있었던 천주교의 유물들이 그리스도인의
양심에 위배된다면 각자의 양심에 따라 처리되어야 한다는 것이었
다. 이것은 평신도 개개인의 양심이 하나님의 법을 어기지 않는 차
원이라면, 스스로 결정한 권한을 가진다는 의미이다. 이것은 종교개
혁신학에서 중요한 위치를 차지했으며, 청교도 신학에 있어서도 마
찬가지였던 각 개인의 양심이 성경에 위배되지 않는다면 자유를 행
사할 권리와 자유가 있다는 양심의 자유에 관한 입장이었다. 사실
이것 역시 회중교회주의의 중요한 특징인 주체로서의 평신도개개인
의 위치의 중요성을 양심의 자유라는 입장에서 논한 것에 불과하다.
즉 한 개인이 성경과 하나님 앞에서 옳다고 인정된다면, 그는 사제
의 간섭이나, 교권의 간섭에서 자유롭다는 것이다. 그러므로 분리주
의적 회중교회주의를 살펴볼 때 토마스 카트라이트의 대중주권론이
교회언약과 맞물리면서 평신도의 자발성과 책임성을 유발시켜서 회
중교회주의를 태동케 하였음을 본다.

분리파 청교도의 대표자들로 여겨지고 있는 로버트 브라운, 헨리
베로우, 프랜시스 존슨을 차례로 살펴보았는데. 이들의 교회관에 대
해서 원종천 박사는 다음과 같이 요약하고 있다.

분리파의 교회관은 교회언약에 입각한 자발성의 강한 성격으로
말미암아 당연히 영국교회와는 물론이고 장로교제도와도 다른 교회
정치 형태를 띠게 되었다. 각 교회의 독립성의 고수와 상위 계급체
제의 거부가 그것이었다. 로마 천주교회나 영국교회에서 볼 수 있는
개 교회 위의 교회계급체제는 비성경적으로 보았고 어떤 기관이나
사람도 자발적 언약에 의하여 이루어진 개 교회를 간섭할 수가 없
다는 것이었다. 개 교회 자체 내에서 모든 교회의 운영이 결정되고
헌금도 교회회원의 자발적인 헌금으로 이루어져야지 정부나 외부의
도움이나 또는 강요되어서는 안 된다는 것이었다. 이것은 결국 이른
바 일컫는 '회중교회정치'(Congregationalism)를 낳은 것이다.28)

회중교회정치의 핵심은 평신도의 주체적이고, 자발적인 교회사역의 참여이다. 그리고 이러한 평신도 주체적인 교회론은 이미 루터에게서 시작되어 칼빈을 거쳐 토마스 카트라이트에게서 대중주권론으로 자리 잡았다고 볼 수 있다 그리고 카트라이트의 미온적인 태도에 불만을 품은 초기 분리파 청교도들에 의해서 좀 더 과격하고 구체적으로 잉태되었으며, 그 기본적인 구도는 앞에서 살펴본 신조들과 글들을 검토해 볼 때, 거의 이때 형성되었다고 보는 것이 정확할 것이다. 그러나 회중교회주의를 논할 때, 영국교회와 국가와의 관계에서 완전한 분리를 주장하지 않는다는 관점에서 볼 때, 분리파의 회중주의를 회중주의의 원형(Prototype)이라고 볼 수 있다.29) 하지만 분리파 청교도들의 평신도중심의 교회정치는 사실상 영국 내에서는 실패로 돌아가고 말았다. 그 이유는 영국교회와 정부에 타협의 여지를 전혀 남기지 않았기 때문이다. 그들은 영국교회를 반기독교적이며 이교적인 단체로 규정하므로, 심지어 전혀 상종할 수 없는 종파로 규정지었던 것이다. 이러한 분리파의 입장은 당시 모든 기득권을 손에 쥐고 있던 영국교회와 국가로 하여금 더욱 강경한 입장을 취하게 만들므로, 회중교회주의의 장점인 대중주권론을 독립파에게 인계하면서, 역사의 장에서 거의 사라져 갔다.

---

28) 원종천, 「청교도 언약사상: 개혁운동의 힘」 152.

29) Geoffrey F. Nuttall, 8-9. 너틀은 여기에서 분리주의의 계보를 두 방면으로 나누고 있다. 먼저 브라운주의자들(the Brownists)이다. 이들을 중심으로 해서 런던–암스테르담 회중교회(London-Amsterdam Congregational Church)가 형성되었다. 다음은 존 로빈슨(John Robinson, 1575~1624)을 중심으로 형성된 부류이다. 이들은 브라운 주의자들보다 국가와의 관계에서 온건한 입장을 주장하는 부류로서 라이든 회중교회(Leyden Congregational Church)를 형성했다. 이들은 1620년에 메이플라워호를 타고 뉴잉글랜드로 건너가 플리머스(Plymouth)에 분리파 회중교회를 형성했다. 사실상 메사츄세츠의 회중주의교회는 플리머스로부터 교회정치의 많은 부분에 도움을 받았다.

2. 성장기

이러한 분리주의적 회중주의의 영향력이 사그라졌다고 해서, 분리주의적 회중주의의 교회론의, 평신도중심적인 역동성까지 상실된 것은 아니다. 오히려 분리주의적 회중주의는 영국교회와 국가에 대한 어느 정도의 절충점을 찾으면서 대중주권에 입각한 평신도중심정치체제로 운영되면서 더 강력한 분파로 성장해 갔다. 사실 이때부터 회중교회주의가 실질적으로 자리를 잡아갔다고 보아야 할 것이다. 이 회중교회주의는 두 부류로 분류가 되는데 먼저 영국 내의 독립파 청교도이다. 그리고 두 번째로 1530년에 존 윈드롭을 중심으로 뉴잉글랜드로 건너간 회중주의이다. 물론 실질적인 회중주의의 꽃을 피운 곳은 바로 뉴잉글랜드로 간 회중교회주의이다. 하지만 뉴잉글랜드 회중주의는 영국 내의 독립파 청교도들과 긴밀한 연결 속에서 많은 도움을 얻었다.

1) 영국 내의 독립파 청교도들

아직까지 이 논문에서는 언급되지 않았으나, 과격한 분리주의적 회중주의 운동을 하다가 기존의 분리주의와의 교리적인 차이로 인해 네덜란드에 최초의 영국침례교를 탄생시킨 존 스미스(John Smith, 1570~1612)가 있다. 초기에 그는 게인스버러(Gainsborough)에 있는 회중교회 목사가 되었다. 그런데 바로 그 근처 스쿠르비(Scrooby)에 존 로빈슨과 윌리엄 브루스터(William Brewster, 1566~1644)에 의해서 두 번째 회중교회가 세워졌다. 이들은 공교롭게도 1608년에 암스테르담으로 옮기게 되었는데, 일년 후 다시 당시 매력적인 대학도시였던 라이덴(Leyden)으로 옮기게 되었다. 하지만 로빈슨은 스미스의 입장에 대한 반대의 입장을 지니고 있었다. 그리고 이러한 로빈슨의 회중교회의 한 일원이었던 헨리 제이콥에 의해서 소위 현대적인 회중교회주의가 세워졌다.

a. 헨리 제이콥(Henry Jacob, 1563~1624)[30]

존 로빈슨에게서 얼마나 많은 영향을 받았는지는 분명치 않으나,[31] 헨리 제이콥은 독립적, 비분리주의적, 회중교회적 입장을 표방했고, 영국 국교회에서 분리하지 않은 채, 제도화된 회중교회들의 범국가적 체제를 이루려고 노력했다.

그는 옥스퍼드를 졸업했으며, 후에 코퍼스크리스티 대학(Corpus Christi College)의 성가대 주창자(precentor)로 봉사했다. 그는 초기 브라운주의자들의 원리들을 따랐지만, 다소 온전한 입장에 서 있었다. 그는 1593년에 다른 브라운주의자들과 함께 네덜란드로 망명하

---

30) 마틴 로이드 존스, 「청교도신앙-그 기원과 계승자들」 서문강 역(서울: 생명의 말씀사, 1990), 157-178. 여기에서 로이드 존스는 헨리 제이콥에 대한 삶과 그의 독립파로서의 사상의 흐름을 잘 설명해 주고 있다.

31) 마틴 로이드 존스, 「청교도신앙-그 기원과 계승자들」 서문강 역(서울: 생명의 말씀사, 1990), 161. 여기에서 로이드 존스는 헨리 제이콥이 존 로빈슨에게서 영향을 받은 것이 아니라, 오히려 존 로빈슨이 헨리 제이콥에게서 영향을 받아 분리파에서 독립파 청교도로 전환되었다고 주장한다: "제이콥과 '필그림 파더(Pilgrim Father)의 목회자'로 알려진 존 로빈슨 사이의 관계를 보면 매우 흥미롭습니다. 존 로빈슨은 처음에는 분리주의자였으나 독립파가 되었으며, 여기에서 닐(Neal)과 다른 사람들이 길을 잃었습니다. 저는 이 문제에 관해 챔플린 버레이지(Champlin Burrage)의 주장을 통해서 매우 확실한 생각을 갖게 되었습니다. 옛날에는 헨리 제이콥을 독립파가 되게 한 사람은 존 로빈슨이라는 생각이 주를 이루었습니다. 그러나 사실은 그 정반대였습니다. 존 로빈슨을 분리주의자로부터 독립파 사람으로 회유시킨 사람이 헨리 제이콥이었습니다. 제 생각으로는, 1610년 로빈슨이 제이콥을 만나기 전에 쓴 글들과 1610년 이후에 로빈슨이 쓴 글들, 그리고 로빈슨의 1610년 이후 행동 방식을 통해서 그 점이 입증됩니다."

였으며, 다시 영국으로 돌아갔다가, 그곳에서 1596년에 당시 옥중에 있는 프랜시스 존슨을 직접 방문하여 영국교회와의 분리는 "엄청난 무지함이며 오류"라고 그를 설득했다.32) 이 논쟁을 통해서 당시 영국교회의 오류를 더 분명하게 보게 되었던 것으로 보인다. 그래서 그는 당시 분리주의자들과 정통적인 청교도들 사이에 중립적인 입장에 서게 되었다.

그는 영국교회의 개혁을 주장했지만, 영국교회도 여전히 교회임을 인정하였다.33) 하지만 그의 교회의 정의는 사실상 분리파의 입장과 유사했다. 그가 1604년 7월에 출판한 「우리의 영국교회를 개혁할 필요를 입증하는 하나님 말씀과 인간의 증언에서 유추된 이유들」(*Reason taken out of Gods Word and the best humane Testimonies proving a necessitie of reforming our Churches in England*)라는 제목의 책에 보면 다음과 같이 정의하고 있다. "하나의 교회란 자유로운 상호동의에 의해서 믿는 자들이 하나의 거룩한 사회의 멤버로 살기로 언약을 맺

---

32) Michael R. Watts, 51. 하지만 원종천 박사의 「청교도 언약사상: 개혁운동의 힘」155-156에서는 이 부분에 대해서 다른 입장으로 기록되어 있다. "독립파 청교도는 분리파와는 기원이 다르다. 그들은 브라운이나 베로우의 영향을 받은 사람들이 아니었다. 1596년 헨리 제이콥은 당시 영국교회로부터 분리하는 분리파들의 입장이 잘못되었고, 영국은 국가 교회가 되어야 한다는 입장을 밝혔다. 제이콥의 이 내용은 당시 투옥되어 있던 분리파 프랜시스 존슨에게 전달되었고, 두 사람 사이에는 이 문제를 놓고 몇 번의 서신교환이 있었다. 1599년 이 서신들의 내용이 미들버그에서 「영국의 교회와 사역의 수호」(*A Defence of the Churches and Ministry of Englands*)라는 제목으로 출판되었고, 이것은 영국 청교도들이 분리파로 전환하는 것을 막기 위하여 사용되었다. 1600년 존슨은 제이콥의 입장에 대응하는 자신의 입장을 밝히기 위하여 「제이콥 선생의 영국교회와 사역의 수호에 대한 응답」(An Answer to Maister H. Jacob his Defence of the Churches and Ministry of England)이라는 제목의 책을 출판했다."

33) 원종천, 「청교도언약사상: 개혁운동의 힘」157~158에 자세히 그 내용이 인용되어 있다.

고 연결되어 모여 세워지는 곳이다."³⁴⁾ 또한 1610년에 그의 책 「그리
스도의 진정한 가시적 혹은 사역자의 교회에 거룩한 시작과 설립」
(*Divine Beginning and Institution of Christs True Visible or Ministerial
Church*)에서 그는 교회를 더 상세하게 정의하고 있다.

> 그리스도의 진정한 가시적 그리고 사역자의 교회는 믿는 사람들
> 이 자발적으로 모여 영적인 공동체를 만들고 대개 한 장소에 모이
> 며, 이 모임은 신약에서 그리스도에 의하여 제정된 것이고, 교회정
> 치와 모든 하나님의 영적 예식(구원의 수단들)을 자체 내에서 그리
> 고 스스로를 위하여 실행할 수 있는 권위를 그리스도에게로부터
> 직접 받은 것이다.

제이콥의 교회의 정의를 보면 과거 분리파의 교회의 정의보다 진
일보한 면을 보게 된다. 교회언약의 사용이나 회중의 자발적인 측면
등 본질적인 부분에서는 동일하지만, 한 걸음 나아가 교회정치와 예
식에 관한 부분까지 분명하게 언급되어 있으며, 개 교회중심주의의
입장이 분명하게 선언되고 있다. 이것은 대중주권론에 기초한 회중
교회주의가 더욱 구체적으로 교회정치의 형태로 자리 잡아 가고 있
음을 보여주는 것이다.

제이콥은 1616년에 런던의 사우스워크(Southwark)에 최초의 독립파
회중교회인 제일회중교회를 설립하였다. 그리고 그는 그 해에 매우
독립파 교회의 성격을 28개 항목으로 정리한 「영국 국교회의 교리에
동의하지만 약 28개 항목에 대해 성령의 증거 가운데 반대해야 하는
일단의 그리스도인들의 이름으로 된 고백 및 항변」(*A Confession and
Protestation in the name of certain Christians showing therein wherein
they were bound to dissent in about twenty-eight particulars*)이라는

---

34) Michael R. Watts, 52.

책을 출간하였다.35) 이것에 대해서 마틴 로이드 존스가 잘 요약해 놓았는데, 4번째 항목에 "보다 특별한 의미에서의 가시적이고 정치적인 그리스도의 참교회"라는 제목으로 두 가지로 회중교회의 정의에 대해서 말하고 있다.36)

여기에서 그는 참된 교회의 본질과 핵심은 하나님을 섬기기 위하여 자원하여 모인 것이라고 말한다. 그리고 참가시적 교회란 여러 회중들의 집합이 아닌, 한 독립된 회중들만을 가지고 있는 진정한 영적인 통치기구라고 주장한다. 여기에서도 여전히 평신도 회중의 자발적인 성격을 분명히 볼 수 있다. 더 나아가 개 교회의 회중의 위치의 절대성도 볼 수 있다. 계속해서 제이콥의 글을 인용해 보면

> 첫째, 복음에 나타난 가시적이고 통치권을 가진 참교회는 한 회중이라는 점입니다……여기에서 주목해야 할 점은 이 그리스도인들의 한 회중은 하나님의 정하심에 따른 영적인 하나의 통치기구입니다. 그러므로 이 회중은 자유로운, 독립된 한 회중입니다. 다시 말하면 이 회중은 하나님께로부터 영적 행정력을 발휘할 권리와 힘을 부여받았고, 그 통치기구는 그 자체를 스스로 다스리며 스스로를 통제하되, 독립적이고 즉각적으로 그리스도안에 있는 사람들의 공통적이고 자유로운 승낙을 받아서 통치하고, 늘 할 수 있는 한 최선의 질서를 지키며 통치하는 정부형태입니다……37)

제이콥은 여기에서 분명한 회중들, 즉 교회의 본질인 평신도들의 위치와 역할을 규명하고 있다. 평신도들은 먼저 자유롭고 독립된 한 회중이며, 더 나아가 영적인 행정력을 행사할 권리와 힘을 하나님으로부터 직접 받았다는 것이다. 즉 평신도 회중의 주도적인 교회의

---

35) 마틴 로이드 존스, 170.

36) *Ibid.*, 171.

37) *Ibid.*

신적 권리(Divine Right)를 말하는 것이다. 그리고 이러한 신적 권리
는 회중들에 의해 검증되어 선택된 사역자들에게 승낙되고, 위임되
어 통치된다.

이것은 평신도의 교회 내에서의 정치적인 역할에 대한 분명한 위
치의 확증이라고 볼 수 있다. 개 교회중심주의 입장에 대한 천명 역
시 회중주의 신조에서 매우 중요한 논쟁사항이었는데, 개 교회의 절
대적 우위성을 주장하므로 평신도에서 교회 내의 위치를 강화시켜
주고 있다.

제이콥 역시 자신이 주장한 회중교회주의 원리를 자신에게 적용하
여 회중교회의 목회자로 그 교회의 회중들로부터 지명을 받아 사역
을 했으며, 그렇게 시작된 교회는 부흥을 이루었다. 그리고 그는
1624년 뉴잉글랜드의 버지니아로 갔으며, 그곳에서 하나님의 부르심
을 받았다.

그리고 헨리 제이콥의 영향을 받은 저명한 초기 제이콥주의자들(Ja-
cobites)에 윌리엄 브래드쇼(William Bradshaw), 폴 베인즈(Paul Baynes),
로버트 파커(Robert Parker), 윌리엄 에임즈(William Ames)가 있다.

b. 윌리엄 브래드쇼(William Bradshaw, 1571~1618)[38]

윌리엄 브래드쇼는 초기 저명한 제이콥주의자들 중 한 사람으로
목회자로 알려져 있다. 그는 1571년에 태어나서 케임브리지대학의 엠
마누엘 컬리지(Emanuel College)를 졸업하였다.

그는 1605년에 익명으로 「영국에서 청교도라고 불리는 엄격한 사람
들의 주된 의견들을 담고 있는 영국 청교도주의」(*English Puritanism
Containing the Main Opinions of the Rigidest Sort of Those that Are
Called Puritans in the Realm of England*)라는 책을 출판했다.[39]

---

38) Benjamin Brook, *The Lives of The Puritans*, 264-270. 여기에 그의 목회
적인 성공의 삶이 잘 그려지고 있다.

여기에서는 먼저, 목회자의 임명권에 대한 평신도의 권한을 보여
주고 있다. 목회자는 회중들의 인정을 받아야만 한다는 철저한 평신
도의 위치와 권한을 그는 보여주고 있는 것이다. 이것은 지금까지
계속해서 회중교회주의의 교회의 정의에서 일관되게 주장된 것이다.

---

39) *Ibid.*, 267. 이 책은 당시 저명한 신학자인 윌리암 에임즈에 의해서 서
문이 쓰여졌으며, 외국인들을 위해서 라틴어로도 번역되었다. 여기에
몇 가지 주된 내용이 기록되어 있다: "청교도들은 신앙과 예배에 있어
서 성경의 절대적인 완정성을 주장한다." "거룩한 봉사의 한 부분으로
서 요구되는 무엇이든지, 하나님의 말씀에 의해 정당화될 수 없다면 그
것은 불법이다." "개 교회의 회중들의 목사들은 거룩한 법령에 의거하
여, 그리스도의 교회안에서 가장 높은 영적인 지도자로, 오직 예수 그
리스도 한 분을 제외하고는, 그를 넘어서 더 우위의 목사는 존재하지
않는다." "모든 개 교회는 자신의 지도자들을 선택할 권한과 그 자신들
의 멤버들을 치리할 권한을 가진다." "한 회중들로 하여금 강제로 전혀
회중들을 이끌고 양육할 자격과 의지가 없는 한 사람을 그들의 목사로
서 지원하고 섬기라고 강요하는 것은 마치 한 남자로 하여금 아내의
의무를 수행하기를 거절하는 여자를 아내로 인정하고 살라는 것과 같
다." 또한 원종천, 「청교도 언약사상, 개혁운동의 힘」159-160의 각주에
독립파 회중교회의 제도 몇 가지가 소개되어 있다: 1. 그들은(가장 엄격
한 청교도들) 일상적으로, 하나님을 향한 진정한 예배안에서 함께 연결
된 모든 모임, 회중 혹은 사람들의 총회만이 그리스도의 진정한 교회이
며 동일한 타이틀이 어떤 다른 특별집회, 공의회, 연합체들, 혹은 집회
들에게 속하는 것은 부적당하다고 주장한다. 2. 그들은 함께 질서 있게
교제하며, 거룩한 예배 가운에 있는 모든 그와 같은 교회들이나 회중들
은 모든 교회의 문제들에 대해서 동등하며 동일한 권위와 힘을 가지며,
하나님의 말씀과 뜻에 의해서 그들은 영적인 특권들, 행정집행권들, 예
식들, 그리고 거룩한 예배의 형식들에 있어서 동등하다고 주장한다. 3.
그들은 그리스도 예수는 그에게 속해 있는 어떤 교회나 회중을 어떤
다른 우위의 교회사법기관에게 종속시키지 않으셨으며, 단지 교회나 회
중자체에게 종속시키셨으므로, 만약에 한 교회나 회중이 신앙이나 종교
의 문제에 있어서 잘못을 범하면, 다른 교회들 혹은 영적인 교회지도자
들이(하나님의 말씀으로부터 주어진 어떤 정당한 권한에 의해) 책망이
나, 처벌 혹은 통제할 힘을 가지지 않는다. 단지 그들을 권고하며, 충고
할 수 있을 뿐이다. 그래서 그들의 영혼을 그리스도의 심판에 두며, 그
들의 육신은 모든 교회나 회중을 처벌할 권한을 유일하게 가진 시민정
부지도자의 칼과 권한에 두어야 한다고 주장한다.

또한 회중교회의 독립적인 측면과 그 성경적인 정당성을 영국교회와 비교하면서 주장하고 있다. 그는 개 교회의 회중은 타 교회회중들과 동등한 권위를 가지고 있음을 주장하였다. 또한 만약 의회가 있다고 하더라도, 의회의 역할은 조언과 권면의 수준 이상의 힘을 발휘할 수 없음을 주장한다. 이것 역시 개 교회회중의 지위와 그 회중의 입장과 상황을 우선 인정하여, 일방적인 지도자들로 구성된 대표자들의 간섭과 제재를 막아보자는 의도일 것이다. 여기에서는 대중주권론의 입장이 개 교회의 회중들이 의회나 총회보다도 우위를 점한다는 쪽으로 한 단계 더 나아가고 있음을 보여준다. 그러므로 나중에 보게 되겠지만, 이것은 장로교회정치체제의 계급적인 면에 대한 반박의 입장에 서게 되므로, 영국 장로파와 뉴잉글랜드의 일부 장로파 대, 회중교회주의자들과의 치열한 논쟁의 주제가 되었다.

c. 윌리엄 에임즈(William Ames, 1576∼1633)

윌리엄 에임즈는 1576년에 서포크에 있는 입스위치에서 태어났으며, 당시 청교도 학문의 중심지였던 케임브리지 대학에서 윌리엄 퍼킨스의 가르침과 정신을 전수받았다. 그는 윌리엄 브래드쇼가 1605년에 쓴 논문를 라틴어로 번역하고, 지지하는 장황한 서론을 추가함으로 해서 결정적으로 영국교회에 의해서 박해를 받게 되었다. 에임즈는 얼마 전에 네덜란드로 망명한 브래드쇼와 다른 청교도들을 보고, 용기를 내어 그의 친구인 로버트 파커(Robert Parker)와 함께 그레이브센드로 간 후, 1610년 네덜란드에서 57세까지의 생애를 채웠다.

그의 입장을 잘 보여준 사건이 바로 당시 라이덴에 있는 영국의 분리주의적 회중교회의 목사로 있던 존 로빈슨과의 논쟁이다. 존 로빈슨은 청교도 교회는 영국교회로부터 근본적으로(root and branch) 분리되어야 한다는 브라운적인 해석을 따랐다. 이것에 대해서 에임즈는 로빈슨의 완고한 입장을 철회하도록 설득하였다. 이러한 에임즈의 설득은 로빈슨으로 하여금 분리파 교파 아닌 다른 교회들도 참된 교회요, 자기 교인들이 다른 개혁파 교회의 예배에 양심에 거리낌 없이 참여할 수 있으며, 다른 교회 교인들이 자신의 교회에서 성찬에 참여할 수 있다는 것을 인정하게 만들었다.[40] 그리고 에임즈의 영향력으로 인해 로빈슨은 반(半)-분리주의자라고 분류되었다.

에임즈의 대표적인 저작인 「신학의 정수」(The Marrow of Theology) 제1권의 32장에서 자신의 회중교회주의의 정의를 명시하고 있다.[41]

---

40) 윌리엄 에임즈, 「신학의 정수」서원모 역(서울: 크리스천 다이제스트, 1992), 19.

41) Ibid., 235-237. 이장은 총 30항목으로 나뉘어 있다. 여기에서 중요한 교회의 정의에 대한 몇 가지 항목들을 살펴보면 다음과 같다 "3. 집단들 혹은 구체적인 회중들 안에 있는 가시성으로 인해 유형교회가 존재할 뿐 아니라, 외적인 형상이 관련되는 한, 회중들이 존재하는 수만큼의 유형교회가 존재하게 된다. 5. 따라서 개 교회는 모든 개 교회들과 공통적으로 지니고 있는 본성에 대해서는 유(genus)로서의 교회의 하나의 종(species)이다. 하지만 하나의 전체라는 본성(ratio)을 지닌 보편교회에 대해서 개 교회는 다양한 개별 지체들이 함께 모여 구성된 것의 하나의 지체이며 이러한 지체들과 관련해서 개 교회도 역시 하나의 전체(a whole)이다. 14. 우연히 많은 신자들이 동일한 장소에서 만나고 함께 생활한다고 할지라도, 이들이 특별한 영적인 유대에 의해 결합되지 않는다면, 개 교회를 구성하지 못한다. 특별한 영적인 유대에 의해 결합되지 않는다면, 하나의 교회는 다수의 교회로 해체되기도 하며 많은 교회가 하나의 교회로 합쳐지게 될 것이다. 15. 이러한 유대란 신자들은 개인적으로 교회의 목적(ratio)과 건설에 관련된 하나님과 서로에 대한 모든 의무를 수행하겠다고 서약하는 명시적 혹은 암시적인 언약이다. 17. 어느 누구도 신앙고백과 순종에의 약속 이외에는 교회에 입교할 수 없다. 22. 교회는 하나님과 그리스도에 의해 설립된다……23. 교회는 인간들이 그리스도를 위한 교회를 제정하거나 형성할 수 있는 능력을 가지지 못하므로, 하나님과 그리스도에 의해서만 설립된다. 하나님의 계시된 의지에 의해 그러한 능력은 인간들에게 위임되지도 않았다……26. 교회는 그리스도의 의지를 명백히 발견하고 성실하고, 질서 있고, 최대의 교훈을 산출하도록 그리스도의 율례들을 준수하도록 유의해야 한다. 28. 교회에 참여할 수 있지만, 이를 소홀히 여기는 자들은 하나님의 율례와 관련되어서는 하나님을 거스르는 것이요, 이와 연관된 축복과 관련되어서는 자신의 영혼들을 거스르는 것이라고 볼 수 있다……" 에임

그는 일단 교회는 한 회중이여야 하며, 거룩함으로 연결된 신자들의 모임이라고 주장하고 있다. 또한 하나님과 서로에 대한 모든 의무를 수행하겠다고 서약하는 언약을 통해서만 교회의 멤버로서 인정됨을 말한다. 또한 교회언약의 자발적인 성격에 대한 지금까지의 논의와 동일한 특징을 보여준다. 하지만 이러한 자발적인 성격 속에 또한 분명한 회중 스스로의 책임을 묻고 있다. 즉 언약에 대한 철저한 자발적 순종의 책임이 회중 스스로에게 부과된다는 말이다.

이런 면들을 살펴볼 때, 에임즈의 입장이 독립파나 그 이전 분리주의적 회중주의의 입장에서 크게 벗어나지 않음을 보게 된다. 특별히 그는 성경에 온전히 기초한 그래서 오히려 신학적인 엄밀성을 가지고 독립파의 회중주의에 대한 논리적 변증을 통해서 더욱더 정당화시키고 있는 탁월성을 살필 수 있다.

d. 존 오웬(John Owen, 1616~1683)

존 카튼의 회중주의적 입장에 대해서 가장 많은 영향을 입은 영국의 독립파 회중교회주의 신학자들 중 한 명이 바로 존 오웬이다. 그럼에도 불구하고 제프리 너털은 그의 책인 「가시적 성도」(*Visible Saints*)에서 1640~1660년 사이의 독립파 회중교회주의를 주도한 인물로 오웬을 꼽고 있다.42)

싱클레어 퍼거슨은 오웬의 성도의 교제부분을 다루면서, 오웬이 회중교회주의 입장을 소위 신권(Divine Right)으로 규정하고 있음을 말하고 있다. 왜냐하면 그것만이 신약성경에서 보이는 교회정치 형태였기 때문이다.43) 하지만 그가 이러한 견해에 대한 확신을 얻게 된 것은

즈는 이 책에서는 교회와 국가와의 관계 혹은 교회의 구체적인 정치의 내용에 대해서는 언급하지 않고 있다.

42) Geoffrey F. Nuttall, 39-42.

43) Sinclair B. Ferguson, *John Owen on the Christian Life* (Edinburgh: The

존 코튼의 책을 읽고 나서부터였다. 그는 그전까지는 단순히 회중주의가 장로교와 브라운주의의 중간형태의 민주주의적인 혼란(confusion)의 상태라고 생각하고 있었다. 그러나 코튼의 의 책인 「하나님의 말씀에 의거한 하나님의 나라의 열쇠들과 거기로부터 나오는 능력」(The Keyes of the Kingdom of Heaven, and Power thereof, according to the Word of God)을 읽은 후 그는 자신의 입장이 회중교회주의임을 확신케 되었다. 그러므로 퍼거슨은 코튼이 오웬을 독립파로 만들었다고까지 말하고 있다.44)

그의 회중교회주의에 대한 입장을 살펴보면, 먼저 그의 저작인 「분열에 관하여」(Of Schism)에서 그는 교회(a particular church)에 대한 자신의 정의를 설명해 주고 있다.45) "개 교회(a particular church)란 그리스도안에서 믿음의 순종을 위해 말씀에 의해서 부름을 받은 사람들의 단체이며, 그리스도께서 규정해 놓으신 명령을 따라, 같은 개별적인 규례들 안에서 하나님을 예배하는 공동수행의 사회이다." 여기에서 그는 각 교회회중이 말씀 안에서 각 교회의 개별적인 규례들을 정하여 하나님을 예배하는 공동체임을 말하고 있다. 이것은 각 교회회중의 동등성을 보여주는 것이다. 또 그가 1667년에 익명으로 출판한 「예배에 대한 간결한 소개」(A Brief Instruction in the Worship of God)에서 다음과 같이 말하고 있다.

교회(a church)란 세상, 혹은 그들의 자연적인 세속적인 상태로부터, 말씀과 성령의 통치에 의해, 믿음의 순종에로, 그리고 그리스도안에서 하나님에 대한 지식과 예배로 부름 받은 사람들의 단체로, 복음의 모든 규례들의 정당한 준수 속에서 성도들 간의 교제

Banner of Truth Trust, 1987), 160.

44) Ibid., 162.

45) John Owen, "Of Schism" The Works of John Owen, Vol.13(London: Banner of Truth Trust, 1967), 173-181.

의 시행을 위해 거룩한 끈으로 혹은 특별한 동의에 의해서 함께
연결되어 있는 단체이다.46)

여기에서 오웬의 이론적 혹은 교리적이지만, 포괄적인 회중주의성
격의 교회론이 분명하게 보이는데, 바로 교회의 자발적인 측면이다.
그 후 그는 예수 그리스도에 의해서 세워진 국가교회에 대한 질문에
대한 응답으로, 1681년에 쓰인 책인「복음적인 교회들의 원형, 본질, 설
립, 권능, 질서, 그리고 교제에 대한 연구」(*An Inquiry into the Original,*
Nature, Institution, Power, Order, and Communion of Evangelical Churches)
에서 그는 좀 더 구체적인 교회의 정의를 내리고 있다.

> 교회란 그가 지명하여 세운 그들의 지도자들, 인도자들, 혹은 통치
> 자들과 그의 뜻을 따라 함께 연결된 고백된 신자들의 특별한 단체 혹
> 은 회중으로, 거룩한 예배의 모든 규례의 시행을 위해서 함께 만나서
> 행하며, 복음의 교리를 고백하고 권위 있게 제시하고, 예수님 자신에
> 의해서 규정된 권징의 시행과 함께 그리스도의 영광을 들고 세상에
> 그의 왕국의 보존과 전파로 그들 스스로 상호 세워주는 곳이다.47)

여기에서 오웬은 교회의 모든 사역이 회중들과 교회지도자들의 공
동의 사역이며, 다른 곳에서보다 더 구체적으로 그 사역의 역할과
범위를 복음교리의 준수와 제시, 그리고 더 나아가 하나님 나라의
보존과 전도에까지 확대시키고 있다.

영국의 독립파 회중주의는 뉴잉글랜드의 회중주의와 달리 많은 어
려움을 겪으면서 성장하였다. 특별히 영국교회와 장로파와의 계속되
는 갈등과 어려움은 회중주의의 평신도중심적인 특징들을 적용시키기

---

46) Sinclair B. Ferguson, *John Owen on the Christian Life* (Edinburgh: The
Banner of Truth Trust, 1987), 159.

47) *Ibid.*

에는 한계가 있었음에 틀림없다. 그러나 분명한 것은 독립파의 수평
적인 입장은 회중교회만이 성경적인 입장이라고 하는 대중주권사상에
대한 확신 속에서, 발전되었으며, 더 나아가 영국독립파 회중교회주의
에서 당시 작은 소종파들에게 많은 영향을 미친 것으로 보인다.48)

2) 뉴잉글랜드의 회중교회주의자들

a. 7개 항목들(The Seven Article)

루터의 만인제사장론에 입각한 토마스 카트라이트의 대중주권론을
확실히 실현시킨 곳이 바로 뉴잉글랜드에서였다. 이들은 회중교회주
의만이 신약성경에서 보여주고 있는 교회정치의 유일한 모델이라는
것에 일치점을 가진 사람들이었다. 그러므로 그들은 영국에서의 정치
적, 종교적 탄압 속에서는 회중교회주의를 실현시키는 것이 불가능하

---

48) 임희완, 「영국혁명의 수평파운동」(서울: 민음사, 1988), 76. 이 책에서 임
   희완 교수는 당시 청교도에서 분리되어 나온 소분파들을 잘 정리해 놓
   고 있다. 예를 들면, 사랑의 가족파, 수평파, 제5왕국파, 마글톤파, 퀘이
   커파 이다. 또한 아래의 책에서 그는 독립파의 이러한 사상의 확대적용
   의 측면을 다음과 같이 간략하게 요약해 주고 있다. "대륙의 종교적 개
   인주의 사상이 영국에 뿌리를 내린 것은 독립된 교회, 즉 회중교회를 통
   해서였다. 로마 가톨릭교회의 교황이나 장로교회의 장로집단이 아니라
   오히려 회중교회 개 교회들이 하나하나 모두 그리스도의 머리이므로, 동
   일한 하나님의 권위를 가지고 있다는 것이다. 그리고 그 개 교회는 구성
   원인 신자 한 사람 한 사람이 모여서 이루고 있는 하나님의 공동체라는
   것이다. 이와 같은 인식이 널리 퍼져 영국 의회정치의 기초가 되었으며,
   영국혁명으로 이어졌던 것이다. 의회구성원들은 단순한 왕실의 보조기관
   이 아니라 각 지방의 인민을 나타내는 대표자들이라는 것이다. 그리고
   이러한 이념은 앞에서 지적한 자본주의의 논리와 관련된 것으로 18세기
   중엽 소위 정치적 경제학과 연결되어 나아갔다. 즉 소규모 상업이 발전
   한 영국이나 스코틀랜드에서 종교적 열정이 사라지고 대신 경제와 사회
   적 계급갈등의 개념이 첨부되면서 정치적 경제학으로 발전한 것이다.
   [임희완, 「청교도 삶·운동·사상」(서울: 아가페문화사, 1999), 22-23].

다고 생각하여, 뉴잉글랜드로 꿈을 품고 이주해 왔던 것이다. 하지만 독립파 회중교회주의자들이 이곳에 오기 이전에 먼저 그 꿈을 품고 온 사람들이 있었다. 바로 존 로빈슨(John Robinson)과 윌리엄 부뤄스터(William Brewster)를 중심으로 해서 영국의 스크루비(Scrooby)에서 형성되어, 네덜란드의 라이덴으로 망명해 온 분리주의적 회중교회주의자들이었다. 하지만 라이덴에서의 어려운 망명생활의 염증49)으로 인해서 그들은 장로인 부뤄스터와 지도자인 윌리엄 브래드포드(William Bradford)를 중심으로 1620년 10월 6일 102명 - 이들 중 40명이 본 교회회원이었음 - 이 영국으로부터 플리머스를 향해 떠났다.50)

앞에서도 보았듯이, 존 로빈슨은 후기로 넘어가면서 자신의 입장을 극단적 분리주의에서 중도적 분리주의로 바꾸었다.51) 이런 입장의 변화 속에서 그들은 뉴잉글랜드의 버지니아로 가기를 결정했을 때, 런던에 "7개 항목들"52)을 보냈다. 그리고 여기에 로빈슨과 브뤄

---

49) 알렌 카든, 「청교도 정신」박영호 역(서울: 기독교문서선교회, 1993), 29. 이 시골 영국인들은 낙심천만하게도 다른 국가서의 허용이 어떤 문제들은 해결해 주지만 완전히 새로운 일단의 문제들을 만들어낸다는 것을 발견했다. 그들은 영국식 생활방법은 그들의 자녀들이 자라나면서 영국식보다는 네덜란드식으로 붕괴되어 종종 교회와 멀어졌다. 비록 이 가족들은 영국의 사건들에 의해 불안해했었으나, 자신들의 영국 전통을 자랑하며 거의 모든 희생을 무릅쓰고라도 영국 전통을 유지하고자 원했다. 그로 인해 치른 값은 또 한 번의 이주였고 이번에는 북아메리카의 해변으로 향했다.

50) Dewey D. Wallace, Jr., *The Pilgrims*(A Consorttium Book, 1977), 50-53.

51) 정준기, 「청교도 인물사」(서울: 생명의 말씀사, 1996), 154-156. "로빈슨은 1610년~1616년 사이 라이덴에서 청교도 신학자들인 헨리 제이콥, 윌리엄 에임즈, 로버트 파커의 신학사상을 새롭게 이해하게 되었다…… 1614년 로빈슨은 그가 영국 국교회의 성도들을 잘못 대해왔는지에 대한 염려를 표현하면서 과거 자신이 취해 왔던 입장을 재검토해야겠다고 피력하였다……그리고 그는 첫째, 교회의 성원은 영국 국교회 성도나 다른 개신교 성도와 개별적인 차원에서 교류할 수 있다. 둘째, 개별적 차원이라 할지라도 선별적이고 신앙적이어야 한다. 셋째, 교회적 차원에서는 결코 영국 국교회의 교회정치에 참여할 수 없다."라고 말하였다.

52) Williston Walker, 89-90. 여기에 원문이 실려 있다.

스터가 서명을 하였다.

이 항목들의 내용은 영국교회와 왕권의 권위를 인정한다는 것과 같은 형제로서 합법적인 범위 내에서 함께 교제를 나눈다는 것, 그리고 영국교회가 하나님의 말씀에 합당치 않을지라도, 저항은 하지 않겠다는 것, 그리고 영국왕의 주교임명권은 인정하지만, 자신들의 입장은 교회지도자들의 의회, 집회, 모임들, 총회와 같은 기관이 어떤 권위를 가진다는 것은 인정할 수 없다는 것 등을 밝히고 있다. 여기에서 우리는 어느 정도 독립파 회중주의의 입장에선 대중주권론을 볼 수 있다. 물론 이것은 영국으로부터 식민지역을 할당받기 위한 수단으로 만들어낸 어려운 타협이었기에 판단하기에는 어려움이 있다. 하지만 여기에서 우리는 대중주권론에 입각한 평신도중심의 언약으로서의 회중교회주의를 볼 수 있는 것이다.

b. 메이플라워호 협약(The Mayflower Compact)[53]

그리고 그들은 플리머스를 향해 가는 배 위에서 메이플라워호 협

---

53) Williston Walker, 92. 여기에 원문이 기록되어 있다. 필자는 정준기, 「청교도 인물사」(서울: 생명의 말씀사, 1996), 151-152에 있는 번역을 따랐다. 하나님의 이름으로 아멘. 아래와 같은 이름으로 쓰여 있는 우리들, 하나님의 은총에 의하여 영국과 프랑스와 아일랜드의 경이로운 최고 통치자이신 우리의 국왕이요 신앙의 수호자인 제임스 왕의 충성스러운 신하들은 하나님의 영광과 기독교 신앙의 증진 그리고 우리들의 국왕 및 조국의 명예를 위하여 버지니아의 북부 지방에서 최초의 식민지를 건립하려고 항해를 시도하였던바, 본 증서를 통하여 우리들의 보다 더 바람직한 질서 수립과 보존 그리고 전술된 목적들의 촉진을 위하여 엄숙하게 상호 간에 하나님과 서로의 면전에서 계약을 체결하고 시민적 정치단체를 결속한다. 이에 바탕을 둔 식민지의 일반적 복지를 위하여 가장 적합하고 적절하다고 생각되는 정의롭고 공평한 법률과 법령과 결정 그리고 관직을 수시로 제정하고 구성하고 조직하기로 한다. 그것을 입증하기 위하여 우리들은 우리들의 최고 통치자 제임스 왕의 영국과 프랑스와 아일랜드에서의 치세 18년 그리고……기원 후 1620년 11월 11일 코드 켑에서 우리들의 이름을 여기 서명한다.

약(Mayflower Compact)을 맺었다.

이 메이플라워호 협약은 사회언약의 성격을 드러낸다. 즉 하나님과 사람 사이의 언약 관계를 분명히 밝히고 있으며, 또한 여전히 영국시민으로 충성을 다하겠으며, 더 나아가 시민적 정치단체를 통해서 법과 질서를 세워, 개인의 자유와 권리가 정의롭고 평등한 공동체를 세우겠다는 것이다. 우리는 여기에서 이전까지 볼 수 없었던, 대중주권의 사회적인 측면으로의 확대를 보게 된다. 이것은 교회의 성도로써 회중교회주의의 평신도의 자발성을 이끄는 교회언약은 아닐지라도, 카트라이트의 대중주권론이 사회언약으로 확대되어 사용됨을 볼 수 있는 것이다. 이것은 루터의 만인제사장론에 의거한 모든 신자는 하나님 앞에서 평등하다는 사상이 모든 사람은 신 앞에서 평등하다는 사상으로 더 발전된 형태임을 볼 수 있다.

그러나 이들은 9년 후에 살렘으로 건너온 살렘교회에 큰 영향을 미쳤으며, 그들보다 1년 후에 뉴잉글랜드의 메사츄세츠로 건너온 독립파 회중주의 청교도들과 교류 속에서 결국 더 영향력이 강했던 메사츄세츠 회중주의 청교도의 그룹에 흡수되고 말았다.[54]

c. 살렘교회의 신조와 언약
(The Covenant and Creed in The Salem Church)

분리주의 청교도들의 뉴잉글랜드 생활에 대한 소식과 당시 영국의 불안한 상황[55]은 1630년 존 윈드롭(John Winthrop)을 지도자로 약 천

---

54) *Ibid.*

55) 김기홍, 「이야기 교회사」(서울: 두란노서원, 1995), 152-161. "한편 영국에 남아 있는 온건파 청교도들은 1625년 왕위에 오른 찰스1세(Charles Ⅰ, 1625~1649)에 의해 더 이상 견디기 어려운 핍박의 상황에 놓이게 되었다. 그는 캔터베리의 대감독으로 윌리엄 라우드(William Laud, 1573-1645)를 임명했다. 라우드는 칼빈주의 청교도와 반대되는 알미니안주의를 국교도의 중심 교리로 받아들이고 청교도를 핍박했다. 설상가상으로 찰스1세

명의 독립파 청교도들을 뉴잉글랜드의 메사츄세츠로 이주하게 하였
다. 물론 이러한 이주는 당시 좀 더 직접적으로는 영국교회의 비성경
적인 교회를 떠나서 신약성경에서 직접 언급하고 있는 바로 그 교회
를 세우려는 목적에서였다.

그러나 이들보다 1년 먼저 메사추세츠 베이 식민 회사(Mattachusetts
Bay Colony Company)를 통해서 살렘(Salem)지역에 약 200여 명의 주
민들이 이주해 왔다. 이 지역의 총책임자는 존 엔디콧(John Endecott)
이었다. 이곳은 영국정부로부터 자치권의 허락을 받아, 자치정부형태
로 운영되었다. 이들은 처음에는 플리머스의 분리주의적인 회중교회주
의에 대해서 의심의 입장을 취했으나, 후에 사무엘 풀러(Samuel Fuller)
로부터 교회정치에 대한 입장을 듣고 난 후, 플리머스의 회중교회주
의에 적극적으로 동조하였다.56) 얼마 후 살렘교회의 지도자로 프랜시
스 히긴슨(France Higginson)과 사무엘 스켈톤(Samuel Skelton)이 세
워졌으며, 이들에 의해서 교회언약이 세워졌다. 그것이 바로 살렘교
회언약(The Covenant in Salem Church)이며, 이것은 1629년에 제정되
어 1665년에 와서 구체적으로 그 틀이 형성되었다.57)

살렘교회의 교회언약의 형태가 초기에서 후기로 가면서, 더 구체
화됨을 볼 수 있다. 이것은 회중교회주의 교회론의 발전적 형태의
전형이라고 보이는데, 시간이 흐르면서 다양한 교회의 문제와 질문

는 로마 천주교를 옹호하는 프랑스의 공주를 왕비로 맞아들임으로써 온
건파 청교도가 볼 때에는 영국이 로마 천주교로 환원하는 것으로 보였
다……"

56) Williston Walker, 102-103, 정준기, 157. 여기에 살렘교회 총책임자였던
엔디콧이 플리머스 교회의 지도자인 브래드포드에게 보낸 편지의 원문
이 삽입되어 있다.

57) Williston Walker, 116-122. 여기에 그 전문이 기록되어 있다. 그 언약은
1629년의 교회언약, 1636의 그 언약의 개정 확대판, 그리고 1665년에 「공
적인 신앙고백을 위한 지침」(A Direction for A Public Profession)이라는
제목으로 최종판이 나왔다.

에 대한 대답과 극복을 통해서 교회언약과 신조가 더 발전되어 갔던 것이다.

언약의 형태는 앞에서 본 것들과 별반 차이가 없다. 단지 당시 상황 속에서 드러나는 문제들이 첨가되므로 언약의 좀 더 구체적으로 변화되는 모습을 볼 수 있을 뿐이다. 그러나 여기에서 나타나는 중요한 특징들 중 하나는 – 물론 이것은 이전의 메이플라워호 협약에 41명이 동의하고 사인을 한 것을 볼 때에도 마찬가지임 – 언약에 자신들이 직접 서명을 한다는 것이다. 그리고 "우리들이……에 동의한다 혹은 서약한다"라는 표현을 쓰고 있다는 것이다. 이것은 뉴잉글랜드로 넘어온 회중교회주의가 카트라이트의 대중주권론에 의거하여 회중중심, 즉 평신도주도의 명백한 실천을 하고 있다는 증거들이다.

1629년의 언약을 보면 "우리는 서약한다(We covenant……)"라고 기록하고 있다. 그리고 1636년의 언약에도 보면 "우리의 이름이 아래에 기록되어 있다……우리는 서약한다"라는 표현이 계속해서 나온다. 특히 1665년 최종판의 제목을 보면 "장로들에 의한 사적인 검토 후에……"라고 달고 있다. 여기에서 장로들이란 살렘교회 소속의 지도자들이다.

뉴잉글랜드로 넘어오면서 회중교회주의가 안정되어 가는 것과 동시에 좀 더 구체화되고, 당시 상황 속에서 교회정치의 내용을 어떻게 잘 적용할 것인가에 초점이 맞추어지는 것처럼 보인다. 이것은 영국에서의 단순한 방어적인 입장과는 달리 이제는 다수를 점하는 입장에서 어떻게 회중주의를 신약성경에 입각한 교회정치 형태인 평신도들의 합의하에서 열매를 맺을 것인가의 문제로 방향이 바뀌고 있음을 보게 된다. 그럼에도 불구하고, 위에서 보듯이, 이제는 언약 내에 "우리가 동의, 서약한다"라는 내용이 구체적으로 삽입되고, 또한 서명까지 함으로 인해서 철저한 회중주의 입장을 추구해 가는 모습을 보게 된다.

d. 찰스타운-보스턴 교회언약
(The Covenant of The Charlestown-Boston Church)

1630년 봄에 존 윈드롭의 지휘 아래, 약 천 명의 이주민들이 뉴잉 글랜드에 도착했다. 처음에는 살렘에 도착했지만, 크게 선호할 만한 지역이 되지 못한다는 판단하에 메시추세츠 베이로 이동하여, 일부는 찰스타운 (Charlestown)에 있는 찰스 강의 북편에, 다른 일부는 곧바 로 보스톤(Boston)이라고 이름이 붙여진 곳의 남편에 자리를 잡았다. 이들에 의해서 세워진 교회언약이 바로 찰스타운-보스톤 언약이 다.58) 그 원문의 내용을 보면59)

주 예수 그리스도의 이름으로, 그리고 그분의 거룩하신 뜻과 율 법에 순종하여 아래에 서명한 우리들은 하나님의 지혜로우시고 선 하신 섭리 가운데 미국의 메사추세츠로 인도함을 받아 왔고, 우리 를 구원하셨고 거룩하게 하신 우리의 머리되시는 주 예수 그리스 도 아래 한 회중, 곧 교회로 연합하기를 갈망하여 이제 엄숙히 거 룩하신 하나님 앞에서 복음의 도리대로 모든 면에서 행하며, 주님 의 거룩하신 율법에 진심으로 순응하며, 하나님께서 우리에게 은혜 를 주시는 대로 서로를 사랑하고 존경하기로 서약한다.

이 언약서에서도 살렘교회언약과 공통된 특징들을 동일하게 찾을 수 있다. "우리들은 이 아래에 서약한다"라는 것은 전체 회중의 동 의하에 이 교회가 세워졌음을 보여준다. 이것은 철저한 평신도들의 자발적인 입장을 드러내는 것이다. 그리고 "주 예수 그리스도 아래 한 회중, 곧 교회"라는 것에서 회중중심의 교회, 즉 평신도중심의 교 회의 입장을 보게 된다. 이것은 로버트 브라운과 헨리 제이콥의 회

---

58) Williston Walker, 131. 여기에 원문이 기록되어 있다.
59) 원종천, 「청교도언약사상: 개혁운동의 힘」176. 여기에 있는 대로 번역을 옮겼다.

중교회주의 입장을 그대로 수용하고 있다. 물론 이 언약은 교회만이 아닌 사회전체를 대상으로 한 것이지만, 청교도적이고, 성도들이 주도하는 이상사회, 즉 "언덕 위의 도시(City on a Hill)"를 건설하고자 하는 그들의 열망을 잘 볼 수 있다. 이것은 마틴 루터의 만인제사장론의 입장이 교회를 넘어서서 사회공동체의 민주주권사상의 모습으로까지 발전되었던 것이다.

e. 케임브리지 강령
(The Cambridge Platform of Church Discipline)

1631년 즈음부터 많은 독립파 청교도들이 영국을 떠나 뉴잉글랜드로 건너왔다. 토마스 쉐퍼드, 존 코튼, 사무엘 스톤, 토마스 후커, 리차드 마더, 휴 피터 그리고 그 외 많은 사람들이 영국의 대학에서 잘 훈련된 사람들이었으며, 이들 중 삼분의 이가 청교도운동의 본산지인 케임브리지 출신들이었다. 1630년부터 1641년 사이에 65명의 목회자들이 메사추세츠로 이주하였다.[60]

이들이 뉴잉글랜드로 오게 된 공통된 이유는 이제 영국은 하나님의 축복이 떠나간 나라라는 것이었다. 그러므로 하나님의 저주와 심판이 이 땅에 곧 임할 것이라는 긴박한 종말사상을 갖게 된 것이다. 그러므로 이들은 영국에서의 모든 희망을 포기한 채, 그 꿈을 뉴잉글랜드라는 종교와 양심의 자유가 주어지는 곳에서 실현할 꿈을 가지고 이곳으로 온 것이다.

하지만 뉴잉글랜드에서 새롭게 출발한 청교도의 이상사회를 건설하려는 메사추세츠 교회의 열망은 시간이 흐르면서 많은 문제점들을 노출하며, 반대의 장벽에 부딪혔다. 그 근본적인 이유는 교회언약과 사회언약의 연결 속에서 나타나는 역설적인 관계 때문이었다. 다시

---

60) William Warren Sweet, *Religion in Colonial America*(New York: Charles Scribner's Sons, 1942), 87.

말하면, 이들에게 참된 이상사회란 교회언약 가운데 멤버십을 획득한 사람들에게 의해서만 사회의 투표권과 선거권을 주므로 하나님의 뜻에 맞는 성경적인 정치를 할 수 있도록 하는 구조를 가지고 있었다. 반대로 교회 멤버십을 가지지 못하는 사람들은 이곳에서 충분한 시민의 의무와 권리를 누릴 자격을 가지지 못했다. 이러한 문제는 양심의 자유의 문제를 들고 나온 로저 윌리엄스(Roger Williams, 1603~1683)에 의해서 크게 부각되어 메사츄세츠 청교도 지도자들과 큰 논쟁을 유발시켰다.[61] 그리고 토마스 후커 역시 엄격한 교회 멤버십의 규정에 반발하여, 메사츄세츠에서 떨어져 나와 1637년에 코네티컷주를 세웠다. 그는 선거권이 교회 정회원에게만 주어지던 것을 바꾸므로, 1639년 코네티컷 기본법(Connecticut Fundamental Order)이 새로이 정해졌다. 선거권은 교회 정회원에게만 주어졌던 메사츄세츠 방식을 따르지 않고, 30파운드 가치가 있는 토지 소유자에게 부여되었다. 여기에 성격은 다르지만 앤 허친슨(Anne Hutchinson)의 반율법주의(Antinomian Controversy)가 청교도의 기존 질서를 흔드는 큰 물의를 일으키게 되었다. 여기에 덧붙여 영국 내에서의 명예혁명과 초기 장로교의 주도권의 우위[62]는 뉴잉글랜드에서의 회중주의 원리를 구체화할 필요성을 강하게 느끼게 되었다.

이와 같은 어려움들로 인해서 메사츄세츠 베이 청교도주의의 교회정치가 구체적으로 만들어지게 되었다.[63] 이것이 바로 케임브리지 강

---

61) 변길용, "뉴잉글랜드 청교도에 있어서 양심의 자유의 문제고찰, 메사츄세츠 베이 식민지를 중심으로," 199년 봄 학기 Term Paper. 이 부분에 대한 논쟁 줄거리와 그 결과는 필자의 글 속에서 역사적인 흐름 속에서 상세하게 다루어져 있다. 이것에 대한 더 자세한 자료는 L. John Van Til, *Liberty of Conscience* (New Jersey: P&R Pub., 1972)에 엘리자베스 1세의 시기부터 뉴잉글랜드에서의 문제들까지 범위를 자세하게 역사적인 맥락에서 자세하게 다뤄주고 있다.

62) Everett H. Emerson, *Puritanism in America, 1620~1750*(Philadelphia: G. K. Hall & Co., 1977), 79-80.

령(*The Cambridge Platform of Church Discipline*)이다. 이 강령의 편찬
은 회중교회주의 청교도들에 의해서 발전된 일치로서 보이며, 이 강령
으로 인해서 18년 만에 회중교회주의가 견실하게 세워졌던 것이다.[64)]

당시 영국의회의 주도권을 잡고 있고, 웨스트민스터 신앙고백서(*The
Westminster Confession of Faith*)를 주도한 장로파와 뉴잉글랜드의 청
교도들 사이의 입장의 차이가 없었기에, 교리적 차이는 없었다. 단지
교회정치 형태에서의 차이가 보였을 뿐이다.

이 강령의 2장에서 교회의 본질에 대해서 다루고 있다. 이 장은
총 6항으로 되어 있다. 여기에 5항을 보면 "질서 있게 움직이는 전
투적인 가시적 교회의 멤버들의 상태는 법 이전에 가족과 같은 경제
적이든지, 아니면 법 아래에 국가적이든지, 혹은 그리스도의 오심 이
래 오직 회중적이다. 그러므로 국가적, 지역적, 계층적인 상태가 아
니다."라고 말하고 있다. 그리고 6항에서 "하나의 회중적 교회는 그
리스도의 제정에 의한 전투적인 가시적 교회의 한 부분이며, 부름을
받은 한 무리의 성도들로 구성되어 있으며, 주님이신 예수님과의 교
제 아래 하나님을 위한 공적인 예배와 서로를 향한 상호 간의 세워
줌을 위해, 거룩한 언약에 의해서 한 몸으로 연합되어 있다."라고 말
하고 있다.[65)]

여기에서 회중교회주의 신조가 매우 정교하게 구성되고 있음을 본
다. 특히 뉴잉글랜드에서 완성된 회중교회주의에 대한 정의를 보게
된다. 교회를 하나의 가족개념으로 보면서도, 국가교회, 지역교회, 특
정계층중심의 교회가 아니라, 한 회중임을 분명히 못 박고 있다. 그

---

63) Dewey D. Wallace, Jr., 58-59.

64) *Ibid.*, 81.

65) *The Cambridge Platform of Church Discipline,* gathered out the word of
god, and agreed upon by the elders and messengers of churches assembled
in synod, 1648, 51.

리고 이 교회는 예수 그리스도에 의해서 세워진, 즉 신권이 회중들에게 직접 위임된 성격임도 보여준다. 그리고 회중들 스스로의 자발성과 책임 위에서 거룩한 언약에 의해 하나의 몸으로 연합됨을 말하고 있다.

　이것은 지금까지 살펴본 로버트 브라운에서 출발하여 계속 발전되어 온 회중교회주의의 교회관이 최종적으로 완성된 모습을 드러내고 있다. 이것은 마틴 루터가 주장한 모든 구원받은 신자는 하나님 앞에서 동등하다는 만인제사장론의 입장과 칼빈의 동일한 원리 위에 세워진 토마스 카트라이트의 대중주권론에 기초하고 있다. 그리고 이것은 청교도의 초기 장로파에서 잉태된 그리고 보다 극단적인 성격의 분리파에서 태동하였으며, 독립파 회중교회주의에서 발전하였고, 뉴잉글랜드에서 최종적으로 그 꽃을 피웠던 것이다. 그렇다면 좀더 구체적으로 대중주권론에 기초한 평신도중심주의가 회중주의 신조들에서 어떻게 다루어지고 있는지를 살펴보도록 하겠다.

회중주의의 특징들

회중교회주의의 근거는 어디에 있는가에 대한 독립파 청교도들의 입장을 살펴볼 필요가 있다. 왜냐하면 당시 회중교회주의의 성경적 근거에 대해서 영국교회와 많은 논란이 있었으며, 특별히 청교도 장로파와의 교회정치에 대해서 많은 의견의 차이를 보였기 때문이다.

1. 기준으로서의 성경

회중교회주의의 특징으로서 가장 중요한 것이 바로 성경 중심성이다. 이 부분에 대해서는 많은 논란이 있었다. 왜냐하면, 일부 역사가 ―가장 악명 높은 역사가는 고(考)패리 밀러(Perry Miller)―의해서 청교도들이 성경보다 다른 것에 더 의존했다고 주장해 왔기 때문이다. 패리 밀러는 그의 대작인 「뉴잉글랜드 정신:17세기」(*The New England Mind: The Seventeenth Century*)에서 "청교도 학자들이 그들

의 사상과 교리들을 깎아낸 네 개의 채석장들－유럽의 신교, 17세기
의 특별한 관심과 편견들, 인본주의 그리고 중세의 스콜라 철학－
을" 강조한다.[1] 그는 더 나아가

> 그들은 어떤 순간에는 믿음의 조항들을 얻기 위해 성경으로 나
> 아가면 모든 것을 얻을 수 있다고 말하는가 하면 다음 순간 그들
> 은 다른 책들, 신학에 대한 체계적인 논문들, 교회와 윤리에 대한
> 조직적인 학술 서적들, 고전 유물들, 중세의 스콜라 철학, 또는 스
> 콜라 철학의 기념비적 재해석으로도 나아간다.[2]

라고 말했다. 이러한 주장이 어느 정도 일리는 있을 것이다. 하지만
청교도들이 성경을 얼마나 중요하게 여겼으며, 그 중요성을 부각시켰
는지에 대한 근거자료는 얼마든지 발견할 수 있다. 먼저 그들의 성경
번역사업을 볼 때 분명하다. 1526년에 나온 윌리암 틴데일의 영어 신
약성경 초판본, 1560년에 간행된 제네바 성경(*Geneva Bible*), 그리고
1611년에 나온 킹 제임스 성경(*King James Bible*)이다. 이것을 통해서
영국인들이면 누구든지 성경을 읽을 수 있도록하여, 성직자들이 성경
을 독점하는 것을 막았다. 이처럼 성경이 평신도들에게 주어져서 읽
고 연구할 기회가 부여됨으로 인해서 청교도들의 작은 모임들 속에
서 성경을 함께 연구하고 질문하고 나누는 관습이 생겨났다. 그러므
로 윌리엄 에임즈는 "성도들에게는 질문해야 할 의무가 있다. 또한
공적으로나 사적으로 진리를 분별할 은사 역시 그들에게 부여되었다"
라고 말하고 있다. 성경과 관련하여, 뉴잉글랜드에서의 청교도들의
모습을 살펴보면 성경 읽기와 성경 암송이 강조되었음을 보게 된다.
성경을 읽고 묵상하는 것으로 하루를 시작하도록 했으며, 그것은 일

---

1) 알렌 카든, 「청교도 정신」 37-38.
2) *Ibid*.

상적인 모습이었다. 성경 암송은 유혹을 이겨내는 방법으로 청교도에게 추천되었다. 그들이 예배를 드릴 때는 성경을 읽는 것과 성경 암송을 근거로 해서 설교를 들었다. 그러므로 보통 2시간 정도의 설교도 지루하지 않았다.3)

그렇다면 회중교회주의자들은 그들의 교회론의 근거로써, 성경을 어떻게 생각했는가? 이것은 당시 영국교회와의 교회론에 대해서 중요한 입장의 차이를 낳았다. 청교도들은 오직 성경만이 신앙의 최종적인 권위이며, 교회에 대한 모든 것은 성경 안에 충분히 기록되어 있다고 주장하였다. 반면에 영국교회지도자들은 성경 안에 교회에 대한 모든 것이 충분히 기록되어 있지 않기 때문에 이성과 전통, 일치의 중요성을 주장하므로 거기에 맞추어 주교제도를 옹호하였다.4) 영국교회의 관점에서 볼 때 청교도들은 배타적인 성경주의자들이었다.

이러한 청교도의 입장은 이미 교회의 정치에 대한 입장에까지 확대됨을 보게 된다. 회중교회주의를 잉태한 장로파의 창시자인 토마스 카트라이트는 "하나님의 말씀에는 교회와 관련되는 모든 교훈과 가르침도 포함되어 있다5)"고 주장하였으며, 윌리엄 에임즈도 "어떤 관행도 성경이 언급하지 않는 한 하나님의 교회에서 계속 행하지 못하고 존속하지 못한다.6)"고 못 박았다. 청교도들의 성경주의(Biblicism)는 성경 밖에 있는 것들을 교회에 도입해서도 안 되며, 행해서는 더욱 안 된다는 입장이었다. 왜냐하면, 하나님께서는 성경 안에 교회생활과

---

3) 조용선, "17세기 뉴잉글랜드 청교도의 사상과 삶"(신학석사학위논문, 아세아연합신학대학원, 1997), 20.재인용. John Cotton. "*The Way of Life, Or, Gods Way and Course in Bringing the Soule into, Keeping It in, and Carrying It on, in the Ways of Life and Peace,*" 1641.

4) 폴 D. L. 에이비스, 88.

5) 리랜드 라이큰, 「청교도-이 세상의 성자들」김성웅 역(서울: 생명의 말씀사, 1995), 287.

6) *Ibid.*

정치에 필요한 모든 것들을 제시해 놓으셨다고 믿었기 때문이었다.

이러한 청교도들의 입장에 의거하여 회중교회주의는 철저하게 성경에 기록되어 있는 방식에 따라 교회가 세워져야 하며, 교회의 정치가 이루어져야 한다고 생각하였다. 1696년의 「런던-암스테르담 제2신앙고백서」을 보면 교회에서 행해지는 모든 것들이 성경에 담겨 있다고 말하고 있음을 보게 된다. "믿음과 순종, 하나님을 예배하고 봉사하는 것과 모든 기독교인들의 의무들에 관한 규정은 내가 만든 의견이나 고안물, 규정, 법칙이 아니라, 신구약의 정경에 즉 모든 기록된 하나님의 말씀 안에 포함되어 있다."[7] 즉 교회의 성경 안에 제시되어 있는 것 이외에, 인간의 이성과 관습과 전통에 의한 고안물들이 절대로 자리를 잡을 수 없다는 말이다. 이것은 당연히 영국교회의 로마 천주교의 의식과 예배형식에 대한 강한 적대감으로 표현될 수밖에 없었던 것이다. 그러므로 1603년에 쓰인 「영국교회와 회중교회주의의 차이점들」에서 "오직 교회는 어떤 인간의 고안물이나 교황의 말, 관습, 계층들에 의해서 지배되면 안 되고, 그리스도께서 그의 말씀 안에서 언급한 규정과 법에 의해서만 지배되어야 한다."고 말하였다. 교회는 오직 성경 안에 기록된 원리에 의거해서 세워지고, 운영되어야 하는 것이다.

이것은 토마스 후커의 1645년에 쓴 「회중주의 원리」에서 회중주의만이 성경적이라는 주장으로 다시 한번 드러난다. 그는 "교회는 교회지도자들 이전에 존재하며, 존재할 수 있다. 신약성경 안에 장로교회(한 교회는 모든 그 회중들을 다스리기 위한 지명된 계층들인 많은 회중들의 장로들에 의해서 만들어진다)는 존재하지 않는다."[8]라고 말했다. 이것은 영국 장로파와 뉴잉글랜드의 장로파와의 힘든 논쟁의 부분이었다. 하지만 회중교회주의의 원리에 대한 이들의 성

---

7) Williston Walker, 61.

8) *Ibid.*, 143-144.

경적 확신은 대단했다. 1648년에 나온 「케임브리지 강령」에서 1장인 교회정치의 형태에 관한 소제목에서 다음과 같이 말하고 있다. "교회정치의 형태에 관하여, 그것(회중교회주의)은 성경말씀 안에 기록되어 있는 것으로 한 형태밖에 없으며, 불변하다."[9]

그렇다면 회중교회주의에 대한 구체적인 성경적인 근거는 무엇인가? 윌리엄 에임즈는 다음과 같이 그 근거를 제시하고 있다.

> 참으로 교회는 부르심을 받은 자들의 무리이다. 고전 1:24, 10:32, 오직 부르심을 입은 자들에게는 유대인이나 헬라인이나……유대인에게나 헬라인에게나 하나님의 교회에나. 부르심의 목적이 신앙이요 신앙의 사역이 그리스도에게로 접붙이는 것이며 이러한 연합은 그리스도와의 교제를 동반하므로, 교회는 신자들의 무리, 그리스도안에 있는 무리, 그리스도와 교제하는 자들의 무리라고 정의할 수 있다.[10].

이어서 그는

> 교회가 무리(company)라고 불리는 것은 교회가 친교로 결합된 다수 혹은 많은 사람들(부름을 받은 한 사람이 아니라) 하나의 공동체를 구성되기 때문이다. 따라서 엡4:16에서는 교회는 서로 결합되고 다양한 지체들로 구성된 몸으로 불린다. 또 성경에서는 교회가 종종 집, 가정, 도시, 나라, 무리로 불린다.[11]

에임즈는 구별과 차별이 없는 하나의 부름 받은 무리들이 교회임을 성경을 인용하며 설명하고 있다. 교회란 선민의식을 가진 유대인

---

9) *The Cambridge Platform of Church Discipline,* gathered out the word of god, and upon by the elders and messengers of churchew assembled in synod, 1648, 49.

10) 윌리엄 에임즈, 232.

11) *Ibid.*

들만의 소유가 아니며, 그리스도안에 들어오면 모두들 차별 없이 하나의 공동체로 존재한다는 말이다. 요약하면 교회란 신자들의 무리로서, 세상으로부터 구별된 존재라는 것이다. 거기에는 어떤 차별도 없고, 단순히 다양한 지체들로 결합된 회중 공동체를 의미한다고 볼 수 있다. 에임즈는 이러한 회중들의 공동체가 어떻게 이 땅에 존재하는지에 대해서 계속해서 성경을 인용하며 설명해 주고 있다. "집단 혹은 구체적인 회중들 안에 있는 가시성으로 인해 유형교회가 존재할 뿐만 아니라 외적인 형상이 관련되는 한, 회중들이 존재하는 수만큼의 유형교회가 존재하게 된다. 계1:4, 일곱 교회들, 고후8:1, 19, 마게도냐 교회들, 여러 교회."12) 한 가시적 교회란 한 회중이며, 그 이상도 그 이하도 아니다. 사실 이러한 입장은 장로파 교회정치에서 보는 교회의 정의와 많은 차이를 가진다. 그들은 가시적 보편교회는 단 하나이며, 특정한 교회들은 그 조각들이라고 말한다. 그러므로 한 회중이 완전한 교회로서 존재한다는 것은 있을 수 없는 일이다. 거기에는 반드시 상부기관들, 즉 노회, 총회가 좀 더 완전한 교회로 향하기 위한 지도의 역할을 감당해야 하였던 것이다.

더 나아가 에임즈는 이 땅에 존재하는 유형교회란 바로 그 회중들을 의미한다고 에임즈는 주장한다. 그리고 이것은 전혀 차별이나 계층적인 구분이 없이 동등한 위치에서 완전하게 존재한다. 그는

진정한 신앙은 교회가 지속적으로 효과적이 되도록 교회에 거룩성이 결합되고 (행15:9), 진정한 신앙에 대한 고백은 거룩함에 대한 고백과 분리될 수 없기 때문에, 교회는 서로 구분되긴 하지만 동일한 의미로써 신자들의 모임과 성도들의 모임이라고 불린다. 엡1:1, 에베소에 있는 성도들과 그리스도 예수 안에 있는 신실한 자들, 고전1:2와 고후 1:1 비교, 롬1:7, 골1:2.13)

12) *Ibid.*, 236.
13) *Ibid.*

라고 말하고 있다. 회중교회주의 교회존재의 근거는 바로 진정한 신앙의 고백이며, 이러한 신앙고백을 통해서 모든 회중들은 하나의 교회를 이룬다고 에임즈는 말한다. 이들은 모두 그리스도안에서 하나이지, 계급적인 차별의 성격을 갖지 않는다.

이것은 장로파의 입장과 정면으로 배치되는 정치형태로 당시에 많은 논쟁을 낳았다. 하지만 엄밀히 말해서 이와 같은 청교도 회중교회의 입장은 철저하게 신약성경 내에 있는 교회의 본질과 그 형태에 대한 성경적 입장에 입각하여 결정된 것이며, 초대교회의 교회정치 형태를 답습한 것으로, 절대로 상황에 따라 바뀔 수도 수정될 수도 없는 절대적인 교회정치 원리였던 것이다.

2. 권위와 능력의 수여자로서의 예수 그리스도

회중주의에서 성경주의에 이어서 두 번째로 중요한 것은 바로 예수 그리스도의 위치와 역할이다. 그 이유는 청교도 회중교회주의의 중요한 특징이 바로 여기에서 발견되기 때문이다. 청교도들은 그리스도의 3중직, 즉 선지자, 제사장, 왕에 대한 종교개혁자들의 입장에 동의하였다. 그리고 선지자, 제사장의 이중직은 종교개혁의 초창기에 회복되었다고 믿었다. 하지만 왕으로서의 그리스도에 대한 마지막 위치가 당시 교회의 상황을 볼 때 회복되지 못한 상태에 있다고 생각하였다.[14] 그 이유는 로마 천주교뿐만 아니라, 영국교회와 장로교의 교회정치 형태를 볼 때, 아직도 예수 그리스도의 왕직에 사람들이 앉아 있다고 보았기 때문이다. 그러므로 존 코튼은 "비록 어떤 개신교에서 교리적인 개혁이 이루어졌고, 교황청이 실시하던 예배들이 폐지되었

---

14) 오덕교, 「청교도와 교회개혁」(수원: 합동신학교 출판부, 1994), 300.

지만, 아직도 그리스도의 초월적인 권세가 회복되지 못한 가운데 있다. 그래서 아직도 한 사람에 의하여 다스려지는 감독정치, 또는 한 사람이 왕처럼 다스리는 통치가 실시되고 있다"고 말하였다.15)

이러한 입장의 성경적인 근거는 무엇인가? 에베소서 4장 15, 16절에 근거한다. "오직 사랑 안에서 참된 것을 하여 범사에 그에게까지 자랄지라 그는 머리니 곧 그리스도라. 그에게서 온 몸이 각 마디를 통하여 도움을 입음으로 연락하고 상합하여 각 지체의 분량대로 역사하여 그 몸을 자라게 하며 사랑 안에서 스스로 세우느니라" 즉 회중교회란 머리이신 그리스도 아래 유기적인 관계를 맺는 지체들의 공동체 그 이상이 아니라는 것이다. 그러므로 존 코튼은 그리스도의 왕권에 대해서 다음과 같이 강력하게 주장하였다. 그에 의하면 교회를 다스리는 권위는

> 오직 주 예수 그리스도에게 속한 것이며, 그 어떤 피조물도 그 권위를 대신할 수 없다. 교회는 그리스도께서 교회의 머리이신 신비스런 기관이기 때문이다. 교회의 머리를 대신할 다른 인간이 없다. 교황이나 황제가 교회의 머리일 수 없고, 오직 그리스도 예수만이 교회의 머리요 주인이다.16)

그리고 예수 그리스도는 "유형교회의 머리가 되실 뿐만 아니라 무형교회의 머리이다. 교회의 머리로서 그리스도 예수께서는 그의 교회를 다스리시며, 교회의 모든 일을 관장하신다.17) 교회는 그리스도께서 다스리는 곳이지, 사람이 다스리는 곳이 아니다.

이와 같은 입장은 회중교회주의의 신조들의 교회의 정의에서도 가장 잘 보여진다. 1589년에 「하나님의 말씀에 근거한 진정한 서술」에 보면

---

15) *Ibid.*, 301.

16) *Ibid.*

17) *Ibid.*, 301-302.

보편적으로 이해되는 것처럼, 이 교회는, 이미 존재했고, 현재 존재하고 있으며, 앞으로 존재할 모든 하나님의 선택된 자들을 포함한다. 그러나 더욱더 엄밀하게 고려할 때, 오늘날 세상에서 보이는 것처럼, 교회는, 그들의 유일한 왕, 제사장 그리고 선지자이신 그리스도 예수의 이름으로 모인 신실하고 거룩한 사람들로, 그분을 올바르게 예배하며 그분의 사역자들과 법에 의해서 평화롭고 잠잠하게 지도를 받으며, 거짓 없는 사랑과 평화의 끈으로 믿음의 연합을 지키는 무리와 교제로 구성된다.[18]

라고 기술하고 있다. 즉 교회란 그들의 유일한 왕의 이름으로 모이며, 그 왕을 예배하고, 그 왕의 법의 지배를 받는 무리라는 것이다. 이것은 교회의 참된 지배자요, 통치자는 오직 예수 그리스도밖에 없다는 의미이다. 그러므로 엄밀히 말해서 회중교회주의는 그리스도와 회중이라는 이층적인 구조이지, 그리스도와 사제 혹은 지도자, 그리고 그 아래에 위치한 회중이라는 삼층적인 구조는 아니다. 이것은 회중교회주의의 전체 신조에 걸쳐서 평신도중심이라는 강력한 구조

---

18) Williston Walker, 33. 이것에 대해서 다른 회중교회주의 신조들 속에서도 동일하게 규정되어 있음을 볼 수 있다. 예를 들면, 또 1665년의 「공적인 신앙고백을 위한 지침」의 "그리스도의 교회에 관하여"라는 항목을 보면, "머리 되신 그리스도에게 연합된 모든 진정한 신자들은 그리스도의 몸인 하나의 신비적인 교회를 만들며, 믿음으로 아버지, 아들 그리고 성령 하나님과, 그리고 사랑 안에서 서로서로 교제를 가지며, 지상에서의 죄들을 용서받으며, 육체가 부활할 때 그들은 영원한 삶을 얻을 것이다. 아멘"이라고 말하고 있다. 또 1630년의 「찰스타운-보스톤 언약」을 보면 "주 예수 그리스도의 이름으로, 그리고 그분의 거룩하신 뜻과 율법에 순종하여 아래에 서명한 우리들은 하나님의 지혜로우시고 선하신 섭리 가운데 미국의 메사추세츠로 인도함을 받아 왔고, 우리를 구원하셨고 거룩하게 하신 우리의 머리 되시는 주 예수 그리스도 아래 한 회중, 곧 교회로 연합하기를 갈망하여 이제 엄숙히 거룩하신 하나님 앞에서 복음의 도리대로 모든 면에서 행하며, 주님의 거룩하신 율법에 진심으로 순응하며, 하나님께서 우리에게 은혜를 주시는 대로 서로를 사랑하고 존경하기로 서약한다."라고 기록하고 있다.

를 형성하고 있다.

그렇다면 왕권을 가지신 그리스도께서 그의 교회를 위해서 행하시
는 일은 무엇인가? 1596년에 쓰인 「런던 암스테르담 교회의 제2신
앙고백서」의 17항에 보면 다음과 같이 기록하고 있다.

> 그리스도는 여기 지상에서 하나의 영적인 왕국을 소유하시며,
> 그가 그의 말씀의 능력에 의해서 믿음 안으로 그들을 부르시고 승
> 리하시므로, 그리고 불신자들로부터 또한 모든 우상……로부터 분리
> 시키시므로, 특별한 상속물로서 그 자신에게 사셨고 구속하신 교회
> 안에서 그의 종들 위에서 정경적인 지배권을 가지고 계시며, 또한
> 그들을 어두움 가운데서 그의 엄청난 빛으로 부르신, 그리고 사랑
> 스럽고 거룩한 질서 안에서, 모든 보편적인 그리고 서로 간의 의무
> 들을 행하게 하시고, 그에 대한 믿음 안에서 한 몸의 지체로서 함
> 께 모여서 연합하게 하시고, 그가 그의 말씀 안에 미리 정해 놓으
> 신 것처럼, 지도자들과 규칙들을 통해서 지도하고 통치하신다.[19]

그것은 위의 내용을 볼 때, 교회 안에서 일어나는 모든 일들에 대
한 영적인 주도권을 전적으로 쥐고 행하신다고 보는 것이 타당하다.
이것은 회중교회 신조들을 살펴볼 때 계속해서 동일하게 보이고 있
다.[20] 여기에서 공통적인 것은 그리스도께서 교회의 왕이시며, 머리

---

19) *Ibid.*, 64.

20) 예를 들면 다음과 같다. 먼저 1603년의 「회중주의와 영국교회의 차이점」
의 1항을 보면 "주님이신 그리스도께서는 그의 교회에게 주신 그의 마지
막 유언을 통해서, 세상 끝날 때까지, 그 안에 그의 거룩한 일들의 행정
과 그의 교회의 충분한 일상적 교훈과 지도와 봉사를 위해서 부르심 혹
은 입교, 사역들, 그리고 보존의 방식을 가지고, 충분한 일상적 직책들을
그 안에 세우셨다."라고 말하고 있다. 또한 1648년의 「케임브리지 강령」
의 제1장의 2항을 보면 "교회정치는 이중적인 면에서 고려되어야 하는데,
통치자체의 부분들에 관한 것과 그 정치에 필요한 필수적인 환경이다. 통
치의 부분들은 말씀 안에 규정되어 있는데, 왜냐하면 그의 교회의 왕이시
며 법률의 수혜자이신 주님이신 예수 그리스도께서, 구약성경에서 이스라

로써 그에게서 모든 교회의 규정과 의무와 성도들에게 필요한 모든 것들이 완전히 공급된다는 것이다. 그러므로 그리스도 외에 어느 누구나 왕이나 제도도 이 역할을 대신할 수 없다는 것이다. 이것은 회중교회주의의 중요한 특징이자 성격이었던 것이다. 이것에 대해서 존 코튼은 매우 명백한 주장으로 위의 모든 주장들을 못 박고 있다.

> 교회의 법이나 규칙을 만들거나 세우는 일, 교회의 직분자나 회원을 택하는 것, 그리고 성례나, 권징이나 어떤 예배의 한 부분을 집행하는 것, 또는 교회정치를 행하는 것이 교회의 수중에 있는 것이 아닙니다. 오히려 모든 것을 그리스도의 손에서 받아 행하고 그의 말씀에 계시된 그리스도의 뜻을 따라 집행하여야 합니다. ······ 그것은 이 세상에 속한 것이 아니라 영적이며 하늘의 것으로 세워진 것입니다. 이 세상의 지혜나 권세에 의한 것이 아니라 그리스도에게서 나온 것입니다. 그리고 인간의 교훈을 따라 다루어지는 것이 아니라, 그리스도의 명령에 따라 집행되어야 합니다.[21]

결론적으로 볼 때, 회중교회주의란 그리스도와 회중이라는 이층구조로 이루어지며, 그 원리는 철저하게 성경에 계시된 그리스도의 뜻에 따라 이루어진다고 보아야 할 것이다.

엘의 자녀들에게 통치의 형태와 양식을 주님으로부터 전해 받은 모세보다 덜 신실하지 않으시기 때문이다. 그리고 거룩한 성경 역시 너무나 완전하여서 하나님의 사람을 완전하게 만들 수 있으며 철저하게 선한 일을 위해 구비시킬 수 있으며, 그러므로 해서 하나님의 집을 의심 없이 질서 있게 운영할 수 있게 할 수 있기 때문이다."라고 규정하고 있다.

21) 오덕교, 304. 재인용. John Cotton, *The True Constitution of a Particular Visible Church*, 9.

3. 주체로서의 평신도

회중교회주의는 성경 안에 계시된 그리스도께서 교회를 세우시고 다스리신다는 입장에 서 있다고 볼 때, 마지막으로 중요한 것은 바로 그 교회가 무엇인가라는 질문이다. 즉 이것은 교회의 정의에 대한 질문이다. 여기에서는 몇 가지 중요한 전제들이 기반이 되어야 한다. 왜냐하면 이것은 위에서 살펴본 것처럼, 회중교회주의가 그리스도께서 성경에 규정해 놓으신 교회주의임에도 불구하고, 한 걸음 더 나아가 당시 영국교회의 교회에 대한 현실적인 비판 속에서 나온 교회관이기 때문이다.

당시 영국교회는 가시적 교회와 비가시적 교회의 명백한 구분선을 긋고 있었다. 이것은 어거스틴 이래로 교회론에 있어서 매우 중요한 위치를 차지할 뿐만 아니라, 종교개혁자들에게 있어서도 동의된 부분이었다. 하지만 이러한 영국교회의 교회론은 보이지 않는 교회에 대한 일방적 치우침으로 인하여 가시적 교회에 대한 상대적 무관심에 빠지고 말았던 것이다. 본래 어거스틴의 두 교회의 구분은 영국교회의 입장과는 차이가 있었다. 어거스틴은 가시적 교회와 보이지 않는 교회의 차이를 분명히 하면서도, 가시적 교회 역시 거룩한 공동체로 나아가기 위해서 늘 투쟁해야 함을 역설했던 것이다.[22] 하지만 당시의 영국교회는 권징을 교회의 표지로 삼지 않았다. 물론 이것은 칼빈과 루터 등 초기 개혁자들과 같은 입장이었다. 하지만 권징이 없으므로 인해서 당시 영국교회는 도저히 청교도들이 보기에 교회라고 할 수 없는 상태에까지 치닫고 말았던 것이다. 왜 이런 문제가 야기되었는가? 물론 이것은 당시 영국의 종교정책이 왕을 중심으로 한 주교제도로서 종교와 정치의 혼합적인 성격을 가지고 있는

---

22) Edmund S. Morgan, *Visible Saints,* 3.

매우 독특한 교회정치의 형태에서 일차적으로 기인된 것이기고 하였다.23) 그러나 단지 교회만을 살펴보았을 때 교구가 자동적으로 교회 멤버를 결정해 버리는 국가교회체제라는 것이 근본적인 문제였던 것이다. 이것은 모든 국민들을 하나의 종교라는 틀 속에서 일체감을 가지게 만들어 주어서 국가통치자가 국민들을 일사불란하게 움직이고, 위기 시에 무장하도록 하는 데는 매우 유익하였다. 하지만 교회의 본질적인 측면에서 볼 때에는, 모든 사람들이 ─ 신자와 불신자 할 것 없이 ─ 교회 안에 섞여 있어서 이것은 필연적으로 교회의 부패를 낳을 수밖에 없었던 것이다.

이러한 현실을 극복하기 위한 대안이 무엇인가? 그것은 바로 가시적 교회와 보이지 않는 교회를 일치하게 할 수는 없더라도, 최대한 가깝게 끌어당길 때 가능할 수 있다는 의견에 일치를 보았던 것이다. 이것은 한마디로 살아 있는 역동적인 영적 공동체의 회복에 대한 청교도들의 지대한 관심에서 나온 것이요, 더 나아가서는 성경에 기록되어 있는 공동체만이 참된 교회임을 믿기 때문에 유발된 것이고, 마지막으로 그리스도가 지배하는 교회는 반드시 교회의 본질을 회복할 수밖에 없다는 확신 속에서 의도된 것이었다. 여기에서 나온 것이 회중주의 교회관이며, 회중을 중심으로 하는 교회정치체제였다.

그렇다면 회중, 즉 평신도중심의 교회란 무엇인가? 코튼은 교회를 "그리스도가 머리이며 성도들이 지체로 거룩한 언약에 의하여 한 회중으로 함께 연합된 신비스러운 몸"이라고 설명하였다.24) 우리는 여기에서 회중교회주의 교회관의 중요한 특징들을 살필 수 있다. 먼저 "거룩한 언약"이라는 단어 속에서 우리는 세상과 구별된 사람들로서 스스로 교회의 지체가 되기를 결단한, 즉 자발적인 결정에 의한 사람들이라는 것을 파악할 수 있다. 이것은 영국교회의 특징인, 세상과

---

23) 홍치모, 「근세 영국의 종교와 정치」(서울: 성광문화사, 1980), 9.
24) 오덕교, 180.

구별됨이 없이 무분별하게 모인 회중들, 왕과 주교들의 권력에 이끌린 타의적이고, 단지 영국 내에서 태어났다는 이유로 인해 자동적인 교회회원이 될 수밖에 없는 사람들로 구성된 교회에 대한 정반대의 교회관임을 보여준다. 그리고 두 번째로 "한 회중"이라는 단어는 교회가 어떤 특정한 계급을 가지기 이전에 회중들이 모든 교회의 권위를 그리스도께로부터 위임받은 주체임을 말하고 있다. 이것은 영국교회의 주교제도와 더 나아가 영국 청교도의 장로파의 계급적 의회주권사상을 배격하는 회중중심의 교회관을 보여주는 것이다. 그리고 이것은 마틴 루터에게서 시작된 모든 신자는 하나님 앞에 평등하다는 만인제사장론에 입각한 대중주권론을 보여주는 것이다. 물론 칼빈 역시 회중들에게 교회의 권위가 위임되었음을 말하고 있다. 하지만 그러한 근본입장이 의회주권이라는 형식적으로는 회중의 권위에 속하지만 실질적으로는 계급적인 힘을 발휘하는 상위기관의 역할을 하게 되었던 것이다. 이것은 스코틀랜드와 영국 청교도 중 장로파에게서도 동일하게 보였다. 마지막으로 "함께 연합된 그리스도의 몸"이라는 개념 속에서 우리는 보이지 않는 교회를 가시적 교회와 일치시키려는 회중교회주의의 노력을 볼 수 있다.

그리고 이러한 평신도가 주체로 되는 회중교회주의 원리는 1648의 「케임브리지 강령」에 가장 잘 나타나고 있다. 일견하면, 이 강령이 만들어지게 된 여러 이유들 중 한 가지가 당시 영국에서의 장로파의 득세로 인한 회중교회주의의 위기를 예감한 존 코튼이 회중교회주의를 확고히 하기 위해서 이 강령을 만들게 되었다고 한다.

여기에서 몇 가지 중요한 항목만을 추려서 살펴보도록 하겠다. 먼저 2장 6항을 보면 "회중주의적인 교회는 그리스도에 의해 전투적 – 가시적 교회로 세워진 것이며, 주님이신 예수님과의 교제 안에서 상호 간, 가르치는 일과 공적으로 하나님께 예배드리는 일을 위해서 거룩한 언약에 의해서 한 몸으로 부르심을 받은 성도들의 모임이다"라고 규정하고 있다.25) 여기에서 중요한 것은 회중들의 자발성이다. 다음으로 5장26)에서 교회의 권위의 주체에 대해서 말하고 있다. 권위는 회중자체에 있는 것이다. 그리고 장로들은 직무의 힘을 갖는다. 하지만 지도자들은 회중을 통해서만 그들의 힘을 가질 수 있기에 그들의 힘을 회중처럼 즉시 행사할 수 없다. 마지막으로 이 강령의 10장 3항에서는 회중교회주의의 권위의 개념에 대해서 잘 보여주고 있다.

　이러한 교회의 정치는 혼합된 정치형태이다. ……교회의 머리이시며 왕이신 그리스도의 관점에서 보면 그는 지고의 권능을 가지고 있으며, 그 권능을 스스로 실현한다는 점에서 독재이다. 반면 교회의 형제 됨, 몸으로서의 교회의 관점에서 본다면 그리스도께서 그들에게 권능을 인정하셨기 때문에 민주주의이다. 또한 장로제도와 그들의 위임받은 권위의 관점에서 그것은 정치이다.27)

　회중교회주의는 성경적인 교회를 잉태하기 위한 청교도들의 노력과 당시 영국의 비성경적이고, 정치적인 국가교회에 대한 반발로 형성되었다. 하지만 더욱 중요한 것은 회중교회주의 안에 있는 평신도 중심의 원리를 통해서 강력한 영성이 유발되었다는 사실이다.28)

---

25) *The Cambridge Platform of Church Discipline*, 51.

26) *Ibid.*, 56.

27) *Ibid.*, 64.

28) 이것에 대해서는 많은 책들이 있지만, 특히 영국독립과 회중교회주의 안에 나타난 영성에 대해서는 Geoffrey F. Nuttall, *Visible Saints* (Oxford: Basil Blackwell, 1957)이 대표적이며, 뉴잉글랜드에서 영성에 대해서는 알렌 카든, 「청교도 정신」박영호 역(서울: 기독교문서선교회, 1973)이 있다.

회중교회주의의 교회정치에서
평신도의 지위와 역할
(케임브리지 강령을 중심으로)

회중교회주의란 각 지역의 회중이 자유롭게 자체의 언약을 세우고, 자체의 목회자를 확보하고(해임하고), 외부의 간섭이 없이 자체의 업무들을 처리하는 것을 의미한다.[1] 이러한 회중교회주의의 정의에서 보듯이 회중들의 지위와 그들이 가진 권한은 막대하였다. 그리고 이것은 오늘날 장로교의 기반에 서 있는 한국교회의 상황과 비교해 볼 때 상상할 수 없는 엄청난 교회정치의 차이를 가져다주었다.

그러므로 여기에서는 구체적으로 만인제사장론의 기반인 모든 성도들은 신 앞에 평등하다는 입장에 근거한 대중주권론에 기초하여 발전된 회중교회주의 교회정치 속에서 평신도들의 지위가 어느 정도였는지, 그리고 어떤 역할을 감당하였는지를 강령의 목차를 따라 하나하나 살펴보도록 하겠다. 특별히 회중교회주의의 입장을 매우 상세하고 명백하게 드러내고 있는 1648년의 「케임브리지 강령」을 중심으로 하여 다루도록 하겠다.[2]

---

1) 알렌 카든, 146.

1. 교 회

회중교회주의에 있어서 교회의 정의는 무엇보다도 중요하다. 왜냐
하면 교회정치의 모든 부분들이 교회를 어떻게 정의하느냐에 따라
결정이 되기 때문이다.

1) 교회의 본질

제2장에서 보편교회를 다루고 있다. 보편교회에는 두 종류가 있는
데, 천상교회인 승리의 교회와 이 땅에서 적들과 투쟁하고 있는 전
투적인 교회가 있다고 말한다. 이 전투적인 교회는 가시적 교회와
비가시적 교회로 나뉘는데, 여기에서 중요한 것은 가시적 전투적 교
회에 관한 것이다. 이것이 「케임브리지 강령」의 5항과 6항에서 다루
어지고 있는데, 그 내용을 보면 다음과 같다.

---

2) Williston Walker, 185. 케임브리지 강령에 대한 원문들 중에서 여기에서 사
용되는 것은 Iain H. Murray, ed., *The Reformation of The Church*(Edinburgh:
The Banner of Truth Trust, 1965)이다. 이 강령은 1651년에 메사츄세츠
일반법정에 의해서 채택되었으며, 1780년까지 적법하게 인준된 표준서로서
전해져 왔다. 이것은 실제로 다른 영국독립파 회중교회주의 신조인 1658년
의 사보이 선언(Savoy Declaration)보다 더 실제적인 면에서 영향력을 미
쳤다. 이 강령에 대해서 에릭 라우틀리(Erik Routley) 박사는 다음과 같이
말한다. "케임브리지 강령은 다른 어떠한 영어로 된 선언서나 고백서보다
도 더욱더 완벽하게 교회의 회중적인 교리를 상술하고 있다. 이 강령은
어떤 의견을 달리하는 소수의 정체를 규정하기 위해 의도된 것이 아니라,
사보이에서 설립된 어떠한 교회보다도 더 자신 있게 국가 전역에 보편적
인 통치권을 가지기를 바라고 있는 교회를 위해 선포된 것이다. 또한 이
강령은 교회 공동체와 회중이 거의 일치했고, 교회의 구성원들만이 선거
권을 가지고 있었으며, 세속적인 통치자들이 비록 교회 구성원은 아니라
할지라도 교회의 지지자였다는 상황을 잘 묘사하고 있다."[E. G. 제이, 「교
회론의 역사」주재용 역(서울: 대한기독교출판사, 1986), 252.]

5. 가시적 전투적 교회가 질서 있게 걸어가는 상태는 법 이전에 경제적, 즉 가족적이던지, 아니면 법 아래에 국가적이든지, 아니면 그리스도의 오심 이래 오직 회중적이다. 그러므로 전혀 국가적, 지역적, 계층적이지 않다. / 6. 회중적인 교회는 그리스도에 의해서 가시적 전투적 교회의 한 부분으로, 주 예수와 함께 교회 속에서 상호 간에 서로를 세워주는 것과, 하나님을 향한 공적인 예배를 위해서 거룩한 언약에 의해 한 몸으로 연합된, 부름 받은 성도들의 무리로 구성된다.[3]

여기에서 볼 때 회중교회가 영국교회처럼 국가교회나 지역적 교회 혹은 장로교회처럼 총회나 대회에 종속된 계층적인 구조를 가진 것이 아닌, 오직 회중들이 교회임을 말하고 있다. 더 나아가 여기에서 회중교회를 자발적인 언약에 의해서 구성된 교회라고 설명하고 있다.

이것에 대해서 웨스트민스터 지도자들에 의해서 만들어진 1645년의 「장로파 교회정치의 형태」(*The Form of Presbyterian Church Government*)에 기록되어 있는 교회에 관하여(Of the Church)에서는 다음과 같이 기록하고 있다.

신약성경에는 하나의 가시적 보편교회가 있다. 신약성경의 사역, 신탁들(oracles), 그리고 규례들은 예수 그리스도의 재림 때까지 이 세상에서 교회의 모임과 교회 완전함을 위해서, 예수 그리스도에 의해 하나의 가시적 보편교회에게 주어진다. / 그 보편교회의 회원들로서 특정한 가시적 교회들이 역시 신약성경에 제시되어 있다. 초대교회 때에 특정한 교회들은 가시적 성도들, 즉, 믿음으로 그리스도를 고백하고, 그리스도와 그의 사도들에 의해서 가르쳐진 믿음과 삶의 규칙들에 입각하여 그리스도께 순종하는 그러한 사람과 그의 자녀들로 구성되었다.[4]

---

3) "The Cambridge Platform of Church Discipline, 1648," *The Reformation of the Church*, ed. Iain H. Murray (Edinburgh: The Banner of Truth Trust, 1965), 245.

이것을 볼 때 당시 장로파의 입장을 대변하는 「장로파 교회정치의 형태」에서는 단지 하나의 가시적 보편교회만이 존재할 뿐이라고 주장한다. 그리고 하나의 가시적 교회에 종속된 특정한 가시적 교회들이 존재한다고 장로파는 주장한다. 중요한 것은 독립파의 교회정의와 달리 장로파의 입장은 특정한 가시적 교회는 회중적이지 않고, 단지 가시적 보편교회에 속해 있는 한 부분일 뿐이라는 것이다. 그러므로 이러한 입장은 개 교회들이 하나의 완전한 교회로서 다른 교회들과 분리되어 스스로 완전한 형태의 교회를 이룬다는 회중교회주의의 입장과 차이를 갖는 것이다. 이와 같은 입장은 1646년에 의회에서 질의된 장로파와 독립파 회중교회주의와의 차이에 대한 질문에 대한 장로파의 답변서였던 「독립파와의 차이점에 대한 장로파의 관점」(*A Presbyterian View of the Difference with Independency*)에도 동일하게 나타난다. "지상에는 그리스도에 속한 하나의 가시적 보편교회만이 인정되며, 모든 특정한 교회들, 그리고 한 회중들은 단지 그 전체의 동일한 부분일 뿐이다."[5] 단지 하나의 가시적 보편교회만이 완전한 교회로 존재할 뿐이다. 모든 특정한 가시적 교회는 이 가시적 보편교회의 한 부분들을 이루고 있을 뿐, 스스로 완전한 교회로 인정될 수는 없다. 그러므로 이러한 입장은 더 나아가 교회의 주체가 한 회중이 될 수 없음을 명백히 보여준다. 사실 이와 같은 차이점은 장로파의 입장에서 볼 때, 회중교회주의는 질서의 틀을 제공하는 계층구조를 약화시키므로 자칫 교회 간의 혼란과 무질서를 유발할 가능성이 있다. 반대로 장로파의 교회관은 교회 전체의 의견을 하나로 모아서 통일성 있는 교회정치를 행하고, 제도화하는 데 장점

---

4) "The Form of Presbyterian Church Government," *The Reformation of the Church*, 207-208.

5) "A Presbyterian View of the Difference with Independency, 1646," *The Reformation of the Church*, 294.

을 가지고 있다. 그러나 회중교회주의 입장에서 볼 때 장로파의 입장은 회중, 즉 평신도들의 권위를 약화시키면서, 사제중심적인 계층구조로 나아가는 것이며, 영국교회의 부패와 타락의 모습을 그대로 답습하는 결과를 낳는 교회관이었던 것이다. 반대로 회중교회주의 교회관은 각 개 교회의 회중들의 자발성과 책임성을 기초로 하여 탁월한 영성과 성숙함을 이룰 수 있다고 보았던 것이다.

하지만 이러한 장, 단점은 일단 당시의 역사적 상황 속에서 살펴져야 할 필요가 있다. 회중교회주의의 교회관은 무엇보다도 이상적인, 하나님의 통치가 가장 잘 이루어지는 교회를 세우기 위한 목적을 가지고 세워졌다. 그리고 이상적인 목적을 이루기 위해서 교회언약을 통한 자발성과 책임성이 회중 스스로에 의해서 동의되고, 받아들여져야만 하는 평신도중심주의의 형태를 취했다는 것이다. 또한 교리적으로는 신약성경에 기록된 대로 루터의 만인제사장론에 근거한 대중주권에 입각한 평신도중심의 입장을 취했다는 것이다. 그리고 상황적으로는 특별히 영국교회의 교권적인 교회관에 대한 반발로 생겨난 교회관이기에, 장로파의 다소 보수적인 입장보다 훨씬 비계층적인 방향으로 나아갈 수밖에 없었던 것이다. 반면에 장로파의 장로교회관은 현실상황에 대한 적극적 고려 속에서 현실과 타협하는 입장에서 의회주권적인, 즉 교회 대표자들에게 모든 권력이 주어지는 보수적 형태를 가지게 되었던 것이다.

2) 가시적 교회와 교회언약의 형태

이와 같은 회중교회주의의 입장은 가시적 교회와 교회언약의 형태 속에 즉각 적용됨을 보게 된다. 「케임브리지 강령」의 4장 2항과 3항을 보면 다음과 같이 서술하고 있다.

2. 특정한 교회들은 서로 단지 그들의 형태만 다를 뿐이다. 에베소교회가 서머나 교회는 아니다. 버가모교회가 두아디라 교회는 아니다. 그 교회들은 그 자체적으로 각각의 구별된 사회로서, 그들 자신들의 교회지도자들을 가지고 있으며, 그 지도자들은 다른 교회들에 대한 책임을 지지 않는다: 그들 자신들의 선행 때문에 다른 교회가 칭찬을 받아서도 안 되며, 그들 자신들의 부패 때문에 다른 교회가 비난을 받아서도 안 된다. / 3. 이 형태는 가시적 언약, 동의 혹은 일치이며, 그것에 의해서 그들은 자신을 주님께 드리며, 일반적으로 교회언약이라고 불리는 그리스도의 규례들을 동일한 사회 안에서 함께 준수한다: 왜냐하면 우리는 그 외의 다른 방법으로 교회의 멤버들이 상호 간에 서로서로를 향한 교회의 권능을 가질 수 있는지에 대해 알지 못하기 때문이다. 각각의 특정한 교회를 하나의 사회, 그리고 배우자로 비교하는 것은 한 형태뿐만 아니라, 그 형태까지 언약에 의해서 결론되는 것처럼 보인다. ……6)

즉 회중교회주의 교회정치 안에 개 교회주의의 독특성의 이유에 대해서 두 가지 면을 강조하는데, 먼저 개 교회 하나하나가 하나님과 직접적인 상벌의 관계를 맺고 있다는 것이다. 이 말은 개 교회가 하나의 완전한 교회로서 다른 교회와 독립되어 존재하지만, 그만큼의 책임과 의무가 주어진다는 말이다.7) 그리고 하나님과의 직접적인

---

6) "The Cambridge Platform of Church Discipline, 1648," *The Reformation of the Church,* 247.

7) 오덕교, 313. 여기에 존 코튼이 회중주의의 두드러진 특징으로서 개 교회의 자율성을 제시했음이 설명되고 있다. "코튼은 회중교회정치의 두드러진 특징으로 개 교회의 자율을 내세웠다." 그리스도는 교회의 주권자요 영적인 머리이다. 그러므로 유형교회이든 무형교회이든 스스로 그리스도의 동반자 또는 대리자이라고 할 수 없다. "교회와 교회 사이에서 중보적인 역할을 할 수 있는 사람은 아무도 없다. 감독이나 교황이나 황제, 심지어 노회나 총회도 그리스도의 대리인 역할을 할 수 없다. 그리스도께서는 황제나 교황, 또는 노회나 총회를 통해서 그의 주권을 행사하지 않으며, 오직 말씀과 성령으로 그의 회중 가운데 주권을 행사하신다. 코튼은 이러한 칼빈주의적인 신학에 근거한 회중정치야말로 성경적

관계에서 최상의 상태를 유지하기 위해서, 다시 말하면, 개 교회의 책임과 의무에 온전히 충실하기 위해서는 반드시 교회언약이라는 각 개 교회의 형편과 상황에 맞는 약속과 회중들의 자발적인 동의가 요구된다는 것이다. 하지만 그들은 이러한 회중, 즉 평신도들의 자발적인 동의와 일치는 필연적으로 최상의 교회정치체제를 구축할 수 있다고 믿었다. 또한 이러한 교회 형태만이 회중들이 스스로 교회의 주체로 교회의 권력을 행사하도록 하여, 교회가 가장 효과적으로 운영될 수 있다고 회중교회주의자들은 생각한 것이다.

우리는 여기에서 가시적 교회가 평신도들이 주체가 되어 교회를 운영하는 대중주권의 형태를 가장 잘 실현시킬 수 있는 수단이 바로 교회언약이었음을 알 수 있다. 언약의 특성상, 국가교회나 계층적인 권위 아래 있는 교회의 강제력과 피동성이 아닌, 회중 스스로의 자발성과 거기에 따른 의무와 책임의 준수가 반드시 동의, 일치되어야 하기 때문이다.

3) 교회권력의 제일 주체

위에서 우리는 회중교회주의가 교회언약을 통해서 자발적이고, 주체적으로 모여, 스스로 하나님과 모든 나머지 회중들에게 모든 언약의 내용에 동의와 일치를 천명하고, 약속하므로, 자발성과 책임성을 공유하는 정치체제임을 보았다. 그러므로 이러한 정치체제는 당연하게 누가 교회권력을 주도권을 쥐고 있는가의 문제로 귀결된다. 물론 회중교회주의자들은 모든 권력의 주체는 교회의 머리 되시는 예수 그리스도라는 데 일치하였다. 하지만 그 권력이 누구에게 위임되는가의 문제에서 그들은 바로 교회라고 주장하였던 것이다. 즉 교회를 구

_____

인 교회정치라고 말하면서, 회중정치 형태가 온 세계의 교회정치 형태로 채택될 때 그리스도의 천년왕국이 이루어질 것이라고 하였다.

성하는 모든 회중들에게 교회의 권력이 그리스도로부터 위임되었다
는 것이다.8) 이것은 토마스 카트라이트의 대중주권론과 같은 입장이
었다. 「케임브리지 강령」의 5장 1항과 2항에서 이 문제를 다루고 있다.

> 1. 교회권력의 제일 주체는, 지고적, 혹은 부속적 그리고 사역적
> 이다. 지고적으로는 주님이신 예수 그리스도이시다. 사역적으로는
> 특별하게, 사도들, 예언자들, 그리고 전도자들, 아니면 일반적으로,
> 모든 특별한 회중주의적인 교회들이다. / 2. 일상적인 교회권력은
> 각각 직무를 위한 권력으로 그것은 장로직에 적당하며, 혹은 특권
> 을 위한 권력으로 전체 회중들에게 속한다. 후자는 공식적으로 회
> 중들 안에 있으며, 그 권력은 직접적으로 그리스도로부터 주어진
> 다. 그러므로 질서를 따라서 회중 자신들에 의해서 즉시 행사되고
> 활용될 수 있다. 하지만 전자는 공식적으로 혹은 직접적으로 회중
> 들 안에 없기에 그들에 의해서 즉시 행사되고 활용될 수 없다. 단
> 지 그들 안에 있는 사람들 중에서 이 권력을 행사할 수 있도록 직
> 무자로 세우는 사람들 내에 있다고 말할 수 있다.9)

여기에서 분명히 볼 수 있는 것은 마틴 루터의 모든 신자들은 하
나님 앞에서 평등하다는 원리에 입각한 토마스 카트라이트의 대중주
권론의 입장이다. 여기 신조의 내용을 분석해 보면 회중교회주의 안
에서 대중주권론이 명백하게 회중들을 교회권력의 주체로 세우고 있
음을 알 수 있는 것이다.

이것과 비교해 볼 때 당시 장로파의 입장은 「장로파 교회정치의
형태」를 볼 때 확연히 달랐음을 볼 수 있다. 이 글의 "교회정치, 그

---

8) 임희완, 「영국혁명의 수평파운동」77-88. 여기에서 그는 "교회주권론"이라
는 부제 아래 당시 영국혁명 이전의 독립파의 교회주권론과 장로파의
의회주권론 사이의 치열한 논쟁을 자세히 설명해 주고 있다.

9) "The Cambridge Platform of Church Discipline 1648," The Reformation
of the Church, 249.

리고 이것을 위한 몇 가지 종류의 협회에 대하여"의 내용들을 살펴보면, 다음과 같이 기술하고 있다.

> 그리스도께서 한 정치를 세우셨고⋯⋯정치의 목적으로, 사도들은 예수 그리스도의 손으로부터 직접 열쇠를 받았다. 그리고 사도들은 그 열쇠들을 세상 속에 있는 모든 교회들 내에서 모든 경우들에 사용하고 행사하였다. / 그리고 그리스도께서는 그 이래, 계속해서, 그의 교회 안에 정치의 은사를 가진 사람들을 세우셨으며, 그들을 지도자로 부르실 때 동일한 열쇠를 행사할 수 있도록 위임하셨다.[10)]

이러한 내용을 볼 때 장로파는 회중교회주의와 교회정치 지도자의 권력의 위임순서가 다르다는 것을 알 수 있다. 회중교회주의의 입장은 그리스도에게서 회중들에게 정치권력을 위임하셨다는 것이다. 그러므로 회중들은 그리스도와 직접적인 관계를 맺는다. 그리고 회중들에게 주어진 권력이 비로소 교회의 지도자들에게 회중 자신들에 의해 위임됨을 볼 수 있다. 반면 장로파는 주님께서 직접 교회지도자들에게 정치권력의 열쇠를 주셨다고 말한다. 그리고 그 열쇠는 회중들의 동의 없이도 때에 따라 행사할 수 있다. 그렇다면 이처럼 그리스도에게서 직접 위임받은 열쇠는 어떻게 활용되는가? 이것에 대해서는 장로파는 다음과 같이 말하고 있다.

> 한 특별한 교회를 지도하는 지도자들은 권위를 가지고, 그들이 정당한 경우라고 여겨질 때, 그들 앞에 그 회중들을 나오라고 부를 힘을 가지며, 그들의 지식과 영적인 상태를 묻고, 훈계하고 책망할 수 있다. 그와 같은 힘과 권위는, 유비의 방법에 의해서, 신약성경 아래에서도 계속된다.[11)]

---

10) "The Form of Presbyterian Church Government," *The Reformation of the Church,* 216.

11) *Ibid.,* 217-218.

여기에서 회중교회주의의 교회정치의 주체와 장로파의 교회정치의 주체에 대한 극명한 차이점을 발견하게 된다. 회중교회주의에서 교회정치의 주체는 그리스도에게서 회중에게로 직접적으로 위임되었다. 그러므로 회중들이 교회권력의 주체이다. 그래서 이러한 입장에 대해 장로파에서 쓴 「독립파와의 차이점에 대한 장로파의 관점」에서 독립파를 아래와 같이 비꼬고 있는 것을 보게 된다. "교회정치의 주체는 신자들의 공동체이다. 교회의 지도자들은 직접적으로 그 교회의 종으로서 일을 하며, 그들에 의해서 위임을 받는다."12) 반대로 그들은 장로파의 입장을 다음과 같이 주장하고 있다. "교회정치의 주체는 오직 그리스도자신의 교회 사역자들이다. 교회의 지도자들은 직접적으로 그리스도에 의해서 임명된 그리스도의 종으로서 사역을 행한다."13)

여기에서 분명하게 구분할 수 있는 것이 회중교회주의의 주권에 관한 부분이다. 회중교회주의에서는 그리스도와 회중이라는 이층적인 구조로 바라보면서, 교회의 지도자는 이 회중들에 의해서 선택되고, 임명되는 것으로 보았다. 반면에 장로파의 입장은 그리스도와 회중이라는 이층구조가 아닌, 그리스도에 의해서 직접 그리스도의 종으로 임명된 사역자가 회중들을 지배하고 다스린다는, 삼층적 구조를 지니고 있었다. 그래서 우리는 구조적으로 볼 때 장로파의 교회정치 형태가 결국 중세의 사제주의와 영국교회의 주교제와 별다른 차이점을 갖지 못하고 있음을 보게 된다.

그러므로 회중교회주의자인 존 코튼은 회중교회주의를 옹호하는 입장에서 "모든 개 교회는 그들의 목사를 청빙할 수 있는 권세를 가지며, 교회 내규를 정하고 집행하여 교회를 계약 공동체로 만들 수 있는 자유가 있으며, 권징을 실시하고 교회회원을 받아들이거나 거

---

12) "A Presbyterian View of the Difference with Independency," *The Reformation of the Church*, 295.

13) *Ibid*.

절할 권세가 있다"고 주장하였던 것이다.14)

이상에서 보듯이 회중교회주의와 장로파의 교회의 정의와 교회의
본질과 형태, 그리고 교회의 주체에 대한 문제를 비교해 볼 때, 분명
한 차이점이 있음을 발견할 수 있다. 회중교회주의는 개 교회들이 완
전한 교회라고 주장하였다. 그리고 교회언약이라는 개 교회들만의 자
율성을 지니면서, 동시에 영적인 탁월성을 지니고 있었다.

회중교회주의의 평신도중심의 교회관은 당시로서는 혁명적인 교회
정치제도였다. 하지만 이 교회는 회중교회주의자들이 성경을 통해서
발견한 유일한 정치제도였으며, 가장 이상적인 교회를 세우려는 그
들의 희망에 근접한 정치제도였기에 그들은 뉴잉글랜드에 이 이상적
인 교회를 건설하였던 것이다. 하지만 장로파 청교도들이 보기에 이
교회정치제도의 평신도의 자율에 대한 과도한 개방은, 너무나 무정
부적이고, 문제점들을 많이 노출할 것 같은 교회제도였기에, 장로파
청교도들은 회중교회주의에 대한 다양한 반대의 의견을 제시하였다.
다음으로, 그렇다면 구체적으로 교회지도자들과 회중들과의 관계는
어떠했는가를 살펴볼 차례가 되었다.

2. 교회지도자들

1) 교회지도자들과 교회와의 관계

여기에서 교회지도자들의 여러 정치문제를 다루기 이전에 반드시
짚고 넘어가야 할 부분이 바로 교회지도자들과 교회와의 관계이다.
즉 교회지도자들이 반드시 교회의 요소 안에 들어가야 하는가라는

---

14) 오덕교, 312.

문제이다. 이 문제가 중요한 이유는 이것이 교회의 요소에 들어가느냐, 마느냐에 따라 평신도들의 교회 안에서의 다양한 사역에 대한 가능성을 열어놓으면서, 또한 교회지도자들의 역할과 지위를 어느 정도 제한시키는 결과를 낳기 때문이다.

「케임브리지 강령」의 6장에서는 이것에 대해서 다음과 같이 말하고 있다. "교회는 하나님을 예배하기 위해 언약에 의해서 함께 연결된 한 무리의 공동체로서, 그러한 정의에 의하면, 특정한 교회지도자가 없이도 교회는 존재하며, 본질적으로 교회라고 볼 수 있다".15) 이것에 대해서 10장의 1~5항에서는 더 자세하게 다루고 있다.

> 1. 지상에 있는 모든 교회들을 통치할 최상의 그리고 주인으로서의 권한은 오직 교회의 왕이시며, 머리이신 예수 그리스도께 속해 있다. 그는 그의 어깨 위에 통치권을 가지고 계시며, 그에게 주어진 하늘과 땅의 모든 권력을 가지고 계신다. / 2. 고백적인 신자들의 무리는, 교회론적으로, 그들이 그들의 교회지도자들을 가지기 이전에 그리고 그들이 없더라도, 하나의 교회로서 연방적(confederate)이다. 그런 상태에서도, 그리스도에 의해서 그들에게 위임된 그리스도 아래 모든 종속적인 교회권력은 앞에서 진술된 방식으로, 그리고 한 교회의 바로 그 본질과 본성으로부터 유출되는 것으로서, 고백적인 신자들의 무리에게 속한다. 모든 지체들이 하나의 교회의 몸으로, 그 스스로의 보존과 유지를 위해서 충분한 권력으로 무장하는 것은 자연스러운 것이다. / 3. 이러한 교회정치는 혼합된 정치형태를 지니고 있다……교회의 머리이시며 왕이신 그리스도의 관점에서 보면 그는 지고의 권능을 가지고 있으며, 그 권능을 스스로 실현한다는 점에서 독재이다. 반면 교회의 형제 됨, 몸으로서의 교회의 관점에서 본다면 그리스도께서 그들에게 권능을 위임하셨기 때문에 민주주의를 닮았다. 또한 장로제도와 그들의 위임받은 권위의 관점에서

---

15) "The Cambridge Platform of Church Discipline," 1648, *The Reformation of the Church*, 249.

그것은 귀족정치이다. / 4. 그리스도의 것인 그 주권은 먼저 교회를 세상으로부터 거룩한 교제로 부를 때, 둘째로 그의 예배의 규례를 세울 때, 그리고 사역을 분배하기 위해서 그의 사역자들과 지도자들을 부를 때, 그리고 그의 모든 기관들에게 그리고 그들에 의해서 그의 백성들에게 능력과 생명을 부여할 때, 마지막으로 그들의 평화를 깨트리는 모든 적들로부터 그의 교회를 보호하고 구출해 낼 때 행사된다. / 5. 그리스도에 의해서 교회와 형제들의 몸에 위임된 권력은 그 교회가 행사하는 대리적 권능이며, 특권이다: 먼저 장로든지, 아니면 집사들이든지 그들 자신들의 지도자들을 임명할 때, 그들 자신들의 멤버들이 되는 것을 허락할 때, 이러한 권력을 갖는 이유는 다시 그들의 교제권에서 어떤 사람을 제거할 수 있는 권한을 가져야 하기 때문이다. ……16)

토마스 후커도 「회중교회주의의 원리에 대한 요약」에서 "교회는 완전한 본질로서, 교회지도자들 이전에 존재하며, 존재할 수 있다.17)"라고 말하고 있다. 결국 회중교회주의에서 교회지도자들은 교회의 본질적 요소가 아니다. 더 나아가 교회지도자들은 회중들보다 중요하지는 않으며, 그 권위가 근본적으로는 회중들 위에 있지 않다는 입장을 명백히 확인할 수 있다. 이러한 사상은 분명히 토마스 카트라이트의 대중주권론의 적용이라고 볼 수 있으며, 회중교회주의 청교도들이 주장하는 신권으로서 하나님으로부터 교회회중들에게 주어진 절대적 권리는 교회지도자나 주교, 더 나아가 왕조차도 침범할 수 없다는 입장에 서 있는 것이다.

여기에 반하여, 장로파의 강령인 「장로파 교회정치의 형태」에서는 "하나의 회중 내에 교회지도자들은 회중들을 위해서 말씀과 교리를 가지고 다스리고, 수고하기 위해서는 적어도 한 명이라도 있어야 한

---

16) *Ibid.*, 255-256.

17) Williston Walker, 143.

다."[18]라고 말하고 있다. 물론 이것은 다소 강조점의 차이라고 볼 수도 있다. 장로파에서도 교회지도자들을 교회의 본질로 보지는 않는다. 하지만 교회정치적인 관점에서 장로파는 교회지도자들이 적어도 한 명이라도 있어야 함을 강조하고 있는 것이다. 반면에 회중교회주의에서는 교회지도자가 없더라도 문제가 없다. 실제로 회중교회들 중에는 목회자가 없이 수년을 지낸 교회도 많이 있었다. 이들은 회중들 내에서 경건하고 설교에 은사가 있는 사람을 세워서 설교를 하게 하였으며, 이것에 대해서 아무런 문제도 느끼지 않았다. 하지만 장로파에서 이것은 거의 불가능한 것이었다.

칼빈의 교회론에서도 교회의 지도자에 대한 입장은 교회의 본질 혹은 교회의 본질적 표지로 보지 않는다는 점[19]에서 회중교회주의자들의 입장과 같다. 하지만 칼빈은 교회지도자들이 교회의 본질을 위해서는, 즉 교회의 본질을 바르게 유지하기 위한 수단으로서는 반드시 있어야 하는 것으로 보았다는 점[20]에서는 장로파의 입장과 동일하다고 볼 수 있다. 이 말은 칼빈의 교회이해가 단순히 원리적인 측면에서 이해되어진 것이 아님을 말하는 것이다. 그러므로 오토 베버는 칼빈의 교회지도자들의 교회와의 관계에 대해서 "교인의 공동체는 칼빈에게 있어서 하나의 실재이다. 그러나 이 실재는 그 자체를 통하여서는 이해될 수 없고 직분이 그 공동체의 보존을 위하여 하는 일을 통하여 이해될 수 있다는 것이다."라고 교회지도자의 중요성을 주장하였던 것이다.[21]

하지만 여기에서 중요한 것은 회중교회주의가 왜 교회지도자들의

---

18) "The Form of Presbyterian Church Government," *The Reformation of the Church,* 215.

19) 이형기, 「장로교의 장로직과 직제론」 126.

20) *Ibid.*

21) 오토 베버, 「칼빈의 교회관」김영재 역(서울: 풍만출판사, 1985), 66.

절대적 유무에 대해서 다소 냉담한 반응을 보였는가라는 점이다. 물론 회중교회주의자들은 교회정의에서도 살펴보았듯이, 신약성경에서 볼 때 교회는 분명히 지도자를 절대적으로 필요로 하지는 않는다는 점을 주장하였다. 하지만 당시의 상황을 살펴볼 때, 그들을 가장 두려움을 느끼게 만들었던 부분은 교회의 부패와 타락이었고, 그 원인이 바로 영국교회의 사제중심적인 교회구조 속에서 나온 피동적이고, 타율적인 교회제도였다는 것이다. 그러므로 이것에 대한 반동 속에서 교회의 본질로서의 회중들의 위치를 철저히 정당화시킬 필요가 있었다는 것이다. 결국 이것은 교회지도자에 대한 회중들의 주도적인 역할 쪽으로 흘러가게 하였던 것이다.

존 코튼은 이것에 대해서 두 가지의 이유를 제시하고 있다. 먼저 모든 인간은 죄성에 의해서 권력지향적이라는 것이다. 권력을 추구하는 인간의 죄성을 법적인 제동장치를 통해서 제어하지 못할 때 반드시 공동체, 즉 국가 공동체이든지, 아니면 교회 공동체이든지 독재적인 권력추구자가 나올 수밖에 없다는 것이다. 그러므로 이러한 독재권력을 제한하기 위해서 코튼은 "주께서 교회의 감독들에게 교회를 다스릴 권세를 주신 것처럼, 모든 교회에도 그들의 감독을 제어할 수 있는 권세를 주셨다"고 말한다. 둘째로 사제와 주교들의 횡포를 제어하기 위한 것이다. 이것은 당시 영국교회의 상황과 맞물려 돌아가는 부분이다. 당시 영국교회는 개신교 형식을 지닌 로마 천주교의 교회정치 형태였다. 왕을 등에 업고 있는 영국교회의 주교를 중심으로 철저한 사제중심적 교회정치가 이루어지고 있었다. 문제는 이러한 구조 속에서 교회의 부패는 가속화되고 있었으며, 성도들의 영성은 거의 메마른 상태에 있었던 것이다. 더 나아가 주교들은 왕과 결탁하여 세속적인 영역까지 관장하므로 교회의 거룩함과 순결함을 찾아볼 수 없었다. 그러므로 오직 하나님이 내려주신 절대법인 하나님의 말씀만이 다스리고 하나님만이 왕으로 통치하시는 교회를

세우고자 했던 것이다. 이것은 신약성경에 나온 대중주권에 근거한
회중정치만이 가장 완전한 정치형태를 통해서만 가능하다고 코튼은
확신하였다.[22]

2) 교회지도자의 선출

그러므로 이제 구체적으로 교회지도자를 선출하는 데 평신도의 위
치와 역할은 어느 정도인지를 살펴보도록 하겠다. 「케임브리지 강령」
의 8장의 2, 3, 5, 6항에서 이것을 구체적으로 다루고 있다. 먼저 그
것들을 살펴보면

> 2. 직분으로의 부름은 먼저, 그리스도 자신에 의해서 직접적(imm-
> ediate)이다. 그 예는 사도들과 예언자들의 부르심이었다: 이러한 부
> 름의 형식은 이미 언급된 것처럼 그들로 끝났다. 그래서 이제는 그
> 부름이 교회에 의해서 중재된다. / 3. 어떤 사람이 안수를 받고 선택
> 된 지도자들이기 이전에, 그들은 먼저 검증되어, 증명되어야 하는
> 것은 당연하다. 그 이유는 안수하는 손들이 어떤 사람 위에 갑자기
> 올려지지 말아야 하며, 각각 장로들과 집사들이 정직하고 선한 증거
> 들을 가진 사람들이어야 하기 때문이다. / 5. 교회지도자들은 그들이
> 앞으로 사역할 교회들에 의해 먼저 부름을 받아야 한다. 교회들이
> 사도들 앞에서 이 권위를 행사한 이러한 힘의 보존은 바로 그 순간
> 을 위해서 중요하다. / 6. 자유로운 존재로서의 한 교회는 어느 누구
> 에게도 종속될 수 없다. 그러나 주님 안에서 그들을 지도할 사람을
> 선택하고 나면, 그 교회는 그들에게 종속되며, 주님 안에서 그들이
> 그렇게 선택한 사람의 사역에 자발적으로 따른다.[23]

---

22) 오덕교, 319-320.

23) "The Cambridge Platform of Church Discipline," 1648, *The Reformation
of the Church*, 251-252.

여기에서 분명히 알 수 있는 것은 교회회중들이 교회의 지도자들을 선택할 수 있는 권한이다. 여기에서 짚고 넘어가야 할 사실은 교회가 전적으로 교회지도자들을 좌지우지할 권한을 가지고 있느냐는 문제이다. 회중주의자들은 교회지도자들의 자격에 대해서 두 가지로 살피고 있음을 보게 된다. 교회지도자들로 부름을 받은 자들은 두 가지의 소명에 근거하는데, 먼저 내적인 부르심이다. 이것은 하나님께서 그를 교회지도자로 예정적으로 세우셨다는 의미이다. 그러나 이것으로만 그가 교회지도자로 인정될 수 없다. 왜냐하면 하나님께서는 교회에 지도자를 발견하고 세울 권한을 위임하셨기 때문이다. 이것이 외적인 부르심이다. 그러므로 위의 입장을 평신도 회중들이 교회지도자들을 마음대로 좌지우지할 수 있는 권한을 가진 것처럼 오해하면 안 된다. 이러한 입장은 칼빈에게서도 분명하게 볼 수 있다. 칼빈은

> 주께서 이런 높은 자리에 예정하신 사람들에 대해서는 우선 그 직분을 수행할 수 있는 무기를 주셔서 아무 준비도 없이 빈손으로 임직을 받는 일이 없도록 하신다. 따라서 바울은 고린도전서에서 이 여러 직책을 논할 때, 각 직책을 수행하는 사람들이 특히 가져야 할 은사를 먼저 열거했다. ……우리는 항상 그들이 맡은 직무에 합당하고 충분하도록, 즉 그 직분 수행에 필요한 기능을 알고 있도록 주의해야 한다. 그래서 그리스도께서 사도들을 파견하실 때, 그들에게 필요한 무기와 도구를 주셨다.24)

라고 말하고 있다. 즉 교회지도자들은 반드시 그 교회의 회중들에게 지도자로서의 은사와 능력을 드러낼 수밖에 없다는 것이다. 그러므로 여기에서 알 수 있는 것은 한 사람이 교회지도자로 선택될 때, 하나님께서는 회중들이 그 사람의 은사와 능력을 볼 수 있도록, 그래서 그가 지도자로서 합당한 모습을 가지고 있다고 인정받도록 회

---

24) *Inst.,* Ⅳ.iii.11-12.

중들에 의해서 검증되고, 증명되게 하신다는 의미이다. 그리고 회중들은 성경의 원리를 따라, 한 사람이 외적인 부르심을 받았는가를 충분히 검토한 후에, 그를 지도자로 세우고, 그에게 교회의 사역을 위임시킨다는 것이다.

3) 사역의 위임에 있어서 성직수임과 안수의 위치

하지만 여기에서 회중교회주의와 장로파와 많은 차이를 보여주고 있는데, 그것은 바로 안수자와 안수의 위치에 대한 문제이다.

「케임브리지 강령」의 9장의 1~5항에서 이 문제를 다루고 있다.

 1. 교회지도자들은 그 교회에 의해서 세워져야 할 뿐 아니라, 손을 얹는 것과, 기도하는 것, 그리고 장로들의 안수 시에 금식도 함께하므로, 성직수임이 되어야 한다. / 2. ……성직수임은 선택 이전에 올 수 없고, 선택 이후에 이루어져야 한다. 교회 안에서 일상적인 교회지도자의 외적인 부르심의 본질과 실제는 그의 성직수임에 있는 것이 아니라, 교회에 의한 자발적이고 자유로운 선택과 그 사역자와 회중들 사이에서 목자와 양들 사이의 관계가 발견되는 그 선택에 대한 그의 동의 안에 있다. / 성직수임이 한 교회지도자를 임명하지 않으며, 그에게 그의 사역의 본질을 주는 것도 아니다. 사도들은 사람들에 의한 안수 없이도 장로들이었다: 바울과 바나바는 사도행전 13:3에서 보듯이 안수 없이도 교회지도자였다. …… / 3. 장로들이 있는 교회에서는 그들에 의해서 안수식이 수행되어야 한다. / 4. 장로가 없는 교회에서는 안수가 교회에 의해서 질서 있게 선정된 몇 명의 형제들에 의해서 수행될 수 있다. 왜냐하면 만약에 회중들이 더 중요하며, 직분의 본질이 놓여 있는 선택을 통해서 사역자를 세울 수 있다면, 그들은 덜 중요하고 단지 선택을 성취하는 역할로서의 성직수임 시에 안수하는 것은 더욱더 가능하기 때문이다. / 5. 그럼에도 불구하고 지도자가 없는 교회에서 다른 교

회의 장로들을 초청해서 안수를 수행하지 않는 것에 대해서 아무
런 문제를 제기할 필요가 없다. 일상적인 교회지도자들은 많은 교
회지도자들에게 안수하였다. ……25)

다시 한번, 우리는 여기에서 교회지도자들에 대한 평신도들의 자
발적이고 자유로운 선택의 모습을 발견하게 된다. 특히 눈에 띄는
것은 성직수임식에 큰 의미가 부여되지 않는다는 점이다. 물론 장로
들이 있는 교회일 경우에는 장로들에 의해서 성직수임식이 거행되겠
지만, 만약 장로들이 없는 교회일 경우에는 어떻게 할 것인가? 이것
에 대해서 회중교회주의는 너무나 당연하게 교회의 정의에서 보이는
'교회권력의 주체는 회중이다'라는 원리에 의존한다. 그래서 만약 장
로가 없는 교회일 경우에는 회중들 중에서 경건하고 존경받는 사람
들에 의해서 성직수임식을 거행할 수 있다고 주장한다. 한 가지 중
요한 사실은 성직수임식, 즉 안수하는 것에 대해서 별 중요성을 부
여하지 않고 있다는 점이다. 실제로 제프리 너털의 「가시적 성도들」
에 보면 성직수임 시에 안수를 생략한 채 성직수임을 한 경우도 있
었음을 볼 수 있다.

이것은 장로파의 입장과 많은 차이를 보이는 부분이다. 「장로파
교회정치의 형태」의 "성직수임의 교리에 관하여"에 보면 다음과 같
은 입장이 나타난다. "성직수임은 언제나 교회 안에서 계속되어야
한다."26) "성직수임은 한 사람을 특정한 교회의 직분으로 부르시는
거룩한 세움이다."27) "말씀을 전하는 모든 교회지도자들은 안수와
기도와 금식과 그가 속해 있는 설교하는 장로들에 의해서 성직수임

---

25) "The Cambridge Platform of Church Discipline," 1648, *The Reformation of the Church,* 253-254.

26) "The Form of Presbyterian Church Government," *The Reformation of the Church*, 223.

27) *Ibid.*

이 되어야 한다."28) 즉 성직수임은 거룩한 세움으로 함부로 행해서
도 안 되며, 반드시 설교하는 장로들, 즉 목사들에 의해서만 행해져
야 한다는 것이다. 그러므로 이어서 다음과 같이 말하고 있다.

> 성직수임은 장로회의 일이다. ……회중이, 특히 쉽게 구성될 수
> 있는 회중으로서, 그 자체적으로 성직수임에 대한 모든 그리고 유
> 일한 권한을 가지고 있지 않다는 것은 당연하게 여겨져야 한다. 그
> 이유는 먼저 쉽게 구성될 수 있는 회중으로서, 어떤 하나의 회중이
> 성직수임에 대한 모든 그리고 유일한 권한을 가졌다고 가정하는
> 것은 성경 안에 그 예들이 없기 때문이요, 그러한 사례들을 정당화
> 할 수 있는 규정이 없기 때문이다. 둘째로, 성경 안에 다양한 회중
> 들을 다스릴 권한을 가진 하나의 장로회(a presbytery)안에 성직수
> 임의 예가 있기 때문이다. 많은 회중들이 있었던 예루살렘 교회에
> 서처럼: 이러한 많은 회중들은 하나의 장로회 아래 있었으며 이 장
> 로회가 성직수임을 행했다.29)

이상에서 보듯, 장로파의 경우에는 성직수임에 있어서 회중교회주
의와 완전히 다른 입장에 서 있음을 볼 수 있다. 모든 권한이 회중
이 아닌 교회의 대표자들에게 철저하게 집중되어 있다. 그래서 교회
의 모든 일들은 이들에 의해서 결정되고 추진되었다. 성직수임에 있
어서도 역시 마찬가지이다. 성직수임은 오직 장로회의 몫이다. 특히
위의 내용에서 중요한 것은 회중교회주의를 겨냥해서 일부러 강령의
내용에 "회중이, 특히 쉽게 구성될 수 있는 회중으로서, 그 자체적으
로 성직수임에 대한 모든 그리고 유일한 권한을 가지고 있지 않다는
것은 당연하게 여겨져야 한다"라는 부분을 삽입한 것은 당시의 장로
파와 회중교회주의 간의 갈등이 심했음을 보여주는 것이라 하겠다.

---

28) *Ibid.*

29) *Ibid.*, 224-225.

물론 개 교회의 장로들은 평신도들에 의해서 선출된다. 더 나아가 성직수임의 위치에 있어서도 회중교회주의와 장로파의 입장은 확연히 다르다. 장로파에서의 입장은 거룩한 행위요 반드시 모든 말씀을 전하는 사역자들은 안수를 받아야 한다고 못 박고 있다. 그 이유에 대해서 이 강령 안에서는 그 진술을 명백하게 찾을 수가 없다. 하지만 칼빈의 안수에 대한 입장을 살피면 어느 정도 정리가 될 것이다. 칼빈은 그의 기독교 강요 최종판에서 다음과 같이 말하고 있다.

> 사도들이 사역자를 임명했을 때에 안수하는 것 이외의 다른 의식이 없었다는 것은 분명하다. ……따라서 사람들은 안수함으로서 그들이 사역자로서 받아들이는 사람을 하나님께 드린다는 뜻을 표시한 것이다. 그러나 그들은 성령의 눈에 보이는 은사를 신자들에게 베풀 때에도 이 방법을 사용했다(행19:6). 여하간 이것은 교회의 사역자를 임명할 때마다 사용한 엄숙한 의식이었다. 이런 방법으로 그들은 목사와 교사와 집사들을 성별했다. 안수에 대해서는 일정한 교훈이 없지만, 사도들이 항상 이 방법을 쓴 것으로 보아서, 이 방식을 엄밀히 준수하는 것이 곧 교훈을 대신할 것이다.[30]

칼빈도 안수에 대해서 매우 중대한 의미를 부여했으며, 이러한 제네바의 전통이 영국의 장로파에게 그대로 도입되었을 것이다.

4) 교회지도자의 인정과 권징

그렇다면 교회지도자들에게 문제가 생겼을 경우에는 어떻게 해야 하는가? 이것 역시 지금까지 진행되어 온 논리를 통해서 충분히 그 결론을 내릴 수 있다. 회중교회주의에서는 교회지도자를 세울 권한

---

30) *Inst.*, Ⅳ.iii. 16.

뿐만 아니라, 문제가 생길 경우에는 회중 스스로 그 지도자를 치리
할 권한도 가졌다. 「케임브리지 강령」의 10장 7항에 다음과 같이 기
술하고 있다.

> 교회정치 혹은 규칙은, 그들이 하나님과 협력하여 다스리는 동
> 안, 그리스도에 의해서 통치자라고 불리는 교회의 지도자들에게 놓
> 여져 있다: 하지만 실정(maladministration)을 할 경우에, 그들은, 앞
> 에서 이미 밝혔던 것처럼, 교회의 권력 아래 종속된다. 성령께서는
> 자주, 언제나, 교회규례, 그리고 교회정치라고 언급하시는 자리에서
> 그러한 것들을 장로들에게로 돌리는 것을 본다.[31]

그러므로 근본적으로 교회지도자에게 문제가 생길 경우 회중들에
게 그 권한이 주어지며, 그 권한은 그 교회의 장로들에 의해서 행사
됨을 볼 수 있다. 평신도들의 권한이 교회지도자를 임명할 권한도
있지만, 그가 하나님의 말씀에 입각해서 교회를 섬기지 못할 경우에
는 장로들을 통해서 치리할 권한도 가지고 있다는 말이다. 물론 이
것은 앞에서도 계속해서 언급한 것처럼, 교회의 본질이 회중이며, 이
회중에게서 지도자들이 세워지고, 임명된다는 관점에서 볼 때 논리
적으로는 당연하다. 이것에 대해서 장로파적인 관점에서 독립파의
입장을 정리한 「독립파와 다른 장로파의 관점」에서 이렇게 말하고
있다. "교회정치에 대한 모든 책망과 행위는 그들로부터 더 이상의
상위교회총회로 호소할 모든 자유도 주어지지 않은 채, 독립적으로,
그리고 궁극적으로, 그 회중들에게만 권한이 주어져 있다." 약간 비
꼬는 투의 진술이기는 하지만, 이것은 회중교회주의의 개 교회주의
적이고, 독립적인 위치와 권위를 극명하게 드러낸 것이다. 그리고 이
러한 권위는 교회의 본질이 한 회중이라는 교회의 정의에서 나온 것

---

31) "The Cambridge Platform of Church Discipline," 1648, *The Reformation
of the Church*, 256.

이며, 대중주권에 대한 분명한 표현이라고 볼 수 있다.

하지만 장로파에서는 이것에 대해서도 매우 다른 입장을 취하고 있다. 만약 교회지도자가 실정을 행사했을 경우, 이것은 교회보다 상위계층인 노회나 총회에서 관장해야 할 문제라고 못 박고 있다.

「장로파 교회정치의 형태」의 "모든 총회에 공통적으로 부여된 권한에 대하여"에서 다음과 같이 기술하고 있다.

> 몇몇 총회들이 앞에서 언급된 것처럼, 그들의 영역 내에 있는 사람을, 교회일과 관련하여, 소집하고 부를 수 있는 권한을 가지고 있다는 것은 하나님의 말씀에 입각해서 볼 때, 적법하며, 동의될 수 있다. / 그들은 그들 앞에 놓인 문제의 차이와 원인들을 질서 있게 정돈하여, 듣고, 결정할 권한을 가지고 있다. / 앞에서 말한 모든 총회들이 교회불신임을 시행하고 적용할 권한을 가지고 있다는 것은 하나님의 말씀에 입각해서 볼 때, 적법하며 동의될 수 있다.[32]

이러한 권한은 다음과 같이 확대 적용된 「독립파와 다른 장로파의 관점」에서 다시 한번 볼 수 있다. "교회정치의 모든 견책과 행위는 하위적으로, 회중들의 당회에 있으며, 의존적으로, 장로회나 노회 - 여기에 모든 아픔들이 충분히 치료될 약들이 있다 - 에 모든 경우의 문제들을 호소할 자유를 가지고 있다."

사실 교회지도자의 권징문제에 대해 개 교회 내에서 회중들과 그들의 대표자에 의해서 처리될 권한만을 주는 것이 자칫 교회의 혼돈과 분열의 위험성을 낳을 수 있다. 제삼자에 의한 객관적인 시각을 갖게 될 때 얻을 수 있는 장점들을 잃어버릴 수 있기 때문이다. 하지만 이러한 권한이 외부 상위기관에게 위임될 경우 교회는 개 교회적인 자율성과 권한을 잃어버리게 되므로 인해, 회중교회주의의 특

---

32) "The Form of Presbyterian Church Government," *The Reformation of the Church,* 216-217.

징인 자발성과 책임성을 상실할 가능성이 있는 것이다.

이상에서 보듯이 교회지도자들의 권한이 장로파에 비해서 회중교회주의에서는 회중, 즉 평신도들에게 집중되어 있음을 볼 수 있다. 단지 교회지도자들은 기능적인 측면에서 강조되고 있을 뿐이다. 이 것은 교회의 정의와 본질에서 보듯, 교회는 교회의 지도자 없이, 그리고 이전에 존재한다는 중요한 회중교회주의의 원리에 입각한 것이다. 교회지도자의 선출과 성직수임에 있어서도 회중들의 위치와 역할은 절대적 힘을 지니고 있음을 보게 된다. 위에서 언급하지 않았지만, 회중들의 권한의 절대성이 잘 드러나는 또 한 가지 사실이 바로 교회지도자의 안수의 인정문제이다. 다시 말하면 한번 안수를 받은 사람은 다른 교회로 이명될 때에도 그 안수가 유효한가라는 문제인데, 이것에 대해서 「케임브리지 강령」의 9장 6~7항에서는 다음과 같이 말하고 있다.

> 6. 교회지도자들은 한 교회, 즉 성령께서 그들을 감독자로 세워주신 그 교회의 지도자들일 뿐이다. 장로들은 모든 양들이 아니라, 그들의 믿음과 신뢰에 위임된 그리고 그들을 의존하는 그 양들을 먹이라고 명령을 받았다……/ 7. 명백하게 그가 전에 지도자로 있었던 그 교회에서 사역을 마쳤다면, 그는 교회지도자로서 다른 교회에서 다시 질서를 따라 부름을 입지 않은 채, 다른 교회에서 예전과 같은 교회지도자로서 사역행위를 수행할 수 없다: 만약에 그가 다시 질서를 따라 부름을 입을 경우, 우리는 그의 성직수임에 있어서 다시 안수가 그에게 행해져야 한다는 것에 대해서 전혀 잘못이 없음을 인정한다.[33]

하지만 장로파의 입장을 정리한 「독립파와 다른 장로파의 관점」에

---

33) "The Cambridge Platform of Church Discipline," 1648, *The Reformation of the Church*, 254.

서는 입장이 다름을 알 수 있다. 거기에 보면

만약에 교회지도자가 한 회중의 지도자로 세워질 경우, 그가 이
미 영국의 교회 안에 있는 성직수임의 형식에 따라서 안수받은 장
로였다면, ……다시 주의 깊은 테스트를 거친 후에 거기에서 새로
운 성직수임이 없이 그 교회지도자로 인정되도록 하자. / 스코틀랜
드나 다른 개혁교회에서 이미 성직수임을 받은 사람이 영국 안에
있는 다른 회중의 지도자로 세워질 경우, 그가 전에 사역하던 교회
로부터 그 교회의 회중들이 그와 그들과 함께 있던 동안의 삶과
대화에 관해서, 그리고 그가 떠나게 된 이유에 관해서 그리고 그의
성직수임에 관한 충분한 증언을 새로 옮기는 교회의 장로회로 가
지고 오도록 한다. 그러한 그의 적합성과 타당성에 대한 그러한 시
험을 거친 후, 앞에서 했던 것처럼 동일하게 인정받도록 하자.34)

양쪽을 비교해 볼 때, 회중교회주의는 철저하게 개 교회주의적인
입장으로 흐르고 있음을 볼 수 있으며, 장로파는 어느 정도 에큐메
니칼적인 입장으로 흐르고 있는 것을 볼 수 있다. 이러한 입장의 차
이는 앞에서 언급한 것처럼, 개 교회의 회중중심적 특성과 노회와
총회를 중심으로 한 장로교 정치체제와의 차이에서 오는 것이다. 하
지만 더 근본적으로는 회중교회주의자들의 입장에서 볼 때 당시 영
국교회의 사제중심적인 구조 속에서 오는 병폐에 대한 반발과, 대중
주권의 입장에서 평신도들의 자발성과 참여성과 책임성에서 나오는
이상적인 교회정치를 위한 방책으로 나온 민주적인 정치체제임을 반
드시 기억해야 한다. 그리고 이러한 정치체제만이 신약성경에서 나
오는 참된 교회를 세울 수 있다는 그들의 확신 속에서 생겨난 정치
제도이다. 회중, 즉 평신도중심의 교회정치체제는 자연스럽게 개 교

---

34) "The Form of Presbyterian Church Government," *The Reformation of the
Church,* 229.

회주의를 향하여 흘러갈 수밖에 없었다. 이러한 개 교회주의는 타 교회와의 관계 속에서 자연스럽게 그 입장을 고수하고 있다.

3. 타 교회와의 관계

회중교회주의의 특징들 중 하나가 바로 철저한 수평적인 관계성이다. 이것은 만인제사장론에 입각한 대중주권론에서 흘러나온 것이다. 교회지도자와 회중들의 수평적 관계, 교회지도자들 간의 수평적 관계, 그리고 이것은 타 교회와의 관계 속에서도 수평적 관계로 이어진다.

1) 교회들의 동등성

「케임브리지 강령」의 15장에서는 타 교회와의 관계에 대해서 잘 설명해 주고 있다.

> 1. 교회들은 각각 구별되므로, 서로서로 섞일 수 없다: 또 동등하므로, 한 교회가 다른 교회를 지배하지 못한다. 그러나 모든 교회들은 서로 교회 간의 교제관계를 유지해야 한다. 왜냐하면 그들은 모두 신비적으로만 아니라, 정치적인 머리이신 그리스도안에서 연합되어 있다. 그러므로 거기로부터 적당한 교제를 도출해 낼 수 있다.[35]

여기에서 살필 수 있는 것은 먼저 타 교회와의 동등한 권위와 지위이다. 상위교회와 하위교회의 구분이 없이 모든 교회는 머리 되신 그리스도 아래 동등하다. 그러므로 어느 누가 지배하는 위치에 설

---

35) "The Cambridge Platform of Church Discipline," 1648, *The Reformation of the Church*, 265.

수 없다. 이것이 바로 회중교회주의의 입장이다. 이것은 물론 회중교회주의의 개 교회중심주의의 특징들 중 하나이다.

이것에 대해서 존 코튼도 역시 동일한 주장을 펼쳤다. 그에 의하면 "모든 그리스도의 교회는 그들 사이에 동등하며 동일한 권세를 가진다: 한 교회의 회중이 그들의 교회에서 가지는 권세는 다른 교회가 가진 것과 동등하다. 그리고 어떤 교회도 다른 교회 위에 권세를 부려서는 안 된다."36) 그리고 "어떤 교회도 다른 교회를 다스릴 수 있는 권세를 가지지 않았다. 다만 각 지 교회는 서로 개 교회의 문제를 스스로 다스릴 권세를 가지고 있다. 그리고 모든 개 교회는 그들 가운데서 상호 형제적인 교제를 가진다."37)

왜 그런가? 코튼은 인간이 그리스도께서 세우신 교회를 세속단체처럼 다스리는 것은 잘못된 것이기 때문이라고 말하였다. "피조물인 인간이 그리스도께서 그의 교회를 위하여 세우신 교회정부 위에 왕처럼 권세를 행사하거나 행정관료처럼 교회를 다스리는 일은 결코 허용할 수 없는 것이다.38)

2) 교회들 간의 교제

하지만 단지 동등성만 강조되어서는 안 된다. 동등성은 계층적인 구조 속에서는 볼 수 없는 다양한 교제의 형태를 만들어 냈기 때문이다. 그러므로 회중교회주의의 특징이 바로 교회의 자율성과 동등성에 기초한 풍성한 교제의 원리이다.39) 이러한 원리에 대해서 「케

---

36) 오덕교, 314.

37) *Ibid.*

38) *Ibid.*, 315.

39) 제프리 너틸(Geoffrey F. Nuttall)의 *Visible Saints,* 71-100에 보면 영국독립파 교회의 1640~1660년까지의 깊이 있는 상호 교제관계를 잘 보여주고 있다.

임브리지 강령」은 계속해서 다음과 같이 기술하고 있다.

3) 교회들 간의 교제는 다양한 방법으로 이루어진다

1. 서로 간의 복리증진을 위한 마음으로 나누는 상호 간의 돌봄
에 의해서…… / 2. 우리가 다른 교회들에 대해서 판정을 내리거나
상담을 요구할 경우가 있을 시, 서로서로 간의 자문을 통해서…… /
3. 교회 간의 교제의 세 번째 방법은, 그들 스스로 문제에 대해서
분별할 능력이 없고, 문제를 치유하거나 제거할 수단들을 사용하는
데 시간이 너무 지체되는 한 교회에서 발견되는 어떤 공적인 공격
의 경우에, 훈계를 통해서…… / 4. 참여를 통해서…… / 5. 한 교회의
멤버가 다른 교회에 이적할 때 추천을 통해서…… / 6. 필요에 따라,
원조를 통해서 도움을 베풂으로.40)

여기에서 각 개 교회들 간의 교제의 범위를 살필 수 있다. 위에서
보듯이 그 관계는 계층적인 상하개념이 아니라, 수평적이고 동등한
입장에서 서로 자문하고, 도움을 베푸는 관계일 뿐이다. 이러한 입장
을 부정적으로 바라볼 때 아무리 다른 교회에서 많은 문제를 가지고
있고, 그 문제를 해결할 능력이 없을 시에 처할지라도, 그것은 오직
그 교회 내에서 해결해야 할 과제일 뿐이고, 그 교회 이외에 다른
교회에서는 실제적인 정치적 권한을 행사할 수 없는 위치에 있다는
말이다. 그러므로 이것에 대해서 「독립파와 다른 장로파의 관점」에
서 장로파들은 다음과 같이 독립파의 입장을 말하고 있다.

모든 교회정치에서 발생하는 문제들에 대한 책망과 그 처벌행위는
그들이 어떤 상위의 교회의회에 호소할 자유를 가지지 못한 채, 독

---

40) "The Cambridge Platform of Church Discipline 1648," *The Reformation
of the Church,* 265-267."

립적으로, 궁극적으로 그 한 회중들에게만 권한이 주어진다. 그래서
상처를 받은 부분에 속한 사람들은 아무런 치유책이 없이 떠난다.[41]

반대로 이것에 대한 장로파의 입장에 대해서, 자신들은

> 모든 교회정치에서 발생하는 문제들에 대한 책망과 그 처벌행위
> 는 모든 경우들에 있어서 장로회 혹은 대회에 호소할 자유와 함께
> 종속적으로, 의존적으로, 회중들의 당회에게 그 권한이 주어진다.
> 그래서 상처를 받은 부분에 속한 사람들은 충분한 치유책을 제공
> 받는다.[42]

라고 말하고 있다. 장로파의 입장에서 볼 때 회중교회주의의 개 교
회주의는 좀 더 폭넓은 지원, 즉 개 교회의 문제점들이 노출될 때
좀 더 권위 있는 상위기관의 도움을 통해서 객관적이고 합리적인 문
제해결책들이 제시되기 힘든 구조이다. 특히 교회공동체 안에 있는
획일적인 입장이 다른 입장을 가지고 있는 지체들에 대한 배려를 전
혀 용납하지 않는 것처럼 보인다. 하지만 이것은 문제점에 대한 과
도한 집착에서 오는 염려라고 보인다. 사실 회중교회의 멤버가 되기
위해서는 교회언약을 통한 회중 개개인의 자발적인 동의와 책임이
반드시 전제되어야 한다. 다시 말하면 각각의 교회의 상황과 형편에
맞게 구성된 교회언약에 회중 스스로 동의, 서명한다는 것은 일단
그 교회의 기본적인 정치형태와 가르침에 따르겠다는 의미이다. 여
기에 분명한 회중 개개인의 책임이 따른다는 것은 너무나 자명하다.
결국 장로파의 염려는 당시 장로파의 교회관, 즉 회중교회주의보다
덜 엄격했던 자신들의 멤버십의 구조와 회중교회정치의 구조인 멤버

---

41) "A Presbyterian View of the Difference with Independency," *The Reformation of the Church*, 295.

42) *Ibid.*

십과 교회언약을 통한 회중들의 성숙도의 차이를 구분하지 못한 데서 생겨난 것이라 보인다.

4. 의회(Synod)[43]의 기능과 그 한계점들

뉴잉글랜드에서 회중교회주의를 발전시키는 데 의회의 역할은 막대하였다. 의회는 단순히 종교적인 문제를 논의하는 차원을 넘어서서 뉴잉글랜드의 이상적인 사회공동체실현을 위해서 정부를 조언하는 막강한 영향력을 행사하였다.

먼저 의회가 무엇인가에 대한 정의를 살펴보면, 「장로파 교회정치의 형태」의 "의회에 관하여" 항목을 보면 다음과 같이 기술하고 있다.

성경은 계층적인(classical) 그리고 회중적인 것 외에, 교회정치를 위한 또 다른 종류의 회의, 즉 의회적(synodical)이라고 부르는 형

---

43) 「시사 엘리트 영한사전」시사영어사 편(시사영어사, 1987) "synod"항목. 여기에서는 "1. 교회 회의, 종교회의 2(일반적으로) 회의, 의회"라고 번역하고 있다. 그러므로 본인은 의회로 통일하도록 하겠다. 왜냐하면 이 신조에서 사용되는 용어가 "Synod"인데, 대회를 말하는 것인지 분명치 않다. 그러나 오덕교 박사는 그의 책에서 다음과 같이 코튼의 글을 인용하여 설명하고 있다. "코튼은 노회와 대회를 상설기관으로 보지 않았다. 그는 대회를 1년에 한 번 또는 두 번씩 모이는 상설기관으로 본 장로교회와는 달리" 논쟁이 있을 때마다 열 수 있는 "비상설적인 기관으로 이해하였다. 사도들과 장로들이 모인 예루살렘 총회는" 한 달에 한 번, 또는 매년 모이는 상설기관이 아니었다. 또한 교회에서 보통 일어나는 문제를 다루기 위하여 모인 것이 아니라 안디옥 교회의 긴급하고 특수한 일 때문에 소집되었다. 그러므로 대회는 "절대적인 의미에서 상설기관이 아니며, 상대적으로 교회의 안녕을 위하여 필요한 때에 모이는 회의이다." 그리고 대회 소집의 "전례가 없고, 특별한 경우나 실질적인 문제가 있거나 사정이 있을 때 소집되어야 한다."고 코튼은 주장하였다. "[오덕교, 316]. 그러므로 대회의 성격을 띤 의회로 보는 것이 타당할 것이다.

태의 회의를 제시한다. 목사들, 교사들 그리고 다른 교회의 지도자
들이 의회라고 부르는 형태인 회의의 회원들이다. 의회는 지역적,
국가적, 그리고 보편교회적(oecumenical)인 것과 같은, 여러 종류의
회의들 중에 하나이다……44)

그러므로 의회는 기본적으로 특정한 한 특정한 교회의 상위기관임
을 알 수 있다. 「케임브리지강령」에는 의회에 대한 정의가 명시되지
않았다. 단지 의회의 기능적인 측면에 집중적인 언급을 하고 있다.
그러므로 의회가 교회정치에 있어서 기본적으로 상위기관은 아닐지
라도, 필요한 기관이라는 데는 서로 동의하고 있는 것처럼 보인다. 「케
임브리지강령」16장의 1항에 보면 다음과 같이 기술되어 있다.

  1. 질서 있게 소집되고, 사도행전 15장의 모본을 따라, 올바르게
  진행되는 의회들에 대해서, 우리는 그것을 그리스도의 규례로 인정
  한다: 의회의 존재가 절대적으로 필요하지는 않으나, 사람들의 요
  구와 다루기 어려운 상황을 만날 때, 교회 안에 평화와 진리를 세
  우기 위해서 교회들의 행복과 안녕에 필요하다.

오덕교 박사의 「청교도와 교회개혁」에도 보면, 존 코튼 또한 로마
천주교나 영국성공회의 계급주의적인 교회정치 형태에 대하여 비판
하였으나, 노회나 대회제도를 비판하지는 않았음을 언급한다.45)

---

44) "The Form of Presbyterian Church Government," *The Reformation of the
   Church,* 214.

45) 오덕교, 315.여기에 실린 부분을 인용해 보면 다음과 같다. "1648년 존
   놀튼(John Nolton)이 쓴 「윌리엄 아폴리니우스의 모든 질의에 대한 답
   신」이라는 책의 서문에서, 코튼은 개 교회주의를 배척하면서" '여러분
   의 주장처럼 대회가 필요할 때 열려야 한다는 것을 인정하며, 그러한
   제도들을 귀하게 여깁니다.'라고 하였다." 대회는 성경적인 배경을 가지
   는 기관으로 구약시대에도 존재하였다. 에스라가 하나님을 예배하는 문
   제를 논의하기 위하여 대회를 소집하였고(에7:14), 다윗이 법궤를 옮기

그렇다면 회중교회주의에서 노회나 대회의 기능과 그 한계는 무엇
인가를 살펴보자. 의회의 기능에 있어서, 회중교회주의와 장로파의
입장은 전혀 다르다. 먼저 「케임브리지 강령」의 16장 2항을 보면 다
음과 같이 기술하고 있다.

> 2. 의회들은 영적이고 교회적인 회의로서, 영적이고 교회적인 이
> 유들로 인해서 세워진다. 그리스도 아래에 그들의 다음 경제적인
> 원인은 그들의 장로들을 그리고 다른 메신저들을 보내는 교회들의
> 힘이다. 그리스도의 이름 안에서 함께 만난 그 사람들이 의회의 구
> 성체이다: 그리고 그들은 말씀을 따라 종교문제를 논의하고, 논쟁
> 하며, 결정하므로, 그리고 그것에 관계된 교회들에게 결정된 것들
> 을 출판하므로, 의회의 적당하고 공식적인 행위들을 제시한다. 잘
> 못들에 대한 정죄, 그리고 이단들, 그리고 교회들 안에 진리와 평
> 화를 세우는 것이 의회의 목적이다.46)

여기에서 의회의 주권자는 오직 예수 그리스도이다. 그리고 예수
그리스도에게서 권한을 위임받은 사람들이 바로 교회들이다. 이러한
입장은 대중주권론의 본질이며, 장로교의 의회주권론과 전혀 다르다.
여기에 보면 의회가 하는 일들이 명백하게 쓰여 있는데, 그것은 교
회들 안에서 일어나는 여러 문제들을 해결하므로, 진리와 평화를 세
우는 것이 주목적이다. 그리고 모든 문제해결의 텍스트, 즉 의회의
모든 기준은 오직 성경이다.

의회는 상설기관인가 아니면 비상설기관인가? 「케임브리지 강령」

는 일로 이스라엘 온 회중을 회집하여 상의하였고(대상13:2), 히스기야
임금이 유월절을 지키는 문제들 때문에 대회를 소집하였다(대하30:2).
그리고 신약시대에 이방인의 할례에 대한 문제로 형제들과 장로들에
의하여 예루살렘에서 총회가 모였다(행15:6-21).

46) The Cambridge Platform of Church Discipline," 1648, *The Reformation
of the Church*, 268.

의 16장 1항을 보면 다음과 같이 기술하고 있다.

> 1. 질서 있게 소집되고, 사도행전 15장의 모본을 따라 올바르게
> 진행되는 의회들에 대해서, 우리는 그것을 그리스도의 규례로 인정
> 한다: 의회의 존재가 절대적이지는 않을지라도, 사람들의 요구와
> 다루기 어려운 상황을 만날 때, 교회 안에 평화와 진리를 세우기
> 위해서 교회들의 행복과 안녕에 필요하다.47)

회중교회주의자들은 교회에 있어서 의회가 절대적인 조건이라고
생각하지 않았다. 그들은 의회가 없어도 아무런 문제가 없지만, 단지
교회의 안녕과 평화를 유지하기 위해서 보조수단으로 필요할 뿐이라
고 말하고 있다.

존 코튼 역시 노회나 대회를 상설기관이라고 생각하지 않았다. 그
는 대회를 1년에 한 번 또는 두 번씩 모이는 상설기관으로 본 장로
교회와는 달리 "논쟁이 있을 때마다 열 수 있는 비상설기관"으로 이
해하였다.48) 코튼은 말하기를

> 사도들과 장로들이 모인 예루살렘 총회는 "한 달에 한 번, 또는
> 매년 모이는 상설기관이 아니었다. 또한 (직분자를 세우거나 범죄
> 자를 권책하는 것과 같은)교회에서 보통 일어나는 문제를 다루기
> 위하여 모인 것도 아니라 안디옥 교회의 긴급하고 특수한 일 때문
> 에 소집되었다.49)

그러므로 그는 계속해서 말하기를 "절대적인 의미에서 상설기관이
아니며, 상대적으로 교회의 안녕을 위하여 필요한 때에 모이는 회의

---

47) *Ibid*., 268.
48) 오덕교, 316.
49) *Ibid*.

이다."라고 말했다.50)

이러한 의회의 기능은 당시 뉴잉글랜드에서 일어났던 문제들에 대해서 효과적인 대처를 하게 만드는 역할을 하였다. 당시 로저 윌리암스의 분리주의적 입장이 뉴잉글랜드 사회와 교회들의 연합과 발전에 적지 않은 어려움을 미치게 되었을 때, 메사츄세츠에 있는 교회들이 연합하여 하나의 의회의 역할을 하였음을 볼 수 있다. 결국 1635년 식민지 의회에서 내려진 결정에 따라서 로저 윌리암스는 메사츄세츠를 떠나게 되었던 것이다.

다음으로 이 의회에 참여하는 사람들은 누구인가? 교회의 지도자들과 메신저들이다. 코튼은 목사들뿐만 아니라 "교회에서 파송한 형제들"51)이 동시에 참석하여야 한다고 말했다. 그는 계속해서 "예루살렘 교회가 모였을 때, 사도들만이 참석한 것이 아니고 평신도들도 참여하여 교회 문제를 상의하였다"52)고 말했다.

이처럼 회중교회주의에서 의회는 장로파의 노회나 대회처럼 매년 1회에서 2회를 정기적으로 모이는 곳이 아니라, 특별한 문제들이 생겨서 교회들이 소집되어야 할 필요가 생길 경우, 평신도들과 장로들이 특정교회에 모여 논쟁하고, 동의방안을 찾아 문제에 대해서 조언 또는 권면하는 기관이다. 특히 중요한 것은 의회조차도 동등한 교회들의 회의 정도의 수준이지, 결코 동등한 개 교회들의 상위기관이 결코 아니라는 것이다. 그래서 만약 논의된 내용을 가지고 문제가 생긴 교회나 회중에게 문제에 대한 권면과 조언을 했을 시에, 받아들이지 않을 경우 아무런 대책을 찾을 수 없는 것이다. 물론 관계를 끊고 아예 무시하는 방법이 있기는 했지만, 더 이상의 징계조치는 취할 수 없었다. 그러므로 「케임브리지 강령」의 16장 3항에서 다음

---

50) *Ibid.*

51) *Ibid.*, 317.

52) *Ibid.*

과 같이 기술하고 있다.

> 3. 믿음에 대한 논쟁이나 양심의 경우들을 논의하거나 결정하는
> 것이 의회나 공의회의 일이다, 말씀으로부터 거룩한 예배와 교회의
> 선한 정치를 위한 거룩한 방향을 제시하는 것, 어떤 특별한 교회
> 내에 교리나 의식들의 부패나 실정에 대해서 증언할 때 그리고 그
> 것에 대한 개혁을 위한 방향을 제시할 때: 그것을 주재하는 의회는
> 교회의 권위 혹은 사법권의 어떤 다른 행위가 아니며, 권징의 방법
> 으로 교회를 견책하는 것을 행사하는 것이 아니다.53)

코튼도 의회의 권세가 교회가 당면한 진리의 문제 또는 실제적인
문제에 대하여 조명하며, 조언하는 것만이 아니라, 믿고 행하는 일들
을 명하고 당부할 수도 있다. 의회의 권위는 강제적으로 집행할 때
나타나는 것이 아니라, 하나님의 말씀으로부터 동일하게 밝히고, 증
거하므로 진리가 무엇인지를 결정해 주고 지시하며 선언하는 데 나
타난다고 말하고 있다.54)

이러한 입장에 대해서 「독립파와 다른 장로파의 관점」에서 장로파
들은 다음과 같이 독립파의 입장을 말하고 있다.

> (독립파)에서는 공통적이고, 중대하고, 어려운 경우들과 상소를
> 해야 할 문제들에 대해서 권위 있는 부류 혹은 의회들이 인정되지
> 않으며 단지 설득하고, 조언할 수 있는 기능만을 할 수 있으며, 충
> 고나 조언에 따르지 않을 경우에는, 단지 관계를 끊는 정도의 조치
> 밖에는 취할 수 없다.55)

---

53) The Cambridge Platform of Church Discipline," 1648, *The Reformation of the Church*, 268-269.

54) 오덕교, 318.

55) "A Presbyterian View of the Difference with Independency," *The Reformation of the Church*, 295.

장로파의 입장에서 볼 때 이러한 독립파 회중교회주의의 입장은 교회의 문제들에 실질적인 도움을 줄 수 없는 단순한 모임 정도의 수준밖에는 되지 않는다고 생각하는 것처럼 보인다. 이러한 장로파의 독립파에 대한 시각은 자신들이 입장을 보여주는 자신들의 견해를 설명할 때 금세 확인할 수 있다.

> (장로파)에서는 매우 중요한 문제들, 어려움, 공통적인 관심사나 상소들에 대해서 부류들과 의회들이 설득하고 조언할 수 있을 뿐만 아니라, 권위, 즉 필요를 요구할 경우에, 모든 교회를 견책할 권한을 가지고 있으며, 이 제도는 잘 계승되어 오고 있다.56)

즉 장로파의 입장에서 볼 때 의회는 분명한 권한을 가져야 한다는 것이다. 그리고 그 권한은 단순히 조언과 충고수준이 아닌, 교회의 문제를 실질적으로 해결할 수 있어야 한다는 것이다. 그러기 위해서는 교회와 동등한 입장이 아니라, 교회를 능가하고, 통제할 수 있는 입장에 있어야 한다는 것이다.

하지만 회중교회주의자들 입장에서 볼 때 이것은 충분히 사제중심주의로 흘러갈 가능성을 내포하고 있는 이론이다. 그들에게 있어서 영국교회와의 갈등과 어려움들이 모두 이러한 입장에서 기인된 것들이기 때문이었다. 그러므로 의회의 권한이 개 교회의 자유를 제한받게 할 경우를 두려워한 회중교회주의자들의 입장을 충분히 여기에서 읽을 수 있다. 그리고 더 나아가 이것은 장로파와 독립파가 가지고 있는 의회의 권한의 차이는 근본적으로 회중들이 교회의 주체인가 아니면 교회지도자들이 교회의 주체인가를 결정하는 중대한 문제이기도 하였던 것이다.

그렇다면 회중교회주의자들 입장에서 볼 때, 의회가 실제적인 중

---

56) *Ibid.*

재를 통해서 문제해결을 할 수 있는가? 「케임브리지 강령」의 16장 5
항에 보면 "의회의 지시와 결정은 하나님의 말씀에 일치하는 한, 먼
저는 그들의 동의에 대해서, 그리고 두 번째로 그들이 만들어진 힘
에 대해서, 그분의 말씀 안에서 정한 하나님의 규례로서, 경외감과
순복함으로 받아들여져야 한다."[57] 이것은 개 교회의 회중들에 의해
서 뽑힌 대표자들이 모여 논의하므로, 합의하에 만들어진 지시와 결
정사항들이기에 또한 각 교회가 그것에 대해서 자발적으로 받아들여
야 한다는 것이다. 여기에서 다시 한번 회중들, 즉 평신도들에게 주
는 자발성과 동시에 그들에게 부여되는 자발적 언약에 대한 책임성
이 요구되고 있음을 볼 수 있다. 결국 이것은 초대교회의 교회의 모
본을 당시 현실 가운데 세우기 위한 회중교회주의자들의 몸부림이라
고 볼 수 있을 것이다.

  이상에서 우리는 회중교회주의의 교회정치에 있어서 회중, 즉 평
신도들의 위치와 그 역할에 대한 입장을 당시의 장로파 강령과 비교
분석하면서 상세하게 살펴보았다.

---

57) *Ibid.*, 269.

Ⅵ

평신도중심 교회정치 영적 역동성

　이제까지 회중교회주의의 교회정치 형태와 장로파의 교회정치 형태를 비교하면서 회중중심적인 면들을 분석하고, 평가해 보았다. 하지만 이러한 분석 속에서 느낄 수 있는 것은 당시 회중교회주의가 너무나도 이상적인 모델이라는 것과 함께 과연 이와 같은 이상적인 정치이론이 영속적인 형태로 보존될 수 있는가라는 의문이다. 사실 이것에 대한 장로파의 입장은 명백하였다. 그들은 회중교회주의의 교회정치 형태가 매우 이상적인 형태일 뿐이라고 말하면서, 현실적으로 장로파의 입장이 더 타당함을 주장하였던 것이다. 그리고 이러한 장로파의 입장은 영국교회처럼 역사적 상황에 따라 형성되어야 함을 주장하였다. 임희완 박사는 이러한 입장에 대해서 "장로파는 때때로 자연법이나 시민정부에 근거하여 협회의 종속관계와 같은 그들의 조직을 합법화시키려고 하였으며, 더 나아가 교회제도도 성경으로부터 추론될 수 있는 제도이기는 하지만 성경에 있는 것과 똑같은 유일한 제도는 결코 아니라고 주장하였다."[1]고 말한다. 그럼에도 불구하고 회중교회주의의 교회정치는 실제적으로 당시의 교회현실 속에 적용되었고 나중에 살펴보겠지만 많은 열매를 맺었다. 그렇다면 그 열매를 맺을 수 있는 원인이 어디에 있었는가?

---

1) 임희완, 83. 이러한 입장에 대해서 노재성 씨도 다음과 같이 일견하고 있다. "성경이야말로 깔뱅주의자에게 있어서 모든 면에서 신앙과 행위의 법칙이다. 그러므로 깔뱅주의는 정치부문에서도 성경을 지침으로 삼는다. 이 말은 성경에서 모든 법칙을 따 뽑아온다는 말이 아니라, 정치의 이론과 실천에 있어서 인간의 의견과 이론으로만 결정하지 않고 최종적인 기준을 성경과 하나님의 의지라는 틀에 맞추어 본다는 뜻이다. 깔뱅주의자는 성경이 지지하는 유일하고 견고한 정부의 체제가 있다고 믿지 않는다. 성경은 정치체제나 전제정치나 귀족정치나 혹은 민주주의가 되어야겠다고 선언하지 않는다. 성경은 다만 전체적으로 어떤 정치의 불변의 원리를 제공하고 있다고 보는 것이다. 깔뱅은 성경의 가르침에 입각하여 자신의 정치적 견해를 전개시킴에 있어" "정의", "평등", "백성의 복리와 같은 원리들을 많이 적용했다."라고 말하고 있다. 이런 입장에서 볼 때 영국교회와 독립파 회중교회주의의 교회정치에 대한 차이는 칼빈의 입장에 대한 극단적 입장 차이에서 오는 것이라 볼 수 있다. 그러나 분명한 것은 당시의 영국의 종교적 상황 가운데에서 독립파나 회중교회주의자들의 입장에서 볼 때 회중교회정치 형태만이 하나의 현실적 대안이 될 수밖에 없었다는 것이다. [노재성, 64] 또한 서영일, 89-91에서도 동일한 입장을 피력하고 있다. "그의 강요나 주석들을 읽어보면 칼빈은 모세시대의 신정정치는 단지 당시의 이스라엘을 위해서 강구된 조처라고 분명히 밝히고 있다. 하나님께서는 한 사람의 통치자를 통해서나, 집단지도체제를 통해서나, 혹은 간접, 직접 민주주의 체제를 통해서 역사하실 수 있다. 이론적으로 볼 때에는 모든 형태의 정치체제에 다 장점과 단점이 있을 수 있다. ……따라서 명심할 것은 국가의 복지, 정부의 기능성이 어떤 외부적 체제나 형태를 갖추는 데에 있는 것이 아니라, 결국은 국민들이 어떠한 도덕적, 영적 수준에 머무르고 있는가에 좌우된다는 점이다. 훌륭한 국민들에게는 어떤 형태의 국가라도 잘 운영이 될 것이고, 그렇지 못한 국민들에게는 아무리 이성적 형태의 제도라 할지라도 통할 수 없다는 것이다. 즉 성공적인 국가의 건설 및 유지를 위해서는 우선 도덕적, 영적 기초가 필요하다"고 말하고 있다. 즉 당시의 상황과 현실에 맞게 정치형태를 결정해야 한다는 것이 칼빈의 원리적 입장이었다. 하지만 청교도들에게 있어서 이와 같은 원리를 적용할 때 가장 최상의 교회정치제도가 무엇인가에 집착하는 방향으로 나아가면서 회중교회주의 원리를 가장 이상적인 원리라고 여겼던 것이다.

1. 교회언약: 평신도들의 자발성과 책임성

원종천 박사는 청교도 개혁운동의 실제적인 동력이 언약신학에서 나왔다고 주장한다. 특히 이 책에서 개인언약의 발전은 교회언약으로 나아가 청교도 교회정치에 막대한 영향력을 행사했음을 역사적 흐름을 살피면서 명쾌하게 보여주고 있다. 이것은 분명히 사실이다. 청교도 개혁운동, 특히 이 논문에서 살피고 있는 것처럼, 평신도들이 회중교회의 주체세력으로 교회를 기존 정치제도보다 더 탁월하게 이끌 수 있었던 이유가 바로 교회언약이라는 평신도 스스로의 자발성과 책임성에 기인했던 것이다. 더 중요한 것은 이러한 교회언약의 실제적 힘이 위에서부터 아래로 내려오는 사제주의적인 입장이 아니라, 아래에서 위로 올라가는 평신도중심적인 입장이었다는 것이다.

여기에는 먼저 철저한 자발성이 필요하였다. 자발성은 당시 교회국가의 체제하에서 볼 때 매우 생소한 개념임에 틀림없었다. 교회와 국가의 일치개념, 좀 더 나아가 교회가 국가를 지배하든지, 아니면 국가가 교회를 지배하든지라는 개념은 어차피 신자 개개인의 양심과 하나님의 말씀 앞에서의 개인적인 결단을 할 수 없게 만드는 구조적 오류를 가지고 있었다. 이러한 개념은 종교개혁 이전까지 아니, 어느 정도 종교개혁자들에게서조차도 교회와 국가와의 관계에 있어서 지배적인 개념이었다. 물론 이것은 왕권신수설이라는 바탕 위에서 당시의 왕이 가지는 신의 대리자로서의 절대적 권한과 이러한 상황 속에서 교회의 자연스러운 정치권과의 어쩔 수 없는 현실적 결탁ㅡ물론 긴장관계에 있기는 하지만ㅡ이라는 결과를 낳을 수밖에 없었다. 영국교회에 있어서도 이것은 역시 동일하였다.[2] 비록 헨리Ⅷ세에 의해서 로마 천주교

---

2) 홍치모, 「근세 영국의 종교와 정치」(서울: 성광문화사, 1980), 49. 여기에 보면 "교회와 국가의 두 가지 이론이 영국 내에 갈등으로 존재하게 되었

로부터 개신교로 전환하였을지라도, 일단 이것은 정치적인 변화에 불과하였지 모든 종교의 내용까지 바뀐 것은 아니었다. 더욱이 국가교회라는 영국교회의 구조는 엘리자베스 I 세를 지나서 영국혁명 이전까지 영국교회의 강력한 철옹성을 쌓고 있었다. 그러므로 영국 내에 있는 모든 사람들은 어떠한 양심과 양심에 따르는 스스로의 실존적 결단을 내릴 기회도 얻지 못한 채 그냥 교회 멤버로 인정되고 말았던 것이다. 필연적으로 이러한 국가교회구조와 신자들의 비자발성은 교회의 영성과 복음의 생명력 있는 현장성을 상실케 만들고 말았던 것이다.

이러한 영국교회의 입장에 대해서 회중교회주의자들은 교회언약의 자발적 성격을 강조하였다. 물론 이것은 당시 영국교회의 비자발적 성격과 거기에 따른 교회의 부패와 무능력에 대한 반동에서 나온 것이기는 하지만, 더 중요한 것은 성경의 기본적인 사상이라는 것이다. 즉 교회란 근본적으로 믿는 자들의 무리이다. 물론 가시적 교회와 비가시적 교회라는 입장에서 모든 가시적 교회의 성도들이 비가시적 교회의 성도들과 동일한 것은 아닐지라도, 근본적 원리는 모든 신자는 자의적인 신자로서의 확신을 가져야 하며, 이 확신 속에서만 예수 그리스도의 보혈에 의해서 세워진 교회의 신자가 될 수 있는 것이다. 이러한 자발적인 신자로서의 확신은 자연스럽게 세상과 구별되게 만들어, 하나의 교회를 형성하게 만드는 것이다.

그리고 이러한 자발성은 더 나아가 말씀에 입각한 순종과 성도 간의 교제로 이어지며, 더 나아가서는 그리스도의 형상을 향해 나아가는 거룩함으로 발전된다. 하지만 이러한 발전단계에는 기본적으로 성도 개개인의 책임이 분명하게 요청되어야만 한다. 여기에서 말하는

다. 교회와 국가가 두 개의 실재물이 아니라 한 주권의 두 국면하에 한 국민인 것이다. 여왕이 이들 두 기관의 신성한 권리를 갖고 최고의 위치에 있음을 주장하는 감독파 교단은 휫트기프트와 밴크로프트에 의해서 이끌리고 있었고."라고 당시의 영국의 국가와 교회와의 관계를 살피고 있다.

순종과 성도 간의 교제와 그리스도의 형상을 향해 나아가는 거룩성
은 순전한 신자로서의 책임의식 속에서만 이루어질 수 있는 성격을
지닌 것이었다. 그러므로 회중교회주의에 있어서 평신도들은 충분한
자유와 양심에 따른 자발성이 주어진 반면에 또한 철저한 책임의식
을 가지고 자신을 쳐서 말씀 앞에 복종시켜야 했던 것이다. 이것은
교회언약 이전에 이미 개인언약 - 은혜언약과 행위언약 - 속에서 요청
되었다. 하나님과의 개인적인 언약은 단순히 은혜로 구원을 받았다는
차원이 아니라, 이러한 은혜에 대한 응답으로 행위를 통한 거룩한 순
종이 하나님께 드려져야 했던 것이다. 그러므로 은혜언약과 행위언약
의 상호 역동성은 역시 교회언약 속에서도 개인 대 하나님이 아닌,
이제는 교회 대 개인으로서의 관계로 전환되어 적용되었던 것이다.

결국 이러한 교회언약의 자발성과 책임성의 두 가지 요소3)는 회중
교회의 평신도중심정치체제를 효과적으로 운영케 만드는 원동력이 되
었던 것이다.4) 이러한 교회언약사상은 더 나아가 뉴잉글랜드에서 존
코튼에 의해서 교회를 넘어서서 사회정치에까지 확대됨을 볼 수 있다.

---

3) 윌리엄 에임즈, 「신학의 정수」 237의 '제도로서의 교회' 부분에 보면 "우
   연히 많은 신자들이 동일한 장소에서 만나고 함께 생활한다고 할지라도,
   이들이 특별한 영적인 유대에 의해 결합되지 않는다면 개 교회를 구성
   하지 못한다. 특별한 영적인 유대에 의해 결합되지 않는다면, 하나의 교
   회는 다수의 교회로 해체되기도 하며 많은 교회가 하나의 교회로 합쳐
   지게 될 것이다. 이러한 유대란 신자들은 개인적으로 교회의 목적과 건
   설에 관련된 하나님과 서로에 대한 모든 의무를 수행하겠다고 서약하는
   명시적 혹은 암시적인 언약이다……따라서 어느 누구도 신앙고백과 순종
   에의 약속 이외에는 교회에 입교할 수 없다."라고 언약 안에 있는 자발
   성과 책임성의 중요성에 대해서 피력하고 있다.
4) 부언하자면, 이와 같은 교회언약제도를 21세기의 목회현장에 적용하여 탁
   월한 효과를 보고 있는 교회가 바로 릭 워렌이 지도자로 있는 새들백 교
   회이다. 이 교회는 교회에 들어올 때 처음에는 그냥 구경꾼으로 있게 하다
   가 어느 정도 시간이 지나면 스스로 교회에서 만든 언약문을 읽고 자발적
   으로 동의, 서명하게 하므로 교회의 멤버로 가입을 시킨다. 그리고 이러한
   효과는 현재 이만 명이 넘는 거대한 교회로 성장시키는 결과를 낳았다.

존 코튼에게 교회언약은 성경이 왕 노릇하는 '언덕 위의 도시'를 세우는 기초적인 과정이었다. 교회언약에 의하여 교회회원들은 주님께 복종하며, 그리스도께서는 말씀으로 그의 교회를 다스릴 수 있다. 그러므로 코튼은 교회 멤버십을 가지지 못한 사람이나 불신자는 정치 영역에 참여하지 못하도록 하였고, 교회 멤버십을 가진 사람들만 참정권을 가지고 정치에 참여케 하여 성도들의 통치가 가능케 하였다. 이러한 참정권의 제한은 몰간(Edmund S. Morgan)이 지적한 것같이 성도들이 "악한 자들의 계략에 말려들지 않도록 한 안전책"이었다. 참정권을 가시적인 성도들에게 제한하고, 악한 자들을 정치 영역에서 배제함으로 성도들이 그리스도와 함께 천 년 동안 다스릴 수 있게 하였다.

2. 멤버십: 교회정치의 실제적 결정권을 가진 평신도들의 조건5)

두 번째로 중요한 것이 바로 교회의 멤버십이었다. 교회 멤버십은 물론 교회언약에서 나온 파생물이었다. 이러한 교회 멤버십이 나온 이유가 무엇인가? 이것은 교회언약에서 보이는 것처럼, 근본적으로 당시 영국교회의 국가교회 형태에서 오는 교회의 타락과 부패로 인해서 가시적 교회와 비가시적 교회가 너무 멀리 떨어져 버렸다는 것이다. 그러므로 영국교회는 더 이상 교회가 될 수 없다는 것이었다. 이러한 영국교회에서 벗어나 참된 교회, 즉 어느 정도 비가시적 교회에 근접되어 있는 가시적 교회를 세우기 위해서 당시 분리주의적 회중교회주의자들은 교회의 멤버십이 필요하다고 생각하였다. 물론 이러한 멤버십

---

5) Edmund S. Morgan, *Visible Saints* (London: Cornell University Press, 1963). 이 책에 보면 청교도의 교회 멤버십과 그 역사를 자세하게 설명해 주고 있다.

은 교회언약 속에 분명하게 명시되어 있는 부분이었다. 교회는 신실하고 거룩한 사람들의 무리이며 교제이다.6) 물론 이것은 이미 영국의 초기청교도였던 존 필드(John Field)에 의해서 다음과 같이 내려졌었다.

　　교회는 복음의 선포를 통하여 세상으로부터 불러 모여진 충성스러운 사람들의 모임으로, 참종교를 추종하고 포용하며 한 성령 안에서 서로를 격려하고 위로함으로 참믿음 안에서 매일같이 성장하고 증가하여 그들의 삶, 교회정치, 교회질서, 그리고 교회예식들을 하나님의 말씀에 입각하여 틀을 잡는 회중이다.7)

　즉 교회의 멤버가 되기 위해서, 즉 멤버십을 가지기 위해서는 반드시 믿음의 신실함을 가진 거룩한 삶의 모습을 지닌 사람이어야 한다는 조건이었다. 소위 회중교회주의에서 회중, 즉 평신도들의 부류는 바로 이 멤버십을 가진 사람들만이 인정되었던 것이다.
　물론 이러한 교회 멤버십은 이미 칼빈에게서도 보인다. 그는 강요에서

　　그러나 다른 한편으로, 주께서는 누가 그의 자녀로 간주될 것인지를 우리가 아는 것이 다소 가치가 있다는 것을 미리 아셨기 때문에, 이 점에 있어서 주께서는 자신을 우리의 능력에 적응시켜 주셨다. 그리고 믿음의 확신이 필요하지 않기 때문에 주님은 그 대신 사랑의 판단으로 대치하셨으며, 그것으로 우리는 믿음의 고백과 삶의 모범과 성례에 참여함으로써 우리와 더불어 같은 하나님과 우리와 함께하시는 그리스도를 고백하는 자들을 교회의 회원으로 인정하게 되는 것이다.8)

라고 말하고 있다. 이와 같은 멤버십이 당시 영국교회의 상황 속에

---

6) *Ibid.*, 35.
7) 원종천, 「청교도 언약사상: 개혁운동의 힘」 134.
8) *Inst.,* Ⅳ. ⅰ.8.

서는 더 급박하고 절대적인 요소로 요청되었던 것이다.

그리고 이러한 멤버십은 구체적으로 두 가지로 적용되었다. 하나는 입회시(admission) 그리고 권징(expelling)시였다. 초기의 청교도들은 주로 언약만을 사용하였다. 그러다가 시간이 지나면서 입회의 조건으로 교회의 교리에 동의하는지에 대해서, 그리고 치리권을 인정하는지에 대한 동의가 있은 후 멤버로서의 자격을 주었다.9) 물론 이러한 입장이 후기에 와서 분리주의적 회중교회주의와 독립파 회중교회주의와의 차이를 나타내었다. 분리주의적 회중교회주의에서는 신앙고백의 차원을 넘어서서 구체적인 회심의 증거까지 요구하게 되므로, 그 기준을 이상적인 차원까지 높였다. 이것은 실제로 칼빈에 의해서 반대된 것으로 칼빈은 교회의 멤버십의 필요성에 대해서는 동의하였지만 어떤 사람이 구원을 얻었는지를 판단하는 것이 이 세상에서는 불가능하다고 주장하였다.10) 그 이유는 성화가 구원을 위한 강력한 증거가 될 수 없다고 생각했기 때문이었다. 위선자도 충분히 일시적인 의를 행할 수 있다고 칼빈은 생각하였던 것이다.11)

어느 정도 독립파 회중교회주의자들도 이러한 입장에 동의하기는 했으나, 이것은 멤버십의 가부차원이 아니라, 단지 교제의 차원에서 동의를 했던 것이었다.12) 그러나 이것이 뉴잉글랜드로 넘어가면서 멤버십 규정이 매우 강력하게 세워졌다. 그 규정을 보면 먼저 장로들이 지식과 종교적 경험에 대해서 들었다. 그리고 두 번째로 교회의 회원들 앞에서 자신의 과거의 죄를 회개하게 하였다. 개인적인 부분은 개인적으로 회개하게 하였으며, 공적인 것은 공적으로 회개하게 하였다. 세 번째로 몇몇 교인들이 그의 선행을 테스트하고 그는 약 15분 정도

---

9) Edmund S. Morgan, *Visible Saints,* 39.

10) *Ibid.,* 67-68.

11) *Ibid.*

12) *Ibid.,* 75.

에 걸쳐서 그 자신 속에서 행하신 하나님의 역사들, 즉 하나님의 구원
하시는 은혜를 증명하였다. 네 번째로 그는 자신이 믿는 기독교의 핵
심교리에 대한 진술, 즉 신앙고백을 하였다. 그러면 마지막으로 치리
장로들이 그를 교회언약으로 인도하여, 교회 멤버로 받아들였다.13) 이
것은 영국에서의 멤버십보다 훨씬 더 정교해진 형태였으며, 가시적 교
회와 비가시적 교회와의 간격이 더욱 좁아지게 되었던 것이다.

존 코튼은 교회 멤버십을 위해서 특별히 '회심체험'을 강조하였
다.14) 여기에는 두 가지의 이유가 있었는데, 먼저는 위선자가 교회회
원으로 받아들여지지 않도록 하기 위함이었다. 그렇다고 해서 코튼
의 교회관이 가시적 교회가 완전히 성도들로 구성되어 있다고 주장
하지 않았다. 코튼은 칼빈처럼 많은 위선자들이 참된 기독교인들처
럼 행동할 수 있다고 생각했다.

> l. 많은 사람들이 유대인들이 되었던 것과 같이(에8:27) 세속적인
> 이유 때문에 기독교에 대한 신앙을 고백할 수 있습니다. 법에 대한 공
> 포나 친구 때문에 신앙을 고백할 수 있습니다. 많은 사람들이 이전에

---

13) *Ibid*, 88-89.

14) 오덕교, 178-179. 여기에서 오덕교 박사는 다음과 같이 말하고 있다. "1630
년 뉴잉글랜드에 도착한 청교도들은 참된 교회를 단지 '계약에 의하여
서로 연합되고, 그리스도와 하나된 성도들의 모임'이라고 생각하였다.
그들에게 성도의 자격이란 바로 선행을 요구한 신앙이라는 것은 교회회
원이 될 사람의 구원에 이르는 신앙이 아니라, 하나님은 누구신가, 교회
란 무엇인가, 그리스도는 누구에게 태어났는가 하는 것과 같은 역사적인
신앙에 불과하였다. 그러므로 얼마든지 위선자들도 교회회원의 자격을
얻을 수 있었다. 그러나 코튼이 뉴잉글랜드에 도착한 후 1년이 채 안 되
어 뉴잉글랜드 청교도들은 교회회원 후보자의 허입조건으로 구원에 이
르는 신앙, 또는 회심의 체험을 요구하였다. 윈톤 솔버그(Winton Solberg)
의 지적을 살펴보자. [분명히 이 혁신적인 조치는 1634년 존 코튼에 의
하여 뉴잉글랜드에 도입되었다. 곧이어 다른 목사들이 이 조치를 받아들
였고, 1636년에 이르러 주 의회가 공식화하였다. 새로운 시험은 후보자
들에게 그들이 기독교 교리에 대한 지식을 알고 있는 것만 아니라 구원
의 은혜를 체험한 것에 대해서도 만족할 증거를 요구하였다.]"

빵 때문에, 또는 자신의 유익을 위하여 그리스도를 사랑하였습니다. 그리스도안에는 충만함이 있기 때문입니다(요6:26). / 2. 일반은총의 역사로 신앙을 고백할 수 있습니다. 마치 요한복음5:35에 나오는 자들처럼, 세상을 사랑하면서도 기꺼이 종교로 돌아올 수 있습니다. 그러나 그들은 가시떨기에 떨어진 자(막4:18)와 같고 자갈밭과 같습니다. / 3. 어떤 사람들은 양심의 충동에 의하여 이끌려 나오지만 여전히 어둠 속에서 삽니다. 예후가 그랬던 것처럼, 기도와 설교와 열심의 은사를 가지고 있기도 하고, 헤롯처럼 말씀을 듣고 기뻐하기도 합니다. 하지만 그들이 어둠 가운데 행하고 있기 때문에 하나님과 교제가 없습니다.15)

이처럼 교회 안에 위선자들이 있을지라도, 어느 정도 가시적으로 나타나는 위선자들과 신실한 신자들을 구분하므로, 교회의 거룩함을 유지해야 한다고 생각하였다. 그 대체수단이 바로 회심체험을 교회 멤버십 테스트 시에 강조하는 이유였다.

그리고 이 논문에서는 논의하지 않았으나, 회심체험을 강조한 두 번째 이유는 천년왕국이 실현될 수 있다고 믿었기 때문이다.16)

이처럼 교회의 멤버들은 철저하게 검증되었고, 이런 사람들에 의해서 교회정치가 이루어졌으며, 뉴잉글랜드에서는 이들만 정치에 참여할 권한을 주었다.

회중교회주의에서 대중주권의 적용은 단순히 이루어진 것이 아니었다. 거기에는 교회언약과 교회 멤버십을 통한 철저한 여과가 먼저 있었던 것이다. 이렇게 걸러진 사람들, 즉 참된 성도들이 모인 교회였기에 대중주권, 즉 평신도들이 주체가 되어서 초대교회처럼, 교회를 가장 이상적인 형태로 운영하며, 초대교회 이후 최고의 영성과 교제의 탁월성을 유지할 수 있었던 것이다.

---

15) 오덕교, 176-177.

16) 이 부분에 대해서는 오덕교, 「청교도와 교회개혁」(수원: 합동신학교 출판부, 1994)에서 상세하게 다루어지고 있다.

문제는 이와 같은 회중교회주의 교회정치 형태가 당시의 현실 속에서 어느 정도까지 열매를 맺었는가의 부분이다. 이것에 대해서는 제프리 너틸의 「가시적 성도」라는 책에서 영국의 독립파 회중교회주의의 실상을 1640년부터 1660년까지를 살피면서, 회중교회의 놀라운 영적 생동감을 잘 보여주고 있다. 이 책에서는 당시 회중교회주의의 영국교회와의 차에서 오는 중요한 특징을 4가지로 분류하고 있다. 이것은 논리적으로 먼저 타락하고 부패한 영국교회로부터의 분리가 그 출발점이었다. 그러므로 같은 의도와 목적을 가진 사람들이 영국교회와 분리하므로, 교회언약을 맺고 하나님께서 기뻐하시는 교회를 세웠던 것이다. 그리고 이와 같이 분리된 교회들은 먼저 한 회중 내에서 풍성한 교제를 나누며 교회들끼리의 교제를 나누었다. 그리고 이러한 교제는 결코 서로를 제한하거나 편협한 잣대로 정죄하는 입장에 서는 것이 아니라, 각 개 교회의 독특성에서 오는 서로의 차이점들을 인정하면서 교제관계를 가지므로, 충분한 자유를 누리게 만들었다. 마지막으로 이러한 자유는 방종이 아닌 자발적인 거룩함으로 향하게 하였다.[17] 그럼에도 불구하고 영국 회중교회는 다시 왕정이 복고되면서 그 영향력을 더 이상 확대시키지 못하게 되었다. 그럼에도 불구하고 독립파 회중교회주의의 교회정치사상은 영국정치사에 획을 긋는 역할을 하였다. 바로 민주주의를 태동시키고, 영국이 왕이 아닌 의회를 중심으로 민주적인 입장으로 발전해 가도록 하는 방향타 역할을 감당하였던 것이다.

역시 뉴잉글랜드에서의 회중교회는 실제로 미국역사에 있어서 막대한 영향력을 미쳤다. 이러한 영향력은 초기 회중교회주의의 영광스러운 열매라고 말해도 과언이 아니다. 특히 초기 회중교회주의에서 나타난 놀라운 영성과 성숙함은 후대의 어느 교회에서도 볼 수 없는 영원한 등대의 역할을 했던 것이다. 이것에 대해서 오덕교 박

---

17) Geoffrey F. Nuttall, *Visible Saints*의 전체내용은 위의 4가지 방식으로 구성되어 있다.

사의 「청교도와 교회개혁」에 잘 제시되고 있다. 존 코튼은 초대교회의 소박한 예배모범과 회중중심적인 정부형태가 뉴잉글랜드에서 회복되어야 하며, 이미 그것이 회복되고 있다고 생각하였다. 그리고 그는 뉴잉글랜드 청교도들에게 설교한 「일곱 대접」에서, "하나님의 축복과 은혜의 능력으로" 뉴잉글랜드의 교회들이 초대교회적인 모습으로 개혁되고 있다고 하였다.[18] 로저 윌리암스도 당시 회중교회의 모습을 보면서 "세상의 모든 교회들 가운데서 뉴잉글랜드가 가장 순수한 교회"라고 고백하였다.[19] 에드워드 존슨(Edward Johnson)도 사도시대의 단순 소박한 교회가 이미 뉴잉글랜드에서 실현되고 있다고 하였다.[20] 하지만 이것에 대한 가장 완전한 묘사는 토마스 쉐퍼드(Thomas Shepard)의 찬양 속에서 볼 수 있다.

> 네가 인간의 고안물로 오염되거나 악한 자들로 어지럽혀지지 않고 교회의 순결과 신선함을 유지하였기 때문에, 이 지구의 서반부에 있는 주 예수의 모든 교회에 널리 네 이름이 순수하며 신선한 교회라고 알려져 있다. 깨끗한 의식, 정결한 성도들, 순수한 교회를 유지하려는 것 때문에 몇몇 사람의 조롱과 적대를 받았지만, 이는 다른 사람들의 부러움과 기쁨이 되었다……이 세상의 모든 교회들이 주 예수께서 그렇게 크신 일을 행하신 이들을 향하여 질투의 눈으로 바라보고 있다.[21]

물론 이러한 것들이 2세대와 3세대로 흘러 내려가면서 "반 언약(Halfway Covenant)"으로 변질되어 초기 회중교회주의의 영적 역동성이 점차 사그러졌으나, 이 교회언약과 교회 멤버십은 평신도중심의 교회정치체제의 이상적인 모습을 이루게 한두 가지 축이었던 것이다.

---

18) 오덕교, 325.
19) *Ibid.*
20) *Ibid.*
21) *Ibid.*, 326.

평가 및 결론

회중교회주의의 영적 역동성의 근거는 무엇인가? 사실상 평신도중심의 교회정치구조에 있다. 이것은 마틴 루터의 만인제사장론에서 시작하여 칼빈과 영국 장로파의 창시자인 토마스 카트라이트에게 연결되었다. 그리고 카트라이트에게서부터 대중주권론의 입장이 영국교회에 뿌리내리므로 본격적인 평신도중심의 회중교회주의가 시작되었다. 이 운동이 시작된 이유는 바로 당시의 영국교회의 가시적 교회와 비가시적 교회의 엄청난 격차 때문이었다.

당시 영국교회는 비가시적 교회만이 참된 교회이며, 가시적 교회에 대해서는 별로 중요시하지 않았다. 물론 이것은 단순히 교회론의 문제를 떠나서 국가교회라는 당시 영국교회의 특성에서 기인한 것이었다. 그럼에도 불구하고 영국교회의 지도자들과 신자들의 전체적인 영적 부패와 약화는 참된 교회란 무엇인가라는 질문에 이르게 되었으며, 평신도중심주의인 회중교회주의를 유발시키게 된 것이다.

하지만 토마스 카트라이트의 운동의 실패와 그 한계성으로 인해서 회중교회주의는 분리파로 넘어가게 되었다. 그리고 분리파의 교회언약제도를 통해서 회중들의 자발성과 책임성을 요구하므로, 회중교회 정치제도의 영적 성숙의 기반을 마련하게 되었다. 평신도들의 자발성과 책임성에 대한 서약으로 시작되는 회중교회주의는 멤버십이라는 교회 내의 평신도 핵심멤버들의 양산을 기반으로 한 탁월한 영성을 이루어내었다. 그러나 분리파는 영국교회에 대한 극단적인 적대감으로 인해 대립관계에 있다가 결국 실패로 돌아가고, 다소 중도적인 입장에 서 있던 독립파에게로 회중주의의 흐름이 넘어갔다. 물론 분리파 청교도가 뉴잉글랜드로 먼저 건너왔다. 하지만 분리파청교도들이 뉴잉글랜드에 넘어온 후 얼마 지나지 않아서, 독립파 회중교회가 건너왔다. 그리고 실질적인 주도권은 독립파 회중교회들에게 주어졌다. 독립파는 영국에서 영국혁명을 거쳐서 그 영향력을 계속해서 미쳤으며, 뉴잉글랜드로 건너간 독립파 회중교회주의가 가장 발달되었다.[22]

특별히 회중교회주의의 대중주권론에 의거한 평신도중심주의가 가장 완전하게 요약 정리된 강령이 바로 1648년에 뉴잉글랜드에서 만들어진 「케임브리지 강령」이다. 이 강령에서는 평신도들이 교회정치에서 얼마나 주도적인 위치와 역할을 감당하는가에 대한 상세한 설명을 하고 있다. 특히 당시 영국혁명 직후의 장로파의 득세에 대한 강한 반발과 뉴잉글랜드에서의 장로파 교회지도자들의 계속되는 문제제기에 대한 회중교회주의의 정체성 확립을 위해서 평신도들의 주체적인 지위와 역할에 대한 강조를 보여준다. 그리고 이와 같은 입장에 서 있던 회중교회주의는 당시 역사적 자료에서 볼 수 있듯이

---

22) 물론 이때 다양한 청교도그룹들이 뉴잉글랜드로 건너왔다. 청교도 장로파, 분리파, 퀘이커교도들 등이었다. 그리고 각각 다른 지역에 자신들의 입장에 따라 교회를 세웠다. 하지만 뉴잉글랜드에서는 회중교회주의가 가장 발전하였다. 이것에 대한 근본적인 이유는 회중교회주의가 개인의 양심의 자유를 옹호하였다는 것과, 자율성을 보장하였다는 점이다.

훌륭한 교회를 이루었던 것이다.

　결론적으로 초기청교도 회중교회주의 운동의 역동성 속에는 마틴 루터의 모든 신자는 하나님 앞에서 평등하다는 만인제사장론의 입장 ―마틴 루터는 이것을 정치제도에 도입하지 못함―을 기초로 청교도 사상에 근간을 이룬 대중주권사상에 근거한 회중중심의 운동, 즉 오늘날로 말하면 평신도의 위치와 역할의 극대화가 있었다.

　그렇다면 이러한 회중교회주의의 평신도중심주의의 탁월한 영성과 그 능력이 이 시대에서도 여전히 이루어질 수 있는가?

　현 장로교 교회정치(통합측)형태[1]를 당시 회중교회주의의 정치형태와 비교한다는 것이 다소 무리가 있다. 왜냐하면 17세기 당시의 역사적 상황, 즉 정치적, 사회적, 문화적, 경제적 상황들이 21세기인 지금과 너무나 판이하게 다르기 때문이다. 또 한 가지는 현실적으로 이와 같은 비교 평가가 현실적으로 얼마만큼 교회의 정치구조를 변화시킬 수 있는가라는 가능성문제이다. 그럼에도 불구하고 이것의 필요성은 장로교 교회정치 형태와 회중교회주의의 교회정치 형태의 비교를 통해서 현 한국교회의 갱신방법이 어느 정도 찾아지지 않을까 하는 가치 있는 희망에서이다.

---

1) 일단 현 한국교회의 모든 교단을 다 포함시킬 수 없음을 유감으로 생각한다. 단지 현 장로교단이 한국교회의 주류교단이며, 교회정치 형태에 있어서 장로교단은 어느 정도 부분적 차이가 있음에도 불구하고, 장로교라는 일관성을 유지하고 있기에 본인이 속해 있는 통합 측 교회헌법을 비교자료로 삼았다.

물론 회중교회주의와 장로교주의를 비교해 볼 때 그 출발에서부터 다르다. 회중교회주의는 위에서 본 것처럼 오직 성경에만 기초하고 있으며, 그것은 이층구조, 즉 하나님과 회중이라는 구조로 이루어져 있다는, 그러므로 회중이 교회의 중심이라는 신권으로서의 입장인 종교개혁신학의 명백한 주장에 근거하고 있다. 반면에 장로교주의는 단순히 성경은 특정한 교회정치 형태를 제시하는 대신, 교회정치의 원리만을 제시하고 있다는, 즉 교회정치에 있어서 보편원리들이 각각의 상황과 현실에 맞게 다양한 교회정치 형태에 적용될 수 있다는 칼빈의 입장을 그대로 따르고 있다.

이와 같은 근본적인 출발선에서의 차이는 극복되기에 다소 무리가 있다. 하지만 한 가지 가능성은 21세기의 교회정치 형태가 다소 비규칙성을 띠는 쪽으로 변화되고 있다는 것이다. 요즘 한국교회가 - 이것은 교파를 초월하는 - 새로운 갱신의 바람을 타고 변화의 급류를 타고 있다.[2] 그리고 그 근본원칙에 바로 만인제사장론에 입각한 대중주권론이 깊숙이 자리 잡고 있다는 사실이다. 또한 다소 의도적인 측면이 보이기는 하지만, 장로교의 창시자인 칼빈의 입장 중에서 교회정치의 보편적인 원리에 그 강조점을 두는 쪽으로 무게를 싣는다면 어느 정도 장로교체제하에서도 회중교회주의 입장을 적극 수용하는 쪽으로 흐를 수도 있다고 생각한다.

그렇다면 현 장로교 정치체제에 회중교회구조를 어떤 식으로 도입할 수 있는가?

먼저 대안을 제시하기 전에 현 장로교제도의 교인들의 신앙수준 정도를 짚어보아야 한다. 여기에서 중요한 것은 교인의 신급 문제이다.

---

2) 본인이 아세아 연합 신학대학원에서 풀러 신학교와 본교의 공동 목회학 박사학위 과정에 관련된 업무를 도우면서, 살펴본 논문들의 추세가 교회 형태의 변화로 흐르고 있음을 본다. 이것은 평신도를 중심으로 움직이는 소그룹형태이며, 좀 더 과격한 입장은 각 소그룹의 리더를 목사, 목장으로 호칭하므로 목회자의 평신도라는 계급적 차이를 거의 무너뜨리고 있다.

대한 예수교 장로회 통합 측 교회헌법3)의 교회정치편 제3장의 14 조에 있는 교인의 신급을 보면

> 교인의 신급은 당회가 심사하여 다음과 같이 정한다. 1. 원입교 인: 예수를 믿기로 결심하고 공동예배에 참석하는 자. 2. 학습교인: 원입교인으로 12세 이상 된 자. 3. 유아세례교인: 입교인의 자녀로 서 4세 미만 된 자. 4. 입교인(세례교인): 유아세례 교인이나 학습 교인으로 15세 이상 된 자.4)

라고 하고 있다. 교인의 신급이 4가지로 나뉘고 있는데, 단순히 공동 예배에 참석하는 자, 학습교인 - 사실상 성인일 경우에는 원입교인과 거의 차이가 없음 - 과 유아세례교인, 그리고 입교인으로 나뉘고 있 다. 여기에서 보면 이 중에서 교인의 권리를5) 행사할 수 있는 교인은 입교인이다. 그렇다면 입교인의 자격을 갖추어야 교회의 정치에 참여 할 수 있다는 말이다.6) 하지만 정확히 진단할 때, 입교인의 신앙수준 이 단지 교회에서 정한 기준에 도달한 후 세례를 받는 정도로 본다

---

3) 헌법 개정위원회, "정치" 「대한 예수교 장로회 헌법」(서울: 한국장로교출 판사, 1983)

4) *Ibid.*, 188.

5) *Ibid.* 제16가 교인의 권리이다. 입교인이 된 교인은 성찬 참례권과 공동 의회 회원권이 있다.

6) 입교인의 교회정치참여는 지 교회의 설립에서부터 중요하다. 지 교회 설 립 시 "공동예배로 모이는 전도처 또는 기도처에 입교인 15인 이상이 있어 지 교회를 설립코자 하면 노회에 청원하여 허락을 받아 설립한다." 라고 입교인을 기준으로 하여 설립인원을 설정하고 있다 [*Ibid.*, 187.] 또 한 장로나 권사 집사로 피택 시 그 눈에 보이는 기준이 무흠 입교인 5 년 혹 7년 이상으로 정해져 있다. 물론 디모데후서에 나온 기준이 있기 는 하지만 사실상 이 기준이 명백하게 적용되고 있는지는 의문이다. 왜 냐하면 현 한국교회의 집사나 장로의 선출방식이 신앙생활을 오래하고 교인들과 친분관계가 좋을 경우, 어느 정도 봉사에 열심인 경우 거의 직 분이 주어지는 형편이기 때문이다.

면, 사실상 신앙적으로 성숙한 상태에 이르렀다고 보기는 어렵다.

　회중교회주의의 멤버십에서 보는 것처럼 철저한 검증기준이 현 장로교교회정치 내에서는 주어지지 않고 있다고 볼 수 있다. 그렇다면 한 가지 대안으로 제시할 수 있는 것이 바로 입교인에 대한 기준의 강화라고 볼 수 있다. 즉 세례교인이 되기 위해서 강한 기준을 제시하는 것이다. 마치 회중교회에서 멤버십의 기준으로 제시한 것과 같은 수준의 신앙기준을 만들어서 교회정치에 참여할 수 있는 기준으로 삼을 때 어느 정도 현 한국교회의 저급한 신앙수준을 자연스럽게 극복하면서, 우수한 신앙의 평신도들과 교역자들의 협력사역을 잘 감당할 수 있을 것으로 보인다.[7]

　어느덧 한국교회도 선교2세기를 맞아 받는 교회에서 주는 교회로 탈바꿈을 하는 시기에 이르렀다고 볼 때, 특히 장로교단 내에서부터 제도적으로 교인들에 대한 기준을 강화시켜, 제2의 종교개혁이라고 불리는 평신도중심의 과감한 교회운영을 이룰 필요가 있다고 보인

7) 릭 워렌, 「새들백교회 이야기」김현회, 박경범 역(서울: 도서출판 디모데, 1996). 아마도 이러한 기준을 정해서 어느 정도 효과를 보고 있는 교회로 릭 웨렌 목사가 시무하고 있는 새들백 교회를 들 수 있다. 이 교회가 장로교단에 속해 있는지는 불분명하나, 이 교회의 특징을 살펴보면 먼저 교인들을 지역사회, 군중, 등록교인, 헌신된 자, 핵심멤버로 나누고 있다는 것이다. 더 중요한 것은 각 단계로 진급하기 위해서는 서약서에 사인을 하고, 그 서약서에 있는 내용을 반드시 실천해야 한다는 것이다. 만일 서약자가 서약서대로 이행치 않을 경우, 가차 없이 바로 그 단계의 멤버십에서 제외시켜 버린다. 사실상 이 교회의 목적이 바로 건강한 교회라고 볼 때 한국적 상황에 잘 들어맞는 좋은 모델을 가지고 있다고 보인다. 이러한 기준에 의해서 각 단계별로 서약을 하고 안수집사나 권사, 장로는 반드시 핵심멤버수준에서 선발하는 과감한 수준강화가 현 한국교회에서 절실히 필요하다고 보인다. 이 교회의 멤버십의 틀을 보면 다음과 같다: 여기에 보면 "당신 교회의 목표는 사람들을 바깥쪽(낮은 헌신도 / 미성숙)에서 안쪽 원(높은 헌신도 / 성숙)으로 옮기는 것이다. 새들백에서 우리는 이 과정을 '사람들을 지역사회에서 핵심멤버로 옮기기'라고 부른다."라고 말하고 있다. 즉 분명한 기준은 성숙과 미성숙이며, 이것을 판단하는 기준은 헌신도의 차이로 구분하고 있음을 보게 된다(*Ibid.*, 149-153).

다. 하지만 성숙한 평신도만이 효과적인 평신도사역을 가능케 한다
고 볼 때, 제도적 뒷받침 없는 단순한 사역형태의 변화는 위험하다
고 보인다. 만인제사장론에 근거한 교회정치제도에 회중교회주의의
교회언약과 멤버십을 입교인에게 적용하므로, 실현시킨다면 반드시
풍성한 열매가 거둬질 것이라고 보인다.

참고문헌

1. 국내 서적

김기홍. 「이야기 교회사」 서울: 두란노서원, 1995.
노명식. 「자유주의의 원리와 역사」 서울: 민음사, 1991.
노재성. 「교회, 민주주의, 윤리」 서울: 나눔사, 1989.
박영호. 「청교도 신앙」 서울: 기독교문서 선교회, 1979.
서영일. 「교회와 국가」 서울: 기독교문서선교회, 1984.
오덕교. 「청교도와 교회개혁」 수원: 합동신학교 출판부, 1994.
원종천. 「칼빈과 청교도 영성」 서울: 도서출판 하나, 1994.
원종천. 「청교도 언약사상: 개혁운동의 힘」 서울: 대한기독교서회, 1998.
이형기. 「장로교의 장로직과 직제론」 서울: 한국장로교 출판사, 1998.
임희완. 「영국혁명과 종교적 급진사상」 서울: 새누리, 1993.
임희완. 「영국혁명의 수평파운동」 서울: 민음사, 1988.
임희완. 「청교도의 삶. 신앙. 사상」 서울: 아가페문화사, 1999.
정준기. 「청교도 인물사」 서울: 생명의 말씀사, 1996.
홍치모. 「근세 영국의 종교와 정치」 서울: 성광문화사, 1980.

2. 번역서적

데이비스, 엘빈. 「칼빈주의 사상과 자유사상」한국 칼빈주의연구원 편역. 서울:
기독교 문화협회, 1981.

라이큰, 리랜드 「청교도-이 세상의 성자들」김성웅 역. 서울: 생명의 말씀사, 1995.

루이스, 피터. 「청교도목회와 설교」서창원 역. 서울: 청교도 신앙사, 1991.

베버, 오토. 「칼빈의 교회관」김영재 역. 서울: 풍만출판사, 1985.

슈트플러, 에르네스트. 「경건주의 초기역사」송인설, 이훈영 역. 서울: 도서출판
솔로몬, 1993.

에이비스, 폴 D. L. 「종교개혁자들의 교회관」이기문 역. 서울: 컨콜디아사, 1987

에임즈, 윌리엄. 「신학의 정수」서원모 역. 서울: 크리스천 다이제스트, 1992.

우드브리지, 존. 놀, 마크. 해치, 나단. 「기독교와 미국」박용규 역. 서울: 총신
대학출판부, 1992.

워렌, 릭. 「새들백교회 이야기」김현회, 박경범 역. 서울: 도서출판 디모데, 1996.

워커, 윌리스턴. 「기독교회사」송인설 역. 서울: 크리스천 다이제스트, 1993.

조지, 티모디. 「개혁자들의 신학」이은선, 피영민 역. 서울: 요단출판사, 1994.

죤스, 마틴 로이드. 「청교도신앙-그 기원과 계승자들」서문강 역. 서울: 생명의
말씀사, 1990.

카든, 알렌. 「청교도 정신」박영호 역. 서울: 기독교문서선교회, 1993.

칼빈, 존. 「기독교 강요」(1536년판 완역), 양낙홍 역. 서울: 크리스천 다이제스트,
1988.

패커, 제임스. 「청교도 사상」박영호 역. 서울: 기독교문서 선교회, 1992.

3. 영문 서적

"The Cambridge Platform of Church Discipline, 1648." *The Reformation of the
Church,* ed. Iain H. Murray. Edinburgh: The Banner of Truth Trust, 1965.

"The Form of Presbyterian Church Government." *The Reformation of the Church,*
ed. Iain H. Murray. Edinburgh: The Banner of Truth Trust, 1965.

Brook, Benjamin. *The Lives of the Puritanism*, Vol.1, 2. London: Soli Deo Gloria Pub., 1813.

Calvin, John. *Inst.,* II. 15. 6

Elton, G. R. ed. "The Reformation 1520-59" *The New Cambridge Modern History(II).* Cambridge: C. U. Press, 1958.

Emerson, Everett H. *Puritanism in America,* 1620~1750. Philadelphia: G. K. Hall & Co., 1977.

Ferguson, Sinclair B. *John Owen on the Christian Life.* Edinburgh: The Banner of Truth Trust, 1987.

Haller, William. *The Rise of Puritanism.* Philadelphia: University of Pennsylvania Press, 1938.

Luther, Martin. *Luther's Works,* Vol.44, ed. James Atkinson. Philadelphia: Fortress Press, 1966.

Miller, Perry & Johnson, Thomas H. *Puritans,* vol. I. New York: Harper & Row, 1938.

Morgan, Edmund S. *Visible Saints.* Ithaca and London: Cornell University Press, 1963.

Nuttall, Geoffrey F. *Visible Saints; The Congregational Way, 1640~1660.* Oxford: Basil Blackwell, 1957.

Owen, John. *"Of Schism" The Works of John Owen,* Vol.13. London: The Banner of Truth Trust, 1967.

Sweet, William Warren *Religion in Colonial America.* New York: Charles Scribner's Sons, 1942.

The Cambridge Platform of Church Discipline, gathered out the word of God, and agreed upon by the elders and messengers of churches assembled in synod, 1648.

Til, L. John Van. *Liberty of Conscience.* New Jersey: P&R Pub., 1972.

Tompson, Bard. *Humanists and Reformers.* Grand Rapids: Eerdmans, 1996.

Walker, Williston. *The Creeds and Platforms of Congregationalism.* New York: Charles Scribner's Sons, 1893.

Wallace, Jr., Dewey D. *The Pilgrims.* A Consorttium Book, 1977.

Watts, Michael R. *The Dissenters; From the Reformation To the French Revolution.* Oxford: Clarendon Press, 1978.

"A Presbyterian View of the Difference with Independency, 1646." *The Reformation of the Church,* ed. Iain H. Murray. Edinburgh: The Banner of Truth Trust, 1965.

4. 기타 자료들

「시사 엘리트 영한사전」시사영어사 편. 시사영어사, 1987. "synod"항목.

변길용. "뉴잉글랜드 청교도에 있어서 양심의 자유의 문제고찰, 메사츄세츠 베이 식민지를 중심으로." 1999년 봄학기 미국교회사 과목 Term Paper.

원종천. "언약개념의 청교주의." 「아신」7집(1990, 겨울): 113.

이홍직. "영국 청교도운동의 배경과 그 중심사상." 목회학석사학위논문, 서울 신학대학원, 1997.

조용선. "17세기 뉴잉글랜드 청교도의 사상과 삶." 신학석사학위논문, 아세아 연합 신학대학원, 1997.

헌법 개정위원회, "정치"「대한 예수교 장로회 헌법」서울: 한국장로교출판사, 1983.